GÖTTER- UND HELDENSAGEN

Wodans wilde Jagd

GÖTTER- UND HELDENSAGEN

GONDROM

Herausgegeben von R. W. Pinson

Auswahl, Zusammenstellung und Bearbeitung
unter Verwendung mehrerer älterer Ausgaben und Fragmente
von A. Horn und R. W. Pinson.
Überlieferte Ausdrücke und Redewendungen aus zahlreichen
früheren Nachdichtungen und Bearbeitungen wurden, soweit
verständlich, in ihrer ursprünglichen Form beibehalten.
Orthographie und Interpunktion entsprechen der heutigen
Schreibweise.

Mit 162 Illustrationen von Karl Ehrenberg, Wilhelm Engelhard,
L. Förlich, F. W. Heine, Max Koch, Ferdinand Leeke,
Heinrich Leutemann, B. Mörlius, F. Noack, Ludwig Pietsch,
Alfred Rethel, G. B. A. Schlierenberg, Hermann Vogel
und anderen Künstlern.

© Gondrom Verlag GmbH, Bindlach 1997
ISBN 3-8112-1411-X

Inhalt

ERSTES BUCH
DIE GÖTTERSAGEN

Erster Abschnitt: Ursprung, Einrichtung und Bewohner der Welt . 11
  1. Das Werden der Welt, der Riesen und Götter
    (Asen oder Ansen) 11
  2. Der Tag und die Nacht, Sonne, Mond und Sterne 14
  3. Die Erschaffung der Menschen 17
  4. Die Riesen 17
  5. Schwarzelben (Zwerge) und Lichtelben (Elfen) 23
  6. Die Weltesche und Nornen 28
  7. Die Hel (Hellia, Hölle) 32
  8. Jörmungander, die Midgardschlange 35
  9. Der Fenriswolf (Fenrir) 36
10. Die Wanen 39
11. Welten, Götter und Götterburgen 41
12. Bifröst, die Himmelsbrücke 46
13. Walhalla, Walküren, Einherier 46
14. Wie die Asen zu ihren Kleinodien gekommen sind 52

Zweiter Abschnitt: Die einzelnen Götter 56
  1. Wodan (Odin, Wotan) 56
  2. Frigg (Fria, Fricka) 72
  3. Donar (Thor) und Sif (Sippia) 78
    Des Hammers Heimholung 82
    Donars Fahrt zu Hymir 90
    Donars Fahrt nach Gerrotsgard 97
    Wie Donar Thialfi und Röskva gewinnt 101
    Donars Zweikampf mit Rungnir 102
    Donar und Skymir 106
    Zwerg Alwis auf der Brautfahrt 114
  4. Tyr (Tiu, Ziu) 116
  5. Balder (Baldur) und Forseti 119

6. Niörd, Nerthus und Skadi 124
  7. Freyr und Gerda 127
  8. Freyja (Gefion) 135
  9. Ostara 140
 10. Heimdall 142
 11. Bragi und Iduna 148
 12. Uller 154
 13. Loki (Loke) 156

Dritter Abschnitt: Das große Götterdrama 160
  1. Das goldene Zeitalter und sein Ende 160
  2. Neue Schuld der Asen 161
  3. Unheilvolle Vorzeichen 163
  4. Lokis Schmähreden in Ägirs Halle 178
  5. Lokis Gefangennahme und Bestrafung 182
  6. Die Götterdämmerung 185
  7. Die Erneuerung der Welt 197

ZWEITES BUCH
DIE HELDENSAGEN

Der Sagenkreis der Amelungen

Erster Abschnitt: Langobardische Sagen 203
  1. Alboin und Rosamunde 203
  2. König Rother (Ruother) 211
  3. Ortnit 236

Zweiter Abschnitt: Die Amelungen 260
  1. Hug- und Wolfdietrich 260
  2. König Samson (Samsing) 292
  3. Dietwart 303

Dritter Abschnitt: Dietrich von Bern, seine Gesellen und Taten . 307
  1. Dietrich und Hildebrand 307

2. Dietrichs Gesellen 328
3. Dietrich, der treue Bundesgenosse 355
4. Ermenrich gegen den Helden von Bern 363
5. Dietrich und seine Gesellen bei den Hunnen 375
6. Die Raben- oder Ravennaschlacht 378
7. Die Heimkehr 392

Sagenkreis der Nibelungen

Erster Abschnitt: Siegfried, der Nibelungenheld 401
  1. Siegfrieds Jugend 401
  2. Wie Siegfried zu den Burgunden fuhr 410
  3. Der Drachenstein 417
  4. Die Werbung 424
  5. Verrat und Mord 434

Zweiter Abschnitt: Der Nibelungen Not 448
  1. König Etzels Werbung 448
  2. Die Fahrt zu den Hunnen 452

Dritter Abschnitt: Die Nibelungenklage 483

Vierter Abschnitt: Die Hegelingensage 488

Fünfter Abschnitt: Fahrten und Abenteuer des Herzogs Ernst . . 524

Sechster Abschnitt: Beowulf (Bienenwolf) 572

Karolingischer Sagenkreis

Erster Abschnitt: Die Haimonskinder 591

Zweiter Abschnitt: Roland 616

Dritter Abschnitt: Wilhelm von Orange 628

Erstes Buch
Die Göttersagen

Erster Abschnitt

URSPRUNG, EINRICHTUNG UND BEWOHNER DER WELT

1. Das Werden der Welt, der Riesen und Götter (Asen oder Ansen)

Einst – so glaubten unsere Vorfahren, die alten Germanen – gab es eine Zeit, da alles nicht war: nicht Erde und Meer, noch der Himmel mit seinen unzählbaren Sternen; nichts war da, als ein ungeheurer, finsterer Abgrund: Ginnungagap, die gähnende, lautlose, tote Kluft.

Aber in dem grenzenlosen, schweigenden All lebte Fimbultyr, der geheimnisvolle, große, allmächtige Weltgeist, den nie ein Auge gesehen. Allvater ist's, „der Starke von oben, der alles steuert und ordnet ewige Satzungen an". Nach seinem Willen entstand im hohen, kalten Norden das finstere Nebelreich Nifelheim und fern im Süden Muspelheim, das

Reich der Gluthitze, des Feuers. Und ein Brunnen entsprang im urkalten Nifelheim: Hwergelmir, der brausende Kessel. Aus seiner grundlosen Tiefe brachen zwölf Ströme hervor, die sich mit donnerndem Rauschen in den unermeßlichen Abgrund stürzten. Ihre Fluten, die Eliwagar, erstarrten in der grausigen Kälte Ginnungagaps zu Eis, und da der brausende Kessel sich immer erschöpfte, schob sich eine Eisschicht über die andere, und im Laufe vieler Jahrtausende füllten die stetig wachsenden Massen einen Teil des gähnenden Schlundes aus.

Wie anders war es im Reich des heißen Südens, in Muspelheim! Dort zischte und blitzte es von umherstiebenden Feuerfunken; auf tausend Essen sprühte und leuchtete die rote Glut, und die Hitze war so groß, daß nur einer sie zu ertragen vermochte: Surtur, der Beherrscher des Flammenreiches Muspelheim. Dort saß auf einem Felsblock der Feuerriese, schwarz und finster von Angesicht, gestützt auf sein flammendes Schwert, und beobachtete, wie die Funken von seinen Essen über den gähnenden Abgrund flogen und drüben auf die Eisblöcke Nifelheims niederfielen. Wußte er, was die sprühenden Flammengeister dort wirkten und schafften? Hatte Fimbultyr, der ihn zum Herrn von Muspelheim gesetzt hatte, ihm kundgetan, daß dort eine neue Welt voll großen, reichen Lebens entstehen sollte? Reichte sein Blick bis an das Ende der Tage, da er im Bunde mit allen Unholden der Zerstörung aufbrach, um in gewaltigem Kampf die in Schuld und Sünde versunkene Welt der Götter und Menschen zu vernichten?

Die Feuerfunken vermischten sich mit den Wassertropfen aus dem Urweltbrunnen, und auf den starren Eismassen des Eliwagar fing es an zu zischen, zu dampfen, zu wallen; und siehe: aus der kreisenden Gärung entstand ein lebendes Wesen: der Reifriese Ymir oder Örgelmir: der brausende Lehm.

Und noch ein zweites Lebenwesen ging aus den gärenden Massen hervor: die Kuh Audhumbla, die Schatzreiche. Aus ihrem Euter flossen vier Milchströme, die dem Riesen Ymir zur Nahrung dienten und ihm ungeheure Kraft verliehen. Eines Tages, da er sich satt getrunken, entschlief er und geriet in Schweiß. Da erwuchs ihm unter einem Arm ein Sohn, unter dem anderen eine Tochter, und diesen beiden entstammte das gewaltige Geschlecht der Hrimthursen: Reif- oder Frostriesen.

Die Kuh Audhumbla leckte an den salzigen Eisblöcken, und unter ihrer Zunge kam aus dem Block in drei Tagen ein Mann hervor: groß, stark und schön. Er nannte sich Buri und schuf aus eigener Kraft einen Sohn, Bör geheißen. Dieser nahm die Riesentochter Bestla (die Beste) zum Weibe, und sie gewannen drei Söhne:

Surtur, der Beherrscher Muspelheims

Wodan/Odin (Geist) – Hönir/Wili (Wille) – Loki/We (Weihe oder Heiligtum).

Diese drei Söhne Börs waren von göttlicher Kraft und Schönheit, ganz unähnlich den unförmigen, plumpen Riesen aus dem Geschlechte Ymirs. Wem gebührte nun die Herrschaft über die werdende neue Welt: dem brüllenden Lehmriesen Ymir und seiner unholden Sippe, oder den edlen Söhnen des Bör?

Sie zogen aus zum Streite gegeneinander, und trotz seiner gewaltigen Kraft unterlag der schreckliche „Brüller" und wurde erschlagen. Aus den Wunden des Ungeheuers ergossen sich so mächtige Blutströme, daß in der dampfenden Sintflut alle Hrimthursen ertranken – bis auf zwei: Bergelmir und sein Weib, die sich auf einem Boot retteten. Diese beiden wurden die Stammeltern aller späteren Riesengeschlechter.

Als sich die Flut verlaufen hatte, nahmen die Sieger den ungeheuren Körper Ymirs, warfen ihn mitten in den gähnenden Abgrund zwischen Nifel- und Muspelheim und schufen aus ihm die neue Welt. Aus dem

Fleisch wurde die Erde geschaffen, aus dem Blut das Meer und alle Gewässer, aus den Knochen die Berge, aus den Zähnen die Steine, aus den Haaren Bäume und Sträucher, aus dem Schädel die Wölbung des Himmels und aus dem Hirn die wallenden Wolken; aus den Augenbrauen aber erbauten sie einen festen Wall gegen das Meer. So war nun Land und Wasser geschieden, die Erde ward trocken, kreisrund umfloß sie das Meer; an der jenseitigen Küste und auf den Inseln des Nordens und Ostens siedelten sich die Riesen an; die erhöhte Mitte der Scheibe wurde Midgard benannt und sollte künftigen Menschengeschlechtern zur Heimstätte werden.

So hatten Wodan, Hönir und Loki sich die Weltherrschaft erobert, und mit Recht nannten sie sich Asen oder Ansen, „Säulen der Welt".

Die Nacht

2. Der Tag und die Nacht, Sonne, Mond und Sterne

Nun waren Himmel und Erde, Wolken und Meer geschaffen, aber noch war es finster in Tiefen und Höhen, und aus dem Reich der Riesen wehten eisigkalte Lüfte. Da sprach Wodan, der erstgeborene und vornehmste Ase, zu seinen Brüdern Hönir und Loki:

„Unserer jungen Welt fehlen Licht und Wärme; ohne sie können sich blühendes Leben und holde Schönheit nicht entfalten. Auf! Lasset uns

Surturs Feuerflammen, die funkelnd die Lüfte durchwirbeln, einfangen und sie als leuchtende Gestirne an das Himmelsgewölbe setzen!"

Das taten die Asen, und bald strahlte das Firmament im Lichte unzählbarer Sterne.

Die dunkle Riesentochter Nott (Nacht), die bisher allein die Zeit beherrscht hatte, nahm nun einen Mann aus göttlichem Geschlecht, den schönen Dellinger, zum Gemahl und erhielt einen Sohn, der Dag (Tag) genannt wurde. Dieser war heiter und schön von Augen und Antlitz und glich seiner Mutter so wenig, wie die Nacht dem Tage gleicht. Unter diese beiden teilte Wodan die Zeit, gab der Mutter einen dunklen Wagen mit dem schwarzen Roß Hrimfaxi (Reifmähne) und dem Sohn einen goldig schimmernden Wagen mit dem weißen Hengst Skinfaxi (Glanz-

Der Tag

mähne). Wenn nun der Abend naht, so kommt die Riesin Nacht am Himmel emporgefahren, und von ihrem schwarzen Mantel fallen dunkle Schatten auf die Welt. Ihr Pferd Hrimfaxi schüttelt Reif aus Mähne und Schweif, und der Schaum seines Gebisses fällt als Tau herab.

Morgens in der Frühe aber steigt Tag in seinen Wagen, fährt aus dem goldenen Himmelstor die blaue Bahn hinan, die seine Mutter nun zurückgelegt hat, und sein heiteres, freundliches Angesicht und Skinfaxis strahlende Mähne verleihen der Welt ein sanftes, mildes Licht.

Außer den zahllosen kleinen Gestirnen hatten die Asen auch zwei große Sterne geschaffen, doch hatten sie diesen ihren Sitz noch nicht angewiesen. Nun lebte in Riesenheim ein Mann namens Mundilföri. Der hatte zwei sehr schöne Kinder, Knabe und Mädchen. Den Knaben nannte er Mani (Mond) und das Mädchen Sol (Sonne). Die Geschwister wuchsen zu prangender Jugendblüte heran, und in seinem Vaterstolz vermaß sich Mundilföri, seine Kinder mit den hohen Asen zu vergleichen. Darüber schüttelte Wodan zürnend sein Haupt, und er entriß dem verblendeten Mann die Kinder, versetzte sie an den Himmel und übertrug ihnen die Führung der beiden großen Gestirne. Sol, das Mädchen, mußte auf des Gottes Geheiß den Sonnenwagen fahren, vor den zwei windschnelle Rosse: Frühwach und Allgeschwind, geschirrt wurden, ihr Bruder Mani aber fährt den Wagen des Mondes. Und damit die Glut der Sonne nicht Himmel und Erde in Flammen setzte, befestigte Wodan vorn am Wagen den Schild Swalin.

So hatte nun die junge Welt Licht und Wärme, und Tag und Nacht waren durch den Auf- und Untergang der großen Himmelslichter geschieden: Dem vorauffahrenden Tag folgt mit ihren schnellen Rossen die Sonne, und hinter der dunklen Nacht kommt in seinem Wagen Mani, der mildleuchtende Mond, gezogen.

Den götterfeindlichen Riesen aber war das Licht mit seiner wohltätigen Wärme verhaßt, und sie beschlossen, Sonne und Mond zu vernichten. Zwei grimme Wölfe: Sköll (Stürmer) und Hati (Haß) hetzten sie auf die strahlenden Himmelslichter. Mit klaffendem Rachen rennt Sköll hinter der Sonne her, um sie zu packen, Hati aber verfolgt, einer schwarzen Wetterwolke gleich, den Mond. Schnell wie der Wind laufen die Himmelsrosse, und dennoch gelingt es manchmal den Wölfen, die rollenden Wagen einzuholen. Dann sind Sonne und Mond in großer Gefahr, und sie erbleichen vor Angst und verlieren all ihren Glanz. Menschenkinder sagen dann: „Es ist Sonnen- oder Mondfinsternis." Zum Glück für die Welt ist es Sol und Mani bisher noch immer gelungen, ihren Verfolgern zu entfliehen; erst am Ende der Welt werden die Wölfe sie einholen und beide verschlingen.

Sonne und Mond, die schönen Rosselenker der großen Himmelsgestirne, wurden von einigen germanischen Völkern, z.B. den Sachsen, als göttliche Wesen verehrt, und man benannte nach ihnen zwei Tage der Woche.

3. Die Erschaffung der Menschen

Unter den warmen Strahlen der Sonne bedeckte sich Midgard, das weite Land in der Mitte der Erde, im Laufe der Zeiten mit Gras und Kräutern, Blumen und rauschenden Wäldern; auch wurde es allmählich mit Tieren, groß und klein, bevölkert. Es fehlte darin nur noch der Mensch, das Ebenbild der Götter, für den diese es doch zur Heimat bestimmt hatten.

Da gingen eines Tages die Asen Wodan, Hönir und Loki am Meeresstrand entlang und kamen zu zwei Bäumen: Ask (Esche) und Embla (Ulme oder Erle?). „Aus diesen Bäumen", sprach Wodan zu seinen Brüdern, „laßt uns Menschen machen, auf daß Midgard, die schöne, fruchtbare Erde, von ihnen und ihren Nachkommen bewohnt und angebaut werde und wir an ihrem Tun und Treiben, Ringen und Kämpfen, Blühen und Gedeihen Lust und Freude gewinnen."

Allvater sprach's, und sie schufen aus der Esche einen Mann und aus der Ulme ein Weib. Wodan verlieh ihnen Geist und Leben, Hönir Verstand und Bewegung und Loki die Sinne, Gefühle, blühende Farbe und Sprache.

So stand nun vor den Göttern das erste Menschenpaar in seiner holden Schönheit und Unschuld, und Allvater streckte seine Hand über Midgard aus und sprach zu den Neuerschaffenen:

„Seht! Das ist eure Heimat! Da sollt ihr fortan wohnen, Tiere zähmen und züchten, das Land bebauen und essen die Früchte der Bäume und des Feldes – ihr, eure Kinder und Kindeskinder."

Ask und Embla folgten Wodans Wink, und von ihnen stammen alle Völker germanischer Zunge ab, die das weite Midgard bewohnen.

4. Die Riesen

Älter als Götter und Menschen waren die Riesen, denn Ymir, das erste lebendige Wesen der Erde, war ihr Stammvater. Ihnen gebührte daher nach ihrer Meinung die Weltherrschaft, und all ihr Trachten ist darauf gerichtet, das verlorene Erbe wiederzugewinnen. Daher sind sie unversöhnliche Feinde der Asen und hassen alles, was diese und ihre Kinder, die Menschen, Gutes, Lichtes und Schönes schaffen. Hielte die Übermacht der Götter sie nicht in Schranken, so würden sie Sonne und Mond und alle Gestirne am Himmel auslöschen und die schöne, lichte Welt wieder in eine finstere, nebeltrübe Schlammwüste verwandeln, wie es in Urzeiten gewesen.

Man unterscheidet Berg-, Wald-, Feuer-, Sturm-, Winter-, Reif- oder Frostriesen. Auch gibt es Riesen in Drachen- und Tiergestalt; hierzu gehören der Fenriswolf, die Midgardschlange, der Drache Nidhögger mit seiner Sippe, Fafner, den Siegfried erschlug, und Hräswelger, der Adler hoch oben im Norden an der Stirn der Erde, der mit seinen Flügelschlägen Sturm und Wind verursacht.

Alle Riesen sind von übermenschlicher Größe und Körperkraft, wahre Ungeheuer von Gestalt, riesengroß, roh, plump und wild und schrecklich von Angesicht. Ihre Waffen sind mächtige Steinkeulen und Steinschilde, und zentnerschwere Felstücke dienen ihnen als Wurfgeschosse. Steinhart sind auch ihre Schädel, und nicht selten ist sogar auch ihr Herz von Stein. Da kann man wohl nicht erwarten, daß sie mit andern Wesen mitfühlen.

Die Bergriesen hausen mit Vorliebe in den wildesten Gebirgsgegenden, wo es recht unfruchtbar und schauerlich ist. Gerade so lieben es diese Unholde, und sie trachten, die blühenden Fluren der Menschen am Fuß der Berge ebenfalls in Ödland zu verwandeln. Darum verursachen sie nicht selten Felsstürze, lassen wilde Gießbäche und Lawinen zu Tal sausen und brausen und vernichten damit in weitem Umkreis die mit Fleiß und Mühe geschaffene Kulturarbeit der Menschen.

Hie und da hat sich auch ein frecher Steinriese mitten im Ackerfeld angesiedelt, und vor der felsigen Schwelle seiner Behausung muß der Pflug des Bauern haltmachen. Deshalb haßt der Landmann den Riesen und sucht seine Wohnung zu zerstören. Freilich gelingt ihm das nicht immer, seine Kraft ist zu schwach; da ruft er denn seinen göttlichen Freund und Schirmherrn Donar, den mächtigen Donnerer, zu Hilfe. Und nicht vergebens: im Gewitter kommt der Ase dahergefahren und schleudert seinen Hammer in die Felsenwohnung des Riesen, daß sie krachend zusammenbricht. So wird der Unhold gezwungen, von dannen zu ziehen; und bald geht der Pflug über die Stätte, wo die Steinburg gestanden, und im Sommer wogt ein Wald goldener Ähren darüber. Sicherer sitzen die Riesen in den Hochgebirgen, und selbst dem gewaltigen Asa-Donar gelingt es nicht, sie daraus zu vertreiben.

Wohl noch grimmiger und finsterer als die Bergriesen zeigen sich ihre Vettern: die Reif- oder Frostriesen. Unter ihrer strengen Herrschaft haben wir alle im Winter genug zu leiden. Viel schlimmer aber haben diese

Unholde unseren Vorfahren, den alten Germanen, und den Völkern des hohen Nordens mitgespielt. Damals war ihre Macht so groß, daß sie den größten Teil des Jahres beherrschten. Sie wollten mit ihrem Grimm Götter und Menschen und alles Leben auf der Erde austilgen, doch ist ihnen dieses schnöde Vorhaben zum Glück nicht gelungen.

Durch seine Klugheit hat der kleine Mensch einen Sieg nach dem anderen über die grausamen Unholde erfochten, denn das Licht ist stärker als die Finsternis, und Geist und Witz sind mächtiger, als rohe Körperkraft und maßloses, blindes Wüten.

Allerdings hatte der Mensch in diesem schweren Kampf mächtige Bundesgenossen: die hohen Asen. Vor allen anderen hat der Donnerer Donar unablässig die Eis- und Frostriesen befehdet und so manchen furchtbaren Häuptling mit seinem ganzen Heer erschlagen. Doch die Unholde gänzlich auszurotten, ist den vereinigten Kräften des Gottes und der Menschen bis auf den heutigen Tag nicht gelungen; das erfahren wir in jedem Winter, wenn eisige Stürme über Midgard hinbrausen und uns vor Kälte das Herz im Leibe erschauert.

Riese vor seiner Höhle

Von den Wasserriesen ist der mächtigste Ägir, der aber weiseste Mimer. Ägir ist der Beherrscher des Weltmeeres; jeder Küstenbewohner kennt und fürchtet seine Macht und seinen Grimm. Wenn er zornig wird, so erbebt die See bis in die Tiefen, haushohe Wogen springen empor und beginnen schäumend und brüllend ihr wildes Spiel. Hungrigen Wölfen und Drachen gleich stürmen sie nach den Gestaden Midgards, und als Sturmfluten verschlingen sie nicht selten ganze Inseln und weite Strecken des Festlandes. Die Bewohner der Halligen in der Nordsee haben unter den Schrecken, die Ägir in seinem Zorn fort und fort über sie heraufbeschwört, furchtbar gelitten und leiden darunter bis auf den heutigen Tag. Jedoch nicht immer gebärdet sich dieser mächtige Seeriese so grimmig; manchmal ist er milde und heiter gestimmt, und dann ist auch das Meer ruhig und liegt da wie ein ungeheurer blanker Schild, auf dem sich der weite blaue Himmel mit seinen Gestirnen spiegelt. Besonders in den sonnigen Tagen des Spätsommers, um die Zeit der Flachsernte, ist Ägir bei guter Laune. Dann kommen sogar die hohen Asen zu ihm zu Gast und feiern in seinen herrlichen Hallen, die von dem Gold, womit Säulen, Wände und Deckenwölbungen reich geziert sind, taghell erleuchtet werden, heitere Gelage. Der Glanz des Goldlichts schimmert aus der Tiefe hindurch bis auf die Oberfläche der See; das ist das wundersame Meeresleuchten in schönen Sommernächten.

Ägirs Gemahlin heißt Ran oder Rahana. Sie wird die Raffende genannt, weil sie ihre Arme raubgierig nach den Schiffen emporstreckt, die auf den Wogen fahren, um sie mit Mann und Maus in die Tiefe hinabzuziehen. So hat sie schon Hunderte und Tausende wackerer Seemannen an sich gerafft und in ihr unterseeisches Reich geführt, wo sie ihre Wiesen mähen, ihre Äcker bestellen und ihre Kühe weiden müssen. Man sieht die Herden auch zuweilen auf der Oberfläche des Wassers, sie gleichen den Spiegelbildern der Wolken am Himmel.

Rahana hat neun Töchter, wilde Wogenmädchen, die der Mutter in ihrem schifferfeindlichen Tun und Treiben getreulich helfen. Auf schäumenden Wellenrossen kommen sie dahergestürmt, setzen die Seefahrer in Verwirrung und Schrecken, spielen mit ihren Fahrzeugen Fangball und bringen sie oftmals zum Kentern und Versinken.

Bisweilen freilich sind auch die wilden Jungfrauen wie ihr Vater sanftern Sinnes; dann tanzen sie auf den Wogen singend den Reigen und lassen ihre schneeweißen Schleier und ihre grünen Haare lustig im Winde flattern.

Ein anderer, höchst grimmiger Meerriese hieß Grendel; diesen erschlug in heldenmütigem Kampf der tapfere Gotenkönig Beowulf.

Mimer, der weiseste und friedlichste aller Wasserriesen, hatte einen Brunnen zu eigen, der unter einer Wurzel der Weltesche im Lande der Hrimthursen (Reifriesen) quoll. In ihm war uralte Weisheit verborgen. Täglich trank Mimer aus dieser Wunderquelle, und da kann man sich vorstellen, wie weisheitsschwer dieser Mann sein mußte. Ihm waren uralte, wichtige Geheimnisse der Vorzeit kund, die selbst für den durchdringenden Geistesblick Wodans nicht zu ergründen waren. Da begab sich einst der Ase zu Mimer und bat ihn um einen Trank aus seinem Brunnen. Aber der Riese forderte einen hohen Preis als Pfand, nämlich: ein Auge Wodans. Und was tat da Allvater? Er gab eins seiner Augen hin – so kostbar dünkte ihn die Weisheit. Hätte solches auch ein plumper Riese getan?

Seit jener Stunde ist Wodan einäugig. Allein dessenungeachtet vermag er doch besser zu sehen als alle anderen Wesen, denn das ihm verbliebene Auge ist die Sonne, die alles überblickt und durchdringt. So war wohl das verpfändete der Mond, der in Mimers Brunnen, dem Meere, untergeht? – So mag es wohl sein, denn es heißt in einem alten Lied: „Kenntnis (Weisheit) trinkt Mimer jeden Morgen aus Allvaters Pfand" (Wodans Auge);

und hat nicht der Neumond in den ersten Nächten die Form eines Trinkhorns?

Andererseits gilt Mimer als der Gott der Weltgeschichte; dann wäre sein Brunnen Quelle und Inbegriff aller Erfahrung von Anbeginn der Zeiten, und wer bedurfte solcher Weisheit notwendiger als Wodan, der Lenker der Welt?

Unter den Feuerriesen ist der älteste und mächtigste Surtur, der schwarze Beherrscher von Muspelheim. Dieser wird einst als Anführer aller Flammengeister die Welt anzünden und an ihrer Vernichtung den größten Anteil haben. Er verkörpert das verheerende Wildfeuer, von dem der Dichter sagt: „Doch furchtbar wird die Himmelskraft, wenn sie der Fessel sich entrafft."

Ein anderer Feuerriese hieß Gheirröd oder Gerrot, der es auf Asa-Donars Leben abgesehen hatte, aber von dem Hammer des zornigen Donnerers zerschmettert wurde.

Im Norden hießen die Riesen Jötune und Hrimthursen, und ihr Reich war Jötun- oder Riesenheim, nach einem mächtigen Häuptling auch Thrymheim – das schallende, von Geschrei und lautem Getöse widerhallende – genannt.

Jötun oder Jätte bedeutet einen starken Esser und Thurs einen, der immer Durst hat, also einen Säufer. Die Riesen waren also Schlemmer und Schwelger, Prasser und Trunkenbolde, und als solche waren sie die geschworenen Feinde der Asen, die dem Guten, Wahren und Schönen huldigten und redlich kämpften, um die heiligen Satzungen Fimbulthyrs, also die Gesetze des Geistes, der Sittlichkeit und Schönheit, auf Erden zur Geltung zu bringen. Darum nannten sie sich auch mit Recht Ansen: Säulen der Welt, denn diese kann nur bestehen und sich kräftig fortentwickeln, wenn in ihr der Geist der Wahrheit, Sittlichkeit und Schönheit waltet.

Elfen

5. Schwarzelben (Zwerge) und Lichtelben (Elfen)

Die ganze sichtbare Natur: Luft und Wasser, Berg und Wald, Wiese und Feld, ja, selbst das Innere der Erde, wimmelt von kleinen Wesen, die man Elben oder Elfen und Zwerge nennt. Sie haben aber auch noch viele andere Namen, zum Beispiel Wichte, Gnomen, Kobolde, Waldschrat, Wurzelmännchen, Nixen, Unterirdische, Heinzelmännchen, Herdmännlein, Hütchen, Mahr und Irrwisch.

Man unterscheidet zwei Hauptgruppen dieser sonderbaren kleinen Wesen: die Schwarzelben oder Zwerge und die Lichtelben oder Elfen. Beide waren sehr verschiedener Art, werden aber oft miteinander vermischt. Die Zwerge standen ihrer Natur nach den Riesen nahe, gehörten der dunklen Erde an, waren häßlich und mißgestaltet gleich ihren langen Vettern, dickköpfig, langbärtig, greisenhaft schon im Kindesalter, nicht selten auch mit einem Höcker auf dem Rücken belastet, kurz: es waren mit wenigen Ausnahmen häßliche, braune Knirpse. Aber an Verstand und Witz waren sie den dummen Riesen so hoch überlegen wie diese ihnen an Körpergröße; darum halten sie sich auch lieber zu den Asen und Menschen als zu ihren plumpen, einfältigen Verwandten. Geist adelt, und ein gescheiter, häßlicher Zwerg darf mit Recht einen höheren Rang beanspruchen als ein Unhold an Größe und Kraft, der mit seinem Schädel Berge über den Haufen rennen kann. Vom Ursprung der Zwerge wird berichtet:

Im Fleisch des Urweltriesen Ymir, dem gärenden Lehm, aus dem die Erde gebildet worden war, entstanden kleine Wesen, zahllos und häßlich wie Maden. Ihnen verliehen die Asen Menschengestalt, doch in winzigem Maßstab, in Kindergröße, und begabten sie mit Verstand, Witz, lustigem Sinn und großer Kunstfertigkeit. Vier von ihnen stellte Wodan unter die vier Hörner des Firmaments, um den Himmel zu tragen; diese hießen Nord, Süd, Ost und West. Die anderen verblieben zumeist in Schwarzelbenheim, dem Innern der Erde, erbauten sich Wohnungen in den Felsenklüften, schürften in den Bergen nach Schätzen, gewannen Erze aller Art: Kupfer und Eisen, Silber und Gold, errichteten Schmiedewerkstätten

und schufen darin allerlei köstliche Dinge: Ringe und Ketten, Gürtel und Spangen, Halsbänder und Kronen, Kannen und Becher, Schwerter und Schilde, Helme und Harnische und noch viele andere herrliche Kleinode. Die Kunstfertigkeit der kleinen Meister ward bald berühmt bei Asen und Menschenkindern.

Einige besonders kluge und geschickte Zwerge gewannen große Reichtümer und wurden mächtige Herrscher in Schwarzelbenheim: so der berühmte Walberan und sein Neffe Laurin, der Herr des zauberschönen Rosengartens in Tirol, so die Könige Schilbung und Nibelung, die Siegfried erschlug und dabei seinen Schatzmeister Alberich und den unermeßlichen Nibelungenhort gewann, so Gibich und Goldemar im Harz und Hans Heiling im Böhmerwald. Nicht weniger Ruhm genossen die großen Schmiedemeister Mimer und Wieland, die zwar mit den Riesen nahe verwandt waren, aber ihrer Natur nach doch zu den Schwarzelben gehörten.

Andere Zwerge, die Heinzel- und Herdmännchen, siedelten sich in den Wohnungen der Menschen an, hielten sich jedoch in ängstlicher Verborgenheit und verrieten ihre Anwesenheit nur durch ihr geheimnisvolles Wirken im Dunkel der Nacht. Gewährte ihnen der Mensch gern Gastfreundschaft in seinem Haus und Wärme an seinem Herd, so bewiesen sie sich äußerst dankbar, halfen ihm ungesehen fleißig in seiner Wirtschaft und verliehen seinem Hause Glück und Gedeihen; feindselig und rachsüchtig aber zeigten sie sich, wo sie verfolgt, verspottet oder sonst schwer gekränkt wurden. Dann merkte ihr unmilder Wirt gar bald, daß es mit seinem Hauswesen bergab ging: an allen Ecken und Enden wird er bestohlen, die Kühe werden ihm nachts ausgemolken, die Pferde beunruhigt, sein Kind in der Wiege geraubt und dafür ein häßliches Zwergenkind, ein sogenannter Wechselbalg, hineingelegt, ja, er selbst wird von seinem unsichtbaren Feind, dem Nachtmahr oder Alb, im Schlafe so gequält, daß er oft gleich einem Sterbenden ächzt und nach Atem ringt.

Es ist auch vorgekommen, daß ganze Ortschaften, ohne Verschulden ihrer Einwohner, arg von dem Zwergvolk belästigt wurden, so vorzeiten die Leute in dem Dorf Sachsa am Harz. Die Unterirdischen, durch Hehl- oder Tarnkappen unsichtbar gemacht, schlichen sich in die Erbsenfelder und Bäckerläden ein und stahlen wie Sperlinge und Dohlen. Da kam ein weiser Mann ins Dorf, der gab den unglücklichen Leuten den Rat: sie sollten eine Rute von einer Goldweide brechen und damit nachts um zwölf Uhr dreimal durch die Luft schlagen. Wenn dann einer der Diebe in der Nähe wäre, so würde ihm die Hehlkappe vom Kopfe fallen, und sie könnten den Missetäter sehen und ergreifen.

Ein Mann, der Erbsen auf dem Feld hatte, befolgte diesen Rat, und alsbald erblickte er vor sich einen Zwerg, der sich gar jämmerlich gebärdete. Der Mann fing das Männlein, stellte es vor Gericht und klagte es des Felddiebstahls an. Da hat es vor den gestrengen Richtern mit Seufzen ausgesagt, daß die unterirdischen Gewässer jetzt so groß seien, daß das arme Zwergvolk sich unter der Erde nicht mehr ernähren könne und durch Hunger getrieben werde, sich an den Vorräten der Menschen zu vergreifen. Es versprach auch, wenn es ungestraft davongehen dürfte, so würden alle Zwerge fortziehen, bat um ein Rosenblatt, stippte lauter kleine Löcher hinein und forderte den Richter auf, in das Loch in der Mitte zu blasen, dann würde sogleich der König des Zwergvolks vor Gericht erscheinen.

Man blies in das Rosenblatt, und siehe: augenblicklich erschien der König. Er erklärte ebenfalls, daß sein Volk fortziehen und keinen Schaden mehr tun würde, wenn er mit dem Gefangenen ungestraft davongehen dürfte. Dies wurde den beiden erlaubt, und am anderen Tag zog wirklich das Zwergvolk unter den Klängen einer schönen Musik ab, warf auch in Sachsa Goldmünzen aus, die dort noch heute zum Andenken aufbewahrt werden. Dann wanderten die unsichtbaren Scharen über eine Brücke, ein langer, langer Zug, und niemand hat dort je wieder Zwerge gesehen.

Alle Schwarzelben fürchten und hassen das Sonnenlicht und wagen sich nur mit ängstlicher Scheu und Vorsicht an die Erdoberfläche. Und sie haben wohl Ursache dazu: sobald nämlich ein Sonnenstrahl auf sie fällt, verlieren sie das Leben und werden zu Steinbildern. Um sich vor dieser schrecklichen Gefahr zu schützen und zugleich, um von den Menschen nicht gesehen zu werden, bedecken sie ihr Haupt mit Tarnkappen. Dann sind sie unsichtbar, können sich nach Herzenslust mitten unter den Menschen tummeln, ihnen Possen spielen oder sich, wenn sie gereizt worden sind, ungestraft an ihren Peinigern rächen.

Von den Schwarzelben im dunklen Erdenschoß wesentlich verschieden sind die Lichtelben, die Alfen oder Elfen. Wie schon ihr Name sagt, ist das Licht ihr Element. Licht ist ihr liebliches Antlitz, aus Licht und Duft gewoben ihre anmutvolle, sylphenartige Gestalt, licht ihr leichtes, flatterndes Gewand, glanzvoll ihre Heimat Lichtelbenheim.

In dem Strahlenring um die Sonne, den Mond und die Sterne erblickte man den Elfenreigen, und neigte man das Auge zu dem Spiegel der Seen, so sah man auch dort die lichtschillernden, kreisenden Ringe. Die hüpfenden Nebel auf den waldumkränzten Wiesen in mondhellen Sommernächten waren nichts anderes als die flatternden Gewänder und Schleier tanzender Elfenscharen, und aus Busch und Baum vernahm der einsame Wanderer des Elfenkönigs lockenden Gesang:

> „Willst, feiner Knabe, du mit mir geh'n?
> Meine Töchter sollen dich warten schön.
> Meine Töchter führen den nächtlichen Reihn
> Und wiegen und tanzen und singen dich ein."

Die Elfen, als die Sinnbilder des Lichtes und der Schönheit, gehörten mit den Asen und Wanen zu den guten, reinen, heiligen Wesen. Die Isländer nannten sie verehrend Liuflingar, das heißt Lieblinge, und in Schottland hießen sie seely Wights (selige Wesen) weil man glaubte, daß sie, die in Schönheit, Frieden und Seligkeit lebten, auch den Menschen diese Himmelsgaben verleihen könnten. Die Sonne wird der Elfen Bestrahlerin und Dwalins, des Elfenkönigs, Spielschwester genannt.

In naher Beziehung zu diesen Sonnenkindern stand der Lichtgott Freyr, der milde Geber der Fruchtbarkeit. Sein Reich war Alfheim, und Freyja, die Göttin der Liebe und Schönheit, war seine Schwester. Von den Elfen, die ja in späteren Zeiten mit den Zwergen vermischt wurden, hatte er sein wunderbares Schiff Skidbladnir erhalten, das gleich den Wolken, die am Himmel hinziehen, stets guten Fahrwind hatte. Der Elfen Werk und Geschenk war wohl auch Brisingamen, Freyjas kostbarer Halsschmuck, der an Glanzgefunkel mit den Sternen wetteiferte und der Göttin bezaubernden Liebreiz verlieh.

Ursprünglich waren also die Elfen die Genien der Kunst. Sie, die Kinder des Lichts, sind die Klugen, Sinnreichen, Verständigen; die kleinen schwarzen Schmiedemeister im Dunkel der Erde konnten mit ihren Händen den Ideen der göttlichen Erfinder nur Form und Gestalt geben.

Vom Ursprung der Elfen haben wir keine Kunde; sie sind nicht erschaffen, nicht geboren; sie sind Kinder des ewigen Lebens, der ewigen Wahrheit und des ewigen Lichtes. Hatte Fimbultyr, der große, geheimnisvolle Gott, aus hoher Himmelsferne diese lichten Wesen hergesandt, damit sie als seine Boten der jungen Erdenwelt das Licht der Vernunft, der Weisheit, Güte und Schönheit bringen sollten?

Ewig, wie Allvater, sind auch diese seine lichten Kinder, und in Lichtalfenheim, dem weitblauenden, unbegrenzten Äther, werden sie wohnen, denken und dichten, spielen und tanzen, wenn im großen Weltbrand die Erde mit den schuldbeladenen Asen, Menschen, Riesen und Zwergen zugrunde gegangen sein wird.

Das Licht, ein Sinnbild der Reinheit, Heiligkeit und Schönheit, siegt über die Finsternis, und wer im Lichte bleibt, wie die Elfen, der hat das ewige Leben.

6. Die Weltesche und Nornen

Unsere Ahnen stellten sich das Weltgebäude unter dem Bilde eines Riesenbaumes, der Weltesche Yggdrasil, vor. Yggr ist ein anderer Name Wodans, drasil heißt Träger, also bedeutet Yggdrasil wohl Wodans Baum.

Die Esche umfaßte die ganze Welt. Ihre drei Wurzeln hatten ihren Ankergrund im urkalten Nifelheim, im Land der Rimthursen und in Midgard, wo die Menschen wohnen. Der Stamm des Baumes erstreckte sich von der Erde bis zum Himmel, und seine weitverzweigte Krone breitete sich über Asgard, dem Sitz der Asen, aus.

In dem immergrünen Wipfelwald weidet die Ziege Heidrun, und wunderkräftig muß wohl ihre Speise sein, denn diese Geiß gibt so viel Met, daß alle Götter und Helden Walhallas sattsam davon zu trinken haben. Auch nährt sich der Hirsch Eikthyrnir von den Blättern, und von seinem Geweih rauschen unablässig Regenschauer herab und füllen in Nifelheim den alten Kessel Hwergelmir, aus dem alle Ströme der Welt entspringen.

Auf dem Gipfel des Baumes sitzt ein Adler, und zwischen seinen Augen rastet ein Habicht. Vier Hirsche steigen an dem Stamm auf und nieder und beißen die knospenden Triebe ab. An der Wurzel in Nifelheim nagt Nidhögger, der grimmig hauende Drache. Er liegt im Streit mit dem Adler, der auf dem Gipfel nistet. Heftige Drohungen und Schimpfworte stoßen sie gegeneinander aus, die das hurtig auf- und niederhuschende Eichhörnchen Ratatwisker von einem zum anderen trägt.

Die Hirsche und der Drache mit seiner Sippe arbeiten unablässig an der Zerstörung des Weltbaumes. Sie sind die bösen Gewalten: Schuld und Sünde, Haß und Hader, Neid und Streit, Gift, Krankheit und Tod, die am Leben zehren und die Welt vernichten wollen. Zwischen diesen Mächten der Finsternis und Wodans Adler auf dem Gipfel des Baumes, über dessen Sonnenaugen gleich einer Wolke der Habicht schattenspendend seine Flügel ausbreitet, kann kein Friede sein: Licht und Finsternis, Leben und Tod sind unversöhnliche Feinde.

Unter der Wurzel im urkalten Nifelheim befindet sich auch das Reich der Hel, die schauerliche Welt der Todesschatten, wohin die Seelen der Verstorbenen kommen.

Die zweite Wurzel der Weltesche ist in Riesenheim. Unter ihr quillt Mimirs Brunnen.

Aus dem Schoße Midgards erhebt sich die dritte Wurzel. Auch unter ihr liegt ein Brunnen: der Nornen- oder Urdsbrunnen. Bei dieser Quelle steht eine hochgewölbte, von heiligen Wasserfluten umrauschte Felsenhalle:

Die Weltesche Yggdrasil

das Haus der Nornen, der Schicksalsschwestern. Es sind drei Riesenjungfrauen, sie heißen: Urd, Werdandi und Skuld. Ihren Händen hat Allvater furchtbare Macht anvertraut: Sie haben über die Geschicke der Asen und Menschen, ja, der ganzen irdischen Welt zu beschließen.

Das war nicht immer so. Während langer Zeiträume waren die Asen die

Schicksalsmächte. Da spielten sie selig mit goldenen Würfeln, auf denen die heiligen Runen Allvaters geschrieben standen. Damals kannte man weder Leid, noch Sorge: reine, ungetrübte Freude herrschte in Asgard und in Midgard. Das war das goldene Zeitalter, die Zeit der Kindesunschuld, der Reinheit und Glückseligkeit. Sie währte so lange, bis die Asen schuldig wurden, bis sie Treubruch und Mord verübten und somit ihre Heiligkeit einbüßten. Da gingen auch die goldenen Runentäfelchen Fimbulthyrs verloren.

Da kamen die Nornen, die drei Schwestern riesischer Abstammung. Sie sitzen am Brunnen in der flutüberströmten Halle, ritzen Runen und spinnen und weben die Schicksale der Götter und Menschen. Die mächtigste von ihnen ist Urd oder Wurt, die Norne der Vergangenheit, daher wird auch nach ihr der heilige Brunnen genannt. Ihr Name, bedeutete „das Wort".

Der Name ihrer Schwester Werdandi bedeutet das „Werdende"; sie verwirklicht Urds Ausspruch, läßt die Dinge werden und sich entwickeln, verleiht ihnen Spielraum, sich in der Welt zu entfalten, hat wohl Erbarmen mit dem Schwachen und hilft dem Strauchelnden freundlich wieder auf, blickt streng auf das herrische Gebaren des Stolzen und mitleidig lächelnd auf die ausgelassene Lust übermütiger Jugend; denn sie sieht die Zukunft der vom Schleier der Täuschung befangenen Erdenkinder, blickt bis ans Ende – und kann nur über ihre Verblendung lächeln. Werdandi ist die Norne der Gegenwart.

Die dritte Schicksalsschwester heißt Skuld. In ihrer Hand liegt die Entscheidung; sie ist unerbittlich, gleich der rauhen Notwendigkeit; mit ehernem Griffel ritzt sie die Rune des Todes und spricht mit unerschütterlicher, kalter Entschlossenheit: „Es muß sein!" Skuld, die Norne der Zukunft, kennt kein Erbarmen, wie ihre Schwester Werdandi, keine warme Begeisterung, wie die göttliche Urd; sie trägt wie die Riesen ein steinernes Herz im Busen, und die Züge ihres Antlitzes sind bleich, hart und kalt wie die des Todes.

Skuld ist es auch, die in den Sagen und Märchen den guten Gaben, die ihre Schwestern einem Kind in die Wiege legen, eine böse hinzufügt und dadurch den Segen der beiden anderen in Fluch zu verwandeln trachtet. So wird erzählt:

Als Nornegast geboren war, traten an seine Wiege drei hehre Frauen. Die beiden ersten verhießen dem Kind Glück und Heil, aber die dritte sprach mit finsterer Gebärde: „Und ich sage: er soll nicht länger leben, als diese Kerze neben der Wiege brennt." Da trat die älteste Norne rasch hinzu, löschte die Kerze aus, überreichte sie der Mutter des Kin-

Die Nornen Urd, Werdanda und Skuld unter der Weltesche Yggdrasil

des und mahnte: „Hebe sie sorgsam auf und übergib sie später deinem Sohn, damit er sie behüte, denn an ihr hängt sein Leben." Nornegast wuchs auf und wurde ein ruhmreicher Held und Sangesmeister. In seiner Harfe barg er die Kerze, fuhr durch viele Länder und genoß die Freuden des Lebens dreihundert Jahre lang. Da war er wandermüde und lebenssatt. Und der Greis holte die Kerze hervor, zündete sie an und blickte mit milden Augen ruhig und gelassen in die verglimmende Flamme, mit der zugleich auch sein Leben erlosch.

Aber nicht nur der Menschen Schicksal liegt in den Händen der drei hehren Schwestern, sondern auch das der Götter und der Welt. Darum kommen die Asen oft zu Urds Brunnen geritten, um bei dem Rauschen der heiligen Quelle Gericht zu halten und dabei wohl auch guten Rat von den weisen Jungfrauen zu erforschen. Und wie bald würde der Weltbaum von seinen grimmen Feinden, die an seinen Wurzeln nagen und seine frischen Triebe abbeißen, vernichtet werden, wenn nicht die Nornen, Allvaters Sendbotinnen, das Werk der Zerstörung hemmten und damit das Fortbestehen der Welt sicherten! Sie schöpfen jeden Morgen Wasser aus der heiligen Quelle und besprengen damit den Baum. Und gleich wie der Himmelstau, der vom Wipfel der Esche in die Täler fällt und Gras und Blumen der Erde erfrischt und erquickt, so hat auch die heilige Flut aus dem Nornenbrunnen nährende, erhaltende und verjüngende Kraft: es ist das Wasser des Lebens, der Wunderborn ewiger Jugend, von dem unsere tiefsinnigen Sagen und Märchen erzählen.

7. Die Hel (Hellia, Hölle)

Verwandt mit den Nornen ist Hel oder Hellia, die Beherrscherin des Totenreiches, der Unterwelt: Helheim genannt. Ihr Name kommt von hehlen, unsichtbar machen; sie ist also die verborgene Göttin. Fern vom Licht der Sonne liegt auch ihre Wohnung, die Unterwelt. Sie befindet sich in den Tiefen des urkalten Nifelheim, unter der ersten Wurzel der Weltesche, wo der rauschende Kessel Hwergelmir hervorquillt. Hier ist der Ursprung allen Seins und Lebens, und hierhin kehrt es auch wieder zurück; so ist die Göttin der Unterwelt zugleich auch die Mutter alles Lebendigen.

Der Weg nach Helheim ist weit. Wenn einer auf einem windschnellen Roß reitet, so braucht er neun Tage und Nächte, um ans Ziel zu kommen. Dieser Hel- oder Hellweg führt durch die dunkeln Täler der Schwarzelben oder Zwerge; man sieht in den Höhlen und Klüften im Erdenschoß ihre Feuer brennen und hört das wackere Hämmern der kleinen Schmiedemeister. Aber in den Felsenhallen am Weg wohnen auch grimme Riesen, die den bleichen Pilger nach dem Totenreich schrecken und bedrohen; die Bösen haben unter den Tücken der Unholde viel zu leiden, über die Guten und Gerechten aber haben sie keine Macht.

Dort, wo hinter Schwarzalfenheim das Reich Helheim beginnt, wölbt sich über den donnernden, schwarzen Strom Slidur die Giöllbrücke, von den Zwergen aus purem Gold gebaut. Schon aus weiter Ferne sieht der Wanderer ihren Strahlenglanz, der Böse mit Angst und Grauen, denn er weiß, wer über die Brücke schreitet, der muß alle Hoffnung fahren lassen. Als Wächterin sitzt dort die Jungfrau Modguder, deren Name Seelenkampf bedeutet; An diesem Scheideweg leiden die Seelen der bösen Helpilger schreckliche Pein. Scharfen Auges waltet Modguder ihres Wächteramtes, und nur die Schattengestalten Verstorbener läßt sie über die goldene Brücke gehen oder reiten.

Jenseits des schwarzen Stromes liegen die dämmernden Gefilde der Unterwelt, das Reich der Toten, in das niemals ein warmer, goldener Sonnenstrahl fällt. Ein hohes, festgefügtes Gitter umhegt die weiten Hallen der Hel. Die Pforte ist verschlossen, tritt aber ein Pilger an sie heran, so geht sie von selbst auf und schließt sich auch wieder hinter dem neuen Gast. Ist dieser auf Erden ein guter Mensch gewesen, so mag er getrost über die Schwelle schreiten, es kann ihm nichts geschehen, denn die Göttin der Unterwelt ist gerecht; sie belohnt und straft jeden nach seinem Verdienst. Dem Guten erscheint sie freundlich und milde, dem Bösen aber als eine unerbittliche, grausame Rächerin.

In Hels Haus sind viele Wohnungen. Da gibt es reichgeschmückte Hallen, in denen goldene Tische und Bänke stehen. Dort ergehen sich die Guten im Gespräch mit ihren Freunden, sitzen nieder auf das schimmernde Gestühl, langen nach den metgefüllten Goldbechern und trinken Minne und treues Gedenken ihrer Geliebten, die noch droben im Licht der Sonne wandeln.

Doch nicht allen Gästen Hels fällt ein so mildes Los zu. Wer im Leben ein Bösewicht gewesen ist, den weist die strenge Göttin in die Halle der Schrecken und Pein. Dort ist es finster, und ein reißender Strom wälzt dort seine schlammigen Wogen, in denen scharfe Schwerter durcheinandergewirbelt werden. In ihn werden die Verdammten hineingetrieben, und sie werden von den kreisenden Fluten niedergerissen und übel zugerichtet von dem scharfen Eisen. Wehe, wer in dieser Schlammhölle waten muß!

Eine andere Halle ist mit giftigen Schlangen gedeckt. Die Köpfe des scheußlichen Gezüchts blicken mit den boshaften Augen alle in den Saal hinab, und sie speien ätzendes Gift auf die unglückseligen Menschen, die dort umherschleichen, stöhnen und wimmern, daß es Mark und Bein durchdringt.

Hel

Die schlimmsten Verbrecher, wie die Ehrabschneider, Wucherer, Geizhälse, Meineidige und Mörder, kommen nach Nastrand, wo Nidhögger, der heftig hauende Drache, mit seiner Sippe haust. Wer dort eingehen muß, der ist wohl sehr zu beklagen!

Ein nachtschwarzer Hahn lebt in Helheim. Dereinst, wenn die Schwäne in Urds Brunnen den Schwanengesang anstimmen werden, wird auch er seine Stimme erheben und krähen. Dann tun sich die Pforten der Unterwelt auf, und alle Leiden der Verdammten haben ein Ende.

8. Jörmungander, die Midgardschlange

Verwandt mit dem Drachen Nidhögger ist die Midgardschlange, die auch als eine Tochter Lokis und Schwester der Hel und des Fenriswolfes bezeichnet wird. Sie wurde von den Riesen aufgezogen und war gleich ihren unholden Pflegern von Jugend auf eine Feindin der Asen. Wodan, dessen Sonnenauge alles durchdringt, erblickte das Ungetüm in Riesenheim und sandte die Götter hin, es vor sein Angesicht zu holen. Auf den ersten Blick erkannte er die feindselige Gesinnung der Schlange, und er packte das Untier und schleuderte es von Asgards Höhen in das Weltmeer hinunter.

Aber die Schlange ertrank nicht im Meer, sondern wuchs darin zu so riesiger Größe, daß ihr Körper wie ein Ring alle Länder der Erde umspannt und sie sich in den Schwanz beißen kann. Schrecklich ist sie anzuschauen; selbst hartgemute Riesen erbleichen bei ihrem Anblick vor Grauen und Entsetzen. Ihre Kraft ist unermeßlich; wenn sie sich ringelt, reckt und streckt, dann schlägt das Meer hohe Wellen und die Schiffe kommen in große Gefahr; wird aber ihr Zorn aufgestachelt, so peitscht sie mit dem Schwanz furchtbar die Flut, dann wütet und brüllt die See wie ein rasendes Ungeheuer; haushohe Wogen türmen sich auf und stürmen schäumend gegen den Wall an, den gütige Asen zum Schutz am Strand erbaut haben; Midgard wird weithin überschwemmt, und Menschen und Tiere finden den Tod in den tosenden Fluten.

Am Ende der Welt, wenn alle Unholde zum Kampf wider die Asen schreiten, wird der Wurm so schrecklich wüten, daß das Meer die ganze Erde verschlingen wird. Aber in der letzten großen Schlacht auf Wigrids weiter Ebene wird der gewaltige Donnerer Donar mit wuchtigen Hammerhieben dem Ungetüm das Haupt zerschmettern.

9. Der Fenriswolf (Fenrir)

Mit der Midgardschlange wuchs auch ihr Bruder, der Wolf Fenrir, in Riesenheim auf. Die Asen befürchteten, er werde sich, groß und stark geworden, mit den Unholden zu ihrem Verderben verbünden; darum holten sie ihn nach Asgard. Dort erlangte er bald so ungeheure Größe und Kraft, daß selbst die mächtigen Götter sich vor ihm fürchten. Tyr allein, der tapfere Kriegsgott, scheute sich nicht, dem Untier das Futter zu reichen.

Immer mehr wuchs der Wolf. Wenn er das Maul aufsperrte, so berührte der Oberkiefer den Himmel, der Unterkiefer dagegen die Erde, und wenn er vor Hunger oder Wut brüllte, so befiel alle lebenden Wesen Angst und Grauen. Was war zu tun? Sollte man das Untier frei umhergehen lassen, bis keine Macht mehr es überwältigen könnte?

Wodan, der fürsorgende Vater der Götter und Menschen, dachte anders, und er berief die Asen zur Beratung. Außer Loki, der sich längst insgeheim den Mächten der Finsternis zugesellt und Midgardschlange und Fenriswolf erschaffen hatte, kamen alle Götter zur Versammlung in die Gerichtshalle und setzten sich auf die goldenen Stühle. Ihrer waren elf, meist Allvaters Söhne, alle reich an Macht und Weisheit.

Und Wodan hub an und sprach mit tiefem Ernst und sorgenvoller Stirn: „Meine Freunde und Söhne, ich habe euch hierher geladen, damit wir beraten, wie der schreckliche Fenrir unschädlich zu machen und die Welt vor dem ihr durch den Wolf drohenden Unheil zu behüten sei."

Da antwortete der Riesenbezwinger Donar: „Ich will hingehen und ihn mit meinem Hammer erschlagen."

„Nicht also", erwiderte Wodan abwehrend. „Asgard ist eine heilige Freistatt und darf nicht durch das Blut dessen, den wir gastlich bei uns aufgenommen haben, entweiht werden."

„So laßt uns ihn, gleich seiner Schwester, der Midgardschlange, von Asgards Höhen hinabstürzen", riet der rauhe Wintergott Uller.

Das schien manchem wohlgesprochen; allein Forseti, der Weise und Gerechte, entgegnete: „Ich glaube doch nicht, daß ihm der Sturz viel schaden könnte, und er ginge dann voll Ingrimm zu den Riesen und brütete mit ihnen schlimme Rachepläne wider uns."

„Forseti hat weise gesprochen", sagte Wodan. „Mein Rat ist: Laßt uns den Unhold mit unzerreißbaren Stricken binden."

Diesem Vorschlag Allvaters pflichteten alle Asen bei, nur wußten sie nicht, ob es gelingen würde, dem Wolf die Fesseln anzulegen.

„Wir müssen den eitlen Toren mit schlauen Worten überlisten, ihm sagen: er könne nimmer berühmt werden, wenn er nicht eine Probe seiner großen Kraft ablegte", sagte Wodan. Und er rief seinen raschen Boten Hermut heran und sprach zu ihm: „Eile nach Walhall und hole die Kette Läding; bring auch Droma mit, die weit stärkere Fessel! Ich sollte doch wohl meinen, der Wolf wird beide nicht brechen können."

Hermut holte die Fesseln; sie waren dick und stark, und Wodan hielt sie empor und rief:

„Versucht es einmal, ihr Asen, diese Ketten zu zerreißen! Den will ich wahrlich einen kraftvollen Recken heißen, der Läding oder Droma zersprengen kann."

Einer nach dem anderen machte die Kraftprobe, doch gelang es keinem, die Fesseln zu brechen. Zuletzt versuchte sich auch Donar daran, aber auch seiner gewaltigen Stärke spotteten die Ketten; und er gab sie aus der Hand und rief: „Beim Hammer! Es gehört mehr als Asenkraft dazu, Läding und Droma zu brechen!"

Als der Wolf die Götter kommen sah, dachte er sogleich, sie möchten wohl Arges wider ihn im Schilde führen, und er stand auf und öffnete drohend den Rachen. Wodan aber sprach zu ihm: „Fenrir, du bist übermächtig an Größe und Kraft und hast doch bisher weder Ruhm noch Ehre erworben. Wohlan denn, laß dich binden mit dieser Fessel und zerreiße sie, damit man sage: ,Fenrir ist wahrlich an Stärke groß, denn er hat Läding spielend zerbrochen.'"

Wenig traute der Wolf diesen schlauen Worten, doch stachelten sie seine eitle Ruhmbegier, und er blickte die Kette prüfend an. Wohl schien sie ihm dick und stark, aber im Gefühl seiner Riesenkraft nickte er zustimmend und ließ sich binden. Kaum spürte er die Kette an seinen Gelenken, da reckte und streckte er seine Glieder, und die Fessel zersprang in Stücke.

Darob erschraken die Asen und standen bestürzt und sprachlos. Wodan faßte sich zuerst und sprach: „Fürwahr, Fenrir, deine Kraft ist groß! Läding hast du mit leichter Mühe zerbrochen; weit größern Ruhm aber könntest du noch gewinnen, wenn du auch diese Kette zerreißen wolltest; denn Droma ist stärker als Läding."

Der eitle Unhold betrachtete die zweite Fessel und dachte bei sich, er könne wohl auch diese bezwingen. So nickte er denn wieder, und die Götter atmeten auf, denn sie glaubten, nun sei Fenrirs Schicksal besiegelt. Aber bald sollte ihre Hoffnung zuschanden werden. Der Wolf spürte wohl die größere Stärke der Kette, aber er wandte seine ganze Kraft an Droma, und auch diese Fessel zerbrach.

Da frohlockte der Unhold, die Asen aber gingen kleinlaut von dannen und setzten sich wieder auf die Richterstühle, um bessern Rat zu ersinnen. Weit berühmt war die Schmiedekunst der Zwerge; von ihr erwartete man Hilfe in dieser Not. Und Wodan ließ Freyrs Diener Skirnir rufen und sprach zu ihm: „Sattle mein Grauroß, Skirnir, und reite nach Schwarzalfenheim. Und also sollst du sagen zu Iwaldis kunstreichen Söhnen: ‚Das läßt euch Wodan, der Mächtige, vermelden: Sofern ihr seine und aller Asen Gunst nicht einbüßen wollt, so schmiedet ihm eine Kette, welche sich durch keine Kraft zerreißen läßt.'"

Skirnir schwang sich auf Sleipnirs Rücken, jagte wie die windgepeitschte Wolke nach Schwarzalfenheim und brachte den Zwergen Allvaters Botschaft. Das war ein schwieriger Auftrag; aber die klugen Meister wußten Rat. Aus sechserlei seltenen Dingen schufen sie ein unzerreißbares Zauberband: aus dem Bart der Weiber, dem Schall des Katzentrittes, der Stimme der Fische, dem Speichel der Vögel, den Sehnen der Bären und aus den Wurzeln der Berge. Dieses Band war so dünn und weich wie ein feines Seidenband, und die Meister nannten es Gleipnir und sandten es Wodan.

Sogleich berief Allvater die Asen; alle bewunderten das Meisterwerk der Zwerge und begaben sich damit zu dem Wolf.

„Höre, Fenrir", hub Wodan an, „deine Kraft ist über die Maßen groß, denn du hast Läding und Droma gebrochen. So laß dich nun auch fesseln mit diesem dünnen Bande, damit du es zerreißest und dein Ruhm durch alle Welten erschalle!"

Der Wolf sah sich Gleipnir an und schüttelte ablehnend sein unförmiges Haupt, denn er ahnte eine List und fürchtete, bei dieser dünnen Fessel möchte wohl Zauberei im Spiele sein.

Da sagte Wodan aufreizend: „Du handelst übel, Fenrir; denn fortan wird man spotten: ‚Des Wolfes Mut ist wahrlich nur klein, aber groß seine Feigheit.'"

Da schäumte der Unhold vor Wut und brüllte: „Ihr wollt mich verderben, arglistige Asen, darum scheltet ihr mich feige! Aber wohlan: ist einer unter euch mutig genug, seinen Arm als Unterpfand ehrlichen Spieles in meinen Rachen zu legen, so will ich mich binden lassen; kann ich Gleipnir nicht zerreißen, so beiße ich den verpfändeten Arm ab."

Das hatten die Asen nicht erwartet, und alle schwiegen betroffen.

„Ha!" rief der Wolf, „da sieht man wohl, wer mit Recht feige gescholten werden kann!"

Da trat der tapfere Kriegsgott Tyr hervor und sprach entschlossen: „Spare deine Worte, Fenrir, hier ist das Unterpfand!"

Sprach's, reckte seinen Arm aus und legte ihn dem Untier in den Rachen.

Nun wurde der Wolf gefesselt, und er spannte seine ganze Kraft an, um das dünne Band zu zerreißen; aber es gelang ihm nicht; je mehr er dagegen ankämpfte und wütete, desto enger und straffer schnürte es sich um seine Glieder zusammen. Als das die Asen sahen, lachten sie; nur einer lachte nicht, und das war Tyr, denn er verlor seinen Arm.

Fürchterlich heulte der Wolf und schnappte wütend nach seinen Bezwingern; aber sie stießen ihm ein Schwert in den Rachen, daß ihm das Maul gesperrt ward, und es floß so viel giftiger Schaum aus seinem Schlund, daß daraus ein Fluß entstand, der Wan genannt wurde.

Die siegreichen Asen schleppten nun den gefesselten Unhold nach Midgard, wanden das Seil um einen ungeheuren Felsblock und versenkten diesen tief in den Grund der Erde. Nun liegt der Wolf in Banden bis an den letzten Tag; dann wird er die Kette brechen und furchtbare Rache nehmen.

10. Die Wanen

Außer den Asen kannte man in Germanien noch ein anderes Göttergeschlecht: die Wanen (die Schönen). Der Name Wanen ist verwandt mit unserem Wort Wahn – wähnen (glauben) – und auch mit Wonne; doch kann er auch schön bedeuten. Sodann erkennen wir in den Wanen die Götter des Gemüts, des Glaubens, der Liebe und der Schönheit. Ihr Oberhaupt war der schöne, gütige Meeres- und Wagengott Niörd, seine Gemahlin die heilige Erdmutter Nerthus. Die Kinder dieses hohen Götterpaares waren Freyr und Freyja. Freyr ist der Gott der schönen Jahreszeit, der Spender der Fruchtbarkeit und der Freude. Seine Wohnung heißt Alfheim und liegt bei den Lichtelben; denn ohne das Licht kein Frühling, kein Wonnemond, keine Fruchtbarkeit.

Aus Wanaheim kamen die belebenden Winde des Lenzes, die milden Lüfte, die die schöne Jahreszeit, die im Winter gestorben war, wiedererwecken. So sind also die Wanen die Geber der Blüten und der Frucht, des häuslichen Glückes und Wohlstandes, des Friedens und der Freude. Die Summe ihrer Wirksamkeit für den Menschen ist ein behagliches Leben in Fülle und Frieden, Milde und Freundlichkeit. Waren die Asen die Träger und Säulen der Welt, so kam von den Wanen alles, was das Leben mit

Asen gegen die Wanen

Reiz und Anmut schmückt und das Herz mit Wonne und Glückseligkeit erfüllt. Wie trostlos arm und trübe, farblos und kalt wäre die Welt ohne Freyja, die Göttin der Schönheit und Liebe! Gerade diese Wanen bezeugen, daß unsere waffengewaltigen Vorfahren die milderen Regungen des Gemütes und die holden Reize der Anmut und Zärtlichkeit wohl zu schätzen wußten, und selbst ein von Heldentaten erfülltes Leben dünkte ihnen schal und leer, wenn es nicht von der Wärme der Liebe durchhaucht und von der Schönheit lichtem Zauberglanz verklärt wurde.

Aus uns nicht bekannter Ursache entbrannte ein Krieg zwischen Asen und Wanen, der erste große Weltkrieg der Urzeit, der wohl schrecklich gewesen sein muß, denn es heißt in einem alten Lied:

„Gebrochen war der Burgwall der Asen,
Schlachtkundige Wanen stampften das Feld.
Wodan schleuderte den Spieß über das Volk:
Da wurde Mord in der Welt zuerst."

Beim Friedensschluß wurden Geiseln ausgewechselt. Die Asen gaben als Geisel Wodans Bruder Hönir, die Wanen den Niörd mit seinen Kindern Freyr und Freyja. So kamen diese drei Wanengötter zu den Asen und wurden fortan ganz als ihresgleichen angesehen, ja, sie waren die Zierden des alten Göttergeschlechts.

11. Welten, Götter und Götterburgen

Nach der Vorstellung unserer Ahnen gab es im weiten All neun Welten oder Heime, die sich, mit Ausnahme von Muspelheim, im Bereich der Weltesche Yggdrasil ausbreiteten. In der Mitte des unbegrenzten Raumes hatten die Asen Midgard, das Heim der Menschen, gegründet und um diese Erdenwelt kreisrund das Meer angelegt. Jenseits der See, nach Osten hin, erstreckte sich das rauhe Jötun- oder Riesenheim mit Mimirs Brunnen. Unter der Erde befand sich Schwarzelbenheim, das dunkle Land der Zwerge. An dieses grenzte, in noch größeren Tiefen gelegen, Helheim, das Schattenreich der Todesgöttin. Diesem benachbart war im eisigen Norden Nifelheim, wo, von trüben Nebeln umwallt, der alte Kessel Hwergelmir sprudelte und Nidhögger, der heftig hauende Drache, grimmig an der Wurzel der Weltesche nagte. Dieser schauerlichen Eiswelt gerade entgegengesetzt lag fern im Süden das Flammenreich Muspelheim, beherrscht von dem schwarzen Urweltriesen Surtur.

Die drei anderen Welten waren Götterheime oder doch Sitze göttlicher Mächte; sie lagen in dem weiten Raum zwischen Himmel und Erde. Midgard am nächsten, vielleicht noch auf seinem Grunde, befand sich nahe dem Meere Wanaheim, das Reich der schönen Götter, und über diesem, im lichten Äther, schwebte das strahlende Lichtelfenheim. Der Sonne nicht fern, unter dem immergrünen Wipfel der Weltesche, ragte die herrliche Götterstadt Asgard in goldenem Glanze empor; in ihr wohnten, alles überschauend, die Asen.

Hinsichtlich der Lage dieser neun Welten ergäbe sich etwa folgendes Bild:

Wir wissen, ursprünglich hatte es nur drei Asen gegeben: die Brüder Wodan, Hönir und Loki. Im Laufe der Zeiten waren dann mehrere andere Götter und Göttinnen hinzugekommen, meist Söhne und Töchter Allvaters, dazu an Stelle Hönirs die drei Wanen Niörd, Freyr und Freyja. Dies sind die Namen der herrschenden Götter:

Wodan, Donar, Tyr, Balder, Niörd, Freyr, Widar, Heimdall, Bragi, Hödur, Wali, Uller, Forseti, Loki.

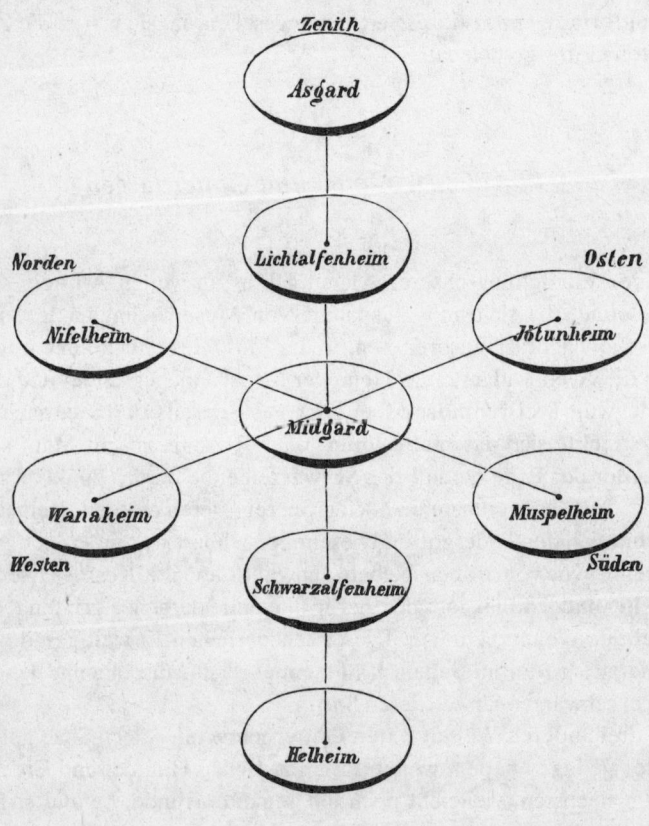

Die neun Welten

Die vornehmsten Göttinnen waren: Frigg, Freyja, Sif, Nanna, Gerda, Idun, Skadi, Saga.

Die meisten dieser Asen besaßen in dem herrlichen Götterheim Asgard eine prächtige Wohnung, die schönste und größte, wie sich's geziemte, Wodan, der Vater der Götter und Menschen. Gladsheim (Glanzheim) heißt sein hohes Haus. Es ist mit silbernen Schilden gedeckt und strahlt weithinleuchtenden Glanz aus. Die Pforten und Säulen sind aus Gold, ebenso die Geräte in den vielen prächtigen Sälen. Der größte Saal darin heißt Walhalla, ihm kommt an Raum und Pracht kein anderer in Asgard gleich. In einem überdachten Hof stehen zwölf goldene Stühle. Dort versammeln sich die Asen, wenn sie Gericht halten wollen. Über Gladsheim, in der Krone der Weltesche, ist Wodans Hochsitz Hlidskialf. Läßt sich

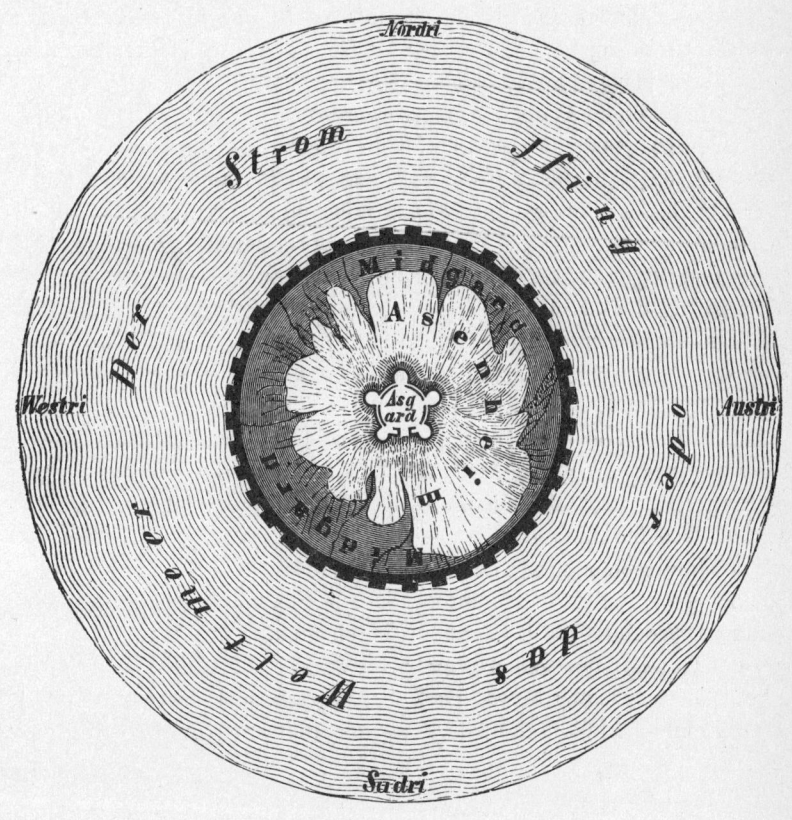

Welttafel

Allvater auf diesem Thron nieder, so kann er mit seinem Sonnenauge alle Welten überschauen. Das Haus seiner Gemahlin heißt Fensal. Daneben steht Wingolf, die prächtige Halle, in welcher sich die Göttinnen zu versammeln pflegen. Oft weilt auch Wodan in Sagas Felsengrotte Sökkwabek (Sturzbach); sie wird von kühlen Wasserfluten überströmt, und Wodan und Saga trinken da selig aus goldenen Schalen der Vorzeit uralte Weisheit.

Nächst Gladsheim ragt Bilskirnir (jäh aufleuchtend), das Haus des mächtigen Donnerers Donar, durch seine gewaltige Größe vor allen anderen hervor. Es steht auf Trudheims oder Thrudwangs wolkigen Höhen und hat 540 Stockwerke, die sich übereinander erheben, wie im Hochgebirge Fels auf Felsen sich türmt.

Eine andere hochragende Burg heißt Walaskialf. Sie wurde von Wodan oder seinem blinden Sohn Hödur erbaut. Als dieser von Wali erschlagen worden war, bezog der junge Sieger das Haus des Gefallenen und nannte es nach seinem Namen Walaskialf.

Andere berühmte Burgen in Asgard waren:

Breidablick, Balders friedevolles, lichtes Heim;

Glitnir, die glänzende, worin Forseti seines Richteramtes waltete;

Landwidi, des schweigsamen Widars stilles Waldhaus;

Ydalir unter den dunkeln Eibenwipfeln, worin der hurtige Schlittschuhläufer und Bogenschütze Uller seine Pfeile schnitzte;

Folkwang, der schönen Freyja weiträumiger Palast, und

Himinbiörg (Himmelsburg) an der unteren Grenze Asgards, wo Heimdall, der scharfäugige Wächter des erhabenen Götterreiches, seinen Sitz hatte.

Herrlicher als die neun Welten ist Asgard. Über der erhabenen Götterstadt wölbt sich die Krone der Esche Yggdrasil, und durch das immergrüne Blätterdach blickt des Himmels lichte Bläue und der Sonne strahlendes Antlitz lächelnd hindurch. Da stürzen Ströme mit Donnergetöse von Thrudheims Höhen herab, und unter geheimnisvollem Rauschen rollt Sagas heilige Flut durch dämmernde Schatten dahin. Glasir, der goldene Wald vor Wodans Palast, schimmert in leuchtender Pracht, und wenn einer der Götter unter seinen Wipfeln lustwandelt, so klingen Zweige und Blätter in zaubersüßer Musik. Da liegt das grasbedeckte, sonnige Idafeld, wo in Reinheit und Unschuld die Asen mit goldenen Würfeln heiter spielten.

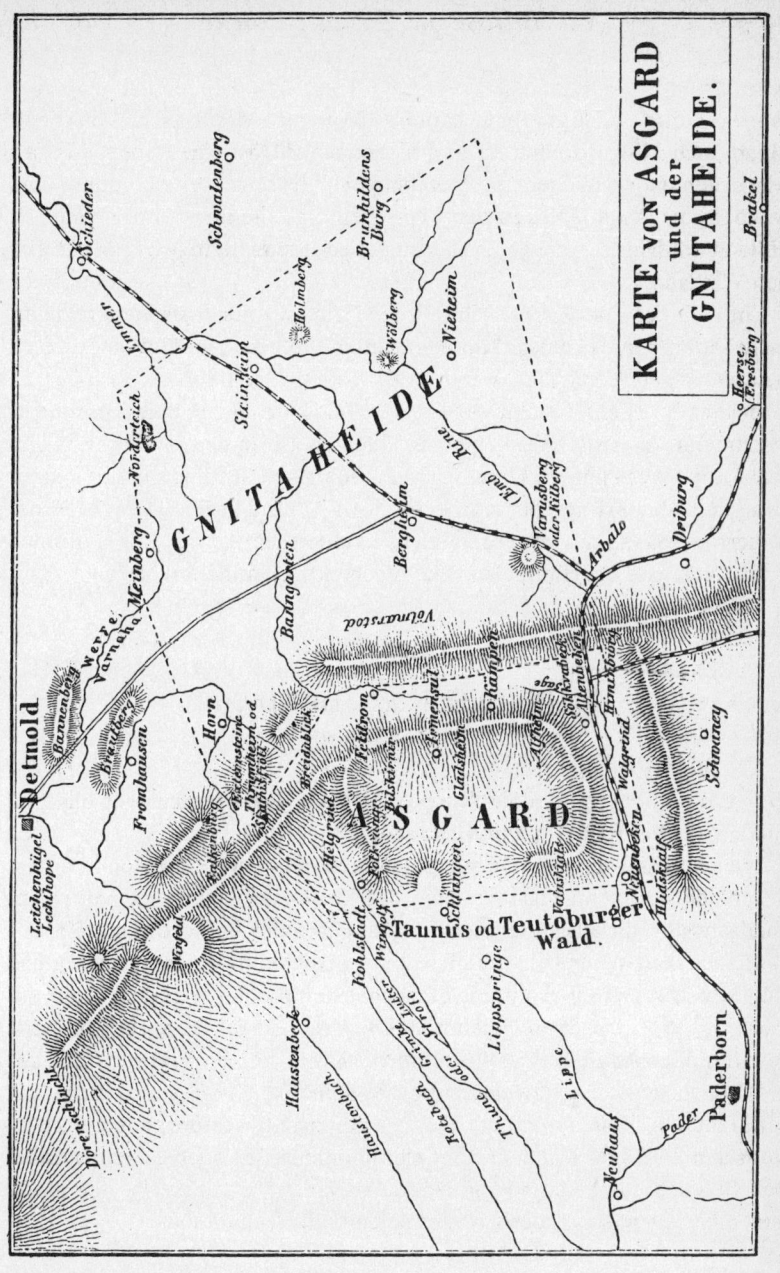

12. Bifröst, die Himmelsbrücke

Als die Götter Asgard erbaut hatten, wölbten sie eine Brücke von ihrem Heim nach Midgard hinunter und hießen sie Bifröst (die bebende Rast). Menschenkinder nennen sie Regenbogen. Über sie reiten, fahren und wandeln die Asen hinab zu den Menschen, und die im Kampf gefallenen Helden Midgards sprengen auf schnaubenden Walkürenrossen darüber gen Walhalla.

Drei Farben hat Bifröst. Das Rote darin ist glühendes Feuer; damit nicht jeder, den es gelüstet, darüber hinschreiten könne. Unholde Riesen würden Asgard erstürmen, wenn sie Bifröst ersteigen dürften. Am oberen Brückenkopf steht Himinbiörg, die Burg, worin Heimdall wohnt, der Wartmann Asgards. Wenn Gefahr droht, hebt er das Giallarhorn und stößt mit Macht hinein. Dann springen alle Asen auf und greifen zu den Waffen. Sehr fest gefügt ist Bifröst; doch wenn am Ende der Tage der Feuerriese Surtur mit seiner flammenden Heerschar darauf emporstürmen wird, dann wird die Himmelsbrücke krachend zusammenbrechen.

13. Walhalla, Walküren, Einherier

Der größte Saal in Wodans Burg Gladsheim, wie überhaupt in Asgard, hieß Walhalla. Er hatte 540 Tore, jedes so breit, daß 800 Kriegsmannen zu gleicher Zeit in guter Ordnung hindurch aus- oder einziehen konnten. Über der Haupteingangspforte, an der Westseite, hängt ein Wolf; über ihm schwebt mit ausgebreiteten Flügeln ein Adler und droht mit Krallen und Schnabel. Walhalla ist das herrlichste Gebäude der Welt, „innen und außen von schierem Gold mit blitzenden Goldschilden gedeckt und mit goldenen Speerschäften getäfelt". An den Wänden hängen glänzende Waffen aller Art, die Säulen sind mit Schilden geschmückt, und auf den Bänken liegen anstatt weicher Polster blinkende Harnische. Von dem Gold an den Wänden und der Decke und von Schwertern, Speeren, Panzern und Schilden strahlt so viel Licht und Glanz aus, daß es keiner anderen Beleuchtung bedarf; keine würde auch die Gestalten, die sich in der Halle bewegen, so zauberhaft umspielen und verklären, wie dies wundersame, rotschimmernde Goldlicht.

Und an Gästen mangelt es nimmer in Siegvaters Saal. Da sitzen an den

Tischen vieltausend narbengeschmückte Recken. Jeder von ihnen war auf Erden ein Held und ist im Kampf gefallen. Wer den „Strohtod", das heißt im Bett, starb, der kam nicht nach Walhalla, der mußte nach Hellias Schattenreich pilgern. Deshalb scheuten unsere tapferen Vorfahren nichts so sehr, als im Siechtum unrühmlich zu sterben. Lieber brachte der hoffnungslos Kranke sich mit dem Schwert selbst die tödliche Wunde bei und sah voll erhabener Ruhe und Heldenfreude sein Lebensblut verrinnen, hoffend, daß Wodan ihn nun doch in Walhalla aufnehmen werde. So der alte, weise König Ring in der Frithjofsage, als er das Nahen des Todes fühlte:

> „Nun schnitt er mutig
> Runen für Wodan,
> Runen des Todes auf Brust und Arm;
> Sah dann, wie herrlich
> Aus silbernem Born
> Blut ihm und Leben verströmte so warm."

Dann, aus dem Grabe wieder auferstanden, reitet der alte Held in herrlicher Waffenrüstung gen Asgard; und als unter den Hufen seines Rosses die Himmelsbrücke donnert und bebt, springen die Pforten Walhallas auf, und er darf eintreten in Siegvaters Saal. Von seinem Hochsitz winkt Wodan ihm huldvoll zu und läßt ihn durch seine Schildmädchen, jetzt liebliche, weißarmige Schenkinnen, den Willkommenstrunk reichen. Freyr und Frigga treten herzu, begrüßen den edlen Gast und schmücken seinen Helm mit Ähren und blauen Blumen. Freyja, an die goldene Tafel gelehnt, winkt mit weißer Hand, und Bragi, der langbärtige göttliche Sänger, greift in die Saiten der Harfe.

So werden alle Helden, die in der Schlacht gefallen sind, droben in Walhalla aufgenommen. Sie sind Wodans Auserwählte, seine Einherier (Einzelkämpfer), berufen, unter dem Sonnenauge des Heervaters der Freuden viele zu genießen und dereinst im letzten großen Weltkampf unter seinem Banner wider die Unholde der Vernichtung zu streiten.

Heißer, blutiger Männerstreit war ja ihre höchste Lust, und das Klirren und Klingen der Waffen ihrem Ohre süßeste Musik. Und wo in der Welt gab es dieser Heldenfreude so reiche Fülle und hohe Art, wie in Wodans waffenprangendem Haus! Nicht ein Tag vergeht dort ohne Schwertgeklirr und Schildgekrach auf blutbesprengter Walstatt. Wenn morgens in der Frühe Goldkamm, Walhallas Hahn, mit weitschallender Stimme kräht, springen die tausendmaltausend Schläfer vom Lager, legen unter Scherz und Lachen Helm und Panzer an, umgürten sich mit ihrem guten Schwert, nehmen Schild und Speer zuhanden und schwingen sich hurtig auf die

Hilde, eine der Walküren

stampfenden Rosse. Darauf sprengt der Troß aus Walhallas Toren und reitet in geordnetem Heereszug auf den weiten Kampfplatz. Dort beginnt alsbald ein fröhliches Tummeln und Streiten, und schon aus der Ferne vernimmt man Rossegestampf, lauten Anruf, wildes Kriegsgeschrei und scharftönendes Eisengeklirr. Da wogen die Streiter wild durcheinander, schleudern mit Macht die Speere und hauen mit den Schwertern drein, daß die Schilde krachen und splittern und Feuerfunken aus Goldhelmen und Brünnen stieben. Da wird manch gutes Roß über den Haufen geritten, und ruhmreiche Kämpen sinken betäubt und todwund in den Sand.

Und Wodan sprengt heran auf seinem herrlichen Hengst, der Goldhelm deckt sein Haupt, Brust und Leib schirmt die strahlende Brünne, in der Linken hält er den gewaltigen Spieß Gungnir, die beste Kriegswaffe der Welt. Ihrem höchsten Gebieter folgen Götter und Göttinnen und stellen sich, von jauchzenden Zurufen der Einherier begrüßt, hinter den Schranken auf, um dem Kampf zuzuschauen. Nun hebt erst recht ein herrliches Streiten an, und Wodan freut sich des Kampfes, ehrt die größten Helden durch huldvolle Ansprache und läßt ihre Helme mit Eichenkränzen schmücken, die die weißen Finger der Göttinnen gewunden haben.

Sind die Kampfspiele auf Wodans Wink zu Ende, so stehen die Verwundeten und Toten heil und gesund wieder auf, besteigen ihre Rosse und reiten mit den anderen fröhlich und friedlich heim. Keiner gedenkt noch der Schläge, die er von seinem Gegner erhalten, keiner sinnt auf Rache. Schon steht in Walhalla das köstliche Mahl bereit. Die holden Schenkmädchen öffnen den heimkehrenden Helden die Pforten, nehmen ihnen Schilde und Spieße, Helme und Panzer ab und hängen das Gewaffen an den Wänden und Säulen auf. Die tapferen Mannen aber setzen sich zu Tisch und langen durstig nach den mit schäumendem Met gefüllten Trink-

*Walküren führen
die Krieger zum Kampf*

hörnern, die die Mädchen ihnen reichen. Dann laben sie sich an kräftig duftendem Schwarzwildbraten, der von den holden Dienerinnen in unerschöpflicher Fülle aufgetragen wird.

So köstlicher Bewirtung erfreuen sich die Einherier Tag für Tag. Jeden Morgen wird Sährimnir, ein gewaltig großer Wildeber, auf der Jagd erlegt, gebraten und den Helden Walhallas vorgesetzt. Abends aber läuft das Tier wieder heil und frohgemut in den Wald zurück. Den Met liefert die Ziege Heidrun, die in dem Wipfel der Weltesche weidet. Ihre schäumende Milch, womit jeden Morgen ein Riesenfaß gefüllt wird, hat die Wunderkraft, jedem, der davon trinkt, seine eigene Art (Heit) zu erhalten. Daher führt die Ziege den Namen Heidrun, d. i. die arterhaltende Rune.

Auch Wodan nimmt teil an Walhallas Tafelfreuden, aber er labt sich nur an herzerfrischendem Trank, das Fleisch, von der holdesten Schildjungfrau ihm dargeboten, gibt er seinen beiden Wölfen Geri und Freki, die zu seinen Füßen liegen.

An der Tafelrunde der Götter und ihrer Gemahlinnen waltet Freyja des Schenkamts, und man kann sich vorstellen, mit welcher Anmut die schöne „Wanadis" den hohen Gästen den Goldbecher darreicht. Freyja ist auch die Königin der Walküren.

Wenn in Midgard Krieg auflodert, verwandeln sich die lieblichen Schenkmädchen Walhallas flugs in Schildjungfrauen, indem sie blinkendes Rüstzeug anlegen, sich auf ihre feurigen Renner schwingen und mit fliegenden Haaren windschnell durch die Lüfte dahinsausen. Von ihren Goldhelmen und Harnischen geht blendender Glanz aus, und Sonnenstrahlen brechen aus ihren Speeren und Schilden.

Ja, unter dem Kuß der holden Schildjungfrau Wodans entschlummert der gefallene Held – ein friedlicher, wunderseliger Tod! Und er währt nur kurze Zeit, denn mit kraftvollen Armen hebt die Walküre den Schläfer zu sich auf des Rosses Rücken und sprengt mit ihrer kostbaren Beute in sausendem Fluge nach Walhalla. Dort erwacht der Held zu neuem Leben und tritt in Jugendschönheit und mit glückstrahlenden Augen ein in Siegvaters Saal zu der Schar der ihn jubelnd begrüßenden Einherier.

Die Walküren verwandeln sich auch bisweilen in Schwäne, oder sie schlüpften in ein Schwanengewand und flogen dann gleich dem schönen, stolzen, geheimnisvollen Vogel, in dessen Kleid sie sich bargen, noch schneller durch die Lüfte als auf ihren grauen Wolkenrossen. Als Schwanenjungfrauen gleichen sie tragischen Musen, die auf den Untergang der siegreichen Helden deuten. In dieser Verkleidung suchten sie wohl gern einen einsamen blauen Waldsee auf, warfen das Federhemd ab und spran-

Walküren geleiten die gefallenen Helden gen Walhalla

gen ins Wasser, um darin zu baden. Gelang es nun einem Menschen, unbemerkt heranzuschleichen und sich der weißen Gewänder zu bemächtigen, so waren die Mädchen in seine Gewalt gegeben und mußten seinem Willen gehorsam sein.

So ertappten Meister Wieland und seine Brüder am Wolfssee drei badende Walküren und führten sie als ihre Gemahlinnen in ihre Hallen. Sieben Jahre blieben die Schönen ihren Männern in Treue verbunden. Dann vermochten sie die Sehnsucht nach Kampfesfreuden und Walhallas Herrlichkeit nicht mehr zu bezwingen, suchten und fanden ihre Schwanenhemden, schlüpften hurtig hinein, schwangen sich selig in die Lüfte empor und nahmen ihren Flug gen Walhall, um nie wieder zu den trauernden Jägern am Wolfssee zurückzukehren.

14. Wie die Asen zu ihren Kleinodien gekommen sind

Loki, Wodans Bruder, trug in seiner Seele Feindschaft wider die Götter und suchte sie zu kränken, wie und wo er nur konnte. Eines Tages schlich er sich an Donars Gemahlin Sif heran und schnitt ihr, ohne daß sie es bemerkte, ihr schönes Haar ab. Über diesen schlechten Streich ergrimmte der Donnerer dermaßen, daß er drohte, dem Übeltäter alle Knochen zu zerschmettern. Mit kläglichen Worten flehte Loki um Gnade und gelobte, er wolle für Sif Haare aus purem Gold herbeischaffen, und das sollte auf ihrem Haupt gerade so wachsen wie natürliches. Da gab Donar ihm die Freiheit, und alsbald eilte er nach Schwarzalfenheim und begab sich zu den Söhnen Iwalds, die in der Schmiedekunst berühmt waren.

Loki trug ihnen sein Anliegen vor, und die kleinen Meister gingen in ihre Werkstatt und huben an zu hämmern, daß ihnen der Schweiß von der Stirn rann. Nicht lange, da traten sie vor ihren Auftraggeber und überreichten ihm drei Kunstwerke: einen Spieß, ein Schiff und herrliches Haar aus seidenweichen Goldfäden. Hocherfreut nahm Loki die Kleinode in Empfang und begab sich damit auf den Heimweg.

Als er fröhlich seine Straße durch Schwarzalfenheim wanderte, sah er Meister Brock vor der Tür seines steinernen Hauses stehen, und er trat zu ihm heran und prahlte mit seinen Schätzen.

„Siehst du diesen Spieß?" fragte er und zeigte ihm die funkelnde Waffe. „Er heißt Gungnir, der Erderschütterer, trifft stets sein Ziel und kehrt nach jedem Wurf in die Hand Wodans, für den er bestimmt ist, von selbst zurück. Und hier dies Schiff? Schau es dir an und staune! Du siehst, ich kann es bequem in der Tasche tragen. Wenn ich's aber entfalte, so hat es Raum genug für alle Asen und Einherier mit ihrem gesamten Kriegsgerät. Und was sagt Brock zu diesem goldenen Haar? Jedes Fädchen ist aus lauterem Gold – welch' einen Glanz wird es ausstrahlen, wenn die Sonne darauf scheint!"

Der Zwerg sah sich jedes Ding genau an, nickte beifällig und sprach: „Fürwahr, tüchtige Künstler sind Iwalds Söhne, aber mein Bruder Sindri vermag doch noch ganz andere Wunderwerke zu schaffen, als diese hier."

„Das kann er nicht!" bestritt Loki heftig.

Aber mit ruhiger Bestimmtheit erwiderte der alte Zwerg: „Was ich sage, ist wahr. Er kann es!"

„Unmöglich!" rief Loki. „Ich setze meinen Kopf zum Pfande, daß es ihm nicht gelingen wird."

„Topp!" versetzte Brock einverstanden und geleitete seinen Widerpart in die Werkstatt seines Bruders.

Sindri betrachtete die Meisterstücke, wiegte seinen mächtigen alten Kopf hin und her und meinte endlich: „Ich will versuchen, ob ich Besseres schaffen kann." Und er nahm eine Schweinshaut, legte sie in die glühende Esse und sprach zu seinem Bruder: „Führe wacker den Blasebalg, bis ich zurückkehre." Damit verließ er die Schmiede.

Brock betätigte den Blasebalg dermaßen, daß die Funken aus der Esse stoben. Loki aber, dem es um seine Wette heimlich bange war, wollte den Zwerg in seiner Arbeit hindern, verwandelte sich in eine Bremse, setzte sich dem Meister auf die Hand und bohrte ihm seinen Stachel durch die rauhe Haut. Das tat weh, doch ließ sich Brock nicht aufhalten, bis sein Bruder kam und das Werk aus der Esse nahm. Und was war es? Ein lebendiger Wildeber mit goldenen Borsten!

Jetzt kramte der Meister einen mächtigen Klumpen blinkenden Goldes hervor, legte ihn in das Feuer und hieß seinem Bruder, Wind zu machen, bis er wiederkäme.

Brock ließ den Blasebalg gewaltig zischen und brausen, hörte auch nicht auf, als die boshafte Fliege ihn in den Hals stach, daß es heftig schmerzte. Der Meister kehrte zurück, nickte ihm beifällig zu, griff mit der Zange in die glühende Esse und zog einen funkelnden Ring hervor, den er Draupnir nannte.

Nun legte Sindri ein schweres Metallstück ins Feuer und sprach zu seinem Bruder: „Laß den Blasebalg blasen, daß die Funken sprühen, und höre keinen Augenblick auf, denn dies soll mein größtes Meisterstück werden."

Mit allen Kräften arbeitete Brock; aber nun setzte die Bremse sich ihm zwischen den Augen auf die Stirn und bohrte ihm den Stachel so tief hinein, daß Blut herabfloß und ihn blendete. Da ließ er den Blasebalg einen Augenblick ruhen und schlug mit der Hand nach dem tückischen Insekt. Kaum war das geschehen, da trat Sindri in die Schmiede und rief: „Hättest du eher abgelassen, so wäre das Werk verpfuscht!" Und er holte aus der Esse einen schweren Hammer hervor, dessen Stiel ein wenig zu kurz geraten war. „Das ist der Miölnir!" sagte er frohlockend. „Vor dem werden die Riesen zittern."

Und er übergab die drei Meisterstücke seinem Bruder Brock und sprach zu ihm: „Gehe mit Loki gen Asgard und sieh, ob mir die hohen Asen den Preis zuerkennen werden!"

Die beiden zogen ihres Weges, stiegen die Himmelsbrücke hinan, klopften an Wodans Tür und trugen dem erhabenen Herrn ihre Sache vor. Alsbald berief Allvater die Götter in den Gerichtshof neben Walhalla; und sie kamen und setzten sich auf die goldenen Stühle.

Loki und Brock traten herein, und Wodan gebot ihnen, ihre Kleinode vorzulegen. Da überreichte Loki seinem erhabenen Bruder den Spieß und sprach: „Das ist Gungnir, der Erderschütterer! Er verfehlt nie das Ziel; hat er den Feind getroffen, so kehrt er in deine Hand zurück."

Mit Wohlgefallen betrachtete Wodan die Waffe, und alle Asen meinten, der Erderschütterer sei sehr kostbar und wohl wert, von Heervaters Hand geführt zu werden.

Darauf empfing Donar das goldene Haar für seine Gemahlin, und er nickte befriedigt, zumal da alle Asen den herrlichen Hauptschmuck höchlichst bewunderten.

Zuletzt holte Loki das Schiff Skidbladnir aus der Tasche hervor, überreichte es Freyr und sagte: „Ein so gutes Schiff ist noch nie über Meereswogen gesegelt. Denn siehe, du kannst es wie ein Tuch zusammenfalten, und doch ist es groß genug, alle Asen mit ihrem gesamten Kriegsgerät aufzunehmen; zudem hat es stets günstigen Fahrwind."

Darüber staunten alle Götter und meinten, Skidbladnir sei allerdings das beste von allen Schiffen.

Nun trat Meister Brock hervor, reichte Wodan den goldenen Ring und sprach: „Dieser Goldreif heißt Draupnir (Tröpfler); er hat die Eigenschaft, daß jede neunte Nacht acht ebenso kostbare Ringe von ihm abtröpfeln. Mein Bruder Sindri hat ihn dem höchsten der Asen zum Geschenk bestimmt."

Wodan nahm das Kleinod huldvoll an, und alle Götter meinten, der Ring habe einen hohen Wert.

ToDo

41(o), 11(o), 17(u), 25(o/u)
- 47(o)

Darauf führte Brock den prächtigen Wildeber Freyr zu und sprach: „Gullinbursti (Goldborst) heißt das Tier, denn, wie du siehst, seine Boorsten sind aus lauterem Gold und leuchten so hell wie die Strahlen der Sonne. Magst du mit ihm durch tiefstes Nachtdunkel oder durch finstere Waldschluchten fahren – auf deinem Wege wird es stets licht sein; auch kann sich der Eber mit dem schnellsten Roß im Laufen messen."

Zuletzt reichte Brock Donar den kurzgestielten Hammer und sprach: „Das ist der Miölnir. Seinesgleichen gibt es nicht in allen neun Welten. Er zermalmt Eisen und hartes Felsgestein wie mürbe Erdklumpen und kehrt nach jedem Wurf von selbst in deine Hand zurück. Ihn werden die Riesen fürchten, wie keine andere Waffe."

Donars Augen leuchteten vor Freude, als er den Zermalmer in der Rechten wog, und alle Asen meinten, der Hammer sei das kostbarste Kleinod. Auch Wodan nickte zustimmend und sprach das Urteil: „Brock hat die Wette gewonnen."

Da tat der Zwerg einen Luftsprung vor Freude und rief: „Wußte ich's doch! Mein Bruder Sindri ist der größte Schmiedemeister und Zauberkünstler der Welt! So komm nur heran, Loki, daß ich dein verpfändetes Haupt als Siegespreis empfange!"

„Laß mir das Leben!" flehte Loki. „Ich will dir Lösegeld geben, soviel du begehrst."

Aber hartnäckig, wie alle Schwarzelben, bestand Brock auf seinem Recht. Da ergriff Loki die Flucht und lief auf seinen großen Schuhen so schnell davon, daß der Zwerg ihn nicht fangen konnte. In seiner Not wandte er sich an Donar um Hilfe; und nicht umsonst. Der gerechte Donnerer eilte jäh wie der Blitz hinter dem Flüchtling her, ergriff ihn und überantwortete den Verhafteten seinem Überwinder. Grimmig zog nun Brock ein Messer heraus, um seinem Schuldner das Haupt abzuschneiden; aber Loki stieß ihn zurück und rief drohend: „Fort mit der Klinge! Den Kopf habe ich verloren, aber mit meinem Halse hast du nichts zu schaffen!"

Das leuchtete dem Zwerge ein; er sah sich überlistet, und ingrimmig knirschte er: „Hätte ich nur meines Bruders Ahle zur Hand, du falscher Ase solltest in Zukunft niemand mehr mit schlauen Worten betrügen!"

Kaum hatte er den Wunsch ausgesprochen, da war er auch schon erfüllt, und nun durchbohrte er des Frevlers Lippen und nähte ihm den falschen Mund zu. So war Loki für seinen Vorwitz hart genug bestraft.

Zweiter Abschnitt

DIE EINZELNEN GÖTTER

1. Wodan (Odin, Wotan)

Odin (oder Wodan, Wotan) ist der vornehmste und mächtigste der Asen. Er ist der Vater der Götter und Menschen und führt daher mit Recht den ehrwürdigen und erhabenen Namen Allvater. Die Namen Wodan, Odin und Wotan leiten sich her von „waten", hindurchgehen: nicht bloß durch das Wasser, sondern durch alles, was da ist. Sie bezeichnen also den allesdurchdringenden Geist, den Weltgeist. Daher ist das geistigste der Elemente, die Luft, die keine Schranken kennt, Wodans Naturgrundlage.

Allvater, der alles geschaffen hatte, alles belebte, ordnete, lenkte und regierte, mußte notwendig auch alle Macht, alle Weisheit und alles Wissen haben. Er mußte allmächtig und allwissend sein. Und diese höchsten göttlichen Eigenschaften besaß Wodan in der Tat so lange, wie er ohne Schuld und Fehl war, „bis die Nornen kamen" und die Schicksalslose der Welt aus seinen Händen nahmen. Das kennzeichnende Merkmal seiner Allmacht war der Spieß Gungnir, der Erd- und Welterschütterer, der, von des Gottes gewaltiger Kraft geworfen, stets sein Ziel vernichtend traf und dann von selbst wieder in die Hand seines Herrn zurückkehrte.

Allvaters rechten Arm umschloß der wunderbare Ring Draupnir (Tröpfler), von dem jede neunte Nacht acht gleiche Ringe abtröpfelten. Dieser Ring ist das Sinnbild der Ewigkeit und seiner stets sich erneuernden Schöpferkraft, mit der er die Welt erhält und ihr immer neue Kräfte zuführt.

Im Wipfel der Weltesche, hoch über Walhalla, befand sich Allvaters Thron Hlidskialf. Von ihm aus konnte er mit seinem allesdurchdringenden Sonnenauge das ganze weite Weltall überschauen. Der Hochsitz Hlidskialf und die Sonne sind also die Sinnbilder der Allwissenheit Wodans.

Allvaters Haupt deckt ein breiter, dunkelfarbiger Hut, der einer weitschattenden Wetterwolke gleicht. Seinen göttlich hohen und starken Leib umwallt ein blauer, faltiger Mantel, der mit goldenen Sternbildern übersät ist. Furchtbar erhaben erscheint sein runendurchfurchtes Antlitz, in dem das große Sonnenauge bald mit alldurchdringender Glut und Schärfe funkelt und drohend wetterleuchtet, bald in väterlicher Milde und beseligender Güte und Freundlichkeit lächelt; ein langer, weißer Bart wallt ihm gleich einer Wolke von Schneeflocken tief auf die breite Brust herab und verleiht dem geistausstrahlenden, erhabenen Götterantlitz die ehrfurchtgebietende Würde des an Erfahrung, Weisheit und tiefer Erkenntnis reichen Alters. Alles, was ein Mensch auf Erden an Manneshoheit je gesehen, wird von Wodans majestätischer Erscheinung noch weit übertroffen, und kein Sterblicher vermöchte in den Strahlenglanz seines Auges zu blicken, ohne wie geblendet zurückzuschrecken. Deshalb heißt Allvater auch Ygger, der Schreckliche, und die Weltesche, das Werk seines Geistes, Yggdrasil, Träger der Schrecken.

Wodan

So lange das goldene Zeitalter währte, lenkte und regierte Wodan als Allvater die Welt nach seinem Willen. Aus seiner Hand kam alles Gute und Schöne, das die Menschen, seine Kinder, beglückte. Den Fluren des Bauern spendete er Regen und Sonnenschein, daß Menschen und Vieh Nahrung in Fülle hatten; dem Jäger gab er Wild und Glück auf der Jagd, dem Fischer reichen Fang und dem Schiffer guten Fahrwind. Darum liebte und verehrte man frommen Herzens den gütigen Allvater und strebte danach, durch edle Gesinnung, wackere Tat, redlichen Wandel und durch Opferspenden der Dankbarkeit seine Gunst zu gewinnen.

Das edelste Volk germanischen Stammes nannte sich Goten (Götter). Das geschah nicht in sträflicher Überheblichkeit und Vermessenheit, als hätte es sich den unsterblichen Asen an Rang gleichstellen wollen. Der stolze Name entsprang vielmehr der erhabenen Gesinnung, mit aller Kraft den Willen der hohen Götter auf der Menschenerde zu verwirklichen und als tapfere Streiter wider alles, was böse, schlecht und niedrig war, an Wodans Seite zu stehen und unter seiner Führung die Unholde der Finsternis niederzuwerfen.

Denn vorüber war nun auch für die germanischen Völker das „goldene Zeitalter". Sie waren auf der Wanderung nach neuen Zielen, wollten Midgard erobern und es dem Willen der Asen untertan machen. Da war Kampf und Krieg die Losung der Zeit.

„Und wie der Mensch, so ist sein Gott." Aus Odin, dem Sonnengott, dem himmlischen Allvater, wurde nun Wodan, der göttliche Kriegsfürst, der gewaltige Schlachtenlenker und Siegverleiher, und sein Name lautete nun Walvater, Heervater, Siegtyr und Hropter (Rufer zum Streit).

Und gemäß dem veränderten Wesen wandelte sich auch das äußere Bild. Walvaters Haupt bedeckt nun ein geflügelter Goldhelm, Brust und Leib schirmt die strahlende Brünne, die Linke stützt sich auf den weißen Schild, drohend ragt daneben der Spieß Gungnir auf; zwei Raben sitzen auf seinen breiten Schultern oder auf der Lehne des Thrones, und zu seinen Füßen liegen die beiden Wölfe Geri und Freki. So sitzt Wodan, der Kriegsfürst, in Walhalla und blickt mit Wohlgefallen auf die freudig bewegte Tafelrunde seiner Einherier, zwischen denen die holden weißarmigen Schenkmädchen dienstbeflissen hin und her eilen.

Aber was wollen die Raben auf seinen Schultern? Es sind seine getreuen Boten Hugin (Gedanke) und Munin (Erinnerung). Jeden Morgen fliegen sie von Asgards Höhen in die weite Welt hinaus, und mittags kehren sie wieder heim und flüstern ihrem Herrn alles ins Ohr, was sie draußen gesehen und gehört haben. Denn Walvater ist nicht allwissend, wie eins Allvater es war; durch Verfehlungen ist das Auge seines Geistes getrübt worden. Daher bedarf er der geflügelten schwarzen Kundschafter, die wie die Wölfe zugleich auch Sinnbilder des männermordenden Krieges sind.

Bringen die Raben nach Walhalla die Botschaft, daß auf Erden die Schlacht entbrennt, so erhebt sich Wodan von seinem Hochsitz, schüttelt freudig den Spieß und ruft nach seinem achtbeinigen Hengst Sleipnir, dem raschen, windschnellen Renner. Da springen auch die Einherier mit blitzenden Augen von der Metbank auf und greifen zu den Waffen, obwohl sie nicht mit Heervater gen Midgard reiten dürfen. Dieses Vorzuges erfreuen sich nur die lieblichen Schenkmädchen. Flugs verwandeln sie sich in kriegerische Schildjungfrauen, schwingen sich in glänzender Waffenrüstung auf ihre feurigen Graurosse und sprengen, von Kampfeslust glühend, hinter ihrem Herrn durch die Lüfte nach dem tosenden Schlachtfeld hernieder. Da schreckt Wodan die Feinde, indem er seinen furchtbaren Spieß über ihre Häupter schleudert; seinen Freunden aber verleiht er Sieg und Ruhm. Dann küren die Walküren die Wal: Sie neigen sich zu den auserwählten gefallenen Helden herab, heben sie auf ihre schnaubenden Renner und sprengen mit ihrer Beute durch die Lüfte gen Walhalla.

Immerdar ist Krieg und Kampf Heervaters Freude, und den Heldengeist, der ihn beseelt, haucht er auch seinen Völkern ein und führt sie von Sieg zu Sieg. Nicht nur sollen sie Midgard erobern und der Asen Herr-

Wodan, der Göttervater

schaft dort ausbreiten, sie sollen auch die Scharen der Einherier in Walhalla mehren; denn einst wird der Tag kommen, da der gellende Klang des Giallarhornes Wodan und seine Helden zu der großen Schlacht aufschrekken wird, auf die alle Unholde der Finsternis warten. Diesen Tag der großen Entscheidung, des unerbittlichen Weltgerichts immer weiter hinauszuschieben, darauf ist Walvaters, des „grübelnden Asen", stetes Sinnen und Trachten gerichtet, auf daß er die Zahl seiner Streiter mehren könne. Denn er weiß wohl, wie gewaltig die Macht seiner Feinde ist.

Von Wodan stammte auch die „keilförmige" Schlachtordnung der germanischen Kriegsvölker, der sogenannte Eberrüssel. An seine Lieblingshelden verlieh er sogar seine eigenen Waffen: Schwert und Speer, an die unfehlbar der Sieg geknüpft war. Und sah er einen seiner Auserwählten einmal in großer Gefahr, so eilte er gedankenschnell herbei, hüllte den Freund in seinen Mantel und fuhr mit ihm, von den verblüfften Feinden ungesehen, aus dem wilden Schlachtgetümmel durch die Luft nach einem sicheren Zufluchtsort.

Als König Wölsung, der den Ursprung seines ruhmreichen Geschlechts von Wodan herleitete, seine Tochter Signe dem Siggeir vermählte, trat am Abend in den Hochzeitssaal ein hochgewachsener Mann, barfuß, im blauen Mantel, einäugig, mit breitem, tiefeingedrücktem Hut und lang herabwallendem weißen Bart. Er schritt an den Baumstamm mitten in der Halle und stieß ein Schwert mit solcher Kraft in dem Stamm, daß es bis an das Heft hineinfuhr. Aller Augen waren auf den hohen Fremdling gerichtet, doch wagte niemand, ihn anzureden. Er aber sprach: „Wer das Schwert aus dem Baum zu ziehen vermag, dem soll es zu eigen gehören, und er wird bald sehen, daß er nie eine bessere Waffe in den Händen getragen hat."

Nach diesen Worten schritt der Greis aus der Halle, und keiner wußte, wer er war, noch wohin er ging.

Nun sprangen alle wackeren Mannen auf, und einer nach dem andern

versuchte, das Schwert herauszuziehen. Aber es gelang keinem, bis endlich Siegmund, König Wölsungs Sohn und Zwillingsbruder der Braut, herzutrat und mit einem gewaltigen Ruck, der den mächtigen Baum erschütterte, die Waffe herauszog. Mit diesem Schwert gewann der Held viele Schlachten, doch am Ende seines Lebens verlor es seine sieghafte Kraft. Als Siegmund zum letzen Mal damit kämpfte, trat plötzlich, mitten im Getümmel der Schlacht, ein Mann mit breitem Hut und blauem Mantel ihm entgegen und griff ihn mit seinem Speer an. König Siegmund schlug mit dem Schwert auf die Waffe seines einäugigen Gegners, und das war sein Verderben. Die Klinge zersprang in zwei Stücke, und der König fiel in der Schlacht. Aber sein Sohn Sigurd (Siegfried) nahm die Stücke der Waffe und ließ sich von dem kunstreichen Schmied Regin (Mimer) ein neues Schwert daraus schmieden, mit dem er Sieg und unsterblichen Ruhm gewann.

So wandert Wodan oft und viel als hoher, einäugiger, ehrfurchtgebietender Greis unter dem breiten Wolkenhut und im blauen Mantel unter den Menschen umher. Doch kann er auch jede andere Gestalt annehmen, sich in einen Adler verwandeln oder als Schlange durch einen Felsenspalt schlüpfen. Hut und Mantel tragen ihn auf seinen Wunsch mit Windesschnelle durch die Lüfte, und wo er Menschen, denen er wohl will, in Bedrängnis und Gefahr sieht, da erscheint er plötzlich und hilft ihnen aus der Not, sei es nun auf dem sturmgepeitschten Meer oder in der tosenden Feldschlacht. In seinem Besitz ist auch die Wünschelrute, mit deren Hilfe er verborgene Schätze aus den Tiefen der Erde zu heben vermag; wem er diese Zauberrute leiht, der wird ohne Mühe ein reicher Mann. Allein nur wenigen Auserwählten wird diese Gunst zuteil, denn nur den Würdigsten und Edelsten schenkt Wodan seine Huld.

> Seinen Söhnen gibt er Sieg,
> Den anderen Gold,
> Beredsamkeit den Großen,
> Klugheit den Völkerhirten,
> Den Schiffern Fahrwind,
> Den Dichtern Lieder
> Und siegende Tapferkeit
> Dem mutigen Manne.

Alle Eigenschaften und Fähigkeiten, die den besten Mann zieren, besaß Wodan im vollkommensten Maße. Er war nicht nur der erhabenste Kriegsfürst der Welt, sondern auch ein Weiser und Dichter und überragte an Tiefe des Geistes und hohem Flug der Gedanken alle Asen und Menschenkinder. Wir wissen schon, wie er für einen Trunk aus Mimirs Weisheitsborn eins seiner Augen dahingab; so hat er auch die Runenschrift ergrübelt und keine Mühe gescheut, bis es ihm gelang, den wunderbaren Dichtertrank zu gewinnen.

Die Runen waren geheimnisvolle Schriftzeichen, deren Sinn nur der Kundige zu deuten verstand. Sie wurden auf Stäbchen (Würfel) aus Buchenzweigen geritzt und dienten vornehmlich zum Weissagen der Zukunft. Man hatte 24 solcher Zeichen oder Buchstaben, und jede Rune bedeutete ein Wort, das mit dem betreffenden Buchstaben anfing: z. B. |×| = Mann, ⊢⊣ = Hagel, | = Eis, ⚆ oder Z = Sonne usw. Die Runenwürfel gab man in einen Helm oder Becher, schüttelte sie durcheinander und ließ sie auf die Erde oder auf ein ausgebreitetes Tuch fallen. Jetzt galt es, aus der Lage der Buchstaben zueinander die Bedeutung des Ganzen herauszulesen, einen Vers daraus zu machen, wobei die aufeinanderfolgenden Runen die Reimstäbe (Stabreim) bildeten. Diese Kunst verstanden nur die Weisen, vornehmlich die Priester und Priesterinnen, die sie von Wodan empfangen hatten. Und weil die Runenkunde Allvaters Gabe war, darum galt der Vers, der sich nach der Deutung des Priesters aus der Lese ergab, als Ausspruch des hohen Asen, als Orakel. Man ritzte die heiligen Zeichen auch auf Schwerter und Schilde, auf die Steuerruder der Schiffe, auf Gedenktafeln und Grabsteine, um diese Dinge zu weihen, ihnen die Zauberkraft der betreffenden Runen zu verleihen, oder – wie bei den Grabsteinen – durch den Sinn der Rune Name, Gedächtnis oder Ruhm des Toten zu verewigen.

Als nach dem ersten großen Kriege Asen und Wanen das Friedensbündnis schlossen, mischten sie in einem Gefäß ihr Blut und schufen daraus einen Mann, den sie Kwasir nannten. Der war so weise, daß niemand ihn um ein Ding fragen mochte, worauf er nicht zu antworten gewußt hätte. Er fuhr weit durch die Welt, um die Menschen Weisheit zu lehren. So kam er auch zu den Zwergen Fialar und Galar, die ihn eingeladen hatten, um sich seines kostbaren Geistesschatzes zu bemächtigen. Sie lockten ihren Gast in einen Hinterhalt, töteten ihn und ließen sein Blut in drei Gefäße rinnen, die Odrörir, Son und Bodn hießen. Nun mischten sie Honig in das Blut und brauten daraus einen so wunderkräftigen Met, daß jeder, der davon trank, ein Dichter und Weiser wurde. Den Asen sandten die Zwerge die falsche Kunde, Kwasir sei in der Fülle seiner Weisheit erstickt.

Nach einiger Zeit kam zu den Zwergen der Riese Gilling mit seinem

Weibe zu Gast. Diesem Unhold trauten die kleinen Wirte nicht und überredeten ihn eines Tages, mit ihnen eine Ausfahrt auf die See zu machen. Der ahnungslose Jötun ging darauf ein; als sie aber eine Strecke vom Land waren, ruderten die Zwerge nach den Klippen und stürzten das Boot um. Gilling, der nicht schwimmen konnte, ertrank, die beiden Bösewichte aber wendeten das Schiff wieder um, sprangen hinein und fuhren fröhlich nach Hause. Dort erzählten sie der Riesin, daß ihr Mann durch einen Sturz ins Wasser ertrunken sei. Darob grämte sie sich sehr und weinte laut. Das furchtbare Jammergeheul konnten die Zwerge nicht lange ertragen, und sie beschlossen, auch das Weib zu töten. Fialar fragte sie, ob es ihr Gemüt nicht erleichtern würde, wenn sie auf die See hinaussähe, wo ihr Mann umgekommen sei. Das wollte sie tun. Als sie aber über die Schwelle der Haustür trat, ließ Galar von oben herab einen Mühlstein fallen, der ihr den Kopf zermalmte. So waren die beiden ihrer Gäste ledig.

Aber nicht lange sollten die Missetäter sich ihres schlimmen Werkes freuen. Gillings Brudersohn, der mächtige Riese Suttung, hörte von der Freveltat und fuhr hin, um Rache dafür zu üben. Er ergriff die Zwerge, führte sie auf die See und setzte sie da auf einer Klippe aus. Da baten sie flehentlich, ihr Leben zu schonen, und versprachen ihrem grimmigen Feinde zur Sühne und Vaterbuße den köstlichen Dichtermet. Darauf ging der Riese ein, und er empfing die drei vollen Fässer, fuhr mit seiner Beute nach Hause, brachte den Met in eine tiefe Felsenkammer der Heitberge und setzte seine schöne Tochter Gunnlöd zur Hüterin des Schatzes ein. Daher heißt der Dichtertrank Kwasirs Blut, auch Odrörir (Geisterreger) oder Suttungs Met.

Alles das erfuhr der nimmer rastende Wodan, der schon lange danach getrachtet hatte, den kostbaren Trank in seinen Besitz zu bekommen. Und er sprach bei sich: „Ich will hinfahren gen Riesenheim und den Met gewinnen, koste es auch, was es wolle." Die Asen freuten sich über den Entschluß ihres Gebieters, denn alle meinten, bei Suttung, dem einfältigen Unhold, sei der edle Schatz übel verwahrt.

Eines Tages nahm Wodan die Gestalt eines schlichten Bauers an und machte sich auf den Weg nach Jötunheim. Nicht mehr fern vom Ziel, erblickte er auf einer Wiese neun Knechte, die Gras mähten. „Das sind Bauges Schnitter", sprach der weltkundige Wanderer bei sich. „Der wird wissen, wo sein Bruder Suttung die Fässer verwahrt und muß mir den Ort verraten."

Und er ging zu den Mähern, sah ihnen eine Weile zu und rief alsdann: „Eure Sensen sind stumpf geworden, und ich wüßte wohl, wie man sie haarscharf machen könnte."

Da blickten die Knechte auf und lachten spöttisch über den aberwitzigen Bauer. Einer aber rief unwirsch: „Worte sind wohlfeil, komm und zeige deine Kunst, so wollen wir glauben, womit du prahlst!"

Da trat Wodan heran, zog einen Wetzstein aus dem Gürtel und schärfte damit eine Sense nach der anderen. Die Knechte begannen zu mähen, und o Wunder! – es bedurfte keiner Kraftanstrengung mehr, das Gras fiel wie von selbst, und die Arbeit war nun ein Kinderspiel. Da riefen die Gesellen alle durcheinander: „Fremdling, überlaß mir den Wetzstein, ich will dir gern zahlen, was du billig forderst!"

Alle drangen auf Wodan ein, denn jeder wollte den Stein haben. Da warf der Ase ihn in die Luft und sah mit Lachen, wie die Knechte sich darum balgten, in Streit gerieten, zu den Sensen griffen und sich in rasender Wut allesamt um einen Kopf kürzer machten.

Da lagen die toten Unholde in ihrem Blut auf der grünen Wiese, und mit verächtlichem Achselzucken sprach Wodan: „Riesenart! Um einen Stein wirft dies Geschlecht das Leben fort; es ist freilich auch nicht mehr wert. Aber der Herr dieser närrischen Schnitter, die Köpfe anstatt Gras abgemäht haben, wird sich nicht freuen. Ich will doch hören, was er zu diesem tollen Streich seiner Gesellen sagt."

Am anderen Tag trat in Bauges Halle ein schlichter Bauersmann und begehrte Gastfreundschaft Da klagte ihm der Riese das Unheil und sprach: „Neun Knechte hatte ich im Dienst, die meine Äcker bestellten und Heu auf der Wiese dörrten; davon lebt nun nicht einer! Wo soll ich nun Arbeiter finden für meine große Wirtschaft?"

Ihm antwortete der unscheinbare Gast: „Nicht immer verrät das Äußere des Mannes die innewohnende Kraft; so schwach ich auch erscheine, ich traue mir dennoch zu, die Arbeit der neun Knechte zu verrichten, vorausgesetzt, daß Bauge mir guten Lohn geben wird."

Voll Mißtrauen schielte der Riese den Bauer an und versetzte: „Ehe wir weiter verhandeln, nenne mir erst deinen Namen und sage mir, woher du kommst!"

„Ich heiße Bölwerker (Böswirker)", antwortete der Ase, „und komme von weit her."

„Wohl", nickte der Unhold, „und was willst du zum Lohn, Bölwerker, wenn du mir anstatt der Erschlagenen dienst?"

„Kein blankes Silber, noch rotes Gold, nur einen Trunk begehre ich von Suttungs Met", antwortete der Bauer.

Bauge machte ein langes Gesicht und sagte: „Der Saft gehört meinem Bruder, und ich fürchte, es wird mir schwer gelingen, ihn zu erhalten; doch will ich's bei Suttung mit guten Worten versuchen."

Wodan war damit zufrieden und verdingte sich dem Riesen. Und wie staunte Bauge, als er die Kräfte seines neuen Knechts sah! Spielend und mühelos verrichtete der schlichte Mann Neunmännerarbeit, und der Riese war aller Sorge enthoben.

Als nun die Ernte eingebracht war, trat Bölwerker vor seinen Herrn und sprach: „Groß war die Arbeit, treu hab' ich sie vollbracht, so gib mir nun den verheißenen Lohn!"

Da ging Bauge zu seinem Bruder und bat ihn um einen Trunk des Metes für seinen Knecht. Aber Suttung erwiderte unwirsch: „Das ist kein Saft für grobe Bauernkehlen, sondern süßer Labetrunk für hartgemute Riesen. Ganz unbillig deucht mir dein Begehren, und ich werde es nicht erfüllen."

Da halfen keine guten Worte, und mit übler Kunde kehrte Bauge zu seinem Knecht zurück.

„Das ist schlimm", meinte Bölwerker, „aber wenn du mir sagen kannst, wo der unmilde Mann den Trank verwahrt, so wollen wir ihn schon erlangen."

„In den Heitbergen!" rief Bauge. „Auch kenn' ich wohl den Felsen; doch findet niemand den Eingang zu der Höhle, wo Gunnlöd in Treue der Fässer wartet."

„Führe mich hin!" gebot Bölwerker; und sein Herr geleitete ihn auf den Gipfel eines hohen Berges.

Dort zog der Knecht einen Bohrer aus dem Gürtel, reichte ihn dem Riesen und sprach: „Bohre ein Loch durch den Felsen!"

Bauge tat nach seinem Geheiß, und als er ziemlich tief hineingedrungen war, hörte er auf und sagte: „Der Felsen ist durchbohrt."

Aber Bölwerker traute seinen Worten nicht, beugte sich nieder und blies in das Loch hinein. Da flogen die Splitter von innen ihm ins Gesicht, und er fuhr auf und rief zornig: „Lohnst du mir so die Treue, die ich dir im heißen Sommer bewiesen habe? Bohre weiter, Bauge, sonst muß ich dich einen Betrüger schelten!"

Da fürchtete sich der Riese vor dem Zornblick des Starken, und er nahm den Bohrer und setzte die Arbeit fort.

Zum zweitenmal blies Bölwerker in das Loch hinein, und da keine Splitter nach oben kamen, verwandelte er sich urplötzlich in eine Schlange und schlüpfte wie der Blitz in den Felsen. Bauge stieß mit dem Bohrer nach ihm; aber es war zu spät: unverletzt gelangte Wodan in die Tiefe, erblickte in der Höhle die drei Fässer und daneben auf goldenem Sessel Gunnlöd, die schöne Riesentochter.

Da nahm der Ase die Gestalt eines Mannes an und trat in prangender

Jugendblüte der überraschten Maid entgegen. Mit süßen Schmeichelworten gewann er das Herz der Jungfrau, und sie erlaubte dem Geliebten, aus jedem Fasse einen Zug zu trinken. „Aber nur einen Zug!" rief sie in ihrer Herzensangst. „Nur einen!" versetzte Wodan und tat, wie er sagte; aber sein Durst war so groß, daß jedes der Fässer in einem Zuge bis auf den Boden geleert wurde.

Nun führte Gunnlöd den scheidenden Geliebten durch vielverschlungene Gänge ans Tageslicht, und Wodan nahm Adlergestalt an, erhob sich über die Gipfel der Berge und flog mit Windeseile von dannen. Suttung erblickte den königlichen Vogel, ahnte, was geschehen war, warf geschwind sein Federkleid über und jagte dem Räuber nach, so schnell er vermochte. Zum Glück erreichte Wodan Asgard, ehe der Verfolger ihn eingeholt hatte, und wütend kehrte der Riese nach Jötunheim zurück.

Groß war die Freude der Asen über den kostbaren Schatz. Der Met ward in ein Faß gefüllt und wohlverwahrt. Wem Wodan davon zu kosten erlaubt, der wird ein Dichter und Weiser; er selbst und sein Sohn Bragi genießen öfter den Zaubertrank, und ihre Lieder und Sprüche sind berühmt bei den Göttern und bei sinnigen Menschenkindern.

So hat Wodan mit vieler Mühe, langwieriger Arbeit und gefahrvollem Wagnis Odrörir, den köstlichen Begeisterungstrank, in seinen Besitz gebracht. Das schwere Werk wäre ihm aber niemals gelungen, wenn nicht Gunnlöd ihm ihre Gunst geschenkt hätte. Daraus mag man wohl erkennen, welch eine hohe Himmelsgabe die Dichtkunst ist, wie aber niemand ohne äußerste Anstrengung und beseligende Liebe diesen kostbaren Schatz zu erlangen vermag.

Wir wissen schon, daß Wodan ursprünglich auch Sonnengott war. Von ihm erhielt die Welt Licht und Wärme, und in seiner Gemahlin Frigg hatte die grüne, in Blüten und Früchten prangende sommerliche Erde Leben und göttliche Gestalt gewonnen. Sank nun im Herbst die Sonnenbahn immer tiefer am Himmelsgewölbe herab, so daß das leuchtende Tagesgestirn in immer weitere Ferne entrückte, so konnte man sich diese Erscheinung nur so erklären: Wodan, der Sonnengott, habe seinen Sitz im Mittelpunkt des Weltalls verlasse und ziehe mit seiner Gemahlin in ferne Gegenden, immer weiter und weiter, bis an die äußersten Grenzen Jötunheims, wo er während der Wintermonate ungekannt lebe, vielleicht als Köhler oder Bauer in einer armseligen Waldhütte.

So tritt uns das höchste Götterpaar in der folgenden Sage von König Gerrot (Geirrödh) und seinem Bruder Agnar entgegen.

In einem fernen, winterkalten Land herrschte ein König mit Namen Raudung. Der hatte zwei Söhne: Agnar und Gerrot, Knaben von zehn und acht Jahren. Diese spielten eines Tages am Meeresstrand, und Gerrot, der jüngere, aber kühnere, sprach zu seinem Bruder: „Laß uns aufs Wasser fahren und Fische fangen!"

Agnar willigte ein, und sie schwangen sich in das Boot und stießen vom Ufer. Da erhob sich ein heftiger Wind, der trieb das leichte Fahrzeug auf die hohe See und spielte mit ihm wie mit einer Nußschale. Umsonst mühten sich die Knaben ab, ihr Schifflein wieder nach dem Strand zu rudern, und als die Nacht hereinbrach, wußten sie nicht mehr, nach welcher Richtung sie steuern mußten. Da gaben sie den Kampf auf und überließen sich mit Bangen ihrem Schicksal. Immer heftiger blies der Wind, immer wilder und schauerlicher scholl das Getöse der Wogen in ihren Ohren; bald wurde das Boot hoch emporgeschleudert, bald schoß es jäh in die schwarze Tiefe hinab, und wilde Sturzseen schlugen darüber hin, als wollten sie es verschlingen. Wohin ging die Fahrt? Gewiß in den Tod, zur raffenden Ran hinunter, deren Töchter gellendes Jauchzen die Knaben in dem tosenden Lärm zu vernehmen glaubten.

Plötzlich aber stieß der Kiel auf den Grund, das Boot stand still, die kleinen Schiffer rafften sich auf, tasteten mit den Rudern herum und bemerkten mit großer Freude, daß sie auf dem Trockenen festsaßen. Wo mochten sie sein – auf einer Insel oder an ihrem Heimatstrand?

Gleichviel, sie waren der schrecklichen Ran entronnen und schöpften wieder frische Hoffnung. Ohne Säumen verließen sie das Schiff und gingen an Land, um nach einer Nachtherberge auszuspähen, denn sie waren ganz durchnäßt und zitterten vor Kälte. Da sahen sie in der Dunkelheit einen Lichtschimmer und beflügelten ihre Schritte nach diesem Ziele hin. Eine niedrige Bauernhütte stand dort in der Wildnis, und die Königssöhne traten herzu und klopften an die Tür.

Da trat ein hoher, bärtiger, einäugiger Mann im Schein des Herdfeuers auf die Schwelle, blickte erstaunt die nächtlichen Gäste an und nötigte sie herein. Am Herd stand eine schlichte, aber schöne Frau und stieß mit einem Span in die Glut, daß sie hell aufflackerte. Da standen die triefenden Schiffer mitten in der Stube und wurden von den seltsamen Bauersleuten freundlich betrachtet. Sie erhielten trockene Kleider aus warmem Pelzwerk, durften am Feuer niedersitzen und wurden mit Speise und Trank sattsam gelabt. Den ganzen Winter blieben die Brüder in der einsamen Bauernhütte, und es fehlte ihnen nicht an guter Bewirtung. Die Frau nahm sich besonders des sanfteren Agnar an, der Bauer aber hatte mehr Wohlgefallen an dem tapferen Gerrot, ging mit ihm auf die Jagd, lehrte ihn, die Waffen zu führen, und unterrichtete ihn in mancherlei Wissen und Weisheit.

Als dann der Frühling wiederkam, wollten die Knaben in ihre Heimat zurückkehren und nahmen Abschied von ihren Wohltätern. Der Bauer begleitete sie an die Meeresbucht, wo das Boot lag, und er nahm seinen Liebling Gerrot beiseite und redete heimlich mit ihm. Darauf reichten beide ihrem Gastfreund noch einmal die Hand, stiegen in das Schiff und fuhren mit gutem Wind auf die hohe See.

Glücklich gelangten sie in den Hafen ihrer Heimat, und Gerrot, der vorn im Boot stand, warf die Ruder aufs Land, sprang rasch hinaus und versetzte dem leichten Schiff einen so kräftigen Stoß mit dem Fuß, daß es weithin schoß und von den rückflutenden Wogen auf die offene See getrieben wurde. Vergebens rief Agnar um Hilfe.

Geradewegs in die Königsburg schritt Gerrot; sein Vater war gestorben, und er wurde nun an dessen Stelle König. Nach Jahren vermählte er sich mit einer fürstlichen Riesentochter und gewann einen Sohn, den er nach seinem verschollenen Bruder Agnar nannte.

Eines Tages saßen Wodan und Frigg auf Allvaters Hochsitz Hlidskialf und überschauten die weite Welt. Da sahen sie fern am Meeresstrand eine getürmte Burg hell im Sonnenglanz schimmern. „Siehe!" sagte Allvater lebhaft, „wie stattlich sich dort König Gerrots Haus erhebt! Kriegsruhm und Heldenehre hat sich mein Schützling erkämpft, während dein Pflegling Agnar in Jötunheim böse Wege wandelt und in Unehre und Schande dahinlebt."

Mit Unwillen vernahm Frigg diese Worte und versetzte scharf: „König Gerrot ist gar nicht wert, Land und Leute zu beherrschen, denn er beherzigt deine Lehren wenig, ist ein unmilder Wirt und läßt seine Gäste darben!"

„Das ist nicht wahr!" rief Wodan, „und ich wette, daß du meinem Freund unrecht tust."

Frigg nahm die Wette an, stand auf und begab sich in ihre Wohnung Fensal. Dort rief sie ihr Schmuckmädchen Fulla herbei und sprach zu ihr: „Auf! Eile gen Riesenheim zu dem König Gerrot! Und also sollst du zu ihm sagen: ‚Es wird in diesen Tagen ein Mann in blauem Mantel in dein Haus kommen, den werden die Hunde nicht anbellen. Hüte dich vor dem, er ist ein arger Zauberer und kommt, dir zu schaden'."

Fulla begab sich flugs in das ferne Land am Meer und überbrachte König Gerrot die Botschaft ihrer Herrin. Da gab er seinen Dienern den Befehl, jeden ankommenden Fremdling genau anzusehen und achtzugeben, ob die Hunde ihn anbellten oder nicht.

Eines Tages kam ein hoher Gast in blauem Mantel durch die Pforte geschritten; kein Hund bellte ihn an, selbst der bissigste schlich sich vor dem Sonnenblick seines Auges scheu aus dem Wege. Als dies der König hörte, ließ er den Fremden vor sich kommen und fragte ihn wenig freundlich: „Wer bist du, Wandersmann, und was führt dich in meine Halle?"

„Ich heiße Grimnir", antwortete der Gast ruhig.

„Und was sucht Grimnir in meinem Hause?" forschte Gerrot weiter.

Der Fremde schwieg, erstaunt über solch ungastlichen Empfang.

Da rief der König seine Knechte herbei, ließ den Gast fesseln und ihn zwischen zwei Feuerherden, die heiße Glut ausströmten, festbinden. Acht Nächte saß da der machtlose Mann und litt von Durst und Hitze schwere Pein. Immer näher leckte die Flamme, sie ergriff seinen Mantel und bedrohte sein Leben. Da trat Agnar, König Gerrots Sohn, in die heiße Halle, reichte dem Gefesselten ein Horn mit Met uns sprach: „Trinke, armer Mann, die Glut ist groß, und mein Vater handelt übel, seinen Gast so zu quälen!"

Der Greis nahm das Horn und leerte es mit durstigen Zügen; dann gab er es dem Knaben wieder und sprach: „Heil dir, Agnar! Du allein er-

Wodan bei König Gerrot

barmtest dich meiner Not und botest mit erquickenden Trank. Siehe, wie gierig die Flamme leckt! Schon brennt der Zipfel meines Mantels, und immer weiter frißt die lohende Glut. So sitze ich schon acht Nächte zwischen den Feuern, und niemand bot mir Erfrischung, als du allein. Darum sollst du ein mächtiger Herrscher werden in der Jötune Land. Und noch Besseres hab' ich dir zu bieten, als äußere Macht. Tritt näher und vernimm heiliger Weisheit Kunde von meinen Lippen!"

Agnar gehorchte, und nun schilderte der Greis ihm den Wunderbau der Welt, der Urzeit Geheimnisse und Asgards erhabene Pracht und Herrlichkeit. Zuletzt rief er furchtbar grollend: „Wehe dir, Gerrot! Viel verlorst du mit meiner Liebe: Wodan und aller Asen Huld! Gleich wie die Flamme, die dein Haß entfacht, gierig nach meinem Leben züngelt, seh ich schon das Schwert gezückt, dein grausames Herz zu durchbohren. Willst du Wodan, der dich einst gepflegt, noch einmal schauen, so eile herbei, ehe es zu spät ist!"

Als das der Knabe hörte, erschrak er und lief hinaus, um seinem Vater Kunde zu bringen. Im Saal saß König Gerrot und betrachtete sein Schwert, das er auf seinen Knien, halb aus der Scheide gezogen, hielt. Da stürmte Agnar schier atemlos zur Tür herein und rief: „Vater, der fremde Mann, der im Feuer sitzt, ist Wodan, der oberste Ase!"

Jäh fuhr da Gerrot von seinem Sitz auf, aus den Händen fiel ihm das Schwert, er trat mit dem Fuße auf den Griff, stürzte vornüber, und die gleißende Klinge durchbohrte ihm das Herz.

Agnar, der seinen Vater tot hinfallen sah, schrie laut auf, eilte in die Peinkammer, riß die Feuerkessel fort und rief: „Habe Erbarmen mit mir, hoher Ase, mein Vater ist tot!"

Wodan erhob sich, nahm den Knaben bei der Hand, trat mit ihm zu der Leiche des Königs und sprach: „Ein tapferes Herz schlug in seiner Brust, das gewann ihm meine Huld. Aber nach Riesenart war er harten Sinnes und verletzte das heilige Gastrecht, darum mußte er sterben. Du, Agnar, wirst nun König an deines Vaters Statt, und ich rate dir: ehre die Fremden, denn sie stehen unter dem Schutze der hohen Asen; ja, es mögen die Himmlischen wohl selbst als schlichte Wanderer bei dir einkehren."

2. Frigg (Fria, Fricka)

Wodans Gemahlin war Fria, Fricka oder Frigg genannt. In einigen Gegenden Deutschlands hieß sie auch Hulda oder Holda (Frau Holle) und Berchta oder Berta (die Glänzende). Sie war unter den Göttinnen die erste an Ansehen und Würde, und auch an Schönheit konnten nur wenige sich mit ihr vergleichen. Ihre prächtige Wohnung hieß Fensal; sie stand in einer fruchtbaren, quellenreichen Gegend im Schatten von Weidenbäumen und hohen Linden; im Garten grünten und blühten viele Rosenbüsche und hauchten köstliche Düfte aus. In den Sälen und Kammern Fensals glänzte alles von Sauberkeit, und jedes Gerät stand an seinem Platze. Friggs Augen überwachten alles, und obwohl sie viele Dienerinnen und Mägde hatte, scheute sie sich doch nicht, selbst Hand ans Werk zu legen und mit Fleiß zu wirken und zu schaffen. Stundenlang saß sie an der Spindel und spann das feinste Garn zu den weißen Leinengewändern und Schleiern, in die sie sich mit Vorliebe kleidete.

Noch heute heißt das prächtige Sternbild des Orion im Norden Friggerock (Friggas Rocken), und die zarten Spinnfäden, die an sonnigen Herbsttagen durch die Lüfte fliegen und die man jetzt „Mariengarn" oder „Altweibersommer" nennt, kommen von Friggs Spindel aus Fensal zur Erde herniedergeflogen und bringen demjenigen, an dessen Kleidern sie hängenbleiben, Glück und Segen aus der Hand der göttlichen Spinnerin. Der Flachs war daher Friggs bevorzugte Feldpflanze, seinen Anbau begünstigte sie und verlieh ihm zum Wachsen und Gedeihen warmen Regen und Sonnenschein. Zur Zeit seiner Blüte, die so blau ist, wie die schönen Augen der Göttin, wandelt sie über die Fluren, richtet die niedergebeugten zarten Hälmchen auf und segnet gütigen Antlitzes die geliebte Pflanze.

Heil den fleißigen Spinnerinnen in den Wohnungen der Menschen! Unter dem Namen „Frau Holla" zieht Frigg in den heiligen zwölf Nächten, vom Julfest bis zu ihrem Tage, dem sechsten im Wintermonat, von Haus zu Haus und sieht nach, welches Mädchen fleißig gesponnen hat. Diesem verleiht sie Glück und langes Leben, indem sie im Hinblick auf das schöne Gespinst huldvoll spricht:

„So manches Haar,
So manches gute Jahr."

Der lässigen Spinnerin aber entzieht sie ihre Huld und sagt verwünschend:

„So manches Haar,
So manches böse Jahr."

Das wissen die Mädchen, darum nehmen sie in dieser Zeit, bevor sie sich schlafen legen, allen Flachs, den sie nicht abgesponnen haben, sorgfältig von dem Rocken ab, um die Göttin zu täuschen; viel besser aber ist es, wenn es ihrem Fleiß gelingt, alles abzuspinnen.

Bei ihrem Gang durch die Wohnungen der Menschen prüft Frigg das ganze Hauswesen in Stuben, Vorratskammern und Viehställen, um zu sehen, ob alles, wie bei ihr in Fensal, wohlgeregelt ist. Darum lassen die

Leute in dieser heiligen Zeit alle Türen unverschlossen und Kufen und Gefäße unbedeckt, damit die Göttin von den Speisevorräten und Getränken koste und das gastliche Haus segne.

Frigg sorgt aber auch dafür, daß Scheuern, Ställe und Vorratskammern des fleißigen Landmanns gefüllt werden; alljährlich geht sie im Land um und verleiht Äckern und Wiesen Fruchtbarkeit. Ja, auch den Ehestand segnet sie und schenkt dem Haus ihrer Huld blühende Knaben und Mägdlein, damit es immerfort wachse und sich ausbreite. Ihr war die Linde geweiht, daher pflanzte der Landmann vor der Tür seiner Hütte diesen Baum, damit die Kinder in seinem Schatten spielten und sein Haus, über dessen Dach sich die Zweige streckten, unter dem Schutz der erhabenen Göttin stünde. Unter einer breitästigen Linde pflegte man auch Gericht zu halten, denn auch die Gerichtsstätten waren der Frigg heilig, und wenn sich ein Verfolgter dorthin flüchtete, so stand er unter dem Schutz der hohen Himmelsherrin und niemand wagte es, auf dieser heiligen Freistätte Hand an ihn zu legen.

Ihre heiligen Tiere waren Rind und Widder, Storch, Schwalbe und Kuckuck. Als fürsorgende Freundin des Landmanns mußte sie auch die ihm so nützlichen Haustiere in ihre besondere Obhut nehmen, und in den obengenannten Vögeln erkennen wir Boten und Sinnbilder der Frühlings- und Ehegöttin Frigg und Frau Holla. Storch und Schwalbe bringen dem Haus Glück, und wo sie nisten, da schlägt der Blitz nicht ein. Aber woher diesen lieben Sommergästen die Zauberkraft kommt, das weiß der Bauer nicht mehr. Ebensowenig ahnt das das Kuckucksorakel befragende Mägdlein, daß aus den weissagenden Rufen dieses wunderlichen Vogels die Stimme einer hohen, vielwissenden Göttin spricht.

In Thüringen, Franken und Hessen heißt Frigg die holde Frau, oder volkstümlicher: Frau Holle. Wenn die Sonne ganz besonders hell und freundlich scheint, so sagt man: „Frau Holle kämmt ihr goldenes Haar", und wenn flockige, weiße Wölkchen am Himmel hinziehen: „Frau Holle treibt ihre Herde auf die Weide"; beginnt es aber zu schneien, so erklärt die Mutter ihrem jauchzenden Kind: „Schau, schau! Frau Holle schüttelt ihre Betten, daß die Federn fliegen."

Aber die „holde Frau" schüttet die weichen Flocken nicht nur den Kindern zur Lust aus den Wolken herab, sie gedenkt auch der jungen Saat auf Midgards Fluren und deckt sie liebreich und warm zu, damit der eiskalte Odem der Frostriesen sie nicht töte.

Gern wohnt Frau Holle auch in der Unterwelt, die sich unter Brunnen, Teichen oder Seen befindet. Aber dort ist es nicht finster und schauerlich, wie in Hels Reich, sondern sonnenhell und anmutig, wie droben in Asgards wonnigen Gefilden.

Aber die Göttin selbst erscheint hier nicht in stolzer, strahlender Schönheit wie auf der Oberwelt, sondern als häßliche alte Frau, doch voll mütterlicher Huld und Freundlichkeit gegen gute Gäste. Wer aber hochmütigen Sinnes und mit unlauteren Absichten zu ihr kommt, der wird mit Schimpf und Schande wieder heimgesandt, wie im Märchen von „Frau Holle".

In Schwaben und Bayern führt Frigg den Namen Berchta oder Berta, d.h. die Glänzende. Nach der Sage hieß auch die Mutter Karls des Großen Berta die Spinnerin, und da der Volksglaube jene Zeit, in der diese göttliche Frau lebte und wirkte, für eine glückliche, goldene hält, so beklagt man wohl ihr Hingeschwundensein, wie überhaupt den Verlust des Glückes, mit den Worten: „Die Zeit ist hin, da Berta spann."

Auch andere deutsche Fürstengeschlechter führen ihren Ursprung auf die leuchtende Frau Berchta, also auf Frigg zurück, und da diese sich in glänzend weiße Linnengewänder zu kleiden pflegte, so ist sie es, die als „weiße Frau" in den Fürstenschlössern umgeht und durch ihre gespenstische Erscheinung Bestürzung hervorruft. Denn ihr Auftreten weist stets auf ein schweres Unglück hin, das dem betreffenden Haus droht. Hier zeigt sich also die Göttin als treue Warnerin der in so späten Zeiten noch blühenden Sprossen ihres erhabenen Geschlechts.

Frigg und ihre Dienerinnen

An Wodans Seite, als erhabene Herrscherin in Asgard, erscheint Frigg als die vornehmste und edelste der Frauen. Sie ist von strahlender Schönheit. Weiß wie Schnee und rot wie die Rosen in ihrem Garten ist ihr Angesicht, das von einer reichen Fülle goldenen Haares umrahmt wird. Ihr lang herabwallendes lichtes Linnengewand ist mit Goldstickereien schön verziert; golden sind auch ihre kostbaren Armringe und die Spangen am Hals und im Haar. Also herrlich geschmückt, tritt sie wohl mit Wodan in Walhalla ein oder besteigt mit ihm den Thron Hlidskialf, um die weite Welt zu überschauen, besonders aber, um das Treiben ihrer geliebten Erdenkinder zu beobachten. Dabei kommt es wohl vor, daß die beiden göttlichen Gatten nicht immer derselben Meinung sind und ihr Huld verschiedenen Menschen zuwenden, so in der uns schon bekannten Erzählung von Gerrot und Agnar. Stets zieht Wodan dabei den kürzeren, denn Frauenlist geht über Mannesklugheit. Das beweist auch die folgende Sage:

Die Langobarden hießen früher Winiler. Auf ihrer Wanderung von der Elbe nach Südosten gerieten sie in Streit mit den Wandalen, und beide Völker rüsteten zur Schlacht. Da traten die Wandalen vor Wodan und flehten um Sieg über ihre Feinde. Der Heervater antwortete ihnen: „Denen will ich den Sieg verleihen, die ich bei Sonnenaufgang zuerst erblicke." Gambara aber, eine kluge, edle Frau der Winiler, trat vor Frigg und flehte um Sieg für ihr Volk. Da gab die Göttin ihr den Rat: Die Frauen der Winiler sollten ihre langen Haare auflösen und sie um das Gesicht so zurichten, daß es aussähe, als hätten sie lange Bärte. Dann sollten sie frühmorgens sich mit ihren Männern vor dem Himmelsfenster gegen Morgen aufstellen, aus dem Wodan bei seinem Erwachen immer zuerst auszuschauen pflegte. Die Winiler befolgten diesen Rat, und als Wodan bei Sonnenaufgang erwachte und aus dem östlichen Himmelsfenster schaute, fiel sein erster Blick auf die in Schlachtordnung dastehenden Weiber der Winiler, und erstaunt rief er: „Wer sind jene Langbärte?" Frigg versetzte: „Wem du den Namen gabst, dem mußt du nun auch als Patengeschenk den Sieg verleihen – so erheischt es die germanische Sitte." –

In Friggs Haushaltung sind viele Mägde beschäftigt; aber drei Jungfrauen hat die Göttin zu ihren vertrauten Dienerinnen auserkoren. Sie heißen Fulla, Gna und Hlin. Fulla (die Fülle) verwahrt den Schmuck und das Fußzeug ihrer Herrin; sie ist eine starke blühende Jungfrau mit herabhängenden glänzenden Locken und einem Goldband um die Stirn; in den Händen trägt sie Friggs Schmuckkästchen. Als Vertraute ihrer hohen Herrin genoß sie unter den Göttern ein hohes Ansehen; ihr sendet Baldurs Gemahlin Nanna aus Helheim einen Ring zum Andenken.

Fulla, die das Geschmeide von Frigg verwahrt

Gna ist Friggs Botin. Will die Göttin irgendwohin rasche Kundschaft senden, so schwingt sich Gna auf den Rücken ihres Hengstes Hofwarpnir (Hufwerfer) und sprengt mit Windeseile durch die Luft und über das Meer.

Hlin hält ihr Augenmerk auf die Lieblinge ihrer Herrin gerichtet, um sogleich schirmend und helfend einzugreifen, wenn ihnen Gefahr droht; sie ist also der Schutzengel all der Erdenkinder, die sich der Huld Friggs erfreuen.

Friggs geliebtester Sohn war der lichte Balder; sein früher Tod brachte ihr das schwerste Herzeleid.

3. Donar (Thor) und Sif (Sippia)

Neben Wodan steht sein Sohn Donar als der mächtigste und angesehenste unter den Göttern. Seine Naturgrundlage ist das Gewitter; daher sein Name, der soviel wie Dröhnen, Donner bedeutet. Er wohnt in Thrudheim oder Thrudwang, d. h. im Reich der Kraft. Sein Palast Bilskirnir, der jäh Aufleuchtende, hat 540 Stockwerke, türmt sich also hoch empor, gleich den dunklen Wolkengebirgen, wenn ein Gewitter heraufzieht. Viele Gäste beherbergt sein riesiges Haus. Aber es sind nicht stolze Völkergebieter und berühmte Krieger, wie die Helden in Walhalla; schlichte Bauern sind es, die Donar in seinen weiten Hallen bewirtet und deren fürsorgender Vater, Schirmherr und Freund er ist.

Schlicht und bieder, wie seine Gäste, erscheint auch der göttliche Hauswirt selbst in seinem äußern Ansehen, doch überragt er sie alle an Größe und Kraft. Das Haar seines mächtigen Hauptes ist von roter Farbe, ebenso auch sein kurzgeschorner dichter Vollbart; gewöhnlich blicken seine großen Augen freundlich und milde, aber wenn er zornig wird, so sprühen aus ihnen flammende Blitze; dann bläst er auch in seinen Bart mit solcher Atemkraft, daß es wie Sturmgetöse durch die Lüfte braust. Diesen donnernden Bartruf kennen seine Feinde, die Riesen, wohl. Wenn er ihnen in die Ohren schallt, so erbeben sie vor Furcht und Entsetzen.

Donar reitet nicht hoch zu Roß, wie sein erhabener Vater Wodan, er geht zu Fuß oder fährt in einem Wagen wie sein Freund, der Bauer. Nicht einmal Pferde spannt er an die Deichsel, sondern zwei Böcke (Widder), die Zähneknirscher und Zähneknisterer heißen. Nie fährt er über Bifröst zur Erde hinab: Die Himmelsbrücke würde sich entzünden unter den in sausendem Wirbel sich drehenden Rädern. Er jagt mitten durch die Wolken dahin, daß es donnert und blitzt von dem Krachen und Knattern der rollenden Räder und dem Knacken und Knirschen der Hufe und Gebisse seiner hurtigen Renner. Nicht bangt es den Menschen, wenn Asa-Donar so im Wetter über Midgard hinfährt; sie freuen sich vielmehr seines donnernden Grußes aus den dunkeln Wolken, denn sie wissen: ihr göttlicher Freund und Vater meint es gut mit ihnen. Er zerstreut die schwülen, erstickenden Dünste, die feindselige Riesen in der Luft zusammengebraut haben, um den Menschen zu schaden, und sendet den dürstenden Fluren erquickenden Regen.

So wurde Donar und seine Wirksamkeit von unseren Ahnen aufgefaßt, und nur Bösewichte und unwissende Kinder mochten sich vor einem Gewitter fürchten.

Der Bauerngott trug kein Schwert und keinen ragenden Speer an der Seite wie der Kriegsfürst Wodan. Seine Waffe war ein Hammer, der den Namen Miölnir, d. h. Zermalmer, führte. Er hatte nur einen kurzen Stiel, aber das war gut, denn als Wurfgeschoß diente es seinem Herrn, und wenn Donar ihn im Kampfe aus der Hand schleuderte, so fuhr er dahin wie ein Blitzstrahl, traf wie dieser mit zermalmender Gewalt sein Ziel und

kehrte nach dem tödlichen Schlag von selbst wieder in die Hand des Gottes zurück. Wurde er oft und rasch nacheinander geworfen, so geriet er samt dem Griff in Glühhitze, und Donar mußte dann Stahlhandschuhe anziehen, wenn er sich nicht die Hand verbrennen wollte. Gab es einen sehr schweren Kampf, so legte er den Stärkegürtel Megingiarder an, der seine Kraft verdoppelte und sie nimmer erlahmen ließ, denn in ihm war die Rune ausdauernden Eifers verborgen.

Der Hammer Miölnir war die furchtbarste Waffe. Er zerschmetterte mit einem Schlag die dicksten Riesenschädel, zermürbte tausendjährige Felsenhäupter und schuf im Verein mit dem auflösenden Gewitterregen aus steinigem Bergland, wo kein Pflanzenwuchs gedieh, fruchtbaren Ackerboden, der unter der sorgsamen Pflege des Bauern bald wogende Saaten trug. Und das war des Asen unablässiges, eifriges Streben: Die Riesen aus Midgard hinauszudrängen und dem Menschen Raum zu schaffen, um auf öden, unwirtlichen Felsenhängen, wo die Unholde hausten, fruchtbares Ackerland und grüne Weideplätze für den Bauer und sein Vieh zu schaffen.

Ebenso grimmig wie den Bergriesen ging er den Reif- und Eisriesen zu Leibe, die durch rauhe Winde und vorzeitige Winterkälte die Früchte des Feldes zu vernichten trachteten. Hunderte und Tausende dieser bösen Unholde hat er mit wuchtigen Hammerhieben zerschmettert, und wenn die anderen Götter in Walhalla Freudenfeste feiern, so ist Donar gewöhnlich auf der Ostfahrt gen Riesenheim. Er hat wie sein Schützling, der Bauer, nicht Rast noch Ruhe, so lange nicht ganz Midgard ein lachendes Menschenheim ist. Er will und muß die Erde bezwingen, sie ganz in seine Gewalt bekommen, um sie in einen blühenden Fruchtgarten umzuwandeln. Sein Vater Wodan hat die Menschen erschaffen, er, der Sohn, muß sie erhalten, muß sorgen, daß sie Nahrung und Kleider haben und in Frieden leben können. Was kümmern ihn Mimirs Weisheit, Suttungs Wundermet und die keilförmige Schlachtordnung! Das Reich des Geistes überläßt er seinem Vater, er hat für den Leib zu sorgen, sein ist der festgegründete Erdboden, er heißt Midgards Wehr: der Welt Verteidiger und Schirmherr. Ohne seine Wachsamkeit und sein unablässiges Streiten würden die grimmigen Unholde bald die Oberhand gewinnen und die Erde in eine trostlose Wüste verwandeln.

Donar bedeutet also die Wahrheit im Leben, ja, er ist die Lebenswahrheit, die Wirklichkeit selbst. Darum ist er auch der stärkste aller Götter, Riesen und Menschen; denn was ist so stark wie die Wahrheit? Sie und ihre irdische Offenbarung, die Wirklichkeit, sind die stärksten Mächte der Welt, sind unüberwindlich, mag es auch manchmal den Finsterlingen aus Jötunheim gelingen, sie auf kurze Zeit zu unterdrücken.

Aber freilich: Donars Hammer muß für sie streiten, muß die Unholde der Lüge und Falschheit zerschmettern, die mit demselben Ansehen der Wirklichkeit auftreten, obwohl sie nur irreführende Trugbilder sind. Und Miölnir trifft stets, trifft zermalmend wie der Blitz und verhilft der Wahrheit, dem Leben und durch sie Allvaters heiligem Willen zum Sieg. Mit Donars Hammer, dem Sinnbild göttlicher Gewalt über Tod und Leben, pflegte man daher bei feierlichen Handlungen die Weihe zu vollziehen. Bei Trauungen legte man ihn der Braut auf den Schoß, und über diesem heiligen Zeichen der Wahrheit wurde dann durch Händedruck der Bund fürs Leben geschlossen. Der Hammer weihte den Toten auf dem Scheiterhaufen zur Auferstehung durch die Kraft der Wahrheit; er heiligte und befriedete die Schwelle des Hauses und die Mark- oder Grenzsteine zwischen den Gauen und Stämmen; durch Hammerwurf wurde bei Verteilung des eroberten Landes die Flur vermessen; ja, heute noch wird der Grundstein eines neuen Hauses durch Hammerschläge geweiht. Was der Christenheit das Kreuz bedeutet, das erblickten unsere Ahnen in Donars Hammer.

Donars Gemahlin war die goldhaarige Sif oder Sippia, an die noch unser Wort Sippe/Sippschaft, d. h. Verwandtschaft, Freundschaft, erinnert. Sie hieß auch Allgolden, weil ihr Haar wie ein reifes Ährenfeld glänzte. Ihre Tochter hieß Thrud, d. h. Kraft, und ihr Sohn war der schnelle Schlittschuhläufer und ferntreffende Bogenschütze Uller. Außer diesem Stiefsohn hatte Donar noch zwei eigne Söhne: Modi und Magni (Mut und Kraft), die, wie schon ihre Namen besagen, ihrem Vater an Stärke und tapferem Sinn nicht viel nachstehen mochten.

Die Eiche war des mächtigen Donnerers Lieblingsbaum. Unter ihrer heiligen Krone brachten die dankbaren Landleute ihrem göttlichen Freund und Beschützer rote Rinder, Böcke und Früchte des Feldes zum Opfer dar. Donars heilige Eichen gab es in allen germanischen Gauen, und oft mußten die frommen Boten des Christentums, die es wagten, die Axt an einen solchen Baum zu legen, ihre Kühnheit mit dem Leben büßen.

Wegen seiner roten Beeren war auch die Eberesche, der Vogelbeerbaum, dem Donnerer geweiht, ebenso ihrer Farbe wegen Eichhörnchen, Rotkehlchen und Rotschwänzchen. Man hütete sich daher wohl, die Nester dieser Vögel zu zerstören, freute sich vielmehr, wenn sie sich am Hause ansiedelten, denn dann – so glaubte man – stand es unter dem besondern Schutz des rotbärtigen Asen. Um seine Gunst zu gewinnen, pflanzte die germanische Hausfrau auf dem Dach ihrer Hütte auch gern den Donnersbart oder die Hauswurz an, eine Staude, die mit ihren dicht aneinanderstehenden, langen, filzweichen Blättern an des Gottes krausen Bart erinnerte, der aber auch eine wirksame Heilkraft zugeschrieben wurde. Noch heute findet man auf den Strohdächern entlegener Bauerndörfer den Donnersbart, aber des Gottes, auf den der Name hinweist, hat man längst vergessen.

Von den wilden Tieren, die in den Urwäldern Germaniens hausten, war

Donar der Bär geweiht. Nach diesen plumpen, aber an Stärke und Kampfesgrimm furchtbaren Gesellen führte er sogar den Beinamen Björn, der Bär. Und noch mehr: Zu seines Namens Ruhm wurden zwei der augenfälligsten Sternbilder am nördlichen Himmel der große und der kleine Bär geheißen.

Donar klagt Loki den Verlust seines Hammers

Des Hammers Heimholung

Mit Miölnir, dem furchtbaren Wurfgeschoß, zerschmetterte Donar die härtesten Riesenhäupter, und unablässig zog er, mit dem Zermalmer in der Faust, gegen die Unholde zu Felde. Die rauhen Gesellen in Jötunheim haßten daher den Hammer wie das Sonnenlicht und trachteten, den grausamen Schädelspalter in ihre Gewalt zu bekommen. Aber wie sollte ihnen dieses Vorhaben gelingen, da die Waffe von ihrem Herrn wie sein Augapfel behütet wurde? Selbst in der Nacht mochte Donar sich von seinem geliebten Hammer nicht trennen; neben seinem Bett lag Miölnir, so daß er ihn mit einem Griff fassen konnte.

Und dennoch geschah das Unerhörte: Als Donar eines Morgens die Augen aufschlug, erblickte er den Hammer nicht auf seinem Platz. Bestürzt sprang der Donnerer vom Lager und ließ seine mächtigen Augen suchend im Gemach umherschweifen – Miölnir war fort! Kein Zweifel, er war geraubt worden!

Da fuhr Donar in seinen Asenzorn, stampfte mit dem Fuß auf den Boden, daß es dröhnte, ballte die Fäuste, schüttelte den Rotbart, daß er wie Feuerflammen sein Antlitz umzuckte, schoß sprühende Blitze unter den buschigen Brauen hervor und murmelte wie dumpfgrollender Donner: „Mein Hammer ist fort!"

Verstört trat er aus Bilskirnirs Tor ins Freie und sah Loki daherkommen. Diesem rief er zu: „Höre, Loki, listigster aller Asen, mein Hammer ist geraubt!"

Gleichmütig erwiderte der Arge: „Was ist's denn weiter? Einer der Riesen wird ihn gestohlen haben, und liehe mir Freyja, die Fürstin der Walküren, ihr lichtes Federkleid, ich wollte bald erforschen, wo der Zermalmer steckt."

„Du wolltest?" rief Donar in hellem Eifer. „So komm nach Folkwang, Freyja wird mir gewiß willfährig sein."

Sie traten in die weiträumige Halle der schönen Wanadis, und Donar sprach zu der hold lächelnden Göttin: „Mein Hammer ist fort!"

„Der Miölnir?" fragte Freyja erschrocken.

Finster nickte der Donnerer und sagte: „Leih mir dein Federkleid, Freyja! Loki will über die Lande fliegen, den Hammer zu suchen."

„Ja", versetzte die Schöne, „ich wollt' es dir geben, und wär' es von lauterem Gold. Denn fürwahr: Es möchte Asen und Menschenkindern bald übel ergehen, wenn Donars Rechte Miölnir nicht mehr schwingen könnte."

Loki schlüpfte in das Schwanengewand und flog von Asgards leuchtenden Höhen hernieder gen Riesenheim.

Auf einem Hügel saß im Sonnenglanz des Morgens Thrym, der Riesenfürst, schmückte seine Grauhunde mit goldenen Halsbändern und gab acht auf seine Knechte, die den Pferden die Mähnen kämmten.

Da trat plötzlich Loki vor den überraschten Mann und grüßte ihn mit dem spöttischen Lächeln seines Mundes. Auf den ersten Blick erkannte Thrym seinen Gast und fragte: „Was schaffen die Asen? Was treiben die Elben? Was reisest du einsam gen Riesenheim?"

Loki antwortete: „Dem Donnerer ist der Hammer geraubt worden, und hältst du ihn verborgen, so rate ich dir: gib ihn heraus! Denn über die Maßen groß ist der Zorn des gewaltigen Donars."

Da lachte der Unhold, daß es von den Bergen widerhallte und sprach übermütig: „Donars Zorn fürchte ich wenig, solange er Miölnir nicht hat, und diesen hab' ich acht Tagereisen tief in der Erde verwahrt. Doch gibt es einen Preis, um den mir der Hammer feil wäre. Höre, Loki, und merke genau meine Worte! Solches läßt Thrym, der Riesenfürst, den stolzen Herrschern in Asgard vermelden: Groß ist mein Reichtum, und die Hallen und Höfe meiner Behausung sind weit und prächtig wie Bilskirnir in Thrudheim, wo Donar waltet. Auf meinen Weiden tummeln sich Tausende goldgehörnter Rinder, alle schwarz von Farbe wie Wodans Raben. Fröhlich klingt in Thrymheim der Rosse Gewieher und das muntere Gebell spürnasiger Jagdhunde. Der Knechte sind viele da, um die Tiere zu pflegen, und in Küche und Keller walten emsige Mägde. Truhen, gefüllt mit Gold und blinkendem Gestein, stehen in meiner Schatzkammer, und in den Schränken hängen Mäntel und Gewänder aus duftigem Rauchwerk und weicher Schafwolle. Wahrlich, so manche stolze Jungfrau würde sich glücklich preisen, wollt' ich sie als Herrin in meine felsenfeste, ragende Burg führen. Allein mein Wunsch gleicht einem Adler, der bis an den Himmel fliegt: Freyja begehr' ich, die schönste der Göttinnen, und wollen die Asen mir die holde Wanadis zum Weibe geben, so hol' ich den Hammer aus seinem Versteck und Donar mag ihn wieder haben; wo nicht, so bleibt er für immer in meinem Besitz."

So sprach der übermütige Unhold, und Loki verließ ihn mit spöttischem Gruß, schlüpfte in sein lichtes Schwanengewand und hob sich nach Asgards schimmernden Höhen.

Donar stand harrend vor der hochgewölbten Pforte seiner Behausung, als Loki droben ankam. Gebieterisch streckte er seine Rechte aus und rief: „Keinen Schritt weiter, Loki, bis ich aus deinem Mund gehört, ob du gute Kundschaft bringst oder nicht!"

Da antwortete Loki: „Thrym hat den Hammer, der mächtige Riesenfürst, und das ist seine Botschaft: ‚Freyja begehr' ich, die schönste der Göttinnen; und wollen die Asen mir die holde Wanadis zum Weibe geben, so hol' ich den Hammer aus seinem Versteck und Donar mag ihn wieder haben; wo nicht, so bleibt er für immer in meinem Besitz.'"

„Bei meinem roten Barte!" brauste der Donnerer wild auf. „Den frechen Übermut des Unholds will ich dämpfen, kehrt Miölnir noch einmal zurück in diese Hand! Doch komm, Loki, und laß uns Freyja die Brautwerbung des Riesen vermelden!"

Sie gingen gen Folkwang, und nimmer ward solch ein Zornesausbruch in Asgard gesehen, wie jetzt in der schimmernden Halle der Freyja. Die holde Göttin riß ihren kostbaren Halsschmuck Brisingamen herunter,

Donar und Loki bitten sich das Federkleid Freyjas aus

trat die leuchtenden Edelsteine mit Füßen und schrie in flammender Entrüstung: „Ha! Solche Frechheit schreit um Rache zum Himmel! Hört es, Asgards hohe Fürsten, und nehmt meine Worte zu Herzen: Feige und ganz ehrlos müßt' ich euch schelten, so ihr die Schmach, die mir der freche Unhold angetan, nicht mit zermalmenden Schlägen ahnden würdet!"

Allgemein war die Empörung in Asgard, als die Botschaft des Riesen bekannt wurde. Die goldhaarigen Göttinnen eilten nach Wingolf zum Gespräch, und in den Gerichtshof berief Wodan die Asen, um sich mit ihnen zu beraten. Als sich die hohen Herrscher auf den goldenen Stühlen niedergelassen hatten, nahm er das Wort und sprach:

„Wir alle haben die Botschaft Thryms vernommen – welche Antwort gedenken nun Walhalls Götter dem Riesenfürsten zu geben?"

Darauf erwiderte der tapfere Kriegsgott Tyr: „Was bedarf es da vieler Erwägungen und eitler Worte? Ich rate: Wir rüsten allsogleich zum Streite, reiten gen Thrymheim und lassen die Schwerter dem Unhold blutige Antwort geben."

Mit spöttischem Lächeln versetzte Loki: „Der Ratschlag des mächtigen Tyr scheint mir nicht klug bedacht, denn schlügen wir auch Thrym und seine Sippe in heißem Kampfe, so hätten wir noch lange nicht Miölnir. Dieser liegt in sicherem Versteck acht Rasten tief in der Erde."

„Lustigen Rat wüßt' ich zu geben", sagte lächelnd Heimdall, der weise war, den Wanen gleich. „Donar selbst geht als Braut verkleidet nach Riesenheim; nur so mag es ihm gelingen, Miölnir wiederzuerhalten."

Donnerndes Gelächter folgte diesen Worten. Donar aber blickte finster drein und brummte mit verhaltenem Zorn: „Sucht mein Bruder Heimdall meine Feindschaft, daß er mich zum Gespött der Asen macht?"

Rasch fiel nun Loki ein: „Grolle nicht, Donar! Heimdalls Rat ist gut, und niemand in Asgard wird dich ob der Vermummung verspotten. Denn holst du den Hammer nicht heim, so stehen die Riesen bald vor Walhallas Toren, was ich nicht beklagen würde, aber ihr anderen gewiß. Mich reizt dies Abenteuer, und wenn die rotbärtige Braut erlaubt, würde ich sie auf dieser lustigen Hochzeitsfahrt gern als Magd begleiten; da sollte die List schon gelingen!"

Donar mußte nun selbst lachen, und endlich nickte er und sprach: „Nun wohlan, rufet die Göttinnen herbei, daß sie mir den Brautschmuck anlegen!"

Da kamen Frigg und Freyja, Sif und Gerda, Nanna und Skadi samt den anderen goldhaarigen Schönen. Und Fulla trug Brautkleid und Schleier, Halsband, glitzernde Ringe und Steine herbei, und unter Scherzen und hellem Gelächter wurde der mächtige Donnerer in eine holde Braut umgewandelt. Bald umwallte ein langes, schneeweißes Kleid seine hochragende Gestalt, Haupt und Antlitz verhüllte der bräutliche Schleier, ein goldenes Halsband umschlang den Stiernacken, auf der breiten Brust blinkten köstliche Edelsteine, und ein Bund klirrender Schlüssel hing im goldgestickten Gürtel – ein Bild, wie man's nimmer gesehn in Asgard. Alle Götter lachten in heller Lust, selbst Walvater lächelte, und die Asinnen waren außer sich vor Vergnügen.

Um dem Spiel ein Ende zu machen, befahl Donar, seine Böcke vor den Wagen zu schirren. Bald rasselte das Gefährt heran, die Riesenbraut und ihre sittsam verkleidete Magd setzten sich hinein, und unter den Heilrufen der Asen jagten sie mit solcher Geschwindigkeit von dannen, daß helle Feuerfunken wie Blitze Widder und Wagen umsprühten.

Freude herrschte in Jötunheim. Der König wollte Hochzeit halten mit Freyja, der schönen Asenbraut, und das ganze Volk der Unholde nahm teil an dem Glück seines mächtigen Herrschers. Mit ihren kostbarsten Gewändern schmückten sich die Weiber, und hartgemute Riesenritter schwangen sich auf die Rosse, um nach Thrymheim, der königlichen Burg, zu reiten. Nie zuvor hatte man ein solches Freudengetümmel in dem Land des Widerhalles und lauter Getöses vernommen.

Prächtig geschmückt mit Fahnen, Wappen und Laubgewinden war die Burg, und in stattlichem Aufzug empfing der Fürst seine zahlreichen Gäste. Auf goldenem Thron saß in der festlichen Halle tief verschleiert die hohe Braut und hinter ihr dienstbeflissen die dunkeläugige Magd. Bald füllte sich der weite Saal mit Riesen, prächtig gewappnet mit blinkenden Helmen und Panzern. Glückstrahlend nahm der König seinen Sitz neben der Braut ein, die Gäste ließen sich an den reichbesetzten Tischen nieder, und das Festmahl hub an. In schimmernden Eiskelchen wurde der Met aufgetragen und die Speisen auf breiten Schüsseln. Der König selbst reichte seiner stolzen Braut Speise und Trank, und sie verzehrte einen ganzen Ochsen, acht Lachse, alles süße Gebäck, das für die Frauen bestimmt war, und trank drei Kufen Met dazu. Darob erstaunte Thrym über die Maßen und sprach verwundert: „Nie sah ich Bräute gieriger schlingen, nie so viel Met ein Mädchen trinken!"

Donars und Lokis Fahrt in Frauenkleidern

Rasch versetzte die wachsame Magd: „Acht Tage und Nächte hat meine hohe Herrin nichts genossen, so freute sie sich auf die Fahrt nach Riesenheim."

Diese Worte hörte Thrym mit Wohlgefallen, und er rückte näher und lüpfte ein wenig den Schleier der Braut, um ihr holdes Angesicht zu schauen. Da trafen ihn aus ihren flammenden Augen so furchtbare Zornesblitze, daß er vor Schreck weit zurückfuhr und fast vom Hochsitz heruntergestürzt wäre. „Ha!" stieß er schier atemlos hervor. „Nie sah ich so wildes Feuer in Jungfrauenaugen lodern!"

Die schlaue Magd erklärte: „Meine erhabene Gebieterin hat acht Nächte nicht mehr geschlafen vor Sehnsucht, zu dir zu kommen, daher wohl ihr Flammenblick."

Thrym erschrickt über die feurigen Augen der Braut

Das besänftigte den bestürzten Unhold, und er stand auf von seinem Hochsitz und sprach mit stolzer Gebärde: „Heil ist heute mir und meinem Volke widerfahren. Die hohen Herrscher Asgards haben mir die schönste Jungfrau ihrer Hallen als Braut gesandt: Freyja, die Krone aller Frauen. So bringet denn her den Hammer des großen Donar, den Bund zu weihen!"

Donar bei Thrym

Da wurde die Tür der Halle aufgetan, und herein kam die Schwester des Königs mit ihren Frauen. Sie trat zu der Braut und erbat sich nach Sitte und Brauch goldene Ringe als Hochzeitsgabe. Zugleich erschien auch ein Diener mit dem Hammer, den er der Braut auf den Schoß legte.

Da lachte dem Donnerer das Herz im Leibe, und er faßte den Stiel, sprang empor und versetzte dem glücklichen Bräutigam einen solchen Schlag gegen die Stirn, daß er lautlos zu Boden stürzte. Der zweite Hieb zermalmte des Königs Schwester, und dann sauste der Hammer blitzschnell auf die Häupter der Gäste, und ein wildes Getümmel und Wehgeschrei erscholl in der festlichen Halle. Wohl griffen die Riesen zu ihren Waffen und stürmten zum Kampfe vor, aber der furchtbare Miölnir schmetterte einen nach dem anderen nieder, und keiner entrann dem Verderben.

Also lohnte der starke Donnerer dem frechen Hammerräuber und Freier der holden Freyja, und noch lange wird man in deutschen Landen singen und sagen von Donars lustiger Brautfahrt.

Donars Fahrt zu Hymir

Um die Zeit der Flachsernte, wenn die See so still ist, daß der Eisvogel auf ihrem blanken Schild brüten kann, lud Ägir, der Beherrscher des Meeres, die Asen zu Gaste. In den weiten Hallen seines Palastes gab es weder Kerzenlicht noch Sonnen- oder Mondschein, und dennoch war's darin so hell wie droben im Frühlicht, wenn die goldenen Tore der Götterpaläste in Asgard purpurn erglühen. Und woher kam der Glanz in Ägirs Sälen? Das funkelnde Gold an Säulen, Wänden und der hohen Deckenwölbung strahlte ihn aus. Es war fast so prächtig in der Riesenbehausung wie droben in Walhalla.

Da ging's hoch her, denn der mächtige Meerbeherrscher mochte sich gern den Asen gleichstellen. An goldenen Tischen saßen die Götter mit ihren schönen Frauen, aßen von blinkenden Goldtellern köstliche Speisen, scherzten und lachten und lauschten dann wieder dem Harfenspiel und wohltönenden Lied des langbärtigen Dichtergottes Bragi.

Nun geschah es einmal, daß bei der Festmahlzeit kein Met gereicht wurde. Darob schüttelte Donar unmutig seinen roten Bart und richtete an den Wirt die Frage, weshalb denn der schäumende Durststiller so lange ausbleibe. Bedrückt antwortete Ägir: „Hymir, der trotzig-kühne Eisriese des wilden Nordmeeres, hat mir den Braukessel geraubt; darum fehlt heute der Met beim Festschmaus."

„Hymir?" fragte der aufhorchende Kriegsgott Tyr. „Das ist ja der Unhold, der meine schöne Mutter Allgolden gefangenhält! Oh, wollte doch einer der Asen mein Fahrgenosse sein, ich bräche sogleich auf gen Norden in das Land der eisigen Stürme, um den Braukessel zu holen und meine Mutter zu befreien!"

Da sprang Donar von seinem Sitz auf, daß der Goldsessel klirrte, und sprach entschlossen: „Ich fahre mit dir, Tyr, und nach zwei Tagen sind wir wohl wieder hier und bringen mit uns Allgolden und den Braukessel."

Vor den Wagen ließ er die gehörnten Renner schirren, die beiden Asen sprangen auf den Sitz, und von dannen sauste unter Blitz und Donnerkrachen das Gefährt hoch über dem Meer gen Norden. Nicht lange, da erblickte Donar mit seinen scharfen Spähern mitten in der strahlenden Gletscherwelt der schäumenden Wogen Hymirs schimmernden Eispalast. Durch einen Zuruf lenkte er die hurtigen Widder niederwärts, und nach wenigen Herzschlägen sprangen die kühnen Asen vor der Pforte der mächtigen Riesenbehausung aus dem Wagen. Der Donnerer umklammerte mit nerviger Faust den Griff seines Hammers und trat mit seinem Genossen furchtlos in den Palast. Und sie gelangten in eine Halle, deren hohe Wölbung von glitzernden Eissäulen getragen wurde. Auch die Sitze und Tische darin waren aus Eisblöcken gehauen, und da Donar nach seiner Gewohnheit wuchtig auftrat, ertönte ringsumher ein wundersames Knistern und Klingen.

Eine Tür wurde aufgetan – und wer guckte spähend herein? „Meine Mutter!" rief Tyr, und mit einem Freudenschrei eilte die schöne, weißbrauige Frau mit dem allgoldnen Haar herbei, umarmte ihren Sohn und bot auch seinem mächtigen Gefährten herzwarmes Willkommen.

„Wo ist Hymir, der räuberische Herr dieses Hauses?" fragte Donar mit unheildrohender Stimme.

„Draußen auf dem Meer", antwortete Allgolden. Kaum aber war das Wort ihrem Mund entflohen, da hörten sie die Gletscher tosend erklingen, und schreckensbleich rief die furchtsame Frau: „Er kommt! Horch, er kommt! Nun eilet und berget euch hinter die Säule dort, bis ich mit freundlichem Schmeichelwort sein Gemüt besänftigt haben werde!"

Donar zauderte. Sollte er, der starke Donnerer, sich vor dem Unhold feige verkriechen? Da ergriff Tyr seine Hand und zog den Widerstrebenden hinter die bergende Säule.

Unter schweren Fußtritten erbebten Boden und Haus, die Pforte knirschte in ihren Angeln, und in die Halle trat Hymir, ein gewaltiger

Mann. Gefroren und vereist war ihm der Kinnwald; Haupt, Brauen, Pelzmantel und die plumpen Füße waren mit Schnee und Eis bedeckt; finster blickten seine grimmigen Augen, und die Zähne knirschten unwirsch aufeinander.

Da trat Allgolden dem Unhold entgegen, und es war, wie wenn der sonnenhelle Frühling dem finsteren Winter ins unheilbrütende Antlitz lächelt. Sie neigte sich vor dem ungnädigen Herrn, führte ihn freundlich zu seinem Sitz, füllte den Becher mit schäumendem Met und bot ihm den Labetrunk an.

Er trank, und als sie nun sah, daß der Grimm in seinen rauhen Zügen schmolz wie Eis und Schnee in seinem Bart, faßte sie sich ein Herz und teilte ihm mit, daß ihr Sohn gekommen sei und mit ihm ein anderer hoher Herrscher von Asgard.

Hymir horchte hoch auf und richtete seinen Blick mit solcher Schärfe auf die Säule, hinter der die Asen standen, daß der klafterdicke Baum krachend zersprang und die Braukessel, die an ihm hingen, klirrend zu Boden stürzten und in Scherben zerfielen; nur einer blieb heil.

„Ha!" rief der Riese mit grimmigem Lachen. „Da sind ja die hohen Gäste!"

Mit festen Schritten trat nun Donar dicht vor sein Angesicht und maß ihn mit so furchtbarem Drohblick, daß der Unhold wohl merkte, welch unerschrockenen Gast er da vor sich habe. Wohl oder übel mußte er seinen feindseligen Grimm dämpfen und seine Gäste willkommen heißen. Auch wollte er sich doch gastfrei zeigen, ließ drei Ochsen am Spieß braten und ungeteilt auf den Tisch bringen, dazu gewaltig große Kufen mit Met auftragen, und lud die Asen ein, das Mahl mit ihm zu teilen. Sie setzten sich zu Tisch, und Donar hatte auf der weiten Fahrt einen solchen Heißhunger bekommen, daß er allein zwei Ochsen verzehrte und eine Kufe Mets nach der anderen leerte. Staunend sah das Hymir und rief mit frostigem Spott: „Du schlägst fürwahr eine gute Klinge bei Tisch; nun bin ich begierig zu sehen, ob du auch ein ebenso tapferer Held auf der Jagd und beim Fischfang bist; denn morgen müssen wir uns unser Mahl draußen erbeuten."

Donar antwortete: „Es wird sich zeigen. Wohin du mich auch zu führen gedenkst, ich werde dir ein treuer Jagdgefährte sein."

Am anderen Tag in der Frühe trat Hymir mit einem Fangnetz auf der Schulter an Donars Lager, weckte ihn und forderte ihn auf, mit ihm auf das Meer zum Fischen zu fahren.

Sogleich sprang der Donnerer auf, und nicht lange, da war er gerüstet zur Ausfahrt.

Hymir reichte ihm eine armdicke Angelschnur mit einem Haken daran, so groß und schwer wie ein Schiffsanker.

„Die Angel hätte ich nun, es fehlt aber noch der Köder", sagte Donar, als sie ins Freie traten. Sein rauher Geleitsmann meinte barsch: „Den magst du dir selber beschaffen! Im Stall stehen deine Böcke. Willst du dem Zähneknirscher nicht das Genick brechen und ihn als Köder auf die Angel spießen?"

„Nein!" versetzte Donar kurz und lenkte seine Schritte der Waldweide zu, wo er die Rinderherde des Riesen erblickte.

Da hob ein schwarzglänzender, mächtiger Stier das gehörnte Haupt, stampfte mit den Vorderhufen den Boden und brüllte in dumpfen, drohenden Tönen. Und plötzlich streckte das wütende Tier die glänzenden Hörner wie Spieße geradeaus und stürmte mit grollendem Donnern zum Angriff vor.

Donar dreht dem Stier Hymirs das Genick um

Hymir, der den Vorgang beobachtete, lobte die Kampflust seines Lieblings und frohlockte schon in dem Wahne, jetzt sei das Ende Donars gekommen. Doch was geschah? In dem Augenblick, als das wütende Tier den Kopf zum tödlichen Stoße senkte, packte Donar blitzschnell die krummen, silberglänzenden Hörner, drehte sie im Bogen herum, daß dem Tier die Knochen des Halses zerbrachen und es aufstöhnend zu Boden stürzte. Nun brach der Starke das Stierhaupt völlig vom Rumpf, schleppte es an einem der gebogenen Hörner an den Strand, wo der Riese seiner harrte, und spießte es dort als Köder auf den Angelhaken.

Mit finsterem Blick sah Hymir dem Treiben seines Gastes zu und murmelte bitter: „Meinem liebsten Stier hast du den Hals gebrochen. Wer wird mich fortan begrüßen mit weithin schallendem Freudengebrüll, wenn ich vom Meer komme?"

„Beim Hammer!" versetzte Donar lachend und schüttelte kräftig das Stierhaupt. „Dieser hier wird es nicht mehr tun."

In der Bucht lag Hymirs Fischerboot. Es war so geräumig, daß hundert Mann Platz darin hätten finden können, hatte aber weder Masten noch Segel und mußte gerudert werden. Beide legten Hand an und schoben das schwere Fahrzeug auf das Wasser. Donar griff zu den Riemen und ruderte mit so großer Kraft, daß der Kiel wie ein Pfeil durch die Wogen schoß. Darüber freute sich der Riese, konnte er doch nun seine eigene Kraft schonen. Auf ziemlicher Höhe streckte er gebieterisch seine Hand gegen Donar aus und rief: „Halt ein, hier liegen meine Jagdgründe!"

Der wackere Ruderer aber schüttelte wortlos seinen Rotbart und fuhr weiter. Finsteren Angesichts schwieg der Unhold und ließ ihn gewähren. Endlich zog Donar die Riemen ein und sprach: „Wir sind am Ziel, hier hoffe ich gute Beute zu machen."

Hymir tauchte sein Fangnetz tief in die nachtschwarze Flut, und nach kurzer Frist hob er zwei Walfische ans Licht. Mit mannhafter Kraft warf er die gewaltigen Tiere in den Achterraum des Bootes, tötete sie mit seinem Speer und wandte sich alsdann mit den prahlerischen Worten an seinen Gefährten:

„Die Beute ist des Fischers wert – he, Donar? Schau nur, wie sie aufragen: zwei schwarzen Klippen an den Küsten Nordlands vergleichbar! Mein Werk ist vollbracht; jetzt laß sehen, was deine Kunst vermag!"

Donar entgegnete kein Wort, hob den Köder, der auf der Angel steckte, und warf ihn über Bord. Mit fester Hand hielt er die armdicke Schnur und blickte erwartungsvoll auf die Flut.

Plötzlich zuckte es an der Angel mit solcher Kraft und Wucht, daß der starke Fischer niedergerissen wurde und sich mit den Händen auf die Bordkante stützen mußte. Da ward er zornig, fuhr in seine ganze Asenstärke, richtete sich hoch auf und stemmte seine Füße so fest und unerschütterlich gegen den Boden des Schiffes, daß er durch die Planken brach und auf den Grund des Meeres zu stehen kam.

Und siehe: Ein schreckliches Haupt tauchte aus der Tiefe empor – die Midgardschlange saß an der Angel. Vor dem grauenvollen Anblick entsetzte sich selbst der hartgemute Riese; Donar aber stand unbewegt, griff

Donar fischt die Midgardschlange

nach seinem Hammer und schmetterte ihn blitzschnell dem Ungetüm auf den Kopf. Furchtbar zischte der Wurm und blies seinen giftigen Brodem dem Feind wütend ins Angesicht. Aber Donar ließ sich nicht schrecken. Hageldicht sausten seine Hammerhiebe dem Scheusal auf den Schädel, und sicherlich hätte der alte Drache jetzt seinen Tod gefunden, wenn nicht der Riese ihn gerettet hätte, indem er die Angelschnur durchschnitt. Da sank der Wurm mit solcher Wucht zurück in die gähnende Tiefe, daß die Flut wolkenhoch emporgischte, die Klippen am Strande zerbrachen und die Erde ächzend erbebte. Das Boot wurde von der Woge emporgehoben und mit ungeheurem Schwung gegen den Strand geschleudert.

„Blitz und Donner!" rief der triefende Riese, da er auf festem Grund stand. „Das heiße ich eine lustige Meerfahrt! Jetzt gilt es, das Boot vollends auf den Strand zu ziehen, auf daß nicht Rahanas übermütige Töchter mein gutes Fahrzeug rauben, um damit zu spielen, wie Menschenkinder mit Schiffchen aus Birkenrinde. Einer von uns beiden legt das Boot dort fest; der andere trägt die Beute in mein Haus – wähle, Donar!"

„Die Mühe scheint mir des Odems aus deiner Nase nicht wert", versetzte der Donnerer, zog das Schiff auf den Strand, hob die Walfische auf seinen breiten Nacken und trug die Last nach Hause.

Hymir schien zufrieden mit seinem Jagdgesellen, und er ließ ein Mahl zubereiten und setzte sich mit seinen beiden Gästen zu Tisch. Dabei mußte die schöne Allgolden den Schmausenden die Speisen reichen und die Becher füllen. Mit süßsaurer Miene pries nun der Wirt Donars wackere Arbeit, hob alsdann seinen goldfunkelnden Trinkbecher empor und sprach: „Fürwahr, groß ist die Kraft des ruhmreichen Hammerschwingers, allein ich zweifle doch, daß sie hinlangt, diesen meinen Trinkbecher zu zerbrechen."

Donar ließ sich das blanke Ding reichen, betrachtete es außen und innen und schleuderte es dann plötzlich mit kraftvollem Wurf gegen eine Eissäule in der Halle. In Stücke zersprang die Säule, der Becher aber kehrte unversehrt in die Hand seines Herrn zurück.

„Siehst du!" prahlte Hymir. „Nicht den kleinsten Sprung hat das Gold davongetragen. Donars Kraft ist doch mitnichten so gewaltig, wie man in allen neun Welten rühmt."

Zum zweiten- und drittenmal schleuderte Donar den Becher: Die Eissäulen zersplitterten, aber das Goldgefäß blieb heil und unversehrt.

Da flüsterte Allgoldens Stimme dem ergrimmten Donnerer heimlich ins Ohr: „Riesenstirnen sind härter als Eissäulen und Kiesel."

Ein Freudenblitz brach da aus Donars Augen. Er nahm den Becher, umklammerte ihn mit festem Druck und warf ihn mit solchem Schwung dem Riesen an die Stirn, daß das Goldgebilde in Stücke zersprang.

Da fuhr der Unhold zornig von seinem Sitz empor und schrie: „Mein teuerstes Kleinod hast du mir zerschmettert, unlieber Gast, darum mag ich dich und den Einarm dort nicht länger in meinem Haus bewirten! Dort steht der Braukessel Ägirs! Heb' ihn, so du es vermagst, und fahre von hinnen auf Nimmerwiederkehr!"

Laut auflachend versetzte Donar: „Beim Hammer! Seltsame Sitten herrschen im Land der rauhen Eisriesen! Bei Asen und Menschenkindern ist der Gast immer willkommen, unholde Riesen aber bieten ihm frostigen Empfang und vorzeitigen Abschiedsgruß. Wohlan denn, Tyr! Hebe den Kessel Ägirs und trag ihn auf den Wagen draußen, ich folge!"

Tyr trat an den Kessel heran, faßte die Ringe und versuchte, das Riesengefäß auf seinen Nacken zu heben. Es gelang ihm nicht, denn der Kessel war viel zu schwer.

Des freute sich Hymir ohne Maßen und schlug lachend mit der flachen Hand auf seinen Schenkel.

Den Donnerer verdroß der Hohn, und er trat hinzu, hob den Kessel schwungvoll auf seine Schultern und trug ihn mit großen Schritten aus der Halle, also daß die Ringe an seinen Knöcheln klirrten. Auch Allgolden folgte den beiden und half ihnen, die Böcke vor den Wagen zu schirren. Da bemerkte Donar, daß der Zähneknirscher auf einem Bein hinkte. Wer anders konnte das verschuldet haben als Hymir? – Und bald sollten sie gewahr werden, daß der Unhold noch schlimmere Anschläge wider sie im Schild führte; denn kaum hatten sie den Wagen bestiegen, da brachen aus dem Hinterhalt Scharen grimmer Riesen hervor. An der Spitze der Heerschar schritt Hymir selbst, vor der Pforte seines Hauses aber stand seine neunhundertháuptige Mutter, schrecklich anzuschauen. Sie spähte nach der entwichenen Allgolden aus und schien sich auf den Kampf, der die Schöne samt ihren göttlichen Freunden vernichten sollte, zu freuen.

Mit rauhem Gebrüll, das dem Wogengetöse des Eismeeres glich, stürmten keulenschwingend die Unholde heran. Da schnallte Donar den Kraftgürtel um seinen Leib, zog die Eisenhandschuhe an, faßte Miölnir und schleuderte ihn dem vordersten Riesen an die Stirn. Wie ein Felsblock stürzte der Unhold zu Boden, und ihm folgte, Schlag auf Schlag, ein Riese nach dem anderen, zuletzt auch Hymir und seine neunhundertháuptige Mutter.

Die Schlacht hatte ein Ende. Der siegreiche Donnerer blickte mit Befriedigung auf die Walstatt, die von Riesenleibern starrte, als hätte ein Erdbeben Berge und Felsen durcheinandergeworfen; dann stieg er mit Tyr und Allgolden in den Wagen und fuhr über das Meer zurück nach Ägirs Behausung, wo die Götter noch beisammensaßen und mit Freuden die Mär von Hymirs letzten Tücken und seinem Ende vernahmen.

Donars Fahrt nach Gerrotsgard

Loki hatte sich Friggs Falkenkleid geliehen und flog darin über die Lande. Als er gen Riesenheim kam, sah er eine Burg dort aufragen, und er ließ sich hinab und klammerte sich draußen an einen Fensterbogen, um in die Halle hineinzuschauen.

Da erblickte König Gerrot, der drinnen saß, den Falken, und er befahl einem Knecht, den Vogel zu fangen. Die Jagd hub an, und Loki ergötzte sich an den vergeblichen Bemühungen seines Verfolgers. Dieser kletterte auf das Dach, und schon streckte er die Hand aus, um die Beute zu fassen, da spreizte der Falke Füße und Flügel, um sich in die Luft zu schwingen. Aber wehe! Seine Füße hafteten fest an der Wand; er wurde gefangen und vor König Gerrot gebracht. Dieser blickte dem Falken in die Augen und merkte sogleich, daß dies kein gewöhnlicher Vogel sei. Mit rauher Stimme herrschte er ihn an: „Nenne mir deinen Namen, Mann in Vogelsgestalt!"

Loki aber blieb stumm. Da ward der Riese zornig, sperrte den Gefangenen in eine Kiste, schlug den Deckel zu und sprach: „Da sitze, bis du willfährig sein wirst, mir Rede und Antwort zu stehen!"

Drei Monate lang saß Loki in seinem engen, dunklen Kerker und glaubte vor Hunger und Durst verschmachten zu müssen. Da endlich hörte er, daß der Schlüssel umgedreht wurde; der Deckel hob sich ein wenig, und mit Begier atmete der Gefangene die frische Luft ein.

„Heda, Mann im Falkengewand", erklang König Gerrots harte Stimme. „Merkst du nun, daß ich Macht habe, dich verhungern zu lassen? Wenn dir dein Leben lieb ist, so sage mir, wer du bist!"

Kleinlaut antwortete der Vogel: „Loki bin ich, Wodans Bruder und der Riesen Freund."

Da lachte Gerrot vor Freude und dachte: ‚Der Mann ist mir schon etwas wert, ein anderer aber noch viel mehr.' Und er sprach zu seinem Gefangenen: „Höre, machtloser Ase, und merke genau meine Worte: Nicht eher sieht Loki das Licht der Sonne wieder, noch erhält er Speise und Trank, bis er mir gelobt: Donar ohne Hammer, Stärkegürtel und Eisenhandschuhe in diese Halle zu bringen. Besinne dich nun und rede!"

Was sollte Loki tun, wenn er sein Leben retten wollte? Er besann sich nicht lange, versprach, was sein Peiniger von ihm verlangte, und erhielt seine Freiheit.

Ohne Säumen flog er zurück nach Asgards Höhen, begab sich nach Thrudheim zu Donar und wußte den arglosen Donnerer mit schlauen Worten zu überreden, ihn ohne Waffen nach Riesenheim zu begleiten.

Unterwegs kehrten sie bei Widars Mutter, der alten Riesin Grid, ein und fanden dort gastliche Aufnahme. Als die Greisin hörte, daß sie nach Gerrotsgard wandern wollten, nahm sie Donar beiseite und sprach zu ihm: „Weißt du auch, Donar, daß König Gerrot ein feindseliger Unhold ist? Ich sorge, er führt Arges wider dich im Schilde; darum rate ich dir, nicht waffenlos in seine Halle zu treten, du möchtest sonst den Ausgang nicht wieder gewinnen. Siehe, hier sind Handschuhe, Stärkegürtel und Stab, alles aus festem Eisen von klugen Zwergen geschmiedet, wie deine eigene Wehr. Nimm es mit dir, es mag dir wohl nützen."

Nach kurzem Bedenken nahm Donar die Waffen an und begab sich mit seinem Genossen auf die Wanderung. Ihren Weg kreuzte der Strom Wimur, der war breit und tief wie kein anderer auf der Welt. Donar zog den Gurt der Riesin fest um seinen Leib und sprach zu Loki: „Fasse den Riemen und halte dich fest daran, ich will durch das Wasser waten!"

Ohne Zaudern trat er in das Flußbett und schritt durch die wogende Flut, wobei ihm der Eisenstab als gute Stütze diente. In der Mitte war die Strömung über die Maßen reißend, und das wirbelnde Wasser stieg dem rüstigen Asen bis an das Kinn und netzte seinen Bart. Da sprach er beschwörend: „Wachse nicht weiter, Wimur, da ich waten muß durch deine Wogen! Doch wie du willst! Denn so hoch du auch wächst: Donar wächst mit dir bis an den hohen Himmel!"

Sprach's und reckte sich mächtig empor. Da erblickte sein scharfes Auge flußaufwärts eine Riesenjungfrau, die sich über das Wasser beugte. Das war Gialp, König Gerrots unholde Tochter. Mit Recht vermutete Donar, daß sie das Wachsen des Stromes verursachte, und er bückte sich, fischte einen Stein aus der Tiefe und schleuderte ihn mit den Worten: „An der Quelle muß man den Strom stauen", der Unheilsinnenden an den Kopf. Da entwich sie laut aufschreiend, und sogleich fiel die Flut. Ohne Mühe und Gefahr gewann nun der wackere Ase das jenseitige Ufer. Aber dieses war hoch und jäh abfallend. Da erfaßte Donar einen Vogelbeerstrauch, der aus dem Felsen wuchs, und schwang sich daran empor. Seitdem pflegt man die Eberesche „Donars Rettung" zu nennen.

Nicht weit von dem Fluß Wimur erhob sich König Gerrots Burg. Die beiden Wanderer traten in die Vorhalle. Dort stand nur ein Stuhl, und der müde Donar setzte sich darauf. Kaum aber hatte er sich niedergelassen, da wurde der Stuhl emporgehoben und fuhr mit Macht zur Decke empor. Blitzschnell stieß der schnellgefaßte Ase den Stab der Riesin gegen das Sparrwerk und drückte den Stuhl zu Boden nieder. Da gab's ein Krachen und Wehegeschrei unter ihm, und er sprang hinunter, um zu sehen, was geschehen sei. Und was erblickten seine Augen? Unter dem Stuhl krümmten sich Gialp und Greip, König Gerrots Töchter, in Todeszuckungen; durch den Druck waren ihnen alle Knochen im Leib zermalmt worden.

Danach erschien ein Bote in der Vorhalle und bat Donar im Namen seines Herrn, ihm in den Saal zu folgen, wo man Heldenspiele aufzuführen pflegte. Bald stand der Donnerer auf der Schwelle einer weiten Halle, in der an beiden Längsseiten große Feuer brannten. Staunend blickte er die ihm fremde Einrichtung an. König Gerrot aber griff rasch mit der Zange einen glühenden Bolzen aus dem Feuer heraus und schleuderte ihn auf seinen Gast, um ihm zu töten. Donar sah den Eisenkeil heranfliegen, fing ihn mit dem Handschuh der Riesin auf und suchte mit zornigen Blicken den heimtückischen Unhold. Hinter einer ehernen Säule barg sich der Missetäter und glaubte wohl, dort sicher zu sein. Donar aber schleuderte den glühenden Bolzen mit solcher Kraft gegen den Pfeiler, daß das Geschoß mitten hindurchfuhr, König Gerrots Haupt durchbohrte, die Wand der Halle durchschlug und draußen tief in die Erde drang. Also vereitelte Donar alle bösen Anschläge des Riesen und machte seiner schlimmen Herrschaft für immer ein Ende.

Donar bei Gerrot

Wie Donar Thialfi und Röskva gewinnt

Donar sprach eines Tages zu Loki: „Ich will herniederfahren gen Midgard, in das Land der Menschen; gelüstet es dich, so magst du mich begleiten."

Loki war bereit; die Böcke wurden vorgespannt, in den Wagen stiegen die beiden Asen und fuhren von dannen. Gegen Abend kamen sie an einen Bauernhof im Gebirge und fanden dort Nachtherberge. Der Bauer wollte seinen Gästen ein Mahl zurichten lassen. Donar aber hielt ihn davon ab und sprach: „Deine Gastlichkeit in Ehren, doch erlaube mir, daß ich heute den Wirt in deinem Haus spielen und für den Nachtimbiß sorgen darf."

Der Bauer war's zufrieden, und Donar schlachtete seine beiden Böcke, zog ihnen die Haut ab und warf diese neben den Herd; das Fleisch aber wurde in einem Kessel gesotten.

Bald stand das dampfende Mahl auf dem Tisch, und die beiden Asen, der Bauer, sein Weib und deren zwei Kinder: Thialfi und Röskva, setzten sich heran und ließen sich den köstlichen Imbiß wohlschmecken, die Knochen aber mußten sie auf Donars Geheiß hin auf die Häute werfen. Thialfi, ein schlanker Jüngling mit blitzenden Augen, nagte an dem Schenkelbein eines Widders, und vergebens bemühte er sich, das Mark daraus zu saugen. Da nahm der gierige Bursche das Messer und schlug den Knochen durch, um an das Mark zu kommen.

Nach der Mahlzeit säumte man nicht lange, das Nachtlager aufzusuchen, denn am folgenden Tag in der Frühe wollten die Gäste weiterreisen.

Donar war der erste, der sich am anderen Morgen vom Lager erhob. Und er trat an den Herd und weihte mit seinem Hammer Häute und Knochen der Böcke. Da standen die Tiere heil und lebendig wieder auf. Als er sie aber hinausführte, bemerkte er, daß ein Bock auf einem Hinterlauf stark hinkte; es mußte also jemand bei der Mahlzeit mit den Knochen übel umgegangen sein. Darob geriet Donar in furchtbaren Zorn, und er forderte den Bauer und seine Leute vor sein Angesicht und herrschte sie also an: „Einer von euch hat Ursache, meinen Hammer zu fürchten, denn man hat dem Zähneknirscher das Schenkelbein zerbrochen!"

Bei diesen drohenden Worten faßte er den Zermalmer mit so festem Druck, daß die Knöchel seiner Hand weiß wurden. Aus seinen zusammengekniffenen Augen aber schossen Zornesblitze auf die angstzitternden Leute herab. Der Bauer bot alles, was er hatte, dem Zürnenden zum Ersatz und bat flehentlich, Gnade walten zu lassen.

Da beruhigte sich Donar, und er forderte zur Sühne die Geschwister

Thialfi und Röskva. Das war eine harte Strafe, aber was sollten die armen Leute tun? Der furchtbare Mann mit dem roten Bart war gewiß kein anderer als Donar, und wie hätten sie es wagen dürfen, dem gewaltigen Donnerer und treuen Freund des Landmannes seinen Wunsch zu versagen! Sie gaben ihm ihre Kinder, und von nun an begleitete Thialfi seinen Herrn auf fast allen seinen Fahrten, und Donar hat an ihm einen treuen Diener und flinken Läufer gewonnen, dem es an Hurtigkeit der Füße selten jemand gleichzutun vermag.

Donars Zweikampf mit Rungnir

Wodan ließ eines Tages seinen Hengst Sleipnir satteln und ritt durch Luft und Wasser gen Riesenheim. Da erblickte ihn Rungnir, ein gewaltiger Bergriese, und rief ihm zu: „Wer ist der Mann unter dem blanken Helm, der auf dem windschnellen Grauroß einhersprengt?"

Ihm antwortete Walvater: „Du magst mein Pferd wohl rühmen, denn kein anderer Renner kann sich mit ihm an Schnelligkeit messen."

„Oho!" versetzte Rungnir. „Mein Hengst Goldhaar ist das hurtigste aller Rosse, das will ich dir zur Stunde beweisen!"

Sprach's, rief seinen Goldfuchs herbei und schwang sich auf dessen Rücken.

Nun hub ein wildes Wettrennen an. Bald aber gewann Wodan einen Vorsprung, und Rungnir geriet in blinden Zorneseifer, spornte seinen Goldfuchs bis aufs Blut und sprengte mit verhängtem Zügel über Asgards Grenze bis vor das Tor von Walhalla. Da kamen die Asen herbei und nötigten den verblüfften Reitersmann, von seinem dampfenden Roß zu steigen und in die Halle einzutreten.

Rungnir fühlte sich geschmeichelt, und da er den gefürchteten Donar unter den anderen nicht erblickte, folgte er der freundlichen Einladung, trat in den glänzenden Göttersaal ein und nahm Platz an der Tafel. Die Asen setzten sich zu ihm, und Freyja schenkte allen den Met ein. Dem Gast reichte sie das große Trinkhorn Donars, und er leerte es mit unmäßigen Zügen so oft, daß er bald einen Rausch bekam, sich ungefüge gebärdete und übermütig prahlte: „Schenke nur immer ein, schöne Freyja! Ich bin gesonnen, euch allen Met auszutrinken, denn euer Vorrat wird wohl so groß nicht sein."

Lächelnd willfahrte ihm die holde Schenkin, und immer wieder leerte er das Horn, um zu zeigen, daß er es im Zechen mit dem großen Donnerer wohl aufnehmen könne.

Die ganze Tafelrunde lächelte belustigt, da er sich das Maß immer wieder füllen ließ und Freyja ihm unverdrossen einschenkte. Dabei schwoll ihm immer mehr der Kamm. Er dünkte sich ein mächtiger Herr zu sein als die Asen, die mit ihm am Tisch saßen, und sprach übermütig: „Ihr tut wohl daran, mich hoch zu ehren, denn meine Kraft ist gewaltig! Ich könnte, wenn es mich gelüstete, Walhalla nehmen und nach Riesenheim tragen, könnte ganz Asgard ins Meer schleudern und euch, ihr stolzen Asen, mit dieser Faust zerschmettern! Ja, mit dieser starken Faust!" schrie er laut und schlug auf den Tisch, daß die Becher klirrten. „Schenke nur ein, holde Freyja!" sagte er dann mit verändertem Ton. „Dir tue ich nichts zuleide; auch dir nicht, goldhaarige Sif! Ihr beide kommt mit mir nach Riesenheim und sollt als Königinnen herrschen in meiner Burg."

Noch immer machten die gastfreien Asen gute Miene zum bösen Spiel, als aber der Unhold in seiner Trunkenheit unflätig zu werden drohte, da sagte einer: „Wäre nur Donar zur Stelle, er schlösse dem plumpen Burschen wohl rasch den ungewaschenen Mund."

Kaum war das Wort gesprochen, da ging die Pforte auf und Donar trat herein. Überrascht blieb er an der Schwelle stehen und faßte den fremden Zecher, der da auf seinem Platz sich breit machte, scharf ins Auge. Sein Antlitz verfinsterte sich, die Rechte fuhr nach dem Hammer, und in dumpf aufgrollendem Donnerton fragte er: „Täuscht mich mein Auge, oder ist's Wahrheit: Ein plumper Riese sitzt an der Asentafel, und Freyja schenkt ihm den Met ein?"

Ganz still war's im Saale. Rungnir wurde bleich vor Schrecken. Er stand auf und stotterte kleinmütig: „Zürne mir nicht, Donar! Wodan selbst und die anderen hohen Götter haben mich zu Gast geladen, und ich stehe hier im Frieden der Asen."

„Und dennoch sollst du die Frechheit, Asgard zu betreten, in Walhalla zu sitzen und aus meinem Methorn zu trinken, auf der Stelle büßen!" rief Donar zornig.

Mit schlauem Einfall versetzte Rungnir: „Wie mag es dem starken Donnerer nur anstehen, einen waffenlosen Mann zu bekämpfen? Kannst du deinen Zorn nicht bemeistern, so laß uns die Fehde auf der Grenze zwischen Asgard und Riesenheim ausfechten!"

Dieser Vorschlag setzte Donar in Erstaunen, denn noch niemals hatte ihn einer zum Zweikampf herausgefordert. Er ließ den Hammer sinken und sprach: „Wohlan, es geschehe, wie du gesagt hast; wir schlagen uns auf der Ländergrenze."

In Eile beurlaubte sich nun Rungnir, schritt zum Saal hinaus, bestieg seinen Goldfuchs und jagte von dannen.

Große Aufregung bemächtigte sich der Riesen, als ihr Stärkster heimkehrte und sein Abenteuer in Walhalla erzählte. Die vornehmsten Unholde versammelten sich zur Beratung, und es wurde der Beschluß gefaßt, einen mächtigen Mann aus Lehm zu machen und ihn als Helfer im Streite dem Rungnir zur Seite zu stellen.

Und so geschah es; sie erbauten einen Lehmriesen, setzten ihm das Herz eines Rosses ein und hießen ihn Möckerkalfi. Das Ungeheuer war neun Rasten hoch und unter den Armen drei Rasten breit, sein Haupt reichte bis an die Wolken.

Nun rüstete sich auch Rungnir zum Streite. Sein Kopf, Herz und Schild waren aus Stein, und als Waffe führte er einen mächtigen Schleifstein. Also bewehrt, stellte er sich neben Möckerkalfi auf und erwartete seinen furchtbaren Gegner. Vor sich hielt er den Schild zur Abwehr, und den Schleifstein trug er wie eine Keule auf der Achsel.

Da erkrachten die Wolken von donnerndem Getöse. Donar kam dahergefahren, und vor ihm her lief wie der Blitz Thialfi und rief, nahe herbeigekommen, dem Riesen zu: „Siehst du dort Donar nahen? Er wird dich von unten angreifen und dir die Füße zerschmettern, wenn du dich nicht besser zu schirmen weißt."

Rasch warf da Rungnir den Steinschild zur Erde, stellte sich darauf und faßte mit beiden Händen den Schleifstein zum Kampfe.

Ein heftiger Donnerschlag erdröhnte, Miölnir kam dahergesaust, traf mit zermalmender Wucht Keule und Haupt des Riesen; der Schleifstein zersprang in zwei Stücke; eins davon fuhr gleich einem Wurfgeschoß gegen Donars Stirn und drang tief hinein, so daß der Donnerer wie betäubt zu Boden stürzte. Auch Rungnir fiel wie ein Felsblock vornüber, wobei eins seiner plumpen Beine sich schwer auf Donars Hals legte und den verwundeten Asen zu ersticken drohte.

Derweilen hatte auch Thialfi den Lehmriesen zerschmettert und seinen ungeheuren Leib zu Grus zermürbt. Nun versuchte der treue Knappe, seinen Herrn von der Bergeslast, die auf seinem Hals lag, zu befreien; aber seine Kräfte reichten dazu nicht aus. Da lief er schnell wie der Blitz gen Asgard, um Hilfe herbeizuholen. Alle Götter eilten auf den Kampfplatz und bemühten sich redlich um den Gefallenen; allein, alle ihre Anstrengungen waren vergebens. Zuletzt trat Donars Sohn Magni herbei, faßte das Riesenbein, hob es empor, schleuderte es zur Seite und sprach: „Wäre ich nur hier gewesen, Vater, du hättest diese Niederlage nicht erlitten; mit meiner Faust hätte ich den Unhold in Stücke zerschmettert."

Donar richtete sich auf, atmete tief und sprach: „Fürwahr, deine Kraft ist groß, mein Sohn Magni, und du wirst sicherlich ein Schrecken der Unholde werden. Zum Lohn für deine Hilfe schenke ich dir Goldhaar, Rungnirs treffliches Roß."

Das Stück Schleifstein aber steckte so fest in Donars Haupt, daß es durch keine Kunst herauszubringen war. Da schickten die Asen zu Groa, einer berühmten heilkundigen Wala. Sie kam, sang ihre Zauberlieder über dem Stein, und siehe, er fing an, sich zu lösen. Als Donar das spürte, wollte er der Alten eine Freude machen und erzählte, ihr längst verloren geglaubter Sohn Örwandil werde nun bald heimkehren. Er selbst habe ihn in einem Korb über die Eisfluten des hohen Nordens getragen, wobei dem Mann eine Zehe, die er unvorsichtig hervorgestreckt habe, erfroren sei.

Über diese Kunde freute sich das Weib so sehr, daß sie der Zauberlieder vergaß. So blieb denn der Stein in Donars Haupt stecken, und er muß ihn mit sich herumtragen und leidet oft heftige Schmerzen davon.

Donars Zweikampf mit Rungnir

Donar und Skymir

Donar wanderte mit seinen Gefährten Loki und Thialfi gen Osten, und sie kamen an den Strand des Meeres. Dort fanden sie ein Boot und fuhren hinüber nach Riesenheim. Da war ein Wald, durch den sie den ganzen Tag wanderten, ohne sein Ende zu erreichen.

Thialfi trug die Reisetasche seines Herrn, es war aber nur wenig Mundvorrat darin, und da in dem Urwald wohl schwerlich eine gastliche Herberge zu finden sein würde, beschlossen sie, Rast zu machen und sich ohne Abendimbiß zur Ruhe zu legen. Nicht weit vom Wege erblickten sie eine Felsenhöhle, deren Eingang so hoch und breit war wie der innere Raum. Sie gingen hinein und legten sich schlafen. Bald aber fuhren sie alle erschrocken vom Lager auf, denn ein Erdbeben erschütterte die Höhle und lautes Donnergetöse scholl in ihre Ohren. Hier konnten sie nicht bleiben, mußten sie doch befürchten, von den einstürzenden Felsen erschlagen zu werden. Schon wollten sie fürbaß schreiten, da bemerkte einer an der Seite der großen Höhle einen kleinen Anbau, der schien ihnen vor dem Einsturz sicher, und Loki und Thialfi traten in die kleine Kammer und legten sich dort zum Schlummer nieder. Donar aber umfaßte den Schaft Miölnirs und setzte sich als Wächter vor den Eingang. Die ganze Nacht währte das Erdbeben, von rollendem Donner begleitet.

In dämmernder Frühe hielt Donar draußen Umschau, und was erblickten seine Augen? Da schlief ein Mann, der war nicht klein und schnarchte überlaut. Nun wußte Donar, woher Donner und Erdbeben kamen. Er faßte einen Groll wider den Schnarcher und trat mit seinem Hammer an ihn heran, um ihn zu wecken und zur Rede zu stellen. Da schlug der Riese von selbst die Augen auf, erblickte den rotbärtigen Asen und sagte schläfrig: „Täuscht mich die Dämmerung, oder ist's Wahrheit? Donar steht vor mir? Aber weshalb mit dem Hammer in der Faust? Ich sollte doch meinen, wenig Ehre könnt' es ihm bringen, auf einen wehrlosen Mann einzuhauen."

Donar antwortete: „Mich hast du richtig erkannt, nun möcht' ich auch deinen Namen hören."

„Ich heiße Skymir", versetzte gähnend der Riese. Und er stand auf, blickte suchend umher und fragte: „Wo ist denn mein Handschuh, den ich hier hingeworfen habe?"

Mit gerechtem Unwillen gewahrte nun Donar, daß die Felsenhalle, in der er geschlafen hatte, der Handschuh des Unholds, und der Anbau, worin seine Gesellen noch ruhten, der Daumen desselben war. Skymir bückte sich und hob den rauhen Fausthandschuh auf, und siehe: heraus

aus dem Däumling kollerten Loki und Thialfi. Das war ein unsanftes Erwachen, und die beiden Verschlafenen sperrten Mund und Augen weit auf und starrten den Riesen verdutzt an. Da lachte Skymir überlaut, Donar aber lachte nicht, ihn ärgerte das launige Spiel des Zufalls oder die Gaukelkunst dieses Unholds.

Der schlafende Skymir wird von Donar angegriffen

Skymir sah die Reisetasche des Donnerers und sagte: „Ich sehe, du führst Speisevorrat mit dir, so laß uns den Morgenimbiß verzehren und dann aufbrechen. Ist es dem hohen Asen nicht zuwider, so möcht' ich wohl heute sein Reisegeselle sein."

Donar nickte zustimmend, und sie genossen in Frieden das Mahl. Darauf meinte der Riese: „Da nur noch wenige Brocken übrig geblieben sind, will ich alles zusammenkratzen und in mein Bündel packen."

Sprach's und tat also, wobei er den Riemen kunstvoll verschnürte.

Den ganzen Tag wanderten sie weiter, Skymir mit großen Schritten voran, so daß die anderen ihm nur mit Mühe zu folgen vermochten. Als endlich der Abend hereindämmerte, machte er unter einer breitgeästeten Eiche Halt und sprach: „Hier will ich die Nacht rasten, und da ich müde bin, lege ich mich sogleich zur Ruhe. Nehmt da meinen Speisesack und laßt euch die Abendkost wohlschmecken."

Unter einem benachbarten Baum wollten sie Imbiß halten. Aber Skymir hatte die Riemen um den Rucksack so fest verschlungen und verknotet, daß keiner von den dreien sie zu lösen vermochte. Ihr Hunger war groß, und da Donar glaubte, der Unhold habe ihm den Streich in böser Absicht gespielt, ergrimmte er in seiner Seele, nahm den Hammer, trat zu dem schlafenden Riesen und versetzte ihm einen harten Schlag auf den Kopf. Skymir erwachte, blinzelte mit den Augen und murmelte in seinen Bart: „Es muß mir da eben ein Blatt vom Baum auf den Kopf gefallen sein." Da erblickte er Donar und sagte: „Willst du dich noch nicht zur Ruhe begeben, Donar?"

„Ich bin auf dem Weg dazu", antwortete der verblüffte Donnerer und ging zu seinen Gefährten. Aber der Schlaf sollte ihnen gründlich gestört werden, denn Skymir hub wieder an zu schnarchen, daß der Wald davon widerhallte und die Grauwölfe vor Furcht zu heulen begannen.

Zornig sprang Donar auf, trat vor den Schnarcher und gab ihm einen Schlag auf den Scheitel, daß der Hammer ziemlich tief eindrang.

Skymir schlug die Augen auf und meinte etwas unwirsch: „Da ist mir eine Eichel auf den Kopf gefallen; nur gut, daß es kein Mühlstein war! Aber du schläfst noch immer nicht, Donar?"

„Es ist noch vor Mitternacht", antwortete der Betroffene ausweichend und wandte sich fort. Heimlich dachte er: ‚Ich muß ihm noch einen Schlag versetzen; solch ein felsenharter Unhold ist mir noch nicht vorgekommen.'

Kurz vor Tag erhob sich Donar, wappnete sich mit seiner ganzen Kraft, trat zu dem schnarchenden Riesen und schlug ihn mit solcher Wucht auf die Schläfe, daß der Hammer bis zum Schaft eindrang. Skymir erwachte, fuhr mit der Hand über die getroffene Stelle und meinte: „Es müssen Vögel oben im Baum nisten, eben ist mir etwas Ätzendes auf die Schläfe gefallen. Dessenungeachtet – es schläft sich gut im freien Wald."

Er richtete sich halb auf, erblickte das Morgenrot am tiefen Himmelssaume und sprach: „Soeben fährt Tag durch das goldene Tor dort im Osten. Da ist es Zeit zum Wandern. Vermute ich recht, so will der große Donnerer zu Utgardloki hinuntersteigen. Da rate ich: sei dort recht bescheiden, denn gewaltig ist jener mächtige Herrscher. Mein Weg führt nach Nordlands Nebelgebirgen; doch ahnt mir, daß wir uns wiedersehen werden. Fahr wohl, Donar!"

Sprach's, warf seinen Rucksack auf den breiten Rücken und ging mit großen Schritten von dannen. Auch Donar brach mit seinen Gefährten auf, um den großen Herrscher Utgardloki heimzusuchen.

Die drei Wanderer schritten rüstig auf fremden Wegen dahin und kamen endlich in ein ödes, sonnenloses Land, wo auf freiem Feld eine stattliche Burg emporragte. Ein hohes Gitter umgab das dunkle Gemäuer; die Pforte war verschlossen, sie wurde auch nicht geöffnet, als Donar, Einlaß heischend, daran rüttelte. Da mußte er sich, so unwürdig es ihm auch dünkte, mit seinen Gefährten zwischen den Stäben hindurchzwängen, um in die Burg zu gelangen.

Sie traten in eine weite Halle, wo auf zwei langen Bänken riesengroße Männer saßen. Einer von ihnen erhob sich, trat den Gästen entgegen und fragte nach ihrem Begehr.

Den König Utgardloki wünsche ich zu sehen", antwortete Donar.

„Hier ist der Mann, den du suchst", rief einer der Riesen mit rauhem Tone.

Dem Asen schien das ein frostiger Empfang, doch überwand er seinen Unmut, trat näher und bot dem Fürsten höflichen Gruß. Unfreundlich versetzte dieser: „Selten erfährt man Gutes von ungebetenen Gästen. Doch sehe ich recht, so steht kein Geringerer vor mir, als der große Donar, von dessen Stärke man so viel Rühmens macht. Ich gestehe, den gefürchteten Hammerschwinger habe ich mir stattlicher vorgestellt.

Unwillig antwortete Donar: „Nicht immer ist der Längste auch zugleich der Stärkste, und so es dich gelüstet, magst du meine Kraft sogleich auf die Probe stellen."

„Nur nicht so jäh!" rief Utgardloki rauh auflachend. „Bald wird sich ja zeigen, was du vermagst; denn jeder, der in dieser Halle verweilen will, muß in irgendeiner Kunst Meister sein und vor dieser hohen Versammlung die Probe bestehen."

Als Loki diese Worte hörte, trat er keck hervor und sagte: „Das ist ein rühmlicher Brauch, mein Bruder Utgardloki, und ich bin willfährig, mit jedem, der hier im Saal sitzt, um die Wette zu essen, zumal, da ich jetzt Hunger verspüre."

„Dein Wunsch soll sogleich erfüllt werden", entgegnete der Fürst, und er ließ einen großen Trog in die Halle bringen, der bis an den Rand mit Fleisch gefüllt war.

„Mein Dienstmann Loge trete herzu!" befahl der Herrscher.

Der Gerufene erschien und stellte sich an das eine Ende des Troges, Loki an das andere. Darauf schlossen die Mannen einen Ring, und der Wettstreit hub an.

Mit Eifer gingen die beiden Kämpfer ans Werk, und es währte nicht lange, da kamen sie in der Mitte des Troges zusammen. Loki hatte nur das Fleisch verzehrt, sein Widerpart aber auch die Knochen und sogar die hölzerne Schüssel. Und also lautete das Urteil des Königs: „Kein Zweifel, wacker hat Asa-Loki gekämpft, aber mein Dienstmann Loge hat die Wette gewonnen."

Utgardloki wandte sich nun an Thialfi mit der Frage: „Wie heißt denn die Kunst, worin du deine Meisterschaft zu beweisen gedenkst, junger Mann?"

Thialfi antwortete: „Man rühmt die Schnelligkeit meiner Füße, und so will ich mich denn im Wettlauf versuchen."

„Das ist eine wackere Kunst", meinte der König. „Doch kann sie hier in der Halle nicht wohl ausgeführt werden, darum lasset uns ins Freie gehen."

Hinter der Burg war eine weite Rennbahn, und Utgardloki rief einen jungen Burschen, den er Hugi nannte, herbei und befahl ihm, mit Thialfi um die Wette zu laufen.

Die Kämpfer stellten sich nebeneinander auf, und auf ein Zeichen des Königs begann der Lauf. Viel schneller als zwei flinke Hirsche flogen sie dahin, anfangs dicht nebeneinander, keiner dem anderen voraus, bald aber überholte Hugi seinen Gegner und erreichte als erster das Ziel.

Utgardloki tröstete Thialfi und sprach zu ihm: „Du hast dich wacker gehalten, junger Fremdling, und es ist noch kein Gast in meiner Burg gewesen, der sich an Geschwindigkeit mit dir zu messen vermocht hätte. Wohlan, greife noch etwas besser aus, so magst du die Wette wohl gewinnen."

Sie liefen zum zweitenmal, aber so behende Thialfi auch seine Fersen schwang, er blieb dennoch eine ziemliche Strecke hinter dem anderen zurück. Beim dritten Lauf hatte er kaum die Hälfte der Bahn zurückgelegt, da war sein Widerpart schon am Ziel.

Da sprach der König: „Thialfi hat mit Ehren gestritten, aber mein Dienstmann Hugi hat die Wette gewonnen."

In den Saal zurückgekehrt, wandte sich Utgardloki nun an Donar mit den Worten: „Deine Reisegesellen haben ihre Kunst gezeigt, und obwohl sie unterlegen sind, gereicht es ihnen doch wahrhaftig nicht zur Schande. Weit Größeres dürfen wir jedoch von Donar erwarten, dessen Ruhm alle neun Welten erfüllt. Welche Kunst schlägst du zum Wettstreit vor?"

Donar antwortete: „Ich bin bereit, mich mit jedem deiner Mannen im Trinken zu messen."

Da ließ Utgardloki ein Trinkhorn herbeiholen, reichte es dem Donnerer und sprach: „Die besten Zecher leeren es auf einen Zug, andere in zwei Zügen, jeder meiner Mannen aber trinkt es mit drei Zügen leer."

Donar sah sich das Horn an. Es hatte keinen allzuweiten Umfang, aber die Länge war so ungeheuer, daß sein scharfes Auge nicht bis auf den Boden zu dringen vermochte. Da aber sein Durst groß war, glaubte er doch, es auf einen Zug austrinken zu können.

Es wurde gefüllt, und er hob es an den Mund und trank und trank so lange, bis ihm der Atem ausging. Da setzte er ab und blickte hinein, – aber was war denn das? Das Horn war noch beinahe bis an den Rand voll, kaum konnte man bemerken, daß schon daraus getrunken sei.

Utgardloki tat sehr erstaunt und rief: „Nie hätte ich geglaubt, daß der ruhmreiche Donnerer solch ein schwacher Zecher sei! Freilich wird er das Horn mit dem zweiten Zug leeren, allein das kann ich wahrlich nicht als eine große Kunst achten."

Donar sprach kein Wort, sondern setzte zum zweitenmal an und trank, bis ihm der Atem stockte.

Das Horn blieb gefüllt, und spöttisch meinte Utgardloki: „Nun, Donar, willst du den Boden sehen, so mußt du dich dranhalten, es ist noch ein ziemliches Maß zu bezwingen."

Donar säumte nicht lange, setzte zum dritten Zug an und trank aus allen Kräften. Als er dann absetzte und in das Horn hineinblickte, bemerkte er zu seiner Überraschung, daß es noch immer fast ganz voll war. Dann gab er das Horn aus der Hand und sprach: „Nun trinke ich keinen Tropfen mehr!"

Da grinsten die Unholde, Donar aber rief: „Möget ihr in dieser Burg meine Kunst auch geringachten, ich weiß, daß ich Tüchtiges vollbracht habe und bin willfährig, in jeder anderen Kunst mit dir oder deinen Mannen mich zu messen, Utgardloki!"

„Es geschehe!" rief der König und stieß einen schrillen Pfiff aus. Da kam eine große graue Katze zur Tür hereingesprungen. „Siehst du das Tier?" fragte Utgardloki grinsend. „Versuch einmal, es vom Boden zu heben! Gelingt dir das Kunststück, so will ich deine Kraft loben. Für mich und meine Mannen ist das freilich nur ein Kinderspiel."

Donar bückte sich, umfaßte die Katze mit beiden Händen unter dem

Bauch und streckte sich kraftvoll empor. Aber das Grautier stand wie angegossen da und krümmte nur ein wenig den Rücken. Da fuhr der Donnerer in seine ganze Asenkraft, und es gelang ihm, einen Fuß des Tieres vom Boden zu heben; mehr vermochte er trotz aller Anstrengung nicht zu vollbringen.

„Dachte ich mir's doch!" rief Utgardloki spöttisch. „Was der schwächste meiner Leute spielend verrichten kann, das ist für Donar zu schwer!"

Da richtete der Donnerer sich hoch auf und rief aufgebracht: „Wage es niemand, mich zu verspotten! Hier stehe ich, zu jedem ehrlichen Kampf bereit! Wohlan, es trete der Stärkste von euch herzu, mit mir zu ringen! Jetzt bin ich zornig!"

Blitze schossen aus seinen Augen, und die Haare seines roten Bartes zuckten wie Feuerflammen. Doch Utgardloki ließ sich nicht schrecken. Gleichmütig versetzte er: „Auf den Bänken in dieser Halle sitzt keiner, dem es nicht ein leichtes Spiel wäre, Donar zu werfen. Ruft mir Elli, meine Amme, herein! Die Alte hat schon manchen starken Mann zu Boden gerungen, sie wird auch Donar bezwingen."

Bald trat eine bleiche, alte Frau in den Saal, und Utgardloki sprach zu ihr: „Siehe, Elli, dort steht der berühmte Hammerschwinger Donar; er will mit dir ringen. Wappne dich mit deiner ganzen Kraft und geh tapfer ans Werk!"

Entschlossen näherte sich das Weib dem zornsprühenden Donnerer, und ein gewaltiges Ringen hub an. Mit aller Kraft versuchte Donar, die Alte zu werfen; aber sie stand da, wie aus Erz gefügt und wich keinen Fußbreit von der Stelle. Zuletzt stellte sie ihrem gewaltigen Gegner ein Bein und drückte ihm Haupt und Nacken mit solcher Gewalt zu Boden nieder, daß er keuchend aufs Knie sank und nicht vermochte, sich wieder emporzuringen.

„Halt ein, Alte!" rief da Utgardloki. „Du hast gesiegt und die Wettkämpfe würdig beendet. Donar wird wohltun, sich nach so harter Arbeit mit Speise und Trank zu laben und dann auszuruhen. Nun sei er mein Gast!"

Das Mahl wurde aufgetragen, und Donar setzte sich mit den anderen zu Tisch und aß und trank; doch verhielt er sich wortkarg, und man sah ihm den Ingrimm wohl an, daß es ihm nicht gelungen war, in den Wettkämpfen zu siegen.

Am anderen Morgen wollte Donar schon vor Tagesanbruch die Stätte seiner Niederlage verlassen. Da trat Utgardloki herein und rief verwundert: „Wohin so eilig, Donar?"

Er antwortete: „Ich will diese Burg ohne Säumen verlassen, denn niemand weilt gern an dem Ort, wo ihm Unehre widerfahren ist."

„Nicht also!" versetzte der Wirt. „So rauh ich dir auch erscheinen mag, die Gastfreundschaft ist auch mir heilig, und ich bitte dich, den Morgenimbiß an meinem Tisch nicht zu verschmähen."

Donar willigte ein und erquickte sich mit seinen Gefährten an Speise und Trank. Dann führte Utgardloki selbst seine Gäste aus der Burg und geleitete sie eine Strecke. Beim Abschied sprach er zu Donar: „Es ist gut, daß du von hinnen gehst, und möge dein Fuß nie wieder meinen Boden betreten! Denn nun weiß ich, daß du der Stärkste bist in allen neun Welten."

Verwundert blickte Donar den Riesen an. War das Ernst oder Hohn?

Aber Utgardloki sah nicht aus wie einer, der ihn verspotten wollte. Er sprach weiter: „Es war ein Glück für mich, daß mir Zauberkraft eigen ist. Dadurch habe ich dir ein Blendwerk vorgespiegelt und schweres Unheil von meinem Haupt abgewandt. Du staunst? –Skymir hieß ich, als wir uns im Wald begegneten, und kein Wunder war es, daß du mit deinen Gefährten meinen Rucksack nicht öffnen konntest, denn ich hatte ihn mit verzauberten Eisenbanden kunstvoll verknotet. Und siehst du den Felsblock dort unter der Eiche? Drei vierkantige Täler wirst du auf ihm wahrnehmen, eins immer etwas tiefer als das andere; das sind die Spuren deiner Hammerhiebe von gestern nacht! Den Felsen hielt ich vor mein Angesicht, als du zuschlugst, sonst hätte Miölnir sicher mein Haupt zerschmettert, und ich stünde hier nicht lebendig vor dir.

Und durch ein Blendwerk habe ich dich und deine Gefährten auch bei den Wettspielen in meiner Halle getäuscht. Mein Dienstmann Loge, der das Fleisch samt dem Trog und den Knochen verschlang, war das Wildfeuer, dem nichts widersteht, und Hugi, der Läufer, war mein Gedanke, der schneller ist als Thialfi, der Blitz.

Das Trinkhorn, das ich dir reichen ließ, hatte keinen Boden und lag im Meere, so daß du es nie und nimmer hättest leeren können. Aber staunen wirst du, wenn du siehst, wieviel du getrunken hast: Ebbe wird man in späten Zeiten noch deinen Trunk nennen. Dein zweiter Wettkampf hat mich und meine Mannen mit Schrecken erfüllt, obzwar du's nicht bemerkt hast. Denn höre und staune: Die graue Katze, das war die Midgardschlange! Welch eine unermeßliche Kraft gehört dazu, dem Ungeheuer so den Rücken zu beugen, wie du es getan! Elli, meine Amme, mit der du zuletzt gerungen, war kein sterbliches Weib, es war das Alter selbst, das Menschen und hartgemute Riesen, ja, auch die hohen Asen zu Fall bringt, wenn ihre Zeit gekommen.

So große Taten hast du in meiner Halle vollbracht, Donar, und nun bin ich froh, daß du Abschied genommen hast und draußen stehst. Möge dein Fuß nimmermehr durch diese Pforte schreiten; denn ich fürchte, du könntest ein andermal größeres Unheil anrichten!"

So sprach Utgardloki und wandte sich fort, und als Donar den Hammer erhob, sah er weder den Riesen noch seine Burg – alles war versunken und verschwunden; ringsum aber lagen rauhe Berge und Heideflächen.

Zwerg Alwis auf der Brautfahrt

Thrud, Donars und der goldhaarigen Sif einzige Tochter, war so schön erblüht, wie eine Blume auf dem Feld. Nun war da ein Zwerg in Schwarzelbenheim, der Alwis genannt wurde, weil er sich rühmte, alle Dinge zu wissen. Dieser sah die schöne Thrud und fand an der Götterjungfrau ein solches Wohlgefallen, daß er meinte, er könne nicht glücklich sein, wenn er die Holde nicht zum Weibe gewänne. Mit all den schlauen Zauberkünsten, über die die unterirdischen Männlein Meister sind, umgarnte er das arglose Herz des Mädchens. Thrud wurde seine Braut und verlobte sich mit ihm ohne Einwilligung ihres Vaters.

Ob ihre Mutter Sif mit im Bunde gewesen, erfahren wir nicht, aber es scheint so, denn das Hochzeitsfest sollte im Elternhaus der Asentochter gefeiert werden. Wer war da glücklicher, als Meister Alwis! Stolz und reich geschmückt, wie ein König, spazierte er auf Freiersfüßen gen Asgard und fand in Bilskirnir, wie es dem Eidam des Hauses zukam, ehrenvolle Aufnahme. Donar war nicht anwesend, und man beeilte sich, mit allem fertig zu sein, ehe er heimkehrte. Aber zum Unglück für den wonnestrahlenden Bräutigam trat der Gefürchtete ganz unerwartet in den hellerleuchteten Saal. Jäher Schrecken befiel alle Hochzeitsgäste, und jedem erstarrte das frohe Lächeln im Antlitz und auf den Lippen das heitere Scherzwort.

Der hohe Herr des Hauses ließ einen Augenblick überrascht seinen Adlerblick über die festliche Gesellschaft schweifen; da bemerkte er an der Seite seiner erglühenden Tochter den geputzten Zwerg und fragte ungnädig: „Was tut der bleichnasige Knirps da in meiner Halle? Der sieht ja aus, als hätte er schon im Grabe gelegen!"

Solchen Hohn konnte sich der stolze Schwiegersohn des großen Donnerers unmöglich gefallen lassen. Keck trat er vor den groben Spötter hin und sprach: „Alwis heiße ich und bin gekommen, meine Braut Thrud heimzuholen. Willst du mir das verwehren, rotbärtiger Wandersmann?"

„Freilich will ich das, du naseweiser Wicht!" rief Donar mit erschreckendem Nachdruck. „Soviel ich weiß, ist das Mädchen meine Tochter, und ein Donnerwetter soll dir auf den dicken Schwarzkopf fahren, wenn du mir noch mit einem Wort zu trotzen wagst!"

Da erschrak der Zwerg und sagte kleinlaut: „Wenn es wahr ist, daß du der mächtige Donar bist, so wirst du doch den geschlossenen Bund nicht brechen wollen!"

„Und wer hat euch erlaubt, den Bund zu schließen?" zürnte Donar. „Ich denke, kein anderer hat die Tochter einem Mann zu verloben als der Vater. Und weil ihr mich schnöde hintergangen habt, sollst du die Maid nicht haben!"

Da rief der Kleine in flehendem Ton: „Erbarme dich, Donar, und gib mir die Jungfrau, denn ohne sie mag ich nicht leben! Und wisse: Mein Haus ist wohlbestellt, und reiche Schätze an Gold und Silber hegen meine Felsenkammern – laß mir das Mägdlein!"

Donar überlegte; der Bursche meinte es redlich, aber sollte er seine schöne Tochter einem Zwerg zum Weibe geben? Unmöglich! Er mußte ihn abweisen, mußte ihn für seine Vermessenheit strafen, doch nicht mit Hammerhieben, sondern mit List. So sagte er denn in milderem Ton: „Du nanntest dich Alwis – woher der Name?"

„Weil ich viel, sehr viel, ja, vielleicht alles weiß", prahlte der Wicht, frischen Mut schöpfend.

„Nun wohl", versetzte Donar. „Wenn du mir auf alle meine Fragen treffende Antworten geben kannst, sollst du das Mägdlein haben."

Da machte der Zwerg einen Luftsprung vor Freude und rief: „Nun ist die schöne Thrud mein! Nun ist sie mein! In neun Welten weiß ich Bescheid und kann von allen Dingen Kundschaft geben – frage nur, Donar, ich will antworten!"

„Zum ersten", hub Donar an, „wünsche ich zu wissen, wie man die Erde in allen Welten nennt."

Rasch antwortete Alwis: „Menschenkinder sagen Erde, Asen Midgard, Wanen Weg, Immergrün die Riesen, Lichtelfen Bewuchs, und wir Schwarzelben heißen sie Lehm."

„Zum zweiten sollst du mir sagen: Wie heißt der Himmel bei allen lebenden Wesen?"

„Die Asen sagen Dach, die Menschen Himmel, Windweber die Wanen, die Riesen Überwelt, Glanzhelm die Lichtelfen, und wir Zwerge heißen ihn Träufeltor."

„Zum dritten begehre ich zu wissen: Wie nennt man die Sonne in allen Welten?"

„Die Menschen sagen Sonne, Gestirn die Asen, Allklar die Wanen, die Alfen Glanzkreis, Riesen Lichtauge, und wir Schwarzelben heißen sie Zwergüberlisterin."

„Zum vierten sollst du mir sagen: Wie wird der Mond bei allen Wesen genannt?"

„Die Menschen sagen Mond, Götter Scheibe, Läufer die Riesen, Wanen rollendes Rad, Jahrzähler die Elfen, und wir Zwerge sagen Schein."

„Zum fünften wünsche ich zu wissen: Wie nennt man das Meer in allen Welten?"

„Die Menschen sagen See, Spiegel die Asen, die Wanen Woge, Aalheim die Riesen, die Lichtelfen Wasserflut, und wir Zwerge heißen es hohes Meer."

„Zum sechsten sollst du mir sagen: Wie nennt man den Wald bei allen Wesen?"

„Die Menschen sagen Wald, die Asen Haar der Berge, Heister die Wanen, die Riesen Gluterzeuger, Schönverzweigt die Lichtelfen, und wir Zwerge nennen ihn Hügelmoos."

Zuletzt fragte Donar: „Wie heißt das Äl, das getrunken wird in allen Welten?"

Alwis antwortete: „Die Menschen sagen Äl, die Asen Bier, die Wanen Saft, bei Hel heißt es Met, helle Flut bei den Riesen, und wir Schwarzelben sagen dafür Geschlürf."

Kaum war das Wort seinem Munde entflohen, da fiel ein Sonnenstrahl auf sein Haupt, und er erstarrte zu Stein.

Das hatte Donar gewollt, und er sprach: „Der, der alles zu wissen sich rühmte, wußte sich doch selber schlecht zu raten. Da steht nun der kecke Wicht! Ich zweifle, daß er noch einmal sein Auge zu einer Asentochter erheben wird."

4. Tyr (Tiu, Ziu)

Neben Wodan und Donar stand als einer der höchsten germanischen Götter Tyr, in Deutschland Tiu oder Ziu, auch Sarnot und Eru oder Heru genannt. Sein heiliges Zeichen (Symbol) ist das Schwert; daher nannten sich die Völker, die ihn als ihren höchsten Gott verehrten, Schwertmänner; so

Tyr, der Schwertgott

die Sachsen (Sachs oder Sahs = Schwert), die Heruler und Cherusker (Heru = Schwert) und die Schwaben (Ziuwarii = Ziusmänner; ihre Hauptstadt hieß Ziusburg: das spätere Augsburg).

Die Rune, welche Tyrs Namen bedeutete, glich dem Schwerte; sie wurde auf Waffen geritzt und verlieh diesen eine besondere Zauberkraft.

Dem Ziu war der dritte Wochentag geweiht; Dins- oder Dienstag heißt nichts anderes als Zius = Tag, in Bayern Ertag von Eru oder Heru.

Daß Tyr mit Wodan und Donar zu den angesehensten Göttern gehörte, bezeugt die Abschwörungsformel der zum Christentum übertretenden Sachsen; sie lautet in unserer Sprache: „Ich widersage allen Teufelswerken und -worten: dem Donar und Wodan und Sarnot und all den Unholden, die ihre Genossen sind."

Zu Unholden und Teufeln wurden die alten Götter gestempelt, und die obersten der Teufel waren Wodan, Donar und Tyr! Solches waren im Verein mit dem Schwert die Mittel, durch die Karl der Große den Glauben der Germanen an die lichten Asen bekämpfte und mit unerbittlicher Gewalt und zäher Ausdauer allmählich ganz ausrottete.

Ursprünglich war Tyr wie Wodan ein erhabener Himmelsherrscher. Tacitus nennt ihn Tuisto (richtiger Tiu-sto), den erdentsprossenen Gott, und seinen Sohn Mannus. Diese beiden seien die Urahnen und Stammväter der Germanen. Bei den Semnonen, den späteren Schwaben, sei er in einem heiligen Wald verehrt worden; niemand durfte diesen geweihten Hain anders als mit einer Fessel gebunden betreten, um so seine Unterwürfigkeit vor der Allmacht der Gottheit zu bekunden. Fiel einer in dem heiligen Wald zu Boden, so durfte er nicht aufstehen, sondern mußte sich liegend hinauswälzen.

In späterer Zeit, als Wodan, alle überragend, zum obersten Himmelsherrscher emporstieg, verblieb Tyr nur die Würde des Kriegsgottes. Und selbst in diesem beschränkteren Machtgebiet steht Wodan als Heervater, als Siegtyr über ihm. Er wirft seinen Speer über das feindliche Heer und weiht es damit dem Untergang, Tyr dagegen greift selbst in den Kampf ein und wütet mit seinem Schwert furchtbar in den Reihen des Feindes; Wodan lenkt aus Wolkenhöhen die Geschicke der Schlacht, Tyr streitet als erster der Helden im Vorderkampfe; jener ist der denkende und leitende Geist des Krieges, dieser der wütende Würger in der männermordenden Schlacht. Tacitus nennt Wodan Merkur, Tyr treffend Mars. Die Edda sagt von ihm: „Er ist sehr kühn und mutig und verleiht im Krieg den Sieg; darum ist es gut, wenn Kriegsmänner ihn anrufen. Wer kühner ist als andere und vor nichts sich scheut, von dem sagt man sprichwörtlich: er sei tapfer wie Tyr. Einen Beweis kaltblütiger Kühnheit gab er, als er seinen Arm als Unterpfand dem Fenriswolf in den Rachen legte. Seitdem ist Tyr einarmig, gilt aber den Menschen nicht für einen Friedensstifter."

Ihm, dem Schwertgott, zu Ehren wurde bei unsren Vorfahren von altersher bis ins späte Mittelalter der berühmte Schwerttanz aufgeführt, über den Tacitus berichtet: „Von Schauspielen haben die Germanen nur eine Art: Nackte Jünglinge, denen das eine Lustbarkeit ist, springen tanzend zwischen Schwertern und drohenden Speeren umher. Die Übung hat Gewandtheit erzeugt und die Gewandtheit Anmut. Sie tun es nicht zum Erwerb oder um Lohn; die Kühnheit des verwegenen Spieles findet nur eine Belohnung: das Vergnügen der Zuschauer."

In späterer Zeit wurden am Schluß des Tanzes die Schwerter mit den Spitzen zu einer Rose oder einem Rad zusammengeflochten, auf dessen Nabe der Anführer oder König sprang und von allen zugleich emporgehoben wurde. So sehen wir noch den ritterlichen Kaiser Max, auf einem Geflecht von Schwertern stehend, auf zwei Bildern dargestellt.

Ob die Irminsäulen, deren eine Karl der Große im alten Sachsenland im Jahre 772 zerstörte, dem Tyr zu Ehren aufragten, ist nicht sicher bezeugt, aber wahrscheinlich. Irmin oder Ermnas war einer von den drei Söhnen des Mannus (Manno = Mannisko = Mensch), also ein Enkel Tyrs, von dem die Hermunduren (Thüringer), die Chatten (Hessen) und die Cherusker (Sachsen) ihre Abstammung herleiteten. In uralten Zeiten mag wohl Tyr selbst, als oberster Gott der germanischen Völker, den Namen Irmin geführt haben. Da fuhr er auf dem Irminswagen, dem Sternbild des großen Bären oder Wagen, der später dem Donar geweiht wurde, durch die Himmelsräume und blickte mit seinem Sonnenauge schützend und segnend auf die Seinen herab. Von seiner obersten Götterherrlichkeit zeugt noch sein Name, denn Ziu und Tyr bedeutet dasselbe wie Zeus und Jupiter: der Glänzende, Erhabene, oder schlechthin der Gott.

Wenn Tyr als Sohn Wodans bezeichnet wird, so geschieht es in dem Sinne, als alle Götter und Menschen Allvaters Kinder genannt werden. Seine Mutter war die schöne weißbrauige Allgolden, die Donar aus dem Bann des Eisriesen Hymir befreite und sie unter dem Namen Sif zu seiner Gemahlin erhob. Sie ist als Göttin des Getreidefeldes gleichbedeutend mit der Mutter Erde; Tacitus hat daher recht, wenn er Tiusto die erdentsprossene Gottheit nennt.

5. Balder (Baldur) und Forseti

Balder, deutsch Paltar, ist Wodans und Friggs Sohn. „Von ihm ist nur Gutes zu sagen; er ist der Beste und wird von niemandem gescholten. Sein Angesicht ist so schön und glänzend, daß ein Schein von ihm ausgeht. Es wächst im Sommer ein Kraut – so licht, daß es mit Balders Brauen verglichen werden kann; dies ist das lichteste aller Kräuter. Davon magst du auf die Schönheit seines Haares wie seines Leibes schließen. Er ist der weiseste, beredteste und mildeste von allen Asen. Sein Ausspruch ist so treffend und wahrhaftig, daß niemand seine Urteile schelten kann. Er bewohnt in Asgard die Stätte, die Breidablick (weitleuchtender Glanz) heißt. Da wird nichts Unreines geduldet."

In diesen Worten der jüngeren Edda ist unverkennbar der Sonnengott geschildert. Die Blume „Baldersbraue" ist die Kamille, die im Sommer auf dem Felde blüht. Sie ist tatsächlich das lichteste aller Kräuter und bietet mit ihren strahligen weißen Blütenblättchen und dem gelben Fruchtknöpfchen in der Mitte ein Bildchen der Sonne dar. Wenn vor alters die Menschen sie erblickten, wurden sie an den lichten Gott erinnert, dessen Antlitz auch so hell und freundlich schimmerte, und unter dessen Füßen Blumen hervorsproßten. Denn Balder brachte die Sonne, den Frühling, den Wonnemond mit seinem Blütenglanz. Auf ihn harrte alljährlich die Welt als auf ihren Erlöser aus Fesseln und Banden, in die die rauhen Mächte des Winters sie geschlagen. Er, der Licht- und Freudenbringer, war daher der geliebteste von allen Göttern. Und er war auch der schönste; an ihm war kein Fehl und Makel vom Scheitel bis zur Fußsohle. Wie das Licht der Sonne – so strahlend und so rein war Balder.

Und seine äußere Erscheinung war ein getreues Spiegelbild seines Geistes und Gemütes. Kein unlauterer Gedanke trübte die sonnige Reinheit und Wahrhaftigkeit seiner Seele. Daher die Weisheit seiner Rede und die Sicherheit seines Urteils. Er, der die Wahrheit selbst war, konnte keinen falschen Ausspruch tun; sein Wort war unerschütterliche Gewißheit.

Voll Liebe und mit unbegrenztem Vertrauen blickten daher die Götter auf Balder. Sie alle hatten durch Schuld und Fehle die ursprüngliche Reinheit und Heiligkeit ihres Wesens eingebüßt, Balder allein stand fleckenlos da und gemahnte an jene selige Zeit, da sie alle in Kindesunschuld mit dem goldnen Runentäfelchen auf dem Idafeld gespielt hatten. Er allein bewahrte noch die heiligen Satzungen Fimbultyrs, des großen, verborgenen Weltgeistes, die auf den verlornen Würfeln geschrieben standen. Solange er noch unter den Asen weilte, war das Band zwischen dem großen Gott und ihnen, den Säulen der zeitlichen Welt, nicht zerrissen, in ihm war der Sieg des Lichtes über die Mächte der Finsternis verbürgt.

In Breidablick, der weithin leuchtenden Halle, wohnte Balder mit Nanna, seiner schönen, treuen Gemahlin. Ringsumher ist Himmelsfriede, und nie vernimmt dort das Ohr rauhes Scheltwort, Schwerthiebe oder klirrendes Waffengetöse. Und doch ist der Lichtgott nicht unkriegerischen Sinnes, die Pfeile aus seinem Köcher, gleißende Sonnenstrahlen, durchbrechen siegreich die Wolkengebilde und fliegen leuchtend und funkelnd und Eispanzer zerschmetternd durch alle Welt. Auch wird er Lästerworte nicht ungestraft hingehen lassen; sagt doch seine Mutter Frigg, da Loki bei Ägirs Gastmahl die Asen beschimpfte:

> „Wisse: hätt' ich hier in den Hallen Ägirs
> Einen Sohn, wie Balder kühn,
> So kämst du nicht kampflos aus unserem Kreise;
> Du hättest schon Fehde gefunden."

Und kühn und waffengewaltig mußte der Sonnengott wohl sein, denn trotz Donars Hammerhieben suchten alljährlich unholde Mächte den Bringer des Lichts auf seinem Weg aufzuhalten. So wird in einem alten Zauberspruch, der in Merseburg aufgefunden worden ist, berichtet: Pfohl (Balder) reitet mit seinem Vater Wodan in den Wald. Da wurde Balders Fohlen (Pferd) der Fuß verrenkt. Sogleich kamen hilfsbereite Göttinnen,

Balder und Nanna

unter ihnen Frigg und Folla, herbei, um den Schaden zu heilen. Es wollte nicht gelingen, bis Wodan mit dem Spruch: „Bein zu Beine, Blut zu Blute, Glied zu Gliede, als ob sie geleimt seien!" das Werk vollbrachte.

Was diese Sage bedeutet? – Balder und Wodan reiten in den Wald, um ihm, der noch im Bann der Winterriesen schwarz und kahl dasteht, das junge Frühlingsleben zu bringen. Da wird durch die Tücke irgendeines

Unholds des Sonnengottes Roß gelähmt; Licht und Wärme, von den Menschen und der ganzen Natur sehnlich erwartet, bleiben aus; der holde Lenz, schon auf dem Weg, wird von den Winterriesen aufgehalten, es bleibt rauh und kalt; die Menschen blicken hilfesuchend gen Asgard, aber umsonst bemühen sich Frigg und ihre Genossinen, die Macht der Unholde zu brechen; das kann nur dem gewaltigen Wodan gelingen; er heilt den kranken Fuß des Sonnenrosses, und Balder sprengt heran und bringt der ängstlich harrenden Welt den warmen Frühlingssonnenschein.

So geschieht es jedes Jahr im März, und dann herrscht Freude auf der Menschenerde und man feiert, dem Sonnenbringer zu Ehren, frohe Feste, wobei Schauspiele aufgeführt werden, in denen der lichte Sonnengott seine Feinde, die Riesen und Drachen, unter dem Jubel der Zuschauer heldenmütig überwindet.

Und Freude und Wonne waltet auf der Menschenerde, so lange die Herrschaft des lichten Balder währt. Unter seinen Augen schmückt sich die Erde wie eine Braut, und am Tage der Sommersonnenwende, am 21. Juni, führt er die Holde zum Hochzeitsreigen. Da ist ganz Midgard eine einzige große Festhalle, und alle Menschen, reich und arm, alt und jung, erscheinen als Gäste zur frohen Feier. Denn wer wollte ausbleiben, wenn Balder, der geliebteste aller Götter, der huldreiche Spender aller Freuden und Wonnen blauer Sommertage, zu seiner Hochzeit einladet! Ihm und seiner holden Nanna zu Ehren flammen auf allen Bergen und Hügeln die Sonnenwendfeuer, ihm zur Freude ertönt allerorten Musik und Jubelschall, die Alten trinken freudig seine Minne, und in fröhlichem Reigentanz ergötzt sich die blühende Jugend. Sind aber die lohenden Hochzeitsfackeln erloschen, dann läßt man flammende Räder von den Bergen zu Tal laufen, dann stößt man das brennende Schiff vom Ufer auf die Flut: Balders Sonne geht niederwärts, der lichte Gott ist gestorben und wird mit Nanna, die ihm in den Tod folgt, auf seinem Schiff verbrannt. Dahin ist die Freude der Welt, der Hochzeitsreigen der Vögel verstummt, der Jubelschall hat sich in Trauerklage gewandelt, Balder ist tot.

Nun steht Breidablick, die weithinstrahlende Halle, verwaist; aber daneben ragt ein neuer Götterpalast: Glitnir, der Glänzende, und darin wohnt Balders Sohn Forseti. Er hat von seinem Vater die Weisheit, Gerechtigkeit und Sicherheit des Urteils geerbt. Darum haben ihm die Asen das oberste Richteramt übertragen. Vor seinen Stuhl, der im goldnen Saal seines glänzenden Palastes steht, kommen alle, die Streit zu schlichten haben oder ihr gutes Recht suchen wollen. Und niemand geht schlecht beraten aus Forsetis glänzender Halle; mit seinem Schiedsspruch ist jeder zufrieden, denn mit weisen Worten und milder Rede weiß der göttliche

Richter die Streitenden zu versöhnen. Daher sagt man mit Recht: Das ist der beste Richterstuhl für Götter und Menschen.

Eine schöne alte Sage erzählt, wie die Friesen an der Nordsee zu ihrem Recht und Gesetz gekommen sind. In grauer Vorzeit saßen die zwölf Asegen (Rechtsprecher, Schöffen) beratend in einem Boot und trieben steuerlos auf dem Meer dahin, ohne das Land und das Recht, das zu suchen sie ausgefahren waren, finden zu können. In ihrer Not wandten sie sich betend an die Götter, sie möchten ihnen doch einen dreizehnten senden, der ihnen beides: das Land und das Recht, weise und lehre. Und was geschah? Auf dem Achterdeck des Schiffes sehen sie zu ihrem Erstaunen den Dreizehnten! Er hat die Ruderpinne ergriffen und steuert mit fester Hand das Fahrzeug durch die Wogen nach einer Insel, wo er landet. Dort nimmt er seine Axt von der Schulter und schleudert sie aufs Land. Und siehe: Eine Quelle entspringt an der Stelle, wo die Axt zur Erde gefallen ist. Dort setzt sich der Fremde nieder, um ihn und die Quelle die zwölf friesischen Asegen, und er lehrt sie das Recht. Niemand kannte ihn, jedem der Zwölf sah er gleich, und als er die letzte Satzung ausgesprochen hatte, saßen ihrer nur zwölf an der Quelle, der Dreizehnte war verschwunden. Wer war der weise Unbekannte? Wohl kein anderer, als der göttliche Richter Forseti. Das erkannten die zwölf Asegen, und sie nannten die Insel, wo sie das Recht gefunden hatten, Fosetisland. Später ward sie Helgoland (heiliges Land) geheißen. Dort sprudelte der heilige Brunnen des Gottes, und nur schweigend wagte man aus ihm zu schöpfen. Das Wild, das sich zu dieser Quelle flüchtete oder in ihrer Nähe weidete, war gesichert vor dem Wurfspeer des Jägers und seinen todbringenden Pfeilen, denn kein Sohn der Erde mochte an diesem heiligen Ort Blut vergießen. Selbst freche Seeräuber scheuten sich, die Insel des gerechten Gottes beutelüstern zu betreten, und als um das Jahr 740 Sankt Wilibrord es wagte, drei Heiden aus der heiligen Quelle zu taufen, da war das Volk über solche Freveltat so empört, daß der kühne Glaubensapostel nur mit Mühe dem Tod entging. Erst dem heiligen Liutger, einem geborenen Friesen, der im Jahre 809 starb, gelang es, die Inselbewohner für die neue Lehre zu gewinnen. Aber noch heute erinnert der Name Helgoland an jene ferne Zeit, als die damals weit größere, waldreiche Insel ein den alten deutschen Göttern geweihtes, heiliges Land war.

6. Niörd, Nerthus und Skadi

Der oberste Gott der Wanen, jenes Göttergeschlechts der meeranwohnenden suebischen Völker, war Niörd oder Nord, seine Gemahlin unzweifelhaft jene erhabene Göttin Nerthus, über deren Umzug bei den Menschen Tacitus folgendermaßen berichtet:

„Auf einer Insel des Ozeans ist ein heiliger Hain, und in demselben ein geweihter Wagen, mit Teppichen bedeckt. Ihn zu berühren, ist allein dem Priester gestattet. Dieser weiß, wann die Göttin in ihrem Heiligtum anwesend ist, und geleitet ihren von Kühen gezogenen Wagen in tiefer Ehrfurcht durch das Land. Alsdann gibt es Freudenfeste an allen Orten, die die Göttin ihres Besuches und ihres gastlichen Verweilens würdigt. Dann wird kein Krieg geführt, keine Waffe ergriffen, verschlossen ruht alles Eisen, Frieden und Ruhe sind nur dann bekannt, nur dann geschätzt, bis endlich derselbe Priester die Göttin, wenn sie des Umgangs mit den Sterblichen ersättigt ist, in ihr Heiligtum zurückführt. Dann wird der Wagen und der Teppich und, wenn man es glauben will, die Gottheit selbst in dem verborgenen See gewaschen. Zu Diensten stehen dabei Knechte (Sklaven), die nach der heiligen Handlung von dem See verschlungen werden. Daher das geheime Grauen und die heilige Urkunde darüber, was das sein mag, das nur Opfer des Todes schauen dürfen."

Diese erhabene Göttin, deren alljährlich wiederkehrenden Umzug bei den Menschen der große Römer hier so wundervoll schildert, ist nahe verwandt mit Frigg, Frau Holle und Ostara. Sie ist die Gottheit der allnährenden Erde und des Meeres, deren Erscheinen bei den Menschen, den Ackerbauern und Fischern die Huld und Gnade der Himmlischen verbürgte. Ihr Gemahl ist Niörd, der oberste Wanengott, dessen Wohnung Noatun (Schiffsstätte) an der Küste des Meeres sich erhob. Ob die Insel Rügen mit dem Herthasee der Ort der heiligen Handlung gewesen, ist zweifelhaft. Jedenfalls hieß die Göttin nicht Hertha, sondern Nerthus.

Nach dem ersten großen Krieg zwischen Asen und Wanen wurde Niörd mit seinen Kindern Freyr und Freyja in die Göttergemeinschaft der Asen aufgenommen. Seiner Gemahlin Nerthus wurde diese Ehre nicht zuteil, sie blieb als Witwe bei ihrem Volk zurück, und vor dem Glanze Friggs und der anderen hohen Göttinnen Asgards mußte allmählich ihr Ansehen verbleichen und ihre Verehrung erlöschen.

Niörd wohnte nach wie vor in Noatun und beherrschte als milder, gütiger Gott das Meer. Mit Ägir und seiner unholden Sippe, die die Stürme erregen und beutegierig den Schiffern nachstellen, hat er keine Gemeinschaft; sein Sinn ist friedfertig, den Seefahrern verleiht er guten Fahrtwind, reiche Beute den Fischern, und den meeranwohnenden Völkern sendet er laue, milde Frühlingslüfte.

Niörd ist, wie alle Wanen, schön von Gestalt und von Herzen freundlich. Als er einst mit den Göttern in Walhalla zu Tisch saß, trat unerwartet mit Wurfspeer, Köcher und Bogen eine stolze Jägerin in den Saal. Überrascht blickten die hohen Herren der Tafelrunde auf, und Hermut, Wodans dienstbeflissener Sohn, fragte die kühne Fremde nach ihrem Begehr.

„Ich bin Skadi, des Riesenfürsten Thiassi Tochter", antwortete mit unverzagtem Mut die wehrhafte Jungfrau. „Die hohen Asen haben meinen Vater erschlagen, nun bin ich gekommen, Buße für die Missetat zu fordern."

Die nordische Jägerin war so schön in ihrem Trotz, daß alle Götter sie mit Wohlgefallen anschauten. Ihr antwortete Wodan: „Du weißt, dein Vater hatte die Göttin Idun geraubt; für diese Freveltat mußte er sterben. Um dein Leid zu lindern, habe ich seine Augen als Sterne an den Himmel gesetzt. Ist dir das nicht Vaterbuße genug?"

„Nein!" versetzte Skadi trotzig. „Mein Herz schreit nach Rache, und nach Asenblut dürstet mein Speer!"

In grimmer Entschlossenheit hob sie die Waffe zum tödlichen Wurf.

Da trat Loki vor und vollführte vor ihren Augen so närrische Possen, daß ihr Zorn dahinschwand und ein helles Lachen aus ihrer Kehle erklang. Das war ein gutes Zeichen, und um die edle Jungfrau vollends zu versöhnen, gewährte man ihr die Huld, sich einen von den Göttern zum Gemahl wählen zu dürfen, doch sollte das so geschehen, daß sie bei der Wahl nur die Füße der Asen sehen konnte.

Skadi nickte, und ihre Augen fielen erstrahlend auf Balder. Sie ließ sich das Haupt halb verhüllen, kniete nieder und betrachtete prüfend die Füße im Kreise. Da rief sie plötzlich aufjauchzend: „Diesen wähl' ich mir, es ist gewiß der herrliche Balder!"

Da lachten die Asen, denn es war nicht der strahlende Sonnengott, sondern Niörd, der schöne Wane. So ward Skadi, die stolze Götterbraut, des Meerbeherrschers Gemahlin, und sie zog mit ihm gen Noatun und verblieb in seinem reichen Haus drei Monate. Da ging ihr Glück zu Ende, denn über alle Maßen sehnte sie sich nach Thrymheim, ihres Vaters Burg, und den schimmernden Eisflächen ihrer nordischen Heimat.

„Ach!" rief sie klagend, „leid ist es mir,
Zu wohnen im warmen Noatun!
Nicht schlafen kann ich am Ufer der See

Vor der Vögel Singen.
Da weckt mich, vom Wasser kommend,
Jeden Morgen die Möwe.
Doch drüben in Thrymheim – wie schön! wie schön!
Da stehen die Berge aus blankem Eis!
Da saus' ich auf Schlittschuh'n windschnell dahin
Und werfe den Wurfspieß auf Wolf und Bär!"

Niörd und Skadi auf dem Weg nach Noatun

Der mildherzige Niörd zog mit dem hartgemuten Weib nach Thrymheim und wohnte in der eisumstarrten Riesenburg neun Monate. Aber in dem rauhen, sturmdurchtosten Land der Winterunholde gefiel es ihm wenig, er sehnte sich zurück nach dem freundlichen Wanaheim und klagte:

„Leid sind mir die Berge, von Eis umstarrt,
Der Stürme brüllendes Brausen ist mir verhaßt,
Und schauerlich schallt mir ins Ohr der Wölfe Hungergeheul.
Aber in Noatun säuseln die linden Lüfte,
Da wallt die Woge blau zum Strand,
Da spannt der Schiffer das weiße Segel,
Da singen die Schwäne süßen Gesang."

Niörd kehrte zurück nach Noatun, Skadi aber blieb in Riesenheim. Dort ist sie froh und glücklich und jagt auf Schlittschuhen mit Wurfspieß, Bogen und Pfeilen jauchzend den gierigen Grauwolf, den grimmigen Eisbär, den Nordlandfuchs, die Wildgans und das flatternde Schneehuhn. – Skadi, die trotzige, stolze Jägerin, gleicht der sternenfunkelnden nordischen Winternacht in ihrer herben Pracht und Schönheit. Nicht den milden Niörd hätte sie wählen sollen, sondern den schnellen Bogenschützen und Schlittschuhläufer Uller, der als ihr männliches Gegenbild erscheint.

7. *Freyr und Gerda*

Von Freyr, Niörds Sohn, heißt es in der Edda: „Freyr ist schön von Angesicht und mächtig; er ist der trefflichste unter den Asen. Er herrscht über Regen und Sonnenschein und das Wachstum der Erde, und ihn soll man anrufen um Fruchtbarkeit und Frieden."

Als Sonnengott steht Freyr dem lichten Balder und Wodan nahe, und auch ihm wird nachgerühmt, „daß niemand ihn hasset, und daß er keiner Maid jemals Tränen entlockte". In dem berühmten Tempel zu Uppsala in Schweden waren die Bildsäulen Wodans, Donars und Freyrs aufgestellt; diese drei wurden dort also als die höchsten Götter angesehen, und ein Strahlenkranz als Bild der Sonne schmückte Freyrs Haupt. Seine Wohnung war Alfheim; die Lichtelfen waren seine Gespielen und des Sonnenherrschers Boten. Auch sein Eber Goldborst, den er von den Zwergen erhielt, ist ein Sinnbild der Sonne, denn seine goldenen Borsten gleichen den Sonnenstrahlen und leuchten so hell, daß es auf seinen Wegen stets licht ist. Diesen Eber schirrt er vor seinen Wolkenwagen und fährt mit ihm so schnell durch die Lüfte dahin, wie Donar mit seinen Widdern. Noch ein anderes Sonnentier ist ihm geweiht, das ist der Hirsch.

Als Sohn Niörds, der das Meer beherrscht, mußte auch Freyr ein Schiff haben. Kluge Zwerge haben ihm eins gebaut, das mit Recht als eines der größten Wunderwerke gepriesen wird. Skidbladnir hieß es und war so groß, daß alle Asen mit ihrem Gewaffen und Heergerät an Bord Raum fanden, und sobald die Segel aufgezogen worden waren, hatte es guten Fahrtwind, wohin es auch gesteuert wurde. Dabei war es so kunstvoll gefügt, daß man's wie ein Tuch zusammenfalten und bequem in der Tasche tragen konnte. Das Meer, auf dem Freyr mit seinem Wunderschiff fährt, ist der unendliche Luftraum, und Skidbladnir (Schneeschuhblatt) ist die schneeweiße Sommerwolke, die stets guten Fahrtwind hat.

Sonnenschein und Regen spendet Freyr den Fluren, daß sie reiche Früchte tragen und dem Landmann die Scheuern und Vorratskammern füllen können. Er ist also der Gott der Fruchtbarkeit und des Wohlstandes, und als solcher besitzt er wie Wodan einen Ring, von dem jede neunte Nacht acht gleich wertvolle Kleinode abtröpfeln, dazu elf sehr kostbare goldene Äpfel. Gleich seiner Mutter Nerthus hielt auch er in einem von Stieren gezogenen Wagen im Frühling seinen Umzug durch die Gaue, und eine Priesterin, die das Gottesbild geleitete, verhieß in Freyrs Namen dem Volk ein gesegnetes Jahr. Da war Freude und Jubel allerorten; denn wie hätten sich die Menschen nicht freuen sollen, wenn ihr göttlicher Freund Freyr bei ihnen einkehrte! Und wenn dann im Hochsommer das Korn gleich einer goldenen Ährenflut im warmen Winde wogte, dann sagte man und sagt es heute noch in der gesegneten Wetterau: „Der Eber geht durchs Korn" – Freyrs Eber Gullinbursti (Goldborst).

Ist das nicht ein schönes poetisches Bild? In allen Vorgängen in der Natur erblickte der Mensch die Spuren der Götter und ihrer Sinnbilder:

„An der Liebe Busen sie zu drücken,
Gab man höhern Adel der Natur,
Alles wies den eingeweihten Blicken,
Alles eine Gottes Spur."

Der Geburtstag Freyrs wurde um die Zeit unseres Weihnachtsfestes in allen germanischen Landen gefeiert. Es war der Tag der Wintersonnenwende, das Julfest; mit ihm brach die heilige Julzeit an, die bis zum 6. Januar währte. Freyr, der huldvolle Herr, war geboren, oder er kehrte aus der winterlichen Verbannung zu seinen geliebten Menschen zurück. Und er brachte ihnen die Sonne wieder und mit ihr neues Leben und Freude und Wonne. Jul (hiol-jol-jul) heißt soviel wie Rad; das Sonnenrad wurde von dem Gott aufs neue entzündet und aufwärts gewendet. Um diese große, glückbedeutende Tatsache allen Augen sichtbarlich zu verherrlichen, brannte man auf den Höhen Freudenfeuer an und ließ brennende Räder von den Bergen zu Tal laufen. In Palästen und Hütten aber wohnte in diesen heiligen Tagen die Freude, das Behagen und der holde Friede. Da wurde der gebratene Juleber, mit einem rotbäckigen Apfel im Maul und mit Grün geschmückt, aufgetragen, und der Hausherr trat hinzu, streckte seine Hand über den Sühn- oder Sonneneber aus und gelobte bei Freyr, dem das Tier geweiht war, im neuen Jahr ein treuer Verwalter, Gatte, Vater und Herr sein zu wollen. Ähnliche feierliche Gelübde wurden auch von den anderen Familienmitgliedern und von den Gästen des Hauses auf den Sonneneber abgelegt, und wehe, wer sein heiliges Gelöbnis nicht hielt! Ihm entzog Freyr seine Huld, und von den Menschen wurde er verachtet.

Mit Behagen wurde dann der Juleber verzehrt und aus Urhörnern schäumender Met dazu getrunken. Aller Streit und Hader ruhte in dieser heiligen Zeit, „Julfriede" herrschte, und niemand durfte eine Waffe tragen. So ist schon die beseligende Weihnachtsbotschaft der Christenheit, „Friede auf Erden und den Menschen ein Wohlgefallen", in der altger-

Freyr mit Skirnir

manischen Heidenzeit erklungen, und die „Wyhenächte" der heiligen Julzeit haben unserem schönsten Fest den Namen gegeben. Auch unser „Glücksschwein" aus Marzipan hat dort seinen Ursprung, es ist eine Nachbildung von Freyrs Eber Gullinbursti, der ja, weil der frohe, huldvolle Herr auf ihm geritten oder mit ihm gefahren kam, den Menschen stets Glück in Herz und Haus brachte.

Von den Pflanzen war Freyr besonders der Rosmarin heilig; mit seinen grünen Zweiglein schmückte und schmückt sich noch heute in manchen Gegenden Deutschlands die Braut an ihrem Hochzeitstag; denn Freyr, der Freudenbringer, ist ja auch ein Freund und Schirmherr liebender Menschenkinder, und von seiner Gunst hängt Glück und Wohlergehen des neuen Hausstandes ab. Ihm selbst hat sein treuer Diener, der heitere Skirnir, die Braut geworben, wovon so schön erzählt wird in der Sage von Skirnirs Brautfahrt nach Gymnirsgard.

Freyr stieg einmal in den Wipfel der Weltesche, setzte sich auf Wodans Thron Hlidskialf und ließ seine Augen über alle Welten schweifen. Da erblickte er in Riesenheim eine wunderschöne Jungfrau. Sie trat aus ihres Vaters Haus und wandelte durch den Garten nach dem Frauengemach. Dabei hob sie ihre weißen Arme empor, und die strahlten einen solchen Glanz aus, daß Luft und Meer im Widerschein leuchteten. Das war Gerda, die Tochter des Riesen Gymir.

Freyr ward von der Schönheit der Maid so bezaubert, daß er alsbald beschloß, sie zu seiner Gemahlin zu gewinnen, obwohl er sich nicht verhehlte, daß die Ausführung des Werkes sehr schwer sein würde. In tiefen Gedanken verließ er Hlidskialf, begab sich nach Alfheim in seine Halle, setzte sich dort nieder und sann darüber nach, wie er Gerda, die Auserkorene seines Herzens, gewinnen könnte. Allein, diesmal wollte es dem Klugen, der doch solcher Dinge wohl kundig war, nicht glücken, einen guten Rat zu finden. Und er wurde sehr traurig und schlich viele Tage gesenkten Hauptes in der Einsamkeit umher. Das bekümmerte seinen Vater Niörd, und er fragte Skirnir, den vertrauten Diener seines Sohnes: „Warum sitzt Freyr den ganzen Tag sorgenvoll in seiner Halle oder geht auf einsamen Wegen wie ein bleicher Träumer umher?"

„Ich weiß es nicht, Herr", antwortete Skirnir. „Doch will ich sogleich hingehen und ihn nach seinem lustverzehrenden Geheimnis fragen."

Und Skirnir trat vor seinen Herrn und sprach zu ihm: „Nicht gehörte Freyr sonst zu den Bänkehütern und bleichen Nachtwandlern, warum sitzt er jetzt sorgenbekümmert einsam in der Halle und flieht die erheiternde Gesellschaft der Asen?"

Trübgemut erwiderte der Unglückliche: „Leid drückt mich, Skirnir, da ich nicht weiß, wie ich Gerda, Gymirs wunderholde Tochter, zur Braut gewinnen könne."

„Das ist's!" rief der heitere Skirnir froh aufatmend. „Gib mir dein windschnelles Roß und das Schwert, das von selbst sich schwingt, dazu reiche Geschenke für die Maid, so will ich gen Riesenheim reiten und um die Jungfrau werben."

Freudig sprang da Freyr von seinem Sitz auf und rief: „Treu warst du mir stets, Skirnir, mein Vertrauter, nun willst du das Schwerste für mich vollbringen! So nimm denn Roß und Schwert, dazu diesen Goldreif, von dem jede neunte Nacht acht gleich schöne Ringe abtröpfeln, nimm auch diese kostbaren elf goldenen Äpfel der Maid zum Brautgeschenk mit und mache dich auf gen Riesenheim, die schöne Gerda zu holen."

Skirnir überspringt den Flammenwall

Skirnir säumte nicht lange, schwang sich wohlausgerüstet auf des Rosses Rücken und sprengte kühngemut von dannen. Und als er nach Gymirsgard kam, da sah er ringsum ein hohes Feuer lodern und fand nicht, wo er hindurchreiten könnte. Was tat da der unverzagte Held? Er zog den Sattelgurt fester an, spornte den Hengst und sprengte mit einem gewaltigen Satz durch die flackernde Flamme.

Da ragte vor seinen Augen Gymirs schimmernder Palast gleich einem Gletscher im Wintersonnenglanz auf. Aber er war eingehegt von einem hohen Lattenzaun, und an der Pforte bellten bissige Grauhunde, die den

Eingang bewachten. Skirnir ritt an dem Zaun entlang, traf vor Gerdas Behausung einen Viehhirten und sprach zu ihm: „Sage mir, Hirt, der am Hügel sitzt, wie muß ich's beginnen, um zu der jungen Herrin des Hauses dort zu gelangen?"

Ängstlich blickte der Mann zu dem Reiter empor und versetzte: „Gewiß bist du einer der Toten und kommst aus dem Reich der Hel, da du durch die heiße Lohe geritten bist! Jedoch, König Gymirs Goldkind zu sehen, das wird dir nimmer gelingen."

Da lachte Skirnir und sprach: „Du redest irre, alter Mann. Sehe ich denn aus wie einer, der im Grab gelegen hat? Wahrlich, noch lange hoffe ich zu leben! Aber die Maid muß ich sprechen, und kostete es auch den heißesten Kampf!"

So sprach er mit lauter Stimme. Gerda aber lustwandelte mit ihrer Magd im Garten, und sie hörte die Rede und sprach zu ihrer Begleiterin: „Sieh doch, Mädchen, wer mag es sein, der draußen so laute Worte spricht?"

Die Magd spähte durch den Zaun und sagte zu ihrer Herrin: „Ein fremder Reiter ist draußen aus dem Sattel gestiegen und läßt sein Roß im Grase weiden."

„Ein fremder Reiter?" entgegnete die Jungfrau verwundert. „Auf! Geh hinaus zu ihm und lade ihn ein, in meine Halle zu kommen, damit ich den gastlichen Labetrunk ihm reiche, obwohl mir ahnt, daß der zukünftige Mörder meines Bruders Beli draußen steht."

Flugs eilte das Mädchen hinaus und führte den Fremdling in die Halle. Da trat Gerda zu ihm in den Saal, und Skirnir stand betroffen von dem Glanze ihrer strahlenden Schönheit.

„Sage mir", sprach die Jungfrau, „wessen Stammes du bist. Bist du einer der hohen Asen oder einer der weisen Wanen? Auch wünsche ich zu wissen, was dich bewogen hat, durch den Feuerring von Gymirsgard zu reiten!"

Skirnir antwortete: „Als Brautwerber komme ich zu Gymirs wunderschöner Tochter. Siehe, die kostbaren goldnen Äpfel sendet dir Freyr, der herrliche Sohn des reichen Niörd, der dich zur Gattin begehrt und als waltende Herrin in Alfheim, sein lichthelles Reich, zu führen wünscht!"

Aber mit stolzer Gebärde versetzte die Jungfrau: „Biete mir kein rotes Gold und keine kostbaren Ringe! Denn wisse: Schätze in Fülle liegen aufgehäuft in meines Vaters Kammern, und nimmer wird Gerda dir folgen als Braut in deines Herrn lichtvolle Halle."

Da rief Skirnir drohend: „Siehst du dies zauberscharfe Schwert, Mädchen? Damit haue ich dir das Haupt vom Nacken herunter, wenn du nicht willfährig bist!"

„Sprich nicht so rauhe Worte!" warnte Gerda. „Sonst hört dich mein Vater, und da möcht' es dir übel vergolten werden."

Gleichmütig versetzte Skirnir: „Wenig fürchte ich deinen Vater, schönstes Riesenkind! Will er aber Streit mit mir suchen, wohlan, so mag er nur kommen! Dies gute Schwert hat schon manchen Unhold gefällt. Dir aber, Gerda, künde ich, und es wird wahrhaftig geschehen: Folgst du nicht meiner Werbung, so wird Freyrs und aller Asen Zorn dein Haupt hundertfältig treffen! Kummer und Angst, Trübsal und bittere Pein, Gram und Verzweiflung wirst du erdulden und dein Leben in Riesenheims finsterer Winternacht vertrauern. Und wagst du dich dann hinaus in das Licht der Sonne, so wird man mit Fingern auf dich weisen und fragen: ,Wer ist die Maid, so vergrämt und bleich, als käm' sie aus Hels Behausung?' Und man wird dich, Gottverhaßte, scheuen und weit von deinem Wege weichen."

Skirnir meldet Freyr den Erfolg der Werbung

Mit bleichem Entsetzen vernahm Gerda die grausige Verwünschung, aber ihr Trotz war noch nicht gebrochen. Da hob Skirnir seinen Zauberstab empor und sprach: „Kraft dieses Stabes mache ich mit dir, was ich will. Zur Hel magst du fahren, in das dunkle Reich der Toten, wo Jammer herrscht und Wehklage! Sitzen sollst du, von Hunger geplagt, auf dem kalten Eisfelsen Nordlands, wo gierige Raben dein Haupt umkrächzen und mit Krallen und Schnabel dein Leben bedrohen! Wie Dorn und Distel, die niemand mag, sollst du einsam am Wege stehen und elend verdorren! Frostgrimm, der harte Unhold, soll dich als Gattin in seine Eiskluft schleppen, und du sollst mit ihm hausen am Tor der Toten immerdar! Siehe her! Drei Runen ritz' ich in diesen Stab: Ohnmacht, Wut, Ungeduld! Gib deinen Widerstand auf, trotziges Mädchen, sonst schneid' ich sie ab, und dann ist Elend dein Los immer und ewiglich!"

Kein Wort erwiderte die Jungfrau. Einen Eiskelch nahm sie vom Gesims herab, füllte ihn mit firnem Met, reichte ihn Skirnir hin und sprach: „Nimm zur Sühne den gastlichen Trank und trinke Freyrs und Gerdas Minne! Und dann reite gen Asgard und bringe deinem Herrn die Botschaft: ‚Willfährig ist Gerda, Gymirs Tochter, zu treten als Braut in Freyrs herrliche Halle. Nach neun Tagen möge der Sonnengott kommen nach Barri, dem windstillen, blütenreichen Wald, zu begehen in Freud' und Wonne die Hochzeitsfeier!'"

Da schwang sich Skirnir fröhlich auf seines Hengstes Rücken und trabte heimwärts gen Alfheim. Schon harrte Freyr voll Sehnsucht seiner Ankunft vor der Pforte seines Hauses, und er rief den Heimkehrenden an: „Bevor du vom Pferd springst und den Fuß auf die Erde setzest, sage mir, was du in Gymirsgard ausgerichtet hast."

„Das ist meine Botschaft", antwortete heiteren Angesichts Skirnir. „‚Willfährig ist Gerda, Gymirs Tochter, zu treten als Braut in Freyrs herrliche Halle. Nach neun Tagen möge der Sonnengott kommen nach Barri, dem windstillen, blütenreichen Wald, zu begehen in Freud' und Wonne die Hochzeitsfeier.'"

Da rief Freyr mit Seufzen: „Lang ist eine Nacht, länger sind zwei, wie soll ich drei überdauern!" Aber er freute sich doch der guten Botschaft, und nach neun Tagen feierte er Hochzeit mit Gerda und führte die wunderschöne Riesentochter als Herrin in seine lichte Halle.

8. Freyja (Gefion)

Freyrs schöne Schwester hieß im Norden Freyja, in Deutschland Frouwa (Frau).

An Hoheit und Ansehen stand sie Frigg, Wodans Gemahlin, gleich, an Schönheit überstrahlte sie alle Göttinnen Asgards. Frigg erscheint als das Muster- und Vorbild der würdigen, fleißigen, umsichtigen Hausfrau und liebenden Mutter, Freyja dagegen als die vornehme Herrin, vom Glanz der Poesie umschimmert. Sie ist die Göttin des Frühlings, der Schönheit und der Liebe, also die Muse im germanischen Götterhimmel. Das Sinnbild ihres Liebreizes war ihr kostbarer Halsschmuck Brisingamen, dessen Edelsteinglanz ihr Antlitz mit sonnigem Licht überstrahlte und ihre Anmut verdoppelte. Brisinga bedeutet in isländischer Sprache das Feuer mit seinem Glanze, Men dagegen Halsschmuck; brisen heißt aber auch verknüpfen, zusammenschnüren. Das heilige Feuer der Liebe verbindet die Herzen, und wie sich in Brisingamen Perle an Perle, Ring an Ring reiht, so verknüpft Freya durch die Macht der Liebe die einzelnen Menschen: Jüngling und Jungfrau, Mann und Weib, Familie mit Familie, Geschlecht mit Geschlecht, Stamm mit Stamm zu einer einzigen Kette, die sich wie ein Blütenschmuck um die Gottheit schlingt.

Einmal stahl Loki, der rastlos umgehende Geist der zerstörenden Kräfte, der schlafenden Göttin den Halsschmuck. Aber Heimdall, der scharfäugige Himmelswächter, hatte den Raub bemerkt; er ergriff den Dieb und entwand ihm in heißem Ringen das Geschmeide, um es Freyja wiederzugeben. So verliert auch der Mensch seinen schönsten Schmuck, sein kostbarstes Kleinod, wenn die Liebe in seinem Herzen einschläft, und den verlorenen Schatz kann er nur wiedergewinnen, wenn er, wie Heimdall, sein Leben darum wagt und heldenmütig seine Selbstsucht zum Opfer bringt; denn der Liebe innerstes Gesetz ist die Selbstaufopferung.

Odur verläßt die trauernde Gattin

Freyja hatte einen Gemahl, mit Namen Odur. Er war der schönste aller sterblichen Männer, und keiner ward je so geliebt wie er. Da er aus der Urquelle der Poesie, dem Born göttlicher Liebe, der in Freyjas Herzen sprudelt, seligste Weisheit getrunken hatte, zog er aus gen Midgard, um seinen Brüdern, den Menschenkindern, die Himmelsgabe der Dichtkunst zu bringen. Allein er blieb lange aus, die Göttin verzehrte sich in Sehnsucht nach dem Geliebten und machte sich auf den Weg, um ihn zu suchen. Unter verschiedenen Namen durchwanderte Freyja die Gaue der Menschen, zog von Ort zu Ort und fragte nach Odur, aber nirgends konnte sie seine Spur finden. Da fielen heiße Tränen aus ihren blauen Augen, und jeder Tropfen wurde eine köstliche Perle, die im Sand der Erde und auf den grünen Wiesenfluren wundersam erglänzte. Fanden die Menschen diese blinkenden Perlen, so hoben sie sie in die Sonne und riefen mit Entzücken: „Freyjas Tränen! Seht, wie herrlich erglänzen die Tränen treuer Liebe!"

Himmelsschlüsselchen und Rosen erblühten aus dem Tränentau der Göttin im Wiesengrund und in den Gärten, aber auch das todbringende Bilsenkraut und die Herzeleid bedeutende Passionsblume; im Sand des Meeres aber wandelten sich die kostbaren Tropfen in Bernsteinperlen; daher das Wort „Perlen bedeuten Tränen".

Den geliebten Mann fand Freyja nicht wieder, aber eine wunderschöne Tochter erblühte ihr, mit Namen Hnossa. Das Mägdlein war ihr Augentrost, und gern hörte sie es, wenn man von einer holdseligen Jungfrau sagte: „Sie ist so schön wie Hnossa, Freyjas Tochter."

Der Liebesgöttin war von den Haustieren die feine, zärtlich sich anschmiegende Katze geweiht. Zuweilen fuhr sie in einem Wagen aus, der von zwei Wildkatzen gezogen wurde. Das bräutliche Mädchen ließ es sich daher besonders angelegen sein, die Katze wohl zu pflegen, denn dann durfte es hoffen, daß die hohe Göttin ihm an seinem Hochzeitstag gutes Wetter bescheren werde. Noch heute lebt im norddeutschen Volk dieser Glaube, und man begeht dort die Hochzeitsfeier mit Vorliebe am Freitag, dem der Freyja geweihten Wochentag, und sagt für heiraten freien.

Aber Freyja war nicht nur die Göttin der Liebe, sie war auch die Königin der Walküren und hieß als solche Hilde oder Gefion. Da erscheint sie in schimmernder Kriegsrüstung, das Haupt bedeckt mit dem Schreckenshelm Hildeswin, der dem Eberrüssel nachgebildet ist. So sprengt sie an der Spitze der Schildjungfrauen in das Schlachtgetümmel, schreckt die Feinde, hebt die vornehmsten der gefallenen Helden auf ihren schnaubenden Renner und führt sie gen Folkwang, ihren prächtigen Palast. Darin ist ein großer, schimmernder Saal: Seßrumnir, der Sitzräumige, da finden die auserwählten Helden gastliche Bewirtung und herzerquickende Pflege. Die Hälfte der Wal gehört ihr, die andere Hälfte Wodan; sie heißt daher.auch Walfreyja und Wodan Walvater.

So vereinigt sich in Freyja die Fülle der Liebe mit höchstem Heldentum. Liebe ist die Krone und Blüte des Lebens, sie ist der höchste Lohn, der köstliche Preis des Kriegers, und ohne sie wäre auch das hehrste Heldenleben arm, freudlos und leer. Andererseits aber konnten sich unsere tapferen Vorfahren auch die Liebe nicht ohne Heldentum denken, und kein Feigling durfte hoffen, die Huld einer germanischen Jungfrau zu gewinnen. Beide, das bräutliche Mädchen und der nach Heldenehren dürstende kriegerische Jüngling, wallfahrteten zum Heiligtum der Freyja, um durch Gebet und Opferspenden ihrer Wünsche Gewährung von der Göttin zu erlangen – was Wunder, daß die himmlische Schutzherrin beider gern die willensstarke Kraft mit der schüchternen Anmut vermählte! Waren doch beide ihres eigenen Wesens Kern und Blüte.

Aber auch die unvermählt sterbenden Jungfrauen nahm die huldreiche Göttin bei sich in Folkwang auf. Sie kamen in die „seligen Gefilde" und durften als „selige Fräulein" ihre Herrin auf ihren Umzügen in den Gauen der Menschen begleiten.

Freyja selbst unternahm manche Ausfahrt in die Lande der Sterblichen. Einst kam sie unter dem Namen Gefion zu dem König Gylfi von Schweden und wußte ihren Gastfreund durch ihren Gesang dermaßen zu ergötzen, daß er ihr zum Lohn so viel Land von seinem Reich versprach, wie sie mit vier Rindern während eines Tages und einer Nacht umzupflügen vermöchte. Da holte Gefion aus Riesenheim vier wunderstarke Stiere, jochte sie vor einen gewaltig großen Pflug und hub an zu pflügen. Und so tief drang die Pflugschar in den Erdboden ein und so mächtig zogen die Rinder, daß ein Stück vom Festland losgerissen und ins Meer gewälzt wurde, wo Gefion es zu einer Insel befestigte, die sie Seeland nannte. An Stelle des herausgepflügten Landstückes entstand in Schweden der See Löger, dessen Buchten genau der Küstenlinie auf Seeland mit ihren Spitzen und Zacken entsprechen. Auf der neuen Insel gründete Gefion die Stadt Lethra und darin das Königsgeschlecht der Skiöldunge, deren Thron später der große gotische Held und Drachenbezwinger Beowulf mit unsterblichem Ruhm schmückte.

Auf ihren Fahrten ritt Freyja zuweilen, gleich ihrem Bruder Freyr, auf einem goldborstigen Eber, oder sie flog im Falken- oder Schwanengewande über Land und Meer. Ihr, der Walkürenfürstin, war der Schwan heilig, und wenn der schöne, stolze Vogel durch die blauen Lüfte dahergeflogen kam, so glaubten unsere Ahnen, in dem schneeweißen Gefieder möge

Gefion pflügt mit ihren Stieren Seeland ab

sich wohl die erhabene Himmelskönigin bergen.

Wenn die Götter in Walhalla zu Tisch saßen, so schenkte Freyja ihnen den Met ein, und eine holdere Mundschenkin hätte sich die vornehme Tafelrunde wohl nicht denken können. Nach germanischer Sitte gebührte dieser Ehrendienst der Hausfrau, also hätte in Walhall eigentlich Wodans Gemahlin Frigg die Becher füllen müssen, aber beide, Frigg und Freyja, waren ursprünglich ebenso eins wie Wodan und Odur.

9. *Ostara*

Außer der schönen Freyja verehrten unsere Vorfahren noch eine andere Frühlingsgöttin: die Ostara. Ihr Fest wurde im April gefeiert, der nach ihr den Namen Ostermonat erhielt. Die Auferstehung der Natur aus dem Winterschlaf war des Osterfestes Sinn und Bedeutung. Im germanischen Norden scheint man diese Frühlingsgöttin nicht gekannt zu haben, denn die nordischen Urkunden wissen nichts von ihr. Aber desto inniger hat man sie im eigentlichen Deutschland geliebt und verehrt; davon zeugt schon zur Genüge die Tatsache, daß der Name Ostern von den christlichen Glaubensboten nicht hat ausgetilgt werden können.

Ostar bedeutet Osten, Morgen; von Osten kommt die Sonne, das Licht; Ostara war also die Gottheit der aufgehenden Sonne, des wiederkehrenden Lichtes. Sie brachte der Welt den jungen Tag, sie brachte das junge Jahr, den holden Frühling, und da wir wissen, wie sehr unsere Ahnen das Licht liebten, so können wir uns vorstellen, welch herrliche Gestalt sie der Ostara gegeben haben werden. Hellster Sonnenglanz strahlte aus ihren blauen Augen, auf ihren Wangen blühte das Frührot des jungen Tages, ein Veilchenkranz schmückte ihr goldblondes Mädchenhaupt, mit den Händen streute sie gelbe Blumen aus: Schlüsselblumen, Dotterblumen, Narzissen, Krokus und das rosige Windröschen. Kränze vom ersten Grün des jungen Lenzes umschlangen ihre feine Elfengestalt, von ihren Füßen leuchtete der grüne Schein der knospenden Erde, Schwalben umschwirrten jauchzend das herrliche Götterbild, und aus jedem Menschenantlitz lachte bei seinem Anschaun die Freude. Das war die Frühlingsgöttin Ostara, die Braut des jungen Maigrafen, der nun die Holde zur Hochzeit führte. Vor Freude, daß die Schöne gekommen, macht selbst die Sonne bei ihrem Aufgang am Ostermorgen drei Freudensprünge.

In dämmernder Morgenfrühe gingen die großen Mädchen zum Brunnen und füllten schweigend den Eimer. Und wenn dann die Sonne aufging, so verneigten sie sich dreimal ehrfurchtsvoll vor ihr wie vor einer Gottheit. Dann trugen sie das Osterwasser ins Haus, ohne dabei ein Wort zu sprechen; nicht einmal den Gruß eines ihnen Begegnenden durften sie erwidern, wenn das köstliche Naß nicht die wunderbare Heilkraft einbüßen sollte, die ihm der Einfalt frommer Glaube zuschrieb. Das ganze Jahr behielt das Osterwasser seine Frische, und wusch man kranke Augen damit, so wurden sie alsbald gesund.

Am Osterfest kamen in allen Häusern und Hütten rot und gelb gefärbte Eier auf den Tisch; rot dem Donnergott Donar zu Ehren, der im ersten Frühlingsgewitter die unholden Winterriesen in ihre Schlupfwinkel schreckte und dem Frühling die Bahn frei machte; gelb, um das Auge der holden Ostara zu erfreuen, die die gelbe Farbe jeder anderen vorzog.

Die Ostereier hat kein Huhn gelegt, kein Kuckuck, kein Schwan, sondern der Hase, der der schönen Göttin geweiht ist. Diese hohe Auszeichnung wurde dem braven Tier wegen seiner häuslichen Tugenden und seiner Freude an zahlreicher Nachkommenschaft zuteil. Und er zeigt sich wahrlich der Ehre würdig. Pünktlich am Feste seiner hohen Herrin stellt er sich heimlich allerorten ein, wo Menschen wohnen, und legt im Versteck der Häuser und Gärten die schönen farbigen Ostereier – den Kindern zur jauchzenden Freude und auch alten Leuten zum Wohlgefallen.

Ostara

In manchen Gegenden unseres Vaterlandes lodern noch der Göttin zu Ehren auf den Bergen die Osterfeuer, und hie und da wird auch noch das Maifest prächtig gefeiert, da unter dem Jubel des Volkes der Maigraf mit seiner blumengeschmückten Braut fröhlichen Umzug bei den Sterblichen hält, wie einst bei unseren Vorfahren Freyr und die holde Ostara. Man brachte der geliebten Göttin auch Opfer dar, doch nur unblutige: Veilchen, Maiblumen und andere liebliche Kinder der Flur.

Von den Osterspielen altheidnischer Vorzeit ist uns leider kein Bild überliefert, aber wie reizend und lieblich sie gewesen sein müssen, davon zeugt der Ausdruck: „Meines Herzens Osterspiel", womit deutsche Dichter späterer Zeit noch ihre Geliebte anzusprechen pflegten. ‚Osterspiel' bedeutete ihnen höchste Freude und Wonne.

10. Heimdall

Heimdall ist ein Sohn Wodans und des Meeres. Sein kostbarstes Vatererbe ist die Weisheit. Er hat so scharfe Sinne, daß sein Auge alle Welt durchdringt und sein Ohr das Gras auf dem Feld und die Wolle auf den Schafen wachsen hört; mit anderen Worten: er ist allwissend. Auch bedarf er nicht mehr Schlaf als ein Vogel; der Allweise ist der allzeit Wache. Er heißt auch Goldenzahn, weil er goldene Zähne hatte: „Morgenstunde hat Gold im Munde". Keiner der Götter war daher so wohl ausgerüstet, das Wächteramt in Asgard zu verwalten, wie Heimdall. Er wohnte auf Himin-

*Heimdall wird durch die
Wellenjungfrauen emporgehoben*

biörg, dem Himmelsberg, von wo aus er einen freien Überblick über den Weltkreis und zumal über Bifröst, die Regenbogenbrücke, hatte.

In schimmernder Wehr, das scharfe Schwert an der Seite und an der Kette das Giallarhorn, dessen Ton durch alle Welten schallt, steht Heimdall auf dem höchsten Gipfel Asgards und hält treue Wacht, daß keines Riesen Fuß die Himmelsbrücke betrete. Sollten die Unholde einmal in Scharen heranstürmen und emporzuklimmen versuchen, so würde Heimdall die Posaune blasen und die Götter zum Streit herbeirufen; dann dürften die grimmen Gesellen ihr tollkühnes Beginnen wohl allesamt mit dem Leben büßen müssen.

Das Giallarhorn deutet auf die Mondsichel, und Bifröst ist der Regenbogen; nach diesen feinen Sinnbildern wäre also der Himmelwächter Mond- und Regengott. Aber Bifröst ist auch die Brücke zwischen Asgard und Midgard, sie verbindet die Götter mit den Menschen, und Heimdall, der diesen Himmelssteg behütet, erscheint als der Mittler zwischen beiden. Er sorgt dafür, daß das von Wodan Erschaffene und Wohlgeordnete erhalten bleibt, er ist, was auch schon sein Name bedeutet: der wachsende und blühende Baum der Welt.

Heimdall, der starke und weise Beschützer der Weltordnung, war ein Freund der Menschen und nahm sich ihrer Unerfahrenheit väterlich an. Schon in Urzeiten stieg er nach Midgard hinab, wanderte unter dem Namen Riger (der Reiche), Irmin oder Iring unter den Menschen umher und schuf ihnen die gesellschaftliche Ordnung, wovon das folgende Lied erzählt.

Heimdall ging einstmals am Meeresstrand entlang und kam an eine armselige Hütte. Er öffnete die niedrige Tür und trat in die einzige Stube. Da saßen auf harter Holzbank Mann und Frau um ein Kohlenfeuer, die nannten sich Ahn und Ahne. Sie räumten dem Gast einen Platz auf der Bank ein und befragten ihn um seine Wanderschaft. Heimdall-Riger gab ihnen Auskunft, erzählte ihnen mancherlei aus der weiten Welt, die er gesehen, erteilte ihnen gute Ratschläge für ihre Wirtschaft und freute sich, da er sah, wie sie seinen Worten mit Aufmerksamkeit lauschten.

Und Ahne erhob sich von der Bank, trat an den Herd und scharrte ein Brot aus der heißen Asche. Das zerbrach sie und reichte auch dem Gast ein dampfendes Stück. Das Brot aber war schwarz wie Torf, klebte an den Händen und hatte einen üblen Geschmack; nichtsdestoweniger verzehrten es die drei Hungrigen mit Behagen.

Darauf stellte die Frau zwei irdene Schüsseln auf den Tisch, eine gefüllt mit Mehlbrei, die andere mit einem gesottenen Stück Kalbfleisch in der trüben Brühe. Der göttliche Wanderer aß von allem und begab sich dann mit den armen Leuten zur Ruhe. Drei Tage blieb er bei ihnen, dann setzte er seine Reise fort.

Und Ahne bekam einen Knaben, der erhielt den Namen Knecht. Das Kind wuchs und wurde groß und stark, doch sagte niemand, daß es schön sei. Sein Kopf war dick, die Stirn niedrig, breit der Mund, rauh das Gesicht, der Hals kurz und krumm der Rücken. An den großen Händen saßen dicke, fettige, knotige Finger, die Beine waren krumm und die Füße schwer und plump.

Als Knecht erwachsen war, ging er seinen armen Eltern mit fleißiger Arbeit zur Hand, lernte Besen binden, Körbe flechten und war auch nicht faul, von früh bis spät dürres Holz und Reisig aus dem Wald nach der Hütte zu schleppen. Und als seine Zeit gekommen war, nahm er ein Mädchen zum Weibe, das hieß Magd und war häßlich wie er selbst, doch half es ihm fleißig bei seiner schweren Arbeit. Viele Söhne und Töchter hatten Knecht und Magd, die wuchsen auf, gruben das Land, düngten den Acker, pflanzten Hecken und tilgten im Garten Unkraut, hüteten Ziegen und Schweine, schlugen Holz und gruben Torf, und von ihnen stammt das Geschlecht der Knechte auf der Menschenerde.

Weiter wanderte Heimdall-Iring, und er kam an ein kleines, freundliches Haus und trat durch die halbgeöffnete Pforte in die Stube. Ganz einfach, fast ärmlich war es darin, aber sauber und behaglich. Am lustig flackernden Herdfeuer stand der Mann und glättete eine Stange zum Weberbaum. Er trug ein schlichtes, enganliegendes Wams, hatte kurzgeschorenes Haupthaar und einen ebensolchen Bart.

Nahe dabei saß die Frau am Rocken und drehte emsig die schnurrende Spindel. Sie trug eine Haube auf dem Kopf und am Halse einen Schmuck, ein Tuch um den Nacken und Nesteln an der Achsel. Ätti nannte sich der Mann, und seine Frau hieß Emma. Sie hießen dem Fremdling freundlich willkommen, und er setzte sich zu ihnen an den Herd und belehrte sie, wie man ein feines Gespinst gewinnen und daraus köstliches Linnen weben könne. Aufmerksam hörten die beiden ihm zu, bewirteten ihn mit Speise und Trank und bereiteten ihm ein behagliches Nachtlager. Drei Tage blieb Heimdall-Iring ihr Gast, dann zog er seines Weges weiter.

Ätti und Emma erhielten einen schönen, wohlgebauten Sohn, netzten ihn mit Wasser und hießen ihn Karl (Bursche). Bald tummelte sich der Knabe fröhlich in Feld und Anger, und als er groß geworden war, erwarb er Haus und Hof, baute Scheuern und Viehställe und bestellte mit Fleiß den Acker, der ihm zu eigen gehörte. Eines Tages führte Karl die Braut in sein Haus, die hieß Schnur und trug ein Kleid aus Ziegenfell, der Mantel aber war aus gutem Tuch, und im Gürtel hing ihr ein Bund klirrender

Heimdalls Horn ruft die Helden zum Kampf

Schlüssel. Karl und Schnur hatten viele Kinder, und von ihnen stammt das Geschlecht der Bauern ab.

Auf grünen Pfaden ging Heimdall-Iring seines Weges dahin, und er kam an eine Burg mit säulengetragenem Torbogen, ragenden Türmen und weißen Zinnen. Draußen an der Pforte glänzte ein goldener Ring im Mittagssonnenschein. Der göttliche Wanderer trat ein und kam in eine hohe Halle. Der Fußboden war mit grünen Tannen- und Wachholderzweigen bestreut, und an den Wänden hingen schimmernde Bilder. Da saßen zwei auf kunstvoll geschnitzten Sesseln. Groß und stolz erschien der Mann; er hielt einen Eibenholzbogen in der Hand und prüfte die Sehne. Die Frau trug ein blaues Kleid mit langer Schleppe, auf dem Kopf eine blütenweiße Haube und am Hals ein blinkendes Goldgeschmeide. Sie war schön von Angesicht wie Freyja, ihre Augen glänzten wie Edelsteine, und ihre Haut war licht und weiß wie frisch gefallener Schnee. Sie lehnte lässig im Sessel und strich mit der feinen Hand die Falten ihres Gewandes glatt.

Als Heimdall in die Halle trat, erhob sich alsbald der Mann, legte den Bogen beiseite und hieß den Gast mit höflichem Gruß willkommen. Er nannte sich Vater, und seine Frau hieß Mutter. Sie nötigten den hohen Fremdling mit freundlichen Worten, bei ihnen niederzusitzen, und wußten artig mit ihm zu plaudern. Bald merkten sie, daß er weise sei wie Heimdall und fragten ihn in mancherlei Dingen um seinen Rat.

Und Mutter stand auf, nahm aus dem Schrein ein buntgeblümtes, schneeweißes Linnen und deckte damit den Tisch. Dann trug sie in silbernen Schüsseln Kuchen und süßes Backwerk, Wildbret, Speck und Geflügel auf, stellte auch Kannen mit Wein und blinkende Trinkbecher daneben, rückte die Stühle und lud die Männer zu Tisch. Köstlich waren Speise und Trank, und lange saßen die drei schmausend und plaudernd beisammen. Drei Tage blieb der himmlische Gast in dem reichen Hause, dann beurlaubte er sich und ging seines Weges weiter.

Nicht lange danach bekamen Vater und Mutter einen Sohn, den netzten sie mit Wasser und gaben ihm den Namen Herr. Und der Knabe wuchs auf und wurde groß, stark und schön. Sein Antlitz leuchtete wie Maienschein, goldig erglänzte sein Lockenhaar, und die Augen spähten wie Falkenaugen. Leicht wie ein junger Hirsch schritt er dahin, lernte den Strom durchschwimmen, Hunde hetzen und Rosse tummeln, den Bogen spannen und Pfeile schießen, Speere werfen und mit starker Hand das Schwert zu schwingen.

Eines Tages folgte Herr der Spur eines Bären im tiefen Waldesdunkel. Da begegnete ihm ein hoher Wandersmann und sprach zu ihm: „Mein Sohn, dein Arm ist stark und groß dein Mut. Sattle dein Streitroß, umgürte dich mit deinem guten Schwert und ziehe hinaus in den Männerkampf, um Heldenruhm und Land und Leute zu gewinnen. Das rät dir Heimdall, der Alte!"

Sprach's und verschwand vor den Augen des staunenden Jünglings. Aber die Worte des erhabenen Fremdlings fanden im Herzen des jungen Jägers lauten Widerhall, und Herr begab sich alsbald nach seines Vaters Haus, bewehrte sich mit Helm und Harnisch, Schild, Speer und Schwert, schwang sich auf Rosses Rücken und sprengte kühngemut von dannen.

Nach langem Ritt kam er an eine Burg, die schien ihm groß und prächtig. Und er setzte über die Brücke auf den Hof und erhob draußen ein Getümmel. Da traten Gepanzerte aus der Pforte und verwiesen ihm sein übermütiges Gebaren. Herr aber spottete ihrer und hieb so gewaltig auf die Recken ein, daß sie zu Boden sanken und das Aufstehen vergaßen. So gewann er Burg und Land, zog mit dem Schwert des Eroberers durch die Gaue und rastete nicht eher, als bis er achtzehn Burgen sein eigen nannte. In der schönsten schlug er seinen Herrschersitz auf und nannte sich Fürst. Dann sandte er seine Dienstmannen über die See, ihm Erna, die wunderschöne Fürstentochter, zur Gemahlin zu werben. Mit reichen Brautgeschenken begaben sich die Recken zu Schiffe und segelten über die Wogen. Nach kurzer Frist kehrten sie wieder heim und führten die Braut ihrem Herrn zu. Da wurde auf der Burg das Hochzeitsfest gefeiert, und kühne Recken zerbrachen dem hohen Paar zu Ehren im Kampfspiel die Speere. Fürst und Erna hatten viele Kinder, und von ihnen stammen Ritter, Grafen und Edle. Der letzte Sproß war groß an Macht und reich an Weisheit wie Heimdall, und er setzte sich eine goldene Krone auf das Haupt und nannte sich König.

So hat der göttliche Wanderer Heimdall-Iring auf Erden die menschlichen Stände geschaffen. Aber auch am Himmel hat er seine Straße, die das unwissende Volk Milchstraße nennt, bei den Weisen aber heißt der lichte Weg Iringstraße, und wir wissen nun, wer darauf wandelt.

11. Bragi und Iduna

Bragi ist Wodans Sohn; ihm hat sein Vater die Gabe der Dichtkunst, des Gesanges und der Beredsamkeit verliehen. Er ist schön von Gestalt und Angesicht; seine Götterstirn leuchtet von hohen Gedanken, und aus seinen Augen sprüht das heilige Feuer der Begeisterung. Tief wallt ihm der Bart auf die Brust herab, und keiner der Asen, noch der Männer von Midgard, hat eine so stolze Hauptzierde wie Bragi, der langbärtige Sangesmeister.

Tönende Lieder klingen von seinen Lippen, und seine Rede ist lieblicher als die Stimme der Vögel und das Rauschen der Wasser, die von Himmelsbergen springen. Von ihm haben Dichter und Sänger ihre Gaben, und der Redner dankt ihm die sprachgewandte Zunge. Er kennt viele uralte Sagen und Geheimnisse, die längst verschollen und vergessen wären, hätte nicht der göttliche Dichter das heilige Vatererbe wohl behütet. Und wenn Bragi auch kein Freund von Waffengetümmel und männermordendem Kampf ist, so genießt er doch hohes Ansehen im stolzen Kreis der Asen, und nur Lokis böse Lästerzunge mag seine Ehre anzutasten und seinen Dichterruhm zu verunglimpfen sich erfrechen. Denn kalt und trostlos öde, wie die Natur ohne den goldenen Sonnenschein, wäre das Leben der Götter und Menschen ohne Musik und Dichtkunst.

Bragis Gemahlin ist Iduna, die „Immergrüne". Sie ist ein Bild der verjüngenden Kraft des Frühlings und gleicht dem „Mädchen aus der Fremde", von dem der große Dichter singt:

> In einem Tal bei armen Hirten
> Erschien mit jedem jungen Jahr,
> Sobald die ersten Lerchen schwirrten,
> Ein Mädchen schön und wunderbar.
>
> Sie war nicht in dem Tal geboren,
> Man wußte nicht, woher sie kam;
> Und schnell war ihre Spur verloren,
> Sobald das Mädchen Abschied nahm.
>
> Beseligend war ihre Nähe,
> Und alle Herzen wurden weit;
> Doch eine Würde, eine Höhe
> Entfernte die Vertraulichkeit.

Sie brachte Blumen mit und Früchte,
Gereift auf einer andern Flur,
In einem andern Sonnenlichte,
In einer glücklichern Natur.

Und teilte jedem eine Gabe,
Dem Früchte, jenem Blumen aus;
Der Jüngling und der Greis am Stabe:
Ein jeder ging beschenkt nach Haus.

Iduna bewahrt in einem Körbchen eine Anzahl goldfarbiger Äpfel, denen eine wunderbare Kraft innewohnt. Wenn die Asen verspüren, daß sie alt werden und ihre Kräfte hinschwinden, so reicht ihnen Iduna die Äpfel des Lebens, und sobald sie davon genießen, werden sie wieder jung, schön

Bragi und Iduna

und stark. Das ist den unholden Riesen wohlbekannt, und mit Eifer trachten sie danach, die Göttin mit ihrem Zauberschatz in ihre Gewalt zu bekommen. Einmal, in der Frühe der Zeiten, gelang den finstern Mächten ihr schnödes Vorhaben, und das ging so zu:

Die drei Asen Wodan, Hönir und Loki wanderten durch die Welt und kamen auch nach Riesenheim. Dort war es rauh und kalt, auch fanden die Götter nichts, um ihren Hunger zu stillen. Eines Tages standen sie müde am Fuß eines hohen Berges; schwer wurde den Ermatteten der Aufstieg, doch sollte ihre Anstrengung reich belohnt werden, denn was erblickten ihre Augen jenseits des öden Felsengebirges? Ein schönes, grünes Tal, in dem eine Herde schwarzgefleckter Rinder weidete! Da wurden sie froh und eilten auf beflügelten Sohlen bergab, der lockenden Waldweide zu. Ohne Verzug fingen sie einen jungen Stier ein, führten den Widerstrebenden unter eine einsamstehende Eiche und schlachteten ihn.

Loki entfachte die Flamme zu heller Lohe, setzte einen Kessel mit Wasser aufs Feuer und legte das zerstückte Fleisch hinein. Bald zischte die Flut im Kessel und ein erquickender Geruch stieg den hungrigen Göttern in die Nase. Sie freuten sich auf das kräftige Mahl und hoben den Deckel auf, um zu sehen, ob das Fleisch genug gekocht habe; mit Unmut aber mußten sie wahrnehmen, daß es noch ganz roh war. Darob verwunderten sie sich, und Loki schürte das Feuer zu hoher Glut an. Allein es war alles vergebens: Das Fleisch war und blieb roh. Wie mochte das nur zugehen? Gewiß hatte ein unsichtbarer Unhold seine Hand hierbei im Spiel.

Wie sie nun hin und her redeten, vernahmen sie auf einmal eine Stimme über ihren Häuptern, und siehe, im Wipfel der Eiche saß ein Adler! Der Vogel äugte auf die drei Ratlosen mit listig funkelnden Blicken herab, sperrte seinen Schnabel auf und sprach: „Der hier im Baume sitzt, ist schuld, daß das Fleisch noch nicht gar ist. Wollt ihr in gastlich bewirten, so wird er sorgen, daß die Speise alsbald gar werde."

Sein Wunsch wurde erfüllt, und er hielt Wort, löste den Zauber und ließ das Werk gelingen. Darauf sank der unheimliche Geselle in Adlergestalt aus der Krone herab, stellte sich zu den dreien und riß ihnen gierig die besten Stücke ihres Mahles fort.

Darob ergrimmte Loki, raffte eine Stange auf und stieß sie dem unverschämten Schlinger in den Leib. Aber das sollte dem heftigen Asen zum Verderben gereichen. Seine Hände hafteten an der Stange fest, und er wurde von dem starken Vogel, der rasch fortflog, über Felsenzacken, Dornen und Disteln geschleift und so übel zugerichtet, daß er kläglich um Erbarmen flehte.

Da sprach zu ihm der Adler: „Nicht eher gebe ich dich frei, als bis du mir gelobst, Bragis Gattin Iduna mit ihren Äpfeln in meine Behausung zu bringen."

„Wer bist du?" fragte Loki.

„Thiassi bin ich, der Riesenfürst, der in Thrymheim wohnt", antwortete der Unhold.

„Thiassi!" versetzte Loki mit Schrecken. Den mächtigen Riesen kannte er wohl. Da half kein Sträuben, er schwur den Eid und erhielt dann seine Freiheit. Gen Asgard hob sich Loki, begab sich zu Iduna und sprach zu der Ahnungslosen die listigen Worte: „Wahrlich, ein Wunder hab' ich erspäht, schöne Iduna! In dem grünen Hain bei Walhall hängen Äpfel im Baum, die schöner und köstlicher anzuschauen sind als selbst die deinen. Komm mit mir und sieh selbst! Ich will mein Haupt verlieren, so du nicht zugibst, daß es die schönsten Früchte sind, die deine Augen je gesehen."

Iduna ließ sich überlisten, nahm ihr Körbchen mit den Äpfeln und ging mit Loki zu dem Hain. Kaum aber waren sie in das Gebüsch getreten, da brauste es wie Sturmwind durch die Wipfel der Bäume, ein riesiger Adler rauschte herab, ergriff die erschrockene Göttin mit seinen Fängen und flog mit seiner Beute gen Thrymheim, in das Land der rauhen Stürme, wo die „Immergrüne" elend verkümmern mußte.

Nicht lange war die Göttin der Jugend mit den Äpfeln des Lebens fern von Asgard, da wurden die Herrscher der Welt mit Schrecken gewahr, daß Schönheit und Kraft von ihnen abfielen wie die Blätter von den Bäumen im rauhen Herbstwind; daß ihre Haare ergrauten, die Wangen erblichen, das Augenlicht abnahm, die Knie zu wanken anfingen, kurz, alle Zeichen des Alters sich an ihnen bemerkbar machten. Bestürzung und Sorge befiel Götter und Göttinnen. Man rief nach Iduna, man suchte sie allerorten in ganz Asgard, doch war sie nirgends zu finden.

Zuletzt wollte einer sie mit Loki gesehen haben. Dieser aber stellte sich, als wisse er nichts von ihrem Verschwinden, bis Donar zornig wurde, Miölnir fester packte und drohend den Unheilstifter andonnerte: „Wenn du nicht sogleich die Wahrheit eingestehst, soll mein Hammer Miölnir dir das Haupt zerschmettern, du gleißender Heuchler und Ränkeschmied!"

Da erschrak Loki, denn er zweifelte nicht, daß der grimmige Rotbart zuschlagen würde, wenn er noch länger leugnete; und er bekannte kleinlaut: „Der Sturmriese Thiassi hat Iduna geraubt und hält sie gefangen. Will mir die schöne Freyja ihr Falkenkleid leihen, so eile ich flugs gen Thrymheim, um die Ärmste aus der Haft zu befreien und sie mit ihrem Schatz nach Asgard heimzuholen."

„Ohne Verzug wirst du tun, wie du gesagt hast!" rief Donar grimmig.

Die holde Freyja gab gern ihr Federkleid hin, und Loki schlüpfte hinein und flog gleich einem Falken gen Thrymheim. Er traf es gut: Der Riese Thiassi war zum Fischfang auf das Meer gefahren, Iduna aber saß gefangen in der Felsenburg des Unholds. Es gelang Loki, sie zu erspähen. Rasch verwandelte er sie in eine Nuß, ergriff diese mit seinen Fängen und schwang sich mit ihr in die Lüfte empor.

Thiassi sah den Falken von seiner Burg auffliegen, ahnte Unheil, warf geschwind sein Adlergewand über, stieg auf und jagte mit Windesschnelle hinter dem verdächtigen Raubvogel her.

An der Grenze Asgards standen die Götter und spähten verlangend nach Loki und Iduna aus. Da sahen sie die beiden Vögel gleich sturmgepeitschten Wolkenbildern daherkommen, ahnten, wer der Adler sei, und beschlossen, ihn zu töten. Rasch warfen sie eine Masse Hobelspäne auf einen Haufen, und als der Falke vorüber war und sein Verfolger heranrauschte, entzündeten sie die Späne: Rauch wirbelte auf, flackernde Lohe schlug hoch empor, das Gefieder des Adlers fing Feuer, und seiner Sinne nicht mehr mächtig, taumelte der brennende Vogel zu Boden nieder. Da fielen die Asen über ihn her und schlugen ihn vollends tot, seine Augen aber nahm Wodan und setzte sie als Sterne an den Himmel.

Nun hatte alle Sorge ein Ende, Iduna reichte den gealterten Göttern die wunderkräftigen Äpfel, sie bissen hinein und wurden wieder jung und schön wie zuvor.

„Wißt ihr, was das bedeutet?" fragt die weise Wala in dem alten Liede. „Iduna, das frische Sommergrün in Flur und Wald, wird im Herbst von dem Sturmriesen Thiassi geraubt: Die Blätter fallen von den Bäumen, die Wiese verliert ihren Farbenschmelz, die Welt erscheint gealtert und entstellt, die Götter haben ihre Kraft und Jugendfrische eingebüßt, ihre Haare sind grau und weiß geworden wie der Schnee, der die eingeschlafene Erde deckt; es ist Winter, die lichtlose, trübe Zeit, da Regen und Todesahnungen die Gemüter beschweren. Wird der holde Frühling noch einmal wiederkehren? Nur dann, wenn es gelingt, Iduna, die verjüngende Kraft des Lebens in der Natur, aus der Haft des Sturmriesen Thiassi zu befreien. Dem warmen Südwind Loki gelingt das Werk: Im Gewand der Frühlingsgöttin Freyja eilt er nach Thrymheim, verwandelt Iduna in eine Nuß und bringt sie glücklich nach Asgard. Aus der Nuß, dem Samenkorn, entsprießt ja alles junge Leben im wiederkehrenden Lenz, überall erwächst ein frisches Knospen und Grünen und Blühen: Iduna, das Mädchen aus der Fremde, ist wieder da, sie reicht den Göttern die verjüngenden Äpfel

Bragi und Heimdall empfangen den Krieger in Walhalla

des Lebens, da richten sie sich auf in neuer Kraft und blühender Jugendschöne, und Bragi, der Glückliche, greift in die Saiten seiner Harfe und singt:

,O schaut: Wie der Frühlingshimmel so klar
Naht Iduna dem treuen Gemahle,
Goldäpfel, lieblich und wunderbar,
Bringt sie in silberner Schale.
Und ewige Jugend dem Glücklichen sprießt,
Der von den süßen Früchten genießt.'"

12. *Uller*

Uller ist der Gott des Winters und der Jagd. Er ist kein anderer als Wodan selbst, der in der kalten Jahreszeit, wenn die Waffen des Krieges in der Rüstkammer hängen, dem edlen Weidwerk obliegt. In Tierfelle gehüllt, mit Bogen und Pfeilen bewaffnet, verfolgt er dann über Berg und Tal die Spur des flüchtigen Wildes. Auch vor dem Meer macht er nicht halt: Auf großen Schlittschuhen, aus Knochen geformt, saust er über die schimmernden Eisflächen der nordischen Fjorde windschnell dahin, und kommt er an offene Stellen, so wirft er seinen Schild auf das Wasser, springt hinauf und fährt wie auf einem Schiff über die Flut. Daher wird der Schild auch „Ullers Schiff" genannt. Diesem göttlichen Jäger entgeht kein Wild, das er aufs Korn genommen: Aus hoher Luft fällt der Seeadler oder das Schneehuhn, von seinem Pfeil tödlich getroffen, zur Erde herab; der blitzschnelle Hirsch, der zottige Bär, der Elch und das Rentier, der mächtige Auerochs und der gierige Grauwolf – sie alle können ihm nicht entrinnen. Sein ist, „was da kreucht und fleucht", und er verleiht gutes Jagdglück, wem er will. Ihn rufen die Weidmänner an, wenn sie sich rüsten zum fröhlichen Jagen:

„Uller, ferntreffender Gott, laß uns nicht fehlen die Fährte des flüchtigen Wildes! Schärf' uns das Auge, richt' uns die Hand und beflügle den hurtigen Fuß! Der Pfeil, von der Sehne geschnellt, er bohre ins Herz sich dem eilenden Vogel oder dem Ur (Auerochsen) und dem Eber des Waldes! Erhöre den Ruf deiner Jünger und verleih' ihnen lohnendes Jagdglück!"

Also rufen, wenn der Pirschgang anhebt, die Wildschützen zu ihrem Herrn und Meister, und wem der Gott hold gesinnt ist, den führt er auf wildreiche Pfade, schirmt ihn vor dem Horn des Auerstieres und den Tatzen des Bären und läßt ihn reiche Beute gewinnen. Und kehrt dann abends der Weidmann, mit schwerer Bürde beladen, heim an seinen Herd, so trinkt er aus krummem Urhorn Ullers Minne und mahnt den horchenden Knaben, mit Ehrfurcht den Namen des göttlichen Schützen zu nennen.

Übel jedoch ergeht es dem Jäger, der des hohen Asen nicht achtet. Er irrt in die Waldschlucht, wo Unholde lauern; der Irrwisch lockt ihn in Moor und Sumpf; auf glatter Eisbahn strauchelt sein Fuß, und wie zum Hohn rennt der Waldstier, nach dem er getrachtet, brüllend an ihm vorüber. Fürwahr, glücklich noch mag er sich preisen, so er mit heilen Gliedern, aber ohne Beute, zum heimischen Herd zurückgelangt.

Einst traf Uller auf seinem Pirschgang im hohen Norden Skadi, die schöne Götterbraut. Blitzschnell, wie eine sturmgejagte Möwe, kam sie auf ihren Schlittschuhen über die schimmernde Bahn herangesaust. Ihr Antlitz glühte vor Lust, und hell, wie ihres Vaters Sterne am nordischen Winterhimmel, funkelten ihre Augen. Als sie an Uller vorüberschoß, da lachte sie und stieß vor Lust einen jauchzenden Adlerschrei aus. Aber was

Uller

tat der göttliche Jägersmann? Er schwenkte blitzschnell herum, nahm die gleiche Richtung und verfolgte mit überlegener Schnelle das hurtig entfliehende Wild. Skadi hörte ihn kommen und beflügelte ihren Lauf. Doch was half's! Der rasche Weidmann holte sie ein, umfing sein herrliches Gegenbild mit seinen Armen und rief: „Ich habe dich erjagt, und so bist du mein nach Jägerrecht!"

„Ja", antwortete Skadi freudestrahlend. „Dein bin ich, Uller! Du und ich – wir gehören zusammen und werden nun einander jagen im herrlichen Nordland, bis die Welten vergehen!"

Ydalir (Eibental) heißt Ullers Palast in Asgard. Dort ruht der rauhe Weidmann aus, wenn er des Jagens und Schlittschuhlaufens müde geworden ist. Rings um sein Haus grünt die Eibe, das zähe Waldgewächs des Nordens. Aus ihrem Holz biegt sich der göttliche Schütze den Bogen und schnitzt daraus die weitreichenden Pfeile.

13. Loki (Loke)

In den ältesten Zeiten verehrten unsere Vorfahren nur die Götterdreiheit: Wodan, Hönir und Loki, oder Wodan, Wili und We. Wodans Naturgrundlage ist die Luft, Hönirs das Wasser und Lokis das Feuer. Wodan war der allumfassende große Weltgeist (Allvater), Hönir der göttliche Verstand, Loki der Erdgeist mit all seinen Vorzügen und Mängeln. Aus Wodans reichem Wesen entwickelten sich im Laufe der Zeiten die meisten anderen guten Götter, daher mit Recht seine Söhne genannt. Hönir, der nüchterne, kalte Verstand, wurde gegen die Wanen, die schönen Götter des Gemütes, ausgetauscht, und Loki verband sich mit den unholden Riesen, um die lichten Asen zu bekämpfen und ihrer Herrschaft ein Ende zu machen. Das besagt schon sein Name, der sowohl Ende als Feuer (Lohe) bedeutet.

Es heißt von ihm in einer alten Urkunde: „Loki ist von schönem Aussehen, aber von böser Denkungsart und sehr launisch (Feuer!). Er zeichnet sich vor allen anderen durch List und Behendigkeit aus. Er brachte die Asen oft in schlimme Verlegenheit, und oft half er ihnen wieder durch seine Schlauheit. Seine Frau heißt Sigyn (Sigune); sie war eine Riesentochter, aber ein Vorbild an Treue. Ihre beiden Söhne waren Nari und Narwi. Außer diesen aber hatte Loki noch die drei schrecklichen Kinder Fenriswolf, Midgardschlange und die Hel."

In dem Wolf der Vernichtung und dem grausigen Meerungeheuer erwuchsen den Göttern ihre furchtbarsten Feinde. Daher kam in späteren Zeiten der Glaube auf, Loki, der Schöpfer dieser Unholde, sei nicht vom Geschlecht der lichten Asen, sondern ein Sohn des Riesen Farbauti und seines Weibes Laufeya (oder Nal).

Ursprünglich aber sah man in Loki eine gute Gottheit. Von ihm kamen den Menschen irdische Reichtümer und Wohlstand, mit diesen Gaben

Loki, der Fenriswolf und die Midgardschlange

aber auch Kummer und Sorge, Geiz und Habsucht, Stolz und Hochmut. So waren die Geschenke aus seiner Hand stets von zweifelhaftem Wert, gut und böse zugleich, entsprechend der Naturgrundlage seines Wesens, dem Feuer. So lange er sich an Wodans Bruder zu den Asen hielt, war er ein wohltätiger Gott. Als er sich aber von ihnen wandte und mit den Riesen verband, sank er von seiner Höhe herab und wurde schlechter und schlimmer als die Unholde in Riesenheim.

Es konnte nicht anders kommen: Der hohe Ase, seiner Gottheit entkleidet, mußte zu einem Teufel, mußte der Fürst und Anführer der Mächte der Finsternis werden. Aber selbst dieser Loki, die Verneinung und bittere Ironie des Lebens, der als das leise, rastlos schleichende Verderben unter den Göttern umgeht, ist im Kreise der Asen eine notwendige Erscheinung. Wohl verstrickt er die lichten Mächte in Schuld und Sünde und beschwört auf sie Sorge und Todesfurcht herab, aber dadurch macht er aus ihnen Kämpfer und Helden und lehrt sie die große Wahrheit erkennen, daß nicht die angeborene Göttlichkeit, sondern nur die durch freien Willensentschluß in siegendem Ringen erkämpfte sittliche Hoheit und

Größe wahren Wert und den Anspruch auf ein ewiges Leben hat. Durch Nacht zum Licht, durch Kampf zum Siege, durch den Tod zur Unsterblichkeit – das ist der Weg, auf den Loki die Asen drängt. Er hat Balders Tod verschuldet, er hat diese Welt voller Schuld und Fehl der Vernichtung geweiht; aber der stets das Böse wollte, hat stets das Gute geschaffen: Balder kehrt wieder in einer neuen, schöneren Welt, worin es keine Unholde der Finsternis und keinen Loki mehr gibt.

Aus der dämonischen Lokigestalt hat sich der christlich-germanische Teufel entwickelt, ein Schreckgespenst, das nirgends in der Welt zu so hohem Ansehen gelangt ist wie bei uns in Deutschland. Die Hel ward zur Hölle, und noch heute nennt man in Westfalen den Weg, auf dem die Toten zu Grabe getragen werden: Hel- oder Hellweg.

Wenn im Sommer die Luft vor Hitze flimmert und zittert, so sagt man im Norden: „Loki sät seinen Hafer". Das ist das Unkraut Schwindelhafer oder Hahnenkamm. Steigen Dünste in der Sonnenglut aus dem Erdboden, so treibt Loki seine Ziegen aus, und knistert das Feuer auf dem Herd, so gibt Loki seinen Kindern Schläge. Zitternde Sonnenglut, schwüle Dünste, knisternde Funken – darin offenbart sich Loki, der Feuergott.

Loki und Sigyn

Dritter Abschnitt
DAS GROSSE GÖTTERDRAMA

1. Das goldene Zeitalter und sein Ende

Ein goldenes Zeitalter ist jedem Menschen beschieden: Das sind die sonnigen, sorgenfreien, schuldlosen Tage seiner Kindheit. Auf sie blickt noch der lebensmüde Greis in wehmütigem Erinnerungsglück wie nach einem verlorenen Paradiese zurück.

So durchlebten auch die Götter in Unschuld, Sorglosigkeit und seligem Frieden das goldene Zeitalter ihrer Jugend. Da spielten sie froh wie Kinder auf dem grünen Idafeld mit goldenen Würfeln, wölbten sich prächtige Wohnungen, bauten sie Essen und schmiedeten aus Erz allerlei Geräte für ihre Hallen und kostbare Kleinode für sich und ihre Gemahlinnen. An Gold hatten sie solchen Überfluß, daß alle Paläste reich damit verziert wurden, ja, einen ganzen Wald, den Hain Glasir vor Walhallas Toren, schufen sie aus dem edlen Metall, und mit gutem Fug konnte man Asgard die goldene Götterstadt nennen.

Aber in dem Gold steckt eine unheimliche, verderbliche Macht; selbst die Asen wurden von ihr bezaubert, ließen sich blenden durch den eitlen Glanz, trachteten nach unermeßlichen Schätzen und gingen so des seligen Genügens, der sonnigen Heiterkeit und des reinen Friedens ihrer Seele verlustig.

Das goldene Zeitalter war vorüber. Es entbrannte Krieg und waffenklirrend standen sich Asen und Wanen einander gegenüber; Wodan schleuderte den Speer über das feindliche Heer: Da wurde Mord in der Welt zuerst; Asgards heiliger Boden wurde mit Blut besudelt; zerrissen war das Band der Einheit, das sich um die Asen geschlungen: Hönir ging als Geisel zu den Wanen, und Niörd kam mit seinen Kindern zu den Asen. So wurde der Friede geschlossen, die Weltordnung scheinbar wiederhergestellt, und doch war diese Ordnung eine ganz andere als jene während des goldenen Zeitalters! Bisher hatten die Asen die Geschicke der Welt bestimmt, jetzt erschienen auf Fimbultyrs, des großen verborgenen Himmelsherrschers, Geheiß die Nornen und nahmen ihnen die Schicksalslose aus der Hand; waren ihnen doch auch die goldenen Tafeln, auf denen des unbekannten Gottes heilige Gesetzesrunen geschrieben standen, verlorengegangen. Ferner sind sie selbst dem unbeugsamen Weltgesetz, dem Spruch der Nornen, unterworfen, und in Wodans Seele erwacht die furchtbare Ahnung, daß auch er und die Seinen, die Schöpfer und Beherrscher der irdischen Welt, vom Tod bedroht sind und einst ein Ende nehmen werden. Wo sonst könnte der sorgenbekümmerte Vater der Götter die Wahrheit erfahren, als bei dem geheimniskundigen Mimer? Zu ihm begibt sich Wodan und verpfändet eines seiner Augen für einen Trunk aus dem Brunnen urewiger Weisheit. Teuer erkauft war der Offenbarungstrank, und welches war sein Inhalt?

„Jede Schuld heischt Sühne, und der Sünde Sold ist der Tod!"

2. Neue Schuld der Asen

Wohl ruhten nun die Waffen des Krieges zwischen Asen und Wanen, und die beiden Göttergeschlechter lebten fortan in guter Eintracht, aber nun erhoben die Mächte der Finsternis, die unholden Riesen, trotzig ihre Häupter und drohten, Asgard zu erstürmen und die Götter des Lichtes von ihren goldenen Herrscherthronen zu stürzen. Den Asen schien es ratsam, einen festen Wall um ihr schönes Heim zu bauen, damit sie vor einem feindlichen Überfall der grimmigen Unholde gesichert seien. Aber ehe sie noch das Werk in Angriff nahmen, kam zu ihnen ein Mann von mächtigem Aussehen, der sich für einen Baumeister ausgab und sagte: „In drei Wintern will ich eine Mauer um Asgard aufführen, die kein Riese zu erklimmen vermag. Zum Lohn für meine Arbeit fordere ich die Göttin Freyja nebst Sonne und Mond."

Das Anerbieten erschien den Asen verlockend, doch erschien ihnen der Preis gar zu hoch; der listige Loki aber meinte: „Ich rate, den Vertrag einzugehen, wenn sich der kühne Baukünstler verpflichtet, sein Werk in einem Winter zu vollenden. Gelingt ihm das nicht, so erhält er keinen Lohn."

Dieser Vorschlag dünkte den Asen gut und weise, denn sie glaubten, der Mann werde nicht imstande sein, die große Arbeit in einem Halbjahr auszuführen. Was sagte aber der Baumeister dazu?

„Nun wohl", antwortete er. „Ich übernehme das Werk, wenn ihr mir erlaubt, mich der Hilfe meines Pferdes Swadilfari bei der Arbeit zu bedienen."

Das schien den Asen bedenklich, doch riet Loki, auf den billigen

Wunsch des Mannes einzugehen. So wurde der Vertrag geschlossen und auf beiden Seiten mit heiligen Eiden bekräftigt; wenn aber am ersten Sommertag noch irgendein Ding an der Ringmauer unvollendet wäre, so sollte der Künstler des Lohnes entraten.

Donar war nicht dabei, als das geschah; er war auf der Ostfahrt, Unholde zu erschlagen.

Ohne Verzug ging nun der Baumeister mit seinem Hengst Swadilfari ans Werk, und da sahen die Asen mit Staunen, daß Mann und Roß schier unglaubliche Arbeit verrichteten. In der Nacht zog das Pferd gewaltige Felsstücke heran, die dann sein Herr mit starker Hand und so großer Kunst aufeinander türmte und glättete, daß die Mauer das Aussehen eines blanken Eisgletschers gewann. So ging es ohne Rast und Ruh Tag und Nacht weiter; das Werk wuchs und wuchs, und gegen das Ende des Winters war es schon so weit gediehen, daß die Asen kaum noch zweifeln konnten, es werde zur festgesetzten Zeit fertig dastehen. Da wurde es ihnen angst und bange, denn was sollte aus ihrer lichten Welt werden, wenn die schöne Frühlingsgöttin Freyja samt Sonne und Mond von dem fremden Mann fortgeführt würde? Dann war ja aller Schönheitsglanz und alles Licht für immer dahin, und das schöne, vielgestaltige Leben mußte verderben und sterben! Dahin durfte es nicht kommen. Mit List oder Gewalt mußte die Vollendung des Werkes hintertrieben und der Baumeister um seinen Lohn gebracht werden! Wer war es nur, der zu dem verhängnisvollen Vertrag geraten hatte?

Kein anderer als der arge Loki, und ihm setzten nun die Asen hart zu und bedrohten ihn mit dem Tod, wenn er nicht Hilfe und Rettung aus der Not ersänne. Loki erschrak, da er den Zorn der anderen sah, und gelobte mit feierlichem Eid, Freyja und Sonne und Mond der Welt zu erhalten. Und was tat der Verschmitzte? Er verwandelte sich in eine Stute, und am Abend, als der Baumeister dahergefahren kam, brach die Stute aus dem Walde hervor und erhob ein lustig lockendes Gewieher. Als das Swadilfari sah und hörte, riß er sich von dem Lastwagen los und eilte in wilden Sprüngen dem fremden Rosse nach. Hinterdrein lief mit Geschrei der Baumeister, um sein Pferd einzufangen, aber das gelang ihm nicht. Die ganze Nacht währte die wilde Jagd, und so wurde die Arbeit versäumt, konnte auch am folgenden Tag nicht fortgesetzt werden, weil Mann und Roß zu müde waren. Als nun der Meister sah, daß er das Werk nicht mehr vollenden konnte, geriet er in Riesenzorn und stieß fürchterliche Verwünschungen wider die Götter aus.

An dem grimmigen Gebaren des Mannes erkannten die Asen, daß er ein unholder Jötun sei, und sie riefen nach Donar. Ein Blitz flammte auf, und sofort war der gewaltige Donnerer zur Stelle. Er sah den wütenden Unhold die Götter bedrohen, hob mit festem Griff den Hammer und zerschmetterte mit einem Schlag das Haupt des Riesen.

So war die Welt von dem schweren Verhängnis, die holde Freyja und Sonne und Mond zu verlieren, glücklich behütet. Aber die Asen hatten ihr Gewissen mit einer neuen Schuld beschwert, indem sie Loki gezwungen hatten, den Baumeister, der mit Fug und Recht den feierlich geschworenen Eiden vertraute, an der Vollendung seines Werkes zu hindern. Das war wieder ein Nagel zu dem Totenschiffe Nagelfar, auf dem am Tag der Rache Loki mit allen Unholden der Finsternis über das Meer herangefahren kommen wird, um in dem großen Entscheidungskampf auf Wigrids weiter Ebene die schuldbeladenen Götter Walhallas zu vernichten.

Und die Deutung dieser Sage? Der Baumeister ist kein anderer als der Winter selbst, und sein Pferd Swadilfari (Eisführer) der eisige Nordwind. Die beiden türmen aus Eis und Schnee einen Ringwall um Asgard, und wenn das Werk vollendet worden wäre und die Mauer Bestand gehabt hätte, wie der Baumeister es wünschte, dann hätte er allerdings die schöne Frühlingsgöttin Freyja in seine Gewalt bekommen und Sonne und Mond hätten ihre Kraft verlieren müssen. Dem bösen Spiel machte Donar mit dem ersten Frühlingsgewitter ein jähes Ende.

3. Unheilvolle Vorzeichen

Wenn der Herbstriese die letzten Blätter von den Bäumen schüttelt und die weite Flur kahl und öde daliegt wie ein stiller Friedhof, dann beschleichen Todesgedanken das Menschengemüt und Hoffnung und Lebensfreude lassen tief die Flügel sinken.

Alles Irdische ist nur ein Gleichnis des Göttlichen, Ewigen. In der Esche Yggdrasil sahen die Asen das Bild der Welt. Nun geschah es, daß ihre Blätter den frischgrünen Glanz verloren, als wollten sie verwelken und abfallen, wie im Herbst das Laub von dem Bäumen der Erde. Was hatte das zu bedeuten? Neigte sich das große Weltenjahr schon seinem Ende zu? Hatten die Nornen vergessen, aus Urds Brunnen die Esche mit dem Wasser des Lebens zu besprengen? Wo war Iduna, die Immergrüne, mit den Äpfeln ewiger Jugend?

Man rief nach der schatzreichen Göttin, man suchte sie überall unter der Krone der Weltesche, aber nirgends war sie zu finden. Selbst Bragi, ihr Gemahl, wußte nicht Auskunft zu geben. Kein Zweifel: Iduna, der Schmuck und die Blüte der Welt, weilte nicht mehr in Asgard. Sie war aus der Krone der Esche hinabgesunken in die Tiefe – wohin? Hatten unholde Riesen sie geraubt, oder war sie in die Unterwelt zu Hels finsterer Behausung hinabgestiegen? Was hatte das zu bedeuten?

Bangen und Zagen ergriff die Gemüter der Götter, Wodan aber sandte seinen Raben Hugin hinaus in die Welt, um nach der Verschwundenen zu forschen und den Ausspruch sinnreicher Zwerge über den Vorfall zu hören.

Hugin hob die Flügel und schwang sich von Asgards Höhen in die nebelgrauen Lüfte. In ängstlicher Spannung harrten die Asen der Wiederkehr des Boten. „Wehe!" rief Frigg. „Wehe! Wehe! Was wird nun geschehen?" – Bleichen Angesichts stand da die schöne Freyja, und ihre Hand stockte, da sie den Met einschenken wollte. Schweigend saßen die Götter im Kreise, tiefer Ernst und bange Sorgen spiegelten sich auf jedem Antlitz.

Nur Loki war lustig; er ging in der Halle umher, warf scharf beobachtende Blicke auf die bestürzten Asen, lächelte spöttisch und murmelte in boshafter Schadenfreude: „Wie stumm und bleich sie dasitzen, die stolzen Säulen der Welt! Ihrer Wangen Licht ist erloschen, verblitzt der Blick ihrer Augen. Fast möcht' es mir bange werden vor dem erhabenen Aussehen des tief in sich versunkenen, grübelnden Wodan. Selbst in seiner starren Ruhe ist er doch wie ein Gewaltiger anzuschauen! Und Widar, sein großer Sohn, fast des Vaters Ebenbild – wie seine Augen weithin blicken, als sähen sie bis an das Ende der Zeiten! Mir ahnt, der schweigsame Herr des Urwaldes wird als Sieger aus dem großen Weltkampf hervorgehen und uns alle überleben. Mag kommen, was will, wenn nur diese Welt, die ich hasse, zugrunde geht! Sieh, auch der ewig heitere Freyr blickt heute so ernst drein, als hätten die Eisriesen ihm seine Fruchtfelder verhagelt. An dem Rotbart, der neben ihm sitzt, ist man die Bauernwürde gewohnt; selten hab' ich ihn lachen sehen, und er ist der einzige, vor dem ich mich fürchte. Aber auch er wird einst für seine Hammerhiebe büßen müssen: Meine Tochter, die prächtige Midgardschlange, hegt gegen ihn grimmen Haß, wie ich gegen den lichten Balder! Diese beiden Brüder, Donar und Balder, einander so unähnlich wie Wetterwolke und Sonnenbild, sind neben ihrem Vater die stärksten Säulen der Weltordnung. Der eine bewirkt es mit seiner derben Faust, der andere mit dem Licht seiner frommen, unschuldigen Augen, und ich glaube, der Weiße ist noch größer an Macht und Bedeutung als der Rote. Könnte ich ihn zur Hel senden, so wankten die Grundpfeiler dieses Götterstaates und der helläugige Nachtwächter

Heimdall könnte seine Posaune blasen. Der ist mir auch so ein Dorn im Auge wie der weiße Balder! Allen meinen Schritten späht er nach, auch jetzt – siehe da, wie sein Auge nachdenklich auf mir haftet! Ich glaube, es entziffert die geheimsten Gedankenrunen in meinem klugen Kopfe. Kommt es dereinst zum Kampf, so ist er der erste, dem ich meine Klinge ins Herz stoße. Ha! was war das? – Asgard erbebt: Mein Sohn, der Fenriswolf, reißt gewaltig an seinen Ketten und heult, daß alle Asinnen vor Schreck erblassen. Das macht mir Spaß, und noch größer wird meine Freude sein, wenn es dem wackeren Burschen gelingt, seine Fesseln zu sprengen. Dann wehe dieser vornehmen Tafelrunde! Der Herold tritt ein – ist Hugin von seinem Ausflug schon zurückgekehrt? Hellia! Da kommt ja der schwarze Weltumsegler schon hereingerauscht. Was wird er bringen?"

Alle Götter blickten tief aufatmend empor, und jeder fragte sich wie Loki: „Was wird Hugin bringen?"

Der Rabe ließ sich auf Wodans Achsel nieder und flüsterte ihm lange heimlich ins lauschende Ohr. Als er nichts mehr zu sagen hatte, richtete Allvater sein mächtiges Auge auf die lautlos harrende Tafelrunde und sprach: „Was wir befürchtet haben ist Wahrheit: Iduna weilt im Reich der Hel. Wenig zwar behagt es der an Licht und Wärme gewöhnten Göttin in der kalten, finsteren Tiefe, sie trauert und friert; aber unsere Macht reicht nicht hin, sie aus der leidvollen Haft zu befreien. Nur einen weichen, warmen Schneemantel können wir über Midgard breiten, um sie und die Keime im Erdenschoß vor völliger Erstarrung zu behüten. Auch sonst ist die Kunde, die mir Hugin bringt, besorgniserregend. Den Zwergen schwindet die Lebenskraft; in Mimirs klarer Quelle versiegt die Weisheit der Männer; es schwanken und stürzen die Ströme der Luft; tief senkt sich der nebeltrübe Himmel auf Midgard und Nifelheim herab; die Sonnenrosse ermatten im Lauf, und näher und näher kommt dem leuchtenden Tagesgestirn der grimmige Sköll. Wißt ihr, was diese Zeichen bedeuten?"

Betroffen schwiegen die Asen, sie ahnten es wohl: Das waren die schlimmen Vorzeichen des Weltunterganges. Da niemand eine Antwort gab, wandte sich Wodan an Heimdall und sprach: „Auf, du treuer Hüter Asgards, rüste dich und eile gen Helheim zu Iduna, um die Göttin zu fragen, was sie von den Weltgeschicken wisse! Bragi, dessen Harfe seit dem Verschwinden seiner schönen Gemahlin verstaubt an der Wand hängt, und der listige Loki mögen dich begleiten."

Sogleich machten sich die drei auf die Fahrt, stürmten auf windschnellen Wolkenrossen über Land und Meer und traten in die Unterwelt ein. Da saß Iduna wie schlafbefangen im dunklen Gemach und blickte mit verträumten Augen auf die himmlischen Gäste. Auf erhöhtem Sitz thronte die furchtbare Hel, und beide verharrten in starrem Schweigen. Heimdall fragte sie im Namen Walvaters, ob von den Asen und ihren Geschicken sie Dauer und Ende wüßten. Aber beide blieben stumm; auch auf das Drängen Bragis und Lokis gaben sie keine Antwort. Iduna schüttelte nur traurig ihr Haupt, und Tränen ergossen sich wie strömender Herbstregen aus ihren schlummermüden Augen. Als nun Heimdall und Loki sahen, daß sie nichts auszurichten vermochten, nahmen sie Abschied und verließen die dunklen Behausungen der Unterwelt. Bragi aber blieb bei seiner armen Gemahlin zurück; was wollte auch der Skalde im prangenden Göttersaal, da vor banger Trauer sein liederreicher Mund verstummt war wie die Stimme der Vögel im entblätterten Wald?

Noch saßen die Götter an der Tafel, als Walvaters Abgesandte heimkehrten. Ihre Botschaft scheuchte nicht die Schatten der Sorge von den leuchtenden Asenstirnen, sie löschte vielmehr die letzten Hoffnungslichter aus, und Wodan erhob sich und sprach, feierlichen Ernstes voll: „Die Nacht bricht an. Im Norden erhebt sich der reifkalte Riese und schlägt mit dorniger Rute die Völker in Schlaf. Laßt uns die Stunden der Stille nutzen zu neuem Entschluß! Bis morgen ersinne, wer es vermag, guten Ratschluß in dieser Not und Gefahr."

Alle standen auf, beurlaubten sich von Wodan und Frigg und verließen Walhalla, um trübegemut nach dem eignen Haus zu wandeln.

Am anderen Morgen verbreitete sich in Asgard die Schreckenskunde, dem lichten Balder drohe Unheil, ahnungsvolle Träume hätten in der Nacht seine heilige Seele beunruhigt. Voll Bestürzung eilten da Götter und Göttinnen nach Walhalla, um zu beraten, wie dem drohenden Verhängnis vorzubeugen wäre. Frigg weinte laut, denn Balder war ihrer Augen Lust und ihres Mutterherzens Stolz und seligste Freude. Auch Freyjas und Nannas Augen schimmerten tränenfeucht, wie blaue Blumen im Tau der Frühe.

So ernst und niedergeschlagen hatte Loki die hochgemuten Asen noch nie gesehen; er allein trug den Kopf hoch, und seine Augen blitzten und funkelten vor Schadenfreude.

Als sie nun alle auf ihren goldenen Stühlen saßen, hob Wodan sein mächtiges Haupt empor und sprach voll erhabenen Ernstes: „Balders Leben schwebt in Gefahr; darum, wer guten Rat zu geben weiß, ihr klugen Asen, der halte damit nicht zurück! Denn ein großes Übel würde uns treffen, wenn mein Sohn Balder, das helle Licht der Welt, von hinnen fahren müßte."

Ihm antwortete der weise Heimdall: „Kein Schlaf soll mein Auge fürderhin schließen, noch will ich mich vom Himmelsberge wenden zur Rechten oder Linken, damit man später nicht sage: „Balder wurde von Unholden erschlagen, weil Heimdall Bifröst schlecht behütet hat."

Voll Zorn rief Donar: „Mein Hammer Miölnir soll den zerschmettern, der sich erfrechen wollte, sich meinem Bruder Balder feindselig zu nahen!" Dabei blies er grimmig in den Bart, daß es wie Sturmgetöse durch die Halle scholl, und schüttelte drohend den Zermalmer.

„Mein Schwert ist nicht minder willfährig, Riesenschädel zu spalten und blutrote Todesrunen zu ritzen, als meines Bruders Hammer", versetzte der Kriegsgott Tyr. „Und ich sollte wohl meinen, alle hohen Asen stehen auf der Wacht, Balders Leben zu beschirmen."

Lauter Beifall bekräftigte diese Worte, und manche Heldenfaust fuhr kampfbereit nach dem Schwertgriff.

Mit Wohlgefallen nickte Wodan und sprach: „Ich weiß, daß keiner in diesem Kreise sitzt, der nicht freudig sein Leben für Balder einsetzen würde; und ich fürchte auch nicht, daß unholde Riesen es wagen könnten, Asgard zu erklimmen und durch blutigen Kampf diese heilige Stätte zu entweihen. Solange der Wolf gebunden liegt, wird keines Thursen plumper Fuß Bifröst betreten. Allein im weiten Weltenraum sind viele Wesen, die dennoch Unheil stiften könnten. Darum rate ich, alle Geschöpfe, lebendige und leblose, hierher zu entbieten und Eide von ihnen zu nehmen, daß sie Balder nicht schaden wollen."

Weise und wohlersonnen erschien allen Asen und Göttinnen dieser Ratschlag, und sogleich wurden schnelle Boten in alle Welten gesandt, den Wesen, groß und klein, lebendig und leblos, Walvaters Willen kundzutun.

Da kamen Mensch und Tier und die Elfen aus Baum und Strauch, aus Erz und Eisen, Feuer und Wasser, Stein und Erde, Gift und Krankheit zuhauf, und Frigg nahm von ihnen allen heilige Eide, daß sie dem lichten Balder keinen Schaden zufügen wollten. Nur ein Pflänzlein war nicht berufen worden: die Mistel, weil man von diesem elenden Gewächs, das so unnatürlich auf Bäumen wächst, anstatt auf dem Erdboden, kein Unheil befürchtete.

Nachdem dies alles geschehen war, glaubte man, jede Gefahr von Balders geliebtem Haupt abgewendet zu haben; die düsteren Sorgenwolken verschwanden, und Freude kehrte wieder in Asgard ein.

Von Wodan aber wollte die Sorge um seinen Sohn nicht weichen. Er mußte Gewißheit haben, daß Balders Leben nun wirklich behütet sei; darum bekleidete er sich mit Helm und Harnisch, nahm seinen Spieß Gungnir zur Hand, bestieg sein Grauroß und ritt mit Windesschnelle über Land und Meer. Im fernen, nebenkalten Nifelheim, nahe bei Helheim, wohnte eine Wala, der viele Geheimnisse kund waren; auch durchdrang ihr Blick das Dunkel der Zukunft und sah, was noch nicht da war, aber kommen mußte. Bei ihr wollte Wodan Kundschaft über das Schicksal Balders einholen.

Wie eine sturmgepeitschte Wetterwolke flog der Hengst Sleipnir mit seinem Herrn durch die dunklen Felsengründe von Schwarzelbenheim dahin. Am Tor zur Unterwelt sprang ein wütender Höllenhund dem Reiter mit lautem Gebell entgegen und riß den Rachen weit auf zu giftigem Biß. Aber Wodan achtete des Scheusals nicht weiter, sprengte am Hause der Hel vorüber und hielt endlich an einem Felsenhügel vor dem östlichen Tor der Unterwelt. Das war sein Ziel, denn in der Tiefe des Hügels wohnte die Wala.

Wodan stieg den Hügel hinan bis an den Eingang der Grotte, blickte gen Mitternacht, sprach die Beschwörung, schlug mit seinem Zauberstab die Luft und sang dabei: „Ein Wanderer harrt vor deinem Haus und heischt von dir, was niemand weiß, – erwache, Wala! Erwache!"

Da regte sich's im Dunkel der Höhle, und aus der Tiefe sprach in dumpfen Tönen eine Stimme: „Aus tiefem Traum bin ich erwacht; was spricht die finstre Mitternacht?" – Schnee beschneite mich, Regen troff auf mich herab, mich näßte Nifelheims kalter Tau; düster war mein Traum, lange hab' ich geschlafen. Wer steht draußen, und was heischt der Gast vor meiner Pforte?"

Wodan antwortete: „Wegwalt harrt hier, kommt weit her geritten, um die Schicksalsrunen der Zukunft zu erforschen."

„Dunkel war mein Traum. Frage, Fremdling, und Wala wird sinnen, ob sie dir Antwort geben kann!"

„So sage mir, weise Genossin der Hel: Welcher der hohen Asen wird als erster über die Giöllbrücke zur Unterwelt reiten?" fragte Wodan beklommen.

„Tief ist das Weh!" hallte es schauerlich aus der Höhle. „Arme Frigg! Viele Tränen werden aus deinen schönen Augen rinnen – dein Liebling muß scheiden! Schon ist in Hels weitem Haus der Saal ihm bereitet; gedeckt ist sein Lager mit goldfarbenem Tuche; blanke Ringe glänzen verstreut auf den Bänken, und auf dem Tisch steht sein goldener Becher. Weißt du, Wegwalt, was das bedeutet?"

Wodan sucht Wala im Reich der Schatten auf

„Ich weiß es", murmelte Walvater tonlos, und sein Haupt sank ihm kummerschwer tief auf die Brust herab. Dumpfes Gemurmel drang aus dem Dunkel der Höhle, dann wurde es totenstill. Wodan aber stieg auf sein Grauroß und ritt in trüben Gedanken an Hels Haus vorüber der fernherschimmernden Giöllbrücke zu.

Auf dem weiten Plane vor Walhalla standen die Asen im Kreise und versuchten ihre Waffen an Balder, um zu sehen, ob sein teures Leben vor jedem Angriff gefeit sei. Einige schossen auf ihn mit scharfen Pfeilen, andere warfen Speere und Steine nach seinem Haupte, und die Schwertgötter Tyr und Heimdall hieben mit ihren blitzenden Klingen auf ihn ein. Froh wie ein Kind stand Balder auf dem sonnigen Hügel und spottete lachend der Angriffe; denn es konnte ihn ja kein Leid geschehen, hatten doch alle Dinge geschworen, sein Leben zu schonen.

Da kam Loki vorüber, sah die fröhliche Kurzweil, sah, daß keine Waffe den Liebling Friggs verwundete, und gleich einem Blitz aus nachtschwarzer Wetterwolke schoß ein höllischer Anschlag in seiner boshaften Seele auf. „Der Balder muß fallen", murmelte er grimmig und schlich nach Fensal, wo Frigg unter den grünen Weidenbäumen wohnte. Dort nahm er die Gestalt eines verhutzelten Bettelweibleins an und trat ein in die glänzende Halle der gütigen Göttermutter.

Fernher scholl das fröhliche Lachen der Asen, und Frigg nickte der Bettlerin leutselig zu und empfing sie mit den Worten: „Kommst du von Walhall, so sage mir, was treiben dort die hohen Götter?"

„Sie schießen scherzend auf Balder und lachen lustig bei dem Spiel. Denn Pfeile, Spieße und Steine prallen machtlos an dem Leib des Schönen ab", antwortete schmunzelnd die Alte.

Der Kunde freute sich Balders Mutter und plauderte arglos: „Alle Dinge haben mir Eide geschworen, meines Sohnes zu schonen, und so brauche ich um sein Leben nicht besorgt zu sein."

Mit lauerndem Blick sagte das Bettelweib: „Möge dein Liebling sich noch lange seines schönen Lebens freuen! Aber bist du auch sicher, daß alle Dinge in der Welt geschworen haben?"

„Alle!" bekräftigte Frigg. „Nur die Mistel, die östlich von Walhalla auf den Bäumen wächst, habe ich nicht in Eid genommen. Das schwache Pflänzchen kann ja ohnehin keinen Schaden stiften."

„Nein", versetzte die Alte gelassen, aber ein boshafter Freudenblitz zuckte über ihr runzelvolles Antlitz. „Nun will ich weiterwandern beschwerliche Wege, und möge es der erhabenen Himmelskönigin immer so nach Wunsch ergehen, wie jetzt mit ihrem Sohne Balder!"

Hödur zieht den Tod nach sich

Damit verließ das Weib Fensal und hinkte mühsam weiter. Hinter den Weiden aber nahm der falsche Loki seine eigene Gestalt wieder an und eilte beflügelten Fußes in das Eichengehölz östlich von Walhalla. Dort erblickte er in der Krone eines Baumes die grüne Mistelstaude und klomm behend wie eine Eichkatze in den Wipfel empor. Den kräftigsten Schößling schnitt er heraus, ließ sich hinab, schnitzte aus dem schwanken Zweig einen Ger und begab sich damit auf den grünen Plan, wo die Asen noch immer ihrer Kurzweil nachgingen.

Abseits stand einsam Hödur, der Blinde. Und Loki trat zu ihm und sprach: „Warum nimmst du nicht teil an dem fröhlichen Spiel? Du bist wahrlich der einzige, der dem guten Balder die Ehre versagt."

Hödur antwortete: „Wie magst du mich nur darum schelten, Loki! Du weißt, ich kann nichts sehen; auch habe ich keine Waffe bei mir."

„Hier ist ein Ger" versetzte Loki und gab ihm den gespitzten Zweig in die Hand. „So, nun wirf mit all deiner Kraft, ich weise dir das Ziel!"

Wie vom Bogen geschnellt, schwirrte das Geschoß durch die Luft, traf Balder in die Brust und durchbohrte ihm das Herz. Mit einem Aufschrei sank der lichte Gott in das Gras und schloß für immer seine sonnigen Augen.

Sprachlos und starr vor Schrecken standen die Asen im Kreise und blickten mit verstörten Mienen auf den teuren Toten. Loki aber hob sich eiligst von dannen, und als er das Wehegeschrei der anderen vernahm, da lachte er und sprach bei sich: „Nun ist die stärkste Säule der Welt gefallen! Freue dich, Fenrir, bald werden deine Fesseln brechen, denn die Götterdämmerung ist nahe!"

Als die Asen den ersten Schrecken überwunden hatten, fragten sie rachedürstend nach Balders Mörder. Dort stand noch der blinde Hödur, der den Todespfeil geworfen hatte, aber auf dieser heiligen Freistätte durften sie sein Blut nicht vergießen. Was half es dem Missetäter, daß er seine Unschuld beteuerte! Schreckliche Verwünschungen trafen sein Ohr, und mit gesenktem Haupt wankte er von dannen, um sich in finsteren Höhlen und Klüften zu bergen. Aber auch dort war seinem elenden Leben nur eine kurze Frist vergönnt: Wali, Wodans jüngster Sohn, folgte in Eile seinen Spuren und sandte ihm den Todespfeil ins Herz.

Wo aber war Loki, der wahre Urheber des Verbrechens? Er ließ sich in Asgard nicht mehr blicken und war wohl gen Riesenheim gefahren, um mit den Unholden über Balders Fall zu frohlocken und weitere böse Anschläge wider die Asen zu ersinnen.

Balders Tod

Die schmerzlichen Klagen Friggs und Nannas weckten den geliebten Toten nicht auf, und in Breidablick, der nun verwaisten, herrlichen Götterhalle, rüstete man zur Leichenfeier.

Es war ein glänzender Trauerzug, der die leblose Hülle des edlen, makellosen Lichtgottes an den Meeresstrand geleitete, wo Balders Schiff Hringhorn seines toten Herrn harrte, um zum letztenmal mit ihm auf die blauen Wogen zu fahren. An der Spitze ritt Wodan in goldener Rüstung, bewehrt mit dem Spieß Gungnir. Die Raben umflatterten sein erhabenes Haupt, doch schwangen sie nicht munter und geräuschvoll wie sonst ihre Flügel. Die klugen Vögel wußten wohl, daß schweres Herzeleid ihren Herrn bedrückte. An Walvaters Seite fuhren weinend Frigg und Nanna, und schön gerüstete Walküren auf feurigen Graurossen umgaben das hohe Herrscherpaar. Heimdall ritt auf seinem edlen Hengst Gulltopp und neben ihm Balders einziger Sohn, der gerechte Forseti. Ihnen folgte in seinem strahlenden Wagen, von Gullinbursti, dem goldborstigen Eber, gezogen der schöne Freyr mit Gerda, und neben ihm fuhr mit ihrem Katzengespann seine holde Schwester Freyja. Donar ging zu Fuß, in der Rechten trug er den Hammer, und ihm zur Seite schritt seine Gemahlin Sif im Schmuck ihres goldenen Haares. Hinter dem Donnerer gingen Tyr und Widar, die hohen Reckengestalten; ihnen folgte der rauhe Bogenschütze Uller mit Skadi, der schönen Götterbraut. Zu Fulla, Hlin und Gna hatte sich eine Schar lieblicher Lichtelfen gesellt, und eine Menge Berg- und Wasserriesen, die ja auch des Lichtes nicht völlig entraten können, beschloß den Zug.

An der blauen Meeresbucht stand auf Rollen Balders Schiff Hringhorn. Die Götter selbst errichteten auf dem Verdeck den Scheiterhaufen und trugen auf den Holzstoß die teure Leiche. Als das Nanna sah, brach ihr das Herz, und sie fiel entseelt zu Boden nieder. Darob erhob sich neues Wehklagen, denn auch die treue Nanna genoß aller Asen Liebe und Huld; Aber wie hätte die Blüte des Sommers weiter leben und blühen können, da nun das Licht dahin war! Man legte die Todesbleiche zu ihrem stillen Geliebten auf den Scheiterhaufen, auf daß eine Flamme sie verzehre, die im Leben so innig verbunden gewesen waren.

Auch Balders Pferd wurde an Bord des Schiffes geleitet, damit es seinem Herrn in den Tod folge. Mit gesenktem Kopfe, aber willig beschritt das edle Tier die Planken. Es mochte wohl wissen, daß Roß und Reiter auch das letzte Geschick gemeinsam teilen müssen.

Da trat tiefernsten Angesichts Wodan zu Häupten des Toten, beugte sich zu ihm herab und flüsterte ihm heimlich ins Ohr. Dann legte er ihm seinen Ring Draupnir als Unterpfand treuen Gedenkens in die Hand.

Was war's, das Walvater seinem geliebtesten Sohne zuraunte? Gewiß nichts anderes, als Worte der Hoffnung auf ein Wiedersehen in einer schöneren Welt.

Alle nahmen schmerzbewegten Abschied von Balder und Nanna, mit herzzerreißender Klage die untröstliche Mutter Frigg.

Dann trat Donar an den Holzstoß, entzündete den Scheiterhaufen und weihte als der Gott des wirklichen Lebens und der Wahrheit mit seinem Hammer die edlen Toten zur Auferstehung. Bei dieser heiligen Handlung lief ihm der mit gleißendem Schmuck verzierte Zwerg Lit in den Weg, und der empörte Gott stieß den Wicht, ein Bild des vergänglichen trügerischen Scheins, mit dem Fuß in die aufflackernde Flamme, daß er verbrannte.

Nun traten die Asen heran, um das Schiff auf das Wasser zu schieben; aber ihre Kräfte reichten dazu nicht hin, selbst der starke Donar vermochte nichts auszurichten. Da sandte Wodan einen schnellen Boten nach dem nahen Jötunheim, um die Riesin Hyrrodin zu berufen. Nach kurzer Zeit sah man das unholde Weib im Sturme dahergesaust kommen. Es ritt auf einem mächtigen Wolf, der mit einer Schlange aufgezäumt war, und so wild war das Grautier, daß vier starke Männer es zu Boden werfen mußten, um es festhalten zu können.

Die Riesin trat an den breiten Stern des Schiffes, stemmte sich mit der linken Achsel an und versetzte dem schweren Fahrzeug einen solchen Stoß, daß Feuer aus den rollenden Walzen fuhr und die Erde erbebte. Darob geriet Donar in Zorn und griff nach dem Hammer, um der Unholdin das Haupt zu zerschmettern. Doch fielen ihm die Asen rasch in den erhobenen Arm und baten ihn, das Leben des Weibes zu schonen.

Auf die hohe See fuhr Hringhorn, und lichterloh brannte Balders Scheiterhaufen auf dem Schiff. Das war ein prächtiges Schauspiel, würdig des Herrlichen, der im Schmuck einer strahlenden Flammenkrone zum letzten Mal über das blaue Meer fuhr. Am Strande standen wie gebannt die Götter und wandten kein Auge von dem brennenden Schiff, bis die letzten Trümmer zischend in den Wogen versanken. Dann riefen sie den geliebten Helfahrern Wünsche des Wiedersehens zu und kehrten leidvollen Herzens gen Asgard zurück.

Aber was sahen unterwegs ihre Augen! Die ganze Welt schien wie verwandelt. Die Sonne hatte ihren Glanz verloren, wie Trauerfahnen hingen die Zweige von den Bäumen herab, die Farbe der Blumen war verblichen, welk das grüne Gras, die Luft blaß wie im Winter, keine Vogelstimme ertönte, und das Plätschern der Wellen in Bächen und Strömen klang wie leise Klage, wie stilles Weinen und verhaltenes Schluchzen. Ach, mit Balder ging der schöne Sommer dahin. Ob er noch einmal wiederkehren würde?

Frigg konnte sich über Balders Hinscheiden nicht trösten. Eines Tages trat sie in die Asenversammlung und sprach: „Wer will mir die Liebe erweisen und gen Helheim reiten? Hohes Lösegeld biete ich der furchtbaren Göttin, wenn sie meinem Sohn Balder erlaubt, ihr düsteres Haus zu verlassen und nach Asgard zurückzukehren."
„Ich will in die Unterwelt reiten", antwortete willfährig der schnelle Götterbote Hermut.
Huldvoll nickte Wodan ihm zu und sprach: „So sattle den Sleipnir, mein Sohn, er trägt dich mit Windeseile von hinnen."
Da schwang sich Hermut auf des achtfüßigen Hengstes Rücken und sprengte die Himmelsbrücke hinunter, daß ihre Bogen donnerten und krachten. Neun Tage und Nächte ritt er durch Schwarzalfenheim dahin. Da erblickte er in der Ferne ein helles Licht, und als er nahe hinzukam, erhob sich vor ihm die Giöllbrücke, deren goldene Pfeiler so hellen Glanz ausstrahlten wie lodernde Feuerflammen. Und Modgudr, die Wächterin der Brücke, rief den hurtigen Reiter an: „Wer ist's, der vor der Schranke hält, und wohin führt sein Weg? Denn nicht trägt sein Antlitz die Farbe der Toten."
Hermut antwortete: „Friggs Bote bin ich, Walvaters Sohn, und reite gen Helheim, meinen Bruder Balder loszukaufen. Ist er über die Giöllbrücke geritten, scharfäugige Modgudr?"
„Ich sah den bleichen Balder vorüberreiten mit Nanna, seinem geliebten Weibe; sie saßen beide auf einem Pferd. Gestern sind hier fünf Haufen gefallener Helden über die Bogen gesprengt, und doch hat die Brücke nicht so laut gekracht wie unter den Hufen deines Graurosses."
„Es ist Wodans Sleipnir", versetzte Hermut stolz. „So öffne denn die Schranken!"
Modgudr willfahrte ihm und wies ihm den Weg zur Hel. Bald hielt der kühne Reiter vor dem hohen Gitter, das die Unterwelt umfriedet, und da die Pforte verschlossen war und auf sein Pochen auch nicht geöffnet wurde, schwang er sich aus dem Sattel und gürtete den Sleipnir fester. Dann stieg er wieder auf, pfiff dem edlen Renner, und mit gewaltigem Sprunge setzte der Hengst über die Umzäunung hinweg.
Und Hermut band sein Roß draußen an und trat kühngemut in Hels weite Halle. Bald sah er seinen Bruder Balder auf dem Hochsitz im Ehrensaal und neben ihm die treue Nanna. Sogleich erkannte Balder den Gast, und er stand auf, eilte ihm entgegen und begrüßte ihn liebreich und

freudig. Auch Nanna kam herzu, reichte Hermut die Hand und fragte nach Frigg und Freyja und nach ihrem Sohn Forseti.

Viel mußte Hermut erzählen von allen Asen und ihrem Leben und Walten im schönen Götterreich, und Frage und Widerfrage wollten schier kein Ende nehmen unter den Brüdern. Balder und Nanna bewirteten den lieben Gast, so gut sie konnten, und bereiteten ihm dann das Lager zur Nachtruhe.

Am anderen Morgen trat die furchtbare Hel selbst in den Saal und fragte den, der noch nicht gestorben und doch zu den Schatten des Todes eingegangen war, nach seinem Begehr.

Hermut antwortete: „Mich hat Frigg gesandt, dir hohes Lösegeld zu bieten, wenn du ihrem Sohne Balder erlaubst, dies düstere Haus zu verlassen und nach Asgard zurückzukehren; denn tiefe Trauer herrscht unter den Göttern und Menschenkindern um meines lichten Bruders Tod."

Lange stand Hel mit ernstsinnendem Antlitz schweigend da, dann gab sie in eisiger Ruhe die Antwort: „Prüfen mag Frigg, ob Balder allerorten so tief betrauert wird wie auf Asgards lichten Höhen. Wenn Götter und Menschen und alle Dinge in der Welt, lebendige und leblose, um Balder weinen, so will ich dem Allgeliebten die Pforte erschließen, und er mag wandeln mit Nanna die Pfade zum Licht der Sonne. Findet sich jedoch im weiten Raume der Welt nur ein einziges Wesen, das ihm den Zoll der Tränen verweigert, so bleibt er für immer im stillen Reich der Schatten."

So sprach die furchtbare Herrin der Unterwelt und verließ lautlos das Gemach.

Und Balder überreichte seinem Bruder einen Ring und sprach: „Gib dies Kleinod meinem erhabenen Vater, auf daß es ihn, so oft sein Blick darauf fällt, an seinen abgeschiedenen Sohn erinnere."

„Und nimm auch diese beiden Dinge, Hermut: den Überwurf für die hohe Frigg und den Goldreif für die liebe Fulla, die mir manchen freundlichen Dienst erwiesen", sagte Nanna, die kleinen Andenken überreichend.

Bis zur Pforte geleiteten Balder und Nanna ihren Gast, dann nahmen sie, Grüße an alle Götter sendend, traurigen Abschied und kehrten wieder zurück in ihre stille Halle.

Neun Tage und Nächte ritt Hermut, bis er an die Himmelsbrücke kam und gen Asgard hinansprengte. Da kamen alle Götter nach Walhalla, um von Balder und Nanna zu hören und Hels Botschaft zu vernehmen. Wodan empfing den Goldring, Frigg den Überwurf und mit glückstrahlendem Antlitz Fulla ihr blinkendes Kleinod. Darauf berichtete Hermut alles, was er gesehen und mit Balder und Nanna geredet hatte. Endlich erhob er die Stimme und sprach: „Und dies ist die Botschaft der furchtbaren Hel: ‚Prüfen mag Frigg, ob Balder allerorten so tief betrauert wird, wie auf Asgards lichten Höhen. Wenn Götter und Menschen und alle Dinge in der Welt, lebendige und leblose, um ihn weinen, so will ich dem Allgeliebten die Pforte erschließen, und er mag wandeln mit Nanna die Pfade zum Licht der Sonne. Findet sich jedoch im weiten Raume der Welt nur ein einziges Wesen, das ihm den Zoll der Tränen verweigert, so bleibt er für immer im stillen Reiche der Schatten'."

Das klang den Asen nicht hoffnungslos, denn wo fände sich wohl ein Wesen in der Welt, das nicht um Balder trauerte? Ohne Verzug sandte Frigg schnelle Boten in alle Winde und ließ die Dinge, lebendige und leblose, bitten, um Balder zu weinen. Und siehe: Alle Geschöpfe erfüllten den Wunsch der Himmelskönigin und weinten um Balder, selbst die Steine erbarmten sich und vergossen Tränen. Schon wollten die Boten mit der Freudenkunde nach Asgard zurückkehren, da trafen sie in einer Höhle noch eine Riesin, die sie zuvor nicht gesehen hatten. Das Weib lachte höhnisch, als es Friggs Wunsch vernahm, und sprach: „Thöck (Dunkel) heiß' ich, die Nacht liebe ich, und verhaßt ist mir Balders Sonne. Weder im Leben noch im Tode hatte ich Nutzen von dem Schönen; darum weine um ihn wer mag! Thöck hat keine Träne, und Balder bleibt bei den Toten."

So sprach mit hartem Sinn das unholde Weib und verblieb bei der Weigerung. Es war aber wohl niemand anderes als der arge Loki. Groß war die Trauer in Asgard, denn nun war keine Hoffnung mehr, Balder wiederzusehen; immerdar verblieb der Schöne im Hause der Hel.

4. Lokis Schmähreden in Ägirs Halle

Lange hatte sich der arge Loki vor den Göttern nicht blicken lassen. Als sie aber nach alter Gewohnheit um die Zeit der Flachsernte in Ägirs Halle beim Gastmahl saßen, trat plötzlich der Bösewicht herein und setzte sich zu Tisch. Betroffen schwiegen die Asen; Donar war nicht da, und so duldeten sie den trotzigen Eindringling in ihrer Mitte.

Ägir, der reiche, ließ es an guter Bewirtung nicht fehlen. Der Saal war prächtig geschmückt, von selbst trug sich das Äl auf, und die Speisen wurden gereicht von den flinken Dienern Feuerfänger und Zünder. Alle Gäste rühmten das Mahl, den schäumenden Met und die gute Bedienung.

Das verdroß Loki, dem nur lässig der Becher gefüllt wurde, und er sprang plötzlich auf und versetzte dem säumigen Feuerfänger einen so wuchtigen Schlag auf den Kopf, daß der arme Bursche tot zu Boden stürzte.

Starr vor Schrecken saßen im ersten Augenblick alle Gäste, jedem erstarb das Wort auf der Zunge, dann aber sprangen alle Asen von ihren Sitzen auf und griffen zornbebend zu den Waffen, um dem ruchlosen Mörder seinen verdienten Lohn zu geben. Loki floh eiligst zur Tür hinaus und lief wie ein gehetztes Wild dem nahen Walde zu. Mit drohend erhobenen Spießen und Schwertern verfolgten die Götter den Missetäter, aber er war ihnen zu behende und gewann bald einen so weiten Vorsprung, daß sie von der vergeblichen Jagd abließen und in das gastliche Haus Ägirs zurückkehrten.

Loki wußte wohl, daß er auf keine Schonung zu rechnen hatte, wenn er seinen Feinden in die Hände fiele, aber maßloser Ingrimm brannte in seiner Seele, und er wandte sich und kehrte zurück nach Ägirs Palast. Trotzig schritt er durch die Pforte, traf im Vorflur den Diener Zünder und fuhr den Erschrockenen mit barschen Worten also an: „Ehe du mit einem Fuße vorwärts schreitest, bleicher Knabe, sage mir, was drinnen die Götter schaffen."

Mit Beben stotterte Zünder: „Sie sitzen an der Tafel und reden von Balders Tod und deinen schlimmen Taten."

„Ha!" knirschte Loki, „so will ich eintreten und ihnen ihre Lästerungen mit Schmach und Schande vergelten!"

„Tritt nicht ein, Loki!" warnte der Diener. „Du kommst nicht wieder aus der Pforte, denn drinnen sitzen deine starken Feinde."

Aber mit trotzigem Lachen erwiderte der Arge: „Du kennst mich wenig, Knabe! Dir und allen, die im Saale sitzen, bin ich an Klugheit und schwertscharfer Zunge weit überlegen. Gib Raum, Bursche!"

Damit öffnete der Vermessene die Tür und trat festen Schrittes in die Halle. Sogleich verstummte das Gespräch.

Ruhig stand Loki, ließ seine blitzenden Augen über die Tafelrunde schweifen, wie kühne Adler, die sich aus dem Felsenhorst zum Raubzuge schwingen, und da er sah, daß keiner sich wider ihn erhob, lächelte er wegwerfend und sprach: „Durstig trete ich nach schnellem Lauf ein in diese Halle und heische einen Trunk erfrischenden Mets."

Alle schwiegen, und niemand erhob sich, ihm den Becher zu reichen. Da fuhr der Verfehmte zornig auf und rief: „Warum schweigt ihr still, verstockte Götter? Vergönnt mir einen Platz am Tisch, oder heißt mich von hinnen weichen, so ihr den Mut dazu habt!"

Darauf entgegnete Bragi: „Für dich ist kein Raum in diesem Saal. Darum rate ich dir, dich von hier zu entfernen, du Bösewicht!"

Loki tat, als habe er die Worte nicht gehört; er wandte sich zu Wodan und sprach: „Denkst du nicht mehr daran, Bruder, daß wir beide in Urzeiten unser Blut mischten und gelobten, einander allzeit Treue zu bewahren und miteinander Speise und Trank zu teilen?"

Wodan nickte, sah seinen Sohn Widar an und sprach zu ihm: „Steh auf, Widar, und reiche Loki den Becher, daß er trinke und schweige."

Der ernste Herr des Urwaldes nahm den Eiskelch, füllte ihn mit schäumendem Met und bot ihn, ohne ein Wort zu sagen, seinem alten Widersacher dar.

Loki hob den Kelch empor und rief mit beißendem Spott: „Allen Asen und Göttinnen Heil! Aber Fluch und Schmach dem Bänkehüter Bragi!"

Ihm antwortete der langbärtige Skalde Walhallas: „Roß und Schwert, dazu auch noch kostbare Ringe verheiße ich dir, Loki, so du aufhören willst, weitere Lästerworte wider mich und die anderen hohen Gäste zu reden."

„Prahl nur nicht mit deinen Schätzen!" rief Loki. „Jedermann in dieser Halle weiß, daß der Sänger Bragi nicht reich ist an Geld und Gut, wohl aber an großen Worten und an Feigheit. Denn niemand scheut Schwertgeklirr und männermordenden Kampf so sehr wie der weißbärtige Harfenspieler und Liederschmied Asgards."

Loki verhöhnt die Götter

Solche Worte weckten Verdruß bei allen Gästen, und da Loki merkte, daß er in der Tafelrunde keinen Beifall fand, schüttete er alle Bosheit seines Herzens über die Asen aus, warf jedem seine Verfehlungen vor und rief dann in maßloser Frechheit: „Schweigt nur ganz still, neidvolle Götter, und auch ihr, goldhaarige Asinnen aus Wingolfs hohem Saal! Denn keiner von euch ist ohne Makel, wie Balder, den ich zur Hel gesandt habe! Nicht lange mehr soll eure Herrlichkeit währen! Bald wird mein grimmiger Sohn, der starke Fenrir, seine Ketten zerreißen, und seine schöne Schwester Jörmungander, die Midgardschlange, wird aus der Tiefe des Meeres hervorbrechen. Surtur, der schwarze Flammenherr Muspelheims, harrt nur meines Rufes, und alle Riesen erwarten meinen Wink. Wißt ihr, was das bedeutet?"

Da hörte man von oben her ein Donnerkrachen, die Tür ging auf, und Donar trat in den Saal. Bei seinem Anblick blieb dem Lästerer Loki das Wort in der Kehle stecken. Aber nicht minder betroffen war der Donnerer selbst, als er den Mörder Balders bei den Göttern sah. Er trat auf ihn zu, faßte Miölnir und knirschte in furchtbarem Grimm: „Schweig, unreiner Wicht, sonst soll mein Hammer für immer den Mund dir schließen! Ich haue dir vom Nacken das falsche Haupt, daß du das Leben verlierst!"

Kleinlaut erwiderte Loki: „Der Erde Sohn ist eingetreten, ihn allein fürcht' ich und will mich von hinnen heben, denn ich zweifle nicht, daß er zuschlägt."

Sprach's und trat an die Tür. Dort wandte er sich noch einmal um und rief: „Euch allen sage ich, was ich auf dem Herzen hatte. Du, Ägir, wirst in Zukunft die Götter nicht mehr bewirten; der Tag der Rache ist nahe, da wird diese prächtige Halle mit allem, was drinnen ist, vom Feuer und von wogenden Wasserfluten vernichtet werden. An jenem großen Tag werden wir uns wiedersehen!"

Nach diesen Worten ging er hinaus, wanderte in ein fernes, ödes Land und baute sich auf einem Hügel an einem Wasserfall ein Haus mit vier Fenstern, so daß er nach allen Seiten Ausschau halten konnte. Glaubte er Gefahr im Anzuge, so verwandelte er sich in einen Lachs und sprang ins Wasser, so vor allen Nachstellungen gesichert zu sein.

5. *Lokis Gefangennahme und Bestrafung*

Die Götter beschlossen, Loki gefangen zu nehmen und in Ketten zu legen, damit er nicht noch mehr Unheil stifte und Riesen und Menschen zum Streite wider die Herrscher der Welt und ihre heiligen Ordnungen hetze. Aber wo mochte sich der Missetäter aufhalten? In Asgard ließ er sich nicht mehr sehen, auch in Midgard und Riesenheim konnte man ihn nicht erspähen, hatte er in Schwarzelbenheim oder gar in der Unterwelt Unterschlupf gesucht?

Walvater saß auf seinem Hochsitz Hlidskialf und überschaute mit seinem strahlenden Sonnenauge sinnend und sorgend alle Welten. Da auf einmal erblickte er Loki, wie er vor seiner Felsenwohnung an dem Wasserfalle saß und an einem Netz knüpfte. Sogleich berief Wodan die Asen zur Versammlung, meldete ihnen seine Entdeckung und sprach: „Nun rüstet euch rasch zur Jagd auf den Argen! Ich denke, dieses Mal soll uns das schnelle Wild nicht entfliehen."

Sie brachen auf und fuhren auf Rossen und Wagen in strahlender Wehr durch Wolken und Winde. Lokis feines Ohr vernahm das Getöse unter dem hohen Himmel. Er hob seine flammenden Augen und sah die Feinde kommen. Rasch warf er das Netz, an dem er wirkte, ins Feuer, verwandelte sich in einen silberschuppigen Lachs und sprang in das Wasserbecken. Darin glaubte er sich sicher geborgen. Aber die Asen hatten alles gesehen, und als sie herankamen, riß einer das Netzstück aus dem Feuer, und alle bewunderten Lokis Erfindung und beschlossen, nach dem Muster ein großes Netz zu knüpfen, um den Lachs Loki damit zu fangen. Der Plan wurde

Lokis Fesselung

rasch ausgeführt, das wohlverknüpfte und verknotete Garn wurde ins Wasser gesenkt, Donar faßte das eine Ende, die übrigen Asen das andere, und der Fischzug begann. Der schlaue Lachs Loki aber wußte sich zu raten; er legte sich zwischen zwei festgewachsenen Steinen platt auf den Grund, und unbeschadet ging das Netz über ihn hinweg.

Aber auch die göttlichen Fischer waren sinnreiche Köpfe. Sie banden nun einen schweren Stein an das Fangnetz und zogen es noch einmal langsam durch das Wasser, wobei es hart den Boden streifte. Da geriet der schlaue Lachs in schwere Not; er schwamm unter Wasser vor dem Netz her, schnellte sich plötzlich blitzgeschwind darüber hinweg und verschwand jenseits wieder in der Tiefe. Die Asen lachten lustig, Donar aber blies in seinen Bart und rief: „Beim Hammer! Zum zweiten Mal soll ihm die List nicht gelingen!"

Sprach's, stieg in das Wasserbecken und watete hinter dem langsam schleppenden Netze her. Wiederum schnellte sich der silberschuppige Fisch wie ein Blitz in die Luft, aber Donar griff rasch zu und packte ihn mit fester Hand am Schwanze. Da half kein Zappeln, die Bosheit hatte sich, wie es meist zu geschehen pflegt, in ihrem eigenen Netz gefangen, und seitdem sind alle Lachse am Schwanze so spitz.

Der starke Donnerer zwang nun Loki, seine wahre Gestalt anzunehmen, und die Asen führten ihren Gefangenen in den Hain der heißen Quellen, streckten ihn zu Boden und schmiedeten ihn mit starken Ketten, die sie aus den Sehnen seines eigenen Sohnes gewonnen hatten, an einen unerschütterlichen Felsen. Einen Stein hat Loki unter den Schultern, einen anderen unter den Hüften und den dritten unter den Kniekehlen. Über seinem Haupt an die Felsenkante band Skadi eine scheußliche Schlange, die spie dem Gefesselten ätzendes Gift ins Angesicht, das ihm unsägliche Pein verursachte. Aber als die Asen den Ort verlassen hatten, da kam zu dem armen Loki sein treues Weib Sigyn, um ihm Trost zuzusprechen und seine Schmerzen zu lindern. Ein Becken hält sie unter den Rachen der Schlange und fängt darin das niederträufelnde Gift auf. Wenn aber die Schale voll ist und Sigyn beiseite tritt, um den ätzenden Saft auszuschütten, dann windet sich Loki in seiner Qual mit solcher Asenkraft, daß die Erde erzittert vom Aufgang bis zum Niedergang. Unkundige Menschen nennen das Erdbeben, aber Asgards Götter wußten wohl, woher es kam. Sie hörten auch den Wolf heulen und an seinen Ketten reißen, sahen mit Besorgnis, wie die Midgardschlange in den Tiefen des Meeres sich immer wütender gebärdete, wie die Riesen sich zusammenrotteten und nach Rache schrien. War denn der Tag der großen Entscheidung schon nahe herbeigekommen?

6. Die Götterdämmerung

Wohl hatten die Asen ernste Vorkehrungen getroffen, um das langsam, aber unentrinnbar heranschleichende Verderben aufzuhalten. Sie hatten den furchtbaren Fenriswolf gefesselt, die Midgardschlange ins Meer geworfen und endlich Loki, den Vater dieser Ungeheuer und alles Übel, an den Felsen geschmiedet. Darüber hinaus war der wackere Donar unablässig bemüht gewesen, die Macht der unholden Riesen zu brechen und durch zermalmende Hammerhiebe ihre Zahl zu mindern. Allein Balder war gestorben, und mit ihm war alles Hohe und Heilige, die Unschuld und Güte des Herzens, die Ehrfurcht und Frömmigkeit des Gemütes, aus der Welt verschwunden und das Band zwischen dem großen Weltgeist Fimbultyr und Asgards Göttern zerrissen. Walvater und seine Söhne waren sündig geworden, die Schatten der Schuld trübten ihres Geistes Klarheit, und das unerbittliche Schicksal heischte gebieterisch Sühne für begangene Fehltritte. So mußte die Götterdämmerung kommen, denn das höchste Weltgesetz heißt Gerechtigkeit, und sein vornehmster Grundsatz lautet: ‚Wer sündigt, muß büßen, und der Sünde Sold ist der Tod'.

Die schuldigen Götter mußten sterben, ihre Herrlichkeit mußte vergehen, und alles, was sie geschaffen hatten, wurde mit hineingerissen in das Verderben, das nun unaufhaltsam hereinbrach.

Auf der Erdenbühne hebt der letzte Akt des großen Trauerspieles an. Habgier und Falschheit, Untreue und Eidbruch sind unter den Menschen eingerissen und haben ihre Herzen verwüstet wie wilde Eber die grüne Saat des Feldes. Die Gemüter sind so unhold und roh geworden, daß um Hab und Gut ein Bruder den anderen erschlägt und der Sohn wider den eigenen Vater das Schwert erhebt. In jedem Busch lauert ein Mörder, Erbarmen kennt man nicht mehr, keiner schont freundlich des anderen, niemand ist seines Lebens sicher, wo immer er sich aufhalte. Selbst zwischen Mann und Weib ist das heilige Band der Liebe und Treue zerrissen; der Sippe Friede wird nicht mehr geachtet, Verwandte gehen kalt und fremd aneinander vorbei, Kinder versagen den Eltern und diese den hohen Göttern die Ehrfurcht, allgemein ist die Sittenverwilderung.

Und wie in der Gesellschaft der Menschen das Faustrecht herrscht, so entbrennt auch Streit und Krieg zwischen den Völkern. Walkürenrosse wiehern in den Lüften, Raben krächzen vor Lust, und aus Bergschluchten schallt das Freudengeheul blutgieriger Grauwölfe. Allerorten wird im Kriegsgetümmel die Erde von Pferdehufen zerstampft; Speere sausen, Schwerter klirren, Schilde krachen, es schwirren wie Donars Blitze totbringende Pfeile, und Wut- und Wehgeschrei steigt empor zum trüben Himmel. Da fließt das Blut der Erschlagenen in Bächen durch die Täler, und rote Rosen des Todes schmücken die öden Fluren der Erde.

Sköll und Hati, die beiden Wölfe, die Sonne und Mond verfolgen, kommen nun auf die Erde herab und letzen sich an dem Fleisch und Blut gefallener Krieger, die keine Freundeshand begräbt oder der reinen verzehrenden Flamme überantwortet. Von dieser Kost wachsen den beiden Unholden die Kräfte dermaßen, daß es ihnen nun bald gelingen wird, die Himmelslichter einzuholen und zu verschlingen.

Und was sollen Sonne und Mond auch weiter noch scheinen, da doch ihr Licht nur Bilder der Verwüstung, des Grauens und des Schreckens bestrahlt! Ihr Silberglanz erlischt, auch die Sterne verlieren ihren Schein, und trübe Dämmerung wie im Reich der Hel herrscht in der ganzen Welt.

Da wird es rauh und kalt in Midgard. Kein Frühling, kein Sommer will kommen; die gelben Blumen der holden Ostara blühen nicht mehr; selbst Friggs Rosen in Fensals Gartengehegen verwelken; die Bäume schmücken sich nicht mehr mit grünem Laub; kein Vogellied erklingt im öden Wald; vor Hunger schreien die Hirsche, und Pferde und Rinder sterben auf der kalten Weide.

Aber des Jammers ist noch nicht genug. Hräswelg, der unholde Adlerriese an der Stirn der Erde, erhebt sich, schüttelt sein Gefieder und schlägt in wilder Wut mit den Flügeln. Da brausen und heulen - Wölfen gleich – eisige Nordstürme über Land und Meer; Schnee fällt unablässig aus schwarzen Wolken herab; alle Gewässer erstarren zu Eis; durch die kahlen Wälder geht ein schauerliches Ächzen und Stöhnen; uralte Baumriesen brechen und stürzen krachend zu Boden; Felsen bersten, es beben die Berge, die Vögel fallen tot auf die Erde herab. Das ist der große, grimmigkalte Fimbulwinter, dem kein Sommer mehr folgen wird.

Die alten heiligen Ordnungen in Allvaters Schöpfung sind aufgelöst. Wie faule Reifen brechen die Bande des Rechtes und der Sitte; Verwirrung herrscht in Midgard, Ratlosigkeit in Asgard, den Händen der Götter sind die Zügel der Macht entglitten, schlimme Nachrichten bringen Wodans Raben von ihren Ausflügen mit. Da schwingt sich Walvater auf Sleipnirs Rücken und jagt zu Mimir, um sich Rat zu holen. Aber der Brunnen uralter Weisheit ist in heftiger Bewegung, furchtbar wütet das Meer, und alle Gewässer brausen und schäumen. An diesen Zeichen erkennt Wodan, daß der Entscheidungskampf nahe ist, und er sprengt wieder zurück nach Asgard, um Walhallas Heerscharen zum Streite zu rüsten.

Und höchste Zeit ist es fürwahr; denn schon rüstet sich der schöne Tag zur letzten Fahrt! Da erhebt sich in dämmernder Frühe auf Nordlands Bergen der feuerrote Hahn Fialar und kräht, daß es schauerlich durch Riesenheim hallt. Ihm antwortet Goldkamm in Walhalla, und aus Hels finsterem Reich erschallt die Stimme des schwarzroten Hahnes. Mit Grauen und Entsetzen wird das Krähen der Hähne in Asgard und auf der Menschenerde vernommen, denn es kündet den Morgen des letzten Tages an.

Da frohlocken alle Unholde der Finsternis. Die Midgardschlange peitscht mit ihrem Schwanz das Meer, daß die Wogen hoch aufschäumen, den Wall an Midgards Grenze brechen und weithin das Land überfluten. Der Wolf und Loki rütteln an ihren Ketten, daß die Erde bebt, die Weltesche bis auf den Grund erschauert, Riesinnen aufs Angesicht fallen, vor ihren steinernen Türen die Zwerge ächzen und Menschenkinder in die Höhlen wilder Tiere sich flüchten.

Beide, Loki und der Fenriswolf, brechen mit Riesenkraft ihre Fesseln und recken und strecken ihre Glieder zum Kampfe. Auch der Höllenhund Garm bricht aus der Gnupahöhle, die vor den Toren der Hel liegt, hervor und rennt von dannen, um sich dem Wolf beizugesellen. Aus Riesenheim

Die Riesen im Kampf gegen die Bewohner von Asgard

schallt Waffengetöse, alle Unholde rüsten sich zum Streite. Da wird auch das Schiff Nagelfar flott, an dem unsichtbare Hände viele Jahrtausende gebaut haben; denn es ist nicht aus Holz gezimmert, sondern aus den Finger- und Zehennägeln Verstorbener, die lieblose und pflichtvergessene Menschen ihren Toten nicht abgeschnitten haben. Wehe, daß sie der frommen Zucht und Sitte so vergessen konnten! Nun kommt ihre Ruchlosigkeit den Mächten der Finsternis und der Vernichtung zustatten, denn nur auf Nagelfar können die Reifriesen über die wilden Wogen fahren, und dieses Schiff ist so ungeheuer groß, daß das ganze Heer der Unholde Raum darauf findet und hundert Jahre vergehen würden, wollte einer das Deck vom Heck bis zum Drachenkopf am Bug abschreiten.

Wer ist's, der mit seinem Schild am Steuer des Riesenschiffes so furchtbar trotzig steht? – Das ist Hrymer, der starke Sohn des Fürsten Thrym, den Donar vorzeiten beim Hochzeitsmahl erschlug. Jetzt ist der Tag der Rache gekommen, denn mit ihrem Führer dürsten alle seine Recken nach dem Blut des verhaßten Hammerschwingers und seiner stolzen Sippe. Wehe den Göttern, wenn es diesen Unholden gelingt, Asgard zu erklimmen!

Wie Nagelfar von Osten her, so kommt ein anderes Riesenschiff von Mitternacht über die wilde See gefahren. Am Steuer lehnt Loki; alle Verbrecher aus Hels Reich sind an Bord; vorn am Bug steht mit klaffendem Rachen der Fenriswolf; aus der Tiefe des Meeres hebt die Midgardschlange das scheußliche Haupt, und sie wälzt sich in grimmem Jötunmute heran, klimmt an Bord empor und streckt sich mit giftig funkelnden Augen neben den Wolf, schrecklich anzuschauen.

Da zuckt von Süden her ein heller Feuerschein durch die winterliche Dämmerung. Das sind Muspelheims Söhne! Auf feurigen Rossen kommen sie herangesprengt, Loki zu Hilfe. An ihrer Spitze reitet Surtur, der schwarze Urweltriese, mit flammendem Schwert. Bei diesem Anblick jauchzen alle Unholde auf den Schiffen vor Lust, und der Fenriswolf brüllt, daß die Weltesche erbebt und der Himmel birst.

Unter Bifrösts strahlendem Bogen versammeln sich die Heerscharen aller Unholde. Die Bergriesen schleppen gewaltige Steine und Felsstücke herbei, um Asgard zu stürmen. Da hebt Heimdall das Giallarhorn an den Mund und stößt mit Macht hinein, daß der Schall durch alle Welten hallt. Aus rauhen Riesenkehlen donnert ihm gellende Antwort. Waffengetöse durchbraust Walhalla. Die Tore werden weit aufgetan, und heraus sprengt Wodan in Goldhelm und strahlendem Harnisch, bewehrt mit dem Spieß Gungnir. Dem herrlichen Führer folgen alle Asen und die unzählbaren Scharen der Einherier, alle in glänzendem Waffenschmuck. Donar allein

Kampf der untergehenden Götter

trägt keine Kriegsrüstung, er geht zu Fuß in den Streit und führt nur den Hammer in der Faust. Freyja erscheint an der Spitze der Walküren auf feurigem Renner in schimmernder Rüstung; alle Göttinnen rufen den Streitern Heilwünsche zu und spornen sie an zu tapferen Heldentaten. Mit rauschenden Flügelschlägen kreisen Wodans Raben über dem blitzenden Waffenwalde hin und her – so sprengt der herrliche Heereszug von Walhalla nach Migrids Hundertmeilenebene, um den Feind zu erwarten.

Plötzlich erschüttert ein Donnergetöse Asgard mit all seinen goldenen Palästen. Das ist Surtur mit seinen Reiterscharen! Auf der Himmelsbrücke stürmen sie empor, daß ihre Bogen donnern und beben. Zugleich erklimmt Loki zusammen mit dem Wolf, der Midgardschlange und all den wilden Recken den Felsenberg, den die Riesen aufgetürmt haben, und mit gellendem Frohlocken eilen die Unholde nach Wigrids weitem Gefilde.

Der Kampf hebt an. Wodan schleudert seinen Speer in die Reihen der Feinde und streckt Hunderte zu Boden. Wie der Blitz saust Donars Hammer durch die Luft und zerschmettert die härtesten Riesenschädel. Freyrs und Ullers Pfeile fliegen wie Sonnenstrahlen in die dichtesten Haufen der Feinde, und jeder trifft und bringt den Tod. Furchtbar wütet Tyrs Schwert unter den Unholden. Sie fallen unter den scharfen Streichen wie die Halme durch die Sicheln des Schnitters. Nicht minder scharf mäht Heimdalls Klinge, und Bragi, der langbärtige Walhallasänger, zeigt heute dem Lästerer Loki, daß er kein Feigling, sondern ein Held im Streite ist. Aber wer steht dort mitten unter den Feinden und schmettert die Unholde mit Faustschlägen zu Boden? – Das ist Widar, der schweigsame Herr des Urwaldes und Wodans letzte Hoffnung. Auf schnaubendem Renner jagt Freyja mit den Walküren durch die Scharen der Einherier und spornt sie mit weithintönendem Zuruf zu tapferem Ringen an. Gleich der sturmgepeitschten, brüllenden See wogt die schreckliche Schlacht auf der Ebene hin und her; bergehoch türmen sich die Leichen und unter den Hufen der Rosse spritzt das Blut zu den Wolken des Himmels empor.

Schrecklich würgt der Wolf in den Reihen der Einherier, nicht minder wütend die Midgardschlange. Gewaltige Steine schleudern die Riesen, und wen sie treffen, der stürzt und steht nicht wieder auf. Die Flammenschwerter Surturs und seiner Söhne fressen wie verzehrendes Feuer breite Lücken in Wodans Heerschar, und überall ist Loki und spornt die Wankenden zum Widerstand und die Säumigen zu kühnem Vordringen an.

Donar und die Midgardschlange, unversöhnliche Feinde wie Wahrheit und Falschheit, treffen aufeinander, und ein furchtbarer Kampf hebt an. Mit seinem Schwanz schlägt der Wurm nach dem Gegner und speit ihm Ströme heißen Giftes ins Angesicht. Aber der zornige Donnerer achtet

Donars Kampf mit der Midgardschlange

das wenig; er bläst in den Bart, daß es wie Sturmgetöse rauscht, und schwingt mit furchtbarem Zorn den Hammer. Da hat der alte Drache verloren; zerschmettert wird ihm das scheußliche Haupt, und bald streckt er sich tot in den Sand.

Loki, der dem Streit zugesehen hatte, stößt einen wilden Fluch aus, da er die Natter fallen sieht, aber dem Fluche folgt alsbald ein Frohlocken, denn was erblicken seine Augen? Der starke Donar schwankt und taumelt wie ein Trunkener. Neun Schritte wankt er rückwärts und stürzt dann wie ein Felsblock tot zu Boden. Das Gift der Schlange hat ihn getötet.

Mit gellendem Jauchzen verkündet Loki seinen Getreuen den Tod des gewaltigen Donnerers, und alle Riesen brechen bei dieser Botschaft in ein wieherndes Freudengeheul aus.

Wo bleiben die Walküren, um den größten der Helden gen Walhalla zu führen? Wodans Raben fliegen über das wogende Schlachtgetümmel und bringen ihrem Herrn die Schreckenskunde. Da läßt Walvater die zum

Wurf erhobene Rechte sinken, neigt sein erhabenes Haupt tief auf die Brust herab und murmelt schmerzbewegt: „Wahrheit, Treue und unermüdliche Tapferkeit sind nun dahin! Die Unholde frohlocken – fahr' wohl, mein wackerer Donar!"

Sprach's und richtet sich kraftgestreckt wieder auf, um mit gewaltigem Schwung den Speer auf die Feinde zu schleudern.

Ha! Da reitet der schwarze Schnitter Surtur mit seinem flammenden Schwert wider den sonnigen Freyr heran, und zwischen beiden entbrennt ein heißer Kampf. Pfeil auf Pfeil sendet der fernhintreffende Schütze von seinem Bogen, doch prallen alle Geschosse an dem Schilde des Gegners ab, und der alte, grimme Urweltriese stürzt sich mit einem jähen Sprung seines Feuerrosses auf den lichten Freyr und streckt den Freund der Menschen mit scharfen Schwerthieben zu Boden.

Wo ist der rauhe Jäger und Schlittschuhläufer Uller, Skadis geliebter Freund? Der Steinwurf eines unholden Bergriesen hat den kühnen Weidmann gefällt, und über sein bärtiges Antlitz beugt sich weinend die schöne Götterbraut. Das sieht Loki, und er springt herzu, durchhaut mit seinem Schwert den weißen Nacken der hurtigen Jägerin und knirscht: „Das für die Giftnatter, Nordlands wilde Möwe!"

Kaum war die Tat vollbracht, da naht auch schon der Rächer. Heimdall ist's, der Erzfeind Lokis. „Ha!" ruft Loki, „da hab' ich dich endlich vor der Klinge, du luchsäugiger Nachtwächter Asgards! Weltweisheit und Weltverstand schreiten zum Kampfe; nun wird sich's zeigen, wer von beiden der Stärkere ist!"

„Komm an, du Bösewicht, der all dies Unheil verschuldet hat!" ruft Heimdall und zückt das Schwert zum Streite. Die Klingen klirren aufeinander, daß die Funken stieben. Tapfere Kämpen sind die beiden, Heimdall scheint der Meister an Kraft, Loki ist der Behendere, springt hierhin und dorthin und weiß blitzgeschwind jedem Hieb auszuweichen. Endlich, nach langem, heißem Kampfe, empfangen beide zu gleicher Zeit den Todesstreich und liegen nun still und friedlich nebeneinander auf der blutgetränkten Walstatt.

Schrecklich hat der waffengewaltige Kriegsgott Tyr in den Reihen der Feinde gehaust. Da springt der Höllenhund Garm ihm an die Kehle und reißt ihn nieder. Doch sinkt auch das Untier, von des Gewaltigen Schwert durchbohrt, mit ihm in den Tod – Kriegsruhm (Tyr) und hohles Geschrei (Garm) wiegen gleichviel auf der Nornen Waagschale.

Noch lebt Wodan; wie ein Feuerstrahl fliegt sein Speer, und seine Feldherrnstimme schallt auffrischend und gebietend über das Schlachtfeld. Vor dem Strahlenglanz seines Sonnenauges weichen die Feinde wie ge-

Surtur im Kampf gegen die Asen

Lokis und Heimdalls Tod

blendet zurück; nur einer fürchtet sich nicht vor diesem gewaltigen Herrscherblick, das ist der Fenriswolf, der Unholde stärkster und schlimmster. Schon hat er der herrlichen Helden Walhallas Hunderte zerrissen und ihr Blut getrunken. Aber sein Rachedurst ist noch nicht gestillt, nach dem edlen Blut Walvaters lechzt das Untier, und da es den Erhabenen unter dem Goldhelm erspäht, setzt es in ungeheueren Sprüngen über Leichen und rote Bäche hinweg und stürzt sich mit klaffendem Rachen auf den unerschrockenen Feind. Hoch bäumt sich Sleipnir auf und schäumt und zittert vor Angst, doch Wodan zügelt mit starker Faust den bebenden Hengst und schleudert den Spieß auf den Wolf. Wohl trifft Gungnir mit furchtbarer Wucht sein Ziel, aber er verwundet nur das Ungetüm und reizt es zu rasender Wut. Mit Donnergebrüll, den Oberkiefer bis an den Himmel erhoben, springt es heran und verschlingt in wildem Grimm den Vater der Götter und der Menschen.

Schallt nicht eine wehklagende Frauenstimme vom Hochsitz Hlidskialf daher? Das ist Friggs herzzerreißender Jammer. Die Krone der Schöpfung – nun ist sie dahin, der Tod hat das Leben besiegt. Wo bleibt Widar, Wodans Hoffnung und aller Asen Trost? Dort wirft er die Riesen, daß sie wie Felsblöcke über den Haufen stürzen, und bricht sich freie Bahn zu dem Wolf, um Rache für seinen Vater zu fordern. Das Untier sieht den Helden kommen und sperrt das Maul weit auf, um auch ihn zu verschlingen. Aber Wodans großer Sohn kennt keine Furcht. An einem seiner Füße trägt er den großen Schuh, den der Menschen Mildtätigkeit ihm verschafft; mit diesem Riesenschuh tritt er dem Wolf in den Rachen, packt mit beiden Händen den Oberkiefer des Scheusals, reißt ihn empor und zermalmt die Knochen mit solcher Kraft, daß der Unhold nur einen einzigen schrecklichen Gurgelton ausstößt und verendet.

Walvater ist gerächt. Aber wo sind die Asen, wo die Scharen der Einherier? Sie liegen tot auf Wigrids blutiger Erde. Nur drei leben noch und sammeln sich um Widar: der junge Wali, Balders Rächer, und Donars Söhne Mut und Macht. Sie haben Donars Hammer aufgehoben und halten den Zermalmer fest als ein teures Kleinod.

Widar tötet den Fenriswolf

Surtur mit dem Flammenschwert

Da sprengt der schwarze Surtur mit seiner wilden Schar durch Asgards Auen und schleudert Feuer in die Höfe und Hallen der Götter. Walhalla flammt auf, Gladsheim brennt; aus Breidablick, Folkwang, Bilskirnir, Fensal, Wingolf und Ydalir schlägt die glühende Lohe bis zum Himmel empor. Sköll und Hati verschlingen Sonne und Mond; die Sterne fallen vom Himmel und versinken im siedenden Meer. An allen Enden brennt Midgard; Riesenheim brennt; durch Yggdrasils Wipfel wirbeln Rauch und Flammen. Aber noch steht der Baum – eine einzige ungeheure Feuersäule von den Tiefen der Unterwelt bis zum lohenden Himmel. Hallt nicht Wehegeschrei aus Schwarzelbenheim und von Midgards qualmenden Gefilden? Zwerge und Menschen sind in großer Not, und nirgends ist Rettung, nirgends Hilfe! Sie alle sind mit Asgards Göttern schuldig geworden und müssen nun geläutert werden, wie das Gold im Feuer.

Noch steht die Weltesche, aber schon wankt und schwankt der gewaltige Baumriese, und er neigt sich, wie vom Sturm gebeugt, und stürzt mit Donnerkrachen in Midgards Flammengluten, daß Millionen Funken hoch zum Himmel aufsprühen. Da sinkt auch die Erde in das siedende Meer, und Feuer verzehrt die ganze Welt ...

7. Die Erneuerung der Welt

Von Surturs Flammen verzehrt ist die lichte Welt der stolzen Asen, versunken in Feuersgluten und siedenden Meereswogen das schöne, grüne Midgard mit allem, was fleißige Menschenhände in Jahrtausenden erschaffen, ausgetilgt der unholden Riesen frostkaltes Reich, Helheim zerstört und alles Böse vernichtet.

So war denn nun alles Leben erloschen und die alte Nacht in ihrer Finsternis herrschte wieder wie in Urzeiten im schauerlich kalten unbegrenzten Weltall? –

So war es nicht. In fernen Himmelsweiten lebte Allvater, der große unbekannte Gott, den kein Auge je gesehen hat, aber auf dessen Wink einst alles geworden und nun, was des Todes wert geworden, im großen Weltbrand untergegangen ist. Doch er, der ewige Urquell allen Lebens, findet nicht Gefallen am Tod; seines erhabenen Geistes Dichten und Denken ist Leben, großes, blühendes, reines, reiches und immer reicheres Leben. Was an den Asen und der von ihnen erschaffenen Menschenwelt Irdisches, Vergängliches war, das mußte untergehen. Die ewige Gerechtigkeit forderte unabweislich das große Weltgericht über die in Schuld und Sünde versunkenen Götter und Menschen. Nun war ihr durch die Vernichtung der unvollkommenen irdischen Schöpfung Genüge geschehen. Aber nicht umsonst sollte sich das große Drama des kampfreichen Lebens zwischen Asen und Riesen abgespielt haben. Aus der Asche des Weltbrandes sollte eine neue schönere Welt von ewiger Dauer hervorgehen. –

Sonne und Mond waren von den Wölfen verschlungen worden, alle Sterne erloschen; aber nun stieg eine neue Sonne am Himmel auf, lichter und strahlender, als die von Wodan erschaffene, und Mond und Sterne erglänzten wieder in verjüngter, goldener Pracht und Schönheit.

Und siehe: Aus den wogenden Wasserfluten tauchte eine junge Erde auf und schmückte sich im Licht der himmlischen Gestirne mit Gras und Kraut, mit lieblichen Blumen und immergrünen Wäldern. Und aus Mimirs Holz entstehen nun zwei Menschenkinder: Lif (Leben) und Lifthrasir (Lebenskraft), rein und schuldlos wie der junge Morgen des neuen Lebenstages, der nun über der Welt aufging. Sie waren dem großen Verderben entronnen, hatten sich von Morgentau ernährt und traten nun wie träumend in die neue, lichte, grüne Welt. Welch ein herrliches Heim hatte Allvater ihnen bereitet! Die Äcker besäeten sich von selbst und trugen hundertfältige Frucht, die nicht mehr wie einst von grimmen Frostriesen mit Vernichtung bedroht wurde. Da erbauten die beiden sich unter grünen Bäumen ihr Haus und lebten darin in seligem Frieden. Von ihnen stammt das neue glücklichere Menschengeschlecht, dem ewiges Leben ohne Kampf und Streit mit unholden Mächten beschieden ist.

Und ein neues Götterheim baut sich droben auf Asgards lichtschimmernden Höhen auf. Denn noch lebt der hehre Widar, der den Wolf der Vernichtung getötet hat; noch lebt auch Balders Rächer, der junge Sonnengott Wali, und diese beiden Söhne Wodans nehmen Besitz von dem neuen Asgard.

Und siehe: Da kommen Arm in Arm Balder und Hödur daher; auf ihren Stirnen strahlt das Licht der Versöhnung und ungetrübter, verklärter Bruderliebe. Auch Mut und Macht, Donars Söhne, gesellen sich zu den vier unsterblichen Asen. Ihr großer Vater ist tot. Die alte Welt, für die er unermüdlich gestritten, ist nun dahin, ausgetilgt sind für immer die unholden Riesen. Aber umsonst hat der gewaltige Donar nicht gekämpft; denn in seinen Söhnen lebt der große Streiter für Licht und Wahrheit fort bis in Ewigkeit. Auch sein Hammer ist nicht verlorengegangen; auf dem Schlachtfeld haben ihn Mut und Macht gefunden und bringen ihn nun den Göttern, die sich herzlich der Waffe freuen, obwohl sie ihrer zum Streite nicht mehr bedürfen. Nur zur Weihe bei glücklichen Anlässen gedenken sie sich fürder des einst so furchtbaren Miölnirs zu bedienen.

Auf dem paradiesischen Idafelde, im reinen Glanz der neuen Sonne, ergehen sich nun in Frieden und Eintracht die unsterblichen Götter, und im Grase finden sie die goldenen Täfelchen wieder, mit denen in Urzeiten die Asen froh wie Kinder gespielt. Wie glücklich sind sie des kostbaren Schatzes! Sie lesen die heiligen Runen des großen Gottes, die auf den Würfeln geschrieben stehen, und alle Satzungen Allvaters sind ihnen nun offenbar. Versiegt ist unter der Wurzel der Weltesche Urds tiefer Brunnen, der Schwanengesang der stürzenden alten Welt ist verklungen; er war auch der Nornen Sterbelied; ihre Waagschale ist zerbrochen, es fallen nicht mehr schwarze Schicksalslose, Schuld und Leid sind für immer dahin. Was der große, erhabene Weltgeist, den kein Auge je gesehen, sinnt und will, das wissen nun die Asen und leben und handeln nach seinen heiligen Gesetzen.

Auf Gimhles Höhen erhebt sich ein goldener Palast, von hellerem Strahlenglanze, als selbst der Sonne Licht: Das ist das neue Walhalla. Dorthin kommen die guten Menschen, wenn sie den Lauf ihres irdischen Lebens vollendet haben.

Und was erglänzt dort oben so herrlich unter dem hohen, blauen Himmel? – Das ist Lichtelfenheim. Dort tanzen Allvaters selige Kinder den Reigen der Freude und grüßen lächelnd herab auf die neue sonnige Welt der Ewigkeit.

Zweites Buch
Die Heldensagen

Sagenkreis der Amelungen

Erster Abschnitt
LANGOBARDISCHE SAGEN

1. Alboin und Rosamunde

In Pannonien, dem heutigen Ungarn und den angrenzenden Ländern, trieben die germanischen Gepiden und Langobarden und die asiatischen Awaren ihr Wesen. Jagd und Krieg beschäftigten die freien Männer, die Leibeigenen hüteten die Herden und bestellten die Felder. Da geschah es, daß in einem Gefecht Alboin, der Sohn des Langobardenfürsten Audoin, den Sieg gewann und einen Sohn von Thurisind, des Königs der Gepiden, erschlug. Der Sieger raubte die Rüstung des Gefallenen und schritt zum Festmahl in des Vaters Halle, aber dieser wies ihn zurück, weil, wie er sagte, nach väterlicher Sitte ein Fürstensohn erst von einem auswärtigen König die Wehr erhalten müsse, bevor er mit den Helden an einem Tisch speise. Der junge Krieger griff zornig nach seiner Streitaxt, aber der Vater gebot ihm Mäßigung. Er wandte sich ab, bestieg sein Schlachtroß und trabte mit den jungen Männern seiner Gefolgschaft ins feindliche Gebiet ohne Aufenthalt bis zur Burg, wo König Thurisind mit dem Fürsten der Gepiden beim Mahle saß. Er trat kühn vor diesen hin und begehrte unter dem Schutz des Gastrechts Rüstung, die dem Helden gezieme, weil er, der Gepidenhäuptling, so meinte er, seine Mannhaftigkeit bezeugen werde. Da griffen seine Krieger zu ihren Waffen – aber Thurisind, das Gastrecht und das Vertrauen des jungen Kriegers freundlich ehrend, gebot Frieden und hieß den Gast an seiner Seite Platz nehmen.

Die Becher wurden häufig geleert, die Rede wechselte hinüber und herüber und nicht immer freundlich. So meinte Künemund, der älteste Sohn des Königs, der sonst an seines Vaters Seite saß, er sei ein besserer Mann gewesen, als der, der jetzt diese Stelle einnehme. Alboin beherrschte seinen Unmut; er antwortete nur mit einem finsteren Blick. Um Streit zu vermeiden, befahl der König, daß die Sänger eintreten und das Fest beginnen sollte. Alsbald ertönten die Harfen, und die Sänger priesen in Liedern die Taten der Väter, vornehmlich die des großen Ardarich, der einst die Macht der Hunnen zerbrach. Sie ermahnten die Söhne, dem Ruhm der Väter nachzustreben und sich nicht schrecken zu lassen, wenn ihnen auch einmal das Glück abhold sei. „Ja", sagte Künemund, als die Sänger geendet hatten, „das blinde Glück warf Unwürdigen seine Gabe zu, denn mit ihren weißbebänderten Knien gleichen sie weißfüßigen Stuten, die man durch Schläge zähmen muß." Die Langobarden trugen um die Knie weiße Binden, daher erkannte Alboin sogleich, wem die Rede galt. Er erhob sich und rief dem Gegner zu: „Geh auf die Walstatt und suche die Gebeine deines Bruders, da wirst du erkennen, wie die weißfüßigen Stuten schlagen." Kaum war das unbedachte Wort gesprochen, so klirrten ringsum die Waffen. Um ihren Helden geschart, waren die Langobarden zum Kampf entschlossen. Da drängte sich der greise König, die geschwungenen Schwerter nicht achtend, zwischen die erbitterten Krieger. „Der Gott unserer Väter verhüte es", sagte er, „daß in meiner Halle das Gastrecht verletzt wird. Macht Platz meine Getreuen, und du, fremder Gast, empfange aus Königshänden die Rüstung, die du begehrst." Auf seinen Wink wurden Helm, Schild und Brünne gebracht, und er bekleidete damit den jungen Helden, den er sofort unter sicherem Geleit entließ. Draußen vor der Burg spielte Rosamunde, die blondgelockte, liebliche Tochter Künemunds, mit anderen Mädchen. Sie war kaum den Kinderjahren entwachsen und betrachtete neugierig die fremden Reiter. Sie wurde nicht gewahr, wie Alboins Blick auf ihr haftete, wie er vielleicht in tiefer Seele erwog, ob eine Verbindung mit dem feindlichen Stamme möglich sei. Sie sprang eilfertig in die Halle, setzte sich zur Seite des Großvaters, nahm liebkosend seine Rechte in ihre Hände und fragte ihn, wer die stattlichen Männer seien, die sich von ihm verabschiedet hätten.

Zu Lebzeiten der Könige Thurisind und Audoin herrschte Friede zwischen ihren Völkern; als sie aber die Augen zur ewigen Ruhe geschlossen hatten, entbrannte sogleich der blutige Hader. Alboin verband sich mit den räuberischen Awaren. Ehe jedoch ihre wilden Horden auf dem Kampfplatz erschienen, waren bereits die edelsten Gepiden in der Feldschlacht und in der erstürmten Königsburg Künemund unter Alboins furchtbarer Streitaxt gefallen. Der Sieger ließ sich aus dem Schädel des erschlagenen Königs ein silbergefaßtes Trinkgefäß herrichten und leerte es beim festlichen Gelage. Dann feierte er Hochzeit mit der schönen Rosamunde. Das unglückliche Weib träumte jetzt nicht mehr harmlose Kin-

Alboin wird von den Gepiden bedroht

derträume, wie einst in den Armen des greisen Ahnherrn; Träume unversöhnlicher Rache erfüllten jetzt ihre Seele. Sie hätte den verhaßten Gemahl gern in ihren Armen erdrosselt und mußte doch Liebe heucheln. Sie duldete, was nicht abzuwenden war; aber sie hoffte, die Stunde werde kommen, da sie den blutigen Schatten des Vaters mit dem Blut des Mörders sühnen werde.

Alboin ahnte nichts von dem, was in Rosamundes Seele vorging. Mit allem Volk der Langobarden, vielen Scharen der Gepiden, die der Königstochter folgten, und anderen Raubfahrern zog er fort über die Alpen nach Italien, wohin ihn der vom kaiserlichen Hof gekränkte Narses, der Besieger der Ostgoten, geladen hatte. Das schwache oströmische Reich, dessen Herrschaft sich wieder über Italien erstreckte, konnte dem stürmischen Andrang der kräftigen Germanen nur schwachen Widerstand entgegensetzen. Burgen und Städte sanken in Trümmer, wenn sie nicht freiwillig dem furchbaren Eroberer ihre Tore öffneten. Nur die festen Mauern von Pavia hemmten den reißenden Strom, der von den Gebirgen hinab in die Ebene brauste. Dort hatten sich die germanischen Söldner gesammelt, die unter Narses gekämpft und gesiegt hatten, und sie hielten treue Wacht über das ihnen anvertraute Gut. Der König wagte vergebens verzweifelte Stürme. Er stieg selbst auf einer schwankenden Leiter zur Zinne empor. Da traf ein schwerer Stein seinen Helm, und er sank bewußtlos zu Boden. Als er sich erholte, schwur er, die Stadt mit Brand, Mord und Plünderung völlig zu vernichten, und belagerte sie, um durch Hunger die Übergabe zu erzwingen. Mittlerweile entsandte er Heerhaufen unter tapferen, bewährten Führern nach Tuscien und weiter nach Süden, um die Eroberung der ganzen Halbinsel zu vollenden.

Die feste Stadt hielt sich drei Jahre lang, doch lag der König nicht müßig hinter seinen angelegten Schanzen, sondern er machte selbst Streifzüge am Po aufwärts und abwärts und über den Strom und war in allen Gefechten seinen Streitern voran. Und wo seine Streitaxt oder sein Schlachtschwert blinkte, da war der Sieg. Nur Peredeus, ein riesenhafter, unbändiger Recke, tat es ihm gleich. Man sagte, er habe Zwölf-Männer-Stärke, denn er hatte einst ganz allein einen feindlichen Heerhaufen in die Flucht geschlagen und den Anführer gebunden ins Lager gebracht. Er wurde aber von Freunden und Genossen gefürchtet, denn bei Gelagen schlug er mit der Faust jeden zu Boden, der ihm widersprach. Unter solchen Kämpfen und Abenteuern verging die Zeit, und die belagerte Stadt mußte endlich vom Hunger bezwungen ihre Tore öffnen. Das Heer zog ein, voran der königliche Held, den glänzenden Helm auf dem Haupt, seines Schwures eingedenk. Da strauchelte und stürzte plötzlich sein Streithengst unter ihm, und ein Priester rief ihm zu, es sei ein Wahrzeichen, daß er eines jähen Todes sterben werden, wenn er sein gottloses Gelübde zur Ausführung bringe. Diese Worte verfehlten den beabsichtigten Eindruck nicht. Der König glaubte, schonte und verzieh.

In der fürstlichen Halle saß Alboin mit seinen Helden beim festlichen Siegesmahl. Die Recken gossen den Glutwein des Südens in die durstigen Kehlen, und lauter und lärmender ging die Rede hin und her im Kreise der Zecher. Sie sprachen von Wodan, dem Schlachtengott, von Frigg, der Himmelskönigin, die den Vätern einst Sieg und Namen verschafft habe. Sie priesen ihre Waffen, ihre Taten im Kampf gegen die Gepiden und jetzt im schönen Südland, wo sie durch das Schwert sich Überfluß und Herrschaft erworben hätten. „Wie dort auf der erstürmten Königsburg", rief Alboin, „will ich auch hier, in der eroberten Hauptstadt meines neuen Reiches, den Schädelbecher leeren." Auf sein Geheiß hin wurde das schreckliche Gefäß gebracht. Königin Rosamunde saß an seiner Seite und hatte bisher nach der gastlichen Sitte germanischer Hausfrauen den Ze-

Alboin, König der Langobarden

chern die Becher gefüllt. Er befahl ihr, auch jetzt ihres Amtes zu walten. Sie schauderte, zögerte, goß endlich mit zitternden Händen das Gefäß randvoll; da rief er betrunken und übermütig: „Sieh doch, Rosamunde, ich liebe dich mehr als alle Kleinodien meines Schatzes, mehr als mein Königreich. Beweise auch du mir deine Liebe und Ergebenheit, indem du mir die Schale bringst." Sie sah ihn bittend an, aber ihr Zögern erregte seinen Zorn. Er erhob die Hand gegen sie – da geschah das Entsetzliche – sie setzte den Schädel ihres erschlagenen Vaters an die Lippen. Ob sie trank, wußte niemand, denn sie warf alsbald das Gefäß auf die Tafel, daß der Wein darüberfloß, und sagte: „Dein Wille ist geschehen, aber dein Weib hast du verloren." Mit diesen Worten erhob sie sich und verließ den Saal. Ein dumpfes Murmeln des Unwillens ging durch die Reihen der Zecher, denn es war keiner, der das Tun des Königs richtig fand. Er war jedoch selbst auf einmal nüchtern geworden. Er trank nicht mehr, er redete nicht mehr, er verließ ohne Gruß die geschmückte Halle, und die Gäste folgten ihm bald nach. Das frohe Gelage hatte einen traurigen Abschluß gefunden.

Der König fand seine Gattin nicht im ehelichen Gemach; erst am folgenden Tag erschien sie wieder wie sonst und widmete sich ihren Geschäften. Der Vorfall schien vergeben und vergessen. Sie aber konnte nicht mehr vergeben und vergessen; sie wußte jetzt, daß die Zeit der Vergeltung da war, daß der Schatten ihres Vaters, der nachts im Traum an ihr Lager trat, die lange verschobene Rache forderte. Sie gewann durch listige Versprechungen Helmigis, den Schildträger des Königs, für ihren Plan, und als dieser, den furchtbaren Arm Alboins scheuend, zögerte, da erwarb sie durch Gunstbezeigung den starken Peredeus zum Genossen. Als nun einmal der Fürst friedlich auf seinem Lager ruhte, öffnete sie die Tür des Gemachs und ließ ihre bewaffneten Verbündeten ein. Der König erwachte, griff nach seinem Schwert, aber das listige Weib hatte es in der Scheide befestigt. Er suchte sich mit einer Fußbank zu verteidigen, doch erlag er bald den Verrätern und sank von Speeren durchbohrt auf das Ruhebett. Ehe die Tat ruchbar wurde, brachten die Verschworenen den königlichen Schatz in Sicherheit, dann erklärte Rosamunde im Vertrauen auf viele gewonnene Krieger, besonders auf die ihr ergebenen Gepiden, was geschehen war, und schlug Helmigis, den sie als zweiten Gemahl anerkannte, zum Nachfolger Alboins in der Herrscherwürde vor. In der Versammlung der Edlen herrschte Zwietracht; endlich aber erklärte die Mehrzahl, der Mörder des großen Alboin könne nicht sein Nachfolger werden, denn er sei dem Gericht verfallen. Unter Unruhen und Verhandlungen verging mancher Tag, und die Verschworenen gewannen Zeit zur Flucht.

*Alboin zwingt Rosamunde,
aus dem Schädelbecher ihres Vaters zu trinken*

Unter dem Geleit treuer Gepiden erreichten die Flüchtlinge mit den königlichen Schätzen glücklich Ravenna, wo noch ein Exarch oder Statthalter des oströmischen Kaisers sich behauptete. Longinus, so hieß dieser Beamte, nahm die Witwe mit ihrem Gefolge gastlich auf. Er entbrannte in Liebe zu der schönen Frau, vielleicht noch mehr zu ihrem unermeßlichen Goldschatz, und trug ihr seine Hand an. Sie zögerte nicht mit dem Jawort, doch war der neuen Verbindung Helmîgis im Wege, der Willen und Kraft hatte, sein Recht auf die Verlobte geltend zu machen. Aus dem Bad kommend, bat Helmigis um einen erfrischenden Trunk. Rosamunde reichte ihm das von Longinus gemischte Gift. Er leerte den Becher zur Hälfte; da er aber sofort die tödliche Wirkung empfand, zwang er das

Weib mit gezücktem Schwert auszutrinken. So starb das mörderische Paar. Der fluchbeladene Schatz fiel dem Exarchen in die Hände; aber er wurde seiner nicht froh, denn er starb nach der Sage um des Goldes willen.

Nun war von den Mördern Alboins nur noch Peredeus der riesenhafte Kämpfer übrig. An Blutvergießen gewöhnt, schlug er die Tat nicht hoch an. Mit einem Haufen herrenloser Gepiden ging er nach Konstantinopel und wurde dort bereitwillig in die kaiserliche Leibwache aufgenommen. Er zeichnete sich bald in den Kämpfen bei inneren Unruhen und gegen äußere Feinde aus. Er schlug in jedem Treffen die stärksten Gegner zu Boden und empfing niemals eine Wunde, denn seine schwere Rüstung war undurchdringlich. Deswegen zahlte man ihm doppelten Sold; aber der reichte nicht aus, um seinen Hunger und seinen Durst und seine maßlosen Gelüste zu befriedigen. Daher griff er zu allem, was er fand, und kümmerte sich nicht um Gesetz und Eigentumsrecht. Jeden Widerstand aber, der sich gegen ihn erhob, schlug er mit seiner furchtbaren Faust nieder. Er spielte den Meister im Palast, Köche und Kellermeister mußten ihm die nötigen Vorräte für seine schwelgerischen Gelage liefern. Vom Kaiser selbst erhielt er manchen blanken Byzantiner, wenn er bei Hofe seine wunderbaren Kraftstücke ausführte. Als er aber einmal mit geringerem Lohn abgefertigt wurde, sagte er ohne Hehl, er werde die Majestät an der nächsten Zinne aufknüpfen, damit sie fühle, wie es einer durstigen Seele zumute sei. Die kecke Rede wurde weitergetragen, und die Majestät befahl, den gefährlichen Kriegsknecht unschädlich zu machen. Solange er indessen auf seiner Hut und in Rüstung war, wagte man nicht, ihn anzutasten, denn weder Helm noch Schild schützten gegen seine Schwertstreiche; aber einmal in der Nacht, als er seinen Rausch ausschlief, wurde er mit Ketten gefesselt und geblendet. Sein fürchterliches Geheul erfüllte den Palast und die nächsten Quartiere mit Schrecken. Indessen war der unbändige Mann unschädlich gemacht, denn in seiner Blindheit konnte er nicht mehr an Rache denken. Er wurde auch in der Tat ganz ruhig und fügsam, doch nahm man ihm nicht eher die Ketten ab, als bis er sich eines Tages erbat, noch einmal vor dem Kaiser Proben seiner ungeschwächten Kraft abzulegen. Er wurde in den Saal geführt und erregte durch seine ungewöhnlichen Leistungen den lauten Beifall des Monarchen. Kaum hatte er aber die ihm bekannte Stimme gehört, so stürzte er in Richtung und durchbohrte mit einem verstecktgehaltenen Messer zwei hohe Staatsbeamte, die an des Kaisers Seite saßen. Er selbst beendete sein Leben unter den Speeren der Leibwächter. So fanden die Mörder Alboins ein gewaltsames Ende; aber das Volk entbehrte seines starken heldenmütigen Führers und gelangte nicht in den vollen Besitz des schönen Südlandes.

2. König Rother (Ruother)

Bari heißt eine Stadt in Apulien, die jetzt nicht mehr sehr ansehnlich ist, vor alten Zeiten aber von Zinnen und Kuppeln glänzte und stolz ihr Haupt über andere Städte erhob. Der nunmehr zum Teil versandete Hafen war damals tief und geräumig und wimmelte von Schiffen, die reiches Kaufgut ein- und ausführten. Das Weichbild der Stadt glich einem herrlichen Garten, wo unter Oliven- und Orangenbäumen vielfarbige Blumen dufteten. Zu der Zeit, von der wir reden, mischten sich in den Vogelgesang, der die Büsche belebte, Harfenklänge, bisweilen von schmetternden Hörnern und Jauchzen fröhlicher Menschen übertönt. Der siegreiche König Rother, der Vater seiner Völker und Schrecken aller Reichsfeinde, hatte nämlich hier sein Hoflager aufgeschlagen und die Herzöge, Grafen und Edlen des Reiches zu einem großen Fest versammelt. In der längs dem Meere angelegten Rennbahn vertrieben sich junge Recken mit Waffenübungen, Speerwerfen und anderen Spielen die Zeit, und geschmückte Frauen und Jungfrauen teilten unter dem Jubel der Menge an die Sieger Preise aus.

Auf seinem Thron, umgeben von den Räten des Reiches, saß König Rother im fürstlichen Purpur. Er blickte bald auf das Volksgetümmel, bald auf das bewegte Meer. Er schien am festlichen Tage nicht recht heiter, sondern ernst und in tiefes Sinnen verloren. Endlich wandte er sich an seinen treuen Bannerträger, Herzog Berchther von Meran, der neben ihm saß. „Siehst du", sagte er, „wie die Wellen zum Strande rauschen, dann ihre schaumgekrönten Häupter stolz emporrichten und wieder spurlos in die Tiefe versinken? So sind die Könige der Erde, und so auch alle Menschen. Nach einigen Jahren werden auch wir in die Tiefe versinken, und niemand wird mehr unserer gedenken." – „Wie magst du also reden!" versetzte der Herzog. „Hörst du nicht, wie Harfen und Lieder zu deinem Lob ertönen? Und weißt du nicht, daß die Lieder von Geschlecht zu Geschlecht vererbt werden und deinen Namen und deine Taten bis in die fernsten Zeiten verkünden?" – „Ein schwacher Trost", sagte der König. „Was kümmert mich die Frucht, die erst in der Zukunft reift, wenn die Gegenwart freudenleer ist? Schafft mir das Singen und Sagen ein frohes Hauswesen? Dort stehen deine sieben Söhne, der kühne Leupold an ihrer Spitze, ihre Helme geschmückt mit Siegespreisen. In und mit ihnen lebst du ein zweites Leben. Sie werden dein Alter mit ihrer Liebe umgeben. Ich aber stehe einsam auf der Höhe ohne Weib und Kinder, ich werde verdorren wie ein alter Baum, oder irgendwann als schwacher Greis zum Gespött meiner Feinde werden." – „Und wer hindert dich, ein Weib zu nehmen, das dir gefällt?" erwiderte lächelnd der Herzog. „Stehst du doch noch im blühenden Alter, ungeschwächt durch die siegreichen Kämpfe! Unter den Jungfrauen im Lande wie auch unter fremden Fürstentöchtern steht dir die Wahl frei." – „Die Wahl frei!" sagte Rother fast mit Hohn. „Die Könige sind gebundener als ihre geringsten Untertanen; sie müssen ebenbürtige Frauen wählen, oder ihre Kinder sind erb- und rechtlos und fluchen dem, den sie Vater nennen. Ich habe aber auf allen meinen Fahrten in fremden Reichen kein Fürstenkind gefunden, mit dem ich den Thron teilen möchte."

„Ich wüßte eine Frau, Herr, die du mit Ehren freien könntest", bemerkte Berchther nach einigem Nachdenken. „Doch möchte der Freiwerber bei dem Geschäft leicht den Kopf verlieren." – Als der König weitere Kunde zu hören wünschte, zeigte er ihm das mit großer Kunst gefertigte Bildnis der schönen Jungfrau, das er sich, wie er sagte, selbst in Konstantinopel verschafft habe, das aber von dem Liebreiz der holdseligen Jungfrau noch weit überstrahlt werde. Lächelnd über die Lobrede des bejahrten Mannes nahm Rother das Bild. Aber wie er es vor sich hatte, konnte er den Blick nicht mehr davon abwenden. Er war wie durch Zauber gebannt; er wollte selbst um sie werben, ihr sein Reich, seine Schätze, sich selbst zu Füßen legen. Er wollte auf Tod und Leben um sie kämpfen. „Wohl getan", sagte Berchther. „Aber die Sache liegt schief, denn was gilt ein Freier ohne Kopf? Kaiser Konstantin nämlich hat seine Tochter so lieb, daß er sie nicht von sich lassen will, daß er jedem Mann, der um sie wirbt, er sei Graf, Herzog oder König, den Kopf abschlagen läßt." – „Ich versehe mich eines Bessern", versetzte der königliche Held. „Der Herr des Morgenlandes wird dem Beherrscher des Abendlandes nicht solche Schmach zufügen. Man berufe die Räte ein, daß ich ihnen meinen Willen kundtue." Die hochweisen Herren kamen sofort zusammen; als ihnen aber der Fürst seinen Entschluß bekanntmachte und erklärte, sie möchten einen Reichsverweser wählen, weil er nicht wisse, ob er jemals wieder heimkehre, meinten sie einmütig, der König sei das Haupt des Volkes. Wenn er also den Kopf verliere, so sei das ganze Volk kopflos; man möge lieber treue Boten absenden, denen man das wichtige Geschäft übertrage. Ihre Köpfen seien im Lande zu ersetzen, nicht aber ein Königskopf. Rother wollte anfangs nichts von dem Tausch wissen, doch gab er endlich der Stimme seines Staatsrates nach und fragte nun, wer dieses Amt übernehmen wollte. Die Räte entschuldigten sich; sie meinten im stillen, ihre Köpfe seien nicht minder wertvoll als der königliche.

Dieser Ansicht stimmten die Hofleute, eingedenk ihrer eigenen Häupter, schweigend zu. Endlich erhob sich Leupold, Berchthers kühner Sohn, und seine sechs Brüder und erklärte, er wolle für seinen geliebten Lehnsherrn Leib und Leben wagen. Dem rühmlichen Beispiel folgten noch fünf edle Grafen, so daß nunmehr zwölf Staatsboten zur Werbung bereit waren.

Mit Rüstung, Waffen, fürstlichen Gewändern und reichen Geschenken ausgestattet gingen die jungen Helden an Bord der Schiffe. Ehe die Anker gelichtet wurden, trat der König noch einmal unter sie. Er trug eine goldbesaitete Harfe, und spielte eine Weise, die war so lieblich und drang so mächtig zu Herzen, wie das Lied, das Wodan singt, wenn er in brausendem Sturm über die bewegte Meeresflut reitet. Schweigend lauschten die Männer umher und das Schiffsvolk. Es war ihnen, als berufe sie der Gott selbst, der Bringer des Sieges, zum Wagnis und verheiße ihnen seinen Beistand. „Wenn ihr in Not geratet", sagte Rother, „und ihr hört diese Weise, so denkt, daß ich euch nahe bin." Sie freuten sich der Worte ihres gütigen Herrn, nahmen Abschied und in manchem Auge glänzten Tränen. Nun endlich wurden die Taue gelöst, günstiger Wind schwellte die Segel und das Fahrzeug schwamm stolz durch die blauen Fluten des Mittelmeers. Nach Tagen und Wochen gelangte man zum Goldenen Horn, in den Hafen von Konstantinopel. Es war noch sehr früh am Morgen. Ein frischer Wind zerriß die Nebeldecke, so daß einzelne Schichten wie nächtliche Geister über die Fläche hinwogten. Aus dem Meer erhoben Delphine ihre weißen Köpfe, als wollten sie das Taggestirn grüßen, und sanken dann wieder geräuschlos in die Tiefe.

Sobald das Fahrzeug wohlbefestigt und unter sicherer Hut war, legten die Boten ihre köstlichsten Gewänder an. Ihre Mäntel waren aus Hermelin, worauf in leuchtendem Gold gewirkt Drachen, Hirsche und allerlei Wild zu sehen war; darunter trugen sie Gewänder aus Samt und schwerem, mit Gold durchwobenen Seidenstoff. Die Gewandung war so reich, daß sich das Volk überall herbeidrängte, um die Ankömmlinge zu sehen. Auch im kaiserlichen Palast staunte man die Fremdlinge an, und hinter Fenstergardinen schauten verstohlen Frauen und Mädchen auf die fürstlichen Männer hinunter und fragten neugierig die Dienerschaft, wer sie seien und woher sie kämen. Niemand aber kannte sie; man erfuhr nur, es seien Boten aus fernen Landen, die dem Kaiser wichtige Nachricht bringen wollten.

Noch träumte der Monarch von den Festen und Feiern, da trat seine Gemahlin ein und weckte ihn mit den Worten: „Erhebe dich, Konstantin, denn es sind stattliche, reich gekleidete Boten von einem mächtigen König angekommen, die dir eine wichtige Botschaft überbringen wollen. Empfange sie, wie es sich ziemt, mit fürstlichen Ehren." Sofort verließ der Kaiser das Lager, legte seinen Schmuck an und befahl, die Fremdlinge nach reichlicher Bewirtung in den Thronsaal zu geleiten, nachdem er selbst den Thron eingenommen habe. Es geschah nach seinen Worten. Bald saß er auf dem goldenen Thron, hoch und herrlich, strahlend von Gold und Edelsteinen. Er war ein stattlicher, wohlbeleibter Mann; doch war er verwundert, als er die zwölf Boten vor sich sah, hohe Gestalten, die an kraftvollem Gliederbau wie an kostbarer Gewandung seine Hofleute weit übertrafen. Als er nun vernahm, sie seien Gesandte des mächtigen Königs Rother, von dessen Siegen er gehört hatte, erwies er sich gar freundlich und herablassend und versicherte, er werde gern ein Bündnis mit ihrem Herrn abschließen, wenn sie ein solches in dessen Namen antragen wollten. Er sprach diese Worte freundlich lächelnd. Sein feistes Angesicht glänzte dabei wie Sonnenschein. Darauf erwiderte Leupold: „Einen solchen Freundschaftsbund gegen alle Feinde mit Euch abzuschließen, hoher Herr, ist auch der Wille unseres Gebieters. Und damit die Brüderschaft fest und unauflöslich werde, bittet er Euch gnädigst um die Hand Eurer edlen Tochter. Er will sie zur Herrin über seine ererbten und eroberten Reiche einsetzen und sie ehren wie . . ." Er konnte nicht weitersprechen, denn das Angesicht des Kaisers war finster geworden, als ob ein Nachmahr über ihn gekommen sei. „Ruchlose Verräter", rief er, und seine Hängebacken schlotterten vor Eifer. „Schandbare Übeltäter, wißt ihr nicht, daß ich jedem, der mir mein Kind entführen will, das Haupt abschlagen lasse? Um eures königlichen Herren willen sollt ihr euer Leben behalten, aber in einem tiefen Verlies für euren Frevel büßen. Ergreift sie und bringt sie in den Kerker, daß weder Sonne noch Mond sie bescheint!"

Ehe die Boten ihre Schwerter ziehen konnten, waren sie umringt, niedergeworfen, ihrer Mäntel beraubt und fortgeschleppt.

Kaiser Konstantin schritt heftig bewegt im Saal auf und nieder; dann rieb er sich selbstgefällig die Hände, indem er vor sich hinmurmelte: „Köpfen, ersäufen, hängen – die zwölf Schufte in Scharlachwämsern am Galgen – ein prächtiges Schauspiel! – Heiliger Mauritius, schaffe, daß wir Ruhm davon haben!" – Während er seine Gedanken laut werden ließ, trat die gute Kaiserin vor ihn hin. „Konstantin", sagte sie, „bedenke, ob dein Vorhaben richtig war. Soll unsere schöne Tochter immer im Jungfrauenhaus eingeschlossen bleiben? Wäre es nicht besser, wir gäben sie dem mächtigen König Rother, daß sie an seiner Seite das Abendland beherrschte, wie wir das Morgenland? Wenn du aber die Boten köpfen, ersäufen und obendrein noch hängen läßt, wird ihr Oberhaupt sich dann nicht mit dem Heidenkönig von Babylon und mit den nordischen Barbarenhorden gegen uns verbinden und uns aus dem Reiche vertreiben?" – „Sankt Michael wird uns mit seinen heiligen Engeln zu Hilfe kommen", erwiderte er mit einem salbungsvollen Blick zum Himmel. – „Aber", sagte die verständige Frau, „der hat andere Geschäfte, er kämpft gegen die wilden Heiden, daß sie bekehrt und selig werden. Darum rate ich dir, behalte die Boten Rothers als Geiseln in Gewahrsam, so haben wir eine Sicherheit, wenn ihr König mit Heeresmacht über die Westsee gegen uns gesegelt kommt." – Dieser Rat gefiel dem Kaiser wohl, und er befahl, die Gefangenen gut zu bewahren.

Wohl ein Jahr war vergangen, seitdem die treuen Boten von Bari abgesegelt waren. Da stand König Rother auf dem Söller seines Palastes und blickte traurig auf die Wogen des Meeres. Sie brachten ihm nicht die edle Jungfrau, deren Bild ihm noch immer vor Augen stand, noch Kunde von seinen Männern, die um seinetwillen die gefährliche Fahrt unternommen hatten. Hatte die wilde Flut sie verschlungen? Der grausame Tyrann sie erwürgt? Die Wellen gaben ihm keine Antwort, sie zogen eintönig rauschend ihre Bahn. Unten am Strand sah der König seinen Vertrauten, den alten Berchther, daherkommen. Er winkte ihn zu sich herauf und begrüßte ihn mit einem Händedruck. „Herr", sagte der Herzog, „ich trage den Kummer nicht mehr. Ich hatte zwölf Söhne; Helfrich, der älteste, fiel im Kampf gegen Barbaren weit im Norden am Elbestrom; sieben sind in deinem Dienst nach Konstantinopel gezogen und nicht heimgekehrt. Ich will mich aufmachen, ob ich sie finde." – „Aber du sollst nicht allein ziehen; wir wollen unsere Räte befragen, ob nicht ein allgemeines Aufgebot der Vasallen und eine Heerfahrt nach Konstantinopel für gut erkannt wird." Der Herzog war damit einverstanden, und die Reichsräte traten nach dem königlichen Gebot zusammen und beratschlagten hin und her. Schließlich faßte man folgenden Beschluß: „Eine Heerfahrt ist abzulehnen, weil der feindselig gesinnte Kaiser alsdann die zwölf Boten, falls sie noch am Leben sind, in seinem Zorn zuerst ermorden würde. Dagegen scheint es gut, daß das Reichsoberhaupt selbst mit auserlesenen Helden und großem Troß die Fahrt unternehme, um zu versuchen, ob nicht durch gütliche Verhandlung die Freiheit der Grafen und zugleich die Hand der kaiserlichen Jungfrau erlangt werden könne."

König Rother war mit dieser Entschließung wohl einverstanden und auch mit einer zweiten, daß in seiner Abwesenheit Herzog Berchther als Hofrichter an seiner Stelle für des Reiches Wohlfahrt und Sicherheit sorgen solle. Dagegen aber erhob sich der alte Held. Er werde nie zurückbleiben, sagte er; und wenn das ganze Reich in Mord und Brand untergehe, so wolle er an der Fahrt teilnehmen, da diese das Heil seiner sieben Söhne betreffe. Er schlug dagegen zum Schirmherrn des Landes den Grafen Amelger von Tengelingen vor, was vom Reichsrat ohne Widerrede angenommen wurde.

Sobald die Verwaltung des Reiches geordnet war, erging der Aufruf des Königs an alle tapferen Recken in seinen Landen, die mit ihm ziehen und das Abenteuer in Konstantinopel bestehen wollten. Bald sah man auf den Landstraßen kühne Helden in glänzenden Rüstungen auf stattlichen Hengsten dahertraben, alle entschlossen, unter des Königs siegreichem Banner Ruhm zu gewinnen. Mitten unter den Reisigen schritten auch zwölf riesige Männer zu Fuß einher, die man überall mit Staunen betrachtete. Sie waren so groß und schwer, daß die Rosse sie nicht zu tragen vermochten. Sie führten in den Händen eiserne Stangen oder Keulen und an der Seite breite Schwerter. Ihre blanken Schilde, Helme und Brünnen leuchteten weit in die Ferne. Niemand wußte, wer sie waren und woher sie kamen, außer König Rother selbst. Der königliche Held hatte das unbekannte nordische Riesenland durchzogen und mit Asprian, dem dortigen

König Rothers Meerfahrt

Oberhaupt, Freundschaft geschlossen. Dieser Asprian kam jetzt dem Waffenbruder zu Hilfe, da er von dessen Not gehört hatte. In seinem Gefolge war auch der grimmige Widolt, der mit seinem Willen an eine Kette gebunden war, weil er bei der geringsten Veranlassung in Zorn geriet und alsdann schonungslos alles niederschlug, was ihm vor die Klinge kam.

„Hei!" rief Berchther, als er die mannhaften Recken und Riesen sah. „Mit diesem Volk werden wir den Kaiser selbst aus Stadt und Land jagen, aber vorerst wird es ratsam sein, glimpflich zu verfahren, List und die Hexe mit den goldenen Pfennigen aufzubieten, die in des Königs Kasten und Kammern Herberge hat." Nach dem Rat des klugen Mannes wurden sofort unermeßliche Schätze aus den Gewölben des Palastes hervorgeholt, reichlicher Sold, Rüstungen und köstliche Gewänder an die Helden verteilt. Ferner gewann man einen kunstreichen Schmied, der Schmucksachen, Ringe, Gürtel, Spangen und herrliche Kleinodien anfertigte und selbst die stolzen Reisenden auf der Fahrt begleitete. Endlich waren die Vorbereitungen fertig, die Reichtümer wurden auf Wagen an das Ufer geführt und die Schiffe mit der wertvollen Fracht beladen; dann stiegen die Helden an Bord, zuletzt der König selbst in strahlender Rüstung, das gute Schwert an der Seite, die Harfe unter dem Arm, um damit den Boten die nahe Hilfe zu verkünden.

Unter dem Schmettern der Hörner wurden die Taue gelöst, die mit Silberstoff umsäumten Segel schwellte günstiger Fahrtwind, und wie von Schwänen gezogen glitten die Fahrzeuge durch die glänzende Flut. Der König stand hoch auf dem Deck seiner Galeere. Er griff in die Saiten der Harfe und sang ein Lied von Liebeslust und Mannesmut, daß sich die Helden förmlich nach einem Kampfe sehnten.

Wie sie nun um ihren Anführer versammelt standen, sagte er ihnen, daß man vorerst mit kluger List das Werk versuchen müsse, daß sie ihn daher auf der Fahrt und im fremden Lande Dietrich nennen und als einen von Rother vertriebenen Flüchtling behandeln sollten, dessen Verbannung sie, seine Gefolgschaft, teilten. Die Männer gelobten es ihm, und hielten treulich ihr Versprechen.

Vor den Augen der kühnen Krieger stieg aus dem wogenden Meer der „Wangenglanz des Weltantlitzes", wie man die stolze Kaiserstadt nannte. Sie landeten, und Herr Dietrich mit dem alten Berchther stieg zuerst aus; dann folgten die Recken, alle in glänzender, fremdartiger Gewandung. Die neugierige Menge strömte herbei, Schiffsleute, Krämervolk, schaulustige Müßiggänger jedes Standes. Als aber darauf Asprian mit seinen gewaltigen Männern erschien, als Widolt mit der Stange, grimmig blickend, an seiner Kette gleich einem gefesselten Löwen einherschritt, da rannten die müßigen Gaffer nach allen Weltgegenden, denn jeder fürchtete, der schreckliche Riese werde sich losreißen und ihn mit Haut und Haaren verspeisen. Die Recken bestiegen ihre edlen Rosse, die man über eine Fallbrücke von den Schiffen herabgeführt hatte. Der ganze Zug zu Roß und zu Fuß setzte sich nach der Kaiserburg in Bewegung.

Die Kaiserin, begleitet von Herzögen, Grafen und den Hofherren, ging den Helden freundlich entgegen und begrüßte sie als werte Gäste. Auch Kaiser Konstantin erwies sich als huldvoll. Er hatte wieder seinen Thron eingenommen inmitten der oberen Wand des hochgewölbten Saales. Die Großen des Reiches waren um ihn versammelt, auch Leibwächter und Schützen, die seine geheiligte Person beschützten. Auf seinen gnädigen Wink traten die unbekannten Ankömmlinge vor ihn hin und harrten seiner Anrede. „Fremdlinge", sagte er, „wir möchten gern vernehmen, wer ihr seid, woher ihr kommt und was ihr in unserem Reiche zu tun gedenkt."

„Erhabener Beherrscher der Griechen, Ungarn und Bulgaren", begann Dietrich, „wir kommen aus König Rothers Reich, wo ich als Herzog Schmach erdulden mußte. Mit meinen Mannen stand ich meinem Lehnsherrn in allen seinen Kämpfen zur Seite und war allezeit siegreich; dennoch traf mich sein Neid – und ich mußte vor der königlichen Macht entweichen. Mit meiner fahrenden Habe und den getreuen Lehnsleuten, die Ihr hier bei mir seht, begab ich mich als hilfsbedürftiger Flüchtling auf die Fahrt, und ich tröste mich, daß ihr mir vergönnt, hier Herberge zu nehmen und Euch in allen Anfechtungen treue und vorteilhafte Dienste zu leisten." – „Du bist ein tüchtiger Mann", erwiderte der Kaiser huldvoll. „Du sollst gebührenden Sold und reichlichen Unterhalt an guter Kost und stärkendem Getränk erhalten. Ich fürchtete schon, du würdest um eine edle Jungfrau werben, die mir lieb ist, wie es dein übler Herr König Rother getan hat, dessen Boten gebunden in meinem Gewahrsam liegen und nie wieder das Sonnenlicht erblicken werden. Ich hätte alsdann dir und deinen Gesellen das gleiche Los zugedacht."

Als der Riese Asprian diese Rede vernahm, trat er so kräftig auf den Boden, daß der ganze Saal zitterte. „Herr", rief er dabei, an sein mächtiges Schwert schlagend, „da hättet Ihr ein mühseliges Geschäft vorgenommen, und gar mancher Mann von Eurem Gesinde und Ihr selbst wäret dabei schlimm gefahren, und wer weiß, ob Ihr Euer Haupt bewahret hättet. Wir sind nicht so geartet, daß wir uns gleich zahmen Lämmern binden lassen."

Kaiser Konstantin erschrak ob dieser Rede und fügte begütigend hinzu, er habe es so schlimm nicht gemeint, und es sei kein Grund vorhanden zu solchem Zürnen. Nach diesen Gesprächen lud er die Recken zur kaiserlichen Tafel in den Speisesaal. Da gab es nun viel Gedränge, und Widolt schleuderte einen der vornehmen Hofherren, der ihn wegschieben wollte, so unsanft aus dem Wege, daß er wie ein Federspiel unter die Menge flog. Noch übler erging es einem Liebling des Kaisers, einem gezähmten Löwen. Dieser schritt um die Tafeln und riß den Gästen die Kost weg, die ihm behagte. Als er aber zu Asprian kam und zähnefletschend dasselbe tat, schmetterte ihn der Riese an eine Steinwand, daß er nie wieder einen Bissen begehrte. Wohl zürnte Konstantin heftig und wollte seine Schützen rufen, daß sie die schrecklichen Gäste aus dem Wege räumten; aber die Kaiserin bat ihn Frieden zu halten, weil es ihm selbst ans Leben gehen könne. „Siehst du wohl", sagte sie, „wie der Held an der Kette seine Eisenstange schüttelt? Und diese fürchterlichen Männer hat König Rother aus dem Reich vertrieben. Wie gewaltig muß er selbst sein! Wolltest du auf meine Worte achten, so ließest du seine Boten frei und gäbest ihnen unsere Tochter mit, daß sie an der Seite des ruhmvollen Königs über ein großes und reiches Land in Ehren herrsche und ihren Gemahl uns zum treuen Bundesgenossen erwerbe." Konstantin hörte mit Unmut diese Rede und hieß die Frau stille sein, da er seinen Entschluß niemals ändern werde.

Dietrich bezog mit seinen Gesellen eine ihm zugewiesene Herberge im kaiserlichen Hofe. Er ließ in den nächsten Tagen seine Reichtümer in vielen Wagenladungen aus den Schiffen herüberschaffen, eine unendliche Fülle von Gewändern, von goldenen und silbernen Spangen, Ringen, Kleinodien mancherlei Art, Rüstungen, Schwertern, Lanzen und Wurfspeeren, auch edle Streithengste, Sessel von Elfenbein, Gold in Stangen und Münzen. Viele Tage dauerte das Einbringen der Schätze. Die schaulustige Menge stand von früh bis spät und staunte über den unerschöpflichen Reichtum. Das Staunen aber verwandelte sich bald in Freude und Dank, da bald diesem, bald jenem, der ärmlich gekleidet oder sonst trübseliges Gemütes war, ein Mantel oder ein anderes Gewand verabreicht wurde. Auch goldene Ringe, Halsschmuck, Kleinodien mancherlei Art spendete der gütige Herr Dietrich, der als der allgemeine Wohltäter gepriesen wurde. Häufig stellten sich selbst streitbare Männer ein und baten um ein Rüstzeug. Ihnen gab der volksfreundliche Herr Helme, Brünnen, Schilde und Schwerter. Insbesondere beschenkte er mit einer vollständigen Rüstung einen edlen Recken, der hieß Arnold und war durch Raubfahrer um seine ganze Habe gebracht worden. Der tapfere Held zog sogleich das überreichte Schwert und schwur auf die mit goldenen Runen verzierte Klinge, er werde damit dem herrlichen Geber in Not und Tod zur Seite stehen.

Der Ruf von Dietrichs Reichtum und Freigebigkeit verbreitete sich in der ganzen Stadt und drang auch in die Frauengemächer des Palastes. Gar gern hätte Oda, Konstantins umworbene Tochter, den Helden von Angesicht gesehen; aber sie wußte nicht, wie das mit Zucht und Ehren geschehen könne. Da gab ihr Herlind, ihre Kammerfrau, den Rat, sie solle ihren Vater überreden, im Poderameshof (Hippodromos, d. i. eine Pferderennbahn) ein großes Festgelage zu veranstalten, um seine Freigebigkeit und seine kaiserlichen Schätze aller Welt zu zeigen. Die Jungfrau befolgte den Rat, und der Kaiser, der sie wie sein Leben liebte, war sogleich bereit, ihren Wunsch zu erfüllen. Auf seine Einladung an die Edlen des Reiches kamen Herzöge, Grafen und hohe Beamte in glänzendem Schmuck, und auch die geladenen Gäste aus dem Abendland fanden sich ein. Alle aber überstrahlte Dietrich, dessen Kleidung mit den kostbarsten Goldstickereien und Edelsteinen verziert war. Um ihn war das Gedränge von müßigen Gaffern so groß, daß ihn die kaiserlichen Frauen in der Menge nicht sehen konnten. Als das Gelage begann und der Wein in Strömen floß, mußten sich die edlen Frauen in ihre Gemächer zurückziehen. Am folgenden Tag erzählten die redseligen Kämmerer von dem Fortgang des Festes und vornehmlich von dem reichen und stattlichen Herrn Dietrich und seinen Mannen. Alle diese Reden vernahm Oda, und ihr Verlangen, den gefeierten Helden zu sehen, wuchs immer mehr. Sie versprach der schlauen Herlind fünf goldene Armringe, wenn sie, ohne daß es ruchbar werde, den Recken in ihr Gemach führe. Die Zofe schlich vorsichtig zu Dietrichs Herberge und sagte ihm ihrer Herrin Begehren. Er aber weigerte sich, indem er auf die neugierigen Späher verwies, die alle seine Schritte belauerten und ihn bei dem Kaiser leicht verdächtigen könnten. Als sie nun mißmutig zu ihrer Herrin zurückkehren wollte, gab er ihr als Botenlohn einen goldenen und einen silbernen Schuh, denn sein Kunstschmied hatte solche Fußbekleidung in Menge angefertigt.

Erfreut über die reiche Gabe dankte sie und eilte fort zu ihrer Gebieterin, der sie alles berichtete. „Er ist ein edler Mann", sagte Oda. „Mehr besorgt um unsere Ehre als um seine Sicherheit. Aber das Geschenk will ich ihm zum Andenken aufbewahren. Ich gebe dir so viele Byzantiner, daß du die Schuhe damit füllen könntest." Herlind war damit wohlzufrieden und versuchte nun, die Gabe der Herrin anzulegen; aber beide Schuhe waren für einen Fuß gemacht und paßten nicht für den anderen. „Geh", sagte die Jungfrau, „er ist falsch; bringe ihm das Geschenk zurück und wirf es ihm vor die Füße. Ich will nicht mehr an ihn denken." Die kluge Herlind verstand es, die Gedanken ihrer Herrin zu erraten. Sie begab sich eilends zu Dietrich und gab ihm zu verstehen, daß des Kaisers Tochter zwar erzürnt sei, daß sie sich aber den vielgerühmten Mann nicht aus dem Sinne schlagen könne und ihn gewiß eines gnädigen Blickes würdigen werde, wenn er selber die passenden Schuhe überbringe. Es mußte nun Rat geschafft werden, wie das ohne Gefahr geschehen könne. Die Zeit schien dazu günstig, denn im Poderameshof wurde gekämpft, Ringspiele wurden geübt und allerlei Kurzweil getrieben. Dahin sandte jetzt Dietrich den treuen Asprian und dessen Gesellen. Die gewaltigen Männer fingen aber ihre Übungen schon in der Herberge an. Sie trieben zentnerschwere Steinkugeln vor sich her, warfen sie in die Höhe, fingen sie wieder auf und zogen durch ihre Künste die ganze Bevölkerung der Burg und der Straße, durch die sie kamen, hinter sich her. Auf diese Art wurde das Feld frei, und Dietrich konnte unbehindert der Zofe zu den Gemächern der Kaisertochter folgen.

Er trat ein und blieb stumm an der Pforte stehen, denn vor ihm erhob sich von samtenen Kissen die Jungfrau, schön wie ein Götterbild, das man verehren, aber nicht berühren darf. Auch Oda fand nicht sogleich Worte. Sie blickte bewundernd auf die hohe Heldengestalt, in das männliche Angesicht, auf dem zuversichtliche Entschlossenheit und überlegene Klugheit zu lesen war. Sie wollte ihm ihren Unwillen zeigen, aber es gelang ihr nicht. Sie lauschte nur seiner verständigen Rede, wie er nur aus Rücksicht auf ihren Ruf, aus Besorgnis vor den Lauschern und Lästerern gezögert habe, ihrem Ruf Folge zu leisten. Sie konnte nicht nein sagen, als er um die Gunst bat, ihr die passende Fußbekleidung anzulegen, als er, auf ein Knie niedergesunken, das Geschäft verrichtete. Im Laufe des Gesprächs erwähnte er auch die Bewerbung Rothers um ihre Hand. Er nannte ihn seinen besten, seinen liebsten Freund. Da enthüllte sich ihr das ganze Geheimnis. Ja, er war es selbst, das sprach ihr Herz, das sagte sie ihm ohne Hehl. Jetzt war der Schleier des Geheimnisses zerrissen, und er bekannte offen, daß er der König zu Rom, der Beherrscher des Abendlandes sei, der seit Jahren keinen anderen Gedanken habe, als sie neben sich auf den Thron zu erheben. Er bat um ihre Liebe, und sie gab ihm das Ja mit einem Händedruck, der lauter sprach, als es Worte vermochten. Er führte nun weiter aus, wie bei der Gesinnung ihres kaiserlichen Vaters nur gemeinsame Flucht ihre Verbindung möglich machen könne und wie er eine Gelegenheit dazu ermitteln werde. Er erwähnte dann seine treuen Dienstmannen, die um seinetwillen in langer Kerkerhaft schmachteten und die er zu befreien gedenke. Er bat die teure Braut, sie möge auf irgendeine Weise den Kaiser bewegen, daß er den Gefangenen erlaube, wenn auch nur auf kurze Zeit, die reine Himmelsluft zu atmen. Er hoffte dann sie zu erquicken und zu trösten, bis ihm ihre Befreiung gelänge. Sie versprach, seinem Wunsche zu genügen, und zeigte ihm den finsteren Turm, in dem die Unglücklichen eingeschlossen waren.

Am folgenden Tag trat Oda, in ein Trauergewand gehüllt, vor ihren Vater und klagte ihm, sie habe in der Nacht eine schreckliche Erscheinung gehabt. Ihr Gemach sei wie von höllischem Feuer erhellt gewesen, und eine Stimme habe ihr zugerufen, wenn König Rothers zwölf Dienstmannen nicht an das Tageslicht gebracht, gekleidet und getränkt würden, so sei sie selbst der ewigen Verdammnis verfallen. „Das kommt nicht vom Himmel", versetzte Konstantin. „Das ist des Teufels Rat, der mir mein gutes Recht, das ich von Gottes Gnaden habe, rauben will. Indessen um deinetwillen, geliebte Tochter, sollen die Gebundenen kurze Zeit ihrer Haft entledigt und deiner Pflege überantwortet werden, wenn ein sicherer Bürge sich findet, der mit seinem Haupte dafür haftet, daß sie nicht entrinnen." Oda verließ den Vater getröstet, denn sie wußte wohl, was sie tun wollte.

König Rother zieht der Königstochter die Schuhe an

Als am Mittag der Kaiser mit den Hofleuten und seinen Gästen zu Tisch saß, ging die edle Jungfrau mit ihrem weiblichen Gefolge um die Tische und forschte, wer mit seinem Haupte für die Gefangenen Bürge sein wolle. Die Hofmänner schwiegen alle ganz still. Jeder dachte bei sich, sein Kopf sei ihm von größerem Nutzen als die zwölf Köpfe der Fremdlinge. Nur der gute Dietrich erhob sich und erklärte sich mit lauter Stimme für die Bürgschaft bereit. Auf das Geheiß des Kaisers wurden hierauf die zwölf Grafen ihrer Bande entledigt und aus der Finsternis des Kerkers an das Tageslicht gebracht. Entstellt, abgemagert durch Mangel und Elend, in zerrissenen Lumpen schritten sie über den Hof nach der Herberge, wo sie gekleidet und verpflegt werden sollten. Ihre vom Sonnenlicht geblendeten Augen erkannten nicht die befreundeten Männer, die sie gern in die Arme geschlossen hätten, wenn es ihnen vergönnt gewesen wäre. Der alte Berchther, wie gern hätte er die Söhne begrüßt – aber ringsum lauerten Späher. So mußte er sein Herz bezwingen.

Den Gefangenen war ein Bad bereitet worden, und als sie dadurch gereinigt und erquickt waren, fanden sie schöne, reiche Gewänder, wie sie für Grafen sich ziemten. Bald auch saßen sie zu Tisch und speisten statt des kärglichen Brotes die lang entbehrte Kost. Doch konnten sie nicht heiter sein, denn sie vernahmen kein tröstliches Wort, das ihnen die Freiheit verhieß. Sie fürchteten, man wolle sie nur noch einmal laben, um sie dann zu töten. Wie sie diese Gedanken einander mitteilten, erklang erst leise, dann immer lauter Harfenspiel. Es war die Weise, die sie einst beim Abschied von der Heimat gehört hatten, und eine ihnen bekannte Stimme sang ein Lied von Mannesmut und Mannestreue, die nimmer wanke, die sich durch Kerkernacht, durch Riegel und Ketten Bahn breche, um den Gefährten die Freiheit zu bringen.

„Er ist es. Rother unser König ist nahe!" So flüsterten sie leise untereinander, und Mut und Lebenslust kehrten in ihre Herzen zurück. Indessen verflossen Stunden und Tage; die Männer genasen von ihrem Siechtum, sie gewannen wieder ihre frühere Gesundheit und Kraft; aber der Bringer der Freiheit, der geliebte König erschien noch immer nicht. Endlich nach Wochen wurde die Pforte des geräumigen Saales, in dem sie herbergten, geöffnet, und Rother selbst trat freudestrahlend in glänzender Rüstung ein, und sein erstes Wort war: „Freiheit!" Er umarmte, er küßte jeden der treuen Männer, die für ihn so unsäglich gelitten hatten, und sie umstanden ihn und faßten seine Hände. Ehe er aber reden konnte, drangen andere liebe Freunde herein, Vater Berchther, der die Söhne grüßen und küssen wollte, Wolfrat, der Held von Tegelingen, der starke Asprian; selbst Widolt schwang sich an seiner Stange mit einem Freudensprung und einem gellenden Freudenjauchzer herein und warf dabei einen Riesenbruder und eine üppig besetzte Tafel über den Haufen.

Wie war das alles gekommen, fragte man, als die Begrüßung und der erste Freudenrausch vorüber waren und die guten Gesellen mit ihrem König bei würzigem Wein zusammensaßen. Rother nahm das Wort, er erzählte von der Fahrt, wie er sich bei den Griechen Dietrich nannte, wie er die Liebe der schönen Oda gewonnen und durch sie die bedingte Lösung der Gefangenen unter Gefahr seines Lebens erlangt habe. Weiter berichtete er, der mächtige König Imelot von Wüstenbabylon sei mit großer Heeresmacht in Konstantins Land eingefallen und begehre nicht nur die Hälfte des Kaiserreichs, sondern auch für seinen Sohn Basilistum die Kaisertochter zur Ehe; das Reichsoberhaupt sei darüber in schwere Sorgen geraten und habe sich, da seine Hofleute keinen Rat wußten, an ihn gewandt; er aber habe den Herrn getröstet und ihm versichert, er werde mit seinen Mannen an vorderster Linie kämpfen, doch nur unter der Bedingung, daß die zwölf Gefangenen, die tapfere Helden seien, seinem Häuflein als Mitkämpfer zugeteilt würden. „Seht", schloß der König seine Rede, „so ist es gekommen; ihr seid nun frei und meine Gesellen in der Schlacht, und Rüstungen und gute Schwerter liegen für euch bereit."

Widolt stimmte ein grimmiges Gelächter an, als er von Kampf und Schlacht hörte. Er machte einen zweiten Freudensprung über die Tische und hätte fast den Kaiser niedergeworfen, der eintrat, um den gefangenen Grafen ebenfalls ihre Freiheit anzukündigen.

Das kaiserliche Heer war versammelt. Es bestand zum Teil aus unkriegerischem Volk wie Hofleuten und ihrem Gesinde, zum Teil aus streitbaren Söldnern, die aus fernen Ländern herbeigeeilt waren. Alle aber überglänzte Dietrich mit seinen Mannen. Da war der tapfere Wolfrat von Tegelingen aus Bayerland, der ergraute Herzog Berchther von Meran, sein Sohn Leupold von Mailand mit den anderen elf Grafen, endlich der gewaltige Held Asprian mit seinen Riesen. Als man kaum eine Tagesreise vorwärtsgerückt war, verkündeten vorausgesandte Späher die Nähe der feindlichen Macht. Sofort wurde, weil der Abend dämmerte, ein Lager aufgeschlagen, und die Krieger stärkten sich mit Speise und Trank von den reichlich mitgeführten Vorräten. Darauf wurden Wächter bestellt, das übrige Heer aber überließ sich dem Schlaf. Nur Dietrich mit seinem Häuflein blieb wach. Er hatte durch reichliche Geldspenden Leute aus der Gegend gewonnen, die ihm sichere Kunde vom feindlichen Lager brachten und ihm auch das Losungswort des Feindes („Machmet") mitteilten. Um Mitternacht setzte er sich mit seinen Helden in Bewegung, die wegkundigen Späher voran; die Riesen, deren Silberschilde zu hell glänzten, in der Mitte. Man umging das feindliche Lager und kam von der Seite, woher noch immer Hilfsscharen erwartet wurden. Die ausgestellten Wachen tauschten das Losungswort und den Ruf: „Von den Kielen (Schiffen)". Die kühne Schar gelangte unangefochten bis zum königlichen Zelt. Es war eine laue, aber finstere Sommernacht; kein Stern leuchtete am bewölkten Himmel; die königlichen Leibwächter waren eingeschlummert. Sie wachten nie mehr wieder auf, sie starben unter den Messern der Tegelinger. Widolt aber drang bis zu dem Ruhebett vor, wo Imelot selbst von Ruhm und Sieg träumte. Der Riese hob ihn leicht, wie ein halbjähriges Kind, auf. „Ruhig, Püppchen", raunte er ihm zu, ihn fester packend, „oder ich schnüre dir die Kehle zu!" Die Worte aber weckten einige Diener, die sogleich herbeistürzten. Da schmetterten die Schläge, da klirrten Schilde und Panzer, da scholl der Ruf Widolts und der anderen Riesen durch die Nacht wie Wolfsgeheul. Das feindliche Heer geriet in Bewegung; bald da, bald dort erschien ein Haufe, wurde aber von den kühnen Recken niedergeworfen, zersprengt, verfolgt. Schrecken und Entsetzen verbreitete sich durch das ganze Lager. Asprian und seine Gesellen schmetterten mit ihren furchtbaren Stangen Roß und Mann nieder; Wolfrat, Berchther, Leupold wüteten mit ihren breiten Schwertern unter den flüchtigen Scharen. Widolt, unter dem linken Arm den zappelnden König haltend, in der Rechten die Stange, brach sich überall eine blutige Bahn. Die ganze feindliche Macht stob auseinander, und wer den Schwertern und Eisenkeulen entrann, entfloh zu den Schiffen, die noch sicher im Hafen lagen.

Der vollständigste Sieg war von dem Häuflein tapferer Männer gewonnen: Sie zogen mit Beute, dem gefangenen Imelot und noch anderen verschonten Fürsten aus Wüstenbabylon nach dem Lager zurück, das sie vor Tagesanbruch erreichten.

Nach getaner Arbeit überließen sich die siegreichen Helden der wohlverdienten Ruhe. Nicht so Kaiser Konstantin, der sonst am Morgen seinen nächtlichen Rausch auszuschlafen pflegte, jetzt aber von der Sorge um Reich und Leben früh geweckt wurde. Er ließ die Hörner blasen, daß das Heer sich waffne; er hielt Heerschau, als die einzelnen Abteilungen sich vor ihm aufstellten. Aber da fehlte Herr Dietrich mit seinen Getreuen.

„Wie nun, kühner Held?" sprach der Kaiser. „Bist du säumig geworden? Und du wolltest doch Vorkämpfer sein?" Er trabte selbst mit seinem Gefolge zu der Lagerstelle seines Gastes. Aber da war alles still wie ein Grab. Er ließ sich von seinem Pferd heben, um in eigener Person den Schläfer zu wecken. Da lag gleich im ersten Zelt der grimmige Widolt lang hingestreckt auf einem Pantherfell, und im Hintergrund wälzte sich ein gebundener Mann auf einem Strohlager. Der Kaiser wagte nicht, den Schläfer zu wecken. Er schritt vorsichtig über ihn hinweg zu dem Gefesselten. Dieser aber, in der Meinung, man wolle ihn ermorden, schrie laut auf und bat um Gnade: Er sei Imelot, er wolle sein ganzes Reich hingeben, um sein Leben zu erhalten. Das Geschrei weckte den schlafenden Riesen. Er sprang auf, ergriff seine Stange und rief: „Heda! Holla! Herr Dietrich! Mordio!" Er hätte sicher die beiden gekrönten Häupter erschlagen. Das fürchterliche Gebrüll weckte die Schläfer ringsum; sie griffen nach ihren Waffen und stürzten herbei, dem Gesellen zur Hilfe. Nun erfuhr der Kaiser den wunderbaren Hergang in der verhängnisvollen Nacht. Da rieb er sich behaglich das feiste Kinn und lobte die Helden wegen ihrer preiswürdigen Taten. Das ganze Heer feierte laut den großen

Der Riese Widolt trägt den gefangenen König Imelot

Sieg, und Konstantin beschloß, ehe er heimkehre, ein Siegesdenkmal zu errichten, damit die Nachwelt noch des ruhmvollen Kaisers gedenke. Denn er schrieb sich selbst den Sieg zu, weil ihn Männer in seinem Sold erfochten hatten. Damit aber die kaiserlichen Frauen und die Stadt nicht länger in Sorgen seien, sollte der Held Dietrich mit seiner Gefolgschaft sogleich aufbrechen und die Botschaft hinterbringen.

Frohen Mutes trabten die Helden zurück nach Konstantinopel. Auf dem Weg belehrte sie Dietrich, daß die Stunde der Heimkehr geschlagen habe. Sie sollten vorgeben, der mächtige Imelot habe gesiegt, das Heer sei geschlagen, sie wollten auf ihren Schiffen dem rasenden Feind zu entrinnen suchen, die kaiserlichen Frauen an Bord nehmen und eine neue Heimat in fernen Ländern suchen. Es geschah nach seinen Worten. „Alles verloren!" riefen sie, als die Bürger zu ihrem Empfang herbeieilten. „Alles verloren! Imelots Horden wüten mit Schwert und Brand! Rette sich, wer kann!"

Dietrich eilte in den Palast, wo die Frauen ihn händeringend um Hilfe und Rettung anflehten. „Geschwind mit mir an Bord!" rief er. „Nehmt eure Kostbarkeiten und folgt mir." Bald standen sie am Strand, wo die Schiffe schon segelfertig auf den Wellen schaukelten. Oda schritt vertrauensvoll an Dietrichs Arm über die Brücke, die sogleich hinter ihr gelöst wurde. Die Kaiserin jammerte, flehte um Gnade. Da enthüllte ihr der Held den ganzen Hergang und versicherte sie, daß Oda als seine geliebte Königin mit ihm über das Abendland herrschen solle. „Wohlan, tapferer Held", sagte die Mutter getröstet, „halte die edle Jungfrau wert und nimm den mütterlichen Segen mit dir! Ich gebe ihn euch beiden, daß ihr auch in der Ferne meiner in Liebe gedenkt." Die Glücklichen fuhren wohlbehalten durch die Westsee und feierten in Bari ein herrliches Hochzeitsfest.

Als Kontantin mit dem siegreichen Heer in die Stadt einzog und Kunde erhielt von dem, was sich ereignet hatte, geriet er in großen Zorn. Er ließ Schiffe ausrüsten und wieder abtakeln, weil die Flüchtlinge schon zu fern waren. Er wollte einen Heereszug zu Land unternehmen, fürchtete aber den schrecklichen Widolt und seine riesigen Genossen und den klugen und tapferen Rother, den er jetzt erst recht kennengelernt hatte. Es herrschte eine allgemeine Verwirrung. Diese benutzte der gefangene König Imelot. Er fand Mittel, sich mit anderen Gefangenen in Verbindung zu setzen. Mit ihrer Hilfe wurde das Gefängnis aufgebrochen, schnelle Rosse standen bereit und trugen ihn und seine Gefährten zu den Schiffen, die schon die geschlagenen Reste seines Heeres aufgenommen hatten. – Die Nachricht von dieser Flucht bekümmerte den Kaiser wenig; er trauerte nur Tag und Nacht um seine geliebte Tochter, an deren Anblick und Rede er sich täglich ergötzt hatte. Ihn härmte auch der Zorn über den räuberischen Rother, an dem er nun nicht mehr Rache nehmen konnte.

Dem stolzen Herrscher behagte nicht mehr das Gelage mit seinen Hofleuten; ihm mundete nicht mehr der liebliche Wein, noch schmeckten ihm die köstlichen Speisen, die seine kunstreichen Köche bereiteten. Seine feiste Gestalt verlor täglich an Umfang und selbst seine feurige Nase wurde bleich wie eine Lilie. Einmal saß er einsam in seinem Gemach, da meldete man ihm einen Spielmann, der ein sicheres Mittel wisse, ihn seines Kummers zu entlasten. Er ließ ihn eintreten. Er sah teilnahmslos seinen Gauklerkünsten zu; als aber der Mann ein Lied von einem geraubten Weibe sang, das man nicht durch Gewalt, wohl aber durch List wieder gewann, da lauschte er begierig und forschte, ob er sich getraue, ihm die Tochter durch glücklichen Anschlag zurückzuführen. „Gebt mir", versetzte der Gaukler, „ein wohlgerüstetes, mit Kaufgut reich beladenes Fahrzeug, so führe ich die edle Frau wieder in den Palast. Ihr mögt etliche von Euren Schwertträgern mit an Bord steigen lassen, die mir das Haupt abschlagen sollen, wenn ich nicht halte, was ich zusage." – Das war dem Kaiser ein heller Sonnenstrahl in die Nacht seines Kummers. Er erhob sich sogleich und gab Befehl, den Wünschen des Mannes zu willfahren.

In kurzer Frist war das Schiff geladen und stach in See. Es war ein guter Segler, und die besten Seeleute lenkten die Fahrt. Auch rüstige Söldner, Schwertträger des Kaisers, waren an Bord. Sie hatten den Auftrag, sogleich das blutige Pfand zu nehmen, wenn das Versprechen nicht erfüllt würde. Bald lief das Fahrzeug in den Hafen von Bari ein. Der Spielmann ging sogleich an Land, um Erkundigungen einzuziehen, deren er für sein Vorhaben bedurfte. Er erfuhr, König Rother sei mit bewaffneter Macht in ein fernes Land gezogen. An seiner Statt leite dessen Günstling Leupold das Reich. Das hielt er für günstig. Er kehrte auf sein Fahrzeug zurück und machte auf dem Deck allerlei Gauklerkünste, die die schaulustige Menge herbeilockten. Darauf breitete er seine Waren aus, kostbare Seidenstoffe, Samtmäntel, Goldstickereien, Edelsteine und auch einen Kieselstein. Angesehene Männer und Frauen feilschten und kauften. Sie fragten auch, warum er einen gemeinen Kiesel ausgestellt habe. „Dieser Stein", sagte er, „ist eine Tonne Goldes unter Brüdern wert, denn wenn eine Königin damit einen lahmen oder sonst gebrechlichen Menschen berührt, wird derselbe alsbald gesund und kräftig wie andere Menschen." – „Ach", seufzte einer der Herren, „wenn es wahr wäre! Meine halbe Grafschaft gäbe ich darum, denn ich habe drei Kinder, die alle an den Füßen gelähmt sind." – „Sie werden bald gesund sein", sagte der Spielmann, „und fröhlich hüpfen und springen, wenn eure gute Königin hierher an Bord kommt und die Kraft des Kiesels erprobt."

Der Graf begab sich eilig zu der guten Oda, und sie ließ sich willig finden, den Kindern ihre Gesundheit wiederzugeben. Kaum aber war sie mit ihren Frauen an Bord, so fiel die Landungsbrücke, die Taue wurden gelöst, ein frischer Wind blähte die Segel, und das Schiff fuhr wie mit Vogelschwingen durch die schäumenden Wogen unaufhaltsam weiter, so daß die wehklagenden Frauen bald die Stadt und das Land nicht mehr erblickten.

Die ganze Bürgerschaft von Bari stand noch am Ufer ratlos und trostlos. Leupold suchte vergebens ein segelfertiges Fahrzeug, um die Frauenräuber zu verfolgen, da verkündeten schmetternde Hörner die Ankunft des siegreichen Königs. Als dieser die Trauerkunde vernahm, war sein Entschluß sogleich gefaßt. „Eine Heerfahrt nach Konstantinopel!" rief er. „Anderer Rat ist nicht mehr ausführbar. Gewaltsam und mit arger List ist der Raub geschehen! Mit Gewalt und List will ich mein geliebtes Weib wiedergewinnen!" Der alte Herzog Berchther schüttelte den grauen Bart und versicherte, er werde mit allen seinen Mannen zu dem König stehen. Also sprachen auch Leupold, Wolfrat von Tegelingen und die anderen Fürsten des Reiches. Boten trugen das Aufgebot in die verschiedenen Länder, und allmählich sammelte sich ein großes Heer. Der König aber wählte von der großen Menge die erprobtesten Streiter aus, die von Mailand, von Bayerland und vor allen den Riesen Asprian mit seinen Gesellen. Die übrigen Kämpfer sandte er in ihre Heimat zurück. Mittlerweile waren gute Schiffe ausgerüstet worden, die das kleine Heer aufnahmen. Also ging die Heerfahrt über das Meer nach Konstantinopel. Ohne Zwischenfall gelangte man bis in die Nähe der Stadt. Dort breitete sich um eine geräumige Bucht ein sechs Meilen großer, dicht bewachsener Wald aus, der wohl geeignet war, die Schiffe und die gelandete Mannschaft zu verbergen. „Hier sind wir in Sicherheit", sagte Rother zu den Fürsten. „Das Volk hat Angst vor dem Wald, denn es glaubt, er sei von höllischen Unholden bewohnt, und meidet die Gegend. Laßt die Krieger sich lagern; ich gehe indessen im Pilgergewand nach der Stadt auf Kundschaft." – „Du nicht allein", rief der Herzog von Meran. „Ich gehe mit dir!" – „Und ich auch", fügte Leupold hinzu. Noch andere Helden erboten sich zu der Fahrt, aber der König nahm nur die beiden mit. Und er empfing von Wolfrat ein kleines Horn, dessen Klang, wie der Recke sagte, meilenweit gehört werde. „Und wenn wir es hören", sagte Asprian, „so sind wir rasch mit Stangen und Schwertern dir zur Seite." – „Und dann gibt es eingeschlagene Köpfe und geschmetterte Beine", fügte Widolt lachend hinzu.

Die drei Pilger schritten kühn ihres Wegs; da begegnete ihnen ein Reiter in glänzender Rüstung. Sie fragten ihn nach guter Kunde. „Schlimme Kunde gibt es viel", versetzte er. „Seht, diese Brünne und dies gute Schwert und tausend Mark reinen Goldes hat mir der edle König Rother verehrt, als ich von Land und Leuten vertrieben worden war. Ihm aber hat man sein schönes Weib geraubt, das nun den argen Kobold Basilistum heiraten soll, den Sohn des Imelot von Wüstenbabylon. Dieser ist, kaum aus der Gefangenschaft entronnen, mit Heeresmacht ins Land gefallen, hat den Kaiser Konstantin gefangengenommen und ihn gezwungen, sein halbes Reich und das edle Weib dem jungen Unhold zu überlassen. Er wird nun in der Kaiserstadt bleiben und die Christenmenschen plagen, damit der Vater seine vielgeliebte Tochter in der Nähe weiß. Kommt aber König Rother mit seinem Heer, so stehe ich zu ihm samt allen meinen Mannen, so wahr ich Arnold heiße." – „Wahrlich", sagte Rother, als sie sich verabschiedeten, „eine Wohltat bringt doch oft guten Gewinn."

In der Stadt war großes Gepränge und Gedränge, und so auch im Palast. Da schmausten Imelot mit seinen Fürsten und Konstantin mit seinen Hofleuten in vollkommenster Eintracht, denn der Kaiser war froh, daß seine Tochter nicht in die Ferne fortgeführt werden sollte, und achtete darum den Verlust seines halben Reiches nicht sehr hoch. Zwischen ihnen saß der mit einem Höcker begabte Bräutigam, die trauernde Braut mit von Tränen befeuchteten Wangen und die nicht weniger betrübte Kaiserin. Die Pforten waren offen, so daß das Volk eintreten und die schmausenden Herrschaften bewundern konnte. Zur Sicherheit waren jedoch überall zahlreiche Trabanten jeder Waffengattung aufgestellt worden, die auf jeden Wink der Monarchen achteten. Die Pilger mit den tief in die Stirn gedrückten Hüten erregten keine Aufmerksamkeit. Sie schlüpften, da ein stärkeres Gedränge entstand, unbemerkt unter die lange Tafel und kauerten sich in dem engen Raum auf den Fußbänken. Da hörten sie nun, wie der mächtige Imelot sich damit brüstete, er werde Rother, das Königlein, wenn er mit Heerfahrt komme, samt seinen Riesen lebendig ergreifen und an den Galgen hängen lassen. Basilistum versicherte, er werde dabei die Leiter halten, und Konstantin wollte den Räuber seiner Tochter nachträglich mit einem Fußtritt belohnen, daß seine Höllenfahrt rasch vonstatten gehe. Die Hofleute brachen – als Zeichen des Beifalls – in wieherndes Gelächter aus. Die entstandene Unruhe benutzte Rother, indem er dem geliebten Weib einen Ring mit seinem Namenszug in die Hand legte. Sie betrachtete ihn und zeigte ihn ihrer Mutter; ein seliges Lächeln zog dabei verklärend über ihr Angesicht.

„Rother ist hier in der Halle", rief der bucklige Bräutigam neben ihr, der alles scharf beobachtete. „Meine Ehefrau hat einen Ring von ihm erhalten, der seinen Namen trägt. Man suche, man ergreife ihn!" Die Worte riefen allgemeine Aufregung hervor. Getümmel, Verwirrung erfüllte die Halle; die Leibwache des Kaisers rückte mit Schwertern und Lanzen vor. Da traten Rother und seine Gefährten aus ihrem Versteck, und man erkannte den königlichen Helden auch im schlichten Pilgerkleid. „Ja", rief er laut. „Ich bin hier, mein Weib zu fordern, und wenn auch der König von Wüstenbabylon oder sein mißgestalteter Bastard um sie den Kampf wagt, so will ich mit Schwert und Lanze mein gutes Recht beweisen." – Imelot lachte, daß der Saal widerhallte. „Mit dir fechten, armes Königlein?" rief er höhnisch. „Du mußt hängen!" – „Hängen! Hängen!" wiederholten die Gäste ringsum an den Tischen. „An den Galgen mit dem Wicht und seinen Gesellen!" fuhr der König fort. „Ergreift sie und knebelt sie fest, daß ihnen das Blut aus den Nägeln spritzt!" – Die Helden hatten nur ihre Pilgerstäbe dabei. Das war eine schwache Wehr gegen die Schwerter und Lanzen, die auf sie gerichtet waren. Sie wurden gefesselt, und keine Hand erhob sich zu ihrem Schutz, obgleich mancher wackere Mann in dem Volksgedränge des wohltätigen Dietrich gedachte. – „Ein König, der so oft in siegreichen Schlachten dem Tod ins Angesicht gesehen hat", sagte Rother mit Würde, „der weiß auch jetzt zu sterben. Laßt den Henker dort am Zauberwald sein Amt verrichten, wo Konstantin so manchen unschuldigen Menschen zum Tod führen ließ." – „Ja, ja", versetzte der Kaiser, „da steht ein Dreibein, gerade hinreichend für den Frauenräuber und seine Gesellen." – „Wohl gesprochen", lachte Imelot. „Da sollen nachts die Unholde mit den Klapperbeinen ihr lustiges Spiel treiben, und wenn die wilden Riesen etwa ihrem Herrn zu Hilfe übers Meer herbeikommen, so fangen wir sie lebendig und hängen sie zur Gesellschaft an die Bäume. Das ganze Heer soll ausrücken und zusehen, wie der mächtige Imelot für den nächtlichen Überfall Rache nimmt."

Nach einigen Stunden war man mit den Vorbereitungen fertig. Unter Paukenwirbel setzte sich der Zug in Bewegung, die gefesselten Helden, umgeben von zahlreichen Wachen, voran; dann Haufen von Kriegsvolk und endlich die schaulustige Menge, die gedankenlos wie zu einem Schauspiel folgte. Die Leute wollten einmal einen König hängen sehen. „Aber der mildtätige Herr Dietrich, der gute König Rother!" sagte mancher. „Es ist jammerschade um den reichen Herrn!" – „Was schert es uns!" riefen andere. „König oder Bettler, da ist kein Unterschied, wenn es ans Hängen geht!" – „Eine verwünschte Halskrause, der Strick!" meinte ein dritter, „und ein gekröntes Haupt! Das ist im Reiche noch nicht zu sehen gewesen." – Der Zug gelangte an den verhängnisvollen Ort. Da stand unter dem Galgen der Henker mit zwei Knechten. Die Helden wurden hergeführt, die bewaffneten Leibwachen Imelots schlossen einen Kreis; er selbst und Basilistum, von Leibwächtern umgeben, standen in dem Ring, während Konstantin außerhalb zu Pferde hielt. – „Nur getrost, Herr König", sagte der Henker. „Ihr habt mir einst eine Handvoll Gold geschenkt, dafür sollt Ihr jetzt schnell mit einer Halskrause aus Seide gefördert werden. Die zwei anderen Herren müssen sich mit einem Halsband aus Hanf begnügen. Beim heiligen Michael, ich verrichte heute mein Geschäft ungern." – „Wolltest du mir nur auf eine kurze Zeit die Hände lösen", bat Rother, „daß ich noch ein Gebet spreche." – „Ein frommer Wunsch", sagte der Henker. „Ich will auch zu meinem heiligen Schutzpatron beten, daß er euch stracks vom Galgen gen Himmel trägt." Während er sprach, hatte er die Fessel gelöst und sprach dann sein Gebet. Der König aber hatte das unter dem Pilgergewand verborgene Horn schon hervorgeholt und an den Mund gesetzt. Dreimal tönte der Hornruf durch Berg und Tal, mächtig, ein Hilferuf an die Getreuen, die gerüstet im Wald lagerten. König Imelot aber befahl, den säumenden Henker selbst an den Galgen zu hängen, wenn er noch länger zögere. Schon waren Rothers Hände wieder gefesselt, da entstand großes Getümmel im Hintergrund.

Es war der dankbare Arnold, der mit einem Haufen tapferer Leute durch den Ring brach, die Henker verdrängte, die Fesseln der Gefangenen löste und ihnen Schwerter und Schilde verschaffte. Indessen rückten die kaiserlichen Heere heran und umzingelten das Häuflein, das sich ihrer vergebens zu erwehren suchte. Wurfspeere und Pfeile flogen umher und rafften manchen der rettenden Kämpfer weg, während der Schwertkampf immer wilder wurde. In der höchsten Not erschien endlich die ersehnte Hilfe. Aus dem Zauberwald brachen hier und da streitbare Leute hervor – die von Tegelingen, von Meran und von Mailand – und allen voraus Held Asprian mit seinen riesigen Gesellen. Die Eisenkeulen zerschmetterten Rosse und Männer; auch Imelot fiel im Kampf, sein Sohn aber befand sich mit zerschlagenem Buckel auf der Flucht. Das ganze Heer von Wüstenbabylon löste sich auf.

Der siegreiche König hielt hoch zu Roß in glänzender Rüstung auf dem Kampffeld inmitten seiner Helden. Er fragte nach dem Kaiser, aber der war gleich in die Stadt geflohen und hatte Zuflucht in den Frauengemächern gesucht. Sein Übermut war dahin; er bat die Kaiserin und die Tochter, sie möchten um Gnade flehen, ihn vor den Riesen, den Kindern des Teufels retten. Die edlen Frauen waren schon geschmückt, dem Beherrscher des Abendlandes entgegenzureiten. Sie nahmen den gedemütigten Monarchen in ihre Mitte und setzten sich mit zahlreichem Gefolge in Bewegung. Sie begegneten zuerst den Riesen, die noch mit blutigen Stangen nach Flüchtlingen fahndeten. Asprians Falkenauge erspähte den Kaiser, so sehr er sich auch zu verbergen suchte. Er griff mit seinem Riesenarm über die Kaiserin weg, faßte ihn am Schopf und zog ihm mit gewaltigem Ruck herüber, daß er ohnmächtig zu seinen Füßen lag. Widolt schwang seine Waffe, um ihm das Haupt zu zerschmettern. Aber sein Herr gebot ihm: „Nicht also, Widolt! Fort mit dem armen Sünder an den Galgen!" Der grimmige Widolt hob den Unglücklichen wie ein Kind auf seinen Arm und machte mit seiner Bürde manchen lustigen Sprung. Er wollte dann gleich zum Galgen eilen, aber Rother erschien mit seinen Recken und gebot ihm Einhalt. Wie hätte er auch strafen können! In seinen Armen ruhte die geliebte Gattin, und wo Liebe wohnt, haben Zorn und Rache keinen Platz. Bald saßen die Recken in der Halle beim Mahle, der begnadigte Kaiser mitten unter ihnen. Er verzehrte eine ganze Hammelkeule, um seinen von Leidwesen erregten Hunger zu stillen, und suchte die ausgestandene Angst und Pein bei vollem Becher zu vergessen.

König Rother überließ dem Kaiser sein ganzes Reich, das ihm durch den Sieg zugefallen war, aber die schöne Oda nahm er mit nach Bari und dann in die Hauptstadt Rom, wo er eine zweite Hochzeit mit großem Gepränge feierte.

Da weinte die junge Königin wiederum Tränen, aber nicht aus Kummer, sondern aus Freude. Die Liebe der beiden Gatten verging nicht; sie wurde vielmehr immer inniger und vermehrt durch edle Sprößlinge, die aus dieser glücklichen Ehe hervorgingen.

3. Ortnit

In der Lombardei, in Oberitalien, herrschte einst der gewaltige König Ortnit. Er hatte Macht über das ganze Land vom Gebirge bis an das Meer und über Sizilien. Auch andere Könige in der Nähe und Ferne hatte er sich untertänig gemacht, denn er besaß die Stärke von zwölf Männern und blieb in allen Schlachten Sieger. Dennoch war er nicht zufrieden. Eine innere Unruhe vergällte ihm das Mahl und den köstlichen Trank im goldenen Becher. Er saß oft träumerisch an der vollen Tafel und hörte kaum zu, wenn seine Helden und Lehnsleute von den siegreichen Schlachten redeten, oder wenn der Sänger begeistert seine Taten rühmte. Häufig zog er allein hinaus in das rauhe Gebirge auf kühne Abenteuer, erschlug Räuber und reißende Tiere, die den fleißigen Landmann schädigten und seine Felder verheerten. Aber das alles brachte ihm nicht die Befriedigung, die er suchte. Einmal stand er, wie so oft, allein am Meeresstrand und sah dem Spiel der Wellen zu, die vom Abendrot beleuchtet, ihre glänzenden Bahnen zogen und dann in die Tiefe versanken. Da stieg aus dem Gewässer ein Nebel vor seinen Augen auf, der sich wie ein Schleier auseinanderteilte und ein wunderbares Bild sehen ließ. Es war eine Burg mit Türmen und Zinnen und einem Söller, auf dem ein Frauenbild stand, wie er es auf allen seinen Fahrten niemals gesehen hatte. Er konnte den Blick nicht von der Erscheinung abwenden; er war wie von einem Zauber festgebannt. Aber der Nebel, der sich zerteilt hatte, zog sich allmählich wieder dichter zusammen, und das Wunderbild verschwand, wie es hervorgetreten war.

Wie Ortnit noch unverwandt zu der Stelle hinstarrte, wo die Erscheinung verschwunden war, hörte er ein Geräusch hinter sich. ‚Sie selbst, sie will mich glücklich machen', dachte er, kehrte sich um, schloß die Arme und küßte – den bärtigen Yljas (Eligas oder Elias), den Fürsten der wilden Reußen, seinen Onkel, der Umarmung und Kuß kräftig erwiderte. „He!" sagte er, „bist ein herziger Junge! Empfängst deiner Mutter Bruder, wie ein Liebhaber sein süßes Lieb! Aber du hast dem Hexenspuk dort auf dem Wasser ins Angesicht geschaut, und das hat dir den Kopf verwirrt. Schlage dir das Meerwunder aus dem Sinn, denn es könnte sonst leicht dazu kommen, daß dein königliches Haupt auf eine Zinne von Muntabure aufgepflanzt wird, wo die schöne Hexe mit ihrem heidnischen Vater wohnt." – „Sie lebt!" rief Ortnit heftig. „Dann muß sie mein werden, oder ich will Leib und Leben verlieren." – „Hei! Lustig, Fiedler!" versetzte Yljas. „Ein Königskopf für einen Weiberzopf! Das gibt ein neues Lied, das man in der ganzen Lombardei singen wird."

„Wie mag das geschehen?" fragte der König. „Berichte mir die Mär, die ein fahrender Spielmann zur Fiedel gesungen hat." – „He, Neffe", erwiderte der Reuße, „hab's mit Augen gesehen und mit Ohren gehört – ist kein Spielmannsmärlein, was ich dir jetzt berichte. Machorell, der mächtige Beherrscher von Syrien und Jerusalem und noch anderen Reichen im Morgenland ist der Vater jener wundervollen Maid. Als ich auf meiner Pilgerfahrt zum Heiligen Grab schier verschmachtet an das Tor der Burg Muntabure gelangte, verschaffte mir ein mitleidiger Sarazene Einlaß und leibliche Pflege. Da sah ich den Heiden, der schwarz wie ein Mohr ist, und auch die schöne Jungfrau Sidrat. Desgleichen hörte ich, er liebe die Tochter sehr und lasse deswegen jedem Freiersmann ohne Erbarmen den Kopf abschlagen. Zweiundsiebzig Häupter grinsten hohläugig von den Zinnen herab. Trägst du Gelüste, das deinige als das dreiundsiebzigste dem Mohrenkönig darzubieten?"

„Manch seltsames Abenteuer hab' ich schon bestanden", bemerkte Ortnit. „Ich will's auch mit dem Heiden versuchen."

Am nächsten Tag wurden die Lehnsträger des Reiches einberufen. Der König erklärte ihnen seinen Wunsch, eine Heerfahrt über das Meer nach Syrien zu unternehmen, und forderte sie zur Hilfe auf. Wohl brachte Yljas seinen Einwand vor und schilderte die Gefahren, die zu erwarten seien; desgleichen rieten der kühne Markgraf Helmnot von Tuskan, sein Bruder, der Burggraf Gerwart von Garten und ihr Vater, der Truchseß Hiuteger, davon ab und meinten, der König könne sich ein geziemendes Weib unter den Fürstentöchtern des Landes wählen. Aber Ortnit beharrte auf seinem Entschluß. Er berichtete von Machorell und welch unsterblichen Ruhm und ewiges Heil es bringe, wenn man das Oberhaupt der Heiden samt seinem Volk zum Christentum bekehre. Die königlichen Worte überwanden mit siegender Gewalt alle kleinlichen Bedenken. Burggraf Engelwart und der Truchseß Hiuteger erboten sich sofort, die zweiundsiebzig königlichen Lehnsleute – jeder mit einem Gefolge von hundert Recken – ins Feld zu führen. Ortnit dankte ihnen für ihre Bereitschaft, aber er wies sie an, zum Schutze der Reichsgrenzen und seiner Burg zurückzubleiben. Nun erhoben sich Markgraf Helmnot und Herzog Gerwart von Troyen. Sie verhießen je fünftausend tapfere Helden in blanker Rüstung zu stellen und auch selbst mit übers Meer zu segeln. Das erfreute den König, doch bat er den edlen Herzog, von der Fahrt abzustehen, weil er ihm seiner Treue vertrauend, den Schutz der Burgen und Städte und insbesondere die Sorge für seine geliebte Mutter anbefehle.

„Nun, beim heiligen Nikolas", rief der Onkel Ortnits. „Wenn du deinen Tollkopf auf die Zinne von Muntabure tragen willst, so bleibe ich nicht zurück. Mit fünftausend Recken in blanker Brünne sollst du mich an deiner Seite finden." – Als darauf Ortnit ihm mit herzlichem Händedruck seinen Dank bezeigte, ihn aber bat, er möge selbst im Reiche bleiben, tat er einen teuren Schwur: Er wolle an der Seite seines Neffen dem höllischen Mohren ins Angesicht schauen, auch wenn sein eigener Kopf am Giebel von Montabure als Vogelscheuche aufgesteckt werden sollte.

Schon war die Beratung geschlossen, da erschien Zacharis, der Herr von Apulien und Sizilien, ein heidnischer Mann, aber der treueste Wehrgenosse des Königs. Als er die Mär vernahm, versicherte er, er wolle für seinen Lehnsherrn, der ihm oft in der Not Beistand geleistet habe, alle seine Macht aufbieten. Er versprach zwölf Schiffe auszurüsten mit Speise und Trank und mit goldgestickten Gewändern, Samt und Seide reichlich zu beladen; dazu sollten zwanzigtausend tapfere Recken kommen, auf deren Mut man fest vertrauen könne. „Wohl, vielgetreuer Heide", sprach der König, „du gehörst in den Kreis der Edlen des Reiches, auch wenn du nicht die Taufe empfangen hast. Nun aber laßt in allen Landen werben. Ich habe Schätze genug, um Hunderttausenden Sold zu zahlen. Seht dort den festen Turm mit den ehernen Pforten; er ist vom Boden bis zur Spitze mit Gold und Silber gefüllt. Wohlauf! In wenigen Wochen sind wir zur Reise fertig." – „Ja, ja, guter Neffe", sagte Yljas, „da wäre die Reise schnell getan, da werden Sturmriesen alsbald die Schiffe umkehren und Meerammen uns zur Hochzeit laden. Der Herbst ist schon eingetreten, wir müssen die Fahrt bis zum Frühling verschieben. Wenn im schönen Mai die Quellen rieseln und die Blumen blühen, dann besteigen wir die Schiffe."

Da gegen den Rat des erfahrenen Mannes kein Einwand erfolgte, so gingen die Lehnsträger nach verschiedenen Richtungen auseinander. König Ortnit blieb auf Burg Garden zurück. Wohl hielt ihm seine verständige Mutter wiederholt die Gefahren der Fahrt vor und meinte, es sei nicht gut, ein Weib zu begehren, das man nur wie im Traum gesehen, von dessen Gemütsart aber man gar nichts wisse; sie könne ja eine böse Schlange sein, die das Leben vergifte. – Er hatte jedoch keine Ruhe mehr, als der Gesang der Lerchen die Ankunft des ersehnten Frühlings verkündete. Er wollte hinaus in die wilden Berge, er wünschte sich irgendein verwegenes Abenteuer, damit er in Kampf und Gefahr den Unmut vergesse. Er trat eines Tages völlig gerüstet zu seiner Mutter, um sich auf kurze Zeit zu verabschieden. – „Kannst du denn nimmer ruhen, nimmer Frieden finden, mein lieber Sohn?" sagte die sorgende Frau. „Ich fürchte, ich verliere dich wie deinen Vater, und ich habe niemanden, der mich von Herzen liebt und mich in meinem Alter tröstet. Dein Onkel Yljas ist zwar mein

Bruder und ein treuer Mann, aber wild und trotzig wie das Volk der Reußen. Bleibe hier bei mir im Schloß. Da kannst du jagen oder im See fischen und friedlich deines königlichen Amtes als Vogt der Völker walten. Entsage der Heerfahrt und der Abenteuer, da du schon in jungen Jahren viel Ruhm auf blutigen Schlachtfeldern gewonnen hast. Bald sind die Auen grün, dann ist es sehr lieblich in Lampartenland." – „Liebe Mutter", sagte er schmeichelnd, „bleibe mir hold und gewogen. Ich sitze noch immer gern, wie einst als Knabe, an deinen Knien und spiele mit deinen beringten Fingern, aber ich kann nicht mehr Stunden und Tage verträumen. Es ist mir, als müsse ich hinaus in die fremde Welt, in Kampf und Streit. Mich dünkt, ich würde hier vor Unruhe sterben. Gib mir noch einmal deine liebe Hand, und dann lebe wohl. Ich kehre bald zurück!" – „So nimm diesen Ring", sagte die Frau, einen kleinen Fingerreif ihm reichend. „Das Gold ist von geringem Wert und der Stein recht unscheinbar, aber ein Zauber ist darin beschlossen, den man nicht um ein Königreich kaufen könnte. Nun reite getrost in das wilde Gebirge, zuerst den Weg links über die Höhen bis an den See, dann seitwärts an der hohen Steinwand entlang und hinab ins Tal. Da, wo eine Quelle aus dem Felsen entspringt, wirst du an eine mächtige Linde gelangen und ein großes, nie geahntes Wunder erfahren." Ihre Stimme stockte vor innerer Aufregung. Er hätte gern mehr erfragt, aber ihre tränenden Augen schienen ihn anzuflehen, er solle nicht weiterforschen.

Als er in den Hof kam und sein Streitroß bestieg, umringten ihn seine Dienstmannen, alle schon gerüstet. Sie wollten ihren Herrn ins Gebirge begleiten. Aber er lehnte ihre Hilfe ab und schlug gedankenvoll die bezeichnete Richtung ein. Er ritt fröhlich fort, obwohl der Abend schon hereinbrach und der Weg sich im Walde verlor. Wegen der Äste mußte er endlich absteigen und das Pferd am Zügel führen. Das war nun sehr beschwerlich, um so mehr, als die Dunkelheit zunahm. Er konnte sich nur nach den hier und da durchschimmernden Sternen richten. Nach mühsamer Wanderung erreichte er doch den Ausgang des Waldes, gerade als der Morgen dämmerte. Das heitere Morgenrot bestrahlte die Gipfel der Berge und spiegelte sich im ruhenden See, der sich vor dem Wanderer ausbreitete. Der kühne Held verzehrte seinen Proviant während der Hengst im frischen Grase weidete. Darauf schlug er wieder den Weg nach dem Gebirge ein und erreichte endlich die Steinwand, von der ihm die Mutter erzählt hatte. Er schritt an ihr entlang, bis er die Quelle rauschen hörte und bald auch, um einen Vorsprung biegend, die Linde vor sich sah.

Es war ein mächtiger, majestätischer Baum und schon in der frühen Jahreszeit ganz grün und voll Blüten, die würzigen Wohlgeruch aushauchten. Er stand auf einer großen Fläche, wo Gras und Klee, von roten, weißen, blauen und goldglänzenden Blumen übersät, üppig wuchsen. In den Zweigen des weitschattenden Baumes hüpften und nisteten viele Vögel, die, so schien es, den Wanderer mit hundert- und tausendstimmigen Liedern begrüßten. Es war dem Könige seltsam zumute; er meinte, er habe den wunderherrlichen Gesang schon in früher Kinderzeit gehört, auch fiel im dazu ein Lied ein, das er seine Mutter hatte singen hören. Es war ihm im Gedächtnis geblieben und er summte es vor sich hin:

> „Im Federschmuck sind Sänger da
> Mit allerschönster Musika;
> Die Drossel singt: Didiu, didiu.
> Im Walde findest Schlummer du;
> Die Lerche singt ihr Tirili
> Und ruft mir, daß ich mit ihr zieh
> Zum blauen Himmelslustrevier,
> Doch schöner dünkt's im Walde mir;
> Der Fink mit seiner Sippen Brut
> Erzählet viel von frohem Mut;
> Es piept der Specht wohl hin und her,
> Der Starmatz plaudert kreuz und quer;
> Der Häher kräht, der Wiedehopf
> Brummt auch dazu, der arme Tropf.
> Die Musikanten grüßen mich,
> Den Waldeskönig Alberich..."

„König Alberich – Waldeskönig!" – Ortnit hatte von ihm schon mehr gehört, aber er konnte sich nicht mehr darauf besinnen. Es war ihm, als habe er einst mit einem Knaben dieses Namens gespielt. Wie er noch darüber nachsann, fiel sein Blick auf den von der Mutter empfangenen Ring. Der darin befindliche Stein glänzte jetzt wie loderndes Feuer und beleuchtete ein liebliches Kind, das vor ihm unter Blumen lächelnd schlief. „Armer Knabe", sagte der königliche Held mitleidig. „Wer hat dich hierher in diese Wildnis gebracht? Wie wird deine Mutter in Sorgen um dich sein! Aber ich darf dich nicht hier zurücklassen, denn du würdest vor Hunger umkommen oder eine Beute der wilden Tiere werden." – Er hatte schon vorher sein Pferd an einen Ast gebunden und hob nun den Knaben auf, um ihn dorthin zu tragen. Aber er erhielt plötzlich einen so gewalti-

Ortnit und Alberich

gen Stoß vor die Brust, daß er nicht nur das Kind fallen ließ, sondern fast rücklings zu Boden getaumelt wäre. Er hatte kaum wieder festen Fuß gefaßt, so fühlte er sich von dem Knaben fest umschlungen, und er mußte seine ganze Kraft aufbieten, um nicht zu stürzen. Es begann nun ein wütender Ringkampf zwischen dem großen, stattlichen König und dem sonderbaren Knaben. Blumen und Gräser wurden niedergetreten, Büsche und Sträucher zerstampft. Doch dann brachte Ortnit den unscheinbaren Gegner unter sich und zückte zornig sein Schwert, um ihn zu durchbohren. Er konnte aber den Streich nicht ausführen, denn der Kleine sah ihn so flehend an und bat ihn mit so sanfter, schmeichelnder Stimme, er möge ihn, den Wehrlosen nicht ermorden. Nun erbot er sich, für die Auslösung seines Lebens wertvolles Rüstzeug zu liefern, nämlich Helm, Schild und Brünne aus Silber und Gold, und das Schwert Rosen, der Zwerge Werk – und gehärtet in Drachenblut. Der König forderte Bürgschaft, aber der Kleine versicherte ihm, in der einsamen Wildnis sei kein Bürge zu finden, und er könne sich auf seine Treue, auf sein gegebenes Wort verlassen, denn er sei auch ein König über ein weit größeres Reich als die Lombardei, es liege jedoch nicht auf, sondern unter der Erde, wo seine Untertanen Tag und Nacht nach Erz, Gold und Silber schürften und Waffen und Kleinodien mit geschickten Händen anfertigten. Da keine Bürgschaft zu beschaffen war, so ließ der Held seinen Gefangenen aufstehen. Ehe sich dieser aber aufmachte, die verheißenen Gaben zu beschaffen, bat er ihn um den schmalen Fingerreif an seiner Hand, der für ihn, wie er meinte, ohne Wert und Nutzen sei. „Den Ring erhältst du nimmermehr", sagte Ortnit. „Er ist ein Geschenk meiner Mutter!" — „Hei, du kühner Held", spottete der Kleine, „fürchtest wohl der Mutter Rutenstreiche! Wie magst du dann erst im Kampf Schwertwunden ertragen?" — „Würde mir der Leib von Schwertern zerhauen", versetzte Ortnit, „so schmerzte es mich minder, denn eine Träne oder ein Seufzer meiner Mutter." — „Nun tapferer Weiberknecht", fuhr der Kleine fort, „anschauen, betasten darf ich doch das Reiflein. Ich bin ja in deiner Gewalt, da du noch immer das blanke Schwert in der Rechten hältst, während ich wehrlos vor dir stehe."

Nach einigem Zögern ließ es der König zu, daß ihm der Knabe den Ring vom Finger streifte. Aber kaum war es geschehen, so verschwand er vor seinen Augen, und er starrte in die leere Luft. Nur seine Stimme hörte er, die ihm höhnisch zurief, er werde nun wohl zu Hause die Rute kriegen. Er tastete, er hieb mit dem Schwert um sich, aber er traf nur Blumen und Sträucher, und der listige Dieb höhnte fort: „Einem Schalksnarren ist so ein Ring zu nichts nütze; er kennt nicht die Kraft des winzigen Steines, der von Gold umgeben ist. Ich will ihm dafür ein paar handliche Steine zuwerfen." Bei diesen Worten flogen dem Helden scharfkantige Steine an den Kopf, die ihm bestimmt den Schädel zerschmettert hätten, hätte ihn nicht der harte Helm geschützt. Wie ergrimmt auch der König war, wie sehr er die Faust ballte gegen den unsichtbaren Kobold, der ihm bald von der einen, bald von der anderen Seite Steine und höhnische Worte zuschleuderte, er sah endlich doch ein, daß hier weder seine Zwölfmännerstärke noch sein scharfes Schwert Hilfe bringen konnten. Er ging zu seinem Pferd, schnallte den Gurt fest und wollte aufsitzen. Da rief ihm der Kobold zu: „Reite nicht fort! Mich erbarmen die Schläge, die dir die Mutter geben wird. Höre mich an, denn ich habe noch von großen Dingen mit dir zu reden. Verpfändest du mir dein königliches Wort, daß ich frei sagen darf, was ich will und daß du auch das Geschehene nicht rächen willst, so erhältst du sogleich den Ring zurück." — „Wohl", sagte Ortnit, „auf des Königs Wort und Treue hast du Sicherheit." — „Auch wenn ich von deiner Mutter Unliebsames rede?" fuhr der Kleine fort. — „Ha, nimmer!" rief Ortnit. „Schilt mich, wie du magst, lästere, kläffe immer zu, aber meine Mutter sei ohne Makel und Tadel." — „Das ist sie mir wie dir", sprach der Kleine. „Höre mich in Frieden an, denn ich bin Alberich, Beherrscher der Zwerge, die im Schoß der Erde wirken. Ich will dir Wahrheit verkünden. Zuvor aber nimm deinen Ring, da ich deinem Wort vertraue."

Alsbald fühlte der König den Ring wieder in seiner Hand, und wie er ihn an den Finger schob, sah er den Knaben vor sich stehen.

„Wisse denn, reicher König", begann der Kleine wieder, „Land und Leute, Burgen, Städte und Siegesehren und deine große Leibesstärke – das alles verdankst du mir. Dein Vorfahr, den du Vater nanntest, verband sich im Alter mit der jugendlich blühenden Schwester des Fürsten der wilden Reußen. Die Ehe blieb kinderlos, und vergebens beteten beide Gatten, der Himmel möge ihnen einen Erben schenken. Deine Mutter war die tugendreichste und ehrenhafteste Frau der ganzen Lombardei, aber sie härmte sich, daß nach ihres Gatten Tod das Reich verwaist den habsüchtigen Lehnsfürsten und den lauernden Feinden preisgegeben war, sie selbst schutzlos vielleicht vertrieben, ins äußerste Elend verstoßen sein sollte. Ich hörte oft ihre Klagen, wenn ich unsichtbar ihr Gemach betrat. Ihre Sorge, ihr Harm nahmen zu, je mehr der König alterte – da – ja, du mußt es doch erfahren – da wurde ich ihr zweiter Mann ..."

„Unhold, du lügst", rief Ortnit, und ein Dolch blitzte in seiner Hand. Er konnte aber auch jetzt den tödlichen Stoß nicht ausführen, denn vor ihm stand der lächelnde Knabe, der furchtlos zu ihm aufblickte. „Dein Zorn ist eitel", sagte er. „Laß mich nur zu Ende kommen. So jung ich dir scheine, bin ich doch fünfhundert Jahre alt; so klein ich bin, so gewaltig an Gliedmaßen du vor mir stehst, bin ich doch dein rechtmäßiger Vater. Ich machte dem König den Vorschlag einer heimlichen Scheidung und einer ehelichen Verbindung der Königin mit mir. Er willigte ein, aber nicht die edle, tugendhafte Frau. Sie weigerte sich, sie weinte Tage und Nächte, und nur der bestimmte Befehl ihres Gemahls bezwang ihren Widerstand. Priesterspruch heiligte die zweite Ehe, und du, die Frucht derselben, galtest als Sohn des Königs. Als dieser bald ins Grab sank, da erst gelang es mir, das Herz der Gattin zu gewinnen, und ich führte sie manchmal hierher unter die Linde, und oft spielte ich mit dir in der Aue, wie Kinder tun. Als du zum Manne, zum Helden heranwuchsest, war ich oft in blutiger Schlacht neben dir, wehrte feindliche Waffen ab und schreckte die feindlichen Kämpfer. Auch bin ich ferner dein treuer Helfer, wenn du über die weite See fährst, die Mohrenmaid zu erkämpfen. Wenn du den Ring am Finger trägst, darfst du mein nur begehren, so wirst du mich zum Beistand bereit finden. Nun harre hier, daß ich dir die Rüstung bringe, die keine Waffe versehrt, und das Schwert Rosen, das Stahl und Eisen und selbst Drachenschuppen durchschneidet."

Ortnit war wie im Traum. Die Kinderspiele mit den Spielgenossen in den Blumen der Aue, der Vogelgesang in der Linde, der Drossel Didiu, der Lerche Tirili, das trauervolle Flöten und wieder das Aufjauchzen der

Nachtigall, der Waldeskönig Alberich, die unsichtbare Hand, die im Schlachtgetümmel die Pfeile ablenkte, alles ging an seiner Seele vorüber, und dann die edle Gestalt der königlichen Mutter, die ihn gepflegt, ihm den Ring gegeben, die auch jetzt seiner mit Sorgen wartete – sie war ja rein und makellos geblieben und seiner Liebe wert.

Schwere Schritte und das Klirren von Waffen schreckten ihn aus seinen Träumen. Es war Alberich, der mit einem Zwerg die versprochenen Gaben herbeischleppte. Das väterliche Geschenk war in der Tat eines Königs würdig: der silberglänzende Helm mit goldenen Spangen, oben auf der Spitze ein leuchtender Diamant, Halsberg und Brünne schmückten silberne und goldene Ringe, der Goldschild war mit Edelsteinen verziert und die ganze Rüstung leicht und zierlich gearbeitet und doch fest gegen alle Waffen; das Schwert stak in goldener Scheide, am Knauf glänzte ein Karfunkel, die Klinge war haarscharf, mit goldenen Bildern und dem Namenszug des Königs versehen. Ortnit staunte über die nie gesehene Pracht. Dann legte er die Waffen an, und sie paßten ihm wie angegossen. Da hob er den winzigen Vater zu sich empor und küßte ihn auf den rosigen Mund, und dieser erwiderte den Gruß nicht mit einem Faustschlag, wie bei der ersten Begegnung, sondern mit einer zärtlichen Umarmung. Als der König sein Pferd bestieg und Abschied nahm, rief ihm Alberich noch zu: „Vergiß nicht den Ring! Gib ihn niemals her! Drehst du ihn um, so eile ich zur Hilfe herbei."

Als sich Ortnit der zinnengekrönten Burg Garden näherte, eilten die Dienstmannen und Knechte auf die Mauer, um den Recken in der strahlenden Rüstung zu sehen, den sie nicht erkannten. Erst als er den Helm abnahm, erhob sich der Jubel über die glückliche Heimkehr des Gebieters. Auch die Mutter winkte ihm vom Söller herab freudig zu. Er stieg eilends zu ihr hinauf und sagte, sie umarmend: „Von Vater Alberich" – „Du weißt?" fragte sie und verbarg ihr Angesicht an seiner starken, männlichen Brust. – „Ich weiß", versetzte er, „und ich liebe und ehre meine gute, tugendhafte Mutter."

Der Mai, der fröhliche, jauchzende Mai kam endlich wieder ins Land. Es sammelte sich das Kriegsvolk der Lehnsträger, streitbare Söldner fanden sich ein, denn der König hatte seinen Turm geöffnet und zahlte aus den darin geborgenen Schätzen reichlichen Sold. Der Zug ging von Garden südwärts durch die Toskana, das Gebiet von Rom und Lateran, Benevent, Troyen und Apulien, wo sich überall viele Kämpen dem Heer anschlossen. Auf bereitgehaltenen Booten setzte man über nach Messina, dem allgemeinen Sammelplatz. Der getreue Zacharis hatte selbst die Boote schon gerüstet und nicht nur mit Speise und Trank, sondern auch mit

Kaufgut versehen, um im Falle der Not feindliche Raubgaleeren zu täuschen. Bald war die Mannschaft an Bord, günstiger Wind schwellte die Segel, und erfahrene Seeleute steuerten die Fahrt durch die wilde See.

„Land!" rief eine Stimme vom Mastkorb herunter. „Land! Die Stadt Tyrus ist in Sicht!" Bald erblickte man auch auf Deck das Land und die feste Stadt. Da trat der Hochbootsmann zum König mit den Worten: „Herr, wir sind alle verloren. Der Wind steht uns zu fern, als daß wir vorüberfahren könnten. Schon hat man uns erblickt; die Raubgaleeren werden sogleich auf uns Jagd machen." – „He, Neffe", rief der Reuße Y!jas, „wirf den zagen Hund ins Meer, daß er mit den Fischen Brüderschaft trinke! Haben wir nicht scharfe Schwerter, und wir sollten uns vor dem mohrischen Raubvolk scheuen?" – „Herr", versetzte der Bootsmann, „die Helden werden uns mit Wildfeuer (griechischem Feuer) bewerfen; dagegen hilft weder Schild noch Schwert; die Schiffe lodern auf und die gesamte Mannschaft wird verbrannt oder ertränkt."

Die Helden standen ratlos und blickten den Raubschiffen entgegen, die sich allmählich, vom Winde begünstigt, der Flotte Ortnits näherten. Da rief eine Stimme vom Mastkorb herunter: „Waffen unter Deck, Kaufgut herauf! Segel gerefft, daß die Feinde nicht glauben, wir flöhen!" – „Hei, das ist Alberich" sagte Ortnit, „wie konnte ich ihn nur vergessen!" Er blickte empor und sah den Zwergenkönig schnell, wie eine Lerche aus hoher Luft sich ins Weizenfeld niedersenkt, am Mastbaum herunter auf Deck gleiten. Gleich darauf stand dieser an seiner Seite. „Du hast des Ringes, hast meiner vergessen", raunte er dem König zu. „Aber ein Vater vergißt des Sohnes nicht. Nun schaffe, daß mein Befehle vollzogen werde." – Wie war der König beschämt! Indessen die Gefahr duldete keinen Verzug. Auf Ortnits Gebot waren alle Hände beschäftigt, alle kriegerischen Geräte in den unteren Raum und den Kaufschatz heraufzuschaffen. Man breitete ihn aus und legte die Waren zurecht. Währenddessen hatte der Zwerg schon wieder den Mast erklommen und rief den Mohren zu: „Oh! Friedliche Männer – führen Kaufschatz, schöne Gewänder, Gold- und Silbergeräte, Schmuck und Kleinodien. Begehren freies Geleit nach Tyrus!"

Yljas starrte mit offenem Munde nach oben, wo er nur die königliche Flagge wehen sah, aber keinen Menschen erblickte. „Ist der Teufel an Bord", sagte er sich bekreuzigend, „oder ein guter Geist? Mit wem hast du geredet, Neffe? Wer ruft da herab?" – „Es ist ein guter Geist", erwiderte Ortnit, „ein Zwerg, der uns aus der Klemme hilft. Du sollst ihn gleich mit Augen schauen." Er schob ihm den Ring auf den Finger, und der Reuße erblickte den schönen Knaben, der schon wieder herunterstieg, und staunte, als ihm Ortnit eilends Kunde von seinem Abenteuer gab.

Indessen waren die Galeeren nahe herangekommen; ihr Hauptmann erschien an Bord, und als er die prächtigen Kaufschätze sah, versprach er sicheres Geleit und führte die Kauffahrer in den Hafen von Tyrus. Da stellte sich alsbald die Hafenpolizei ein, und auch sie ließ sich täuschen, erlaubte die Landung und den freien Handel mit der städtischen Bevölkerung. Posaunenschall verkündete den Frieden, der den fremden Gästen gewährt sei. Das Geschäft nahm seinen Gang zum großen Vorteil der Städter, denn die Waren wurden ohne langes Feilschen zu billigen Preisen abgelassen.

Am Abend hielten die beiden Fürsten Rat, was weiter zu tun sei. „Schlachten", rief Yljas, „Schweine schlachten, Mann und Maus, Weib und Kind, die ganze Heidenschaft – müssen alle auf den Block und werden dann für den Teufel und seine Gesellen gebraten, wenn das Nest im Feuer aufgeht." – „Das ist ein übler Rat", ließ sich Alberich vernehmen, der ungesehen hinzugetreten war. „Ein König, der ehrlich um Sieg und Ruhm wirbt, sendet dem Feind durch einen Herold den Aufruf zur Fehde." – „Aber der wilde Heide wird den Boten an den Galgen hängen", wandte Ortnit ein. – „So will ich selbst die Botschaft bringen", sprach der Zwerg und verschwand bald aus den Augen des Königs.

Alberich eilte auf unbetretenen Wegen nach Muntabure. Da stand König Machorell auf der Burgmauer, um nach der Tageshitze die abendliche Kühlung zu genießen. „Merke auf, Heidenkönig", rief ihm der Zwerg aus dem Burggraben zu, „was dir König Ortnit, mein Herr, entbieten läßt. Du sollst ihm dein holdes Töchterlein Sidrat zur Ehefrau geben, daß sie an seiner Seite als Königin über die Lombardei herrsche. Bist du dessen nicht willig, so kündigt er dir Krieg an und wird noch, ehe der Tag graut, deine Hauptstadt Tyrus mit Heeresmacht angreifen – und wenn sie erobert ist, vor Montabure rücken, um dich für deine Untaten zu strafen und die geliebte Maid heimzuführen!" – „Heda", rief Machorell zornig. „Willst du den Kuppler machen? Zuvor wird dein Haupt auf eine Burgzinne gesteckt, dann auch das deines gottverfluchten Herrn, wenn er sich blicken läßt. Aber wo ist denn der Kobold? Kann ich ihn doch nicht schauen!" – „Hier unter dir, im Burggraben", war die Antwort. Darauf wälzte der König einen schweren Stein hinunter, der jedoch sein Ziel verfehlte. Er rief nun Krieger herbei, ließ den Graben und die Umgegend durchforschen, aber Alberich blieb unsichtbar. Er wiederholte nochmals den Fehderuf und trat sodann den Rückweg an. Vor Tagesanbruch war er wieder auf dem Schiff und half eine große Anzahl geräumiger Boote vom Strand herbeischaffen, auf denen das Heer lagerte.

Die ganze bewaffnete Macht stand in früher Dämmerung vor der dem Untergang geweihten Stadt. Die Bürger schliefen fest, selbst die Wächter waren eingenickt und hatten die Pforten unverschlossen und unbehütet gelassen. Als aber das Heer anrückte, weckte sie das Klirren der Waffen und der Hufschlag der Pferde. „Ho! Feinde! Verrat! Mord!" riefen die aufgeschreckten Wächter und stießen in die Hörner und Posaunen, daß es weit über Land und Meer scholl. Die Bürger ergriffen ihre Waffen und stürmten zur Verteidigung. Sie fielen haufenweise unter den Speeren und Schwertern der Lombarden, die unaufhaltsam vordrangen. Als sich aber eine größere Anzahl und mehr und immer mehr sammelte, wurde der Kampf schwer und mörderisch auf beiden Seiten. Indessen, wo Ortnit focht, war der Sieg. Das Schwert Rosen in seiner Hand spaltete Helme und Schilde. Ein Schrecken des Todes ging vor ihm her. Blut und Leichen bezeichneten seinen Weg. Nicht weniger tapfer focht Yljas an der Spitze seiner Reußen. Des Heeres Sturmfahne in der Linken, das Schwert in der Rechten, schritt er wie ein Würgengel seinen Mannen voraus. Indessen kam die Botschaft, ein Teil der Stadtwehr sei durch ein anderes Tor ausgefallen und dringe gegen die Schiffe vor, um sie anzustecken und dann das Heer im Rücken anzugreifen. Ortnit überließ dem Reußen die Verfolgung der weichenden Sarazenen und warf sich mit einem auserlesenen Häuflein der feindlichen Macht entgegen, die die Flotte und den Rückzug bedrohte. Der Stadtmeister führte diese an, und er war der erste, der unter Ortnits Streichen fiel. Ihm folgte der größte Teil seiner Kämpfer in den Tod, die anderen ergriffen die Flucht, sobald des Königs Schwert blitzte. „Gib acht auf den Reußen", ließ sich jetzt eine Stimme neben Ortnit hören, und er erkannte seinen Beschützer Alberich. Er eilte sogleich dorthin, wo er seinen Onkel verlassen hatte; aber schon kamen ihm Flüchtlinge erst einzeln, dann in Haufen entgegen, bald auch die siegreich nachdringende Stadtwehr, die durch Hilfsmannschaften mächtig verstärkt worden war. Sie bestand nicht vor Ortnits furchtbaren Streichen. Die flüchtigen Scharen sammelten sich wieder um ihn her und zwangen nun ihrerseits die Feinde zum Rückzug. Sie gelangten auf den früheren Kampfplatz; aber der gewährte einen traurigen Anblick. Tot oder verwundet lagen da Freunde und Feinde und unter ihnen auch der starke Yljas mitten unter seinen Reußen, die mit ihrem Blut ihre Treue besiegelt hatten.

Ortnit ließ von der Verfolgung ab; er betrachtete in tiefer Trauer den gefallenen Freund. Er nahm ihm den Helm ab und fand, daß noch Leben in ihm war. Zufällig berührte er seine bleiche, kalte Stirn mit dem Ring Alberichs. Da schlug der Held die Augen auf; er erhob sich in voller Kraft, holte Schwert und Sturmfahne aus der Blutlache hervor und begehrte Kampf. „Hei, Neffe!" rief er. „Ich bin noch heil, ein Keulenschlag auf dem Helm warf mich nieder, und da sind auch meine Dienstmannen alle erschlagen. Aber die heidnischen Teufel sollen's entgelten. Wo sind die Höllenhunde? Ich will sie alle zu ihrem höllischen Vorahn befördern."

Die Stadtwehr hatte sich wieder gesammelt, da Ortnits furchtbares Schwert nicht mehr im Kampf blitzte. Der Reuße warf sich wütend auf die anrückenden Scharen; er durchbrach, versprengte sie, so daß Ortnit ihm kaum folgen konnte. Endlich war jeder Widerstand gebrochen, und nur vereinzelte Flüchtlinge fand noch der grimmige Reuße, die er ohne Erbarmen niederhieb. Er entdeckte einen ganzen Haufen wehrloser Leute, Männer, Weiber und Kinder, in einem unterirdischen Gewölbe. Sie flehten vergebens um Gnade; er und seine Gefährten würgten und metzelten, bis der König erschien und dem Morden Einhalt gebot. Yljas aber geriet darüber in noch größere Wut. Er wußte nicht mehr, was er tat; er stürzte auf den Kampfplatz zurück und zerstampfte oder erwürgte mit dem Schwert die Verwundeten, mochten sie Freunde oder Feinde sein. Der König hörte das Jammergeschrei; er sah mit Entsetzen das Wüten des Mannes, der gleich einem Tiger nach Mord und Blut brüllte. Er umfaßte ihn und entwand ihm mit Gewalt die bluttriefende Waffe.

Die Stadt Tyrus war erobert, die Bürgerschaft, soweit sie noch am Leben war, erhielt Gnade, sie mußte dem König den Huldigungseid leisten und sein Banner auf der Zinne der Burg aufpflanzen. Nun aber sorgte der königliche Eroberer für die Verwundeten. Die Sarazenen übergab er zur Pflege den Bürgern, die eigenen Streitgenossen wurden auf die Schiffe gebracht; es waren ihrer noch fünfhundert. Dem Heer hatte der fürchterliche Kampf neuntausend Mann gekostet, ein empfindlicher Verlust, da noch der wilde Machorell mit seiner Hauptmacht auf Muntabure lagerte.

Nur wenige Tage gönnte der König dem Heer Rast. Die Sehnsucht nach der wunderholden Maid ließ ihn Tag und Nacht nicht ruhen. Wer aber sollte auf dem Zug die Sturmfahne tragen? Wer sollte das Heer in dem fremden Land führen? Der zornmütige Reuße schien dazu ungeeignet. Da gedachte Ortnit seines Vaters Alberich, drehte den Ring, und sogleich stand der Kleine an seiner Seite und fragte nach seinem Begehr. „Vertraut und folgt mir", rief er, als er vernahm, was den König härmte. Mit diesen Worten bestieg er ein gesatteltes Pferd, nahm das Banner in die Hand und setzte sich an die Spitze des Heeres, das staunend die wunderbare Erscheinung vor Augen sah. Denn man gewahrte wohl das Roß und die wallende Fahne, aber nicht den, der sie trug. „Es ist ein Engel vom Himmel zu uns gesandt", sprachen die Krieger untereinander und folgten mit Freuden, obgleich der Weg weit und die Beschwerden unendlich waren. Anfangs ging der Marsch durch fruchtbares Gelände, dann aber durch eine grauenvolle Einöde, wo kein Wasser zu finden war. Da sehnten sich die fast verschmachtenden Krieger nach den frischen Brunnen des Vaterlandes.

Der Marsch des Heeres ging indessen unbehindert weiter. Die Krieger, obwohl nach Erquickung lechzend, folgten nicht in der Richtung, in der die trügerische Wüstenfee Morgana ihre rieselnden Quellen zeigte, denn voran wallte das königliche Banner in unsichtbaren Händen, und das war den Kriegern ein himmlisches Zeichen auf dem Weg zu Siegesehren, oder zur Seligkeit durch die Pforte des irdischen Todes.

Machorell hatte mittlerweile Kunde erhalten von der Eroberung seiner Hauptstadt Tyrus und von dem Zug gen Muntabure. Auf sein Geheiß waren Krieger aus der Nähe und Ferne herbeigeströmt, und immer noch kamen Schwärme zu Roß und zu Fuß, seine Macht zu verstärken. Ortnit ordnete seine Streiter zum Angriff. Ihm war nicht vor der Übermacht der Mohren bange, wohl aber trug er Sorge, wie man durch den reißenden Strom kommen sollte, der ihnen den Weg versperrte. Da zog voran der unsichtbare Führer mit dem wallenden Banner, und kühn folgten die Krieger, und es war, als ob die schäumenden Wasser zurückwichen und eine breite Furt eröffneten. Ein fürchterlicher Kampf entbrannte am jenseitigen Ufer, und obwohl der König mit seinem Schwert alles vor sich her niederschlug und der Reuße nicht minder wütete, so wichen doch die Feinde nur Schritt für Schritt. Doch wurden sie bis an den Burggraben gedrängt. Hier machten sie halt und suchten sich mit äußerster Gewalt zu verteidigen. Gleichzeitig traten Bliden und andere Wurfmaschinen in Aktion. Sie schleuderten zentnerschwere Steine und Balken auf die Belagerer, von denen Hunderte den tödlichen Geschossen erlagen. Gegen solche Waffen halfen keine Schwerter und Speere, und die bisher Sieger waren, mußten weichen. In diesem Augenblick, da eine Niederlage, vielleicht der Untergang des ganzen Heeres bevorstand, griff Ortnit nach dem Ring. Sogleich war der hilfreiche Zwerg zur Stelle und schaffte Rat: Er eilte, er flog durch das Kampfgetümmel; er verschwand unter den feindlichen Scharen und erschien alsbald wieder auf der Burgmauer. Ungesehen von den arbeitenden Kriegsknechten, nur dem König sichtbar, warf er mit seiner wunderbaren Kraft eine Maschine nach der anderen in den Burggraben, während die Knechte, unwissend, wer ihnen ihre Werkzeuge entriß, voll Staunen und Schrecken den hinabstürzenden Geräten nachblickten. Ortnit sah freudig die Werke des Zwerges, und nun flammte sein furchtbares Schwert wieder seinen Scharen voran und brach ihnen einen blutigen Weg durch die feindlichen Reihen.

Alberich verließ indessen die Burgmauer und schritt nach einem turmartigen Vorbau, der über die Mauer emporragte. Dort war das Heiligtum der Mohren, wo ihre Abgötter Machmet und Apollon, zwei mächtige Steinbilder, aufgestellt waren. Die Königin und ihre Tochter, die schöne Sidrat, lagen vor ihnen auf den Knien und flehten um Schutz vor den grimmigen Feinden, die den König, sie selbst und das Land bedrängten. Da fühlte Sidrat ihre Hand von einer unsichtbaren erfaßt. Sie erschrak zuerst, dann glaubte sie, der Gott selbst habe ihr Gebet erhört und wolle ihr seinen Schutz anzeigen. Es war aber Alberich, und der flüsterte ihr zu: „Deine Götter sind Staub; ich bin ein Bote aus einer anderen Welt, der dir Rettung bringen und den wahrhaftigen Gott verkündigen will." Die Jungfrau riß sich erschrocken los und flüchtete zu ihrer Mutter. Nun ergriff der starke Zwerg die Steinbilder, trug sie auf den Söller und stürzte sie hinunter in den Graben. Die Frauen hörten das Krachen der Steinbilder, sie drängten sich in einen Winkel des Betsaales, denn sie meinten, ein böser Geist habe das Werk getan. Schon stand Alberich wiederum neben der Jungfrau. Er zog sie gegen ihren Willen nach dem Söller, indem er sagte: „Sieh dort den Helden, der dich begehrt, der dich glücklich, zur reichen Königin über alle seine Reiche machen will." Unwillkürlich blickte sie hinunter auf das fürchterliche Kampfgewühl. Da stand Ortnit inmitten des blutigen Streites, hoch, alle überragend, in glänzender Rüstung, wie ein Gott, der unantastbar, unwiderstehlich durch die wild anstürmenden Wogen des Krieges sich freie Bahn schaffte. Sie konnte den Blick nicht von ihm abwenden. Aber nun nahte er ihrem Vater, der seine weichenden Krieger sammelte und ermutigte; nun erreichte er ihn, sein blitzendes Schwert spaltete dessen Schild und erhob sich abermals zum Todesstreich. Sie stieß einen lauten Schrei aus, und Ortnit konnte den Streich nicht vollenden; sein Auge hing an dem Frauenbild auf dem Söller, das ganz der Erscheinung glich, die einst aus dem Meere vor ihm aufgestiegen war.

„Siehst du den königlichen Helden?" sprach die Stimme des Unsichtbaren zu der Jungfrau. „Er will dich zur Königin über alle seine Reiche erheben." – Sie antwortete nicht; ihr Blick war dem des Königs begegnet und hatte ihm gesagt, daß sie ihm angehören wolle. Auch der Zwerg verstand die stumme Sprache, und er fuhr fort: „Morgen beim ersten Tagesgrauen steige in den Burggraben nieder. Dein Vater wird es dir vergönnen, wenn du sagst, du wollest seine Götter anrufen, daß sie wieder in die Burg zurückkehren. Du aber wirst dort den König finden."

Er wußte nun, daß sein Rat nicht vergeblich sei, und verließ die Frauen. Das Gefecht war indessen nicht mehr so heftig. Nur Ylias würgte noch schonungslos unter den Mohren, die fortwährend im Weichen waren; doch konnte er weder ihren Rückzug in die Burg noch die ehernen Tore sprengen, die sich hinter ihnen schlossen. Der Verlust auf beiden Seiten war groß. Zwar hatten die Heiden doppelt so viele Streiter eingebüßt; aber sie erhielten fortwährend Verstärkung, da die geschwächten Belagerer die ausgedehnten Festungswerke nicht einschließen konnten. Um vor einem nächtlichen Ausfall sicher zu sein, zog sich das Heer hinter den Strom zurück. Da wurden die Verwundeten verbunden. Das frische Wasser und die mitgeführten Vorräte an Wein und Speise gaben ihnen, wie den gesunden Kriegern, die verdiente Labung. Als die Nacht den Schleier des Friedens ausbreitete, überließen sich die müden Recken dem Schlaf und träumten von neuen Kämpfen und Siegesehren. Nur der König konnte nicht ruhen. Er hatte von seinem Beschützer die Verabredung in Erfahrung gebracht. Er wappnete sich nach kurzer Rast, bestieg seinen Streithengst und ritt gen Muntabure. Der Mond leuchtete hell. Hinter ihm lag das Lager im Frieden des Schlafes, vor ihm und um ihn die leichenvolle Kampfstätte im Frieden des Todes. Es war recht schauerlich unter den Leichen. Der König hielt nahe an der Burg unter einem Tamarindenbaum, wo er nicht leicht von den schlaftrunkenen Wächtern gesehen werden konnte. Er stieg ab und dachte, an den Stamm gelehnt, nach über das, was geschehen war und was noch geschehen sollte. ‚Wird Sidrat kommen? Werde ich sie endlich in die Arme schließen? Und wenn sie mein ist, so biete ich der ganzen Heidenwelt Trotz.' Unter diesen und ähnlichen Gedanken sah er nicht, wie sich am östlichen Horizont das erste Grau des Tages zeigte. Aber nun öffnete sich ein Ausfallpförtchen; eine weiße Gestalt trat heraus. „Sidrat!" rief er und hielt sie in seinen Armen, und – sie erwiderte seinen Kuß. „Fort! Säume nicht!" flüsterte der Zwerg neben ihm. „Dort rechts nach dem Gießbach!" – Er begriff die Mahnung, hob die Maid auf sein Roß, stieg selbst auf und trabte in der angedeuteten Richtung eilends davon.

Es war höchste Zeit, denn ein Wächter auf der Mauerzinne erkannte die glänzende Rüstung und den Stein auf der Helmkrone und stieß in sein

Horn, so daß die ganze Burgmannschaft wach wurde. Die Tore öffneten sich, Krieger zu Roß und zu Fuß stürmten hinaus, den Flüchtlingen nach. Kaum hatte Ortnit noch Zeit, abzuspringen und den Hengst an einer gangbaren Stelle durch das seichte Bergwasser zu führen, das sonst überall wegen der hohen, steilen Ufer nicht zu überschreiten war. Hier stand der Held, sein gutes Schwert Rosen in der Hand. Wurfspieße, Pfeile und krumme Säbel klirrten ihm auf Helm, Schild und Brünne, aber Alberichs Werk widerstand, und Rosen flammte wie ein Blitzstrahl in der Faust des Helden und spaltete Rüstungen und Häupter, daß das Wasser rot von Blut wurde. Der erste Angriff war abgeschlagen; allein nun erschien Machorell mit frischer Mannschaft. „Seid ihr Männer?" rief er den Kriegern zu. „Haut den Hund, den Mädchenräuber, in Stücke, daß Wölfe und Geier an seinem Fleisch sich mästen!" – Der Kampf wurde immer erbitterter, und Ortnit fühlte, wie die menschliche Kraft zuletzt der Übermacht unterlag. Er stieß in sein Hüfthorn, während immer neue Horden gegen ihn andrangen und sein Arm mehr und mehr erlahmte. Jetzt hatte eine feindliche Schar oberhalb von ihm den Bach überschritten und stürmte gegen ihn an. Es war kein Entrinnen, keine Rettung mehr möglich. Er hörte Pferdehufschlag, Getümmel hinter sich – aber – es waren die Freunde, es war Yljas der Reuße, und der stand bald an seiner Seite, die Sturmfahne in der Linken, das Schwert in der Rechten, warf die vorgedrungenen Mohren in den Bach und drängte vorwärts nach dem jenseitigen Ufer. Ortnit, erschöpft zum Sterben, sank in das hohe Gras. „Da nimm!" rief er dem Freunde zu, „nimm Rosen! Ich kann nicht mehr."

Der Reußenheld ergriff die starke Waffe und wütete unter den weichenden Heiden, indem er rechts und links niederschlug, was Widerstand leistete. Dennoch kam das Gefecht wieder zum Stehen, da neue feindliche Haufen auf dem Kampfplatz anlangten. Als sich jedoch Ortnit wieder erholt hatte und Rosen in seiner Hand flammte, wurde der Rückzug der Mohren allgemein. Zweimal begegnete ihm Machorell im Mordgetümmel, zweimal warf er ihn mit dem Schild zu Boden. Aber er scheute sich, den Vater der Geliebten zu töten, und so gelang es dem Mohrenkönig, seine erschöpften Scharen in die Burg zurückzuführen, ohne daß die Lombarden zugleich mit eindringen konnten.

Die Verluste der Belagerer waren indessen so groß, daß an Einschließung und Erstürmung der Festungswerke nicht mehr gedacht werden konnte. Da nun auch der Zweck der Heerfahrt erreicht war, so trat das Heer den Rückzug an. Man fand in Tyrus die Flotte noch wohlbehalten vor, schiffte sich ein und fuhr mit reicher Beute und der schönen Königstochter durch die blauen Meereswogen der Heimat zu. Sidrat aber vergaß an der Seite des geliebten Freundes Vater, Mutter und ihre Götter, deren Ohnmacht sie erkannt hatte. Sie wurde im Christentum unterrichtet und erhielt in der Taufe den Namen Liebgart. Nach der glücklichen Landung zogen alle unter großem Jubel der Landbevölkerung nach Garden, wo die alte Königin ihre mit viel Mühen und Blut erworbene Schwiegertochter und ihren ruhmvollen Sohn freudig empfing.

Eine glänzende Hochzeit wurde hierauf gefeiert. Das Fest dauerte mehrere Wochen lang. Eine große Zahl edler Knappen empfing den Ritterschlag und Burgen sowie Kleinodien aus dem noch unerschöpften königlichen Schatz.

Nach den festlichen Tagen lebten die beiden Ehegatten in Liebe und Ehre. Der gefeierte Held erhielt sogar in Rom die Kaiserkrone und wurde von den Sängern und Spielleuten wegen seiner Taten gepriesen. Einst saß er mit der Königin in der festlichen Halle auf dem Thron, während seine Recken fröhlich zechten. Da ward ein fremder Mann gemeldet, der, wie er sagte, aus dem Morgenland komme und reiche Geschenke bringe. Nach erteilter Zustimmung trat der Fremdling ein. Er war von riesenhaftem Wuchs und wilden Aussehen und nannte sich Welle. Er gab an, König Machorell wünsche um der Tochter willen Versöhnung mit seinem Schwiegersohn und sende ihm zum Zeichen seiner friedlichen Gesinnung die edelsten Kleinodien, die in Syrien zu finden seien. Als der Mann seine Rede beendet hatte, rief er seinem Weib Ruotze. Sie erschien sogleich, war noch ungeschlachter als er selbst. Sie schleppte vier Lasten herein, deren Inhalt sie vor dem königlichen Paar und den neugierig zudrängenden Hofleuten auskramte. Die erste enthielt feine, zierliche Gewande und allerlei Stahlwaren, die zweite Spangen, Ringe und Gürtel aus Silber, die dritte dergleichen aus Gold. Die vierte Last öffnete der Mann selbst und brachte daraus zwei riesige Eier zum Vorschein, die seltsam geformt und gefärbt waren. „Es sind Eier der abrahamschen Wunderkröte", sagte der Mann. „Wenn sie ausgebrütet werden, was das Werk meines Weibes ist, so findet man darin den herrlichen Krötenstein, der im Dunkeln wie die Sonne leuchtet, oder ein Wundertier, das, sofern man es gut nährt, die Grenzen des Landes gegen jeden feindlichen Angriff sichert. Ich bin König Machorells Jägermeister und verstehe mich auf die Zucht. Darum bitte ich Euch, mir und meinem Weib in den Bergen eine finstere, feuchte Felsenkluft anzuweisen, so wird die Brut wohl geraten. Über ein Jahr wird mein königlicher Herr selbst übers Meer herkommen, um Friede und Freundschaft fest zu schließen und die Wunder zu beschauen."

Die Königin freute sich der väterlichen Gaben und der nicht erloschenen Liebe ihrer Eltern. Sie fiel ihrem Gemahl um den Hals und bat ihn, die gebotene Hand ihres Vaters nicht zurückzuweisen. Dem stimmten die Hofleute bei, denn sie wußten, daß das Morgenland reich an mancherlei Wunderdingen war. Nur Zacharis, der getreue Heide, meinte kopfschüttelnd, es sei der Rede und den Gaben nicht zu trauen. Seine Worte aber blieben unbeachtet. Der König befahl dagegen, für die Bedürfnisse des Boten Sorge zu tragen.

Hoch im Gebirge bei Trient in einer Steinwand war eine finstere, moorige Felsenkluft. Dort nahm Welle zusammen mit seinem Weib Herberge und erhielt jeden Tag reichlich Speise und Trank, während Ruotze sich um die Brut kümmerte. Es dauerte nicht lange, so krochen aus den geborstenen Eiern zwei Lindwürmchen heraus. Sie waren zierlich und gelehrig und ringelten sich der Frau um den Leib oder auch um einen Baumstamm, wie sie ihnen befahl. Selbst der Beauftragte Ortnits, der manchmal die Kluft besichtigte, hatte seine Freude an den muntern Tieren. Sie fraßen begierig das vorgeworfene Fleisch und wuchsen schnell heran, so daß sie bald den Riesen und sein Weib überragten, wenn sie sich aufbäumten. Sie begehrten aber immer mehr zu fressen, und ein ganzes Rind genügte ihnen nicht mehr. Dabei wurden sie bösartig, sie zischten und heulten, wenn der Beauftragte oder sonst ein Fremder eintrat, rissen die Rachen weit auf und zeigten zwei Reihen Zähne, die Fleisch und Knochen zu zermalmen drohten. Da mit ihrer Größe auch ihr Hunger wuchs und der Beauftragte Ortnits sich weigerte, mehr als zwei Rinder täglich zu liefern, so setzten sie selbst den Riesen Welle und dessen Weib in Schrecken, so daß diese in eine andere Felsenkluft flüchteten. Nun aber brachen die Ungeheuer heraus, erwürgten Menschen und Vieh und verheerten die ganze Gegend. Das Volk verließ die anmutigen Fluren am Ausgang des Gebirges und suchte anderswo sichere Unterkunft; allein die Ungetüme brachen bald da, bald dort aus der Wildnis hervor, so daß man nirgends mehr sicher war. Vergeblich versuchten mancherlei Recken, sie zu bekämpfen, sie fanden alle ihren Untergang. Einige Heerhaufen rückten zur Vertilgung der Würmer aus, aber Wurfspeere und andere Geschosse prallten wie schwache Reiser von den Drachenschuppen ab, und als die Ungeheuer unter das Kriegsvolk stürzend Roß und Mann zerrissen, ergriffen die Scharen die Flucht. Das ganze Königreich schien dem Verderben verfallen.

Eines Tages trat Kaiser Ortnit zu seiner Gattin und bat sie, ihm die Rüstung anzulegen, weil er einen schweren Kampf bestehen müsse. Sie sah ihn traurig an, wobei sie sagte: „Ortnit, in welchen Kampf?" – „Sieh, Liebgart", sagte er. „Die Drachen, die Land und Leute verderben, das sind die Krötensteine, die mir dein Vater gesandt hat. Ich aber bin des Volkes Hort. Wie mein Volk für mich kämpfte und blutete, als ich auszog, dich zu werben, so will, so muß ich jetzt für dasselbe Sieg gewinnen oder sterben." – „Du schaffst mir großes Leid", sagte sie weinend. „Du bist mir Vater und Mutter, dein Gott ist mein Gott geworden, an deinem Leben hängt das meine. Wenn du in dem schrecklichen Abenteuer umkommst, so muß auch ich untergehen. Und kann ich das elende Leben nicht ertragen, so wird man mich, die Landesfremde, hinausstoßen wie eine Bettlerin." – „Sei getrost, Liebgart", sagte er. „Ich habe Rosen, das gute Schwert, das Stahl und Stein spaltet, es wird auch die Drachenschuppen zerhauen. Kehre ich aber nicht wieder, so wird mir ein Rächer erstehen. Wer dir nun den Ring wiederbringt, den ich einst von dir empfing, der ist mein Rächer, und ihm magst du die Hand zum neuen Ehebunde reichen." Er drückte den Scheidekuß auf ihre Lippen, dann riß er sich aus ihren Armen los und eilte fort. Sie sah dem geliebten, hochherzigen Mann lange nach, wie er auf seinem edlen Pferd in strahlender Rüstung nach dem wilden Gebirge ritt, wo schon so viele treffliche Recken ihren Untergang gefunden hatten.

Ortnit erreichte auf bekannten Wegen die Steinwand, an deren Fuß die finstere Felskluft sein sollte, in der die Würmer ausgebrütet worden waren. Er fand sie nicht, stieg vom Pferd, stieß in sein Horn und ließ den treuen Spürhund los, den er mitgenommen hatte, damit er die Unholde aufspüre. Da öffnete sich plötzlich ein Felsentor und der Riese Welle trat heraus. „Holla, Mädchendieb!" rief er und schlug mit seiner Eisenstange nach ihm, verfehlte ihn jedoch, und der König hieb ihm mit seinem guten Schwert die Keule mitten durch. Der Riese sprang zurück, zückte aber blitzschnell ein sechs Ellen langes Schwert und traf ihn damit auf den Helmkegel, daß er zu Boden taumelte. „Hast gut getroffen, altes Mondkalb", schrie das Riesenweib Ruotze, das von dem Kampfgetöse herbeigelockt worden war. „Nun will ich dem Schächer den Hals umdrehen und seinen Leib den Würmern zum Fraß hinwerfen." In diesem Augenblick erhob der Spürhund des Königs im Wald ein wütendes Gebell. Ruotze stürzte fort, um zu sehen, was es gebe, und nun erhob sich der König und hieb nach kurzem Gefecht dem Riesen ein Bein ab. Der Unhold heulte laut und wehrte sich noch, an die Felswand gelehnt, aber sein Gegner hieb ihm auch das andere Bein ab. Auf das Geschrei kam die Riesin zurück. Mit einem entwurzelten Baum schlug sie nach dem König, traf aber in der Wut statt dessen ihren Mann, daß ihm der Schädel zerbarst. Ortnit erschlug nun auch die Riesin und ruhte sich nach dem gräßlichen Kampf mit den Scheusalen aus. Er aß und trank von den mitgenommenen Vorräten, während sein Hengst im saftigen Gras weidete. Als er sich wieder gestärkt fühlte, brach er auf, denn die Toten konnten ihm keine Auskunft geben. Er ritt durch unwirtbare Waldung und traf endlich auf einige Waldleute, die sich mit Kohlenbrennen beschäftigten. Sie sagten, die Ungeheuer seien westwärts gezogen, doch hause dort nur das eine, das in einer tiefen Kluft ein Nest voll Jungen habe; das andere sei, tiefer ins Gebirge, vielleicht auch in ein fernes Land gegangen.

Sie beschworen den Helden, die Untiere doch nicht weiter aufzusuchen, weil kein sterblicher Mensch sie bestehen könne.

Ohne auf die Warnung zu achten, ritt Ortnit in der angegebenen Richtung nach Westen weiter. Am Abend ruhte er ein wenig. Er hätte sich gern an einem reichlichen Imbiß erquickt, allein sein Vorrat war zur Neige gegangen; dann setzte er seinen Weg die ganze Nacht hindurch fort. Am anderen Tag kam er in einen Wiesengrund. Da sah er unter einem Baum den kleinen Alberich sitzen. Der Zwerg schien sehr traurig; er sagte zu ihm, da er das Pferd anhielt: „Ortnit, mein lieber Sohn, es ist der Weg des Todes, den du fährst. Kehre um gen Garden, denn ich habe nicht Macht über das höllische Gezücht, das du bekämpfen willst; ich kann dir keine Hilfe leisten." – „Ich bedarf der Hilfe nicht", versetzte der Held. „Habe ich nicht das Schwert Rosen? Das ist mein Helfer gegen die Mächte der Hölle, die mein geliebtes Volk verderben wollen." – „Fahre glücklich", rief der Kleine, war mit einem Sprung bei ihm auf dem Sattel und küßte ihn auf den bärtigen Mund. „Fahre glücklich und – wache und schlafe nicht. Achte auf diesen letzten Rat, den ich dir geben kann. Nun aber gib mir den Ring zurück, den du von deiner Mutter empfangen hast. Kehrst du heil gen Garden, so erhältst du ihn wieder." – Kaum hatte Ortnit die Gabe dem Zwerg ausgehändigt, so fühlte er einen Kuß auf seinen Lippen und der Kleine war verschwunden.

Der unverzagte Held ritt unbeirrt weiter durch rauhe Felsentäler und wilden Tann. Er gelangte bald an die ihm bekannte Steilwand und, ihr entlangreitend, an jene Linde, unter der er den guten Alberich zuerst schlafend gesehen hatte. Da tönte noch der heitere Vogelgesang, da blühten und dufteten noch die vielfarbigen Blumen, da lud der frische Rasen den Wanderer zur Ruhe ein. Ortnit und sein Pferd waren müde. Er stieg daher ab, ließ den Hengst frei weiden und lagerte sich in das weiche Gras. Der treue Hund streckte sich dicht neben seinen Herrn. Der König dachte über sein Vorhaben nach; es kam ihm in den Sinn, ob er nicht besser tue, nach Garden zu der harrenden Liebgart zurückzukehren. „Aber", sprach er bei sich selbst, „Volk und Fürst sind wie ein Mann. Das Volk ist der Leib, der Fürst das Haupt, das behelmte Haupt, das sich den feindlichen Streichen

Der schlafende Ortnit wird vom Drachen bedroht

zuerst entgegenbietet. Und – darf meiner Kraft, meinem Schwert und der gerechten Sache vertrauen, ich werde den Sieg davontragen." Es war, als jubelten ihm die Vögel Beifall zu denn sie sangen immer lieblicher und gaukelten über ihm in den Zweigen, die ein sanfter Lufthauch bewegte. Der Held sah dem munteren Spiel zu, aber seine müden Augenlider schlossen sich. Er fiel in einen tiefen Schlaf.

Plötzlich verstummte der Vogelgesang, die Zweige lispelten nicht mehr, die Blumen senkten, wie von einem Gifthauch angeweht, ihre Kronen. Durch das Gehölz kroch, Bäume und Sträucher niederbrechend, der scheußliche Lindwurm daher, seine Schuppenhaut rasselte, seine Augen glühten wie Feuerbrände, sein bald offener Rachen zeigte zwei Reihen spitzer Zähne. Der treue Spürhund, ein starkes, flinkes Tier, fiel ihn mit wütendem Bellen an. Als der Wurm aber den Rachen weit aufriß und mit gräßlichem Geheul auf ihn stürzte, lief er zu seinem Herrn zurück und zerrte an seinem Gewand, um ihn zu wecken. Es war vergeblich: Der Held war wie von einem Zauberschlaf befangen. Der Hund sprang von neuem auf den Drachen los; er umkreiste ihn, suchte ihn am Rücken zu fassen, aber er entging kaum den Schlägen des Schweifes, der sich wie ein Rad umschwang. Jetzt hatte der Wurm den Helden aufgespürt. Er stürzte auf ihn zu, faßte ihn mit den Zähnen, trug ihn mit einigen Sprüngen ins Dickicht, wo er ihn an einer Felsenzacke zermalmte. Helm und Brünne blieben zwar unverletzt, aber alle Glieder waren wie morsches Holz zerbrochen. Darauf ergriff er die zermalmte, tote Masse wieder und trug sie nach der finsteren Kluft, wo er sein Nest mit den jungen Würmern hatte. Der Spürhund verfolgte ihn zwar mit wütendem Gebell. Als ihm aber der alte Drache wieder zähnefletschend und brüllend entgegenkam, wich er scheu zurück, blieb jedoch während der Nacht in der Nähe und trat erst am folgenden Morgen den Rückweg nach Garden an. Die jungen Ungeheuer versuchten indessen vergebens Helm und Brünne zu zerbeißen, sie konnten nur mit ihren spitzen Schnauzen durch die festen Stahlringe Blut und Fleisch aussaugen.

In Garden brachten unterdessen Liebgart und die alte Königin Tage und Nächte in großer Unruhe zu. Sie hofften und fürchteten. Am vierten Tag saßen sie kummervoll beisammen. Da kratzte und winselte etwas an der Türe. Liebgart öffnete und erblickte den wohlbekannten treuen Hund, den Begleiter ihres Gemahls. Er sprang nicht, wie sonst, fröhlich auf sie zu, sondern er kroch langsam herein und legte sich winselnd der alten Königin zu Füßen. – „Er ist tot, von dem Ungeheuer erwürgt!" rief die unglückliche Mutter. Es waren ihre letzten Worte; leblos sank sie zu Boden. – „Tot! Alles tot" klagte die junge Königin. Die lauten Klagen riefen die Frauen und viele Männer in die Halle. Sie hörten, sie sahen, was geschehen war, und allgemeine Bestürzung verbreitete sich in der Burg, in der Stadt und bald weiter im ganzen Land. Mehrere Recken machten sich auf, den geliebten König, den hochherzigen Landesvater, zu suchen oder zu rächen. Sie folgten dem Spürhund, der, als ob er ihre Absicht verstehe, voranlief; aber einige wurden eine Beute des Ungetüms, als dieses unversehens aus dem Dickicht hervorbrach. Da scheuten sich auch die mutigsten Helden, das Abenteuer zu wagen, denn es war etwas anderes, den ruhmvollen Schlachtentod zu sterben, als unter den Zähnen des Untiers sein Leben auszuhauchen.

Die Lombardei war nun herrenlos. Die großen Vasallen rissen die königlichen Rechte an sich, führten Krieg, verwüsteten einander die Länder mit Feuer und Schwert, während der Drache Menschen und Vieh raubte und seinen Jungen zum Fraße vorwarf. Es war eine schlimme, trostlose Zeit. Da traten endlich die Großen des Reiches zusammen und berieten sich, wie Besserung zu schaffen sei. Man kam zu dem Beschluß, die Königin müsse aufgefordert werden, sich einen edlen Gemahl zu wählen, der Macht und Weisheit besitze, das Reich aus dem tiefen Verfall zu erheben. Dazu meinte nun jeder der geeignete Mann zu sein; jeder hoffte daher, die königliche Braut heimzuführen. Als nun die Fürsten vor die trauernde Witwe traten, erklärte diese ernst und feierlich, sie werde dem einzig geliebten Ortnit die Treue bis in den Tod bewahren; auch sei keiner der Fürsten würdig, sein Nachfolger in der königlichen Halle zu werden, als der, der ihn an dem gräßlichen Ungeheuer räche. Die Fürsten sahen einander bestürzt an und verließen die edle Frau. Indessen ließen sie diese bald ihren Unwillen fühlen. Sie rissen die königlichen Schätze an sich, beschränkten sie auf das armselige Jahresgehalt von hundert Pfund Kupfer und nötigten sie dadurch, ihr Gefolge zu entlassen und mit wenigen Frauen, die nicht von ihr wichen, selbst zu spinnen und zu weben für ihren Unterhalt.

Mit Unmut hörte der gute Markgraf von Tuskan von der Bedrängnis der Königin. Er bot ihr Burgen und Schlösser in seinem Land an, aber sie erwiderte, in Garden sei sie einst mit Ortnit glücklich gewesen, da wolle sie auch in ihrer Trauer um ihn verharren. Gerührt von der Treue der edlen Frau sandte ihr nunmehr der Fürst täglich die nötigen Vorräte an Speise und Wein, damit sie mit ihren Dienerinnen vor unwürdigem Mangel geschützt sei. Indessen lebte sie doch fortwährend unter schweren Drangsalen, da die Burgherren unablässig sie mit Beschränkungen kränkten, um sie zu einer zweiten ehelichen Verbindung zu zwingen; sie trug aber alle Mißhandlungen mit Ergebung, denn in ihrer Seele lebte das Andenken an den geliebten Gatten und die Hoffnung, es werde ihm doch noch ein Rächer auferstehen.

Diese Hoffnung, die wie ein Stern in dunkler Wolkennacht zuweilen vor ihr aufstieg, sollte endlich erfüllt werden.

Zweiter Abschnitt

DIE AMELUNGEN

1. *Hug- und Wolfdietrich*

Zu den Zeiten, da der Ahnherr Ortnits in der Lombardei waltete, herrschte in Konstantinopel der mächtige Kaiser Anzius über die Länder der Griechen, Bulgaren und vieler anderer Völker. Er empfahl sterbend seinen Sohn Hugdietrich dem getreuen Berchtung, Herzog von Meran, den er selbst erzogen und mit vielen Würden versehen hatte. Der Herzog war bisher schon der Führer des jungen Recken gewesen und fuhr nun fort, ihm mit Rat und Tat zur Seite zu stehen. Zunächst handelte es sich darum, ihm eine ebenbürtige, schöne und verständige Gemahlin auszuwählen. Berchtung, der auf seinen Fahrten viele Höfe und Völker kennengelernt hatte, wußte nur eine Jungfrau, die er seinem Zögling und Lehnsherrn vorschlagen konnte; aber diese sei schwer zu erlangen. Sie heiße Hildburg, sagte der Herzog, und sei die Tochter des Königs Walgund von Salnecke. Ihr Vater, der sie über alles liebe, wolle sie keinem Freier geben und halte sie daher in einem festen Turm eingeschlossen, zu dem niemand Zutritt habe als der alte Wächter, er selbst und ihre Mutter.

Der junge Hugdietrich hörte die seltsame Mär mit Begierde. Er sann darüber nach, wie er wohl die schöne Maid von Angesicht sehen könne, und er erfand eine List, die seinen Meister in Verwunderung setzte, als er ihm dies mitteilte. Er wollte nämlich weibliche Künste, besonders Wirken und Sticken, erlernen und dann in Frauentracht an den Hof zu Salnecke gehen. Seine zierliche Gestalt, sein langes, blondes Haar, sein unbärtiges, ganz mädchenhaftes Antlitz waren wohl geeignet, den listigen Plan auszuführen. Er berief daher die berühmtesten Meisterinnen in Gold- und Seidestickereien zu sich und arbeitete heimlich mit ihnen länger als ein Jahr, bis er es ihnen in Kunstfertigkeit gleichtat, ja in vielen Stücken sie übertraf. Mittlerweile suchte er auch in Gang und Haltung edle Frauen nachzuahmen, und wenn er in langem Gewand, das Haupt vom Schleier umwallt, mit einem Gefolge von Frauen durch die Säulenhallen lustwandelte, vermutete niemand unter dieser Hülle den Kaiser oder überhaupt einen Mann. Nach gut einem Jahr fuhr er mit einem zahlreichen weiblichen Gefolge, geleitet von Berchtung und einer auserlesenen Schar von

Kriegern, nach Salnecke. Es wurden vor der Königsburg prachtvolle Zelte aufgeschlagen und kunstreiche Stickereien zur Schau ausgelegt. Die Bürger und noch mehr ihre Frauen und Töchter kamen, die kostbaren Stoffe und die kunstreichen Arbeiten zu beschauen. Bald fanden sich auch die Hofleute ein, die manches Stück zu kaufen begehrten. Sie erhielten aber schöne Gewänder und Teppiche als Geschenk, indem man ihnen sagte, daß hier kein Kaufgeschäft betrieben werde. Über die kunstreichen Gewebe und Stickereien wurde auch bei Hof gesprochen, und als der König und die Königin davon hörten, ließen sie die vornehme Fremde zu sich einladen. Sie leistete Folge und gab auf Befragen an, sie sei Hildgunde, die Schwester des Kaisers Hugdietrich, und wegen eines Zerwürfnisses mit ihrem Bruder des Landes verwiesen worden. Sie bat den König um Schutz gegen Verfolgung und um eine Freistätte während ihrer Verbannung. Da sie zugleich der Königin eine kostbare Stickerei als Zeichen ihrer Huldigung überreichte, so wurde ihre Bitte huldvoll gewährt und ihr samt ihrem Gefolge Räumlichkeiten im königlichen Schloß überwiesen. Zugleich ersuchte sie die Königin, sie möge auch einige Frauen aus ihrer Umgebung in ihrer Kunst unterrichten. Hildgunde war dazu gern bereit. Sie bezog die angewiesenen Gemächer und entließ, wie verabredet, Berchtung mit seinen Mannen.

Das Gerücht von diesen Vorkommnissen verbreitete sich im Lande und gelangte auch in den Turm zu den Ohren der schönen Hildburg. Diese kam bald, von Neugierde getrieben, mit Erlaubnis ihres Vaters in den Palast, sah die Wunderwerke der Kunst, sprach öfters mit der Künstlerin und wünschte von ihr Unterricht zu erhalten. Letztere hatte kurz vorher dem König eine prachtvoll gestickte und mit Edelsteinen reich verzierte Mütze überreicht; daher fand die Bitte der Tochter geneigtes Gehör. Walgund glaubte, es sei unverfänglich, die fremde fürstliche Künstlerin den einsamen, wohlbewachten Turm beziehen zu lassen, da er sie für eine sehr passende Gesellschafterin seiner geliebten Tochter hielt. Er täuschte sich auch nicht, denn Hildburg fand bald an der vermeintlichen Lehrerin großes Wohlgefallen und schloß mit ihr herzliche Freundschaft, ohne ihr Geschlecht zu ahnen. Erst nach Wochen wurde die Entdeckung gemacht, und nun war die Verbindung der beiden jungen Leute um so inniger. Kein Priester sprach den Segen über ihr Verlöbnis, aber die gegenseitige, feurige Liebe, die nur der Tod trennen konnte, heiligte es, und der Mond blickte freundlich wie ein Gottesauge auf sie herab, und die Nachtigall sang aufjauchzend ihr Brautlied, als sie Hand in Hand noch in später Nacht beisammensaßen.

Die Folgen des heimlichen Ehebundes blieben nicht aus. „Wie soll es nun werden?" sagte Hildburg zu dem teuren Freund. „Mein Vater wird keine Schonung kennen; der Tod ist mir und dir gewiß!"

„So soll er uns beide Arm in Arm morden", erwiderte Hugdietrich. „Aber ich bin besserer Zuversicht. Schon sind die Wächter und Pförtner des Turmes und auch deine Zofe durch reiche Spenden und noch reichere Verheißungen für den äußersten Fall gewonnen und uns in Treue ergeben. Ich selbst werde in kurzer Frist von Meister Berchtung mit ansehnlichem Gefolge abgeholt, weil, wie man vorgeben wird, mein Bruder in Konstantinopel versöhnt sei. Ich lasse darauf durch Boten um deine Hand anhalten, und dein Vater wird, wenn er zugleich unser Geheimnis erfährt, nicht nein sagen."

Wie der Fürst gesprochen hatte, so geschah es. Berchtung holte seinen verkleideten Lehnsherrn ab, aber die Werbung konnte nicht sogleich erfolgen, weil ein feindlicher Einfall den Kaiser zwang, statt der Nadel das Schwert zu ergreifen. Er führte es aber mit gleicher Meisterschaft und siegreichem Erfolg. Unterdessen war Hildburg in größerer Not als ihr Gatte im Schlachtgetümmel. Sie gebar einen Knaben, ohne daß man es auswärts erfuhr, denn die drei Personen, die mit ihr den Turm bewohnten, waren ihr treu ergeben. Erst nach Monaten ließ die Königinmutter der Tochter ihren Besuch anmelden und erschien auch alsbald an der Pforte. Während der Pförtner absichtlich unter den Schlüsseln kramte und endlich aufschloß, hatte der Wächter das Kind wohl verwahrt in den Burggraben hinabgelassen. Es war schon Abend, und die Königin blieb über Nacht bei der Tochter. Als sie am Morgen schied, eilte der treue Diener nach dem Graben, aber er fand das kleine Wesen nicht mehr. So sehr er auch suchte, es war spurlos verschwunden. Er kam endlich mit leerer Hand zu seiner Gebieterin zurück und gab vor, er sei mit dem Knaben zu einer Amme gegangen, die ihn sorglich in Pflege genommen habe.

Um diese Zeit war Meister Berchtung wieder an den Hof zu Salnecke gekommen. Er überbrachte den Dank des Kaisers der Griechen für die gastliche Aufnahme, die dessen durchlauchte Schwester bei dem König gefunden hatte, aber auch mit der geheimen Weisung, je nach Stand der Dinge, im Namen seines Lehnsherrn um die Hand der schönen Hildburg anzuhalten. Er wurde mit großen Ehren empfangen und zu einer fröhlichen Jagd für den folgenden Tag eingeladen. Nach einem kräftigen Frühstück setzte sich der Zug in Bewegung. Trara! Trara! klang das Jagdhorn, die Rüden wurden gelöst und die Mannen folgten durch Büsche und Sträucher, über Höhen und durch anmutige Wiesengründe. Der König und Berchtung kamen, nachdem mancher Edelhirsch erlegt worden war, von der Jagd ab. Sie gelangten unversehens in die Nähe des einsamen Turmes, wo Hildburg in großen Sorgen manche Träne vergoß. Dort entdeckten die beiden Jäger die frische Fährte eines starken Wolfes. Sie folgten ihr vorsichtig und entdeckten ganz nahe bei einem Brunnen, im Dickicht versteckt, das Lager einer Wölfin. Hier bot sich ihnen ein seltsames Schauspiel dar.

Wolfdietrich bei den Wölfen

Mitten in dem Wolfsnest lag oder saß vielmehr ein kleines, schönes Kind, um das mehrere noch blinde junge Wölfe lagen. Es zupfte bald den, bald jenen von seinen wilden Kameraden an den zottigen Ohren und lallte und kicherte dabei. Die alte Wölfin sah, auf den Hinterpfoten kauernd, dem Spiele zu. Aber sie schien jeden Augenblick bereit, über das menschliche Wesen herzufallen. Jetzt kam der alte Wolf herbeigeschlichen, der dem Spiel wohl bald ein blutiges Ende gemacht hätte. Die beiden Jagdgenossen verständigten sich schnell durch einen Blick und schleuderten ihre Spieße so geschickt, daß beide Raubtiere lautlos niederstürzten. Sie traten nun zu dem Lager, der König hob den furchtlos lächelnden Knaben auf seinen Arm und liebkoste ihn wie ein Vater sein Kind. „Ist mir doch", sagte er, „als sei die kleine Fratze mein eigen Fleisch und Blut. Aber wir müssen auf seine Ernährung bedacht sein. Der Turm meiner Tochter ist nicht weit abgelegen, da findet sich frische Milch, den kleinen Rangen zu laben, und meine Tochter wird auch ihre Freude an ihm haben, denn sie herzt und küßt immer kleine Kinder, wenn diese in ihren Bereich kommen." Ein hinzukommender Jäger nahm sich der kleinen Wölfe an, er wollte sie gern großziehen und wie Hunde abrichten. Der König selbst schritt mit Berchtung, der das Kind sorglich in den Armen trug, nach dem einsamen Turm. Er betrachtete unterwegs die Wolfsspur und sagte nachdenklich zu seinem Begleiter: „Es will mich fast bedünken, als habe die Wölfin hier irgendwo das Kind geraubt, denn die Fährte geht vom Burggraben aus."

Die schöne Hildburg war nicht wenig verwundert, als sie von dem Abenteuer hörte und den Knaben vor sich sah, der jetzt durch Schreien sein Verlangen nach Nahrung kundtat. Er war ihr bekannt: Er glich ihrem eigenen Kinde! Sie riß die umhüllenden Decken auf und erblickte in der Tat das Muttermal, ein rosenrotes Kreuzchen, das es mit auf die Welt gebracht hatte. Nun war kein Zweifel mehr, sie hatte Mühe, ihr mütterliches Gefühl zu verbergen. Sie erbot sich mit möglichster Ruhe, das Kind in Pflege zu nehmen, und bat nur den Vater, eilends für eine Amme zu sorgen. Das fortwährende Geschrei des Kindes ließ den alten Herrn nicht lange hier rasten. Er nahm Abschied und entfernte sich mit seinem Begleiter. Im Palast erzählte er der Königin die Begebenheit. Diese war begierig, das Wunderkind zu sehen. Sie ließ sogleich eine Amme aufsuchen, in deren Begleitung sie sich zum Turm begab. Sie fand die Tochter mit dem Kleinen beschäftigt, der, jetzt gesättigt, die mütterliche Pflegerin anlächelte. Die Königin nahm das liebliche Kind auf den Schoß, es lächelte ihr entgegen und breitete die Ärmchen aus, als wolle es sie umfassen. „Wüßte ich nur", sagte die Frau, „wer des Knaben Mutter ist. Sie wird in großem Kummer sein." – „Gewiß", versetzte Hildburg. „Aber er ist fürstlicher Abkunft, das zeigt das Linnen, in das er gehüllt war." – „Ich würde mich glücklich preisen", versicherte die Königin, „könnte ich ein solches Enkelchen in die Arme schließen." – Bei diesen Worten der geliebten Mutter konnte die Tochter ihr Gefühl nicht mehr zurückhalten. Sie warf sich ihr in die Arme und gestand ihr unter vielen Tränen, was vorgefallen war. Die Königin erschrak, sie zürnte, aber das Geschehene war nicht zu ändern, und der Vater des Kindes war der mächtige Kaiser der griechischen Reiche und wurde von ihrer einzigen Tochter geliebt. Da mußte Rat geschaffen werden und wurde von der klugen Frau geschafft.

Walgund fühlte sich, wie seine Ehefrau, auf unerklärliche Weise zu dem

Kind hingezogen. Er kam fast täglich in den Turm und herzte seinen kleinen Schützling, der fast mit jedem Tag an Kraft und Schönheit zunahm. Da stellte ihm nun oftmals die Königin vor, wie wünschenswert es sei, wenn sie einen fürstlichen Schwiegersohn und ein solches Enkelkind hätten, wie traurig einst ihr Alter wäre, wenn er, selbst kraftlos, den Angriffen der barbarischen Nachbarn preisgegeben sein würde. Sie lenkte das Gespräch auf Hugdietrich, der durch neue Siege seinen Ruhm vermehrt hatte. – „Wenn ich wüßte", sagte Walgund nachdenklich. – „Und warum bliebe denn der edle Herzog Berchtung so lange an unserem Hofe?" fuhr die Königin fort. „Glaube nur, das Weib hat in solchen Dingen einen schärferen Blick als der Mann." – Auf diese Weise bereitete die verständige Frau alles vor, und als darauf Berchtung förmlich und feierlich seinen Antrag vorbrachte, gab der König nach einigem Zögern seine Zustimmung, doch unter der ausdrücklichen Bedingung, daß Hildburg einwillige. „Es hat keine Not", rief die Königin erfreut und entdeckte dem Gemahl das ganze Geheimnis. Sie fügte auch noch hinzu, der Turmwächter habe eingestanden, daß er aus Furcht vor zeitiger Entdeckung das Kind in den Burggraben hinabgelassen habe, wo es die Wölfin gefunden und in ihr Lager getragen habe. „Wundersam – man sollte es nicht glauben", murmelte der König. – „Ganz recht", versicherte Sabene, der listige Ratgeber und Vertraute seines Herrn, als ihm dieser das Geschehene entdeckte. „Hagedisen (Hexen) gehen als Wölfinnen um und schieben ihre Wechselbälge den Menschen unter." – „Und lassen sich vom Spieß durchbohren! Das war der Einfall eines Narren, nicht des weisen Sabene", schloß der König die Unterredung.

Der Günstling schwieg bestürzt. Er kam aber um so mehr auf andere Gedanken, als Hildburg ihren Turm verließ und im fürstlichen Schmuck und im Glanze der Schönheit zum ersten Male bei Hof erschien. Bald stellte sich auch, von Berchtung in Kenntnis gesetzt, Hugdietrich selbst mit kaiserlichem Gefolge ein, denn die Vermählung wurde zu Salnecke gefeiert. Als ihn König Walgund empfing, sagte er nach feierlicher Begrüßung: „Du hast dir, lieber Schwiegersohn, mit Nadel und Stickrahmen ein Weib, mit dem Schwert Völker und Reiche untertänig gemacht." – „Dafür bin ich Euch selbst untertänig geworden", versicherte der junge Held verbindlich. „Und ich werde an Eurer Seite stehen, wenn sich jemand gegen Euch erheben sollte." – Die Vermählung wurde mit großer Pracht vollzogen, dann fuhr der glückliche Fürst heim mit seiner schönen Gattin und dem Kind, das man zum Andenken an sein erstes Abenteuer Wolfdietrich nannte.

Im Gefolge der Kaiserin befand sich auch Sabene, den ihr der Vater als Ratgeber in dem fremden Land mitgegeben hatte. Der Mann hatte viele Länder durchreist und kannte die Sitten und Gewohnheiten der Völker. Er wußte seiner Gebieterin in allen Dingen guten Rat zu geben, sich ihr nützlich und fast notwendig zu machen. Er gewann auch das Vertrauen des Herzogs Berchtung in so hohem Grade, daß ihn dieser während einer Heerfahrt des Königs sogar zum Reichsverweser vorschlug, da er selbst seinen Herrn begleiten mußte.

Die hohe Stellung, in die ihn die Fürsprache des Herzogs gerückt hatte, machte den falschen Mann kühner. Er strebte nach der Gunst seiner Gebieterin, deren Schönheit Eindruck auf ihn gemacht hatte. Er wagte es, ihr seine unlauteren Wünsche zu entdecken. Als ihn die edle Frau mit scharfen Worten zurückwies, flehte er kniefällig, sie möge ihm verzeihen, da er sie nur auf die Probe habe stellen wollen. Sie möge ihm nicht den Zorn des Königs zuziehen, dessen treuester Diener er sei. Sie versprach es, befahl ihm aber, nicht mehr vor ihr Angesicht zu kommen.

Als Hugdietrich siegreich von seiner Heerfahrt zurückkehrte, kam ihm Sabene zuerst entgegen, stattete ihm Bericht von seiner Reichsverwaltung ab und zeigte ihm vielerlei Anlagen, die er zum Wohl des Volkes hergestellt hatte. Dann bemerkte er auch, wie zufällig, es sei einige Unruhe unter den Leuten, weil sich das Gerücht verbreitet habe, Wolfdietrich, der künftige Thronerbe, sei nicht des Königs Kind, sondern der Sohn eines Albs, oder vielleicht ein Wechselbalg einer Hagdise. Wie früher Walgund, so lachte auch Hugdietrich über das Ammenmärchen und dachte nicht mehr daran, als ihn die Königin mit offenen Armen empfing. Er nahm aber seinen Sohn aus der Aufsicht Sabenes weg und übergab ihn dem treuen Berchtung, daß er ihn mit seinen sechzehn Söhnen zu allen ritterlichen Übungen und Künsten anleite. Die Königin schenkte indessen ihrem Gemahl noch zwei Söhne, Bogen oder Baugen und Wachsmut, die Berchtung gleichfalls zur Beaufsichtigung und Unterweisung erhielt. Der alte Meister wandte indessen alle Sorgfalt seinem Liebling Wolfdietrich zu, und dieser übertraf seine Erwartungen, denn er wuchs ungewöhnlich kräftig heran und nahm es bei den Übungen mit allen seinen Gespielen auf. Er lernte reiten, Speerwerfen, Schwertkampf und auch den Messerwurf, eine Kunst der orientalischen Heiden, die Berchtung in jungen Jahren von König Anzius erlernt hatte. Es gehörte dazu eine große Gewandheit, um durch Sprünge der mörderischen Waffe des Gegners auszuweichen, selbst aber das Glied und die Stelle zu treffen, nach der man zielte. Unter solchen Übungen reifte er früh zum kräftigen Jüngling heran, so daß selbst die waffenkundigsten Männer seinem Speerwurf und Schwertstreich nicht zu widerstehen vermochten. Indessen kam der vielbeschäftigte Kaiser nur selten nach Lilienporte, der stattlichen Burg zu Meran, und Hildburg wegen der weiten Entfernung noch seltener. Wolfdietrich gewöhnte sich daran, Berchtung als seinen Vater, dessen Gattin als seine Mutter zu betrachten. Seine Brüder Bogen und Wachsmut dagegen waren längst wieder nach Konstantinopel zurückgekehrt, wo sich der falsche Sabene ihrer gar freundlich annahm. Ihre Mutter war darüber wenig froh, und da sie irgendeine Tücke ahnte, so entdeckte sie ihrem Gemahl, was der ungetreue Diener ihr zugemutet hatte. Hugdietrichs Zorn entbrannte darüber, und Sabene entging nur knapp dem Tod. Aber er mußte eilends Stadt und Land verlassen und bei seinen Angehörigen im Hunnenland Zuflucht suchen.

Hugdietrich war unter Mühen und Kämpfen früh gealtert. Als er nun in Siechtum sein Ende herannahen fühlte, ordnete er seinen letzten Willen an. Er bestimmte, sein ältester Sohn solle zunächst unter Vormundschaft seiner Mutter und Berchtungs Konstantinopel sowie den größten Teil des Reiches erhalten, die zwei jüngeren Söhne aber einige südliche Reiche. Kaum aber war das Oberhaupt gestorben und die Gruft über ihm geschlossen, versammelten sich die Landherren zur Beratung über die Wohlfahrt des Reiches. Sie verlangten Sabene solle zurückgerufen werden, weil er drohte, die wilden Hunnen ins Reich zu führen. Die verlassene Kaiserin konnte dem Andringen nicht widerstehen. Sie eröffnete dem Verräter von neuem des Reiches Pforten.

Sobald Sabene zurückgekehrt war, begann er wieder sein falsches Spiel. Er verbreitete unter dem Volk wieder das Märchen von Wolfdietrichs Herkunft. Er fügte noch hinzu, die Königin habe mit einem Alb in heimlicher Verbindung gelebt, der sie auch fortwährend im Turm besucht und später die Wölfe gehindert habe, sein und Hildburgs Kind zu zerreißen. Das Volk glaubte daran und verlangte, daß der Bastard in Meran bleibe. Auch die königlichen Brüder Wachsmut und Bogen wußte der listige Mann zu gewinnen, daß sie das Gerücht glaubten und ihm die gewünschte Vollmacht erteilten. Er verfuhr nun rücksichtslos nach der Tücke seines Herzens, hieß die Königin den Palast verlassen und zu ihrem Bastard nach Meran wandern. Nur eine Dienstfrau, ein Pferd und ihre Gewänder erlaubte er ihr mitzunehmen. Die reichen Schätze, die sie vom Vater ererbt, die Morgengabe ihres Gemahls, Krone und Kleinodien mußte sie zurücklassen. Die Könige geboten dem Verfahren nicht Einhalt, denn Sabene stellte ihnen vor, wie ihnen nun das ganze väterliche Reich zufalle und wie sie der Schätze bedurften, um die Herrschaft gegen feindliche Angriffe von Meran her zu verteidigen. Fast wie eine Bettlerin durchzog die edle Frau wüstes Land und rauhe Gebirge, bis sie nach Lewarte (Hügelwarte) kam, ein Vorwerk von Lilienporte, dem Burgsitz von Herzog Berchtung.

Der alte Meister wollte ihr anfangs keine Freistätte in seinem Haus gönnen, weil sie gegen seinen Rat den falschen Sabene wieder aufgenommen hatte. Doch überwog das Mitleid mit der unglücklichen Frau. Er führte sie in das Haus und umgab sie mit königlichen Ehren. Bald erschien sie auch im Kreise der Hausgenossen. Da standen um die fürstliche Hausfrau siebzehn kräftige junge Männer, die sie alle Mutter nannten. Die Königin erkannte nicht sogleich ihren Sohn, denn er war der größte und stattlichste unter allen. Endlich aber sprach ihr Mutterherz, dann eilte sie auf den Jüngling zu, ihn zu umarmen. Wolfdietrich wich zurück, denn auch er erkannte die Mutter nicht. Sorgen und Kummer hatten ihr Haar gebleicht, das blühende Rot von ihren Wangen gestreift; ihre Augen waren eingesunken, ihre schöne Gestalt gebeugt, wie es sonst nur in höherem Alter geschieht. „Jungherr", sagte der alte Meister, „es ist deine Mutter, die einst bei deiner Geburt vielen Kummer hatte und die jetzt von dir Hilfe fordert gegen den bösen Sabene und gegen deine schlimmen Brüder." – „Mutter", rief Wolfdietrich, in ihre Arme eilend. „Du sollst Hilfe erhalten! Ich will das geraubte Reich wieder zurückgewinnen und dein würdiges Haupt mit der Krone schmücken, die dir gebührt."

Als der Freudenrausch vorüber war, saßen nach dem festlichen Mahle die Recken beim kreisenden Becher in der Halle versammelt und berieten, was zu tun sei. Der vielerfahrene Herzog riet zum Frieden, weil die Macht der Könige allzusehr überlegen sei. In seinem Land, meinte er, habe man Überfluß an allem, was zu einem frohen und ruhigen Leben gehöre, und was er sein eigen nenne, darüber habe auch sein lieber Zögling und Herr zu verfügen.

Der junge hoffnungsreiche, kriegsfreudige Held wollte dagegen sogleich losschlagen, aber als der Meister ihn daran erinnerte, daß er das Schwert erst mit vierundzwanzig Jahren empfangen könne, meinte er, er nehme es selbst, da er für sein und seiner Mutter gutes Recht fechten müsse. „Nun denn!" sagte der alte Meister. „So sollen dir meine sechzehn Söhne helfen und beistehen, dazu für jeden noch tausend auserwählte Recken in blanker Wehr, und ich selbst mit der gleichen Zahl." Im Verlauf der weiteren Beratung wurde beschlossen, die Mannschaft solle sofort einberufen werden, mittlerweile aber solle der Herzog mit Wolfdietrich nach Konstantinopel gehen, um vorerst gütlich zu verhandeln, und wenn vergeblich, zum Kampf auf offenem Feld zu fordern.

Am folgenden Tag in der Frühe saßen beide Fürsten auf ihren Hengsten und ritten mit zahlreichem Gefolge nach der Kaiserstadt. Sie langten wohlbehalten an und traten alsbald zur Unterhandlung mit Sabene und den Königen zusammen. Berchtung wurde ehrenvoll begrüßt, der junge Held, sein Begleiter, kaum beachtet. Als dieser sich erbot, sein rechtliches Erbe mit den Brüdern zu teilen, erwiderte Bogen, dem Kebskind gehöre nichts von dem Vatererbe, und Sabene setzte hinzu, er solle sich von dem Alraun, seinem Erzeuger, ein Reich in der Hölle geben lassen. Wolfdietrich griff nach dem Schwert, aber der alte Meister hinderte ihn bei seinem Tun und redete zum Frieden. Die Könige und ihr übler Ratgeber suchten ihn für sich zu gewinnen und boten ihm ansehnliche Güter, wenn er die verlorene Sache seines Schützlings aufgäbe. Als er darauf antwortete, die Treue, die er seinem rechtmäßigen Lehnsherrn schulde, sei nicht für Königreiche feil, schalt ihn der heftige Wachsmut einen alten Ziegenbart, den er bei seinen grauen Haaren aus der Stadt zerren werde, wenn er nicht stracks zum Teufel fahre, der ihn wohl zum Vormund seines Sprößlings bestellt habe. Mühsam den Zorn bezähmend entfernte sich der Herzog mit dem Jungherrn. Sie sprangen auf ihre Rosse und trabten eilends gen Lilienporte, wo sie die aufgebotenen Recken und Knechte schon versammelt fanden.

Das Heer setzte sich schon nach wenigen Tagen in Bewegung. Es war wohlgerüstet zu Roß und zu Fuß und guten Mutes. Neben dem greisen Berchtung sah man den jungen, blühenden Helden Wolfdietrich frisch und freudig sein Schlachtroß tummeln. Der unverzagte Held ritt auch voraus, als man das feindliche Land erreichte, und erspähte die weit überlegene Macht der Könige, die den Kriegern von Meran entgegenrückte. In einem weiten, von Wald umschlossenen Tale wurde haltgemacht. Es war Abend; die Streiter erquickten sich mit Speise und Trank und legten sich dann schlafen.

Der Morgenstern ging auf, und bald entstieg auch die Sonne blutrot dem Nebelmeer, das über Berge und Täler gelagert war. Die Krieger erhoben, stärkten und wappneten sich auf beiden Seiten, und auf beiden Seiten ordneten sich die Scharen um ihre Führer. – „Hei, wie die Fahnen und Banner im Winde flattern! Wie die Helme glänzen im Morgenschein, wie die Hörner laden zum Kampfe, zum Siegen oder Sterben!" rief Wolfdietrich dem alten Meister zu, der besorgt auf die überlegene feindliche Macht blickte. Der junge, seiner Kraft vertrauende Held ging in den Streit wie sonst zum fröhlichen Reigen. Nun ertönte der Schlachtgesang, von vielen tausend Kriegern gesungen, wie rollender Donner und hallte mächtig in den Bergen wider; dann trafen die Heere aufeinander. Wurfspeere flogen hageldicht durch die Luft und hafteten in Schilden, Brünnen und in den Leibern der Männer. Schäfte brachen, Schleudersteine schmetterten auf die Rüstungen, bald blitzten Schwerter und Streitbeile in fürchterlichem Nahgefecht. Im Getümmel des Kampfes war Wolfdietrich allen voran zu sehen. Jetzt erblickte er auf einem Hügel hinter den feindlichen Heeresmassen Sabene und die beiden Brüder. „Siehst du dort?" rief er dem alten Berchtung zu. „Ich will versuchen, ob sie dem Alraunsohne standhalten." Mit diesen Worten spornte er sein edles Roß an und stürmte mitten in die feindlichen Heerhaufen. Berchtung, der ihn vergebens zurückzuhalten versuchte, schloß sich ihm mit seinen Söhnen und einigem Gefolge an. Er war aber wie der Todesengel, Schrecken und Niederlage verbreitend. Die feindlichen Heerhaufen wichen entsetzt, ganze Scharen wandten sich zur Flucht. Blut und verstümmelte Leichen bezeichneten seinen Weg. Schon näherte er sich dem Hügel, auf dem seine drei Todfeinde hielten. Schon sah er, wie auch sie eilends den Rücken wandten, da griff der alte Meister in die Zügel seines Hengstes und hemmte den Lauf. „Siehst du nicht?" rief der Alte. „Wir sind umringt! Der schlaue Sabene hat einen Hinterhalt gelegt! Es ist alles verloren!" – „Wohlan, Meister", erwiderte der junge Recke. „So wollen wir in Ehren sterben." Er wandte sich mit seinen tapferen Begleitern rückwärts, sammelte um sich her die, die noch zerstreut den übermächtigen Griechen Widerstand leisteten. Dann führte er sie alle in fester Ordnung ins Gefecht. Es war mörderisch, fast alle Begleiter des Helden wurden erschlagen, nur der Herzog, seine Söhne und einige andere Recken schlugen sich durch die feindliche Umzingelung. Sie wurden aber verfolgt, im fortgesetzten Kampf getrennt und von ganzen Haufen einzeln angegriffen. Sechs von den sechzehn Söhnen Berchtungs fielen unter den Schwertern und Geschossen der Griechen; ein geschleuderter Stein traf Wolfdietrich am Helm, so daß er bewußtlos zu Boden stürzte. Indessen gelang es dem alten Meister, sich zu ihm durchzuschlagen und ihn mit Hilfe seiner noch übrigen Söhne der Gefahr zu entreißen. Die trefflichen Pferde trugen das Häuflein glücklich aus dem Bereich der Verfolger. Sie jagten fort, die Nacht hindurch, rasteten einige Stunden am Morgen und erreichten nach mehreren Tagen die starke Burg Lilienporte, wo sich auch noch eine ziemliche Anzahl flüchtiger Krieger sammelte. „Hier wollen wir die tückischen Hunde erwarten", sagte der Alte. „Sie sollen sich die Zähne an unseren Steinmauern ausbeißen und mit Hohn wieder abziehen, denn wir haben Wein und Speisevorrat für vier Jahre."

Nach kurzer Zeit erschien das feindliche Heer vor der starken Feste. Sabene ließ die Auslieferung des Königssohnes fordern und drohte, wenn man sie verweigere, die Burg mit allem, was darin sei, zu verbrennen. Statt der Antwort machte Wolfdietrich mit einem Teil der Besatzung einen wütenden Ausfall. Er hegte noch immer die frohe Hoffnung auf einen Sieg. Wie tapfer er aber auch kämpfte, welch große Niederlage er auch unter den Feinden anrichtete, so überwog doch deren Überzahl. Er mußte zurückweichen und konnte kaum die nachdrängenden Belagerer von dem Tor zurückschlagen. Seit diesem letzten Fehlschlag verlor er die bisherige jugendliche Freudigkeit, er wurde düster und schweigsam, denn seine Zuversicht auf den Sieg der gerechten Sache war gewichen. Er hatte den Glauben an eine göttliche Gerechtigkeit verloren; er war, so meinte er, einer finsteren Macht verfallen, die man Schicksal nennt.

Bereits drei Jahre hatte die Belagerung gedauert, und noch war keine Aussicht auf irgendeine Hilfe von außen. Der Mundvorrat nahm ab; wenn sich aber der Hunger dem Feind als Bundesgenosse zugesellte, so war der Untergang der Burg und der Besatzung unabwendbar. Der alte Meister sann vergeblich auf einen Ausweg. Da trat Wolfdietrich zu ihm und sagte, er wolle in dunkler Nacht das Belagerungsheer durchbrechen, um in die Lombardei zu fahren und Ortnit, den mächtigen Kaiser des Abendlandes, zum Beistand aufzufordern. Der Alte widersprach, er meinte, sie sollten gemeinsam ausharren, man habe noch Vorrat für ein Jahr, der Feind sei bereits durch Krankheiten sehr geschwächt und werde sich nicht mehr lange behaupten können. Der junge Herr beharrte indessen auf seinem Vorhaben, zu dessen Ausführung er schon die nächste Nacht bestimmt hatte. Um Mitternacht nahm er Abschied von seinem Meister und den anderen Recken. „Gott möge dich beschützen, lieber Lehnsherr", sagte Berchtung, indem er ihn in die Arme schloß. „Du kommst durch die Wüste Rumenei (Rumelien), wo keine Menschen, sondern nur reißende Tiere und spukhafte Wesen hausen. Da geht die Rauchelse um, die vornehmlich auf junge Recken lauert. Hüte dich vor ihr, denn es ist eine zauberkundige Hexe. Kommst du aber glücklich zu Kaiser Ortnit, so vergiß deine elf Dienstmannen nicht, nämlich meine noch übrigen zehn Söhne und mich selbst." Der unverzagte Held verhieß, ihrer eingedenk, Hilfe zu schaffen. Er umarmte und küßte jeden der treuen Männer und schied von ihnen.

Nach Verabredung machte die Besatzung einen Ausfall durch das Haupttor, während Wolfdietrich, sein Pferd am Zügel führend, durch ein Hinterpförtchen schlüpfte. Er hatte schon die Mitte des Heerlagers überschritten, als er erkannt wurde. Nun schwang er sich auf seinen Hengst, zog das Schwert und hieb nieder, was ihm den Weg versperrte. Er erreichte glücklich den dunklen Wald, wo die Verfolger von ihm abließen. „Nun ist uns der Edelhirsch entronnen", rief Sabene, als er die Nachricht erhielt. „Aber das niedere Wild, das wir noch im Garn haben, und besonders der alte Fuchs mit seinen Füchslein soll dafür büßen, und auch die Füchsin, die einst den guten Kaiser mit Zauberei bestrickt hat." Der falsche Mann meinte Hildgund, die er so schmählich ihres Erbes beraubt hatte. Aber die unglückliche Herrin war von der Stunde an krank, da ihr kühner Sohn von ihr Abschied genommen hatte. Ihm gehörte ihre Liebe, und als er sich von ihr losriß, da brach auch ihr Mutterherz; sie sollte den Liebling nicht wiedersehen.

Wolfdietrich ritt indessen durch die Wildnis des öden, finsteren Waldes. Er hörte in der Entfernung ein Geheul wie von Werwölfen; doch kam ihm keiner in den Weg. Als der Morgen anbrach, befand er sich an einem breiten Moorwasser, aus dem allerlei Wundertiere herausstiegen, die ihm die Straße zu verlegen suchten. Er erlegte zwei von ihnen mit Wurfspeeren; da ließen die anderen von ihm ab. Er irrte drei Tage in der schauerlichen Wüstenei herum, wo weder für sein Pferd Weide noch für ihn selbst Speise zu finden war. Er teilte mit dem treuen Tier die mitgenommenen Brotvorräte, doch waren diese bald erschöpft, so daß er das ganz entkräftete Roß am Zügel führen mußte. Am vierten Abend zwang ihn die Ermüdung Rast zu halten. Er zündete ein Feuer an, wozu Reisig in Menge vorhanden war. Die Wärme tat ihm wohl, denn ein kalter Nebel legte sich über die ganze Gegend. Auch eine frisch sprudelnde Quelle gewährte ihm und dem Hengst einige Labung. Auf den Sattel gelagert, dachte er über sein trauriges Schicksal nach. Schon wollte ihn der Schlaf beschleichen, da stört ihn ein Rauschen im dürren Laub, und etwas kroch heran – schwarz und greulich. „Wie wagst du hier zu rasten", sprach das Ungetüm. „Ich bin Rauchelse, mir ist dieser Boden eigen, und ich habe noch ein anderes, weites Königreich. Darum hebe dich weg, oder ich lasse dich in den Moorsumpf versenken." – Vor Rauchelsen hatte Berchtung seinen Zögling gewarnt; er wäre daher gern dem Befehle nachgekommen, aber er fühlte sich völlig erschöpft. Er bat sofort die bärenhafte Königin nur um einige Nahrung, da er von seinen unbarmherzigen Brüdern aus seinem Erbe vertrieben und bis in die Wüstenei schonungslos verfolgt worden sei. „So bist du Wolfdietrich", brummte das Bärenweib. „Das Schicksal hat dich mir zum Ehegemahl bestimmt, und ich will dir in deiner Schwäche Beistand leisten." Sie gab ihm hierauf eine saftige Wurzel, und kaum hatte er einen Bissen davon genommen, so fühlte er, wie der alte Mut wiederkehrte und die Heldenkraft seiner Glieder durchströmte. Es war ihm, als könne er allein das feindliche Heer durchbrechen, im Siegesflug niederwerfen und seine elf Dienstmannen befreien. Auf Rauchelsens Geheiß reichte er auch dem Hengst die Wurzel. Er schnubberte daran herum, biß an, und sogleich begann er zu wiehern, zu scharren und zu stampfen, wie sonst, wenn sein Herr ihn bestieg, um in die Schlacht zu sprengen. – „Sprich, willst du mich minnen?" fragte das Bärenweib und näherte sich ihm, um ihn mit ihren Tatzen zu umschlingen. „Zurück!" rief er, nach dem Schwert greifend. „Teufelsmutter, suche deinen Ehegenossen in der Hölle, woraus du hervorgestiegen bist!" – „Habe ich dich nicht gelabt und gekräftigt?" fragte Rauchelse. „Ist das des Teufels Werk? Ich habe lange auf dich gewartet, um durch deine Minne vom bösen Zauber zu genesen. Versage nicht dein Ja, das mir Erlösung bringt." – Es schien dem Recken, als ob die Stimme weich und menschlich geworden wäre. „Ja, ja", sagte er. „Wenn nur die rauhe Haut nicht wäre!" Er hatte die Worte kaum gesprochen, so sank das schwarze, haarige Vlies langsam herab und ein Menschenhaupt, ein schneeweißer Hals und ein blendender Nacken enthüllte sich, und aus der Bärenhülle stieg ein wunderschönes Weib hervor. Die Stirn der Jungfrau umgab ein schimmerndes Diadem, ihre Glieder umfloß ein meergrünes Seidengewand, ein Gürtel von Goldfäden und Edelsteinen umschlang ihre schlanke Gestalt. Sie wiederholte mit wohltönender Stimme: „Sprich, junger Held, willst du mich minnen?" Statt der Antwort schloß er sie in die Arme und feierte mit einem Kuß die Verlobung. „Wisse denn, teurer Freund", sagte sie, „Rauchelse war ich hier in der Wüste, solange der Zauberbann währte. Sigeminne, Königin in Alten-Troja, war ich einst und bin ich nun wieder, da dein Ja den Zauber gelöst hat. Nun aber fort gen Alten-Troja, dort ist mein Königreich, dort bist du König."

Die beiden glücklichen Menschen schritten, gefolgt vom Pferd des Helden, durch die Wildnis. Der eisige Nebel war vergangen und ein geebneter Weg lag vor ihnen. Der freundliche Mond leuchtete durch die verschlungenen Zweige und erhellte ihren Pfad. Sie hörten das Brausen der Meeresbrandung und standen bald an einer weiten Bucht, wo ein wunderliches Schiff vor Anker lag. Vorn war anstelle des Schnabels ein spitzer, riesiger Fischkopf, hinten als Steuerrad ein Meermann, dessen ausgestreckte Hand die Ruderpinne bildete, während der lange Fischschweif zum Lenken diente. Statt der Segel führte das Fahrzeug Greifenflügel, die sogar gegen Wind und Wellen die Fahrt beförderten. Auch der Meermann war so kunstreich aus Fichtenholz vom Libanon gefertigt, daß er ohne Zutun der Reisenden dahin steuerte, wohin ihr Herz gelüstete. Auf dem Schiff waren noch andere Kostbarkeiten: eine Tarnkappe, ein Ring mit einem Siegelstein, ein Hemd aus Palmatseide und ähnliche Dinge. Das Hemd schien nur für ein kleines Kind gemacht, aber als es Sigeminne dem Freunde umhing, wuchs es zusehends und paßte ihm vollkommen. „Bewahre es sorgfältig", sagte sie. „Trage es in jeder Gefahr, denn es schützt gegen Stahl und Stein, gegen Feuer und Drachenzahn."

Die Reisenden fuhren mit Hilfe der Greifenflügel windschnell durch das Westmeer, das Inselmeer und landeten in kurzer Zeit zu Alten-Troja. Da empfinden die Hofleute, Bürger und Bauern ihre geliebte Königin, die ein böser Zauber ihnen geraubt hatte. Nicht minder freudig begrüßten sie den stattlichen Recken, den sie zu ihrem Gemahl erwählt hatte. Die Hochzeit wurde mit großen Festlichkeiten gefeiert, und Wolfdietrich schwamm in einem Meer von Wonne. Eine Lustbarkeit folgte der anderen; an der Seite seiner schönen Gattin schwand ihm die Erinnerung an die unglücklichen Kämpfe, an die Leiden der Belagerung und selbst an seine elf Dienstmannen. Nur zuweilen, wenn er allein war, kam ihm wie im Traume das Gedächtnis zurück, und er machte sich Vorwürfe, daß er im Wonnerausch heilige Pflichten versäume. Aber wenn dann Sigeminne wieder seine Hand faßte und ihn zur Tafel, zu Spiel und Tanz führte, wenn er ihr in das strahlende Angesicht blickte, da entschwand ihm wieder die Erinnerung an seine Pflicht und den Ernst des Lebens, der zu Taten mahnte. Einmal rief das Hüfthorn zum fröhlichen Jagen. Jäger und Jägerinnen bestiegen die flüchtigen Rosse, die Rüden bellten und trieben das scheue Wild auf, Hirsche, Rehe und schäumende Keuler wurden erlegt. Des Königs Speer verfehlte selten sein Ziel, und auch die Königin schwang mit Geschick den leichten Wurfspieß. Zur Mittagszeit war Rast unter aufgeschlagenen Zelten in einem Palmenhain. Man speiste, man leerte die Becher feurigen Weins, man plauderte, scherzte und lauschte den Weisen der Sänger und ihrem Saitenspiel.

Während der heiteren Lust trabte aus dem nahen Dickicht ein wundersamer Hirsch mit goldenem, glänzenden Geweih hervor. Er schien gar nicht scheu, besah sich die Gesellschaft und wandte sich dann wieder nach dem Walde. „Wohlauf, ihr Jagdleute", rief Sigeminne. „Wer das Wild erlegt und mir das goldene Gehörn bringt, der soll hoch in Ehren sein und einen Ring von meinem Finger zur Belohnung erhalten." Sogleich sprangen viele Jäger auf ihre Pferde, allen voraus aber jagte Wolfdietrich, fast den losgekoppelten Hunden gleich. Immer weiter ging die wilde Jagd, oft hatte der Held den Hirsch nahe vor Augen, aber dann entschwand er ihm wieder, und endlich verloren die Rüden jede Fährte. Wolfdietrich kehrte mißmutig um nach den Zelten, aber da fand er Jammer und Not, denn der zauberkräftige Riese Drusian war in Abwesenheit des Königs und der streitbaren Jäger mit vielen bewaffneten Zwergen gekommen und hatte die Königin geraubt. Niemand wußte, wohin er sie gebracht hatte. Da stand nun der unglückliche Mann wieder so arm und elend da wie damals, als er in der Wüste von Hunger und Kummer fast aufgerieben war. Er hatte keinen Gedanken, als den an Sigeminne. Er wollte sie aufsuchen durch die ganze Welt, und wenn er sie nicht fände, sterben. Er vertauschte den königlichen Schmuck mit einem Pilgerkleid und verbarg sein Schwert in einem hohlen Stab, der ihm als Stütze diente. So durchwanderte er weite Länder und forschte überall nach der Burg des Riesen Drusian. Endlich erfuhr er von einem Zwerg, daß der Mann, den er suche, weit über dem Meer im Hochgebirge wohne und ihm viele Zwerge dienstbar seien. Er fragte genau nach der Straße und pilgerte weiter, bis er ans Meer kam. Mitleidige Kauffahrer nahmen ihn mit und setzten ihn jenseits ans Land. Nun wanderte er sofort auf dem bezeichneten Weg und sah im Gebirge eine Burg. Er setzte sich müde an einem Brunnen nieder und warf sehnsuchtsvolle Blicke nach dem gewaltigen Bau, der, wie er glaubte und hoffte, sein geliebtes Weib umschloß.

Ein Fenster wurde geöffnet, aber bald wieder geschlossen. War sie es vielleicht? Hatte sie ihn erkannt? Er hoffte und zweifelte. Vor Ermüdung schlief er ein, träumte von ihr und war im Traume glücklich.

„Heda, Pilgrim! Hast genug geschnarcht! Sollst mit mir in mein Gehöft kommen und Fütterung kriegen. Mein Weib will dich schauen", so ließ sich eine rauhe Stimme hören und zugleich erhielt der Pilger einen derben Stoß. Wolfdietrich war sogleich auf den Beinen und folgte dem ungeschlachten Mann, der ihn so unsanft aufgeweckt hatte und nun mit mächtigen Schritten vor ihm herging. Er wußte nun, daß er am Ziel seiner Wallfahrt war; dann betrat er freudig die weite Halle. Dort saß Sigeminne mit verweinten Augen auf dem Thron und starrte zu ihm hin; nur ein leises Zucken verriet ihm, daß sie ihn erkannt hatte. Er mußte seine ganze Kraft zusammennehmen, um sich nicht zu verraten. – „He, Frau", schnarrte Drusian! „Da ist nun der Kuttenmann, den du gewünscht hast, daß er dich mit seinem Herrgott tröste. Und noch immer das Gewinsel! Freilich, er ist stumm wie eine Eidechse. Da, Hungerwurm", wandte er sich an den Pilger, „setze dich an die Feuerseite und stärke deine vertrockneten Gliedmaßen an unserer leckeren Kost." – Der Pilger leistete Folge, und wie weh es ihm auch ums Herz war, der Hunger nötigte ihn zuzugreifen. Zwerge trugen die Speisen auf und schenkten den lieblichen Wein ein. Das Gespräch war eben nicht ergötzlich. Der Riese fragte den Gast, woher er komme, wohin er gehe und welches sein Gewerbe sei, und erhielt kurzen Bescheid, der freilich von der Wahrheit sehr entfernt war. Gegen Abend faßte er die edle Frau an der Hand und zog sie gewaltsam vom Thron, indem er sagte: „Du siehst, der Alraunsohn, der dich aus dem Bärenfell gelöst hat, holt dich nicht zum zweitenmal aus meiner Gewalt. Er fürchtet einen zerklopften Schädel. Nun ist die Frist um, die du selbst begehrt hast. Also fort in die Kammer!" Er wollte Sigeminne mit sich fortführen, aber schon hatte der Pilger die Kutte zurückgeschlagen und das dem Stab entzogene Schwert in der Hand. Mit dem Ausruf: „Zurück, Unhold! Es ist mein Weib!" stürzte er auf den Riesen zu. Dieser tat einen mächtigen Sprung rückwärts, während sich mehrere Zwerge zwischen ihn und seinen Gegner warfen. „Heda, holla, Alraun!" rief er. „Bist du der tolle Wolfdietrich, so muß ehrliches Spiel gespielt werden. Du sollst Rüstung haben und mit mir um die Frau kämpfen, wenn du den Mut hast."

Der Zweikampf wurde angenommen; dienstbare Zwerge brachten sogleich dem Helden drei Rüstungen zur Auswahl, eine von Gold, eine andere aus Silber sowie eine dritte, schwer aus Eisen, aber alt und rostig. Er wählte die letztere, aber nicht das gebotene Schwert, sondern sein eigenes. Auch Drusian kleidete sich in feste Stahlringe und nahm seinen schweren Streithammer zur Hand. Der Kampf begann. Wolfdietrich wich geschickt den gewaltigen Hammerschlägen seines Gegners aus; endlich aber traf ein Streich seinen Schild, daß die Trümmer wie Scherben zerstoben. Der Held schien verloren, aber einem Schlage ausweichend, faßte er sein Schwert mit beiden Händen und traf den Riesen zwischen Hals und Achsel so gewaltig, daß die scharfe Klinge bis in die Brusthöhle schnitt. Kaum war der Unhold gefallen, so stürmten seine Zwerge mit Dolchmessern und zweizinkigen Spießen auf den Sieger ein, um ihren Herrn zu rächen. Die spitzen Waffen drangen in die Ringe der Rüstung, aber das palmatseidene Hemd schützte den einsamen Kämpfer gegen Verwundung, während sein Schwert so viele der winzigen Männer zu Boden streckte, daß die übrigen eilends das Feld räumten. Im blutgetränkten Saal, an der Leiche des räuberischen Hünen, reichten sich die wiedervereinten Gatten die Hände und schlossen aufs neue den Bund der Liebe bis in den Tod. „Nun fort aus dem Hause des Fluches!" rief der Held. „Man kann nicht wissen, ob das zwerghafte Gesinde nicht auf neue Tücke sinnt." Sie eilten in den Hof, wo alles öde und erstorben war. Sie fanden jedoch in einem Stall zwei gesattelte Pferde, bestiegen sie und trabten durch das offene Tor ins Freie.

Nach einer beschwerlichen Reise erreichten sie wohlbehalten Alten-Troja. Im ganzen Reich wurde die Heimkehr der Königin und ihres tapferen Gemahls jubelnd gefeiert. Vornehmlich waren die Bürger der Hauptstadt freudetrunken, denn Sigeminne übte als Herrscherin Recht und Gerechtigkeit und suchte des Landes Wohlfahrt mit mütterlicher Sorgfalt zu

Wolfdietrich im Kampf mit Drusian

fördern. Sie war aber nach ihrer Heimkehr wie eine Rose, die der eisige Nordwind angeweht hatte, ihre Wangen wurden bleich, die Fülle und Frische ihrer Gestalt verschwand sichtbar mit jedem Tage. Sie erfreute sich nicht mehr an Spiel und Tanz, noch zog sie hinaus zum fröhlichen Jagen. Ihre Lebhaftigkeit, ihr Scherzen und Kosen war vergangen, und doch war sie reizend und dabei sanfter, hingebender als zuvor. Einst saß sie in traulicher Stunde Hand in Hand mit dem Helden zusammen, da sagte sie: „Wenn ich sterbe, so ziehe wieder in dein Vaterland, denn hier wirst du ohne mich als eingedrungener Fremdling betrachtet, und es könnte Krieg entstehen, der das Land verwüstete." – Er hatte nur das Wort „sterben" gehört, und das schnitt ihm in die Seele, daß er keinen anderen Gedanken fassen konnte. Dennoch bezwang er den Schmerz, wischte eine hervorquellende Träne weg und suchte die Geliebte aufzuheitern. Er verdoppelte seine Sorge, alle Pflege wurde angewandt, aber vergeblich: Der Tod hatte die Königin zur Beute erkoren. Wolfdietrich hatte im mörderischen Kampfe dem furchtbaren Riesen die Gattin abgerungen, aber gegen den Tod war seine Heldenkraft nicht ausreichend. Sie starb in seinen Armen, und bald umschloß das Grab die frisch verblühte Rose.

Einstmals saß der gebeugte Held an der Grabstätte, die jetzt ein prächtiges Denkmal zierte. Er gedachte der Zeit, da aus Rauchelse Sigeminne entstanden war; da fielen ihm auch der Entschlafenen Worte ein: „Wenn ich sterbe, so ziehe wieder in dein Vaterland", und seine Mutter, seine elf Dienstmannen kamen ihm in den Sinn. Sein Vorhaben, die Hilfe des mächtigen Kaisers Ortnit anzurufen, alle bisher versäumten Pflichten traten ihm wie ernste Mahnboten zu neuer Tätigkeit vor die Seele. „Ich werde dich niemals vergessen, teures Weib", sagte er zu sich. „Aber ich wäre deiner nicht würdig, wollte ich nicht aufbrechen, um die zu lösen, die mir Treue bis in den Tod bewiesen haben."

Er tat nach seinen Worten. Er gürtete die Rüstung, nahm sein gutes Schwert und bestieg sein edles Roß, das ihn mit munterem Wiehern begrüßte. Er trabte durch volkreiche Länder, wo er überall für reichliche Zahlung gute Herberge fand. Anders war es im Land der wilden Reußen, wo er oft mit Mangel, noch öfter mit Räubern zu kämpfen hatte. Nach einer mühevollen Tagfahrt sah er abends eine Burg mit glänzenden Zinnen vor sich. Er fragte einen Wanderer nach deren Besitzer, und erhielt zur Antwort: „Lieber Herr, wenn Ihr ein Christ seid, so reitet eilends vorüber, denn da haust der Heidenkönig Beligan mit seiner zauberkundigen Tochter Marpilia. Der schlägt jedem Christen den Kopf ab und pflanzt ihn auf die Zinnen des Schlosses. Seht nur hin, wie oben auf den goldenen Knäufen die gebleichten Schädel grinsen. Ein Knauf ist noch frei, hütet Euch also, daß nicht Euer Haupt daraufgesteckt wird." Der Held versicherte, er trage einen festen Helm und stählerne Halsberge, da müsse der Mann scharfe Messer haben, um hindurchschneiden zu können. „Herr", versetzte der Wanderer, „er versteht sich auf das Messerwerfen, und wenn dem stärksten Recken das Eisen im Herzen steckt, so hilft kein Rüstzeug mehr."

Der Mann ging seines Weges, und Wolfdietrich wollte gleichfalls vorüberreiten, da kam ihm aber der Burgherr mit Gefolge entgegen und lud ihn so freundlich ein, Nachtquartier bei ihm zu nehmen, daß der unverzagte Held nicht umhinkonnte, dem Gastgebot Folge zu leisten. Am Portal des Schlosses stand die Tochter, eine schöne Jungfrau im reichsten Schmuck und empfing den Gast mit zierlicher Rede. Sie führte ihn in die prächtige Halle, die, auf beiden Seiten offen, die Aussicht in schöne Gärten gewährte. Ein kühlender Luftzug, der hierdurch entstand, brachte immer den lieblichen Blumenduft aus den Gärten in den Saal. Mitten in der nach oben hin durchbrochenen Halle stand eine vielzweigige Linde, in der sich goldene Vögel schaukelten. Es war ein wundersames Kunstwerk, denn wenn der Wind stärker wehte, so sangen die Vögel die schönsten Weisen. Der Held mußte sich gestehen, daß kein König auf Erden so herrlich wohne wie dieses heidnische Oberhaupt. Unter der Linde stand eine reichbesetzte Tafel und ein Thronsitz für drei Personen. Die schöne Maid ließ den Gast neben sich Platz nehmen, ihr Vater setzte sich auf die andere Seite. Da speisten und tranken nun die drei, und es kam auch die Rede auf die Herkunft des Gastes und den Zweck seiner Reise. Der Recke berichtete, er sei ein Graf aus dem Abendlande, habe sein Weib verloren und wolle zum Heiligen Grab, um seine Sünden abzubüßen. „Also ein Christ!" sagte der Wirt mit einem hämischen Lächeln. „Je nun, da kann schon hier die Buße geschehen. Wir haben gerade noch eine hauptlose Zinne."

Der Gast begriff den Sinn der Worte, aber er stellte sich ganz unbefangen und leerte den Becher aufs Wohl des Wirtes und seiner Tochter.

Als die Schlafenszeit kam, nahm Beligan seinen Gast zur Seite und sagte zu ihm, er habe Gnade gefunden in den Augen seiner Tochter Marpilia, er wolle sie ihm zur Ehe geben samt Burg und Reich, sie sei schön und eine reine Jungfrau; er werde glücklich mit ihr leben, aber er müsse an Machmet glauben. Der Gast bat sich Bedenkzeit aus, weil er erst zu Hause vieles ordnen müsse, bevor er zur zweiten Ehe schreite. Dagegen versetzte der Heide mit seinem früheren, hämischen Lächeln, er solle nur zur Ruhe gehen, da werde er eine lange Bedenkzeit haben. Zum Schluß bot er ihm noch einen vollen Becher an, warf aber unvermerkt ein graues Pulver hinein. „Trinke, Freund", sagte er. „Da wirst du gut und lange schlafen." Der Held war schon im Begriff danach zu greifen, da riß Marpilia, die wieder eingetreten war, dem Vater den Becher aus der Hand und goß das Getränk aus mit den Worten: „Nicht also, Vater, ich werde heute nacht den Fremdling eines Besseren belehren." Sie nahm darauf den Gast freundlich am Arm und führte ihn in ein trauliches Schlafgemach, das von einer kristallenen Ampel beleuchtet war. Die Vögel in der Halle sangen Minnelieder, die schöne Maid blickte den Helden liebeverlangend an. „Edler Gast", sagte sie. „Ich habe dich einer großen Gefahr entrissen, denn mein Vater wollte dir einen betäubenden Schlaftrunk reichen, um dir sodann in der Nacht mit einer scharfkantigen Diele den Kopf abzuschlagen, wie er schon vielen Christen getan hat. Nun biete ich dir die Hand und das väterliche Reich an, wenn du auch nur zum Schein unseren Glauben annimmst."

Die Zeit und der Ort waren verführerisch, aber Wolfdietrich dachte an Sigeminne, und alle Frauen der Welt hätten ihm ihre Reize und Kaiserkronen bieten können, er würde sie ausgeschlagen haben. Er verteidigte im Gegenteil seinen Glauben und suchte Marpilia um ihres Seelenheils willen zu bekehren. Unter solchen Gesprächen verging die Nacht.

Des Morgens kam Beligan, den Gast zum Frühstück abzuholen. Er sah die Tochter fragend an; sie verstand ihn und sagte, er wolle nicht. – „Wohlan, werter Gast", versetzte der Heide. „So wirst du doch einen Imbiß nicht verschmähen und sodann ein Spielchen mit Messern mit mir versuchen, wie es bei uns Sitte ist. Wir stellen uns, nur mit einem Buckler (runden Schild = bouclier) bewaffnet, jeder auf einen Schemel und werfen uns je drei Messer zu. Ich, als der Ältere, habe die ersten drei Würfe, dann stehe ich dir." Der Recke nickte bejahend, denn er dachte an seine elf Dienstmannen, an Meister Berchtung, der ihn einst in dieser Kunst wohl unterwiesen hatte. Er verließ sich auf seine Übung und jugendliche Gewandtheit. Sobald der Imbiß eingenommen war, ging man in den Hof, wo die Dienstmannen des Königs einen weiten Kreis schlossen. Der Held legte Rüstung und Schwert ab, empfing drei spitze, haarscharfe Dolchmesser, und der Heide stand ihm in gleicher Verfassung gegenüber. Letzterer schleuderte das erste Messer nach dem Fuß des Gegners, aber dieser vermied die Waffe durch einen geschickten Sprung. „Beim Barte des Propheten", rief der Heide. „Wer lehrte dich diesen Sprung? Bist du Wolfdietrich, von dem mir Unglück prophezeit ist?" – Der Gast verneinte und stand sogleich wieder wie eine Mauer. Der zweite Wurf schnitt ihm vom Scheitel ein Stück Haut und Haar ab, der dritte wurde vom Buckler aufgefangen. Jetzt war die Reihe an dem Helden. Sein erstes Messer heftete des Gegners linken Fuß an den Schemel, das zweite streifte dessen Seite, das dritte warf er ihm mit dem Rufe: „Ich bin Wolfdietrich!" ins Herz. Der Heidenkönig lag am Boden, aber seine Dienstmannen drangen mit wütendem Geschrei auf den Helden ein. Die drei vordersten erlegte er mit den aufgerafften Messern, und als die anderen scheu zurückwichen, gewann er Zeit, Schwert und Schild zu ergreifen. Nun blitzte der Helmspalter in seiner starken Hand, fällte bald da, bald dort einen der anstürmenden Männer und trieb endlich die ganze Meute durch das offene Tor aus der Burg. Darauf legte er seine Rüstung an, zog sein Pferd aus dem Stall und wollte die Reise fortsetzen. Aber da wogte plötzlich ein breiter See um die Burg, und ein Sturmwind trieb die brausenden Wellen empor, daß kein Ausweg sichtbar war. Da sah er, daß Marpilia am Ufer des Gewässers mit einem Stab Kreise bald in der Luft, bald auf dem Boden beschrieb und geheimnisvolle Worte murmelte. Er ergriff und schwang sie vor sich auf sein Roß. „Muß ich ertrinken", rief er, „so soll mir die Hexe vorangehen." Mit diesen Worten spornte er sein Pferd in die wilden Fluten, die sich weiter als ein Meer ausdehnten. Er schien verloren, aber in der höchsten Not warf er das zauberische Weib vom Pferde herab und sogleich fingen auch die Wasser an abzunehmen, der Sturm hörte auf, und er sah sich bald auf trockenem, festem Boden.

Auch Marpilia war nicht untergegangen. Im Glanze ihrer Schönheit stand sie vor ihm auf einer Höhe und breitete die Arme aus, als wolle sie ihn umfangen; er aber drohte ihr mit gezücktem Schwerte. Alsbald verwandelte sie sich in eine Elster, flog auf einen hohen Felsen und versuchte, ihn durch neuen Zauber zu umstricken. Bald sah er sich auf einer gläsernen Brücke, die unter ihm brach, bald befand er sich in einem brennenden Wald, bald von jähen Felsen eingeschlossen; bald wurde er von höllischen Hunden angefallen, während plötzlich das Tageslicht verschwand und nur die Augen der Ungeheuer wie Feuerbrände leuchteten. Er war bis zum Tode erschöpft und rief: „Hilf mir, dreieiniger Gott, ich verderbe!" Als er die Worte ausgesprochen hatte, verschwand die Hexe. Die Sonne leuchtete wieder über Berg und Tal und zeigte ihm die wohlgebahnte Straße, die er wandern mußte, um die Lombardei zu erreichen und Hilfe für seine Dienstmannen zu finden. Unter mancherlei Abenteuern zu Land und zu Wasser gelangte er nach Sizilien, wo ihn König Marsilian, ein Verwandter seiner Mutter, gastlich aufnahm. Er war gänzlich abgerissen an Gewandung, aber von dem Gastfreund erhielt er nicht nur freundliche Leibespflege, sondern auch reiche Kleider und ein Fahrzeug, das ihn über das Meer an das Festland trug. Im wilden Gebirge trat ihm ein Riesenweib von unholder Gestalt entgegen. Sie war aber mit seinem Vater befreundet gewesen, und da er ihr von seinen Erlebnissen erzählte, war sie bereit, seine Fahrt zu fördern. Sie bewirtete ihn reichlich, berichtete ihm aber auch, welch trauriges Schicksal Ortnit und die arme Liebgart betroffen habe. Seine frohen Hoffnungen waren freilich dadurch sehr vermindert, doch war er entschlossen, seine Fahrt fortzusetzen. Sie meinte nun, das werde auf seinem vierbeinigen Klepper sehr langsam gehen, nahm ihn samt dem Pferd auf ihre gewaltigen Schultern und trug ihn huckepack in einem Tage zweiundsiebzig Meilen über Berge, Täler und Flüsse in die Lombardei, wo sie die Bürde absetzte.

Es war eine mondhelle Nacht, als Wolfdietrich nach Garden kam. Er hörte den See tosen und stand bald am Ufer. In der bewegten Flut spiegelten sich auf- und niederschwankend der Mond und die Sterne. Ein leuchtender Stern sank vom Himmel nieder und verschwand im Wasser. ‚Ist es ein Bild Sigeminnes', dachte er, ‚die ähnlich an meinem Himmel strahlte und bald im Grauen des Grabes unterging? Oder ist es ein Wahrzeichen für mich, daß ich meine Fahrt im Rachen des Wurmes enden soll, gleich dem mächtigen Ortnit?' – Er war abgestiegen und stand im Schatten eines Olivenbaums. Da sah er zwei weibliche Gestalten am Ufer herwandeln. Die eine von ihnen war groß und stattlich, und wie sie den Schleier zurückschlug, hätte er laut aufschreien mögen, denn sie glich Sigeminne. Hatte das Grab seine Beute zurückgegeben? Oder war es nur eine trügerische Elfe, die die geliebte Gestalt angenommen hatte, um ihn zu berücken? Er stand atemlos, wie gelähmt. Er lauschte dem Gespräch, denn es war Königin Liebgart mit einer vertrauten Dienerin. Er hörte, wie erstere um den Gemahl klagte und über die Bedrängnisse, die freche Vasallen ihr bereiteten. „O die Feiglinge", sagte sie, „die den Mut haben, ein schwaches Weib zu ängstigen, es aber nicht wagen, mir das zu gewähren, was ich allein auf Erden noch begehre, wofür ich, wenn auch ungern, meine Hand versprochen habe – Rache, Rache an dem entsetzlichen Ungetüm!" – „Doch lebt noch einer", sagte die Zofe, „der es wohl wagte und vollendete, es ist Wolfdietrich von den Griechen, dessen Ruhm in allen Landen von den Sängern gepriesen wird." – „Der Rächer ist gekommen, hohe Königin", rief der Held, aus dem Schatten hervortretend. „Ich will den Drachen bestehen und Lieb und Leben wagen." – Die Frauen waren erschrocken zurückgewichen, aber die edle Gestalt des Mannes und seine tröstenden Worte beruhigten sie. „Es ist Wolfdietrich", sagte die Dienerin leise. „Er hat mich einst aus Räuberhand gerettet." – „Wohlan, edler

Held", rief Liebgart. „Möge der Himmel dich beschützen. Aber – der Unhold wird auch dich, wie meinen Gemahl, in seine Kluft zum Fraße tragen. – Ziehe ruhig deine Straße und überlaß mich meinem Schicksal." Als der Grieche auf seinem Vorhaben beharrte, überreichte sie ihm einen Ring, den sie von einem Zwerg als ein glückbringendes Pfand erhalten hatte. „Möge dir der Goldreif mit dem leuchtenden Stein Glück und Sieg bringen!" sagte sie mit einem warmen Händedruck und wandte sich nach Burg Garden zurück.

Ohne länger zu warten, ritt der Held entlang dem See nach den rauhen Bergen. Er traf nach langem Umherirren Bergleute an, die ihr kärgliches Frühstück gern mit ihm teilten, da er ihnen Hilfe gegen den Drachen verhieß. Das Ungeheuer hatte ihnen schon manchen Mann geraubt, und sie lebten bei ihrer Arbeit in beständiger Furcht. „Warum schlagt ihr nicht alle das Gewürm mit euren Gerätschaften tot?" fragte der Recke. – „Ach, werter Herr", war die Antwort, „es schießt wie ein Blitz aus Dickicht oder Geklüft hervor, und weder Hammer, noch Brecheisen, weder Schwerter noch Spieße schaden ihm. Es wird auch euch wie einen Mandelkern verschlucken." – „Jammerschade um den schönen Herrn!" sagte ein ehrlicher Steiger. „Es wird ihm ergehen wie Ortnit, um den die ganze Lombardei trauert."

Der unverzagte Recke bekümmerte sich nicht um die Rede der Bergleute. Er ritt ohne Säumen die angewiesene Straße nach dem Loch des Wurmes. Er kam dahin, blickte in die dunkle Höhle und sah fünf Drachenköpfe, die ihm entgegenstarrten und züngelten. Es waren die jungen Würmer, der alte war auf Nahrungssuche ausgezogen. Der Held griff schon zu Speer und Schwert, um sie zu töten, aber da kam ihm in den Sinn, daß es besser sei, wenn der Drache seiner gar nicht gewahr werde. ‚Habe ich die Mutter erlegt', dachte er, ‚so müssen auch ihre Kinder an den Spieß.' Wie er seines Weges weiterritt, sah er ein schönes Kind auf einem Felsen stehen. Es rief ihm zu: „Du bist zum Rächer meines Sohnes Ortnit bestellt, aber schlafe nicht, denn wenn du schläfst, so bleibt mein Sohn ungerächt und du wirst ein Fraß des Wurmes!" – „Hei, Bübchen", lachte der Held, „hast früh die Vaterschaft angetreten, aber wahre dich selbst, denn du wärest ein leckerer Bissen für das Ungetüm." – Er spornte sein Pferd und ritt lachend weiter; wie Ortnit kam auch er an eine Steinwand und an ihr entlang auf einen Anger, wo Klee, Gras und duftige Blumen in üppiger Fülle den Boden bedeckten. Eine Linde bot Kühlung gegen die heiße Sonne. Der Held war müde von der Reise und von der durchwachten Nacht. Er streckte sich in den Schatten, um zu ruhen, während das Pferd auf dem Anger saftige Weide fand. Die Ermüdung, die frische Kühle und der Vogelgesang in den Zweigen wiegten den ruhenden Helden allmählich in Schlummer.

Ringsum war alles so ruhig und friedlich, der schlummernde Recke, das weidende Pferd, die singenden Vögel, die vom Windhauch bewegten lispelnden Blätter, alles atmete Frieden und Ruhe. Diesen glücklichen Frieden unterbrach plötzlich ein gräßliches Zischen, ein Krachen von rollenden Felsen und brechenden Bäumen. Es war das scheußliche Ungetier, der Schrecken des Landes, das aus der Felswand hervorbrach. Da rief der Zwerg Alberich, denn er war der Warner gewesen: „Wach auf, edler Held! Schlafe nicht mehr, oder du bist des Wurmes Fraß!" Der Zwerg stand auf einer Felsenzacke und wiederholte immer wieder mit weit tönender Stimme seinen Weckruf. Auch der treue Hengst sprang hinzu, er stieß seinen Herrn mit dem Fuß, aber vergeblich. Der Schläfer schien unter einem Zauberbann zu ruhen. Das edle Roß sprengte gegen das Ungetüm an, doch scheute es vor dem Anblick und entging kaum der tödlichen Umschlingung. Jetzt witterte der Drache die Spur des Helden und stieß herankriechend ein Gebrülle aus, daß die Felsen zitterten. Dies brach den Zauber! Der Held erwachte, sah die Gefahr und griff nach Speer und Schild. Er rannte mutig gegen den greulichen Feind, aber der Schaft zerbrach an der Hornhaut des Tieres. Er versuchte es mit dem guten Schwert, doch die Klinge zerbrach in drei Stücke. Er warf verzweifelnd den Schwertknauf dem Ungeheuer an den Kopf und befahl seine Seele Gott, denn er war wehrlos. Der Wurm umschlang ihn mit seinem ungeheuren Zagel (Schweif), während er zugleich das wieder ansprengende Pferd mit den Zähnen ergriff. Die doppelte Beute trug er nach seiner Felskluft und warf sie seinen Jungen vor. Er selbst kroch dann wieder fort, um für sich Fraß zu suchen. Das Gewürm in der Höhle fiel sogleich über die menschliche Beute her, doch konnten sie die starke Brünne nicht zerbeißen; sie versuchten deshalb zwischen den Ringen hindurch das Blut auszusaugen. Aber dagegen schützte das palmatseidene Hemd. Sie zerrten den Körper hin und her, daß der gemarterte Mann bald das Bewußtsein verlor. Nun stürzten die Würmer über das Roß her und stillten schmatzend ihren Hunger mit dem noch zuckenden Fleisch.

Es war Nacht, als Wolfdietrich aus seiner todähnlichen Ohnmacht erwachte. Es war ein schauerlicher Aufenthalt. Er hörte die Drachen schnarchen und stöhnen. Er griff um sich her, da lagen Gebeine, vielleicht Gebeine edler Recken. Ein Mondstrahl stahl sich durch eine Spalte in die schreckliche Kluft und beleuchtete zwei hell glänzende Gegenstände. Der Held tastete danach und entdeckte zwei Karfunkel, den einen an einem Schwertknauf, den anderen auf dem Kegel eines Helmes. Es lagen da noch andere Rüstzeuge und Waffen, und er probierte an den Felsen mehrere Schwerter; doch bestanden sie nicht; sie wurden stumpf oder zerbrachen; nur das Schwert mit dem Karfunkel blieb scharf und unversehrt. ‚Das ist Kaiser Ortnits Waffe, das Zwergengeschenk Rosen', dachte er, ‚und dabei sein Helm und seine Brünne.' Er schüttelte die Gebeine aus Helm und Rüstung. Da fiel ihm auch ein Ring in die Hand, den er sorglich zu sich nahm. Darauf legte er das Rüstzeug an, nahm Rosen in die Hand und erwartete den Anbruch des Tages. Sobald es hell war, führte er gegen den alten Wurm einen kräftigen Streich, der durch Horn und Schuppen drang, so daß schwarzes Blut hervorquoll. Brüllend fuhr das Ungeheuer empor, bäumte sich hoch auf bis an die zehn Klafter hohe Decke und stierte mit weit offenem Rachen auf den Feind im eigenen Hause. Dann schoß es auf ihn herunter mit Blitzesschnelle, spießte sich aber dabei in das vorgehaltene Schwert. Dennoch machte es sich wieder los und warf den Helden zweimal mit dem Schweif zu Boden. Aber jeder Hieb und Stoß mit der Zwergengabe zerriß Horn und Schuppen, so daß das Tier nach heftigen Zuckungen verendete. Nun mußten auch die Jungen sterben, aber der Sieger selbst war von der Blutarbeit so erschöpft, daß er nur mühsam aus der von Blut und Gift verpesteten Kluft hervorwanken konnte. Er sank unter einem Baum nieder und wünschte nur einen Tropfen Labung. Er war fast verschmachtet, da trat Alberich zu ihm, den Sieger und Rächer rühmend, ließ von dienstbaren Zwergen ein reichliches Mahl auftragen und schenkte erquickenden Wein in goldene Pokale aus. Der Held war wie ein König unter den jubelnden Zwergen, die mit Saitenspiel und allerlei grotesken Sprüngen und Tänzen den Sieg über den Schrecken des Landes feierten.

Ehe der siegreiche Held die Straße nach Garden wieder einschlug, ging er in die Drachenkluft zurück, um sich die Köpfe der erlegten Untiere zu holen, die ein Zeugnis seiner Taten sein sollten. Sein gutes Schwert Rosen trennte einen nach dem anderen vom Rumpf. Er fand aber, als er sie aufladen wollte, daß sie zu schwer waren. Er hätte jener Riesin gleich sein müssen, die ihn mit seinem Hengst über die Berge trug. Er begnügte sich damit, die Zungen aus den fletschenden Rachen zu schneiden. Diese barg er in einem Ledersack, den ihm der dienstwillige Zwerg verabreichte. In Ermangelung eines Pferdes mußte er sich zu Fuß auf den Weg machen, was freilich mühsam war und die Reise wenig förderte. Er verfehlte oft den Weg und irrte mehrere Tage in den wilden Bergen herum, bis er einen Ausweg fand. Nun gelangte er an die wohlbekannte Linde auf dem wonnesamen Anger. Hier konnte er sich ausruhen und ohne Gefahr unter Vogelgesang dem Schlaf überlassen. Er mochte lange geruht haben, denn als er erwachte, war die Sonne am Untergehen. Er speiste den Rest von den Vorräten, die ihm Alberich mitgegeben hatte, lud den Säckel mit den Drachenzungen auf die Schultern und wanderte die Nacht hindurch längs der Steinwand nach dem See. Dort stürzte ein Bach von hohem Felsen rauschend in die Flut. Durch das Brausen und Tosen des Wasserfalles hörte er Paukenwirbel und Hörnerklänge. Es kam von Garden herüber und verkündete wohl, daß man drüben ein Fest feiere. Er machte sich sogleich auf den Weg, um zu sehen, was es bedeute. Da kam er an eine Klause, in der ein frommer Einsiedler wohnte, und nahm Einkehr. Der Mann saß bei einem reichlichen Mahle und lud den Wanderer sogleich ein, daran teilzunehmen. „Seht, werter Herr, das hat mir der tapfere Burggraf Gerwart, der Überwinder des Lindwurms, gesandt, daß ich für ihn bete. Er feiert heute Hochzeit mit der schönen Liebgart, der Witwe Kaiser Ortnits – Gott hab ihn selig." Als der Gast diese Nachricht vernahm, ließ er die köstliche Pastete unberührt, die der Wirt ihm vorsetzte. „Höre, frommer Mann", sagte er, „leihe mir deine Kutte und Kapuze. Ich will mir das Fest beschauen, aber unerkannt bleiben." Der Klausner sah ihn mißtrauisch an, aber als der Gast gebieterisch sein Gesuch wiederholte und ihm zur Wahl stellte, eine Hand voll blanker Byzantiner auf der einen Seite, auf der anderen Seite ein halb gezücktes Schwert, holte er eine Kutte und Kapuze aus einem Schrein hervor und übergab sie ihm, indem er sagte, die Gewänder hätten dem guten Bruder Martin gehört, der vor ihm die Klause bewohnt habe. Wolfdietrich legte die ungewohnte Tracht an, die Helm und Rüstung vollkommen verbarg, und schritt weiter nach Burg Garden. Überall begegnete er Bürgern und Landleuten und hörte, wie das Land nun der Drachenplage ledig sei, und wie nun auch durch die Vermählung der Königin mit dem Besieger der Untiere die Unruhen und blutigen Fehden der Landherren ein Ende nehmen würden.

Auf Burg Garden wurde groß gefeiert; die Vasallen des Reiches saßen in der Halle bei Schmaus und Trank, zuoberst Burggraf Gerwart, der auch der „mit der Habichtsnase" genannt wurde, denn er hatte in der Tat ein Geruchsorgan, das ein stattlicher Höcker bekrönte. Königin Liebgart und einige Jungfrauen schenkten die oft geleerten Becher wieder voll, aber manche Träne fiel in den duftigen Trank, wenn sie einen Blick auf den habichtsnasigen Hochzeiter warf. Über dem Thron grinsten die Drachenköpfe, das Siegeszeichen des Burggrafen, der mit achtzig Recken ausgezogen war, aber, wie man versicherte, doch ganz allein die Ungeheuer erlegt hatte. Im unteren Raum der Halle trieben sich Gaukler, Fiedler und Spielleute herum, die jedoch der eingetretene Klausner alle überragte. Die Königin erblickte den vermeintlichen Einsiedel und frommen Sinnes ging sie selbst mit einem gefüllten Becher zu ihm hin. Er leerte den Pokal auf einen Zug, ließ aber unbemerkt den Ring, den er von Liebgart erhalten hatte, hineingleiten. Sie bemerkte das Kleinod erst, als sie wieder neben Gerwart den Thron eingenommen hatte. Sie zitterte heftig, aber sie ermannte sich und rief mit fester Stimme: „Einsiedel, tritt vor und sprich, wer dir den Ring gegeben hat." – Der Klausner drängte sich durch die Menge; er stand vor dem Thron und sagte laut und vernehmlich: „Der den Drachen mit der Brut erschlagen hat." – „Wer bist du?" fragte sie weiter. „Und wie bist du zu dem Goldreif gekommen?" – „Herrin, du selbst hast mir ihn geschenkt", rief er, Kutte und Kapuze abwerfend. – Und vor der Königin und allen Hofleuten stand er, Wolfdietrich, strahlend in Ortnits Rüstung, hoch und herrlich, wie einst der Heidengott Balder in der Asenversammlung. Alle erkannten Helm, Brünne und Schwert des gefeierten Kaisers, aber Liebgart erkannte auch den Helden, der sie jetzt trug. Als er ihr nun noch einen zweiten Ring in die Hand legte, den er bei Ortnits Gebeinen gefunden hatte, das Pfand, das sie dem Gatten einst beim letzten Abschied gereicht, da blieb kein Zweifel mehr, der Held war des Kaisers Rächer. Die Königin erklärte das alles der Versammlung, und viele Stimmen riefen: „Der Rächer unseres Herrn, der Held, der die Drachenbrut vertilgt, soll König sein in der Lombardei!"

Dagegen erhob sich Burggraf Gerwart. Er deutete auf die Drachenköpfe als Zeugen seiner Taten und nahm sie herunter, um sie vor sich aufzupflanzen, er verwundete sich aber an einem hervorstehenden Zahn des alten Drachens und ließ ihn erschrocken mit dem Ausruf zu Boden fallen: „Er beißt noch!" – „Er beißt noch!" wiederholten die umstehenden Recken unter schallendem Gelächter, in das alsbald noch andere einstimmten, als sich der Mann mit der blutenden Hand über die Nase fuhr und diese sich dadurch rot färbte. Die Szene wurde indessen ernster, denn die Dienstmannen des Grafen zogen für die Ehre ihres Lehnsherrn die Schwerter, während andere Hofherren zu Wolfdietrich standen. Durch den Tumult hörte man aber die mächtige Stimme des Helden. Er fragte, ob die Drachen nicht auch Zungen hätten, und als man es bejahte, zeigte er die hohlen Rachen. Darauf holte er die fehlenden Zungen aus dem Ledersack hervor, indem er sagte: „Seht, werte Herren, die alte Drachenmutter hat mir sie alle abgeben müssen! Zum Zeichen der Wahrheit aber hatte sie dem edlen Grafen ihren Zahn fühlen lassen." Dieser Beweis war so überzeugend, daß die ganze Versammlung in den Ruf einstimmte: „Es lebe Wolfdietrich, unser König, nieder mit dem feigen Gerwart!" Der armselige Burggraf bat fußfällig um Gnade und erhielt sie, mußte aber auf Ehren und Würden verzichten.

Unter den versammelten Landherren wurde der Wunsch laut, der erwählte König möge in alle Rechte des Burggrafen eintreten, folglich auch in die Rechte auf die Hand der Königin. Er erwiderte: „Als Oberhaupt des Reiches bin ich zugleich Diener meiner Völker und verpflichtet, für ihre Wohlfahrt zu sorgen. Was aber mein Haus, die Wahl meiner Gattin betrifft, so ist meine Wahl frei, und nicht von dem Willen anderer abhängig. Dieselbe Freiheit hat die königliche Frau, die noch in Trauer um den ersten Gemahl ist. Hält sie mich für würdig, an seine Stelle zu treten, glaubt sie, daß meine Liebe und Verehrung ein Ersatz für das sei, was sie verloren hat, so biete ich ihr die Hand zum Bunde auf Lebenszeit." – Liebgart schwankte nicht; die letzten Worte ihres vorigen Gatten, der Edelmut des Mannes, der ihn gerächt, überwogen alle Bedenken. Sie schlug in die dargebotene Hand ein, dann wurde die Vermählung gefeiert.

Wolfdietrich war nicht mehr der hoffnungsvolle, feurige Jüngling, der mit starker Hand alle Hindernisse niederzuwerfen glaubte; er war zum Manne gereift. Er vertraute noch seiner Heldenkraft, aber er verband damit Vorsicht und Klugheit. Er gedachte seiner Dienstmannen; doch wollte er zuvor dem zerrütteten Lande den Frieden wiedergeben, sich die Liebe und opferwillige Hingebung des Volkes erwerben, ehe er ein Aufgebot zu einer Heerfahrt in ferne Länder erließ. Er übte daher Recht und Gerechtigkeit, zerstörte die Raubnester der Wegelagerer, vertilgte Räuber, bezwang mit siegender Gewalt widerspenstige Landesherren und sorgte für den Wohlstand der Untertanen. Das Schwert Rosen glänzte in seiner Hand stets in Gefechten da, wo die Gefahr am größten war. Wenn er aber aus den Kämpfen heimkehrte und die Hausfrau ihm die Rüstung abnahm, da war er ganz der liebende Gatte, und beide bereuten nicht ihre Wahl. Wohl ein Jahr ging unter solchen Mühen hin, bis das Land in Frieden und das Volk seinem Herrscher ganz ergeben war. Nun entdeckte er der Frau die peinliche Sorge für seine Dienstmannen, und wie es seine Pflicht sei, für ihre Lösung das Schwert umzugürten. Sie weinte, sie fürchtete, er werde so wenig wiederkehren wie einstmals Ortnit, aber sie riet nicht ab, nachdem er ihr die Vorgänge erzählt hatte. Nun geschah das allgemeine Aufgebot, und das Volk gehorchte willig; über sechzigtausend Krieger waren zur Heerfahrt bereit.

Wind und Wellen waren der Flotte günstig; man landete in einiger Entfernung von Konstantinopel. In einem Wald wurde das Lager aufgeschlagen. Er selbst, der Kriegsherr, ging in Bauerntracht auf die Spähe, um über seine Dienstmannen Erkundigung einzuziehen. Er kam in die Stadt,

*Wolfdietrich wird von Liebgart
als Besieger des Lindwurms empfangen*

ging hinein, wanderte durch die belebten Straßen und forschte wohl auch da und dort, aber niemand konnte ihm Auskunft geben. Man ging seinen Geschäften nach, man hatte andere Dinge im Kopf, es war ein Eilen und Schaffen und Drängen hier auf dem Weltmarkt, wo zwei Erdteile fast zusammenstießen, daß man sich um ein Dutzend Gefangener gar nicht bekümmern konnte, daß oft ein Bruder nichts von dem anderen wußte. Der Held wollte schon der Stadt den Rücken wenden, da begegnete ihm der Gefängniswärter Ortwin, der ihm von früherer Zeit her bekannt war. Der Mann trug einen Korb mit schwarzen Broten; er bat ihn nun um eins derselben, da er, wie er sagte, noch nüchtern war, und zwar bat er um Wolfdietrichs willen. Jetzt erst sah ihn der Mann schärfer an und erkannte ihn. „Ach, Jungherr", sagte er, „wie ist es hier so schlimm hergegangen. Die alte, würdige Königin starb auf der umlagerten Burg. Als die Feste übergeben werden mußte, wurden der edle Herzog Berchtung und seine Söhne in Eisen hierhergebracht und in ein finsteres Gefängnis gelegt. Dem alten Herrn gab der Tod endlich die Freiheit, aber die zehn Jungherren sitzen noch immer in enger Haft, und ich darf ihnen täglich nur solches Schwarzbrot und Wasser reichen." – „Die Mutter, der alte Meister tot!" Wolfdietrich schlug sich an die Stirne, denn er gedachte, daß er nicht ohne Schuld sei. Indessen das war nicht mehr zu ändern; aber er hieß dem guten Ortwin, seinen zehn noch lebenden Dienstmännern bessere Kost reichen und, wenn er die Stadt mit Heeresmacht angreife, ihre Bande lösen. Der alte Wärter ging vergnügt zu seinen Gefangenen und erfreute sie mit der frohen Kunde, der König aber eilte zu dem Heer im Walde.

Er fand die Mannschaft auf den Beinen und marschfertig; denn der schlaue Sabene, der überall seine Späher hatte, war nicht ohne Kenntnis von der Landung einer feindlichen Macht geblieben. Auf sein Gebot zog sich von allen Seiten Kriegsvolk zusammen, um dem Angriff zu begegnen. Er tat aber alle Schritte im Auftrag der Könige, deren Vertrauter und Günstling er war. Er mißtraute dem Volk in der Stadt und auf dem Land, denn seine Reichsverwaltung war drückend, weil er nur seinen Säckel zu füllen suchte. Er vertraute dagegen auf zahlreiche Haufen von Söldnern, die für Geld ihre Haut verkauften, aber geübt und kriegstüchtig waren. Diese rückten unter dem Befehl der Könige gegen den Wald vor, der die Lombarden decken sollte. Obgleich der Tag schon weit vorgerückt war, durfte man doch nicht zaudern, weshalb das Heer ins offene Feld zog. Doch blieb eine zahlreiche Nachhut zurück, da der königliche Befehlshaber wiederum einen Hinterhalt fürchtete. Diese Vorsicht war nicht vergeblich; denn als die Schlacht auf der vorliegenden Ebene tobte, drangen Söldnerscharen auf der anderen Seite in den Wald, um der Hauptmacht in den Rücken zu kommen. Ihnen begegnete die Nachhut, die, langsam zurückweichend, jeden Fußbreit Landes hartnäckig verteidigte. Der Kampf wütete geraume Zeit ohne Entscheidung. Wolfdietrich stürzte nicht, wie er sonst pflegte, blindlings voran auf die Todfeinde, er war bald im Vordertreffen, bald bei der Nachhut, und sein Schwert Rosen verbreitete Wunden und Tod. Dennoch standen die Feinde unerschüttert im mörderischen Gefecht. Da lösten sich plötzlich die geschlossenen Reihen; sie wichen, die Flucht war allgemein, und vorwärts stürmte der Held nach dem Hügel, wo seine Brüder mit ihrem bösen Ratgeber hielten. Nun aber erkannte er auch, was unter den Feinden Schrecken verbreitet und ihm den Sieg verschafft hatte. Die Bügerschaft der Stadt war ausgefallen und den Söldnern in den Rücken gekomen. An ihrer Spitze kämpften seine Dienstmannen, voran Herbrand und Hache, die ältesten Söhne Berchtungs. Schon hatten sie die drei Männer auf dem Hügel umzingelt, darauf den feigen Sabene ohne Widerstand, die Könige nach kurzer Gegenwehr gefangengenommen und gebunden.

Der Sieg war vollständig, die Beute unermeßlich. Auf dem Schlachtfeld wurde der Held jubelnd als das Oberhaupt der Griechenlande begrüßt. Nach dem festlichen Einzug in die Hauptstadt schritt man zu Gericht über Sabene und die königlichen Brüder. Den ersteren traf das Todesurteil, und er wurde sogleich fortgeführt – nun aber seine Gönner – Volk und Heer verlangten ihren Tod. Der Tod seiner Mutter, des alten Meisters, seine eigenen Mühseligkeiten forderten das Blut derjenigen, die das alles verschuldet hatten. Dennoch konnte er keinen Entschluß fassen und verschob das Urteil auf den folgenden Tag.

Der Sieger ruhte auf seinem Lager, von dem Kämpfen des Tages ermüdet, er schlief den Schlaf des Gerechten, und im freundlichen Traumgesicht sah er seine Mutter, verklärt wie eine Heilige. Sie sprach: „Schone meine Kinder, so wird mein Segen auf dir ruhen." Darauf erschien auch der ehrwürdige Meister und sagte, die Hand gen Himmel erhebend: „Gott erbarmt sich der verirrten Kinder; vergieße nicht Bruderblut!" Wie der Held noch staunend auf die Erscheinung blickte, trat auch Liebgart sanft und freundlich hinzu. „Hast du nicht Reich und Ruhm und mich selbst durch die Untat deiner Brüder erworben? So vergilt Übeltat mit Wohltat." Der Morgen brach an, und das Traumbild verschwand; Wolfdietrich aber hatte seinen Entschluß gefaßt. Er berief die Fürsten und Edlen des Heeres, ließ die Gefangenen vorführen und sprach das Wort der Gnade über die Könige, seine Brüder, und setzte sie wieder in ihre Würden und in den Besitz ihrer Länder ein, doch unter des Oberhauptes Lehnsherrschaft. Als er den Spruch getan, grollte dumpfes Murren durch die Reihen; Hache aber, der Rasche, voll Zorn über die erlittene Mißhandlung, verlieh dem Murren Worte. „Wer", rief er, „wer wird künftig Empörung, Meuterei und Raubtat niederwerfen, wenn dafür Ehren und fürstliche Würden zugeteilt werden!" – „Sieh her", rief Wolfdietrich, und Schwert Rosen flammte in seiner Hand. „Das zwingt Aufruhr und Widerspruch, wo und wie er sich erhebe. Das Recht der Gnade steht dem Herrscher zu, der seiner Macht vertrauen darf, und das üb ich an meinen Brüdern." Es wurde in den Reihen der Fürsten ganz stille; er aber ließ den Brüdern die Fesseln abnehmen, umarmte und belehnte sie mit ihren Ländern.

Als das Reich geordnet war, fuhr Wolfdietrich mit dem Heer in seine Heimat zurück. Er wurde mit großem Jubel empfangen, am freudigsten von Liebgart, die bisher in Furcht und Sorge um ihn gelebt hatte. Die Fürsten nebst ihren Mannen führten ihn darauf nach Rom, wo er zum Kaiser gekrönt wurde. Bei dem Fest, das der Krönung folgte, erteilte er den Söhnen des lieben, alten Meisters ansehnliche Lehen. Herbrand, der älteste, erhielt die Stadt Garden nebst dem dazu gehörigen Gebiet. Er wurde der

Stammvater des berühmten Geschlechts der Wölflinge durch seinen Sohn Hildebrand, von dessen viel besungenen Taten die Sage in der Folge berichten wird. Hache, der kühne Held, wurde mit dem Gebiet am Rhein begabt, und er nahm seinen Sitz zu Breisach. Sein Sohn Eckehart oder Eckewart war der Pfleger der Harlunge, Imbreke und Fritele. Er ist als der getreue Eckhart in der Sage bekannt. Berchther, der dritte Sohn, wurde mit dem väterlichen Besitztum Meran belehnt. Die übrigen Abkömmlinge des alten Meisters wurden in ähnlicher Weise bedacht. Diese und andere Helden umgaben den Thron des Kaisers, der nach der langen und schweren Prüfungszeit im Frieden in seinen Reichen waltete und auch in seinem Hauswesen glücklich war, indem er mit der schönen Liebgart einen Sohn gewann, der ihm an Körper und Geist ähnlich war. Er nannte ihn nach seinem Vater Hugdietrich und hatte an ihm eine große Freude, denn dieser wuchs zu einem kräftigen Helden heran und zeugte wieder ruhmvolle Söhne.

2. König Samson (Samsing)

In der reichen Stadt Salern herrschte in alter Zeit ein mächtiger Fürst (Jarl) namens Rodgeier, dem ein großes Reich untertan war. Er sorgte, daß Handel und Gewerbe, insbesondere der Ackerbau, ungestört betrieben wurden und Land und Leute zu Wohlstand gelangten. Wenn aber Bürger und Bauern volle Säckel haben, so ist auch der Schatz des Königs reichlich gefüllt. Durch seinen Reichtum war der Fürst in den Stand gesetzt, ein ansehnliches Heer zu unterhalten, dessen er in der damaligen unruhigen Zeit wohl bedurfte. Es landeten nämlich oft zahlreiche Scharen von Raubfahrern an der Küste, und zu Land fielen Feinde ein, um mit Brand, Raub und Mord das friedliche Volk zu schädigen. Aber da war der Fürst gleich zur Stelle, und die Feinde trugen statt des Raubes blutige, zerschlagene Schädel davon. Der fürstliche Held hatte in seinem Gefolge einen Recken, der hieß Samson oder Samsing, von seinem kohlschwarzen Haar und Bart der Schwarze genannt; der war in allen Gefechten voran und schlug oft allein ganze Heerhaufen in die Flucht. Schon sein Ansehen war furchtbar; seine dunklen Augen glühten unter schwarzen Brauen, die gleich Raben darüber lagerten; sein mächtiger Stiernacken, seine gewaltigen Glieder zeugten von der Stärke, die ihm eigen war. Wenn er im Kampfgetümmel unter die Feinde fuhr, so bestand kein Krieger vor seinen

Schwertschlägen. Er zerhieb die Rüstungen und Leiber der Männer, als ob sie morsches Holz wären. Dagegen bewies er sich in freundschaftlichem Umgange trotz seines grimmigen Aussehens leutselig und sanft; nur durfte man seinen Entschließungen nicht entgegentreten; denn er pflegte dann wohl zu schweigen, aber er führte sein Vorhaben mit oder gegen den Willen anderer aus, unbekümmert um den Schaden, der daraus entstand. Deswegen wagte man nicht leicht Widerspruch gegen den gewalttätigen Mann.

Einstmals saß nach einem großen Siege der Jarl, der sich jetzt König nannte, beim fröhlichen Gelage, seine Recken um ihn her, unter denen sich auch Samson befand. Dieser erhob sich, nahm dem Mundschenk den goldenen Becher des Königs aus der Hand, füllte ihn mit Wein und bot ihn vortretend dem König. „Herr", sagte er mit geziemender Sitte, „manchen Sieg habe ich dir erstritten und biete dir nun diesen Trunk, auf daß du mir eine Bitte gewährst." – „Sag an, tapferer Held", erwiderte der König, „was dein Begehr ist. Bisher hast du für deine guten Dienste nichts verlangt, und ich habe dir Burgen und Landsitze freiwillig verliehen; nun du aber einen Hof oder anderes Gut, was es auch sei, begehrst, werde ich es dir nicht weigern." – „Guter Herr", sprach Samson. „Es sind nicht Burgen und Höfe, was mein Herz begehrt, denn du hast mich reich gemacht. Ich bin aber gar einsam in meinem Hauswesen, da meine Mutter alt und grämlich ist. Du hast nun ein holdseliges Töchterlein, die gute Hildeswid, die möchte ich gern zur Hausfrau haben, und es würde mich gar sehr freuen, wenn du mir diese Bitte gewähren wolltest." – Über diese Rede war der König so verwundert, daß ihm schier der Becher aus der Hand gefallen wäre. „Du bist ein gar weidlicher Held", sagte er. „Aber die Maid ist von königlichem Geblüt, und nur ein König wird sie heimführen. Du bist zu meinem und ihrem Dienst bestellt; daher nimm diese Schüssel mit Gebäck und trage sie zu ihr in das Frauenhaus; dann kehre wieder hierher zurück und vergiß beim kreisenden Becher, was ich dir nicht gewähren kann."

Samson nahm schweigend die leckere Kost und brachte sie der Jungfrau, die mit ihren Mägden Stickereien verfertigte. Er setzte das Gericht vor sie hin, indem er sagte: „Iß, gute Maid, ich bringe dir auch frohe Botschaft. Du sollst mir in meine Wohnung folgen und als meine Hausfrau darinnen walten. Nimm deine Gewänder und heiß eine der Mägde mit dir gehen." Als die Jungfrau zögerte, fügte er hinzu: „Wenn du mir nicht guten Willen trägst, so muß der Jarl sterben und der Palast mit allem Ingesinde verbrennen." Er sah bei dieser Rede so finster und grimmig aus, daß Hildeswid vor Furcht zitterte und ohne Widerspruch Folge leistete.

Er nahm sie bei der Hand und führte sie hinunter in den Hof, wo ein Knecht des furchtbaren Recken Pferde bereit hielt. Am hellen Tage und in Gegenwart vieler Wächter, die keinen Widerstand wagten, führte der gefürchtete Mann die Königstochter aus der Burg Salern und immer weiter in einen öden Wald, wo er sich schon vor langer Zeit ein geräumiges Haus erbaut hatte. Das Tor war verschlossen, und er pochte so gewaltig, daß es durch den Wald schallte. Er pochte zweimal und dreimal; da rief eine heisere Stimme von innen, das Tor werde nicht aufgetan, dieweil der Eigner des Hauses auswärts am Königshof sei. „Mutter", rief er, „Schiebe die Eisenriegel zurück! Ich bin es selbst, dein Sohn, und führe dir ein Töchterlein zu, ein Königskind, das dir in deinem Alter zu Dienst sein soll." Sofort wurden die Riegel zurückgeschoben, und die Pforte öffnete sich knarrend. Da stand nun eine alte, hagere Frau in Bettlerlumpen vor den Ankömmlingen, die sie grämlich empfing. „Hei", rief sie, „du bringst Gäste? Die Frau in Putz und Hoffart, ihre Magd und einen faulen Knecht? Und du kennst doch unsere Armut, Sohn!" Sie blickte bei diesen Worten fast grimmig zu dem baumhohen Sohn empor. „Aber Mutter", sprach der Recke, „wo ist denn das Gold, das ich dir gesandt? Wo sind die weidlichen Gesellen, die ich zu deinem Dienst bestellt? Wo die geschmückten Gewänder, womit du dich kleiden solltest?" – „Das Gold hab' ich in meine Truhe geborgen", versetzte die Alte. „Man weiß nicht, wie man im Alter darben muß; die Gesellen, die den ganzen Tag schmausten und zechten und alle Vorräte aufzehrten, hab' ich ausgetrieben, die Gewandung aber für bessere Zeiten aufbewahrt." – „He, Mutter", sagte Samson, „das ist deine Weise; aber nun laß uns eintreten und verschaffe uns gute Kost, denn wir sind weit geritten."

Die Gäste traten in das Haus und saßen bald an der Tafel; aber die Kost, die die Frau reichte, war nur schwarzes, schimmeliges Brot und der Trank lauteres Wasser, was dem Recken schlechte Labung deuchte. Indessen schaffte sein Knecht Rat. Er führte ein feistes Hüftenstück von einem Hirsch mit sich und einen mächtigen Schlauch Wein. Nachdem die Gäste gespeist hatten, beurlaubte sich Samson bei seiner Hausfrau und ritt in den Tann, ein Wild zu erlegen, während der Diener den Keller durchsuchte und glücklich noch ein Faß guten Firneweins vorfand. Auch die alte Mutter hatte sich entfernt, und Hildeswid sah sich mit der Magd allein in der weiten Halle. Es war ihr gar unheimlich und schauerlich zumute, als der Abend anbrach und im Tann die Eulen riefen. Sie gebot der Dienerin, die alte Frau aufzusuchen und wieder in die Halle zu führen; aber auch diese kam nicht wieder. Nun machte sie sich selbst auf den Weg, durchirrte viele Gemächer und fand endlich die Frau in einer entlegenen

Kammer vor einer großen geöffneten Truhe sitzen. Beim Scheine einer Lampe, die den Raum nur spärlich erleuchtete, bemerkte Hildeswid, daß in der Kiste Gold glänzte. Die Alte zählte Byzantiner, Zechinen, Dublonen; es nahm kein Ende. „Wie mein Liebster leuchtet", murmelte das Weib. „Wie er lacht, als wolle er mir etwas Freudiges sagen! Ja, er will wachsen; und da ist das Königskind bei mir eingekehrt, das reiche Schätze mit sich führt – wenn ihm wer die Kehle zuschnürte! – He, bald geschehen, Goldpuppe!" Die junge Fürstin stieß erschreckt einen Schrei aus;

Samson entführt die schöne Hildeswid

da sprang die Alte auf mit dem Ruf: „Diebin! Räuberin! Verfluchte!" Sie erhaschte die Unglückliche, die laut aufschrie und suchte sie zu erdrosseln; aber da trat plötzlich Samson dazwischen und stillte den Streit. „Mutter", sagte er, „du kannst hier nicht bleiben. Am Waldsaume habe ich, wie du weißt, ein anderes Haus; dahin führe ich dich mit dem Horte, den du gesammelt hast." Er tat nach seinen Worten, und die Alte wagte keinen Widerspruch.

Mittlerweile hatte König Rodgeier die Mär erfahren, daß seine Tochter geraubt worden war. Er bot daher seine Mannen auf, dem Räuber nachzujagen. Da sie aber den Recken nicht einholen konnten, ließ er dessen Höfe und Burgen mit Feuer anstoßen und sein Vieh und was ihm sonst zu eigen war, fortführen gen Salern und verhieß viel rotes Gold dem, der dem kühnen Recken das Haupt abschlage und dasselbe ihm bringe. Als aber Samson das erfuhr, ritt er gewappnet aus dem Wald, erschlug manchen Kriegsmann, raubte viel Königsgut und verbrannte Burgen und Höfe. Darauf fuhr König Rodgeier selbst mit vielen Mannen aus, um den Recken zu ergreifen. Er verteilte das Heer in einzelne Haufen, um alle Wege und Wälder zu durchspähen. Er kam mit fünfzehn Recken zu einer alten Frau, die am Saume des Waldes in einem kleinen Hause wohnte. Er forschte bei ihr nach Samson, aber sie gab vor, den Mann nicht zu kennen. Als er ihr darauf rotes Gold auf einer Holztafel darbot und mehr und immer mehr hinzufügte, wurde ihre Zunge gelöst und sie redete viel von der Stärke des Recken, und wie er wohl jetzt in seiner Behausung sei, wohin ein gekrümmter Weg führe. Sie ging sogar eine Strecke mit, auf daß die Mannen sich nicht verirrten.

Der König war mit seinem Gefolge noch nicht weit in den wilden Tann geritten, da kam ihm schon der furchtbare Held entgegen. Schwarz waren sein Helm und seine Brünne, wie Bart und Haar, schwarz auch sein gewaltiger Streithengst; aber auf dem Schilde führte er einen Löwen in goldenem Feld. Ohne ein Wort zu sprechen rannte er gegen das Geschwader und durchbohrte den vordersten Reiter mit dem Schaft, während dessen Speer von seinem Schild abglitt. Ein zweiter Kämpe hieb ihm auf den Helm, daß der Kegel zerbrach. Er aber spaltete ihn bis auf den Gürtel; einen dritten hieb er in Stücke. Nun drang Rodgeier vor, begierig, seine Mannen zu rächen. Allein obgleich sein Schwertstreich dem Gegner durch Schild und Brünne drang, sank er doch alsbald gespaltenen Hauptes vom Pferd. Kein Rüstzeug schützte gegen das Schwert des Recken; daher wandten sich die Reisigen zur Flucht, unterlagen jedoch alle bis auf einen dem zornigen Verfolger. Dieser sah recht grimmig aus, als er sich am Ausgang des Waldes seitwärts nach dem einsamen Hause wandte und alsbald vor der greisen Frau stand, die dem König den Weg gewiesen hatte. Sie war emsig beschäftigt, das empfangene Geld zu zählen. – „Mutter", sagte er, „für rotes Gold hast du den Sohn verraten, darum begehrt mein Schwert dein Blut zu trinken." – Er zog sein Schwert, stieß es aber wieder in die Scheide, indem er hinzufügte: „Weil du meine Mutter bist, soll das Schwert seinen Willen nicht haben."

Die Frau zählte ruhig die Haufen Geldes weiter. „Einhundert, zweihundert, dreihundert." Er sah ihr eine Weile zu, dann sprach er, sein Dolchmesser zückend: „Mutter, für rotes Gold hast du den Sohn verraten, darum begehrt mein Messer dein Blut zu trinken." – Sie sagte weiter zählend: „Versuch es, wenn du darfst." – Er stieß auch das Messer zurück mit den Worten: „Weil du meine Mutter bist, soll es den Bluttrank nicht haben. Aber nun stehe nicht länger auf diesem Boden! Ziehe weit fort mit dem roten Gold, daß Schwert und Messer nicht wiederum zu trinken heischen." Die Frau raffte eilends den Schatz in einen Säckel und sagte: „Hättest du nicht dieses Kebsweib in dein Haus genommen, so wäre der Hort dein eigen. Nun will ich es dem König wiederbringen." – „Den hab ich erschlagen", versetzte Samson, „und dazu seine Mannen." Er sah bei diesen Worten gar grimmig aus. Jetzt erschrak die Frau, als sie ihn anblickte. „Ich will in die Fremde fahren und einen Erben suchen, der mir Herberge gönnt", murmelte sie, indem sie eilends sich entfernte. Dreimal zuckte der zornige Mann und griff nach Schwert und Messer, dreimal zog er die Hand zurück, bestieg sein Roß und ritt in den finsteren Tann.

Er kam in seine Behausung, wo Hildeswid emsig waltete. „Die Mutter verriet mich für rotes Gold", sagte er, „Schwert und Messer begehrten ihr Blut. Ich habe sie aber in der Scheide festgehalten. Wenn du aber falsch bist – dann – oh die Klingen dürsten immer." – Er hatte wieder ein schreckliches Aussehen; da nahm sie ihm Helm und Brünne ab und küßte ihn und führte ihn zum Thron, und nun war er sanft und freundlich und sagte ihr, er wolle ihr Ruhm und Ehren verschaffen und sie solle bald Königin in ihres Vaters Reich werden.

Der Tod des Königs wurde in Salern von dem entflohenen Dienstmann verkündigt. Da beriefen die Landherren eine Versammlung, um ein neues Oberhaupt zu küren. Die Wahl fiel auf Brunstein, den Bruder Rodgeiers, und derselbe wurde vom ganzen Volk anerkannt; denn er war ein Held, weise im Rat und übte Gerechtigkeit im Gericht. Daher wäre im ganzen Reiche guter Friede gewesen, wenn nicht Samson die Ruhe durch Raubfahrten gestört hätte. Das ertrug der tapfere Brunstein um so weniger, als auch das Blut seines erschlagenen Bruders noch ungerächt war. Er entbot die kühnsten Recken aus seinem Reich und aus den Nachbarländern, um den Raubfahrer zu züchtigen. Sie gelobten alle, denselben tot oder lebendig auszuliefern oder selbst unter seinen Händen zu sterben. Sie zogen unter dem Banner des Königs und von ihm geführt aus, durchstreiften Gebirge und Flachland, drangen auch in den Wald ein, aber sie fanden den Mann nicht, den sie suchten. Nach mehrtägiger Fahrt kehrten sie in einer festen Burg ein, wo sie beim vollen Becher sich berieten und dann, müde von der Fahrt, sich der Ruhe überließen. Auch die ausgestellten Wächter schliefen ein, denn die Nacht war sehr dunkel, und man dachte nicht an einen Überfall. Indessen kam Samson um Mitternacht an das Kastell. Er fand die Mauern sehr fest und die Tore durch Riegel und Stangen verwahrt. Vor der Feste befanden sich einige Hütten, worin arme Häusler wohnten. Er weckte die Leute, hieß sie mit ihrem Vieh und anderer Habe schleunigst auszuziehen, und als dieselben, zitternd vor dem schrecklichen Recken, Folge leisteten, zündete er die Baracken an. Die Flammen schlugen alsbald empor. Aber er riß brennende Balken, und was ihm in die Hände kam, heraus und warf es mit seiner Riesenkraft über die Mauer in das Gehöft. Darin waren zum Teil Strohdächer, die sogleich Feuer fingen und den Brand weiter verbreiteten. Die Wächter stießen alsbald in ihre Hörner, was die Verwirrung vermehrte, so daß man glaubte, ein feindliches Heer habe die Burg erstürmt.

Die Bestürzung, der Schrecken war groß. Der König und die Recken sowie die Burgmannen wappneten sich und bestiegen ihre Rosse; manche flohen ohne Waffen, manche ohne Gewand; alle suchten den Flammen und dem Schwert der vermeintlichen Feinde zu entkommen. Wie ein Nachtgespenst erschien der furchtbare Recke bald im Scheine der lodernden Flammen, bald im nächtlichen Dunkel, und erschlug die Flüchtlinge.

Der König, in Furcht vor einer feindlichen Kriegsmacht, entrann nur mit einem Gefolge von sechs Recken, die nicht von seiner Seite wichen. Er geriet in den wilden Tann, und als der Morgen anbrach, ritt er, des Weges unkundig, immer weiter. Gegen Mittag erreichte er einen geräumigen Hof und nahm darin Einkehr. Er fand in der Halle die Hausfrau und erkannte in ihr die schöne Hildeswid, die Tochter seines Bruders. Er fragte nach Samson; da sie aber versicherte, derselbe sei ausgeritten, forderte er sie auf, den Raubfahrer zu verlassen und ihm nach Salern zu folgen. Sie antwortete, daß sie das nicht wolle und auch nicht wage, weil ihr Ehegenosse gar grimmig sei und sie selbst nicht schonen werde. Sie riet dem Vaterbruder, eilends zurückzureiten, und beschrieb ihm den Weg, der aus dem Walde führe. In der Tat fürchtete auch Brunstein in dem Tann einen Überfall und ritt mit seinem kleinen Gefolge in die angedeutete Richtung.

Es war zu spät! Samson, der von der anderen Seite nahte, hatte die Feinde schon erspäht und schritt sogleich zum Angriff. Gegen seine furchtbaren Schläge half weder Mut noch menschliche Tapferkeit. Brunstein fiel im Kampfe und fünf seiner Recken; den sechsten, der schwer verwundet war, trug sein gutes Roß aus dem Wald in eine nahe Burg. Samson verfolgte ihn; als er aber aus dem Tann hervortrabte, sah er dreißig Reiter auf sich zukommen. Sie führten auf ihrem Banner einen Löwen in goldenem Felde. „Hei!" rief er, „das sind Amelungen! Sei willkommen, Onkel Dietmar mit deinen Magen und Mannen!" So begrüßte der Recke die befreundeten Helden und nahm sie mit in seine Herberge, wo die Hausfrau für reichliche Bewirtung sorgte. Dietmar berichtete nun, er habe erfahren, daß Samson friedlos und in Not sei, und habe sich aufgemacht, ihm Hilfe zu bringen. „Wohlgetan", sagte der Recke. „Nun, Hildeswid, mache ich wahr, was ich dir verheißen; denn mit solchen Helfern gedenke ich mich nicht mehr heimlich zu halten, sondern wir verlassen den Tann und erobern Burgen und Städte. Wir wollen doch zusehen, wo die kühnen Helden sind, die uns bestehen." – Er tat nach seinen Worten; er zog mit seinen Magen hinaus ins offene Feld. Da wagte kein Burghauptmann, ihm entgegenzureiten. Jeder öffnete lieber freiwillig die Tore, um vor ihm Gnade zu finden. So gewann er weite Landstriche und nannte sich Herzog. Darauf rückte er gegen Salern und schickte Boten voraus, die verkündeten, die Bürger sollten ihn zum König wählen und ihm Gehorsam geloben, sonst werde er die Stadt mit Feuer anstoßen und gänzlich zerstören. Als die Stadthauptleute über den Antrag berieten, sagte der Stadtmeister, solange Herzog Samson ihr Freund gewesen sei, habe er sie vor aller Schädigung behütet, seitdem er aber mit ihnen in Feindschaft lebe, habe er ihnen den größten Schaden zugefügt. Es werde daher zur Gemeinwohlfahrt gereichen, wenn man ihm das Königtum zuteile. Die Herren urteilten, das sei wohlgeraten und dem gemeinen Besten förderlich.

Die Beschlußnahme wurde dem Recken geziemend hinterbracht und er nahm sie mit großer Genugtuung auf. Als er nun mit seinem Gefolge den Einzug halten wollte, ließ er auch seine Ehefrau Hildeswid in königlichem Schmuck an seiner Seite mit in die Stadt einziehen. Das Volk aber, das ihn sonst verflucht und in die Hölle gewünscht hatte, rief: „Lange lebe König Samson! Heil und Segen dem heldenmütigen König!"

Der erwählte Herrscher verwaltete sein Amt mit unbeugsamer Strenge. Er übte Gerechtigkeit ohne Ansehen des Standes und Geschlechts. Man sang von ihm: „Kein Fürstenhaupt ist ihm zu stolz, kein Grafenschloß zu hoch." Er ermunterte und belohnte aber auch Treue und Tüchtigkeit, und namentlich belehnte er seinen Vaterbruder Dietmar und dessen Mannen mit reichlichem Besitztum. Mit den Nachbarn geriet er häufig in Unfrieden; alle Fehden endeten jedoch zu seinem Vorteil. Saß er einmal im Sattel, so ließ er nicht eher ab, bis der Gegner völlig zu Boden geworfen, tot, oder doch zinspflichtig war. Sein furchtbares Schlachtschwert blitzte stets in den Vorderreihen und entschied den Sieg. Unter solchen Kämpfen und Sorgen war er ergraut; er ernannte daher seinen ältesten Sohn zum Mitherrscher und König. Er ertrug es aber mit Unmut, daß man im Volke flüsterte, er sei altersschwach, er könne nicht mehr die Zügel der Gewalt in fester Hand halten. Da nun der zweite seiner Söhne einstmals fragte, ob er nicht auch ein Erbteil erhalten solle, antwortete er nichts, berief aber eine allgemeine Heerversammlung. Da stand nun der greise Held mitten unter den Untertanen, von denen viele seine Kampfgenossen aus früher Zeit und gleich ihm ergraut, andere noch jung an Jahren waren, und er sprach zu ihnen: „Unserer Herrschaft sind viele Länder untertänig, unsere Burgen erheben sich stolz und unbezwingbar durch starke Mauern, unsere Hallen glänzen von Marmor, bei unseren Mahlzeiten perlt edler Wein in goldenen Bechern, und das alles verhält sich also seit langer Zeit. Dagegen hat sich auch vieles verändert. Seht, dieses Haar und dieser Bart, einst schwarz wie ein Rabe, ist beides weiß geworden wie eine Taube. Dieser Arm, einst rötlich, von blauen Adern durchzogen, ist jetzt weiß, wie der Arm eines Mägdleins, und also ist es meinen alten Wehrgenossen ergangen. Das kommt daher, daß wir alt geworden sind. Aber auch unsere einst starken Schilde sind zerborsten; unsere Schwerter, einst rot von Blut, sind rot von Rost, und rostig sind Helme und Brünnen. Daran aber ist die lange Rast schuld, da wir seit zehn Wintern das Rüstzeug nicht mehr gebraucht haben. Darum ist auch das junge Volk in Weichlichkeit und Schwäche geraten, daß ihm die Wehren der Väter zu schwer dünken, daß man jetzt statt der starken Streithengste zahme, zierliche Traber begehrt, damit keine Feder auf dem Hut im schärfsten Rennen zerknittert werde. Das alles ist nicht nach meinem Sinn und Willen und muß wieder in das alte Wesen zurückgeführt werden. Daher bestimme ich von heute an drei Monate. In dieser Frist sollen die Mauern der Burgen hergestellt, die Streithengste zugeritten, Helme und Rüstzeug gefegt, die Schwerter geschliffen werden. Nach Ablauf der drei Monate finde sich jeder Recke mit seinen wohlgerüsteten Mannen hier in Salern ein und trage ein unverzagtes Herz in der Brust, denn wir werden einen starken Feind zu bekämpfen haben." Also gebot König Samson der Reiche, und man wußte wohl, daß er nicht mit eitler Rede loses Spiel treibe.

An demselben Tag, an dem der greise Herrscher dieses Gebot erließ, schrieb er einen Brief an den stolzen Elsung zu Bern, der mit ihm gleichen Alters war und auch gleicher Ehren sich erfreute. Er schrieb: „Der großmächtige König Samson entbietet dem mächtigen Elsung seinen Gruß. Bisher hast du weder Steuern noch Zins bezahlt. Nun aber sollst du mir von deinem Lande Zins zahlen und zwar zuerst deine Tochter Odilie (Ottilie) als Ehefrau für meinen zweiten Sohn. Mit derselben sende sechzig edle Jungfrauen in geziemender Gewandung, desgleichen eine gleiche Zahl gut abgerichteter Habichte, ferner sechzig edle Rosse, sechzig gute Bracken, und der Leithund soll an einer Leine geführt werden, die aus den Haaren deines Langbartes gefertigt ist. Also gebietet dir König Samson, dein Lehnsherr. So du aber dich getraust, dem Gebot Widerstand entgegenzusetzen, so gestatte ich dir drei Monate Frist, deine Burgen und Mannen zu rüsten, denn alsdann fahre ich mit Heeresmacht in dein Reich und gedenke mir zu gewinnen, was mein Herz gelüstet." Diesen Brief sandte er durch sechs auserlesene Recken an den Jarl zu Bern.

Nachdem dieser das Schreiben gelesen hatte, erhob er sich in großem Zorn. Solche Schmach, sagte er zu seinen Hofleuten, sei ihm in jungen Jahren niemals widerfahren, und er werde sie auch im Alter nicht dulden. Er wolle lieber Land und Burgen verlieren und selbst den Tod erleiden, als tun, was der Hundekönig fordere. Er hoffe aber, obwohl er schon alt sei, noch Siegesehren zu erlangen, wenn seine Recken ihre Treue und ihre Tapferkeit bewahrt hätten. Nachdem alle Hofleute ihm beigestimmt hatten, hieß er sie Burgen und Dienstmannen rüsten. Dann ließ er fünf von Samsons Sendboten sogleich aufhängen, den sechsten sandte er verstümmelt an den König zurück, daß er ihm den Bescheid bringe, den er vernommen hatte.

Nach Ablauf der Frist setzte sich König Samson an der Spitze eines großen Heeres von fünfzehntausend Recken und unzähjlbaren Waffenleuten zu Fuß in Bewegung und stand bald dem Jarl Elsung gegenüber, dessen Macht nicht viel geringer war, da er Hilfsvölker von jenseits der Berge und aus dem Hunnenland aufgeboten hatte. Die Schlacht entbrannte mit äußerster Wut und dauerte viele Stunden ohne Entscheidung. Die greisen Führer hielten beiderseits auf Hügeln hinter den Reihen und ermutigten ihre Krieger durch Zuspruch: „Gedenket unserer Siege und unserer Ehre!" rief Samson, und seine Stimme war wie der rollende Donner, der die Menschenherzen erschreckt. „Denkt daran", rief Elsung, „daß wir für eine gerechte Sache streiten!" Und die Worte wurden zwar nur von den Nächststehenden vernommen, aber sie wurden von Schar zu Schar wiederholt, sie gingen von Mund zu Mund, und die Kämpfer von Bern drangen mit höherem Mut gegen die feindlichen Reihen vor und gewannen mehr und mehr an Boden. Da erhob sich König Samson in seiner Kraft. Er stürmte unter die feindlichen Heerhaufen; er streckte mit furchtbaren Streichen Reiter und Rosse nieder; er fällte die mutigsten Helden, die sich ihm entgegenwarfen. Schrecken ging vor ihm her, Blut und Leichen waren hinter ihm. Er war entsetzlich, wie in den Tagen seiner Jugend. Als Jarl Elsung die Werke dieses Mannes sah, rief er seinen Kriegern zu, sie sollten nicht feige zurückweichen, er wolle den Giftwurm, der bis ins Herz des Heeres eingedrungen sei, mit Gefahr seines Lebens selbst bestehen. Sofort spornte er sein gutes Streitroß dem Würger entgegen. Mit dem ersten Streich spaltete er Samson den Schild bis zur Handhabe, mit dem zweiten den Halsberg trotz der dicken Eisenringe, und die Klinge drang noch zwischen Achsel und Hals in Fleisch und Knochen. Dagegen wurde er selbst von dem scharfen Schwert des Königs schier in zwei Stücke gehauen und fiel entseelt zur blutigen Erde. Sobald Samson den Jarl gefällt hatte, rief er mit seiner Donnerstimme: „Laßt ab vom Streit, Elsungs Männer! Genug des Blutes ist geflossen. Ich gewähre euch Frieden!" Die Hörner luden auf beiden Seiten zur Waffenruhe, und die müden, zum Teil wunden Krieger folgten willig dem Ruf. Die obersten Heerführer traten sofort zur Beratung zusammen. Da der Jarl gefallen war, so dünkte es den Männern von Bern wohlgetan, an seiner Stelle dem gewaltigen Samson das Reich zu übertragen, wodurch aller Hader geschlichtet war. Der siegreiche König zog daher am folgenden Tag mit seinem Heer durch das Land, und alle Burgen, die Hauptstadt selbst, öffneten ihm die Tore ohne Widerstand.

Nachdem die Herrschaft geordnet war, ließ der mächtige König Elsungs Tochter Odilie vor sich treten. Er kündigte ihr an, er habe sie zur Ehefrau seines zweiten Sohnes bestimmt, dem er auch die Stadt Bern samt dem ganzen Reich ihres Vaters zugeteilt habe. Die Jungfrau weinte viel; sie versicherte, sie könne nach dem Tod ihres Vaters nicht sogleich in eine eheliche Verbindung einwilligen. Ob dieser Weigerung ergrimmte der Held; er schwur, er werde sie mit Hunden in das Brautgemach hetzen lassen. Sein Angesicht wurde bei diesen Worten so schrecklich, daß sie schier zu Boden fiel und alsbald willigen Gehorsam versprach. Diese Fügsamkeit und die Tränen der Jungfrau versöhnten den zornigen Mann. Er zeigte sich mild und freundlich, umarmte sie und versicherte sie seines Schutzes.

Der gewaltige König zog nun mit seinem ältesten Sohn und dem Heer von Bern zurück in sein Vaterland, das er jedoch nicht mehr erreichte. Er fühlte sich krank und siech auf der Reise, auch eiterte die Wunde, die ihm das Schwert des Jarls geschlagen hatte. Er mußte in einer kleinen Stadt haltmachen, und daselbst kam ein stärkerer Kämpfer über ihn, dem weder er noch irgend ein Menschenkind zu widerstehen vermag: es war der Tod. Auf dem Sterbebett übertrug er noch seinem jüngsten Sohn die Herrschaft über Fritilaburg im Rheinland und das dazugehörige Gebiet, dann neigte er sein Haupt und schied von allen seinen Ehren und Reichen, um die er ein langes Leben hindurch gekämpft und fremdes und eigenes Blut in Strömen vergossen hatte.

3. Dietwart

Vor alten Zeiten lebte und herrschte in der Weltstadt Romaburg ein Kaiser, der hieß Dietwart. Er war schon in früher Jugend durch kühne Heldentaten berühmt geworden, so daß man in allen Landen seinen Namen kannte und ehrte. Er sandte nun Botschaft an König Ladmer in Westenmer und ließ um dessen Tochter, die vielgepriesene Minne, werben. Die Recken, die den Auftrag erhalten hatten, fuhren sofort über Meer und traten nach glücklicher Fahrt vor den König, den seine Hofleute umgaben. Als sie geziemend ihren Antrag vorgebracht hatten, sagte der König, das Begehren des Beherrschers von Romaburg gereiche ihm zu großer Freude und Ehre, doch möge der edle Freier selbst nach Westenmer fahren, um zu erkennen, ob die Jungfrau der Ehre wert sei und ob sie die Werbung annehme, da er nicht willens sei, der Maid Zwang anzutun. Mit diesem Bescheid kehrten die Grafen zu ihrem Herrn zurück. Dietwart ließ sogleich ein Schiff ausrüsten und trat in Begleitung von hundert seiner kühnsten und getreuesten Helden die Fahrt an. Er hatte viel Not durch Sturmwetter zu erdulden, doch gelangte er endlich an das Ziel seiner Wünsche.

König Ladmer empfing seinen hohen Gast, wie es seinem Rang gemäß war, ehrenvoll. Er ließ ihn neben sich den Thron einnehmen und ihn wie seine Recken mit Speisen und edlem Wein erquicken. Er wiederholte ihm aber auch, was er schon den Boten gesagt hatte, daß er sich die Liebe der Jungfrau selbst erwerben müsse, sofern er Wohlgefallen an ihr finde, und daß er ihr deshalb noch nichts von der Werbung mitgeteilt habe. Am folgenden Tag war ein großes Festmahl. Da saß Dietwart in unscheinbarem Gewand unter seinen Recken, die königliche Maid aber schenkte nach alter Sitte den Wein aus. Als sie zu den fremden Gästen kam, wußte sie nicht, wem sie zuerst den Becher bieten sollte, doch war ihre Wahl bald getroffen, denn sie trat vor Dietwart, den seine hohe Gestalt, seine blonden Locken und die fürstliche Haltung auszeichneten. Er leerte den Becher auf ihr Wohl; sie aber dankte züchtig und kehrte zum Vater zurück, der das alles mit Freuden wahrgenommen hatte. Am Abend, als die Gäste sich verabschiedet hatten, sagte er ihr, der Fremdling, den sie zuerst geehrt, sei der mächtige Kaiser von Romaburg, und derselbe begehre sie zur Gemahlin. „Ja", sagte sie, „er scheint wohl ein mächtiger Mann zu sein, aber ich weiß nicht, was er für Sitten hat, und es könnte mir im fremden Land übel ergehen; ich will lieber in der Heimat und im Vaterhause bleiben." Der gütige Vater, der eine andere Antwort erwartet hatte, sagte darauf nichts. Er küßte die verständige Tochter auf die Stirne und entließ sie.

Die Hörner klangen, die muntern Hunde zerrten an den Leinen, die Jäger standen mit Geschossen und Fangeisen in Bereitschaft. Eine große Jagd sollte abgehalten werden, denn das Wild tat viel Schaden in den Feldern, und etliche Bauern hatten sogar ihr Leben eingebüßt. Man erzählte auch, es sei ein greuliches Ungetüm aus dem Meere hervorgestiegen, das sei unten wie ein Mensch gestaltet, habe aber oben Hals, Kopf und Rachen wie ein Lindwurm und an den Händen lange Krallen. Der König hielt den Bericht für ein Märchen furchtsamer Leute; doch wollte er den Wald durchstreifen, weil sich selbst in der Nähe der Burg Spuren von Wölfen gezeigt hatten. Als indessen auch seine Tochter, mit Geschoß und Weidmesser bewaffnet, im Gefolge mehrerer Gefährtinnen dem Jagdzug sich anschließen wollte, hieß er sie davon abstehen, weil sie in Gefahr geraten könne. Sie bat indessen dringend, er möge ihr die Jagdlust nicht verweigern, und versicherte, sie könne so gut wie die Jagdgesellen den Bogen spannen; da gab er, wie gewöhnlich, ihren Bitten nach. Dem Kaiser Dietwart gefiel das Gebaren der kühnen Maid wenig. Er sagte zu seinen Recken, dem Weibe stehe besser an, die Spindel als Bogen und Wurfspeer zu führen, und er wolle sich doch lieber eine Genossin unter den Fürstentöchtern der Heimat erwählen, die an friedliches Gewerbe gewöhnt und nicht minder lieblich seien als die kühne Jägerin; dennoch sei es seine und der tapferen Recken Pflicht, wohl achtzuhaben, daß der Königstochter kein Leid geschehe. Er folgte demnach ihren Schritten während der Jagd und bewunderte die Jungfrau, wie sie gewandt und flüchtig bald zu Roß, bald zu Fuß das scheue Wild verfolgte, wie sie geschickt den Bogen spannte und die tödlichen Pfeile abschoß.

In einem engen Felsental hatte Jungfrau Minne einen stattlichen Hirsch mit sicherem Geschoß getroffen; die Hunde verfolgten das Tier, und auch die Gefährtinnen der Königstochter eilten nach, während diese den Köcher ordnete und einen Pfeil herausnahm. Da heulten plötzlich die Bracken und stürzten, wie von Schrecken ergriffen, aus dem jenseitigen Dickicht hervor und an der Jägerin vorbei, und ihnen nach kamen eiligen Laufs die Mädchen, um Hilfe schreiend und ihre Herrin zur Flucht mahnend. „Der Wurm!" riefen sie. „Der Drache! Das höllische Ungeheuer!" Sie flohen eilends über den Wiesengrund einem steilen Hügel zu, der sich im Hintergrund erhob. Jetzt rauschten die Büsche, Sträucher und Bäume stürzten krachend, und hervor brach der Unhold von scheußlichem Ansehen. Ein Zischen und Stöhnen drang aus dem weit geöffneten Rachen hervor, das wohl auch kühne Helden mit Schrecken erfüllen mochte.

Jungfrau Minne schoß drei Pfeile wohlgezielt auf das Untier, aber sie sprangen von der Hornhaut wie von einer Felswand zurück. Als sie sich nun zur Flucht wandte, strauchelte ihr Fuß und sie stürzte zu Boden. Sie schien verloren, eine Beute des Drachen, der grimmig auf sie zukam. Indessen war Dietwart mit seinen Recken in der Nähe. Diese drangen auf den Wurm ein, während er selbst sich vor die Maid stellte. Ein entsetzlicher Kampf begann. Die Recken griffen den Feind von allen Seiten an; allein die Wurfspieße, Lanzen und Schwerter prallten von der Hornhaut ab oder zersprangen in Stücke. Dagegen schlug das Untier mit den Tatzen manchen tapferen Helden nieder und zerbiß andere mit den Zähnen, die fast wie Schiffsanker gebogen und geformt waren. Jetzt stürmte Dietwart seinen Getreuen zu Hilfe. Er zielte mit der Lanze nach dem Hals des Wurmes. Allein der Stoß glitt ab und der Drache zerriß ihm mit der Tatze die Brust. Er wollte ihn mit den Zähnen fassen und sperrte den Rachen weit auf. Diesen Augenblick erspähte der Held. Er stieß ihm den Schaft in den gähnenden Schlund und drängte mit aller Kraft nach, so daß die Spitze auf der anderen Seite wieder hervordrang. Ein Strom von Gift und lodernder Glut quoll dem Sieger entgegen; er stürzte ohnmächtig zu Boden und das Ungetüm unter Todeszuckungen über ihn her.

Heftiges Rütteln und Schütteln erweckte den Helden aus seiner Betäubung. Er sah, als er die Augen aufschlug, wie Jungfrau Minne bemüht war,

den Riesenleib von ihm abzuwälzen. Einige Weidleute kamen ihr zu Hilfe, so daß er endlich frei wurde. Er fühlte sich aber völlig entkräftet und mußte auf einer von Zweigen geflochtenen Bahre nach dem Königshof getragen werden. Hier wurde die Blutwunde sorgfältig verbunden. Sie schien ungefährlich, denn nur das Fleisch war von der Kralle zerrissen; allein sie eiterte fort, die Ränder wurden schwarz, wie von innerem Brand. Die Ärzte erklärten, es sei Gift von dem Hauche des Drachen hineingedrungen; sie fürchteten für das Leben des Helden. Der König, die Hofleute, ja Stadt und Land waren in tiefer Trauer, da der tapfere Mann sie alle von großer Bedrängnis befreit hatte. Eines Morgens lag Dietwart in Schmerzen und angstvollen Fieberträumen in seinem Bett, da fühlte er eine Hand an seiner Wunde beschäftigt, die ihm weicher und sanfter schien als die des Arztes. Er schlug die Augen auf und erkannte die Königstochter, wie sie die Binden vorsichtig löste und aus einem Fläschchen eine Flüssigkeit in die Wunde tropfte. Der brennende Schmerz ließ sogleich nach; er wollte reden, seinen Dank aussprechen, aber sie legte die Hand auf den Mund zum Zeichen, daß er nicht reden solle. Nachdem sie den Verband wieder angelegt und den Wärtern gleichfalls durch Zeichen Stillschweigen empfohlen hatte, entfernte sie sich leisen Schrittes, wie sie gekommen war. Es war dem wunden Manne so wohl, als habe ihm ein Engel vom Himmel den Kelch der Genesung gereicht. Er fiel in einen ruhigen Schlummer. Erst in der Nacht fühlte er wieder Schmerzen; allein des Morgens stand die Engelserscheinung abermals an seinem Lager und träufelte Balsam in die Wunde, und so kam die Jungfrau auch am dritten Morgen. Da fühlte er sich wunderbar gekräftigt. Er ergriff ihre Hand und führte sie an seine Lippen; sie aber entzog ihm dieselbe und wiederholte, sich entfernend, das Zeichen des Schweigens. Der Arzt freute sich über die rasch fortschreitende Genesung. Als er aber erfuhr, was sich zugetragen hatte, sagte er, die königliche Maid habe den wundersamen Balsam von ihrer Mutter auf dem Sterbebett erhalten, allein sie dürfe ihn nur im äußersten Fall bei Personen anwenden, die sie von Herzen liebe, und sie müsse dabei das tiefste Schweigen beobachten.

„Bei Personen, die sie liebt!" wiederholte der Held und fühlte sich recht glücklich durch diese Worte. Als er ihr darauf nach völliger Genesung lustwandelnd im Garten begegnete, da redete er von seiner Liebe, und die Hände und Herzen fanden sich zusammen, und der gute König Ladmer trat hinzu und segnete seine Kinder. Bald wurde das Vermählungsfest gefeiert; da stand auf der geschmückten und reich besetzten Tafel in Silber gefaßt ein Zähnchen des Drachen, und das wog nicht weniger als einen halben Zentner.

Dritter Abschnitt

DIETRICH VON BERN, SEINE GESELLEN UND TATEN

1. Dietrich und Hildebrand

Dietmar, der zweite Sohn Hugdietrichs, erhielt seine Herrschaft zu Bern mit starker Hand aufrecht und duldete keine Abhängigkeit von seinem älteren Bruder Ermenrich, noch von irgendeinem anderen König. Sein Arm war stark und sein Schwert scharf. Daher schlug er mit siegender Gewalt alle Angriffe zurück, woher sie auch kamen. Er war furchtbar im Kampf, so daß ihm bald kein feindlicher Recke ins Angesicht zu blicken wagte. Wenn er aber in der heimischen Burg war, bewies er sich gar sanft und liebreich, besonders gegen seine Frau Odilie, die Tochter Elsungs. Besondere Freude hatte er an seinem ältesten Sohn Dietrich, denn er wuchs gar kräftig heran, so daß er in seinem zwölften Jahr schon die Kraft eines starken Recken hatte. Blondes Haar fiel ihm in Locken auf die Schultern herab; ein mächtiger Nacken, Arme, hart und stark wie ein Eichenstamm, ein regelmäßiges Gesicht, das aber, wenn er zornig wurde, grimmig und schrecklich erschien, das alles verriet früh den löwenmütigen Helden, der im Streite unbezwinglich war. Man sagte sogar, sein Atem sei wie Feuerglut, wenn er in heftigen Zorn geriet, und man schrieb es seiner dämonischen Abkunft zu, von der mancherlei Mären im Volksmunde umgingen.

Als Dietrich fünf Jahre alt war, kam an seines Vaters Hof ein schon durch manche kühne Tat rühmlich bekannter Held, nämlich Hildebrand, der Sohn Herbrands und Enkel des treuen Berchtung. Herbrand besaß zu Lehen die schöne Burg Garden, wie schon oben berichtet wurde. Er hatte seinen Sohn wohl gepflegt und ihm schon in seinem fünfzehnten Jahr Schwert und Rüstung gegeben. Jetzt war derselbe ein vollendeter Recke und ebenso durch Einsicht und klugen Rat wie durch Mut und schlagfertige Faust ausgezeichnet. Dietmar nahm ihn daher mit großen Ehren auf und ernannte ihn zum Pfleger seines Sohnes. Einen treueren hätte er nicht finden können. Denn zwischen dem Meister und seinem Pflegling entstand ein Liebes- und Freundschaftsbund, der erst mit dem Tod sich löste.

Viel Unfug geschah in Dietmars Landen, Mord, Raub, Plünderung, ohne daß er Hilfe schaffen konnte. Denn die Räuber brachen wie Feuerflammen hervor und waren nach verübten Greueltaten alsbald wieder verschwunden. Der König zog mit seinen Mannen vergeblich aus; er fand wohl niedergebrannte Wohnungen und erschlagene Menschen, sowohl wehrloses Landvolk als auch gerüstete Recken, nicht aber die, die solche Untaten verübten. Indessen erfuhr man doch durch Flüchtlinge, daß zwei Riesen, ein Mann und ein Weib, die frechen Übeltäter seien. Allein wie sehr man auch nach ihnen fahndete, ihre Raubhöhle fand man nicht. Gleichwie der König selbst, so grämten sich auch der junge Dietrich und sein Meister. Sie brannten vor Begierde, die Bösewichter zu bekämpfen; sie durchstreiften die wilden Berge, doch war alles nur verlorene Mühe. Einstmals ritten die beiden Genossen mit Habichten und Hunden auf die Jagd. Sie kamen in einen großen Wald und fanden dort einen grünen Anger, wo sie viel Wild vermuteten. Nachdem die Hunde gelöst waren, ritten sie, der eine rechts, der andere links, um den Wiesengrund und hielten ihre Geschosse in Bereitschaft. Wie nun Dietrich sorgsam spähend dahintrabte, sprang ein Zwerg dicht vor ihm über den Weg. Er haschte ihn im Sprunge und setzte das Männlein vor sich auf den Hals des Rosses. Der Gefangene zeterte so laut und kläglich, daß ihn Meister Hildebrand auf der anderen Seite hörte und quer über den Anger heransprengte. „He, holla!" rief er dem jungen Recken zu. „Halte den Wicht fest; er kennt alle Wege auf und unter der Erde; es ist Elbegast, der Meisterdieb, und er steht sicherlich mit den Räubern im Bunde." Da jammerte der Zwerg noch lauter als zuvor und versicherte, er habe von dem Riesen Grim und dessen Schwester Hilde, die alle die schrecklichen Greuel im Lande verübt hätten, große Drangsal erduldet; er habe ihnen das gute Schwert Nagelring und den stahlfesten Helm Hildegrim schmieden und die verborgenen Wege zu Raub und Mord zeigen und bahnen müssen; er wolle den Recken behilflich sein, die unholden Geschwister zu bekämpfen.

Auf diese Zusicherung wurde das Männlein in Freiheit gesetzt. Es atmete tief auf und sagte: „Nun könntet ihr mich wieder greifen, wenn ich entwischen wollte, aber ich gedenke euch treulich beizustehen, um von der schlimmen Dienstbarkeit loszukommen. Seid morgen vor Tagesgrauen wieder an dieser Stelle; da übergebe ich euch das Schwert Nagelring, ohne das der schreckliche Riese nicht überwunden werden kann. Ich entwende es ihm, so wahr ich Elbegast der Meisterdieb bin, auch wenn er mit seinem Stierhaupt darauf läge. Dann zeige ich euch seine Spur im tauigen Gras, daß ihr in seinen hohlen Berg gelangt, wo ihr, wenn es euch gelingt, den Grimm samt seiner unholden Schwester totzuschlagen, großen Reichtum finden werdet." Als der Zwerg diese Worte gesprochen hatte, verschwand er vor den Augen der Männer, die vergebens mit den Händen nach ihm tasteten.

Ein schwach gerötetes Wölkchen verriet, daß sich der strahlende Sonnengott den Armen der Mutter Nacht entzogen habe; da standen der Meister und sein Pflegling wiederum am Saume des grünen Angers. Sie sprachen hin und her von der Falschheit der Bergkobolde und meinten, der diebische Elbegast werde wohl sein Wort nicht halten. Ein helles Klin-

Elbegast stiehlt das Schwert Nagelring

gen und Klirren unterbrach ihr Gespräch, und – es war der Zwerg, der mühsam das gewaltige Schwert herbeischleppte. Dietrich ergriff es freudig, zog es aus der Scheide und schwang es so leicht, wie etwa ein Schulmeister seine Birkenrute. „Hei!" rief Elbegast. „Du hast Zwölfmännerstärke, du bist dem Unhold an Kräften gleich. Nun seht ihr hier im Tau die Spuren von seinen Schuhen eingedrückt; ich mußte sie ihm von Eisen anfertigen, weil er geizig und heuer das Leder teuer ist. Wenn ihr der Spur nachgeht, so werdet ihr an den Eingang zu des Riesen Kluft gelangen. Ich aber kann euch nicht weiter begleiten."

Er verschwand wieder vor den Augen der Helden. Diese aber verfolgten des Riesen Fährte, wie der Zwerg geraten hatte.

Sie gelangten auch in der Tat an eine mächtige Steinwand; aber da war nirgends eine Pforte zu sehen. Nur einzelne Risse und Spalten waren sichtbar, durch die wohl Eidechsen und Zwerge schlüpfen konnten, nicht aber gerüstete Männer, noch weniger Riesen. Indessen meinte der vielerfahrene Hildebrand, es möge vielleicht ein Felsstück als Türe eingefügt sein. Er fing an, da und dort mit aller Kraft zu rütteln, und nicht vergebens; ein ungeheurer Felsblock geriet in Bewegung und stürzte, als Dietrich zu Hilfe kam, polternd ins Tal. Die Strahlen der aufgehenden Sonne leuchteten in eine tiefe Kluft, in deren Hintergrund ein großes Feuer brannte. Daselbst ruhte Grim auf einem Lager von Bären- und Wolfsfellen. Aufgeweckt durch den stürzenden Felsen, hatte er sich halb emporgerichtet; als er nun die Schritte der Bewaffneten hörte, erhob er sich in seiner ganzen Länge, tastete nach seinem Schwerte und ergriff, da er es nicht fand, einen brennenden Holzkloben. Mit dieser Waffe stürzte er sich auf Dietrich, der voranschritt. Seine Streiche schallten wie Donnerschläge; sie fielen hageldicht, und nur ungemeine Gewandtheit rettete dem jungen Recken das Leben. Derselbe sprang bald rechts, bald links, um den Keulenschlägen auszuweichen, während ihn zugleich Dampf und sprühende Funken in Gefahr brachten. „Ehrlich Spiel! Einer gegen einen!" rief der Held seinem Pfleger zu, der ihm zu Hilfe kommen wollte; allein dieser geriet auch selbst in Bedrängnis, denn aus einer Seitenkluft stürzte die entsetzliche Schwester des Riesen hervor und schloß den Meister Hildebrand kräftig in die Arme. Es war aber nicht Liebesumarmung, sondern eine Umarmung auf Leben und Tod. Der Recke konnte schier nicht mehr atmen; er versuchte umsonst, sich aus der Umstrickung loszumachen oder Schwert oder Dolchmesser zu zücken. Er stürzte rücklings zu Boden, und die Unholdin preßte seine Arme und Hände wie mit Zangen oder Daumschrauben, so daß Blut aus den Nägeln sprang. Sie sah sich nach einem Strick um, womit sie ihn knebeln und aufhängen wollte; in dieser Not rief Hildebrand seinen Gesellen um Hilfe an. Dietrich, der die Bedrängnis seines lieben Meisters sah, tat einen verzweifelten Sprung über die niederschmetternde Keule weg und führte zugleich, mit beiden Händen das Schwert fassend, einen furchtbaren Streich, der dem Riesen den Kopf bis auf den Halsknochen spaltete. Hildebrand war dem Ersticken nahe, da die Riesin ihm in Ermangelung eines Strickes mit den eisenfesten Händen die Kehle zuschnürte. Jetzt schaffte ihm Dietrich Luft, indem er die Unholdin mit dem Schwerte tötete und ihrem Bruder in die Hölle nachsandte.

Meister Hildebrand richtete sich mühsam auf; er war rot vom Blut des teuflischen Weibes und von dem eigenen, das ihm aus Mund und Nase und aus den Fingerspitzen floß. „Jungherr", sagte er, „heute bist du mein Meister gewesen; denn die Teufelin hat mir übler mitgespielt als irgendein Recke oder Riese in allen meinen Kämpfen. Nun fort aus dem Höllenloch; aber zuvor wollen wir aufpacken, was die Brut bisher gestohlen hat." Auf Dietrich gestützt, hinkte er in eine Seitenkluft, wo viel Gold und Silber und manches köstliche Geschmeide aufgehäuft war. Diese Schätze nahmen die Recken als Siegesbeute mit und führten sie nach Bern.

König Dietmar hatte große Freude an dem Ruhm seines heldenmütigen Sohnes, dessen Name in allen Landen mit Bewunderung genannt wurde. Jedoch war ihm nicht mehr lange Zeit vergönnt, des Sohnes und der Herrschaft sich zu freuen. Nach kurzem Siechtum starb er, und die Sorge für das Reich und für einen noch ganz unmündigen Bruder ging auf Dietrich über. Meister Hildebrand nahm auch den Knaben Diether in Pflege, um ihn zu einem Helden zu erziehen, der einst dem älteren Zögling an Mut und Ehren ebenbürtig zur Seite stehen sollte.

Bald nachdem Grim und Hilde in ihrer Kluft dem Schwerte Dietrichs erlegen waren, schritt durch den finsteren Tann ihr Neffe, der gewaltige Sigenot, ein Riese, der im westlichen Hochgebirge über viele dienstbare Zwerge herrschte. Er wollte seine Verwandten besuchen, aber er fand nur ihre zerhauenen Leichen. Er heulte vor Wut und Zorn und schnaubte Rache gegen ihre Mörder. Als ihm ein herbeigerufener vielkundiger Zwerg von dem Kampf der beiden mit Dietrich und Hildebrand erzählte, maß er dem Bericht keinen Glauben bei; er beharrte vielmehr auf der Meinung, die Recken hätten beide Riesen im Schlafe überfallen und also meuchlings erschlagen, um sich ihres Hortes zu bemächtigen. Seitdem lauerte er nun auf Wegen und Stegen, denn er hoffte, die Recken würden ihm wohl einmal begegnen. Er zog auch nicht, wie seine Magen, auf Mord und Raub aus, da die Zwerge ihm nicht nur Gold und Silber, sondern auch Grattiere und anderes Wild zum Schmause und edlen Wein zum Trunke in Fülle liefern mußten. Kamen sie seinem Gebot nicht nach, so schlug er wohl ein Zwerglein tot und röstete es am Feuer zum Fraße. Dasselbe tat ein bezwungener, untertäniger Riese, denn wie der Herr, so der Knecht.

Jahre waren vergangen, da saßen die Helden in der Halle zu Bern bei vollen Bechern und unterhielten sich angeregt. „Meister", sagte König Dietrich, „niemals habe ich ein liebendes Weib einen Recken so umarmen sehen, als es dort in Grims Felskluft geschah. Mich dünkt, Frau Ute würde dir nimmer mehr hold werden, wenn sie gesehen hätte, wie Hilde, die wundersame Maid, dich küßte. Sie hätte dir schier Arme und Beine zerbrochen." – „Eine Unholdin, wie nur jemals ein Scheusal aus der Hölle hervorgegangen ist", sagte Hildebrand schaudernd. „Aber du hast mich mit starkem Arme von ihr befreit." – „Freilich", versetzte der König. „Ich vergalt nicht Gleiches mit Gleichem. Manchen Rutenschlag mußte ich in jungen Jahren von dir erdulden, und doch überließ ich dich nicht den Liebesschlägen der Frau Hilde, sondern ich löste ihre Umarmung mit dem Schwerte. Gestehe, daß ich großmütig bin." – „Das tue ich gern", versicherte der Meister, „aber sei nicht hochmütig; denn in den Bergen lauert seitdem der Riese Sigenot als Grims Rächer auf uns, und den kann kein sterblicher Mensch bezwingen, ja nicht einmal ganze Kriegsheere." – „Hei, das ist eine neue Mär!" rief der Berner. „Der Rächer Grimms hält sich in unseren Bergen auf? Und niemand hat mir das berichtet? Morgen ziehe ich aus, mein Reich von dem neuen Unhold zu befreien."

„Um Gott!" – „Gegen den Riesen!" – „Den mordgewohnten Sigenot!" riefen die Gäste durcheinander. „Höre mich, Sohn Dietmars, mein Pflegling", sprach Hildebrand feierlich. „Der ist nicht ein Held, sondern ein Waghals, der Unmögliches unternimmt, und es ist unmöglich, den eisenfesten Riesen zu bewältigen." – „Höre, lieber Meister, mein Pfleger", erwiderte Dietrich, „was du mich selbst gelehrt hast: Der ist ein Held, der scheinbar Unmögliches unternimmt, weil er auf seine Kraft und auf die Gerechtigkeit seiner Sache vertraut. Er ist ein Held, mag ihm der Sieg oder der Tod den Ehrenkranz reichen. Meine Sache aber ist gerecht, denn ich will mein Reich, mein Volk, gegen den Unhold sicherstellen." – „König", rief Hildebrand, „du bist nicht mehr mein Pflegling, du bist mein Geselle, und als dein Geselle ziehe ich mit dir in den entsetzlichen Streit." Nach kurzem Bedenken sagte der kühne Degen: „Mein Pfleger sprach dereinst zu mir: Einer gegen einen, das ist die Weise der Recken; zwei gegen einen ist der Feiglinge Brauch. Daher gedenke ich allein die Fahrt zu unternehmen." – „Kehrst du aber nicht heim binnen acht Tagen", sagte der Meister, „so fahre ich dir nach und werde dein Befreier oder dein Rächer oder dein Geselle im Tode." – „Wozu das Weinen und Winseln!" rief Wolfhart. „Der Berner schlägt den Langbein tot, oder Onkel Hildebrand tut es, und wenn es den beiden mißlingt, so komme ich selbst als dritter Mann, und ich setze mein Haupt zum Pfande, ich führe ihn am Strick, wie einen Bären, hierher in die Burg und hänge ihn an eine Mauerzinne; da mag er baumeln, bis ihn sein Gevatter aus der Hölle heimholt."

Dietrich ritt drei Tage des Weges, den ihm Hildebrand beim Abschied beschrieben hatte. Er schlief des Nachts unter Bäumen und speiste und trank von den reichlichen Vorräten, womit er versehen war, während sein edles Roß im saftigen Grase sich gütlich tat.

Es war ihm so wohl zumute, er fühlte sich so kräftig, daß er mit allen Riesen der Welt den Kampf gewagt hätte. Wie er noch wachend in glückliche Träume versunken war, trabte ein stattlicher Elch vorbei. „Hallo! Fal-

Dietrich jagt dem Elch nach

ke, mein edles Roß", rief er. „Laß sehen, ob du den wilden Elch überholst." Sofort sprang er auf den Hengst und spornte dem Edelwild in stürmischer Eile nach. Falke griff mächtig aus, und fort brauste die wilde Jagd über Berg und Tal. Er kam dem Elch näher und näher; als aber dieser den Verfolger dicht hinter sich merkte, jagte er windschnell voran; doch auch Falke bot nun alle Kraft auf, den Siegespreis zu gewinnen, und endlich war der Jäger in gleicher Linie mit dem Wild. Da stieß er demselben von oben herab das gezückte Schwert gerade in den Nacken, so daß es nach wenigen Sprüngen verendet niederstürzte. Dietrich sprang von dem schäumenden Hengst, der freudig wieherte, und klopfte ihm den Hals, indem er sagte: „Schön, edler Falke, nun sollst du mich in ernster Feldschlacht tragen, und weder ein Recke noch ein Riese wird flüchtigen Fußes uns entrinnen." Er zündete darauf ein Feuer an, schnitt mit dem scharfen Dolchmesser ein fettes Hüftenstück von seiner Jagdbeute, briet und verzehrte es mit Wohlbehagen, indem er zugleich von Zeit zu Zeit einen Becher feurigen Weins aus seinem Schlauch füllte und leerte.

Ein Zetergeschrei störte ihn in seinem löblichen Tun. Er sah auf und erblickte einen ungeschlachten, nackten und mit Borsten bedeckten Mann von riesenhafter Größe, der an seiner Eisenkeule ein fest angebundenes Zwerglein trug. Das Männlein zeterte kläglich und rief, als es den Recken erblickte, dessen Hilfe an. „Hilf mir, tapferer Held", jammerte es. „Hilf mir von dem Unhold, der mich bei lebendigen Leib verspeisen will". Dietrich trat sogleich dem wilden Mann in den Weg und bot ihm einen Tausch an. Er solle den Elch für den Zwerg nehmen, sagte er, da er daran einen fetteren Bissen habe, als an dem mageren Grubenmann. „Aus dem Wege, Hundeknecht!" brüllte der Wilde. „Aus dem Wege, oder ich röste dich selbst an deinem Feuer und verspeise dich zusamt deinen Eisenringen." – Da entbrannte der Zorn des Helden; er zückte Nagelring, während der Riese das Wichtlein von seiner Keule wie eine Schneeflocke abstreifte. Die Kämpfer schlugen aufeinander ein, daß es schallte, als ob hundert Holzhauer einen Wald fällten. Hildegrim deckte den Recken gut, aber auch dessen wuchtige Streiche glitten an den hornfesten Borsten des Unholds ab, ohne ihn im mindesten zu verletzen.

Das Gefecht währte lange Zeit, bis beide Kämpfer ermüdet ihre Waffen senkten. Während des Waffenstillstandes geiferte der Wilde immer fort, wie er dennoch den geharnischten Wicht zu Scherben schlagen und seinem Gebieter Sigenot, dem Herrn des Gebirges, den Schädel des Hundesohnes als Trinkbecher überbringen werde. Da bot ihm der König nochmals Frieden an, weil er ausgezogen sei, nicht mit dem Knecht, sondern mit dem Herrn zu kämpfen. Ein Hohngelächter war die Antwort. „Krötenbein", rief er, und die Bäume zitterten. „Eidechsenschwanz! Mit Sigenot willst du anbinden? Der bindet dich an seine Stange, wie ich das Wichtlein, und läßt dich zu Tode zappeln." – Der Kampf begann von neuem. Mittlerweile hatte der Zwerg die Riemen, mit denen er gefesselt war, gelöst und stand immer hinter dem Helden, indem er ihm, als ob er des Gegners Schläge errate, die Wendungen angab, durch die er sie vermeiden konnte. „Triff ihn mit dem Schwertknauf ans Ohr" raunte er, „gegen die Schneide und Spitze ist er fest."

Dietrich folgte dem guten Rat. Als des Riesen mächtige Stange bei einem Fehlschlag in die Erde fuhr, unterlief er ihn und stieß ihm hoch aufgerichtet den Knauf an das Gehörorgan. Der Unhold fiel sogleich zappelnd zur Erde, denn der Knauf war tief in seinen Schädel eingedrungen. Ein zweiter und dritter Stoß machte seinem Leben ein Ende.

Die Leiche gewährte einen schrecklichen Anblick, denn sie wurde ganz schwarz und ging sogleich in Verwesung über. „Nun fort!" rief der Zwerg, „ehe Sigenot, der Herr des Gebirges, kommt, sonst sind wir beide verloren." – Stolz ob seines Sieges, erklärte ihm Dietrich, wie zuvor dem Wilden, den Zweck seiner Heldenfahrt. „Edler Held", sagte das Männlein, „du wirst deinem Schicksal nicht entrinnen; aber wenn du durch ein Wunder glücklich bist, so sind wir armen bedrückten Grubenleute mit all unserer Kunst und Habe dir zu eigen. Unser Vater Alberich hinterließ mir, seinem ältesten Sohn, Waldung, und dem jüngeren, Egerich, die Herrschaft hier über Tausende von kunstverständigen Zwergen. Aber der furchtbare Sigenot hat uns trotz unserer Tarnkappen und Zauberkunst gänzlich unterjocht und zu so schwerem Dienst gezwungen, daß schon viele Hunderte in der harten Frone umgekommen, andere aber von seinem borstigen Knecht verzehrt worden sind." – „Wohlan", sprach der Berner, „erweise dich dankbar, indem du mir den Weg zu Sigenot zeigst." – „Dort siehst du den Berg mit dem Scheitel von Schnee", versetzte Waldung. „Kommst du dahin, so brauchst du nicht lange zu suchen. Denn da lauert der entsetzliche Mann schon lange auf dich und Hildebrand, um Rache zu nehmen für den Tod seiner Magen Grim und Hilde. Verleiht dir ein Gott den Sieg, so gebiete über alle unsere Schätze: Geschmeide, Streitgewand, nichts sei dir versagt." Als er diese Worte gesprochen hatte, zog er die Tarnkappe über die Ohren und war verschwunden.

Dietrich sah den weißglänzenden Berg vor sich, aber der Weg schien ihm sehr weit; er blieb daher die Nacht über auf seinem behaglichen Ruheplatz, aß des Morgens noch von seinem Elchziemer und trank den Rest des Weins. Darauf bestieg er sein Pferd und trabte in der bezeichneten Richtung wohlgemut durch den wilden Tann. Gegen Mittag kam er auf eine Lichtung, wo er den Berggipfel nahe vor sich sah. Ein Gletscher zog sich von der Höhe in den Talgrund herab, Gestein und Felsen starrten überall empor, als der Recke in jener Richtung weitertrabte. Die Tannen, nicht mehr hoch emporstrebend, senkten hier ihre Äste herab; langes Moos hing daran, daß die Stämme bis zur Wurzel verhüllte. Ein dichter Nebel stieg auf, der dem Helden Berg und Gletscher verbarg. Plötzlich teilte sich der Nebel, die grauen Massen schoben sich wie ein Vorhang auseinander, und vor dem Berner stand eine Lichterscheinung, ein wundersames Frauenbild in schneeweißem Gewand, das Haupt umschlossen von einem funkelnden, mit Edelsteinen verzierten Goldreif, die Brust geschmückt mit Geschmeide, das wie die Sterne des Himmels leuchtete. Sie erhob warnend den Finger und sagte: „Sporne dein Roß eilends zurück, Berner Held, oder du bist verloren. Der Verderber lauert auf dich."

Sie glitt unhörbar vorüber; der Held sah, wie sie nach dem Gletscher schwebte, in dem sie vor seinen Augen verschwand. „Ist die himmlische Freyja zur Erde herabgestiegen?" rief er überrascht. „Will sie einen sterblichen Menschen beglücken? Aber warum sucht sie wohl mich in meinem Vorhaben zu irren? Oder ist es die Elfenkönigin Virginal, von der die Sage geht, daß sie verborgene Schätze hütet?" Er konnte sich die schöne Erscheinung nicht aus dem Sinne schlagen, bis ihn ein schallendes Jauchzen aufschreckte. Es war ein Krieger von riesenhafter Gestalt, der durch den Tann auf ihn zustürmte. Er war wie ein Recke mit Helm, Brünne und Schild gerüstet, aber statt des Schwertes schwang er nach Riesenart eine mächtige Eisenkeule. „Endlich kommst du, mir dein Haupt zu bieten für den Mord, den du an Grim und Hilde hinterlistig verübtest", so rief er dem Berner zu, wobei er ihn sogleich angriff.

Sie wurden sofort handgemein, und die schmetternden Streiche der Keule schallten wie Wetterschläge. Der Held deckte sich mit dem Schild und benutzte auch die Bäume zur Deckung. Er führte mit großer Kraft gewaltige Hiebe auf den Gegner; allein dessen Rüstung war fest wie Hildegrim. Er erkannte wohl, daß er den furchtbaren Sigenot zum Gegner habe.

Eine Schlange, die des Riesen Fuß verletzte, schnellte auf, aber ihr giftiger Biß drang nicht durch die Brünnenringe, und der Kämpfer zerschlug ihr den Kopf mit dem Knauf der Keule. Diesen Augenblick benutzte Dietrich zu einem verzweifelten Streich mit beiden Händen; Nagelring schwirrte durch die Luft, aber die Klinge traf den überhängenden Ast und haftete darin. Als sie der Held mit Macht herauszureißen versuchte, zerbrach der spröde Stahl. Ein Keulenschlag streckte den königlichen Degen zu Boden. Der gute Helm war zwar unverletzt, allein die Wucht des Streiches war so gewaltig, daß der mutige Kämpfer die Besinnung verlor.

Sogleich fiel der Riese über ihn her, knebelte ihm Hände und Füße und schleppte ihn fort in seine finstere Behausung.

Meister Hildebrand wartete mit Ungeduld acht Tage, wie verabredet war, dann aber war seines Bleibens nicht mehr zu Bern. Frau Ute, seine Gemahlin, mußte ihm das Streitgewand festschnüren und das Schwert umgürten. Sie brach nicht in Klagen aus, aber manche Träne fiel auf die blanken Ringe und beim Abschiedskuß auf die Wangen des Gatten. „Bist mein liebes Weib", sagte er, auf den Hengst steigend. „Kehre ich nicht wieder, so denke, daß ich tat, was ich als ehrlicher Geselle meines königlichen Herrn tun mußte." Er sprengte fort, und nun weinte sie viel und lange.

Der Meister ritt getrosten Mutes die ihm bekannten Wege, wie ein Mann, ein Krieger, der entschlossen ist, seine Pflicht zu tun, und der in diesem Bewußtsein kühn dem Tode ins bleiche Antlitz blickt. Er wußte gut Bescheid, er fand den Anger, wo der modernde Elch an der Feuerstätte und unfern davon der borstige Knecht lag. Das waren deutliche Spuren seines Herrn. Er trabte durch den Tann, dem silberglänzenden Berge zu. Er gelangte über die Waldblöße; da weidete Falke. Er rief den Hengst, und der trabte herbei und sah ihn mit seinen klaren Augen so traurig an, als wolle er ihm Kunde von dem Schicksal seines Herrn geben. Weiterhin fand der Recke die Bruchstücke des Schwertes, und er konnte nun nicht mehr am Tod des Königs zweifeln; ihm blieb nur die Rache, nicht mehr die Rettung übrig. Ein Zwerg lief ihm über den Weg, blieb aber stehen, als er ihn sah. Es war Waldung. Er winkte dem Meister umzukehren und rief ihm zu, als er nicht darauf achtete: „Zurück, Meister Hildebrand, oder es ergeht dir wie dem guten Dietrich!" Der unverzagte Meister spornte sein Roß vorwärts. „Und wenn es in die Hölle ginge", sagte er, „so will ich meinen König rächen oder sterben." Jetzt sah er den Riesen daherstürmen, sprang vom Roß und machte sich kampffertig. Er vermied klug und gewandt die Keulenschläge; doch wurde ihm der Schildrand zerschmettert und er zog sich tiefer in den Tann zurück. Hier gewährten ihm allerdings die Bäume einigen Schutz; allein Sigenot, des langen, vergeblichen Kampfes müde, riß Dornhecken, Sträucher und selbst Bäume aus, und warf sie auf und um den Helden. Wie derselbe einen Ausweg suchte, traf ihn, wie früher seinen Herrn, ein Keulenschlag, der ihn niederstreckte.

Jauchzend rief Sigenot: „Nun haben wir den anderen Mörder, und Hilde und Grimm sind gerächt. Fort, Langbart, in das Wurmverließ!" Er schnürte dem gefällten Recken Hände und Füße zusammen, ergriff ihn bei seinem Barte, warf ihn über die Schultern und schritt mit seiner Last singend und pfeifend dem hohlen Berge zu, wo er hauste.

Es war ein weiter, hochgewölbter Raum, der dem schrecklichen Sigenot zur Wohnung diente. Mächtige Steinpfeiler stützten die Decke, ein strahlender Karfunkel hing an der Wölbung und verbreitete ein angenehmes Dämmerlicht, im Hintergrund dagegen herrschte tiefes schauerliches Dunkel. Der Riese warf am Eingang seine Bürde so schonungslos auf den Felsboden, daß der Meister meinte, alle Glieder seien ihm gebrochen.

Darauf ging er in eine Seitenhalle, um eiserne Fesseln zu holen. „Ruhe dich aus, armer Knirps", rief er ihm höhnisch zu. „Gleich kommst du in das Wurmverlies, wo du im Schlangenbauch mit deinem Herrn wieder zusammentreffen wirst." Er ging, und der Gefangene blieb eine kurze Zeit sich selbst überlassen.

Wenn die Wogen der Not über den Häuptern der vergänglichen Kinder der Erde zusammenschlagen, so jammert und wehklagt der Schwächling und murrt über das harte, unbeugsame Schicksal und überläßt sich rat- und tatenlos der wilden Strömung, die ihn dem klaffenden Abgrunde zutreibt; der starke, sich selbst vertrauende Kämpfer dagegen bleibt unter den zermalmenden Schlägen des Verhängnisses ohne feige Klage, ruhig und gefaßt und blickt umher nach einem Rettungsboote, nach einem Trümmerstück, woran er sich klammern und aus dem Umsturz erretten kann. So tat Hildebrand, als er, ein gebundener, verlorner Mann, in der grausigen Felsenhalle lag. Wie er umherspähte, sah er sein gutes Schwert, das der Riese als Beutestück mitgenommen hatte, in einem entfernten Winkel liegen. Wenn es ihm gelang, die Stricke zu lösen, die ihm ins Fleisch schnitten, so konnte er noch einmal den Waffengang versuchen. Er lag an einem scharfkantigen Pfeiler; daran rieb er mit aller Kraft die Fesseln der Hände, und der Versuch gelang. Er hatte die Hände frei und löste nun auch die Bande an den Füßen. Schnell ergriff er sein Schwert und barg sich kampffertig hinter dem Pfeiler, da ihm der Schildrand fehlte, der auf dem Kampfplatz im Wald zurückgeblieben war.

Sigenot erschien wieder mit schweren Eisenketten und sah sich verwundert nach seinem Gefangenen um. Wie er aber hinter den Pfeiler blickte, führte der Held mit beiden Händen einen Streich auf des Riesen Haupt, daß dieser taumelte. Ehe er jedoch einen zweiten Hieb tun konnte, hatte der Gegner wieder seine Keule oder Stange gefaßt, und nun fielen seine Schläge wie früher hageldicht. Der Meister wich ihnen so gut wie nur möglich aus. Der Boden zitterte, die Felsen hallten von dem Kampfgetöse wider. Da hörte der Held aus der Tiefe seinen Namen rufen. Er erkannte die Stimme des Königs, und der Gedanke: ‚Er lebt!' gab ihm neue Kraft. Hinter dem Pfeiler hervorspringend, versetzte er dem Gegner von unten herauf einen Stich mit der spitzen Klinge, der durch die Brünnehosen in den Unterleib drang. Mit fürchterlichem Gebrüll verdoppelte Sigenot seine Schläge. Einer von ihnen streifte des Meisters Helm und schlug ein großes Felsstück aus dem Pfeiler. Indessen war die Keule in eine Spalte gedrungen, und ehe der Unhold sie herausziehen konnte, erhielt er einen zweiten Stich, der ihn zu Boden streckte.

Der Sieg war gewonnen: Hildebrand hieb dem gefällten Unhold den

Kopf ab. Er war aber selbst so erschöpft, daß er in das strömende Blut niedersank. Sein Helm war an der Seite, wo ihn der letzte Keulenschlag gestreift hatte, zerschmettert, sein Haupt schmerzte ihn; er mußte eine kurze Weile ruhen. Da hörte er wieder Dietrichs Stimme aus der Tiefe: „Hildebrand, lieber Meister!" Er raffte sich auf, trat an den Rand des Abgrunds und tat dem geliebten Freunde seinen schwererfochtenen Sieg kund. „Hilf mir heraus aus dem Wurmverlies! Noch sind Nattern hier vorhanden; manche habe ich erwürgt und mich mit ihrem Fleisch ernährt."

Es galt jetzt dem königlichen Helden heraufzuhelfen, aber der Abgrund war sehr tief und weder eine Leiter noch ein Strick vorhanden. Der Meister fand Rat, er zerschnitt mit dem Dolchmesser das Gewand des Riesen und einen Teil des seinigen, knüpfte die Stücke zusammen und ließ sie in die Tiefe hinab. Der Strick reichte bis auf den Grund des Verlieses. Dietrich klammerte sich fest daran, allein als der Meister ihn eine Strecke heraufgezogen hatte, zerriß der falsche Strick, und Dietrich tat einen schweren Fall. Der Meister durchirrte alle Räume der Felsenkluft, um ein taugliches Gerät zu finden. Verzweifelnd kehrte er in die große Halle zurück. Da stand der Zwerg Waldung und hielt das gewaltige Haupt des Riesen in den Händen. Er pries laut den herrlichen Sieg des tapferen Degen, den er seinen und seiner Gehilfen Befreier nannte. Er lud ihn ein, ihm in den Berg zu folgen, wo er reichlich Erquickung und große Schätze finden werde. Als er hörte, daß der Berner noch lebe und im Verlies schmachte, brachte er eine lederne Leiter herbei, die gar kurz schien, aber nach Bedürfnis sich verlängerte, daß man daran, wie er sagte, bis in die Hölle hinabsteigen könne. Mittels dieses Gerätes kam der König wieder an das Tageslicht. „Hildebrand", sagte er aufatmend, „du bist nicht mein Geselle, du bist in Wahrheit mein Meister." Er küßte ihn, wie ein Sohn seinen Vater, und folgte dann dem freundlichen Zwerg in seine unterirdische Welt, wo die kleinen Leute ihre Befreier mit köstlichen Speisen und Getränken labten, ihnen ihre Schätze und Kunstwerke zur Auswahl öffneten und Hilfe und Beistand in allen Gefahren versprachen. Das edelste Geschenk, das Dietrich annahm, war sein Schwert Nagelring, neu geschmiedet, gehärtet und mit Gold und Edelsteinen verziert, daß es schöner und fester war als zuvor.

Froh der Rettung und des Sieges fuhren die Helden gen Bern, wo sie mit Jubel empfangen wurden.

Dietrich und Hildebrand zogen einst nordwärts, weit in die wilden Berge Tirols. Sie wollten Gemsen jagen, aber die Jagd war nicht ergiebig. Der König war auch wenig achtsam; er schleuderte selten den Ger und fehlte stets das Wild, so daß Hildebrand ihm häufig sein Ungeschick vorwarf. Auf einer Höhe im Angesicht der schneegekrönten Berge machten die Recken halt, um von den mitgeführten Vorräten zu speisen. Der Weinschlauch fehlte nicht; sie leerten manchen Becher und plauderten dabei von bestandenen Abenteuern. „Höre mich, Meister", unterbrach der Berner den redseligen Genossen. „Ich kann sie nicht vergessen, die Königin Virginal. Sie ging an mir vorüber, als ich gegen Sigenot auszog, und warnte mich. Sie erschien mir wie die himmlische Freyja, die, meinte ich, zu einem Sterblichen herabgestiegen sei, ihn mit ihrer Huld zu beglücken. Ich will, ich muß ihre Behausung aufsuchen, um ihre Gunst werben, und sollte mir ein anderer Sigenot mit allen seinen Brüdern in den Weg treten." – „Du würdest von dem anderen Sigenot und seinen Brüdern übel zugerichtet werden", lachte der Meister. „Und leichter könntest du einen Stern am Himmel um seine Gunst anrufen als die Königin Virginal hinter ihren Gletschern und Eisbergen."

Wie die Helden noch miteinander plauderten, stand plötzlich ein winziges Männlein, ganz wie ein Recke mit Helm und Brünne gerüstet, vor ihnen. „Wisset, edle Recken", sagte er. „Ich bin Bibung, der unüberwindliche Leibwächter der Königin Virginal, deren Herrschaft alle Zwerge und Riesen in diesen Bergen untertänig waren. Mit meiner Hilfe hat sie den diebischen Elbegast von hier vertrieben, aber der unholde Geselle hat nun den Zauberer Ortgis mit seinen Riesen und Lindwürmern hierhergewiesen, und der zwang sie jüngst durch seine schwarze Kunst zu einem schmählichen Tribut. Sie muß ihm, sooft der volle Mond am Himmel erscheint, eine ihrer schönen Jungfrauen überliefern, die er dann einsperrt, mästet und zum Mittagsbrot verspeist. So ist Jeraspunt, ihr Palast, mit Weinen und Wehklagen erfüllt. Meine Herrin läßt euch nun zu sich entbieten, daß ihr, da ihr den schrecklichen Sigenot besiegt habt, den Zauber löst, indem ihr den finsteren Zauberer mit seinen Helfern bekämpft. Eilet also gen Jeraspunt der hohen Königin zu Hilfe." – „Wo ist Jeraspunt? Wie finden wir den Weg?" fragte Dietrich begierig. – „Ihr wißt nicht?" rief der Zwerg. „Blickt dorthin, auf die Höhen, die von der sinkenden Sonne beleuchtet werden, da seht ihr den Palast in seiner Herrlichkeit."

Die beiden Recken konnten die Blicke nicht von der Wundererscheinung abwenden; aber allmählich verblaßte sie, als die Sonne tiefer sank. Noch glänzten die Giebel und Zinnen rot glühend, dann verloren auch sie den hellen Schein, und die Berge starrten in ihrem Gewand aus Schnee wie aufgehäufte Leichen zum Sternenhimmel empor. Hildebrand unterbrach zuerst das Schweigen. „Wahrlich", rief er, „wenn Frau Ute, meine eheliche Wirtin, nicht wäre, so wollte ich selbst um die Königin Virginal

Dietrich von Bern

werben gehen. Aber nun will ich dir, lieber Geselle, treulich beistehen, daß du sie als Eheliebste heimführst in das Königshaus zu Bern. He, Bibung! Wo zum Henker ist der Knirps hingeraten?" – „Der unüberwindliche Leibwächter hat Sorge vor Ortgis", sagte Dietrich. „Wir aber zerhauen mit unseren Schwertern seine Nebelgeister. Vorwärts denn nach dem Palast der Königin." – „Die Nacht ist Mutter der Hexen", versetzte der Meister. „Daher wollen wir hier auf dem weichen Moose ruhen, bis der Morgen aufsteigt. Hole den Schlauch hervor: herb ist unser Sorgenbrecher und labend doch wie biedere Treu!" – Sie schmausten und tranken und schliefen ruhig auf den Moosbetten ein.

Der Morgen war trüb und neblig; eisiger Sturm schlug den Recken entgegen; der Weg ging über steile Höhen, so daß sie bald die Pferde zurücklassen mußten. Schneefelder, Gletscher breiteten sich vor ihnen aus, donnernde Lawinen, herabrollende Felstrümmer, Abgründe drohten ihnen auf jedem Schritt Verderben, doch wanderten sie unverzagt weiter, denn vor ihnen leuchtete über dem Nebelmeer fernher der Palast der Königin im Sonnenglanz. Ein tiefes Tal trennt sie von jenem Berge. Sie gelangen herabsteigend an einen Brunnen, wo sie den brennenden Durst löschen und sich ausruhen. Laute Hilferufe einer weiblichen Stimmen stören ihre Ruhe. Sie gewahren gleich darauf ein Mägdlein, das laut jammernd daherstürzt und ihre Hilfe gegen den schrecklichen Ortgis anruft. Sie erzählt ihnen, wie sie demselben nach dem Vertrage überliefert worden sei und wie er sie gleich einem Wilde mit Hunden verfolge. Kaum hatte sie geendigt, so stürmten die Rüden des wilden Jägers herbei und griffen die unglückliche Maid an. Zugleich hörte man das Hallo der verfolgenden Weidleute. Ehe diese aber nahe kamen, waren schon die Bestien erlegt, und nun begann der Kampf mit Ortgis und seinem Gefolge. Wie riesenhaft aber auch Ortgis und die anderen Jäger waren, sie unterlagen doch den Schwertern der Helden, und nur ein Mann entkam durch eilige Flucht, und gerade der war der schlimmste, nämlich Janibas, der Sohn des Ortgis, und zauberkundig wie sein Vater.

Gern wären die Helden sogleich nach Jeraspunt, dem Palast der Königin, aufgebrochen, allein der Weg dahin war sehr weit, wie die Maid versicherte, und der Abend dämmerte bereits. Wo sollte man aber ein Nachtlager in der eisumstarrten Einöde finden? Da lag nun vor ihnen im Talgrund eine stolze Burg; es war die des erschlagenen Ortgis, wie die Jungfrau gleichfalls angab. Furchtlos, wie die Helden waren, beschlossen sie, mit Güte oder Gewalt darin Herberge zu suchen. Als sie dort ankamen und an die Tür klopften, sprangen mehrere bewaffnete, riesenhafte Männer heraus, die sie bis an den Brunnen zurückdrängten, aber endlich erschlagen wurden. Hinter ihnen hielt ein Reiter in schwarzer Rüstung, der beständig in einer fremden Sprache vor sich hin murmelte; da erschienen, wie aus dem Boden aufsteigend, abermals riesige Männer zu neuem Kampfe. Dennoch siegten die Recken. Aber das Murmeln des schwarzen Reiters dauerte fort und lockte gräßliche Lindwürmer hervor, mit denen die Helden die lange Nacht hindurch zu streiten hatten. Erst als die freundliche Sonne aufging und die nächtlichen Schrecken verscheuchte, verschwand der Schwarze. Dagegen erblickte man einen ungeheueren alten Lindwurm, der einen gepanzerten Mann im Rachen trug. Das Untier wollte eilends mit seiner Beute vorüberkriechen, allein die Recken schleuderten ihre Gere und griffen es, als diese wirkungslos waren, mit gezogenen Schwertern an. Der Drache ließ seine Beute fallen; er stürzte sich zischend auf den Berner, der ihm zunächst stand. Mit der Tatze riß er ihm den Schild herunter und schlitzte ihm die Brünne und die Seite auf, während er zugleich den Meister mit dem Schweif umschlang und gleich einem Ball weit fortschleuderte. Dafür bohrte ihm Dietrich das Schwert durch den Rachen in den Schlund und drängte nach, so daß die Klinge hindurch in einen Baum drang und den Kopf fest anheftete. So grimmig auch das Ungeheuer mit Tatzen und Schweif um sich schlug, es konnte doch nicht loskommen und verendete unter gräßlichem Geheul.

Die gerettete Jungfrau, die bisher angstvoll den Kämpfen zugesehen hatte, verband die Wunde des Helden und legte heilenden Balsam darauf. Indessen richtete Hildebrand den dem Drachen entfallenen Mann auf und erkannte in ihm Ruotwin, den Sohn Helfrichs von Tuskan, der ein Bruder seiner Mutter war. Glücklicherweise hatte dieser außer einigen Quetschungen keinen Schaden genommen und konnte den Helden Beistand leisten, da sie nach der Burg des erschlagenen Ortgis aufbrachen, um den Hexenmeister Janibas, dessen Sohn, zu züchtigen. Es erschien aber noch weitere Hilfe, nämlich der streitbare Helfrich, der mit bewaffnetem Gefolge den Wurm verfolgte, um seinen Sohn zu retten oder zu rächen. Die Freude des Wiedersehens war groß, und willig schloß sich der Graf den Helden an. Dietrich und Hildebrand bestiegen Beutepferde, und das kleine Heer setzte sich in Bewegung. Man fand die Tore der Burg offen, aber im Hofe die ganze Wehrmannschaft kampfbereit. Janibas, wie vorher schwarz gerüstet, hielt auf kohlschwarzem Rappen hinter den Reihen. Er murmelte Zaubersprüche, da stürzten Löwen auf die eindringenden Helden. Sie erlagen den geschleuderten Geren, die Burgmannschaft den Schwertern. Doch entrann der Zauberer selbst den Verfolgern. „Hei", rief der Berner, „hätte ich Falken unter mir gehabt, der Hexenmeister wäre nicht ohne tüchtige Schrammen davongekommen." Man fand in der Burg reichliche Speisevorräte und edlen Wein, aber auch noch drei Jungfrauen der Königin, nackt und bloß, die zur Mästung eingesperrt waren und vor Frost zitterten. Sie erhielten Gewänder, denn ihre Kleider und die der früher geschlachteten und verspeisten Jungfrauen gewährten hinreichende Auswahl.

Die Zauberherberge wurde beim Abzug den Flammen übergeben. Die Fahrt ging darauf weiter gen Aron, den Burgsitz Helfrichs, der die Helden zuvor bewirten wollte, ehe sie den schwierigen Marsch nach dem Palast der Königin unternahmen. Man sah sich um so mehr zur Einkehr bei dem befreundeten Mann genötigt, da Dietrichs Wunde wieder aufbrach und eiterte. Man erreichte ohne weitere Abenteuer die gastliche Herberge. Die Hausfrau kam ihnen entgegen. Sie umarmte den Sohn, um den sie schon viele Tränen vergossen hatte, und bot alles auf, die willkommenen Gäste zu pflegen. Besonders nahm sie sich Dietrichs an, verband seine Wunde und wandte dabei so kräftige Heilmittel an, daß sie nach wenigen Tagen zu vernarben anfing. Als sich der Held wieder kräftig fühlte, trieb er zur Abreise, allein die gute Wirtin hatte immer einen Vorwand, die Gäste im Hause zurückzuhalten und ihr Eheherr unterstützte sie, hielt bald ein großes Jagen, bald ein Festmahl ab, und schob den Termin ihrer Abreise immer weiter hinaus. Endlich wurde dieser auf den dritten Tag festgesetzt, und Helfrich versprach, ihr Führer und Geleitsmann nach Jeraspunt zu sein. Als die Recken noch darüber Absprache nahmen, sahen sie einen Zwerg auf windschnellem Pferd daherjagen. Er trat auch bald in den Saal, wo sie bei vollem Becher saßen. Er war aber nicht, wie sonst, zierlich gekleidet und gerüstet; sein Haar hing zerzaust um den Kopf, sein Mantel war zerschlitzt und bestäubt, sein Gesicht totenbleich.

„Hilfe, edle Helden!" rief er, und seine winzige Gestalt zitterte vor Hast oder Schrecken. „Helft der Königin Virginal! Janibas, der Sohn des schrecklichen Ortgis, bedrängt sie mit Rüden und Riesen. Er begehrt alle ihre Jungfrauen zur Jagd und zum Fraß und obendrein den Karfunkel in ihrem Stirnband. Wenn er den erlangt, so ist seine Zauberkunst unwiderstehlich, so ist er Herr des ganzen Gebirges, aller Riesen, Zwerge und Lindwürmer, die sich darin aufhalten, so seid ihr selbst in seine blutigen Hände ausgeliefert."

Sogleich erhob sich der Berner Held und erklärte, er werde ganz allein ausziehen, wenn die Recken noch zu verweilen gedächten. „Du allein?" schrie das Männlein. „Oh, da bist du wie ein toter Mann. Mußte doch selbst ich, der unüberwindliche Leibwächter, den Rücken wenden und entrann kaum den greulichen Bestien." So ernst auch die Stunde, so dringend auch der Hilferuf war, konnte man sich des Lachens nicht erwehren, wenn man den schreckensbleichen Unüberwindlichen ansah. Indessen erhoben sich alle Recken und die Dienstmannen in der Burg, um den Berner in den gefährlichen Kampf zu begleiten. „Die Königin bedroht, sie, die Segnungen über die Täler verbreitet, die unsere Saaten schützt, in Krankheiten Heilung bringt! Wir wollen für sie in den Tod gehen!" so riefen die Burgleute untereinander und wappneten sich und folgten den Recken.

Es war ein schlimmer, bald auch ein gefährlicher Weg, auf dem die Schar emporsteigen mußte. Sie kamen über Schneefelder und Gletscher, wo sich oft Eisschlünde öffneten, die man früher nicht wahrgenommen hatte. Von Zeit zu Zeit, wenn man eine freie Höhe erreichte, sah man den leuchtenden Palast Jeraspunt, dann verschwand er wieder, und es schien den Helden, als rückten sie nicht handbreit näher. „Das schafft Janibas mit seiner Hexenkunst" rief der Zwerg. „Denn sein Zauberspiegel hat ihm schon gezeigt, daß wir über ihn kommen." Ein giftiger Nebel sank herab, doch erschien hoch darüber das Königshaus, wie von Himmelsglanz erhellt. Jetzt erkannten die Recken, daß sie nähergekommen waren, und sie verdoppelten ihre Anstrengung. Sie hörten Kampfgetöse, Geschrei und Geheul; bald sahen sie den entsetzlichen Kampf selbst.

Die Wächter des Palastes lagen zum Teil zerhauen und zerfleischt am Boden, einige suchten sich noch zu verteidigen. Riesige Hunde mit klaffenden, blutroten Rachen, Unholde jeder Art, Herden von wilden Kriegern bestürmten den Palast. Viele waren schon durch die zertrümmerten Tore eingedrungen und wüteten, tobten, heulten um den Thron der Königin, doch vermochten sie nicht ihr selbst zu nahen; ein Zauberkreis, so schien es, hielt die tobende Menge zurück.

Unbewegt saß die Herrin, umgeben von ihren zitternden Jungfrauen, inmitten des wilden Aufruhrs. Ein leuchtender Karfunkel zierte das Diadem, das ihr Haupt umschloß; ein Schleier, von Silberfäden gewoben, umwallte ihre Gestalt. War es der Reiz der Schönheit, der die Unholde bannte, oder die geheimnisvolle Magie der Liebe, die aus ihren Augen strahlte! Noch hatte weder ein Mensch noch ein Tier gewagt, den Kreis um die Herrin zu überschreiten.

Die Helden machten bei dem Anblick halt, wie wenn sie selbst gebannt wären; dann aber stürmten sie vorwärts. Eine Wolke von Schnee und Hagelkörnern trieb ihnen entgegen, heulender Sturmwind hemmte ihre Schritte; dennoch strebten sie weiter. Da bebte von Donnerschlägen der Berg in seiner Grundfeste, und ein bodenloser Spalt trennte sie von dem Palast. Nun aber erblickte Dietrich seitwärts den Schwarzen auf seinem Rappen, wie er von eherner Tafel seine Zaubersprüche las. Er stürzte auf ihn zu, zertrümmerte mit einem Schwertstreich die Tafel und spaltete ihm mit dem zweiten Hieb den Kopf. Ein Donnerschlag rollte durch die Berge, Lawinen stürzten, Gletscher brachen, dann folgte Totenstille. Der Zauber war gelöst, der Erdspalt schloß sich, der Weg nach dem Palast war frei. Dagegen wandte sich die Meute wider die vorrückenden Helden, um ihren Herrn zu rächen. Vergeblich! Die Gere, Streitäxte und Schwerter der Recken und ihrer Dienstmannen schafften Raum. Allen voran kämpfte der Held von Bern, und bald flohen die Unholde, die noch am Leben waren, in die Einöden der Schneegebirge. Dietrich nahte jetzt an der Spitze seiner Gesellen dem Thron der Königin. Er hätte vor ihr wie vor einer Göttererscheinung niederknien mögen. Allein sie stieg zu ihm herab, reichte ihm die Hand und gab ihm den Minnegruß mit einem Kuß. Er konnte kein Wort hervorbringen; er ließ sich von ihr auf den Thron geleiten und saß neben ihr, ein siegreicher, königlicher Held neben der von Liebe und Anmut strahlenden Königin. „Wisse, ruhmvoller Degen", sagte sie, „ich habe deine Liebe erkannt und deine Taten gesehen; ich entsage meiner Herrschaft im Elfenland und will mit dir ziehen unter die sterblichen Menschen und bei dir wohnen, bis der Tod uns trennt."

Der Palast wurde von unsichtbaren Händen gereinigt, das Tor, die Pfeiler und Säulen wurden in einer Nacht aufgerichtet, und bald feierte man die Hochzeit des sterblichen Helden mit der Elfenkönigin. Da wurde der Palast von zauberischem Licht erhellt, und die Menschen, die das sahen, sprachen untereinander: „Wie glühen heute die Alpen so schön, so daß man meint, Geister hätten drüben Burgen und Städte von rotem Gold erbaut." Auf der Höhe aber schloß ein reichliches Mahl den frohen Tag. Während die heitere Rede hinüber und herüber wechselte, erblickte Hildebrand den Zwerg, der wankenden Schrittes durch den Saal ging und seine Nase wieder glührot gleich dem Firn zur Schau trug. „Heda, Bibung, unüberwindlicher Leibwächter, wo hast du während des Streites gesteckt?" – „Im Hinterhalt, alter Junge", erwiderte selbstgefällig das Männlein. „Hätte euch der Schwarze in die Pfanne gehauen, so wäre ich hervorgebrochen, euch zu rächen." Nach der Hochzeit zogen die Neuvermählten nach Bern, und Virginal stand dem königlichen Haushalt mit Ehren vor. Dietrich aber fühlte sich an ihrer Seite so glücklich, daß er lange Zeit nicht mehr an Abenteuer dachte. Auf den Bergen dagegen schienen die Elfen und die ganze Natur in Trauer um ihre Königin zu sein, die sich einem sterblichen Menschen vermählt hatte. Denn die Firnen glühten nicht mehr wie sonst, und der Wunderpalast war nicht mehr sichtbar.

Dietrich erblickt die Königin Virginal

2. Dietrichs Gesellen

In allen Ländern erzählte man von den Taten des Helden von Bern, und die Sänger erhoben seinen Ruhm. Deswegen kam auch mancher kühne Degen, um unter seinem Banner zu kämpfen; aber kein Widersacher wagte in sein Reich einzufallen, und er selbst ließ es sich in der Heimat und an der Seite der hohen Königin wohl gefallen, so daß er gar nicht mehr daran dachte, ferne gefährliche Abenteuer aufzusuchen. Auch Hildebrand und Helfrich, der oft von Burg Aron herüberkam, und andere Helden ließen es sich beim Kampfspiel, beim Jagen und bei anderen Freuden gutgehen.

Der Ruf von dem Berner verbreitete sich auch in den nordischen Ländern. Man rühmte ihn nicht bloß in Burgen und Städten, sondern die fahrenden Spielleute sangen von ihm auch in abgelegenen Höfen und Herbergen. Da wohnte nun in einem tiefen Wald ein angesehener Pferdezüchter, der hieß Studas. Derselbe bekümmerte sich wenig um die Singerei und das Fiedeln der Fahrenden; aber sein Sohn Heime hörte ihnen eifrig zu und ließ öfters verlauten, er wisse Ger und Schwert ebensogut zu handhaben wie der Berner. Seinen Vater verdroß der Übermut. Als sich nun wieder der junge Recke vermaß, er gedenke es wohl im Kampfe dem Berner gleich oder noch zuvorzutun, rief er voll Ärger: „Gehe doch hin in den hohlen Berg und schlage den Wurm tot, der so großen Schaden anrichtet." – Der junge Recke sah den Vater fragend an, warf ihm dann, als derselbe nickte, einen trotzigen Blick zu und ging seines Weges. „Er wird doch nicht", brummte der Alte vor sich hin. „Nein, nein – ich denke, ich habe ihm das heiße Blut abgekühlt." Es war aber anders, als der ehrsame Studas sich vorstellte. Sein unverzagter Sohn wappnete sich, nahm Schwert und Ger, fing sich eins der edlen Rosse, die auf der Weide grasten, und ritt nach dem hohlen Berge. Der Lindwurm schoß mit aufgesperrtem Rachen auf ihn los; allein der Recke schleuderte ihm mit sicherer Hand den Ger so kräftig zwischen den klaffenden Kinnladen in den Schlund, daß die Spitze am Hinterkopf weit hervorragte. Das Untier schlug noch grimmig mit dem Schweif, bis es verendete. Nun hieb ihm Heime den Kopf ab, ritt nach dem Gehöft zurück und warf ihn dem alten Pferdezüchter vor die Füße. – „Heiliger Kilian", rief Studas. „Junge, hast du den Drachen tot geschlagen, dann . . ." – „Dann werde ich auch den Berner totschlagen", setzte der kühne Recke die Rede fort. „Gib mir den Hengst, der mich soeben gegen den Wurm trug, ohne zu scheuen. Er wird mich auch nach Bern und wohlbehalten wieder zurücktragen." Dem alten Mann schwindelte schier der Kopf bei den kecken Reden seines Sohnes. Er sah aber das Beutestück vor seinen Füßen liegen und konnte keinen Widerspruch erheben. Heime erhielt den Hengst und ritt hinaus in die ihm bis jetzt unbekannte Welt.

In der Königshalle zu Bern saßen die Recken beim Gelage, und die Königin Virginal schenkte den Purpurwein aus, der, von ihrer Hand gereicht, den Gästen besser mundete, als wenn ihn der grämliche Mundschenk bot. Man rühmte den Frieden im Lande; mancher unverzagte Recke sprach von früheren Taten und meinte, man habe lange genug der Ruhe gepflogen, die Schwerter rosteten in den Scheiden, es sei an der Zeit, sie blank zu ziehen. Wie die Helden so plauderten, trat ein fremder gewappneter Mann ein. Derselbe besaß breite Schultern, war mächtig von Wuchs und schien noch jung an Jahren. Meister Hildebrand trat ihm entgegen und hieß ihn als Gast willkommen, forderte ihn aber auf, sein Streitgewand abzulegen. „In der Königshalle führen die Helden weder Helm noch Brünne", sagte er. „Da tragen sie Purpur und Seide." – „Mein Gewerbe ist Kampf", versetzte der Fremdling. „Denn ich bin Heime, des Höfners Studas Sohn. Ich will mich mit dem ruhmvollen Berner draußen auf offenem Feld versuchen, ob er mir obzusiegen vermag." Er hatte die Worte so laut gesprochen, daß alle Recken und auch der König sie vernahmen. Und Dietrich erhob sich von seinem Thron, wobei er sagte: „Wohlauf, edle Helden, zum fröhlichen Spiel! Wir wollen sehen, ob der Sohn des Roßkamms die Probe hält." Der König ließ sich wappnen, bestieg seinen edlen Hengst Falke und hielt bald dem kühnen Heime gegenüber. Beide Helden rannten mit großer Gewalt gegeneinander, aber ihre Speere glitten an den Schilden ab, ohne zu verletzen. Dasselbe geschah beim zweiten Rennen; beim dritten wurden die Schilde durchbrochen, des Königs Roß sank auf die Hinterhand zurück, doch wankte der Held nicht im Sattel, sondern trieb das Pferd mit Zügel und Sporen wieder auf. Dagegen war Heimes Brünne an der Seite zerrissen und aus einer Schramme floß etwas Blut. Da die Schäfte zersplittert waren, so sprangen die Kämpfer von den Pferden und griffen zu den Schwertern.

Sie trieben sich hin und her, bis endlich der Berner mit einem kräftigen Schlage den Gegner auf das behelmte Haupt traf, daß er in die Knie sank. Indessen sprang er ebenso schnell wieder auf und führte mit höchster Gewalt einen Streich auf Dietrichs Helm. Hildegrim aber widerstand und die spröde Klinge Heimes zersprang in Stücke. Nun stand er wehrlos dem erzürnten König gegenüber, dessen furchtbare Waffe schon über seinem Haupte schwebte. Der Sieger aber konnte den Todesstreich nicht ausführen; ihn jammerte die Jugend und der Mut des unverzagten

Recken, der furchtlos vor ihm stand. Er senkte das Schwert und bot dem Gegner die Hand zum Frieden. Dieser Großmut beugte mehr, als Waffen es tun konnten, den Trotz des kühnen Degen. Er nahm die dargebotene Hand und sagte laut, er bekenne sich für überwunden und gelobe, daß er forthin ein Dienstmann des ruhmvollen Königs von Bern sein werde, dem er nunmehr den Eid unverbrüchlicher Treue schwöre. Erfreut, einen Mann wie Heime zum Gesellen erworben zu haben, begabte ihn der reiche König mit Burgen und Knechten und behielt ihn an seinem Hofe.

Auf einem Felseneiland in der Nähe von Seeland, wo meist nur Fischer und Seeleute wohnten, schallten Tag für Tag und oft bis spät in die Nacht gewaltige Hammerschläge, daß die Felsen dröhnten. Dort wohnte nämlich seit Jahren der Schmied Wieland, nordisch Wölundur. Er hatte sein liebliches Weib Allweiß, zu der ihn die kunstreich gefertigten Flügel emporgetragen hatten, durch den Tod verloren, war deshalb von den seligen Höhen niedergestiegen, um in Ausübung seiner Kunst Linderung seiner Trauer zu finden. Niduder, sein ehemaliger Dienstherr, an dem er schreckliche Rache genommen, war inzwischen gestorben. Dessen Sohn, ein milder und gerechter Mann, seinem Vater ganz unähnlich, hatte sich mit dem Schmied versöhnt und durch reiche Gaben die Ungerechtigkeit des verstorbenen Niduder wieder gutzumachen versucht. Am Hofe des jungen Niaren-Drostes sah Wieland auch die noch immer schöne Böswilde (Bödwild), die er einst geliebt, aber in unstillbarer Begierde nach Rache mißhandelt hatte. Sie war durch ihr Unglück sanft und mild geworden und pflegte mit mütterlicher Sorgfalt ihren und seinen Sohn Wittich, einen munteren, kräftigen Knaben, des Vaters Ebenbild. Da nun der Schmied bei längerem Aufenthalt die Frau und ihr Schaffen beobachtete, dünkte es ihm wohlgetan, sein Unrecht gutzumachen und sie mit dem Kind in sein einsames Gehöft aufzunehmen. Der Drost (Bezirksverwalter) hatte dagegen nichts einzuwenden und rüstete der Schwester und dem berühmten Künstler die Hochzeit zu. Die Eheleute zogen darauf nach Wielands Gehöft und lebten in Eintracht, da sich der Schmid, nur mit seiner Kunst beschäftigt, nicht um den Haushalt noch auch um den kräftig aufwachsenden Jungen bekümmerte, vielmehr alles dem Willen der Frau anheimstellte. Er hatte Freude an den Spielen des Kindes und später an den Übungen des heranreifenden Jünglings. Da machte er ihm Stahlbogen, Pfeile und Wurfgere mit gehärteten Spitzen, die selbst in Bärenfelle einbissen. Wenn dann der Bursche ein feistes Wild, einen Keiler oder Bären erlegte, Schneehühner oder Wildgänse aus hoher Luft herunterholte, so strich er ihm über das krause Haar und sagte: "Du bist ein Schütze wie mein Bruder Eigel." Der junge Wittich wollte gern mehr wissen von dem berühmten Schützen und der Schmied, der gerade Feierabend gemacht hatte, erzählte gern von den Begebenheiten aus seiner Vergangenheit. "Als mich deiner Mutter Vater, der Niaren-Drost Niduder, gefangenhielt", begann er, "da kam mein Bruder Eigel an seinen Hof und trat bei ihm als Leibschütze in Dienst. Alle Welt bewunderte seine Kunst, wie er einen Adler, der sich zu den Wolken aufschwang, den Kopf wegmähte, einem Luchs im Wipfel einer Eiche die rechte oder linke Tatze an den Ast nagelte, worauf er saß, einer zischenden Natter die Zunge aus dem Rachen wegschoß und andere Künste. Der Drost aber verlangte einen Meisterschuß. Er sollte seinem eigenen Kind auf hundert Schritte einen Apfel vom Kopf schießen. Wenn er sich weigere, oder das Ziel verfehle, so drohte der Vogt, den Knaben vor seinen Augen in Stücke hauen zu lassen. Eigel zog drei Pfeile aus dem Köcher und legte einen auf den Bogenstrang. Und der Knabe stand fest und schaute, ohne zu blinzeln, dem zielenden Vater ins Angesicht. "Hättest du das auch getan, mein Junge?" – "Nein

Eigel schießt dem Sohn den Apfel vom Kopf

Vater", sagte Wittich keck. „Ich hätte mir dein Schwert Mimung geholt und dem greulichen König den Kopf abgehauen und seine Niaren, wenn sie zur Rache gekommen wären, aus dem Lande gejagt." – „Schön, junger Held", lachte der Alte. „Aber ein rechter Held redet nur von dem, was er getan hat, nicht von dem, was er getan hätte. Wäre Eigel auch so klug gewesen, so würde er besser gefahren sein. Er sagte aber dem Drost, nachdem der Meisterschuß gelungen war, die zwei anderen Pfeile seien für ihn bestimmt gewesen, wenn der erste seines Sohnes Haupt getroffen hätte. Damals nahm der Fürst das kühne Wort wohl auf; aber gedachte dessen und verjagte später den Schützen ohne Dank und Lohn aus dem Lande. Niemand weiß, wohin er gekommen ist."

So plauderte der Schmied oft redselig mit seinem Sohn. Doch wollte ihm auf die Länge das Gebaren desselben nicht gefallen. Wittich schwärmte Tage und Nächte auf dem Eiland herum, jagte Wild, auch Wölfe und Bären, schiffte kühn durch Sturm und Wellen nach Seeland über und trieb dort mit gleichgearteten Müßiggängern allerlei Kurzweil, wobei es oft blutige Köpfe gab. Man rühmte zwar seine Stärke und seine Verwegenheit, man erzählte, er habe grimmige Bären ohne Waffen eingefangen und sogar einen jungen Lindwurm mit bloßen Händen erdrosselt, aber der alte Schmied meinte, das sei nutzloser Zeitvertreib. Noch weniger gefiel es ihm, wenn der junge Fant oft halbe Tage in seiner Werkstätte herumlungerte oder in die Glut der Esse blickte, ohne Hand und Fuß zu rühren.

„He, Junge!" rief er ihm dann zu. „Es ist Zeit, daß du ein nützliches Geschäft lernst, damit du dein Brot verdienst, wie meine Brüder und ich getan haben. Willst du meine Kunst lernen, so sollst du es durch meine Lehre so weit bringen, daß kein Dritter in allen Landen bessere Waffen und schönere Kleinodien fertigt. Sieh da meine mit Gold und Silber gefüllten Truhen. Das sind Schätze, die ich mit Hammer und Zange ehrlich verdient habe. Gleich hierher an den Amboß!" – „Und was hast du davon für Gewinn?" fragte der Bursche trotzig. „Ein rußiges Maul und geschwärzte Hände, daß dich die Mutter nimmer küssen mag. Ich aber will mir das rote Gold mit Speer und Schwert erwerben und dessen froh werden in den Königshallen, wo man mutige Helden wohl aufnimmt." – Der Alte sah ihn verwundert mit offenem Munde an. – „Ja, ja", fuhr er fort, „der Hammerschaft und Zangengriff kommt nicht in meine Hände, noch das rußige Schurzfell an meinen Leib. Ich bin von königlicher Abkunft, stamme von König Wilkinus, deinem Großvater, und von dem Niaren-Drost ab, dem Vater meiner Mutter. Die schlugen mit blanken Waffen auf Helme und Schilde, nicht an der Esse auf alte Eisenstangen; sie kämpften um Königreiche und Heldenruhm, du arbeitest um Hundelohn und um die Ehre, den ganzen Tag im Essenqualm zu schwitzen. Gib mir eine Rüstung und das gute Schwert Mimung, so gehe ich nach Bern, um mit dem König zu kämpfen und ein Reich zu erwerben." – „Mit dem Berner kämpfen!" rief der Alte. „Junge, da holst du dir einen zerklopften Schädel, den ich mit aller Kunst nicht wieder zusammenschweißen kann. Junge!" – Er redete den baumhohen Sohn immer noch in der alten, vertraulichen Weise an – „Junge, dein bißchen Witz und Hirn" – er wollte noch mehr sagen, aber die Hausfrau trat ein und fragte, den Meister unterbrechend, nach der Ursache des Streites zwischen Vater und Sohn. Als sie darüber Auskunft erhalten, war sie zunächst betroffen, bald aber gedachte sie des Ruhmes ihrer Ahnen. Ihre Zungenfertigkeit ließ den Gemahl gar nicht mehr zu Wort kommen. Er mußte wohl oder übel seine Zustimmung geben.

Acht Tage arbeitete der Meister an dem Heergewand seines kühnen Sohnes, dann war das Werk vollendet. Oben auf dem lichten Helm starrte als Bügel eine Natter mit glührroten Augen von Rubin; Brünne und Brünnehosen waren von dicken Stahlringen und doch so biegsam, als ob sie von weichem Leder wären. Auf dem stahlglatten Schild waren Hammer und Zange angebracht und mit drei leuchtenden Karfunkeln verziert. Am kostbarsten schien dem jungen Recken das Schwert Mimung, Wielands Meisterwerk in jungen Jahren.

Als der Schmied dem Sohn die Waffen überreichte, sagte er: „Das Stahlgewand ist gut und sehr fest; es wird dich in Kampfesnot wohl bewahren. Das Schwert aber habe ich mit großer Kunst hergerichtet, gestählt und geschärft, so daß es in Stahl und Stein beißt, ohne schartig zu werden. Es galt Haupt gegen Haupt im Wettkampf mit Amilias, dem Werkmeister des Drostes Niduder, der mich aus Neid und Eifer aufgefordert hatte. Er erbot sich, Helm und Brünne in Jahresfrist zu schaffen, die keine Waffe verletzen könne; ich sollte in dieser Frist ein Schwert anfertigen und damit drei Hiebe auf ihn tun, wenn er in seinem Harnischfaß sitze. Bliebe er unverletzt, so werde er mir das Haupt abschlagen; erhalte er eine Verletzung, so dürfe ich ihm das gleiche tun. Er schuf darauf in zwölf Monden mit Hilfe seiner Schmiedeknechte das Wehrgeschmeide, ich aber den Mimung in dreimal sieben Tagen. Nach Verlauf der Frist saß er geharnischt vor dem König und allen Hofleuten. Da setzte ich oben am Helm die gute Klinge an, drückte ein wenig, und sie schnitt durch Helm, Haupt, Brünne und Leib bis auf den Sitz, so daß der Mann in zwei Hälften auseinanderfiel. Nun sage ich dir, mein Junge, kein Meister in der Welt, weder zu dieser Zeit noch in der künftigen, wird wieder ein solches Schwert schaffen. Nimm es aus der Vaterhand als Erbteil und gebrauche es gut. Nun aber merke weiter auf das, was ich dir zu sagen habe. Dein Urahn, König Wilkinus, war ein weidlicher und streitbarer Held, der große Taten verrichtete und Reiche eroberte. Er begegnete einstmals einer Meermaid am Strande. Sie hieß Wachilde, und sie gewann Liebe zu dem edlen Helden und blieb ihm sein Leben lang in treuer Minne zugetan. Als er im Sterben lag, versprach sie ihm, ihrer beiden Nachkommen eingedenk zu sein und sie zu beschützen, wenn sie bei ihr Zuflucht suchten. Kommst du also in Not, so suche das Meer zu erreichen. Da nimmt dich unsere Ahnfrau in ihre Obhut. Ihr und des Königs jüngster Sohn Wade, dein Großvater, war zwar von riesenhaftem Wuchs, aber er liebte den Frieden. Er duldete es daher, daß ihn seine habgierigen Brüder von der Herrschaft ausschlossen, und begnügte sich mit den Höfen, die ihm der König zu Lebzeiten übertragen hatte. Ebenso genügsam war ich selbst, sein jüngster Sohn, und meine beiden Brüder hatten gleichfalls kein Verlangen nach hohen Dingen.

Der Riese Wade wollte, daß jeder seiner Söhne ein nützliches Gewerbe lerne. So wurde Slagfider der beste Arzt, Eigel der geschickteste Bogenschütze und ich selbst ein tüchtiger Schmied. ‚Die Menschen unserer Zeit', pflegte der Riese Wade zu sagen, ‚lernen vielerlei Dinge und darum keines recht. Man muß ein Geschäft lernen und damit früh anfangen, dann gelangt man darin zur Meisterschaft.' Deswegen tat er mich, sobald ich neun Winter alt war, zu dem Kunstschmied Mime (Mimir) in die Lehre, und ich hielt bei ihm drei Jahre aus und lernte Wehrgeschmeide und menschliche und tierische Bildnisse herstellen, obgleich ich von einem viel stärkeren Lehrburschen, dem Jungherrn Siegfried, übel behandelt wurde. Danach tat mich der Vater zu den Zwergen im Kallawaberg. Als ich bei den Leutlein sehr geschickt wurde und manche Werke besser machte als sie selbst, wollten sie mich gern in dem hohlen Berg behalten und sagten dem Riesen Wade, ich solle noch ein Jahr bei ihnen zu Herberge sein, dann solle er mich zu derselben Stunde heimholen. Wenn er aber nicht komme, so wollten sie meiner auf Lebenszeit pflegen. Er merkte ihre Tücke und verbarg vor meinen Augen sein gutes Schwert unter einen Felsen, daß ich mich ihrer erwehren könnte, wenn sie mich mit Gewalt zurückhalten wollten. Als er zur festgesetzten Frist erschien, hielten sie den Berg verschlossen und schafften, daß der Felsen auf ihn herabkollerte und ihm das Haupt zerschlug. Ich sprang bei dem Getöse mit ihnen hinaus, ergriff das Schwert und schaffte mir Raum, indem ich viele von den Männlein niederstreckte. Du weißt schon, wie ich mit meinen Brüdern ins Wolfstal zog, dort Allweiß fand und von Niduder fortgeführt wurde. So war meine Lehr- und frühere Lebenszeit recht mühselig. Aber die deinige wird es nicht minder sein, da du beharrst, ein Recke zu werden. Du wirst in kurzer Frist mehr Schläge erhalten als ich in meinem langen Leben. Indessen sei getrost, denn ich meine, es wird sich nicht leicht ein so gutes Schwert finden, das in den Schild und in die Ringe beißt, die mein Hammerschlag gefestigt hat. Dazu gebe ich dir den Hengst Skemming. Der trägt dich in Sicherheit, wenn du vor einem stärkeren Gegner weichen mußt."

Wieland der Schmied rüstet seinen Sohn Wittich aus

„Ich bin ein fluchtträger Reiter", lachte der junge Recke. „Aber nun gib mir noch die rußige Hand, die mir so edle Gaben verliehen hat." Darauf nahm er auch Abschied von der Mutter, die ihn lange in den Armen hielt, bestieg Skemming und trabte nach dem Strande, wo ihn und sein Roß ein großes Boot aufnahm und nach dem Festland brachte.

Er ritt mehrere Tage fort und zehrte von den Vorräten, womit ihn die sorgliche Mutter versehen hatte. Ein breiter Strom hemmte seine Heldenfahrt. Er wollte eine Furt oder eine Brücke aufsuchen und trabte deshalb immer am Ufer entlang talwärts. Da er keinen Übergang fand, so beschloß er, die Tiefe des Wassers zu untersuchen, weil es ihm schwerer dünkte, daß Skemming schwimmend einen gewappneten Mann hinübertrage. Er zog deshalb Rüstung und Gewand aus und ging ins Wasser, das ihm, als er weiter watete, bis über die Schultern schlug. Da sah er auf derselben Seite, wo er zu Tal geritten war, drei stattliche Recken zu Berg reiten. Als ihn diese erblickten, riefen sie ihm spottend zu: „He, Robbenhund, Fischmensch, wohin des Weges?" — „Seid ihr rechtschaffene Recken", versetzte er, „so laßt mich mein Heergewand anlegen, so will ich euch mit Schild und Schwert Rede stehen." Sie vergönnten ihm das willig. Da sie ihn nun aus dem Wasser hervorgehen sahen, verwunderten sie sich über seine gewaltigen Glieder, noch mehr, als er gewappnet zu Pferde saß und kühn auf sie zuritt. Es dünkte ihnen besser, in dem fremden, wilden Land ihn zum Gefährten als zum Gegner zu haben. Sie boten ihm daher Friede an, worauf er einging.

Sie freuten sich, als sie hörten, daß er nach Bern zu reiten gedenke, daß er lange stromabwärts geritten sei, ohne einen Übergang zu finden. „Du bist ein Vogel, der noch nicht lange flügge ist", sagte der älteste von den Männern. „Sonst hättest du gewußt, daß man am Strome bergan reiten muß, da man seiner Quelle näher kommt; doch folge uns getrost, wir kommen bald an eine Brücke, wo man gegen eine geringe Gebühr übersetzen darf."

Der Recke hatte wahr gesprochen, aber jenseits war ein Kastell erbaut, aus dem eine Schar wilder Männer trat, die wie Räuber anzusehen waren. Sie ritten über die Brücke und schienen Lust zu haben, den Recken den Weg zu verlegen. „Die Schufte sind uns an Zahl weit überlegen", sagte der älteste von den Männern. „Doch denke ich, wir werden ihnen mit unseren Waffen den Zoll bezahlen." — „Laßt mich vorausreiten", rief Wittich. „Ich will ihnen eine Gebühr anbieten, da werden sie wohl ausländische Männer in Frieden fahren lassen." — Er sprengte nach diesen Worten eilends auf die Brücke zu. Er bat nun, als ihm die Brückenwächternahe waren, um friedlichen Durchlaß. Aber sie forderten höhnisch sein Pferd, seine Rüstung, Kleider, den rechten Fuß und die rechte Hand. Er sagte ihnen, daß er das alles nicht entbehren könne, und bot seinen Zoll. Sogleich griffen sie ihn mörderisch an, doch ihre Waffen bissen nicht ein auf Wielands Werk; er aber zog Mimung und versetzte ihnen gewaltige Hiebe.

Die drei Recken hielten indessen ruhig auf einer Anhöhe. „Hei, wie der junge Held sein Roß tummelt!" rief der eine, „wie er die Strolche bleut! Da fällt ein Strauchdieb in zwei Stücke gehauen vom Hengst! Aber jetzt kommt eine ganze Rotte über den einsamen Kämpfer. Es ziemt sich, daß wir ihm Beistand leisten, denn wir haben Wehrgenossenschaft geschlossen." – „Es mag uns wenig helfen, ob er heil bleibt oder ob ihm der Schädel zerhauen wird", meinte ein anderer. „Seine Niederlage bringt uns sicherlich Unehre", sagte der dritte und spornte sein Roß nach der Kampfstätte, wohin ihm der erste mit gleicher Hast folgte. Ehe sie die Walstatt erreichten, lagen sieben Räuber erschlagen, die übrigen ergriffen bei ihrem Anblick die Flucht.

Die Helden ritten nunmehr ohne Aufenthalt über die Brücke in das Kastell, wo sie reichliche Vorräte an guten Speisen und Getränken fanden. Sie hielten Gelage bis spät in die Nacht. Da wurden die Zungen gelöst, und sie erzählten von ihren Taten und Geschlechtern. Wittich wußte nicht viel von sich, desto mehr von seinem Vater zu berichten. Von den Gefährten aber erfuhr er, daß der ältere, Meister Hildebrand, der zweite, der starke Heime, und der dritte, Jarl Hornboge, Gefolgsleute Dietrichs waren. „Hei, das ist eine gute Sache!" rief der junge Recke erfreut. „Ich will auch gen Bern reiten und mich mit dem ruhmvollen König Haupt gegen Haupt versuchen, und ich bin zuversichtlich, keine Niederlage zu erleiden, denn ich führe Mimung mit mir, meines Vaters Schwert, das in Stahl und Stein beißt, und ihr habt gesehen, was die Klinge für Arbeit schafft." Als die drei Gesellen das hörten, wurden sie viel stiller als zuvor, sie sprachen von Ermüdung und begaben sich bald zur Ruhe, was auch Wittich tat, nachdem er noch einen mächtigen Becher geleert hatte.

Der junge Held schnarchte bald mit Heime und Hornboge um die Wette, nur Meister Hildebrand konnte nicht einschlafen. Es war ihm, als läge ihm ein Alp auf der Brust, und der Alp war die Sorge um seinen Herrn. Er hatte Mimungs Werke mit eigenen Augen gesehen, und er kannte auch sonst die Güte des Schwertes. ‚Hildegrin', dachte er, ‚kann der Klinge Wielands nicht widerstehen, und der Arm des jungen Helden ist wie der des stärksten Riesen. Ha! Hohn und Schmach, wenn der Fant den Berner überwindet!' Mit einem Mal lachte er, daß ihm der lange Geißbart wackelte. Er stand auf, zog Wittichs Schwert hervor und legte das eigene daneben. Er verglich beide Waffen bei hellem Mondschein und fand, daß sie einander sehr ähnlich waren, die Klingen von gleicher Länge und Breite und gleich hell poliert; die Griffe, Scheiden und Fessel freilich – ja, da wußte der Meister schon Rat. Er schraubte die Griffe mit Geschick und großer Gewalt ab und vertauschte die Klingen. Niemand konnte den Tausch wahrnehmen. Darauf begab er sich wieder auf das Lager und schnarchte bald gleich den anderen.

Der Morgen weckte die Helden; sie nahmen ein Frühmahl ein und ritten wohlgemut des Weges, den Hildebrand wohl kannte. Sie gelangten an den Fluß Wisara (Weser), da, wo er schmal und sonst eine feste Steinbrücke war. Sie fanden diese zerstört und sahen jenseits die entronnenen Raubgesellen stehen, die ihnen höhnische Schmähworte zuriefen. Sogleich trieb Wittich seinen guten Hengst Skemming mit den Sporen an, und der flog wie ein Pfeil über den Strom auf den gegenüberliegenden Felsen und mit einem zweiten Sprung mitten unter die Strolche, die von allen Seiten ihren Todfeind angriffen. Heimes Hengst Rispe, ein Bruder Skemmings, hatte den gleichen Sprung getan; aber der Reiter verhielt sich müßig bei dem Kampfe und der Bedrängnis seines Gesellen. Erst spät langten Hildebrand und Hornboge an, da ihre Rosse den tiefen Strom schwimmend hatten übersetzen müssen. Nun war das Feld bald geräumt, und als die Räuber sich durch Flucht zu bergen suchten, da tat Skemming so gute Dienste, daß nicht einer entrann. Die siegreichen Recken trabten weiter und waren gar vergnügt über ihr Tagwerk, während Heime düster und schweigsam blieb. „Sei nur auch guten Mutes", sagte Wittich zu ihm. „Ich weiß wohl, daß du kein zager Degen bist. Du hast mir die Ehre des Tages allein gegönnt, deswegen hieltest du das Schwert in der Scheide."

Manchen Tag ritten die Helden durch Heide- und Moorland und durch einen Bergwald, der Osning heißt, bis sie an eine geräumige Burg kamen. Da wohnte zu der Zeit Frau Ute, Hildebrands Frau. Die empfing gastlich die müden Männer und pflegte ihrer reichlich. Doch nahmen sie bald von ihr Urlaub und gelangten am folgenden Tag bei guter Zeit in Bern an.

Herr Dietrich saß beim Mahl, als ihm die Botschaft von der Ankunft seines lieben Meisters samt dessen Gesellen hinterbracht wurde. Er stand sogleich auf, ging ihnen entgegen und begrüßte seine Getreuen, aber nicht den ihm unbekannten Wittich. Da zog dieser einen silberbeschlagenen Handschuh ab und überreichte ihn dem König. Der sah den Fremdling erstaunt an. Aber bald erwachte sein Zorn. Er warf ihm das Fehdezeichen ins Gesicht, indem er ausrief: „Soll der König jedem Landstreicher zur Zielscheibe dienen, daß er an ihm sein Schwert und Dolchmesser versucht? Heda, meine Mannen, ergreift den Wicht und hängt ihn draußen an den höchsten Galgen!" – „Wahrlich, du hast hier Gewalt", versetzte Wittich. „Du kannst mich durch die Menge deiner Knechte überwältigen, aber bedenke, ob solches Gebaren deinem königlichen Heldenruhm nicht einen nachtdunklen Flecken eindrückt, der ihm für lange Zeiten bleibt." Als die Kriegsleute auf den Wink des zürnenden Herrschers vorrückten, trat Meister Hildebrand ins Mittel. „Herr" rief er. „Der Mann hier ist Wittich, der Sohn Wielands, des Schmiedes, der in allen Ländern berühmt ist. Er dünkt mich kein verräterischer Mann und wohl wert zu sein, daß du ihn unter deine Gesellen aufnimmst, wenn du seiner mächtig wirst." – „Gut, Meister", erwiderte Dietrich. „Ich will ihn bestehen; aber wenn er Nagelring nicht verträgt, so ist er dem Henker verfallen. Der soll ihm die Gurgel schnüren, daß er schnalzt wie ein Fisch auf dem Festland. Das ist mein letztes Wort. Nun gleich fort auf den Rennplatz!"

Hofmänner und edle Frauen strömten aus den Toren von Bern. Sie alle wollten den Kampf der Helden auf Leben und Tod schauen. Schon standen die Recken des Streites gewärtig, da reichte Heime dem König einen vollen Becher Weins. Hildebrand tat das gleiche dem jungen Kämpfer, der von der Menge begafft wurde, die ihm eine Niederlage wünschte. „Habe Dank, lieber Geselle", sagte er, den Becher leerend. „Du hast mir eine Wohltat erwiesen, die möge dir Gott vergelten." Nun sprangen die Helden auf ihre Rosse und rannten mit Spießen aufeinander los. Die edlen Hengste schienen gleich vortrefflich in Lauf und Sprung, und auch die Reiter wankten beim Zusammentreffen nicht im Sattel; aber Dietrichs Schaft glitt am blanken Schild des Gegners ab, Wittichs Schaft durchbrach des Königs Schild und ging an dessen Brünne in Stücke. Als darauf Dietrich nochmals anrannte, zerhieb er dessen Schaft mit dem Schwert. Die Kämpfer sprangen jetzt von den Rossen und griffen sich mit blanken Klingen an. Niemals hatte man ein solches Fechten, solch gewaltige Schläge gesehen. Allmählich gewann der starke König die Oberhand, obwohl weder er noch sein Gegner von den schrecklichen Schlägen wund waren. Mit einem Streich, der jeden anderen Helm gespalten hätte, außer Wielands Werk, fällte er ihn zu Boden; aber Wittich sprang sogleich wieder auf, warf den Schild auf den Rücken und führte mit beiden Händen einen nicht minder starken Hieb auf Dietrichs Haupt. Hildegrim blieb unversehrt, während der spröde Stahl in Wittichs Hand zerbrach. „Sei verdammt, Vater, zur Hölle", rief er. „Das ist nicht Mimung! Du hast mich betrogen!" Er stand wehrlos vor dem König, dessen Nagelring schon wieder über seinem Haupte blitzte. „Ergib dich, Strolch", rief der zornige König, „und fahre zum Galgen!" Es war um den jungen Kämpfer geschehen; Hildebrand sprang jedoch dazwischen. „Herr", sagte er, „schone des Wehrlosen Leben; nimm ihn zum Gesellen an; du findest in der Welt keinen besseren Helden, der in unsere Genossenschaft eintreten könnte." – „Er ist dem Henker verfallen", antwortete der Berner. „Zurück, Meister, daß er noch einmal vor mir den Staub lecke." – Da bereute es der Meister, dem jungen Helden das Schwert weggenommen zu haben. „Hier, Wittich, ist dein Mimung", sagte er, ihm das Schwert von seiner Seite reichend. „Und nun, Dietrich, wahre dein Haupt vor Mimung!"

Der Kampf begann mit neuer Wut. Da und dort schnitt das Schwert in Wittichs Faust durch die starken Ringe des Gegners; Stücke von dessen Schild fielen zu Boden; ein mit aller Kraft geführter Streich traf den Helm Hildegrims, und der widerstand nicht. Die eine Seite desselben war, als ob sie von weichem Wachs wäre, abgehauen, und reichlich strömte des Königs Blut aus mehreren Wunden. „Ergib dich, König!" rief der siegreiche Recke. Aber Dietrich kämpfte fort, obwohl ihm die furchtbare Klinge immer neue Wunden schlug. Da sprang der Meister abermals zwischen die Kämpfer, indem er Waffenruhe gebot. „Wittich", rief er, „laß ab, denn nicht deine Kraft, sondern Wielands Schwert bringt dir Gewinn. Werde unser Geselle, so gehört uns die Herrschaft über alle Länder, denn nächst dem König bist du der kühnste von allen Helden." „Meister", sagte Wittich, „du hast mir hier in der Not beigestanden, ich will deinen Rat nicht mißachten. Wisse, ruhmvoller Held von Bern", wandte er sich an den König, „ich bin hinfort dein Mann und gelobe dir Treue, solange ich das Leben habe." Der König ergriff die dargebotene Rechte; er belieh alsbald den erworbenen Gesellen mit Burgen und Dienstleuten, über die er als Graf frei schalten sollte.

Sobald die Wunden des Königs etwas vernarbt waren, veranstaltete er ein festliches Gelage. Zu seiner Rechten saß Wittich, zu seiner Linken Heime, gegenüber Meister Hildebrand. Spielleute sangen im Hintergrund zum Saitenklang fröhliche Lieder. Als die Gäste fleißig den Becher leerten, wurden sie heiteren Mutes. Sie rühmten den Herrscher, seine Kühnheit im Kampfe, seine Güte, womit er die Getreuen belohnte. Heime, vornehmlich aber Wittich, stimmten ein. Sie gelobten, ihm jeden Dienst zu erweisen und Blut und Leben nicht zu schonen. Dietrich drückte den Helden die Hände, er löste zwei schwere Goldketten von seinem Hals und beschenkte sie damit.

Zu Köln am Rhein saß einst eine Königin, die hieß Seeburg. Sie war reich an Gütern, noch reicher jedoch an Schönheit. Zwei Schwestern ruhten neben ihr auf dem Thron, die eine zur Rechten, die andere zur Linken, jene heiter und lachend, gleich dem aufgehenden Morgen, diese ernst und sinnig, gleich dem Abend, wenn er hinter goldenen Wolken niedergeht. Manch fürstlicher Held hielt sich am Hofe der edlen Frauen auf und strebte durch kühne Taten nach ihrer Minne. Unter allen ragten durch Mut, Ruhm und Besitztum drei Brüder hervor, Söhne des einst mächtigen Königs Mentiger und einer Meermaid. Sie hießen Ecke (oder Egge), Fasolt und Ebenrot. Viele Abenteuer hatten sie bisher siegreich bestanden, und kein Kämpfer wagte es, gegen sie in die Schranken zu treten. Sie saßen beim Gelage den Königinnen gegenüber, sie leerten die Becher mit Lust, die die schönen Frauen ihnen füllten. „Den Recken möchte ich sehen", rief Ecke, „der dieses Reich in Not bringen könnte, wenn wir seine Grenze behüten." – „Es lebt ein Held, der uns zu bestehen wagt", sagte Fasolt nachdenklich. „Er, der Grim und Hilde erschlug, der kühne Dietrich von Bern." – „Hei, der schlug die beiden, da er sie im Schlaf überfiel!" rief Ebenrot mißmutig. „Wären sie wach gewesen, so hätten sie dem wunderkühnen Mann die Gebeine arg zerklopft und den Wölfen zur Atzung vorgeworfen." – „Du lügst, Ebenrot", rief Ecke. „Dietrich ist ein unverzagter Held, der im offenen Kampf, nicht hinterlistig, zu streiten gewohnt ist." – In dieses Lob stimmten alle Gäste ein, und jeder wußte von einer Heldentat des Berners zu erzählen.

„Vieles habe ich schon von dem Löwenmut dieses Kämpfers gehört", sagte die Königin Seeburg. „Aber bald sagte man, er sei schön von Gestalt und Angesicht, gleich dem Gotte Donar, bald vergleicht man ihn mit einem grimmigen Drachen, der lodernde Flammen aushauche. Ich möchte ihn wohl gern von Angesicht sehen. Fände ich einen Boten, der kühn genug wäre, ihn zu mir zu entbieten, so würde ich ihn reich belohnen." – „Ich will dein Bote sein", rief Ecke freudig. „Längst schon gelüstete es mich, mit ihm zusammenzutreffen; ich schaffe ihn hierher zu deinen Füßen, du minnigliche Frau; ich bringe ihn hierher, tot oder lebendig." – „Nicht also, tapferer Held", sagte Königin Seeburg. „Du bist uns Schutz und Schirm, bist uns teurer als Reich und Krone und sollst nicht um einer Botschaft willen in Lebensgefahr kommen." – Da erhob sich Ecke, und seine Augen erglänzten vom Feuer des Mutes und der Liebe. „Um deiner Minne willen gehe ich willig in Kampf und Tod", rief er. „Gib mir ein Pfand, daß du mir angehören willst, wenn ich ein glücklicher Bote bin!" – Die Königin nahm errötend eine Goldkette von ihrem Halse und schlang sie dem Helden um, indem sie sagte: „Nimm hier das Pfand, das dir mein Reich und mich selbst zu eigen macht. Es ist von Zwergenhänden aus lauterem Gold gefertigt und mit Zauberkraft geweiht."

Ecke sah ihr begeistert in die Augen, die von Huld und Liebe glänzten. „Nun bin ich stark wie zehn Riesen und fahre hinaus in jeden Streit, ohne Helm und Rüstung; Schwert und Schild genügen mir." – Die Königin dagegen hieß ihn zu warten und winkte ihren Dienerinnen, und alsbald brachten diese Helm, Brünne, Schild und Schwert aus den Gemächern der hohen Frau, und sie wappnete den Recken mit eigenen Händen. Sie sagte ihm, Helm und Brünne, mit Goldspangen verziert, seien das Werk Alberichs, der diese Rüstung einst dem Kaiser Ortnit verliehen habe.

Schwert und Schild hätten zehn Zwerge gearbeitet und das Wasser zur Härtung aus einem Fluß geholt, der bei Alten-Troja fließe. Ecke zog das Schwert aus der goldenen Scheide und schwur, es im Dienste seiner Verlobten treu zu führen. Wie er die blanke Klinge erhob und senkte, da war es, als ob ein glühender Wurm daran auf und ab liefe. Hell strahlten Edelsteine auf dem Helm, und silberne Glöckchen klangen um den unteren Rand der Brünne. Der junge Held erschien in der strahlenden Rüstung hoch und gewaltig, wie Donar, schön und blühend, wie Freyr, als er die geliebte Gerda erwartete.

Dort wanderte er hin über die einsame Heide mächtigen Schrittes zu Fuß, denn er glaubte nicht, daß ihn ein Roß auf der weiten Reise tragen könne. Weder Moorlachen noch breite Bäche hemmten seine Schritte. Er setzte kräftig darüber weg, als ob er Flügel habe. Er kam endlich gegen Abend in einen tiefen Wald, wo er nicht mehr Weg und Steg zu erkennen imstande war. Das machte ihm nur wenig Sorge, denn ein Lager von Moos und ein Dach von dichtem Gezweig war ihm als Herberge genügend. Schwerer dagegen dünkte es ihm, in der Wildnis die gewohnte Abendkost zu finden. Während er sich nun durch Dickicht und Dornhecken Bahn brach, hörte er einen Mann mit tönender Stimme ein Lied singen. Er folgte der Stimme und gelangte an eine einsame Behausung. Der Einsiedler lud ihn ein, zusammen mit ihm das Nachtmahl einzunehmen.

Die Männer saßen bis spät in die Nacht beisammen, zechten, sangen und plauderten wie zwei alte Freunde. Da sprach Ecke auch von seinem Vorhaben, den kühnen Berner tot oder lebendig nach Köln zu der mit ihm verlobten Königin Seeburg zu bringen. „Den Berner Dietrich!" rief der Waldmann erschrocken, „und um eines Weibes willen! Freund, um Frauengunst gehe ich nicht einen Schritt aus meiner Klause. Denn die Weiber sind alle wie schwankende Rohre, die der Wind hin und her weht, wie ich selbst erfahren habe. Höre, Freund, vor dem Schwert und dem Feueratem des Berners besteht weder Recke noch Riese, denn er ist der Sohn eines höllischen Geistes." – „Dieses Schwert ist Zwergenwerk und zweifach gehärtet!" rief Ecke. „Dieser Helm und diese Brünne gehörten einst Ortnit und Wolfdietrich und sind fest gegen alle Waffen, und diese Faust hat sich in manchem Kampfe bewährt. Darauf darf ich vertrauen, wenn auch Dietrich der kühnste Recke ist in allen Ländern. Gewinne ich ihn mit Glimpf, daß er willig zu meiner Königin folgt, so werde ich selbst sein treuester Geselle; ist er harten Herzens, so fällt er von meiner Hand oder ich von der seinen." – „Frau Sälde (die Selige oder Segnende) sei mit dir auf deiner Fahrt", sagte der Waldmann. „Aber nun laß uns trinken und des Harms vergessen." – „Noch diesen Becher trink ich zum Abschied", versetzte der Gast. „Die Unruhe treibt mich aus deinem gastlichen Hause. Ich muß fort nach Bern zum kühnen Wagespiel der Waffen. Ich bin Ecke, der lange um die Minne der Königin Seeburg warb. Und nun hat sie mir diesen Goldring und alles Streitgewand als Zeichen ihrer Huld verliehen, da kann ich nicht säumen. Zeigt dir ein anderer diesen Reif, so bin ich im ehrlichen Kampf gefallen; aber ich hoffe auf Siegesruhm." – „Du bist Ecke, von dessen Taten die fahrenden Sänger erzählen", sagte der Waldmann. „Du hast das Land so lange mit starker Hand beschützt; bleibe hier in meiner Klause zur Nacht. Denn ich fürchte, ich werde dich nicht mehr von Angesicht schauen." Doch Ecke ließ sich nicht mehr aufhalten und machte sich auf seinen Weg.

Endlich lagen Stadt und Burg Bern vor ihm, und bald durchmaß er die Straßen, wo das Volk staunend dem gewaltigen Recken nachgaffte. Er kehrte in einer Herberge ein, die gerade an seinem Weg lag. Er mußte sich unter der niederen Decke bücken und nahm Platz unter allerlei Volk, das ehrerbietig zurückwich. Ein reichliches Mahl und trinkbarer Wein mundeten ihm trefflich. Als die anfängliche Scheu der Leute geschwunden war, sprachen sie von ihren Geschäften und weiter kam die Rede auf den Herrscher des Landes. Da erfuhr denn Ecke, dieser sei allein ausgezogen, um Unholde zu vertilgen, die sich in einem Wald namens Osning angesiedelt hatten. Er vernahm ferner, daß es derselbe Wald war, den er in einer anderen Richtung durchwandert hatte. Er ließ sich die Gegend beschreiben und hoffte nun, dem zu begegnen, den er suchte. Also verließ er Bern, ohne in der Königsburg einzukehren. Er fand auf dem Wege in Städten und Burgen gute Herberge. Ehe er aber den Wald betrat, versah er sich mit Wein- und Speisevorräten. Auf seiner Wanderung kam er an eine Lichtung; da standen viele Waldleute um einen ungeheueren toten Flugdrachen. Er erfuhr von den Anwesenden, der kühne Berner habe das Ungetüm, den Schrecken des Volkes, erschlagen und den jungen Recken Sintram, den Sohn Reginalds von Fenedi, aus dessen Rachen befreit. Das war ein neuer Sporn für Ecke, nicht zu säumen. Die Nacht überraschte ihn auf der Wanderung. Sie war finster, weder Mondschein noch Sternenlicht erhellte sie. Ecke lagerte sich unter einen Baum und träumte halb entschlafen von Ruhm und Minne. Da weckte ihn Hufschlag, und er sah einen Schimmer, als wenn jemand eine Leuchte trage. Er sprang auf, eilte nach und erkannte, daß Helm und Schild eines Reiters diesen Schein verbreiteten. „Es ist der König", sagte ihm eine Ahnung, und sie trog ihn nicht. Er rief nachjagend dem Reiter zu, er solle anhalten, wenn er kein Feigling sei. Da hielt der Mann sein Roß an und erkannte nun selbst, daß ihm ein gewappneter Degen folgte, denn auch Eckes Rüstung leuchtete wie Sternenlicht. Dietrich sprang nun von seinem Hengst, um den Ankömmling nach seinem Begehren zu fragen. Als er alles vernommen hatte, erklärte er, er werde nicht nach Köln gehen, um sich wie ein Wunder von neugierigen Weibern begaffen zu lassen; auch scheine es ihm ein schlechtes Tagewerk, wenn er und Ecke sich deshalb die Hälse brechen wollten. Der junge Recke bat flehentlich, der König möge mit ihm gen Köln fahren, und fügte hinzu, er werde dort hoch in Ehren und er selbst sein Leben lang des Berners treuester Heergeselle sein. Als aber Dietrich auf seiner Meinung beharrte und auf seinen Hengst sprang, um seinen Weg fortzusetzen, schalt er ihn einen Feigling, dessen Ruhm erlogen sei, dessen Zagheit er in allen Landen verkündigen werde. Zugleich schlug er an seinen Schwertknauf und forderte zur Waffenentscheidung auf. Ob dieser Rede entbrannte Dietrichs Zorn. Doch sagte er, man müsse den Tag zum Waffengang auf Leben und Tod abwarten, denn in der Dunkelheit könne auch ein Schwächling den Sieg gewinnen und eines Meuchlers Mordwaffe den stärksten Mann fällen. „Wohl gesprochen", rief Ecke. „Nun erkenne ich den königlichen Helden, der seines Namens würdig ist. Aber hier im Bergwald könnten uns Lindwürmer überfallen und zum Fraße fortschleppen. Darum wollen wir Wache halten, du in der ersten Hälfte der Nacht, ich in der zweiten. Treuere Wächter finden wir nicht, ob wir auch durch die ganze Welt suchten." Da er solches gesprochen, streckte er sich auf den Rasen, nahm den Schild unter das Haupt und entschlief bald getrost und harmlos wie ein Kind in den Armen der Mutter.

Dietrich wachte über dem Haupte des Mannes, der nach seinem Blut begierig war. Er betrachtete bei Sternenlicht die kraftvollen Glieder des Schläfers und sein männlich schönes Angesicht. ‚Und morgen, wenn der Tag erscheint', dachte er, ‚senkt sich vielleicht der Todesschlaf auf seine Lider, und er ist bleich, kalt, ohne Atem und Bewegung. Er oder ich, darauf beharrt er, und andere Wahl ist mir nicht gegeben.'

Mitternacht war vorüber; er weckte Ecke und schlief nun selbst unter dessen Obhut. Dieser war ungeduldig, begierig den Streit auszufechten, der ihm die Königin erwerben sollte. Er schalt die Sonne, daß sie säume, er begrüßte jauchzend den aufsteigenden Morgen und weckte den König. Nun saßen beide zusammen und teilten ihr Frühmahl, und jeder suchte den anderen nochmals, obwohl vergeblich, für seine Vorschläge zu gewinnen. Darüber erhitzten sich die Gemüter, und sie griffen nach den Waffen. Der Kampf der starken Männer war entsetzlich. Die Streiche schallten wie Donnerschläge, so daß Vögel und scheues Wild eilends entwichen. Schon bluteten sie aus tiefen Wunden, doch war Eckes Rüstung noch unverletzt, da nur an den Gelenken und an dem nicht fest schließenden Hals-

Kampf Eckes mit Dietrich

berg das Schwert des Feindes eingedrungen war. Jeder war schon wiederholt in das blutgetränkte Gras gesunken – aber immer wieder aufgesprungen und mit neuer, von Scham und Zorn erhöhter Kraft in den Streit zurückgekehrt. Zum fünftenmal raffte sich Ecke auf, spaltete mit einem furchtbaren Schlage Dietrichs Schild und drängte den halb Entwehrten in ein Dickicht, wo er von den Zweigen einigen Schutz erhielt. Der Berner raffte nun alle Kräfte zu einem entscheidenden Streich zusammen, den er mit beiden Händen ausführte. Ecke fiel fast ohne Besinnung zu Boden. Dietrich warf sich über ihn und befahl ihm, sich zu ergeben. Statt der Antwort schwang ihn der Recke von sich ab und umklammerte ihn wie mit Zangen. Die Helden rangen am Boden; bald war der eine, bald der andere oben. Inzwischen gelang es dem König, eine Hand frei zu bekommen, womit er das Schwert fassen konnte. Er stieß die scharfe Klinge dem tapferen Feind unter der Brünne tief in den Leib. Es war geschehen, die umklammernden Arme des Helden lösten sich, der Boden wurde rot von Blut, das Angesicht von den Schauern des Todes bleich. „König", stöhnte er, „nimm den Goldreif von meinem Arm, bringe ihn meiner Verlobten und sage ihr, daß ich Treue gehalten habe bis in den Tod. Was du dem Lebenden versagt hast, wirst du dem Sterbenden versprechen und dem Toten erfüllen." – „Nun gehe ich, junger Held, zu deiner Königin, um ihr deinen letzten Gruß zu bringen", sprach der Berner.

Auch der siegreiche König war von Kampf und Wunden erschöpft, sein Helm und seine Rüstung zerhauen und fast unbrauchbar. Doch hätte er gern den kühnen Ecke wieder ins Leben gerufen, wenn ihm solche Macht vergönnt gewesen wäre. Zunächst nahm er den Goldring nach dem Willen des Sterbenden, dann aber entkleidete er ihn auch des Streitgewandes, das sich in dem schweren Kampfe bewährt hatte; nicht minder glaubte er, daß das Schwert Eckes, genannt Eckesachs, durch den Sieg sein rechtmäßiges Eigentum und wohl mit Mimung zu vergleichen sei. Die Waffenbeute lud er auf den Rücken seines Hengstes; er selbst konnte aus Erschöpfung nicht aufsteigen und schleppte sich mühsam, das Roß am Zügel führend, durch den einsamen Wald. Brennender Durst quälte ihn. Nach langem Suchen fand er einen strömenden Born, dessen helle Flut ihn jetzt mehr erquickte als sonst der funkelnde Wein. Als er den Durst gestillt hatte, erblickte er auf der anderen Seite des Wassers eine liebliche Maid, die furchtlos in diesem abgelegenen Walde entschlummert war. Er schleppte sich mühsam hinüber zu ihr, weckte sie und bat sie, seine Wunden zu verbinden. Während sie damit beschäftigt war, redete sie ihm freundlich zu, er solle mit ihr gehen, unter dem Wasser habe sie einen schönen Saal. Wer da eintrete, genese sogleich von allem Siechtum und werde von allen Schmerzen der Erde frei; es herrsche immer ein glücklicher Friede, aber wer eintrete, müsse auch immer in dem stillen Saale bleiben, denn es seien wohl viele Wege, die hinunterführten, aber ein Aufgang sei nicht vorhanden. Nur sie selbst, die Herrin, könne zur Oberwelt aufsteigen, um die mit Schmerzen beladenen Menschen zu sich einzuladen. „In deinen Saal der starren Ruhe folge ich dir nicht", sagte Dietrich. „Der tätige Mensch, der Held, muß dulden, kämpfen, gewinnen, solange er die Kraft in sich fühlt, solange er Atem und Leben hat." Da hieß ihn die Maid weiterziehen, bis er, müde der getragenen Last, Zuflucht bei ihr suche.

Der König wankte weiter. Da hörte er den Hilferuf einer weiblichen Stimme. Gleich darauf stürzte flüchtigen Fußes ein Moosweibchen, verfolgt von zwei grimmigen Rüden, auf ihn zu und flehte, seine Knie umklammernd, um Schutz. Mit einem Schwertstreich fällte er den einen Hund, der andere entfloh heulend. Durch die Anstrengung war eine Wunde des Helden wieder aufgebrochen, und er sank erschöpft auf den Rasen. Sobald das Moosweib dies bemerkte, untersuchte sie die Wunden, drückte Eiter und Blut heraus, reinigte und verband sie mit Heilbalsam und dem Saft einer Wurzel, die sie ausdrückte. Dietrich fühlte sich sehr gekräftigt; er meinte, nun könne er wieder fechten wie zuvor. Als man jedoch abermals Hundegekläff und Hallo der Jäger hörte, bat ihn das Weib zitternd, er möge mit ihr in eine Bergkluft flüchten, wohin ihnen der schreckliche Fasolt mit seinen Bestien nicht folgen könne. Der Berner, nicht gewohnt zu fliehen, erwartete die Jagd. Ein riesiger Recke jagte mit Hunden voraus. Als er den Helden mit seiner Gefährtin und zugleich die getötete Bestie erblickte, rief er: „Hast meinen Machmet totgeschlagen und dir das Moosweib zugelegt, das ich schon den ganzen Tag jage! Da, nimm den Lohn!" Mit diesen Worten warf er sein Pferd herum und führte einen so furchtbaren Streich auf des Helden Haupt aus, daß derselbe, wie vom Blitz getroffen, zu Boden fiel „Ich denke, du hast einen Paß für die Hölle", lachte er höhnisch. „Nun magst du das Moosweib behalten, daß sie dir den geborstenen Schädel zusammenflickt, wenn sie kann." Mit diesen Worten jagte er fort. Das Weib aber richtete den Berner auf, und da sie fand, daß der Schwertstreich nicht das Haupt ihres Beschützers beschädigt hatte, verband sie nochmals die alten Wunden mit ihren Heilmitteln und gab dem Recken auch einen Trank, der ihn völlig herstellte. Darauf hieß sie ihn, sich zum Schlummer niederzulegen, und sang ein Schlummerlied, erst schallend in grellen Tönen vom Sturm, der durch die Wipfel der Bäume rast und Blüten und Blätter herabstört, dann leiser und leiser von den milden Frühlingslüften, deren Atem Blumen und Knospen und grüne Saaten hervorruft. Der müde Held schlief allmählich ein, und sie hütete ihn, wie eine Mutter wacht über ihrem Kinde. Er erwachte am Morgen. Er stieg zu Pferde, um seinen Weg fortzusetzen, das Weibchen aber sprang flüchtig wie ein scheues Reh über und durch die Büsche. Plötzlich stieß es ein lautes Geschrei aus und nahm abermals, von Fasolt verfolgt, Zuflucht zu dem Helden. „Hei, Mordbube", schrie der Wilde.

„Trägst meines Bruders Ecke Rüstung; hast ihn im Schlafe ermordet! Fahre zur Hölle!" Mit diesen Worten führte er einen gewaltigen Schlag nach Dietrichs Haupt. Allein dieser vermied ihn, indem er sich bis auf die Mähne seines Rosses herabbückte, und erwiderte ihn so kräftig, daß Fasolt kopfüber den Sattel räumte. Der Held sprang von seinem Hengst, und schon blitzte sein Schwert über des Gegners Haupt; da bat dieser um Gnade und versprach hoch und heilig, ihm ein treuer Geselle und Dienstmann zu sein. Er wiederholte feierlich den Eid, als er den Namen seines Überwinders und die näheren Umstände von dem Kampf mit Ecke erfuhr.

Beide Helden zogen nun miteinander durch das grüne Waldgebirge Osning (Asening), wo einst Asgard und die Asen ihre goldenen Hallen erbaut hatten. Dietrich bestand gefährliche Abenteuer. Er hatte mit Recken und Riesenweibern zu kämpfen, die mit entwurzelten Bäumen auf ihn losschlugen, aber stets blieb er Sieger. Er verzieh auch seinem Begleiter, der sich mehrmals als treulos erwies. Er kam endlich in die Klause des Waldmanns, der Ecke gastlich bewirtet hatte. Der war stolz auf sein stets dem Wanderer offenes Haus. Bei seinem Sorgenbrecher saß er nach dem Abendimbiß mit ihnen zusammen, aber nicht fröhlich, wie sonst; er wischte manchmal eine Träne aus den Augen. „Herr", wandte er sich dann an Dietrich, „du bist der Berner Held und hast meinen armen Gastfreund Ecke erschlagen, denn du trägst seine strahlende Rüstung." – Der Held leugnete nicht. „Wohl", fuhr der Wirt fort, „ich würde den edlen Helden zu rächen suchen, wäret ihr nicht meine Gäste. Nun seid ihr gut behütet, denn in des Waldes grünen Lauben geht der Falschheit Wolf nicht um." – Der Berner schlug vertrauensvoll in die dargebotene Hand. Allein der Waldwirt, einen tückischen Blick Fasolts gewahrend, setzte noch hinzu: „Traue nicht jedem, es gibt auch treubrüchige Verräter."

An den Wänden rings in der Klause waren Mooslager; sie dienten den drei Männern als bequeme Ruhestätten. Auch der Waldmann ruhte darauf, aber er schlief nicht. Um Mitternacht sah er, wie Fasolt sich erhob, das Schwert Dietrichs in einem Winkel verbarg und darauf mit seiner eigenen Waffe dem Helden sich näherte. Er warf noch einen schielenden Blick nach dem Wirt, und als er denselben wach sah, flüsterte er: „Stille, es gilt die Rache für meines Bruders Blut." Er zog das Schwert, aber der Waldbewohner stürzte auf ihn zu und suchte es ihm zu entreißen. Beim Ringen der Männer fiel es klirrend auf die Erde. Dietrich erwachte, begriff, was sich begeben hatte, und durchbohrte den Verräter mit dessen eigener Klinge. „König", sagte der Klausner, als er die Leiche fortgeschafft hatte, „meine gelobte Treue habe ich dir ehrlich gehalten. Aber kehre nicht wieder hier ein. Denn ich werde dir nicht mehr die Hand bieten, und suchtest du nochmals hier ein Lager, so fändest du den Tod für Eckes Tod."

Der Berner ritt fort durch Wald und Heide, bis er gen Köln kam. Als die Königin vom hohen Söller herab in der Ferne die glänzende, wohlbekannte Rüstung erblickte, schmückte sie sich zum Empfang des geliebten Freundes und hieß auch ihre Schwestern und Frauen das gleiche tun. Der Held ritt in den Burghof ein. Da eilten Recken und Diener zum Empfange herbei, aber sie blieben stumm und regungslos, denn unter dem leuchtenden Helme schaute ein anderes Angesicht hervor als das erwartete. Kaum trat auf sein Geheiß ein Knecht herzu, ihm das Roß zu halten. Er ging darauf unangemeldet in die Königshalle, wo die Herrin den Thron eingenommen hatte. Erstaunt, bald aber zitternd über das, was sie hören sollte, blickte sie auf den Helden. „Wo ist der edle Recke, dem ich diese Rüstung verliehen habe?" fragte sie, als Dietrich noch immer schwieg. Er fand nicht Worte, das Schreckliche zu berichten. Es war eine peinliche Stille im Saal. Mit Mühe brachte sie das Wort hervor: „Tot?" – „Er starb als Held", antwortete der König jetzt gefaßt. „Als Held deiner gedenkend, deiner würdig. Hier das Pfand seiner Treue bis in den Tod." Er überreichte der Herrin den Goldreif, und sie nahm ihn und entfernte sich ohne Dank und Gruß. Sie trug seitdem stets Trauerkleider und blieb unvermählt.

Schweigsam, ohne Dank und Gruß, verharrten auch die Hofleute, als der König den Saal verließ. Mancher Recke sandte ihm drohende Blicke nach und hätte ihm noch lieber scharfe Gere nachgeschleudert, wenn ihm zuvor der Fehdehandschuh wäre überreicht worden. Jedoch konnten die Drohungen künftiger Rache den Ruhm nicht schmälern, den die siegreich bestandenen Abenteuer dem Helden von Bern brachten.

Als Dietrich in seine Burg einritt, kam ihn zuerst Heime grüßend entgegen, nahm Falke am Zügel und rief voranschreitend: „Heil dem großen Sieger, der Ecke schlug und die Unholde vertilgte! Heil dem unüberwindlichen König!" „Dank dir, wackerer Geselle", sagte Dietrich. „Und hier eine Gabe für deinen Gruß." Mit diesen Worten überreichte er ihm das gute Schwert Nagelring. Der Recke empfing es mit Freuden und küßte es zweimal und dreimal, indem er versetzte: „Die Gabe will ich zum Ruhme meines Königs führen, und ich will sie erst mit meinem Leben von mir lassen." – „Du bist des Schwertes unwürdig, schnöder Geselle", rief Wittich, der mit anderen Recken herzugetreten war. „Du hast unlöblich deine Klinge in der Scheide rosten lassen, als das Raubvolk mich bestürmte, während Hildebrand und Hornboge mir treulich Beistand leisteten." Heime griff nach dem Schwert und erwiderte: „Mich verdroß dein Selbstlob, wie jetzt deine Lästerzunge, die ich dir ausschneiden will." – Schon griff auch Wittich nach Mimung. Aber der König trat zwischen die hadernden Männer und ermahnte sie, den Burgfrieden aufrechtzuhalten. Als er darauf von dem Vorgang Kenntnis erhielt, hieß er Heime seines Weges fahren, weil es nicht der Recken Art sei, den Wehrgenossen in der Gefahr zu verlassen. Er solle nun, fügte der König hinzu, durch tapfere Taten zeigen, daß er ein rechtschaffener Held sei, dann möge er wiederkehren. „Wohl, Herr. Mit Nagelring gedenke ich mir größeres Gut zu erwerben, als die Burgen, die du mir jetzt wieder entziehst." So sprach der kühne Degen, sprang auf seinen Hengst und ritt von dannen ohne Abschied und Gruß.

Er ritt weit fort bis an die Wisara, wo er einen Haufen von Raubgesellen um sich sammelte und großen Unfug trieb. Er plünderte das wehrlose Landvolk und manchen Wanderer; selbst unverzagte Recken mußten ihm Steuern bezahlen, oder Gut und Leben lassen. So erwarb er sich durch Wegelagerung einen großen Hort und wurde nicht müde, sein Gut zu vermehren.

Das war ein schlimmer Empfang für den siegreich heimkehrenden Helden. Desto freudiger begrüßten ihn die anderen Gesellen und vornehmlich die Königin Virginal. Dietrich mußte immer wieder von dem schrecklichen Kampf mit dem Helden Ecke erzählen, und wie er dadurch die strahlende Rüstung und das gute Schwert Eckesachs gewonnen habe.

Gut ein Jahr verging in der Zwischenzeit. Da rüstete sich Dietrich wieder einmal zu einem, allerdings ungefährlichen, Abenteuer; denn er wollte, einer Einladung von Kaiser Ermenrich, seinem Onkel, folgend, nach Romaburg zu einem Festgelage fahren. Da trabte auf stolzem Roß ein Recke in den Hof. Der König erkannte ihn sogleich. Es war Heime auf seinem Hengst Rispe. Derselbe stand bald vor dem Berner, der ihn nicht eben freundlich empfing. Der Recke berichtete, er habe viele Kämpfe mit Räubern und Riesen bestanden, was auch eine tiefe Schramme im Gesicht und manch zerhauener Ring bezeugte. Er bat um Wiederaufnahme in die Gesellschaft und verhieß auf Treue seinen Beistand in allen Gefahren und Nöten. Als auch die Königin für den alten Gesellen ein begütigendes Wort sprach, reichte ihm Dietrich die Hand und forderte ihn zugleich auf, mit ihm und anderen seiner Gesellen gen Romaburg zu Kaiser Ermenrich zu fahren.

Die Reise währte manchen Tag, denn der König wollte auch in Fritilaburg Herberge nehmen, wo er zu schaffen hatte. Als die Helden dort weiter reiten wollten, hielt sie ein junger Degen in starker Eisenrüstung an und fragte nach dem weltberühmten Dietrich von Bern, weil er bei ihm Dienste nehmen wollte. Er nannte sich Ilmenrik, Sohn des Bonden (Freibauern) Soti aus Danland. Als er an den König gewiesen wurde, sprach er: „Willst du mein Herr sein und meinen Dienst annehmen, so möchte ich wohl deine und deiner Gesellen Gewänder, Waffen und Rosse in guter Pflege bewahren." Der Berner fand Wohlgefallen an dem jungen Gesellen und wies ihn zu seinem Gefolge, das neben Wittich und Heime aus zwanzig edlen Dienstmannen und noch mehreren Knechten bestand. Man kam zu Romaburg an, wo der reiche Kaiser die geladenen Gäste mit großen Ehren empfing und alsbald in die festliche Halle führte. Dagegen bekümmerte sich niemand um die Dienstleute, die doch auch ein Unterkommen begehrten. Sobald aber Ilmenrik die Gewänder, Waffen und Rosse des Königs, Wittichs und Heimes wohl versorgt hatte, ging er zu den Dienstleuten, die ratlos im Burghof hielten. Er hieß sie guten Mutes sein, weil er für sie Sorge tragen werde.

Er nahm sie darauf mit sich in die beste Herberge, die man ihm zeigte, ließ die Halle zum Gastmahl herrichten und kaufte gute Speisen und Getränke. Bald saßen die Männer an den vollen Tischen, schmausten und zechten und waren guter Dinge bis spät in die Nacht. Ehe sie schieden, lud sie der freigebige Gefährte für den folgenden Tag wiederum zur Freudentafel. Er ging dann, als der Morgen anbrach, abermals auf den Markt. Weil aber seine Barschaft erschöpft war, so verpfändete er Heimes Rüstung und Roß und verwandte die ganze Summe auf die Bewirtung. Am dritten Tag verpfändete er Wittichs Habe und am vierten die Waffen und den Hengst seines Herrn. Er ließ bei dem Gelage Spielleute kommen und schenkte dem besten Spielmann, der Isung hieß und auch ein weidlicher Kämpfer war, ein Purpurgewand seines Herrn. Die Leute ließen sich das wohlgefallen. Sie meinten, ihr Genosse sei reicher Eltern Kind, dessen Säckel nie leer werde.

Am fünften Tag wollte der König aufbrechen, um gen Bern zu fahren. Er befahl seinem Dienstmann, die Waffen herbeizuschaffen und die Hengste aufzuschirren. Ilmenik antwortete: „Ich will es gern tun, aber du mußt das alles erst auslösen, denn ich habe es für Speise und Getränke um etliches verpfändet, nachdem ich meine eigenen zwanzig Mark verwendet hatte." „Hei!" rief Dietrich erstaunt und zornig. „Hast du einen Magen von hundert Wölfen? Da wirst du noch Bern verpfänden, und ich muß mein Brot heischen gehen." „Du bist ein großer und sehr weiser Mann", versetzte der Diener. „Du wirst deswegen deine Dienstleute nicht hungrig und durstig lassen, wenn du selbst beim fröhlichen Gelage sitzest. Niemand bot uns Brot und Wein an. Daher habe ich statt deiner die Dienstleute von ihrem Harm befreit." Der Berner war doch über die gewaltige Zeche nicht eben erfreut. Er nahm den unberufenen Säckelmeister mit sich zu Kaiser Ermenrich und fragte diesen, ob er, der das Gastgebot erlassen habe, nicht auch die Kosten für die Dienstmannen tragen wolle. Der reiche Herrscher war sogleich dazu bereit. Als ihm aber der Diener den Betrag angab, schalt er ihn einen falschen Knecht, der seines Herrn Güter in Unzucht und Unehre zu Grunde richte. Dann rief ihm auch ein anderer der Anwesenden, der waffenmächtige Walter von Wasgenstein, spottend zu, ob er noch andere lose Künste verstehe, als Fressen und Saufen wie ein Werwolf. Ilmenrik meinte ganz bescheiden, er habe von seinem Vater manche Spiele gelernt, die die Recken zu üben pflegten, und er getraue sich wohl, mit den edlen Herren einen Wettkampf einzugehen Haupt um Haupt. Man war über diese Vermessenheit nicht wenig erstaunt. „Wohlan, es gilt", rief der vom Wasgenstein. „Versuchen wir uns im Steinstoßen und Schaftwerfen." Er ergriff sogleich einen Stein, so schwer, daß ihn zwei Männer kaum in die Höhe heben konnten. Er warf ihn dreizehn Klafter weit, der andere vierzehn. Zum zweitenmal versuchten sich die Kämpfer, und Walter schob den Stein sechzehn Klafter, sein Gegner brachte ihn zwei Klafter weiter. „Nun versuchen wir uns im Schaftschießen", rief Walter. Er nahm aber statt des Spießes eine schwere Bannerstange und schleuderte sie mit großer Gewalt hoch über die ganze Dachwölbung der Halle, daß sie jenseits mit der goldenen Spitze tief in die Erde fuhr. Ilmenrik schritt durch den nach beiden Seiten offenen Saal, riß die Stange aus dem Boden und schwang sie noch höher zurück. Er sprang aber gleichzeitig wieder durch die Halle und fing das Geschoß in der Luft auf, ehe es den Boden berührte.

Solche Kunst war noch niemals gesehen worden. Die Helden umher verharrten schweigend. Sie fürchteten für das Leben des Recken von Wasgenstein. Da berief Ermenrich den jungen Sieger vor sich. „Höre auf meine Rede, kühner Held", sagte er. „Ich will das Haupt meines Lehnsmannes lösen, welchen Preis du auch begehrst. Gold für Blut, das ist altes Recht." – „Sei ohne Harm, Herr", versetzte Ilmenrik. „Das Haupt des Helden ist wohl behütet. Ich begehre seiner nicht. Willst du mir aber eine Bitte vergönnen, so leihe mir so viel Geld, als ich zur Pflege der Dienstmannen verwendet habe, damit ich die verpfändeten Waffen, Gewänder und Rosse wieder auslösen kann." – „Säckelmeister", wandte sich der Kaiser an einen Mann aus seinem Gefolge. „Wäge dem Gesellen sechzig Mark roten Goldes ab zur Lösung der Pfänder und andere sechzig Mark, damit er seinen eigenen Säckel fülle." „Habe Dank, Herr", antwortete der

Degen. „Ich bedarf der Gabe nicht, da ich Dienstmann des reichen Vogts von Bern bin. Vorgönnst du uns aber, daß wir noch einen Tag zu Romaburg bleiben, so will ich das Gesinde für diese sechzig Mark reichlicher als zuvor bewirten und auch meinen Herrn samt seinen Recken und dich selbst, wenn du eintreten magst, sollte ich auch Rosse und Rüstungen nochmals zum Pfande geben."

Bei dem Gastmahl, das der Dienstmann herrichtete, war kaiserliche Pracht aufgewendet. Da saßen oben an den Tischen die Herren und unten das Gesinde. Aber die leckere Kost und die edlen Weine wurden den Knechten wie den Herren gereicht. Alle waren fröhlich, nur Heime blickte manchmal hämisch und ergrimmt auf den jungen Gesellen, der, wie er fürchtete, wiederum über sein Eigentum verfügte. Derselbe setzte sich, als Raum war, an seine Seite und redete mit ihm heimlich. Er fragte ihn, ob er den Mann kenne, der ihm die Schramme auf der Stirn geschlagen habe. Heime versetzte, es sei Dietleib, der Sohn des Jarl Biterolf. Er werde ihn wohl wiedererkennen, wenn er ihm zu Gesicht komme, und dann solle es ihm das Haupt kosten. „Nun, tapferer Held", sagte der junge Degen, „dein Gedächtnis ist dir abhandengekommen. Ich will es dir zurückrufen. Sieh mir nur recht ins Angesicht, denn ich selbst bin jener Dietleib, den du, als er mit seinem Vater Biterolf durch den Falsterwald ritt, mit deinen Raubgesellen überfielst. Der Räuber Ingram und seine Genossen wurden von uns beiden gefällt, du aber entranntst mit der blutigen Wunde auf der Stirne durch deinen guten Hengst Rispe. Wenn du die Begebenheit nicht glaubst, so habe ich hier an der Seite einen Zeugen, der es dir auf offenem Felde beweisen soll. Vertraust du dagegen meiner Rede, so bleibt die Sache unter uns eine Heimlichkeit." Der Recke war recht wohl damit zufrieden, daß jenes Abenteuer geheimgehalten werde.

Der Wein, den der junge Degen reichlich schenken ließ, mundete den Gästen und besonders dem Berner Helden. Dieser erhob sich und rief laut, daß alle Zecher sein Wort vernahmen: „Heil und Dank dir, weidlicher Dienstmann! Du sollst in Zukunft nicht mehr Rosse und Gewänder behüten oder zum Pfand austun, sondern du sollst in Ehren einer unserer Gesellen sein!" – „Danke, Herr", versetzte der junge Degen. „Du übst solche Guttat nicht an einem unwerten Manne. Denn ich bin Dietleib, der Sohn Jarls Biterolf, dessen Kriegsfahrten unter den Hunnen und Reußen bekannt sind. Er und meine Mutter achteten meiner nicht, weil sie mich für schwach und zaghaft hielten. Aber ich sah oft die Waffenspiele seiner Mannen und ahmte sie heimlich nach. So wurde ich kraftvoll und wehrhaft. Als aber der Vater dessen inne wurde, gab er mir diese Eisenrüstung, ein gutes Schwert und ein Roß. Auf der Fahrt von einer Hochzeit wurden wir im Falsterwalde von Ingram und seinem Raubvolk angerannt. Wir schlugen die üblen Raufbolde alle bis auf einen tot, der mit blutigem Haupt auf seinem guten Hengst entrann." Dietrichs Gesellen nahmen den tapferen Helden gern in ihre Mitte, nur Heime blieb trotz des Weines finster und üblen Mutes.

Der junge Held zog mit dem König zurück nach Bern, wo er sich in manchem Abenteuer als treuer Geselle bewies. Er hatte indessen nicht lange Ruhe, sondern wollte vieler Völker Sitten kennenlernen und fuhr deswegen zu König Etzel ins Hunnenland. Er fand dort seinen Vater Biterolf, und beide Recken verrichteten preiswürdige Taten in den Kriegen gegen die Wilkinen und Reußen. König Etzel bot ihnen, um sie bei sich zu behalten, das schöne und reiche Land Steiermark als Lehen an. Biterolf überließ das Lehen seinem Sohn, der deshalb der „Stiräre" genannt wurde, oft aber auch als Dietleib, der Däne, in der Sage erscheint.

Wildeber und die Hunde des Osantrix

3. Dietrich, der treue Bundesgenosse

Dietrich lebte in Freundschaft mit Etzel, dem mächtigen Hunnenkönig, seitdem derselbe durch den Markgrafen Rüdiger von Bechelaren mit ihm in Verbindung gekommen war. Der Berner hatte ihn nach seiner Heimkehr von den Burgunden durch Boten begrüßen lassen und ihm seine Hilfe in Bedrängnis zugesichert. Es ereignete sich bald, daß er an sein Versprechen gemahnt wurde. Der Markgraf nämlich, der mit Recht in allen Landen als der Gute und Milde bekannt war, kam an den Hof zu Bern, wo er allezeit ein willkommener Gast war. Wenn nun die Helden beim Becherklang in traulichem Kreise von ihren Abenteuern sprachen, so erzählte auch Rüdiger von seinen Erlebnissen. „Mein Vater", sagte er einstmals", war ein kühner Held und gewann im arabischen Spanien ein ansehnliches Reich. Er stand in guter Freundschaft mit den benachbarten arabischen Königen, denen er oft mit tapferer Hand Beistand leistete. Als er starb und mir die Herrschaft als Erbe hinterließ, erwachte der Haß gegen den Sohn des Fremdlings. Alle Nachbarn vereinigten sich gegen mich. Ich erwehrte mich geraume Zeit der Feinde, mußte aber endlich der Übermacht weichen. Mit meiner Gefolgschaft bahnte ich mir einen blutigen Weg durch die Menge und gelangte unter vielen Kämpfen zu König Etzel. Derselbe nahm den verlassenen, ganz aufgegebenen Flüchtling freundlich und mit großen Ehren auf. Ich wurde sein Dienstmann, und als ich ihm gute Treue in seinen Kriegsfahrten bewiesen hatte, übertrug er mir zu Lehen das reiche Markgrafentum zu Bechelaren. Da wohne ich nun in Freuden mit meiner lieben Hausfrau Gotelinde, aber wenn ein Festgelage zu Susat (Soest), seiner guten Stadt, ist, so beruft mich der große König an seinen Hof. Dann erzählte er von seinen eigenen Begebenheiten, wie er auch in früher Jugend länderlos und schier heimatlos war und sich in mancher Not befunden habe."

„Ja, sicherlich", unterbrach Meister Hildebrand den Markgrafen. „Das ist mir alles besser bekannt als dem großen König selbst. Da war einst Wilkinus Beherrscher der Wilkinenmänner . . ." – „Hei, mein Urahne", rief Wittich. „Was ist von ihm zu sagen?" – „Ich weiß nur", fuhr der Meister fort, „daß er ein mächtiger und kühner Mann war, der sich Reußenland und Griechen unterwarf, doch den König Hertnit daselbst in seiner Burg Holmgard als Lehnsfürsten bestehen ließ. Dieser aber sammelte nach dem Tod des siegreichen Wilkinus die ganze Macht der Reußen unter seine Banner, löste das Joch der Lehnsherrschaft auf und überzog Nordian, den Sohn und Erben des Wilkinus, mit Krieg. Er gewann manche

Schlacht und kämpfte in den feindlichen Ländern, bis sie ihm untertänig wurden und Nordian seine Lehnsherrschaft anerkannte. Der besiegte König behielt zu Lehen die Herrschaft in Seeland und gab sich damit zufrieden, obgleich er vier gewaltige riesenhafte Söhne hatte, nämlich Aspilian, Edgar, Awentrod und den furchtbaren Widolf mit der Stange, der allezeit an einer Kette geführt wird, weil er, wenn gereizt, alles niederschlägt und zertrümmert. Als der mächtige Hertnit sterbend alle seine Herrlichkeit verlassen mußte, verteilte er die Reiche unter seine drei Söhne. Osantrix (Oserich) erhielt die Gewalt über die Wilkinenmänner, Waldemar über die Reußen, Jlias wurde Jarl der Griechen. Ersterer warb um die Hand der schönen Oda, der Tochter des Hunnenkönigs Melias. Er gewann sie durch List und Gewalt mit Hilfe der vier Riesensöhne Nordians, seines Lehnsmannes. Die verschwägerten Könige blieben nun in Freundschaft, doch konnten sie sich der trotzigen Friesen nicht erwehren, die oftmals in das Hunnenreich einfielen und verwüsteten. Denn Melias war alt und schwach geworden und die Wilkinenmänner kamen wegen der Entfernung zu spät, um die flüchtigen Raubfahrer zu greifen. Der Führer dieser kühnen Scharen, die oftmals bis an die Königsburg Susat vordrangen, war der jetzt so mächtige König Etzel, den man auch Attila nennt. Er war ein Sohn des Friesen Osid. Er hatte seinem Bruder Ortnit die Herrschaft über Friesland zugestehen müssen und nichts weiter erhalten als eine Rüstung und ein gutes Schwert. Aber die Friesen sind kühne und kriegsbereite Männer; sie scharten sich um den jungen Helden und verübten Einfälle in das benachbarte Hunnenreich, wo sie Menschen und Herden, Gold und Silber erbeuteten. Als aber Melias starb, wählten seine Gefolgsleute ihren bisherigen Feind, den kühnen Etzel, zum König, und so wurde der Raubfahrer und Dränger nunmehr der Schirmherr des Landes."

„Vernehmt nun, was sich weiter begeben hat", setzte Rüdiger die Erzählung fort. „König Etzel begehrte Erka (Herche oder Helche), die schöne Tochter des Wilkinen Osantrix zu freien. Ich ging deshalb als Bote zu ihm und wurde wohl empfangen. Als ich aber mein Gewerbe dem König vortrug, versicherte er zornig, er werde niemals einwilligen, da Etzel mit Unrecht das Hunnenreich an sich gebracht habe, das ihm, dem Schwiegersohn des Melias, zustehe. Er achtete es auch nicht, als ich ihm mit Krieg drohte, sondern hieß mich meiner Straße ziehen. Darauf überzog Etzel das Wilkinenland mit Krieg, und als Osantrix mit Heeresmacht anrückte, lagerten beide Könige im Falsterwald einander gegenüber. Ich brach bei nächtlicher Weile mit meinen Mannen in das feindliche Heer ein und tat so großen Schaden, daß die Wilkinenmänner schleunigst den Rückzug antraten. Die Hunnen, die viel Raub mit sich führten, taten das gleiche, und es trat Waffenruhe ein. Nach Jahresfrist ging ich mit einer Schar tapferer Männer wieder in den Falsterwald und hieß sie daselbst eine starke Burg erbauen und meiner warten. Darauf verstellte ich mein Gesicht durch Färbung und Bartwuchs und begab mich zu König Osantrix. Ich sagte ihm, daß ich, ein treuer Dienstmann des verstorbenen Melias, von Etzel übel mißhandelt und meiner Güter beraubt worden sei, und gewann sein Vertrauen, so daß er mich einstmals zu seiner Tochter Erka mit einer Botschaft sandte. Ich erzählte der Jungfrau von der Werbung Etzels, der sie zu sich auf seinen Thron erheben und mit ihr seine große Macht und Herrlichkeit teilen wolle. Wie zornig sie auch anfangs war, so willigte sie doch zuletzt ein. In mondheller Nacht erschien ich mit Pferden vor dem Haus, in dem sie eingeschlossen war, sprengte den Riegel und entführte sie mit ihrer jungen Schwester. Wir wurden verfolgt, doch erreichten wir die feste Burg im Walde, wo meine Getreuen meiner warteten. Ich hatte kaum Zeit, Botschaft an Etzel zu senden, da kam schon Osantrix mit zahlreichem Heer. Er umlagerte und stürmte unser Kastell, doch erwehrten wir uns der Feinde, bis Etzel mit großer Übermacht anrückte und die Wilkinen zum Abzug zwang. Seitdem ist Kriegsnot in beiden Reichen. Die Äcker liegen brach und der Hungerwurm frißt mehr Menschen, als hundert Drachen vermöchten. Gerade jetzt ist Osantrix wieder mit unzählbarem Heer eingefallen. Er hat auch die grimmigen Riesensöhne Nordians mit sich geführt, die ein Schrecken der Hunnen sind. Da meint nun Etzel, wenn du, edler Vogt von Bern, ihm Beistand leisten wolltest, so würde er wohl in dem Kriegssturm bestehen.

„Wenn mein lieber Heergeselle Wildeber mit mir ist", rief Wittich, „so gedenke ich, daß wir zwei allein der Riesen mächtig werden." Der Berner sagte seine Hilfe zu und befahl die Rüstung für die Heerfahrt.

Die Berner Helden langten zur rechten Zeit an, denn beide Heere standen kampfbereit einander gegenüber. Die Schlacht begann. Im Mitteltreffen der Hunnen hatten die Berner ihre Stellung bezogen. Hoch flatterte das Banner mit dem rotgoldenen Löwen in Herbrands starker Hand, aber Wittich stürmte allen voran in die feindlichen Reihen. Er begegnete zuerst dem grimmigen Riesen Widolf, der ihn sogleich mit seiner Eisenkeule auf den Helm traf. Der Wurm, der den Helmkamm bildete, bog sich unter der Wucht des fürchterlichen Streiches, und obgleich Wielands Werk nicht brach, so stürzte doch der Held vom Pferd und lag ohne Besinnung am Boden. Vorüber brauste der Zug im wilden Schlachtgetümmel, niederwerfend, was Widerstand leistete. Nur Heime blieb zurück und nahm sogleich das Schwert Mimung aus der Hand Wittichs, den er für tot hielt. Nach mörderischem Kampf räumten die Wilkinenmänner das Feld.

Die Hunnen aber verfolgten sie und plünderten weitum das Land. Zu spät langte Hertnit, ein Neffe des Osantrix, auf der Kampfstätte an; er konnte die Niederlage seines Onkels nicht mehr verhindern. Doch fand er Wittich, der sich kaum von seiner Betäubung erholte, und führte ihn als Gefangenen mit zu Osantrix.

Die Sieger saßen zu Susat beim festlichen Mahl und freuten sich ihrer Taten; Dietrich aber war nicht froh, denn er hatte sechzig seiner Mannen verloren, und, was ihn am meisten betrübte, unter den Gefallenen war sein Geselle Wittich. Man hatte ihn nicht auf dem Schlachtfeld gefunden, und niemand wußte, wo er geblieben war. Als sich die Berner, reich beschenkt, zur Abfahrt rüsteten, trat Wildeber vor den König und bat um Urlaub, weil er nicht heimkehren wolle ohne seinen Gesellen Wittich. Dietrich gab willig seine Zustimmung, denn er hoffte selbst, der Degen werde Kunde von dem werten Freund erhalten.

Folgenden Tages erlegte Wildeber auf der Jagd einen Bären von ungewöhnlicher Größe. Er zog dem Wild das Fell ab, ging damit zu dem Spielmann Isung, der gerade von Bern an Etzels Hof gekommen war, und beriet mit ihm einen Plan, Wittich zu lösen, wenn derselbe, wie er vermutete, etwa bei Osantrix in Gefangenschaft sei. Er ließ sich nämlich von dem Spielmann den Zottelpelz über die Brünne ziehen, geschickt befestigen und folgte ihm dann als abgerichteter Tanzbär nach der Burg des Königs der Wilkinenmänner.

Spielleute sind überall willkommene Gäste und ziehen frei durch aller Herren Länder. Daher wurde Isung auch auf der Burg wohl aufgenommen. Er vertrieb durch Spiel und Gesang, noch mehr durch die Künste seines Wunderbären, den Unmut, der seit seiner Niederlage über den König gekommen war. Er lachte herzlich über den Tanz und die Sprünge des Tieres zum Klang der Fiedel, sogar Widolf, der grimmige Riese, der von seinem Bruder Awentrod an der Kette geführt wurde, lachte zum erstenmal in seinem Leben, und das Haus zitterte von dem Gelächter, das wie aus der Hölle zu kommen schien. Da kam der König auf den Einfall, er wolle seine zwölf Rüden auf das Wild hetzen, um zu sehen, wie stark es sei.

Vergebens bat Isung, das grausame Spiel zu unterlassen, weil ihm sein Petz mehr wert sei als alles königliche Gold; der König beharrte darauf und löste die grimmigen Hunde. Sie wurden sämtlich erwürgt oder durch Tatzenschläge erlegt. Da zog Osantrix zornig sein Schwert und hieb dem Bären über den Nacken durch den Zottelpelz. Aber von dem darunter verborgenen stählernen Halsberg sprang die Klinge zurück. Im Nu faßte der Bär das Schwert, entwand es dem König und spaltete ihm den Kopf.

Mit einem zweiten, tödlichen Streich traf er den schrecklichen Widolf, dann auch dessen Bruder Awentrod. Desgleichen zog nun der Spielmann blank und hieb wacker drein, als die Wilkinenmänner ihr Oberhaupt zu rächen suchten. Bald flüchteten alle Hofleute vor Isung und seiner Bestie mit dem Schwert. Nun warf Wildeber die Bärenhaut ab, stülpte den Helm eines der Riesen auf sein Haupt und stand gepanzert als Recke neben seinem Wehrgenossen. Beide Helden durchsuchten das Königshaus, sie fan-

Spielleute

den Wittichs Hengst Scheming und seine Waffen, nur Schwert Mimung und ihn selbst konnten sie nicht entdecken. Sie kamen aber endlich an eine eiserne Tür, und wie sie daselbst seinen Namen riefen, antwortete er von innen mit schwacher Stimme. Die Riegel wurden zurückgeschoben, die Tür aufgerissen, und da lehnte der Held in Ketten bleich und abgehärmt an der niedrigen Wand. Sobald aber die Bande gesprengt waren und Wittich hinaustrat und die frische Luft atmete, gewann er Farbe und den gewohnten Mut zurück. Ein Becher Wein und ein Imbiß aus des Königs Küche vollendete die Genesung. Er legte seine Rüstung an, ergriff ein anderes Schwert, obgleich er Mimung ungern vermißte, und bestieg sein Roß. „Nun fort!" mahnte Isung", ehe die Wilkinenmänner in Überzahl anrücken!" Er sowie Wildeber hatten sich aus des erschlagenen Königs Marstall Pferde besorgt, und nun jagten die drei Helden eilends aus der Burg.

„Auf Treue" sprach König Etzel, als sie vor ihn traten. „Ihr seid wackere Männer. Ihr habt mir guten Dienst geleistet und den Krieg allein zu Ende geführt. Der Vogt von Bern ist reicher als ich, da er Gesellen hat, die ihr eigenes Leben wagen, um den Wehrgenossen aus der Not zu lösen." Nach manchem festlichen Tage entließ er die Helden mit reichen Gaben gen Bern.

Als Dietrich die kühnen Degen wiedersah, war seine Freude groß. Er ehrte sie auf mancherlei Weise. Allein dem starken Wittich wollte der Wein nicht munden, er blieb meist schweigsam, wenn die anderen Gesellen den goldenen Becher und die fröhliche Rede kreisen ließen. Dietrich fragte ihn deshalb, warum er so harmvoll sei. Er antwortete, ihn gräme der Verlust Mimungs, der besten Gabe seines Vaters, und er wolle durch alle Länder fahren, um es wiederzugewinnen. „Du brauchst nicht weit zu fahren", versetzte der Berner. „Mich dünkt, die Wehre, die Heime dort umgegürtet hat, ist dem Werke Wielands ähnlich wie ein Tropfen Blut dem anderen."

Die Rede wurde durch eine Botschaft unterbrochen, die zwei schön gerüstete Recken von dem Kaiser Ermenrich aus Romaburg, dem Onkel Dietrichs, hinterbrachten. Derselbe ließ seinen Neffen einladen, daß er ihm Hilfe leiste gegen den mächtigen Jarl Rimstein, der sein Lehnsmann war, aber nunmehr im Vertrauen auf seine Macht und auf seine feste Burg Gerimsheim dem Lehnsherrn hatte entbieten lassen, er solle sich die Steuern selbst holen, denn er, der Jarl, zahle nur mit scharfen Schwertern. Der Berner sagte seine Hilfe zu und entbot seine Gesellen und Dienstmannen.

Als Dietrich seine Gesellen um sich versammelt hatte, erklärte Wittich, er werde nicht der Heerfahrt beiwohnen, wenn ihm nicht Heime sein gutes Schwert Mimung zurückgebe, das er ihm als ungetreuer Heergenosse auf dem Schlachtfeld entwendet habe. „Ich nahm die scharfe Waffe als Kriegsbeute", rief Heime trotzig, „da dich Widolf wie einen Buben mit dem ersten Schlag zu Boden fällte. Deswegen gehört es mir, denn es wäre sonst in Feindeshand gefallen. Bist du ein kühner Held, so versuche es mir aus der Faust zu reißen. Ich denke aber, du solltest großen Schaden davon haben." Wittich fürchtete die scharfe Klinge in Heimes Hand. Er schwieg und warf dem Gegner nur grimmige Blicke zu. Da redete Dietrich gütlich zu den Recken und bewog Heime, dem Gesellen das Schwert für die eine Heerfahrt zu leihen. Darauf bestiegen die Recken ihre Pferde und ritten mit allen aufgebotenen Mannen zu Ermenrich, der schon ein großes Heer versammelt hatte. Man rückte in das Gebiet des widerwilligen Jarls ein, aber dieser wich mit seiner schwächeren Macht unter manchen Kämpfen zurück, bis er seine feste Burg erreichte, die wohl mit Kriegsvorrat versehen war. Sofort wurde die Feste umlagert; man wagte Stürme, wandte Sturmböcke, Bliden und andere Wurfmaschinen an, alles vergeblich! Rimstein, ein kriegserfahrener Mann, vereitelte alle Versuche, und an den felsenfesten Mauern brach sich auch die Heldenkraft der kühnen Berner.

Wochen und Monde vergingen, ohne daß man vorrückte. Der Herbst nahte heran, wo die Dienstzeit des Kriegsvolkes abgelaufen war. Es wurde unmutig und drohte, unverrichteter Sache an den heimischen Herd zurückzukehren.

In einer mondhellen Nacht ritt Wittich auf Kundschaft aus. Er hoffte eine Stelle zu entdecken, wo man etwa die Mauer ersteigen könne. Er gewahrte sechs wohlgerüstete Männer, die er sogleich an den Schildzeichen als Feinde erkannte. Sie hatten ihn gleichfalls bemerkt und rannten ihn an, in dem Glauben, der einzelne Mann könne ihnen nicht entrinnen. Ihre Schwertschläge klirrten ihm auf Helm und Schild. Er aber tat mit seiner starken Hand einen Streich auf den, der voran kämpfte, und Mimung spaltete dessen Helm, Haupt und Brünne bis auf den Gürtel. Bei diesem Anblick suchten die fünf übrigen Gesellen voll Entsetzen ihr Heil in den Sporen und jagten nach der Burg zurück. Wittich stieg ab; er untersuchte den Gefallenen und fand, daß es Rimstein selbst war. Als der Held am Morgen Dietrich mit den anderen Gesellen antraf, sagte er, der Krieg sei zu Ende, der Urheber desselben tot, die Burg werde nun leicht zu erobern sein. Er erzählte darauf, was sich zugetragen hatte. „Er ist ein kühner Recke", rief Heime mit Hohn. „Er hat den altersschwachen Rimstein totgeschlagen, den auch ein altes Weib hätte fällen können. Aber nun begehre ich Mimung zurück, das ich dem Schwätzer für diese Fahrt geliehen habe." – „Vorerst will ich es an deinem Tollkopf versuchen, ob es noch die Probe hält, ungetreuer Geselle. Du hast dort in Wilkinenland den Heergenossen in Todesnot als ein Verräter verlassen und ihn noch seiner Wehre beraubt; nun sollst du blutige Buße tun für deine Ruchlosigkeit", so sprach Wittich, mit gezogenem Schwert auf den Widersacher losstürzend. Auch Nagelring blitzte in der Hand Heimes. Schon klirrten die Waffen der beiden Gesellen auf Helm und Schild, aber der König sprang dazwischen und zwang die hadernden Männer zum Frieden, wie unmutig, wie kampfbegierig sie auch waren.

Das Gerücht von dem, was geschehen war, verbreitete sich in dem Heer und Ermerich selbst kam zu den Bernern und rühmte laut Wittichs kühne Tat; darauf mahnte er zum Sturm auf die Feste. Den ganzen Tag dauerte der Kampf, es wurden besonders viele Feuerpfeile in die Burg geschleudert, wodurch gegen Abend ein großer Brand entstand. Die lodernden Flammen im Innern, der unaufhörliche Hagel von Geschossen, der donnernde Anschlag der Mauerbrecher, dies alles erfüllte die Besatzung mit Schrecken. Sie öffnete die Tore und zog Mann für Mann barhaupt und barfuß, bloße Schwerter auf den Nacken gebunden, heraus, um die Gnade des siegreichen Lehnsherrn anzuflehen. Ermerich verzieh dem Volk, da der Anstifter des Abfalls schon seinen blutigen Lohn empfangen hatte. Er zog daraufhin mit seinen Recken und denen von Bern gen Romaburg, wo die Tapferen beschenkt und nach Gewohnheit der Sieg gefeiert wurde. Nach einigen Tagen rüstete sich Dietrich mit seinen Gesellen zur Heimkehr. Ermerich dankte ihm für seine geleisteten Dienste und fügte hinzu, er betrachte ihn, den Neffen, sowie seinen Sohn und die rechtschaffenen Gesellen als solche, die auch ihm angehörig seien und die er sämtlich mit Erbgütern belehnen wolle. Er bat auch den Berner, daß er dem kühnen Wittich Urlaub gebe. Derselbe sei nämlich seinem Mündel, der schönen Bolfriana, in Minne zugetan, und er wolle ihm, wenn er ihre Huld gewinne, die reiche Herrschaft Drachenfels (nordisch Trekanfil), die der edlen Frau eigen sei, zu Lehen geben. Dietrich machte keinen Einwand, doch erinnerte er noch den Gesellen an seine Treue, und der Held gelobte sie von neuem mit feierlichem Eid.

Es dauerte nicht lange, so hatte Wittich, der in allen Kampfspielen den vornehmsten Preis erhielt, auch die Gunst Bolfrianas erlangt und feierte mit ihr fröhliche Hochzeit. Aus diesem Anlaß belehnte ihn der Kaiser mit allen Ländern von Drachenfels bis Fritilaburg (Friedberg?) und noch weit jenseits der östlichen Berge. Auch Heime kam an Ermerichs Hof und mußte ihm den Lehnseid leisten, da er nach dem Tod seines Vaters Studas dessen Hof erbte, der unter der Herrschaft des Kaisers stand. Er erhielt aber noch andere Besitzungen und viel rotes Gold von seinem Oberherrn, der den Wert des Helden wohl zu schätzen wußte.

4. Ermenrich gegen den Helden von Bern

Ermenrich war ein mächtiger Herrscher und hatte seine Herrschaft durch Kriegsfahrten ansehnlich erweitert. Seine Ratgeber waren sehr kluge und listige Männer, deren Weisungen dem Oberhaupt von großem Nutzen waren. Sibich, sein Marschall, wußte die Beschaffenheit und Natur aller Länder und Völker, und dessen vornehmster Diener und Helfer Ribestein verstand nicht weniger der Menschen Meinung und Gesinnung zu erspähen und sie durch kluge Rede dahin zu leiten, wohin es ihm am nützlichsten dünkte. Sie hatten ihren Herrn bewogen, mit dem wehrhaften Berner und seinen Gesellen gute Freundschaft zu halten, weil ihm derselbe ein allezeit hilfreicher Genosse war. Desgleichen suchten sie die einzelnen Helden von Bern für ihr Oberhaupt zu gewinnen, damit sich auch ohne den guten Willen ihres alten Herrn die Schwerter im Dienste des Kaisers ziehen möchten. Es kam aber die Zeit, da eine große Veränderung in diesem Verhältnis eintrat.

Sibich hatte eine junge, gar schöne Ehefrau, die ihm über alles lieb und hold war. Als er einstmals im Dienste seines Herrn eine weite Fahrt tun mußte, ließ Ermenrich die Frau zu sich entbieten und tat ihr Gewalt an, weil er, wie gar manche Könige, meinte, einen Mann, der die höchste Macht in Händen habe, binde weder Gesetz noch Sitte. Der Marschall erfuhr von der weinenden Frau selbst, was sich begeben hatte. Er griff nach seinem Dolchmesser, um sogleich Rache zu nehmen. Aber er besann sich eines Besseren. Er beschloß, durch kluge List den kaiserlichen Übeltäter langsam ins Verderben zu stürzen, daß er ein langes Leben hindurch die Qualen eines Verbrechers auf der Folterbank erdulde. Er wollte ihn zum Mörder seines eigenen Geschlechts machen, ihn aller seiner Bundesgenossen berauben und endlich den Dolchen der von ihm gekränkten Menschen überliefern. Es war ein Plan, wie ihn die Mächte der Hölle nicht besser ersinnen konnten, und solche Mächte schlummern in der Menschenbrust, bis irgendeine unbezähmbare Begierde sie wachruft und an das Tageslicht treten läßt.

Sibich suchte vorerst den verschlagenen Ribestein für sein Vorhaben zu gewinnen. Er wußte, daß sich dieser mit dem unsichtbaren Gericht, das man Gewissen nennt, glücklich abgefunden hatte, daß er aber der Geldgier und der Wollust dienstbar war. Er gab ihm Gold in Fülle, er verschaffte ihm Gelegenheit, seine Gelüste zu befriedigen, und kirrte ihn durch glänzende Versprechungen. Der Mensch wurde ihm dadurch ein untertäniger Gehilfe. Ribestein meinte, das Vorhaben seines Gebieters sei unschwer auszuführen, da der Kaiser argwöhnisch, eifersüchtig auf seine Macht und habsüchtig nach anderem Gut geworden sei. Er fügte noch hinzu, er habe mit viel Sorg und Mühe die Wappen und Siegel aller Heerfürsten des Reiches gesammelt und könne daher in ihrem Namen Briefe schreiben, wodurch der Kaiser getäuscht werde. Das dünkte dem Marschall von Nutzen, denn er beschloß, zuerst den ältesten Sohn seines Herrn, den klugen und kühnen Friedrich, durch die Hand seines Vaters zu verderben.

Die beiden Genossen verfaßten sofort Briefe, in denen der Herzog von Tuskan, der Graf von Ankona, der Fürst von Milan und andere den Kaiser vor seinem Sohne warnten, weil derselbe darauf aus sei, seinen Vater der Herrschaft zu berauben und gefangenzunehmen. Er habe schon, hieß es in den gefälschten Schriften, bereits viele Burgherren, auch die jungen Harlunge zu Breisach, für sich gewonnen, und diese alle würden für den Verräter die Waffen ergreifen, wenn man ihn öffentlich gefangennehmen lasse. Diese Briefe langten nacheinander an, alle mit Wappen und Siegel der Fürsten versehen. Der argwöhnische Herrscher zweifelte nicht. Er war in schwerer Sorge und wußte keinen Rat. „Herr", sagte der Marschall, „da hilft kein Erbarmen. Sende den kühnen Verräter alsbald zu Jarl Randolt im Wilkinenland, daß er den Zins fordere. Gib ihm aber einen Brief mit, worin dem Jarl befohlen wird, er solle den Boten sogleich töten lassen." Der ratlose Kaiser tat nach den Worten des falschen Dieners, und der junge Recke starb also nach dem Willen und auf Befehl des Vaters. Die Tat wurde durch die Verräter selbst ruchbar. Ein Schrei des Entsetzens und des Abscheus gegen den grausamen Herrscher ging durch das ganze Land und machte den Kaiser mehr und mehr verhaßt. Auf andere Weise, durch ein morsches Fahrzeug, kam Ermerichs zweiter Sohn Reginbald auf einer Fahrt nach England um.

Noch war Randwer, der dritte und letzte Sohn, übrig, ein blühender Jüngling, an dem kein Falsch war. Die mörderischen Ratgeber erregten in dem Kaiser den Verdacht, er habe verbotenen Umgang mit seiner schönen und makellosen Stiefmutter Swanhild, die der alternde Herrscher noch zu sich auf den Thron erhoben hatte. Als einstmals Ermenrich mit Gefolge von der Jagd heimkehrte, sah er am Saum des Waldes, wie Randwer der edlen Frau einen Blumenstrauß reichte. Nun wurde sein Verdacht zur Gewißheit. Er geriet in eine solche Wut, daß er nicht mehr wußte, was er sprach und tat. Er befahl, Swanhild vor die Pferde zu werfen und den Sohn an den Galgen zu hängen. Die Rosse scheuten vor den sonnenglänzenden Augen der Frau. Als aber ihr Angesicht verhüllt wurde, mußte sie unter den Hufen der heftig angetriebenen Pferde sterben. Harm-

Randwer reicht Swanhild den Blumenstrauß

voll saß Ermenrich in seinem reich verzierten Gemach und gedachte, daß er bei aller Fülle doch so arm an Freude sei. Da flatterte ein Vogel an sein Fenster, als ob er Einlaß begehre. Er öffnete und erkannte an dem roten Halsband Randwers Habicht. Derselbe setzte sich auf ein Gesims und fing an, sich Federn auszuraufen, die zu des Kaisers Füße fielen. Darin erkannte dieser sein eigenes Schicksal, denn er hatte ja wie seiner Kinder auch seiner Kraft sich beraubt. Er sprang auf, sandte Gegenbefehl, gebot, daß man den Sohn eilends vor ihn führen solle. Er wartete voll Angst; endlich brachte man ihn, aber nur seine Leiche. Er war nun in seinem Reichtum ein kinderloser und darum armer Mann. Die ganze Nacht hindurch fand er keine Ruhe auf seinem weichen Lager. Er irrte durch die Prunkgemächer, aber überall sah er das bläuliche Totengesicht seines erwürgten Sohnes und den zertretenen Leib der einst geliebten Swanhild.

„Weißt du, Ribestein", sagte der Marschall zu seinem Ratsgenossen, „daß wir ein gutes Stück vorwärtsgekommen sind? Der Kaiser hat keine Freunde, keine Erben mehr als die Harlunge, Imbreke und Fritele, die mit ihrem Pfleger Eckehart zu Breisach am Rhein sitzen, und dann den Berner Dietrich. Jene wie dieser sind seine Neffen. Du bist ein Fremdling in Romaburg, daher will ich dir die Märe auslegen. Der Großvater Ermenrichs hinterließ außer ihm noch zwei Söhne, nämlich Dietmar, den Vater des Berners, der die Lombardei erhielt, und Dieter, genannt Harlung, dem der Ahn noch bei Lebzeiten zwar nur den Breisgau zuwandte, zugleich aber seinen unermeßlichen Hort roten Goldes. Wenn wir nun die Harlunge und den Berner zu Fall bringen, so – mache die Augen und die Ohren weit auf – so sind wir die Erben." Ribestein schnalzte wie ein Fisch, der sich vor Wohlbehagen aus dem Wasser emporschnellt, denn zu solcher Höhe war er mit den Fledermausflügeln seiner Gedanken noch nicht aufgestiegen. Er begriff aber schnell und wußte den rechten Weg zu finden.

Zunächst wurden die Harlunge verdächtig gemacht. Man überbrachte dem Kaiser Briefe und Urkunden von Imbreke, Fritele, selbst von ihrem Pfleger Eckehart, worin zum Abfall von dem mordsüchtigen Lehnsherrn aufgefordert wurde. In einem solchen Schreiben hieß es: „Da unser übler Lehnsherr seine eigenen Kinder umgebracht hat, muß er selbst an den höchsten Galgen gehängt werden." Dies versetzte den Kaiser in solche Wut, daß er sogleich beschloß, mit Heeresmacht gegen die ungetreuen Neffen vorzurücken.

Recken und Dienstmannen wurden aufgeboten, ohne daß man wußte, gegen wen die Heerfahrt gerichtet war. Der Zug ging nach dem Rhein gegen die Tralenburg (Trechlinburg am Mittelrhein?). Sie gehörte den Harlungen, und beide Brüder hatten dort ihren Sitz. Zwei Reiter hielten am Strom Wache, und als sie das Kriegsvolk erblickten, argwöhnten sie einen Überfall, saßen ab und schwammen, die Rosse nachziehend, durch den Fluß. Sie riefen die Fürsten, die Wehrmänner zu den Waffen; die Mauern wurden besetzt, die Geschosse aufgestellt. Kaum war die Rüstung hergerichtet, so rückte das feindliche Heer vor die Burg. Imbreke und Fritele waren zwar des Kampfes kundig, aber noch jung an Jahren, und Eckehart, ihr treuer Pfleger, saß, ohne von der drohenden Gefahr zu wissen, zu Breisach, wo er mit der Landesverwaltung beschäftigt war. Noch hofften die Harlunge auf ein gütliches Abkommen, da sie die Banner ihres Onkels erkannten. Allein dieser ließ zur Übergabe auffordern, und als die Tore nicht geöffnet wurden, sogleich den Sturm beginnen. Wittich und Heime waren als Lehnsmänner bei dem Heere, sobald sie aber des Kaisers Absicht erkannten, ritten sie fort gen Breisach zu dem getreuen Eckehart, um ihm die Märe anzusagen. Sie wurden auf dem Wege wieder gute Gesellen.

Der Sturm dauerte indessen den ganzen Tag. Sibich ließ Brandgeschosse in die Gehöfte schleudern, und wie zu Gerimsheim erzwangen die lodernden Flammen die Übergabe. Ohne die Neffen vor sich zu lassen, befahl Ermenrich, einen Galgen zu errichten und beide Brüder daran aufzuhängen. Das Wort eines unbeschränkten Machthabers ist ein scharfes Messer, das den Tod bringt; so war es hier. Darauf nahm der Kaiser das ganze Land in Besitz und ließ eifrig nach dem reichen Hort forschen, den die ermordeten Fürsten von ihrem Vater geerbt hatten. Man fand ihn nach langem Suchen in einem hohlen Berg. Mit dem Gold belohnte das Oberhaupt seine Dienstleute reichlich und behielt doch noch einen großen Teil für sich. Heime war inzwischen wieder zu dem Heer gekommen. Er wollte dem gekrönten Übeltäter seine Untat vorhalten, ihm die Treue aufkündigen. Als er aber einen reichlichen Anteil an der Beute erhielt, vergaß er sein Vorhaben. Er wurde auch mit der Überführung des Hortes nach Romaburg betraut. Als er nun die Menge roten Goldes und die vie-

Wie Heime das Gold der Harlunge raubt

len Kleinodien vor sich sah, trug er Sorge, daß ein nicht geringer Teil keineswegs nach Romaburg, sondern in des Studas Gehöft gebracht wurde.

Wiederum verfluchte man in allen Landen den ruchlosen Kaiser, der sein eigenes Geschlecht nicht schonte. Am meisten aber geschah dies in Bern, wohin Eckehart die Botschaft brachte. Dietrich wollte sogleich Buße fordern für die an den Harlungen begangene Übeltat, allein Hildebrand riet ihm davon ab, indem er an die große Macht des Kaisers erinnerte. Eckehart schwur, er wolle an dem Mörder Rache nehmen, noch mehr aber an seinen bösen Ratgebern Sibich und Ribestein, die an allen Greueltaten Schuld trügen. Diese wolle er an den Galgen bringen oder selbst hängen.

Nun erhoben sich der junge, feurige Held Alphar und sein Bruder Sigestab, die den Harlungen wohlbefreundet gewesen waren. Sie forderten, augenblicklich gegen die Mordgesellen aufzubrechen und waren fest entschlossen, auch ohne Kriegsmannschaft gen Romaburg zu ziehen und mit Eckehart die Rache zu vollstrecken. Amelolt, ihr Vater, schalt sie Tollköpfe, und da Hildebrand verständig und liebreich zuredete, ließen sie sich den Aufschub endlich gefallen. „Aufgeschoben ist nicht aufgehoben", sagte Alphart zu seinem Bruder, indem er an sein Schwert schlug.

„Wieder ein Steinchen aus dem Weg geräumt", sagte Sibich zu seinem Gesellen Ribestein. „Nun liegt noch ein Felsen auf unserer Straße, der beiseitezuschaffen ist; ich meine den Berner mit seinen Kämpfern. Könnten wir letztere, einen nach dem anderen, für unsere Genossenschaft gewinnen, so würden wir auch den grimmigen Löwen samt dem Wolf Hildebrand bewältigen. Mit Wittich und Heime ist der Anfang gemacht. Die sind durch den Köder des Goldes und das Versprechen fürstlicher Ehren und Länder ganz zu unserem Dienst. Wir haben noch mehr rotes Gold, Güter und Ehren in der Tasche. So berücken wir die Recken, bis sie, wie die Fische an der Angelrute, in unseren Netzen zappeln." – „Mich will bedünken", antwortete Ribestein, „als sei dies eine nicht leichte Sache. Es gibt Leute, die nicht anbeißen mögen, Dümmlinge mit harten Köpfen. Von dieser Art scheinen mir die Berner Gesellen zu sein." – „Wohl!" schloß der Marschall. „So brauchen wir Gewalt. Kein Fels ist so hart, als daß ihn nicht der Zwerg mit seinen Geräten aushöhlte." So ist auch kein Schädel so fest, daß ihn nicht das Schwert zerspalten würde. Dann gibt es auch noch Zankäpfel, die man unter die Narren wirft, und endlich Gift, Dolch und andere Geräte, die ein kluger Mann zu handhaben weiß. Unser Oberhaupt liegt auf der Folterbank; er sieht bei Tag und Nacht seine Neffen am Galgen zappeln. Wir müssen ihn auf andere Gedanken bringen, daß er mit Scheelsucht auf die Macht des Berners blickt, daß er fürchtet, der Held könne ihm selbst noch Gefahr bringen. Dann fahren wir Schritt für Schritt weiter."

Das Werk, das Sibich so klug in seiner Esse hergerichtet hatte, gedieh doch nicht nach seinem Wunsche. Er wollte langsam vorschreiten, vorerst die kühnen Gesellen des Berners in Ermenrichs Dienst ziehen, dann durch allerlei Trugspiel Dietrich selbst gefangennehmen oder auch meuchlings ermorden. Als er aber am Morgen zu Ermenrich eintrat, war dieser unwirschen Mutes. Er hatte wieder die ganze Nacht mit den Gespenstern der von ihm Ermordeten gekämpft. Er war, sooft er solche Pein erduldete, immer gar zornmütig. Nun redete der Marschall von dem guten Recht des Kaisers auf das ganze Reich seines Vaters, daß er von allen Ländern Steuern erhalte, nur nicht von dem kühnen Berner, der sich sogar mit seinen Gesellen berate, wie er den Tod der Harlunge rächen könne. Da rief Ermenrich, der Marschall solle sogleich alle Dienstmannen aufbieten, Söldner anwerben und zur Heerfahrt gegen Bern rüsten. Sibich wagte zum Aufschub zu raten, aber der zornige Herrscher schlug ihn mit der Faust zu Boden und hieß ihn seinen Befehl vollziehen. Der geduldige Hofmann erhob sich wieder demütig vor seinem Herrn, obgleich ihm Blut aus Mund und Nase floß. Er versprach Treue und Gehorsam ohne Einrede. Dies brachte den zornigen Herrscher zur Besinnung. Er meinte nun selbst, es sei wohlgetan, wenn man vorerst Abgaben von den Landherren im Amelungenland fordere, und wenn diese verweigert werden, Fehde ansage und mittlerweile zum Krieg mit aller Macht rüste. Für diesen Zweck wurde Reinhold von Mailand in das Amelungenland entsandt, um die Abgaben zu erheben. Nach einigen Wochen kehrte der Sendbote mit leeren Händen zurück. Er berichtete, die Landherren hätten die Steuer verweigert, weil sie solche schon an den Vogt von Bern entrichteten. Dann sei Dietrich selbst gekommen und habe ihm gesagt, er solle zu dem Mörder der Harlunge fahren und ihm sagen, daß sich dieser die Abgaben selbst holen möge, wenn er nicht genug an dem Harlungengold habe; die Steuer werde ihm dann mit Gerspitzen und scharfen Schwertern bis auf die letzte Mark reichlich bezahlt.

Der Kaiser wurde abermals so zornig, daß er schier den Boten erwürgt hätte. Da trat nun gerade Heime ein, der dem Oberhaupt von dem Abfall des Herzogs von Spoleto berichten wollte. Ermenrich ließ ihn nicht reden. Er befahl ihm, ohne Aufschub gen Bern zu fahren und dem Berner anzusagen, er solle entweder Zins geben oder das Land eilig räumen, wenn er nicht am Galgen hängen wolle. Der sonst immer unverzagte Recke wagte gegen den ergrimmten Oberherrn keinen Widersprich, obgleich er ungern die Botschaft übernahm.

Heime wurde in Bern wohl aufgenommen. Dietrich glaubte, er wolle ihm seine Treue beweisen. Als er darauf des Kaisers Forderung ansagte, rief ihm der Berner seinen Eid und die gelobte Treue ins Gedächtnis zurück. Er entschuldigte sich, indem er sagte, er habe ihm für das, was er empfangen, gute Dienste geleistet. Nun aber sei der Lehnsmann des Kaisers, der ihm Geld und Gut zur Miete gegeben habe. Er sei demselben jetzt ehrlichen Dienst schuldig. Damit nahm er seinen Abschied.

Heime war noch nicht lange fortgeritten, so erschien Wittich. Er jagte durch die Tore von Bern, so schnell Skemming laufen konnte. „Seid wacker und säumt nicht, Gesellen", rief er, ohne vom Roß zu steigen. „Ermenrich ist schon mit unzählbarem Heer auf dem Wege hierher. Ich bin vorausgeritten, euch die Botschaft zu bringen. Der ungetreue Sibich vermeint euch ungewarnt zu überfallen, und wer dem in die Hände gerät, der hat nicht weit zum Grabe." Auch ihn erinnerte Dietrich an seine gelobte Treue; aber er entschuldigte sich wie Heime und trabte wieder seines Weges zurück.

Die Nornen, von denen man damals noch viel zu erzählen wußte, schienen ihre dunklen Gespinste über das Haupt des Berner Helden geworfen zu haben, denn es traf ihn ein Schlag nach dem anderen. Von Wittich eilte er fort zu der kranken Königin Virginal. Er hielt sie die lange Nacht hindurch in den Armen. Am Morgen verschied sie, und der Schmerz um die teure Lebensgefährtin raubte ihm die Besonnenheit, in der herandringenden Not mit rascher Entschlossenheit zu handeln. Es kam eine schlimme Botschaft nach der anderen. Der Kaiser war, wie Wittich gesagt, in schnellem Anzuge. Er hatte den Herzog von Spoleto samt seiner unzulänglichen Mannschaft erschlagen, das Land ausgeraubt, desgleichen die Mark Ancona, und stand mit unzählbarem Heer bei Mailand. Indessen war Meister Hildebrand nicht untätig gewesen. Nach seiner Weisung waren die Landherren und Dienstmannen in Rüstung aus ganz Amelungenland versammelt. Boten waren zu den verbündeten Fürsten in der Nähe und Ferne gefahren, und in der Nacht vor dem Tod der Königin rückten Berchtung von Pole (Pola in Istrien) und der treue Heergeselle Dietleib von Steier mit zahlreichem Kriegsvolk ein. Am Morgen rief der alte Meister den König auf, für Hab und Gut, für Land und Leute in den ehrlichen Kampf zu ziehen. Der Held von Bern ermannte sich. Noch einen Kuß drückte er auf den bleichen Mund der verstorbenen Gattin, dann bestieg er Falke und befahl den Aufbruch. Er hatte die geliebte Frau sterben sehen; da war ihm Kampf und Tod willkommen.

Die Fahrt ging eilends gen Mailand. Späher verkündeten, das feindliche Heer lagere unbesorgt einige Meilen entfernt auf offenem Felde. Da der Abend nahe war, so wurde der Angriff auf den nächsten Morgen verschoben. Mit Anbruch der Nacht ritt Hildebrand, begleitet von einigen Recken, auf Kundschaft. Er fand die kaiserliche Macht ohne Wächter in voller Sicherheit gelagert. Er blieb im Versteck, bis sich das feindliche Kriegsvolk dem Schlafe überlassen hatte. Nun trabte er um das ganze Lager und spähte, wie und wo der Angriff gelingen könne. Nach Mitternacht kam er zurück. Er berief die vornehmsten Recken zur Beratung und sagte ihnen, sie müßten alle zum Sterben bereit sein, denn das feindliche Heer sei dreifach überlegen, und man könne nur hoffen, durch einen nächtlichen Überfall den Sieg zu gewinnen. „Wohlan, ihr Männer!" rief der Berner. „Wer nicht todesmutig ist, der weiche aus dem Ring und spare sein Leben für eine bessere Zeit." Nicht einer der Helden entzog sich der Gefahr. Sie gelobten alle, treu zusammenzustehen in Not und Tod.

Die Hörner weckten die schlummernden Krieger, und bald war das Heer geordnet und unter der Führung des alternden Meisters auf dem Marsche. Mit dem ersten Morgengrauen kam man an die feindliche Lagerung. Da ruhte das Kriegsvolk noch in tiefem Schlafe, und mancher Held träumte von Siegesbeute; aber mancher wurde durch Speer und Schwert in den ewigen Schlaf versenkt. Der schallende Kriegsruf: „Hie Bern! Hie der rote Leu!" schreckte das ganze Lager auf. Die nächsten Haufen suchten sich durch Flucht zu retten, aber die entferntesten wappneten sich und stürmten in den Kampf. Es waren schlachtkundige Männer, um die sich die Flüchtlinge wieder sammelten, so daß die Berner durch die große Übermacht hart ins Gedränge kamen. Indessen Dietrich und seine Gesellen waren nicht so leicht zu bewältigen. Er selbst, der kühne Berner, kämpfte allen voran, und seine Stimme schallte wie der rollende Donner durch die Heerhaufen, die Seinen ermutigend, die Feinde schreckend, und vor dem blitzenden Eckesachs bestand kein Kämpfer. Wolfhart rief: „Da wir doch sterben müssen, so werft die Schilde auf den Rücken und faßt die Schwerter mit beiden Händen!" Wie er gesprochen, so tat er, und ihm folgten Sigestab und Eckehart. Wittich und Heime stritten zwar ihres alten Ruhmes würdig, aber sie vermieden ihren vorigen Herrn und wurden endlich in die allgemeine Flucht mit fortgerissen. Meister Hildebrand hatte nämlich mit einem Heerhaufen die Feinde umgangen, und als er ihnen nun in den Rücken fiel, wandte sich die ganze kaiserliche Macht zur Flucht. Fahnen und Banner, Rosse und Rüstungen und achtzehnhundert Gefangene waren die Beute der Sieger.

Sibich und Ribestein waren bei guter Zeit auf ihre Sicherheit bedacht gewesen und dadurch dem Schicksal entgangen, das ihnen Eckehart zugedacht hatte. Auch Ermenrich entkam der Verfolgung und langte in der übelsten Laune zu Romaburg an, wo er mit jenen wieder zusammentraf. Er hatte große Lust, an Eckeharts Stelle die beiden Ratgeber hängen zu lassen, aber Sibich wußte ihn zu beruhigen. Er versicherte, er wolle in wenigen Wochen ein noch zahlreicheres Heer auf die Beine bringen, da die kaiserlichen Schätze und das Harlungengold unerschöpflich seien. Es war dies auch kein eitles Vorgeben, denn zu jener Zeit trieben sich in allen Ländern Tausende von streitbaren Abenteurern umher, die für Geld ihre Haut zu Markte trugen.

Dietrich nahm infolge des Sieges Mailand in Besitz. Es war dies aber auch das einzige Ergebnis der blutigen Schlacht, denn es fehlte an dem, was der Feind im Überfluß hatte, an Geld. Das ausländische Kriegsvolk wurde schwierig und meuterisch, da ihm der Sold nicht ausbezahlt wurde. Des Königs Schatzkammer aber war übel beschaffen, Sie enthielt wegen Dietrichs Freigebigkeit niemals große Reichtümer und war jetzt durch die ansehnlichen Rüstungen völlig geleert. Der Berner klagte den Gesellen seine Not; da rief Berchtung von Pole: „Sei guten Mutes, kühner Held. Mit solchem Ballast kann ich Schiffe befrachten! Gib mir eine Bedeckungsmannschaft mit, so schaffe ich dir fünfhundert mit Erz, Silber und Gold beladene Pferde in kürzester Frist zur Stelle. Du hast manchmal deinen Schildbrecher gegen die mein Pole bedrängenden Riesen flammen lassen – nun ist es mir eine Wonne, der Not zu Bern abzuhelfen." – Sofort bestiegen elf Gesellen nebst hundert Kriegsknechten ihre Hengste und fuhren mit Berchtung gen Pole.

Das Unternehmen wurde gut zu Ende geführt. Fünfhundert Saumrosse trugen den Hort, behütet von blanken Schwertern gegen Raub. Die Reisigen gönnten sich auf der Fahrt nur kurze Rast; als sie aber an den Gardasee kamen, wo der Wasserfall rauschte und die Sterne sich in den Fluten spiegelten, meinte Amelolt, hier, im Gebiet der Wölfingen, sei kein Raubüberfall mehr zu befürchten, da könnten sie friedlich rasten. Den wegmüden Männern war das eine gute Botschaft. Sie schmausten reichlich von den mitgebrachten Vorräten und sanken bald auf dem weichen Rasen in Schlaf. Hildebrand wollte mit zehn Reisigen wacker bleiben, allein die rauschenden Wellen sangen auch ihnen ein Schlummerlied, dem sie nicht widerstanden. Ehe der Tag graute, wurden sie unsanft geweckt; wilde Gesichter starrten sie an, starke Hände knebelten sie, als sie schlaftrunken aufzuspringen versuchten; Hohngelächter betäubte sie. Vier der Recken, die ihre Schwerter zur Hand genommen hatten und Widerstand leisteten, wurden niedergemetzelt, die übrigen samt den beladenen Säumern fortgeführt. Der das alles veranstaltete, ritt dem Zuge voran, und die Gefangenen erkannten in ihm den ungetreuen Sibich, ihren Todfeind. Der Marschall, der überall seine Späher hatte, war von der Geldnot in Bern und der Fahrt gen Pole unterrichtet worden. Er hatte sich mit Kriegsvolk am See in Hinterhalt gelegt und den Überfall ausgeführt; so waren die tapfersten Helden der List des tückischen Mannes erlegen.

Ein Recke war dem Unglück entronnen, und das war Dietleib. Der kühne Held von Steier bestieg sein Pferd und floh gen Bern, um die traurige Nachricht zu überbringen. Er fand daselbst große Unruhe. Ermenrich war mit Heeresmacht wieder ins Land eingefallen, hatte Mailand, Ravenna und Mantua eingenommen. Als nun der Steierer seine Botschaft ausrichtete, verließ ein Teil des Kriegsvolkes die Banner Dietrichs, und viele Söldner liefen sogar zu dem Feind über. Die Recken und Söldner freilich, die Treue bewahrten, waren entschlossen, mit ihrem Herrn in den Tod zu gehen. Aber die Schar war zu gering gegen die kaiserliche Macht. Es wurde sofort eine Botschaft an Ermenrich gesandt, daß der Berner die in der Schlacht gefangenen Kriegsleute gegen Lösung seiner Recken freigeben wolle. Die Antwort war, der Berner möge mit dem Volke verfahren, wie er wolle, die Recken in kaiserlicher Haft würden gehängt. Das war die schlimmste Nachricht, die Dietrich jemals erhalten hatte. Da erhob sich Frau Ute, die hochherzige Frau Hildebrands. Mit anderen Edelfrauen begab sie sich in das feindliche Lager und trat vor Ermenrich. Sie bot als Lösegeld ihr Geschmeide und das aller Frauen und Jungfrauen von Bern. Ermenrich ließ sie hart an. Was sie böte, sagte er, sei ihm schon verfallen. Wolle der Vogt seine Gesellen lösen, so müsse er mit denselben ohne Wehr, Waffen und Rosse zu Fuß, mit dem Bettelstab in der Hand, das Land verlassen. Das ertrug Hildebrands Weib nicht. Sie hatte sich vor dem Thron auf die Knie niedergelassen, jetzt erhob sie sich mit den Worten, die Helden würden wie ihre Frauen zu sterben wissen, nicht aber wehrlos am Bettelstab durch das Land wandern. Auf Sibichs Rat gab darauf der Herrscher den Bescheid, der Berner solle mit seinen Gesellen und wer ihm noch anhange, in Wehr und Rüstung, aber die Rosse am Zügel führend, das Land verlassen, sonst würden die Gefangenen ohne Gnade an den Galgen geführt. Es war sein letztes Wort und die Frauen entfernten sich in tiefer Trauer.

Als Dietrich die schlimme Nachricht erhielt, kämpfte er lange mit sich selbst. Er hatte sonst mit geringerer Macht Siege erlangt. Es war auch jetzt noch möglich, aber sollte er den lieben Meister, den edlen Berchtung, die kühnen Recken Wolfhart, Amelolt, Siegeband, Helmschrot, Sindolt dem schmählichen Tod am Galgen preisgeben? Er rang mit sich in schwerem

Seelenkampf und endlich beugte sich sein stolzes Haupt unter der Notwendigkeit. Er gab seine Zustimmung zu dem Vertrag. Die Gesellen erhielten Waffen und Hengste zurück und begleiteten ihren Herrn nebst anderen Getreuen, insgesamt dreiundvierzig Mann, auf dem traurigen Zug. In Bern war viel Weinens um den geliebten König, der selbst sein edles Roß führte und die Verwüstungen sah, die der Feind bereits angerichtet hatte. In allen Landen aber sprach man mit Betrübnis von der Flucht Dietrichs und seiner Gesellen.

Auch außerhalb des kaiserlichen Gebiets wollten die Helden ihre Hengste nicht besteigen, denn der König, der auf dem Weg über das wilde Gebirge kein Wort sprach, verweigerte es. So zogen die Männer auch durch das schöne Donauland und näherten sich der Burg Bechelaren, wo Markgraf Rüdiger, der Milde und Gütige, seinen Sitz hatte. Frau Godelinde, die Ehegattin des Markgrafen, stand mit ihrem lieben Töchterlein auf dem Söller und sah mit Verwunderung die Recken von ferne, deren Rüstungen in der Sonne glänzten. Sie erkannte auf Dietrichs Schild den rotgoldenen Löwen, auf dem Hildebrands die drei Wölfe, das Abzeichen der Wölfinge von Garden. Eilends ging sie zu ihrem Eheherrn und sagte ihm, daß der Berner mit seinen Gesellen bei ihnen Einkehr nehmen wolle. Das war eine frohe Botschaft. Beide Ehegatten bestiegen die Rosse und ritten mit Gefolge den werten Gästen entgegen. Als Rüdiger die Helden zu Fuß daherwandern sah, stieg er ab und wollte den König begrüßen. Der aber wehrte ihm. „Du siehst, lieber Rüdiger, einen armen, hilflosen Flüchtling vor dir, der keine Lagerstätte mehr hat für sein müdes Haupt." Er redete nicht weiter. Daher nahm Hildebrand das Wort und berichtete die ganze Begebenheit. „Wohlan, edler Held von Bern, und ihr, Gesellen", sagte Rüdiger, „was mein ist, das ist euer: Gewänder, Rüstzeug, Rosse, Kriegsknechte. Kehrt ein in mein gastliches Haus und nehmt es zur Herberge nach den bestandenen Mühsalen."

Dietrich folgte mit seinen Gesellen dem Markgrafen und fühlte sich bald heimisch in den Sälen und Gemächern des Burgsitzes zu Bechelaren. Da war nicht kaiserliche Pracht wie zu Romaburg, aber alles erschien heiter und wohlgeordnet. Die Hausfrau lud zum Mahle ein; das Töchterchen, noch ein Kind an Jahren, füllte die Becher und reichte sie, wenn sie mit dem rosigen Mund genippt, den wegmüden Recken. Rüdiger führte folgenden Tages die Gäste in dem weitläufigen Gehöft herum und gab ihnen, was er verheißen hatte und was sie begehrten, auch achthundert Mark roten Goldes und Miete für die Söldner, die sie aus seinen Mannen sich auswählen mochten. Nachmittags ritt er mit ihnen durch Feld und Flur; da waren die Felder wohl bestellt. Man sah keine Spur von Kriegsnot, von feindlichen Riesen und Raubvolk. Wie anders wohnte hier der Friede mit seinen Segnungen als in dem verwüsteten Amelungenland! „Das ist eine Stätte des Friedens, der Liebe und Eintracht", sagte der Berner. „Ich möchte immer hier Wohnung nehmen und Ermenrich samt seinen ungetreuen Gesellen Sibich und Ribestein vergessen." – „Auch unser zertretenes Bern? Und die gelobte Rache?" rief Wolfhart. „So kehre ich allein zurück und setze den Kampf fort, bis ich den letzten Blutstropfen vergossen habe." – „Nicht also, junger Held", versetzte der Markgraf. „König Etzel ist euch für geleistete Dienste Dank schuldig. Ich geleite euch an den Hof zu Susat und bin Bürge, daß er euch mit Heeresmacht Hilfe bringt, damit Amelungenland euch wieder zugewandt wird."

5. *Dietrich und seine Gesellen bei den Hunnen*

Groß und weitherrschend war König Etzels Macht, nachdem die Wilkinenmänner überwunden und Osantrix unter Wildebers Schwert gefallen war. Jetzt saß er im reichgeschmückten Prunksaal inmitten seiner fürstlichen Vasallen, und Königin Helche, die treue Gefährtin in seinem vielbewegten Leben, an seiner Seite. Er hatte durch Botschaft alles erfahren, was sich mit seinem hilfreichen Genossen, dem Berner, begeben hatte. Er erwartete ihn unter Rüdigers Geleit. Er wußte die Waffen der Berner Helden wohl zu schätzen; deswegen empfing er sie mit großen Ehren, als sie reich gerüstet, in blanken Brünnen eintraten. Dietrich erhielt einen Sitz neben der Königin; was ihn aber am meisten tröstete, war das Versprechen, daß die ganze Macht der Hunnen ihm zu Gebote stehen solle, damit er sein geliebtes Bern wiedergewinne.

An die dem Berner verheißene Hilfe war vorerst jedoch nicht zu denken. Im Gegenteil, der König war niemals des Beistandes bedürftiger als in der nächstfolgenden Zeit. Waldemar nämlich, ein Bruder des erschlagenen Osantrix und Beherrscher aller Reußen, bot seine ganze Macht auf und brachte auch die Wilkinenmänner in Waffen, um mit einem Schlag das Reich der Hunnen zu überwältigen. Da bedurfte man der Berner Schwerter, und Dietrich verweigerte sie nicht. Auf seinen Rat kam man dem Feinde zuvor und rückte in Reußenland ein, ehe noch alle Heerhaufen versammelt waren. Man traf bald auf den übermächtigen Feind, die Heerhörner riefen von beiden Seiten, und die Schlacht entbrannte. Waldemar stritt gegen Etzel, brachte ihn nach wütendem Kampfe zum Weichen und verfolgte ihn so, daß die Hunnen bald die Flucht ergriffen. Auf der anderen Seite kämpfte Waldemars Sohn, der auch Dietrich hieß, ein kühner und streitbarer Held, gegen die Berner und die ihnen zugesellten Hunnen. Beide Anführer trafen in wildem Getümmel aufeinander. Die Schwerter blitzten, das Blut quoll den Kämpfern unter den Panzerringen hervor, doch gelang es dem Berner, seinen Gegner zu fällen. Der tapfere Jüngling jammerte ihn, er nahm ihn gefangen. Seiner eigenen Wunden nicht achtend, kämpfte er fort, denn Waldemar war von der Verfolgung zurückgekehrt, und die ganze Wucht des Gefechts ballte sich um die Berner und ihre Genossen. Dietrich und seine Gesellen bahnten sich einen blutigen Weg durch die Feinde und erreichten, von der Nacht begünstigt, eine feste Grenzburg. Dort nahmen sie Herberge; aber des Morgens erblickten sie schon die Banner der Reußen, die sich auch bald um das Kastell sammelten. Die Belagerten fanden innerhalb der Mauern wenig Vorräte. Daher drohte der Hunger ihr gefährlichster Feind zu werden.

Vergebens blickten die bedrängten Krieger von den Türmen herab nach hunnischen Feldzeichen; das Häuflein schien gänzlich vergessen. Da entschloß sich der kühne Wolfhart, in einer dunklen Nacht das Belagerungsheer zu durchbrechen, um dem getreuen Rüdiger Nachricht zu bringen. Er zündete mit einem Feuerbrand mehrere Zelte und Baracken an und entkam glücklich, während die Reußen den Brand zu löschen suchten. Sobald der Markmann die Märe vernahm, sammelte er zahlreiche Heerhaufen um sich und rückte schleunigst zum Entsatze heran. Die Reußen, schon der langen Belagerung müde, zogen ab, und die Besatzung war frei. Die Helden erreichten mit dem gefangenen Reußen-Dietrich die Etzelburg, wo sich der kampfmüde König indessen von den Beschwerden erholt und in Freuden gelebt hatte. Mit großen Ehren empfing er die kühnen Helden und tröstete sich beim festlichen Gelage über den unglücklichen Feldzug.

Nach der Rückkehr wurde Dietrich hoch geehrt, aber von einem Hilfsheer zu seiner Unterstützung war nicht die Rede. Er drang zwar nicht darauf, doch zeigte seine umwölkte Stirne, daß der Unmut in ihm gärte. Nur wenn Herrat, die schöne Nichte der Königin, ihm zusprach, schwanden die Wolken, und er vergaß wohl auf Augenblicke sein liebes Bern. Helche, ein kluges und wohlgesinntes Weib, beobachtete alles mit scharfem Blick. Sie sprach zu ihrem königlichen Gemahl: „Ich weiß wohl, warum du den kühnen Helden von Bern nicht in sein Land zurückführst. Du möchtest ihn gern bei dir behalten, weil dir sein scharfes Schwert Gewinn bringt. Aber gib acht, daß du dir nicht durch den Verzug statt eines Freundes einen schädlichen Feind erwirbst. Wäre es nicht wohlgetan, wenn wir ihn durch

Am Hofe König Etzels

Wohltat als treuen Bundesgenossen uns erwerben könnten? Ich weiß, daß er Herrat, meine Nichte, zu minnen begehrt. Sie scheint ihm gleichfalls zugetan, wollen wir ihm nicht die Maid und dazu das ihr zugehörige Land Siebenbürgen übertragen?" – Dem König deuchte die Rede heilsam, er sprach darüber mit Dietrich, Helche mit Herrat, und da von beiden Seiten kein Einwand erhoben wurde, so feierte man bald Hochzeit. Wenn jedoch der König dachte, er sei nun der Mahnungen zur Hilfsleistung enthoben, so irrte er sich. Denn die junge Frau war hohen Mutes und begehrte, daß der Held von Bern sein Reich wiedergewinne, nicht aber als Dienstmann sein Schwert nur für die Hunnen ziehe. Helche selbst sprach für die Sache mit ihrem Eheherrn. Da mußte dieser endlich seine Zusage zur Ausführung bringen.

6. *Die Raben- oder Ravennaschlacht*

„Gen Bern! Gen Bern! – Dietrich zieht nach Bern!" so scholl es im ganzen Hunnenreich. – „Hei, wie die Banner flattern, die Helme glänzen!" rief Wolfhart, als die Heerhaufen unter ihren Führern herangezogen und um Etzelburg sich sammelten. „Die Schwerter rasseln in den Scheiden", sagte der junge Alphart, sein Schwert ziehend. „Sie wollen heraus, den Rost im Blutbad abzuwaschen". Es zogen heran mit ihren Mannen der Markgraf Rüdiger, sein Sohn Nudung, der unverzagte Dietleib mit seinen Steierern, Blödelin und Gotel, hunnische Recken, Helfrich von Lunders nebst seinem Sohn Sintram, Iring der Schnelle aus Danland, aber lange am Königshofe schon heimisch, Diepold von Bayern, Tybald von Siebenbürgen, ein Verwandter von Frau Herrat, Elsan der Alte und viele andere Recken, ein mächtiges Heer.

Schon war der Tag zum Aufbruch bestimmt, da traten Etzels und Helchens Söhne, Scharpf und Ort, frühmorgens in das Gemach ihrer Mutter. Die edle Frau umarmte und küßte ihre Lieblinge und hielt sie ängstlich in ihren Armen fest. „Gottlob", sagte sie, „daß ich euch wiederhabe. Es kam mir vor – ich weiß nicht, ob es ein Traum war –, es kam mir vor, als spielet ihr im Hof. Da verfinsterte sich der Himmel und ein ungeheurer Greif faßte euch mit seinen Krallen und trug euch durch die Luft auf eine Heide, wo ein grimmiger Lindwurm hervorstürzte und euch zerriß. Gräßlich klang euer Klageruf durch die Nacht, und – ich konnte euch nicht helfen, nicht erretten. Doch nun behalte ich euch bei mir, und weder Greif noch Lindwurm soll euch schädigen." Aber die Söhne waren gekommen, um von der Mutter Urlaub zu bitten, weil sie, wie das ganze Volk, den Helden von Bern gar sehr liebten und nicht zurückbleiben wollten, während der Kriegsruf durch das Land ging und alle mutigen Herzen in den Kampf begehrten. Die Söhne ließen nicht ab zu bitten, und das Mutterherz widerstand mit Mühe. Helche führte die Kinder zu Etzel, der gleichfalls die Bitte streng zurückwies, doch sich über den Mut der jungen Helden freute. Die Söhne baten endlich, der König möge sie nur die Recken auf der Fahrt begleiten lassen; sie wollten sich von dem Gefecht fernhalten. Da trat während dieser Reden der Berner ein. Er versicherte, er werde über den Kindern wachen und er verpfände sein Haupt dafür, daß ihnen kein Schaden geschehe. Nach langem Widerstreben willigten Etzel und auch Helche in das Verlangen ihrer Söhne, und Diether, der jugendliche Bruder des Vogts von Bern, kaum einige Jahre älter, vereinigte sich mit ihnen. Die Mutter hatte nur ungern und unter vielen Tränen eingewilligt. Sie hielt die Kinder beim Abschied so fest in den Armen, als wolle sie sich niemals von ihnen trennen, und als sich die jungen Recken von ihr losrissen und auf ihren schnellen Rossen grüßend fortjagten, weinte sie, als habe sie die Lieben schon verloren.

Die Heerfahrt ging eilends über das Gebirge hinunter in die schöne Ebene der Lombardei. Amelolt (Amelung), Hildebrand und die anderen Wölfingen von Garden nahmen diese Burg durch raschen Überfall. Doch konnte der alte Meister nicht so lange verweilen, um Frau Ute und seinen Sohn Hadubrand zu sehen, die gerade abwesend waren, da das Hauptquartier unaufhaltsam gen Bern rückte. Man kam zuerst nach Padua, das von Ermenrichs Recken besetzt war und verteidigt wurde. Da stand auf der Zinne Herr Rumolt, der Stadthauptmann. Der rief dem Markgrafen Rüdiger höhnend zu, er möge doch über die Mauer klimmen und sich die Schlüssel zu den Toren holen. Der Markgraf forderte ihn zornig zum Kampfe auf offenem Feld. Der Hauptmann weigerte sich nicht. Er ritt mit dreißig Recken, nachdem Sicherheit verbürgt war, aus der Stadt; sein Gegner erschien mit einer gleichen Zahl.

Beide Helden kämpften mit Speer und Schwert, ohne daß einer den anderen überwältigen konnte. Man trug sie beide, aus schweren Wunden blutend, von der Walstatt. Dagegen wurden die Recken Rumolts teils niedergeworfen, teils schimpflich in die Stadt zurückgejagt. Indessen mißlang der Angriff auf die festen Mauern, und das Heer zog weiter gen Bern, denn es war Nachricht gekommen, die Burgmannen hätten die Besatzung Ermenrichs ausgetrieben und erwarteten ihren alten Herrn mit Freuden.

Nun endlich war das Ziel erreicht! Der Held zog nach langen Mühsalen in die festlich geschmückte Stadt unter dem Jubel der treuen Burgleute ein. Doch war ihm nicht lange Ruhe vergönnt, denn schon nach wenigen Tagen kam in vollem Rosseslauf der Recke Alpher, ein Sendbote des wohlgesinnten Herzogs Friedrich von Raben (Ravenna), und überbrachte die Nachricht, Kaiser Ermenrich lagere mit unübersehbarem Heer bei der Stadt und erwarte immer noch mehr Hilfsvölker! Man müsse daher ohne Säumnis zum Angriff schreiten. Der Berner zögerte nun nicht länger mit dem Aufbruch. Man kam unaufgehalten in die Nähe des Feindes. Das Lager wurde aufgeschlagen, und Dietrich entsandte Späher, um von der Stellung des kaiserlichen Heeres Kunde zu bringen. Nur wenige kehrten mit blutenden Wunden zurück. Sie berichteten, überall in Busch und Strauch laure feindliches Volk, so daß keine Spähung möglich sei. Als darauf der Berner seine Helden fragte, wer die Wache dem Feinde zunächst übernehmen wolle, erhob sich der junge Alphart, Frau Utes Pflegesohn. Umsonst suchte man den kühnen Helden davon abzubringen. Er beharrte auf seinem Vorhaben.

Der unverzagte Held ritt getrosten Mutes nach der gefährlichen Warte. Da schwirrten plötzlich von allen Seiten Gere und Pfeile und klirrten auf Helm und Schild. Aber sie bissen nicht ein, denn die Rüstung war Zwergenwerk. Wie er sich zornig nach den Männern umsah, die solch unliebsamen Grüße sandten, sprangen die Gesellen aus dem Dickicht hervor und umringten ihn in großer Menge. Der Führer derselben ritt auf ihn zu und forderte ihn auf, sich zu ergeben. „Ich bin Herzog Wölfing", sagte er. „Du kannst mir ohne Schimpf dein Schwert reichen. Du scheinst ein kühner Recke zu sein, und ich werde dich bis zur Lösung wohlhalten." – „Bist du Herzog Wölfing, der Abtrünnige unseres Geschlechts", rief der Held, „so sollst du hier von meinen Händen den Verräterlohn empfangen." Der Kampf der beiden Männer währte nicht lange. Alphart spaltete den Gegner mit einem furchtbaren Streich von der Schulter bis auf den Gürtel. Ihren Herrn zu rächen, stürmten die übrigen Krieger in dichtem Gedränge auf den Helden ein. Aber er war wie das Wildfeuer bald da, bald dort, und jeder seiner Streiche war ein Todesstreich, während kein Ring an seiner Brünne zerrissen, keine Feder auf seinem Helm zerknickt wurde. Die Leichen häuften sich. Als mehr als die Hälfte der Mannschaft gefallen war, suchten die übrigen ihr Heil in der Flucht.

„Ein Geist aus der Hölle hat unseren Herzog erschlagen", riefen die erschrockenen Kriegsleute. „Mehr als fünfzig von uns sind gleichfalls unter seinem höllischen Schwerte gefallen, und wir sind ihm kaum entronnen." – Mit Staunen vernahm man in Ermenrichs Lager die seltsame Märe. Einige mutige Recken jagten nach der Höhe, wo man den einsamen Krieger auf seinem Hengst erblickte. Allein, auch sie fielen entweder oder kehrten, aus tiefen Wunden blutend, zurück und bestätigten die Aussage von einem grausigen Dämon, der wohl bald in das Lager einbrechen und das ganze Heer mit Stumpf und Stiel vertilgen werde. „Der Berner ist ein Sohn des Teufels", meinten andere. „Dieser wird wohl seinem Sprößling zu Hilfe gekommen sein; mit dem kann ein sterblicher Mensch nicht fechten." – „Ich will doch zusehen, ob er nicht von Fleisch und Blut ist", rief der starke Wittich. „Wenn auch die ganze Hölle dort aufgestellt ist, so muß ich einen Gang mir ihr versuchen." Er wappnete sich eilends, ergriff ein Schwert, gewahrte aber nicht, daß es ein anderes war als Mimung. Heime, der wieder mit ihm in Eintracht war, weil er ihn kurz vorher aus großer Gefahr geborgen hatte, erbot sich, ihn zu begleiten und zu rächen, wenn er fallen sollte. Beide Männer ritten sofort eiligst nach der Warte, wo Alphart, seiner Taten froh, unter einem Baume ruhte, während sein Hengst im saftigen Grase weidete. Er erkannte sie schon von ferne an ihrem Schildzeichen. „Zwei ungetreue Gesellen", rief er ihnen entgegen. „Nun sollt ihr wie Wölfing für die Untreue an eurem Herrn büßen." Schon saß er auf seinem Pferd und rannte gegen Wittich, der ihm mit eingelegtem Schaft begegnete. Sie stießen mit den Speeren kräftig aufeinander, aber der starke Wittich mußte den Sattel räumen. Sogleich springt der siegreiche Held vom Roß. Er schwingt das Schwert über dem Haupt des Gefallenen, doch kann er den Todesstreich nicht ausführen. Den Wehrlosen zu töten, scheint ihm ein Flecken auf seinem makellosen Schild. Schon ist der kühne Recke wieder aufgesprungen, um mit dem Schwert den Schimpf zu rächen. Die Klingen blitzen im Entscheidungskampfe, aber Wittich erkennt nun, daß er nicht Mimung in der Hand hat, daß seine Streiche nicht wie sonst Schild und Helm spalten. Endlich trifft ihn ein furchtbarer Schlag auf das Haupt, daß er zum zweitenmal zu Boden taumelt. In seiner Not ruft der gefallene Held seinen Gesellen um Hilfe an, und als dieser zögert, weil es Unehre sei, daß zwei Recken einen einzelnen angreifen, als er Rache, nicht Hilfe verheißt, windet sich Wittich unter dem Fuß des Siegers wie ein getretener Wurm und sucht aufzukommen. „Ergib dich, ungetreuer Hund!" schreit Alphart. „Oder ich haue dir das Haupt ab und hänge es an den Galgen!" Nun bleibt Heime nicht länger müßig. Er deckt seinen Gesellen mit dem Schild, so daß er sich erheben kann, und beide Recken bekämpfen den jungen Helden.

Alphart war ebenso gewandt zu Fuß wie stark mit der Hand. Er brachte auch Heime zu Fall. Da kam Wittich zu Hilfe, und in dieser Weise währte der Kampf noch fort. Die drei Recken bluteten schon aus mehreren Wunden. Alphart ermüdete, da gegen Heimes Nagelring seine starke Rüstung nicht immer Schutz gewährte. Ein mit beiden Händen geführter Streich drang ihm durch die Brünnehosen in den Schenkel und machte ihn fast wehrlos. Er erwehrte sich seiner Gegner noch geraume Zeit, doch mußte er endlich unterliegen. „Ungetreue Verräter", rief er sterbend. „Ihr werdet den Fluch ehrloser Taten mit in die Grube nehmen."

Die Sieger verließen schweigend den Kampfplatz; sie rühmten sich nicht ihres Sieges. Aber ihre Rüstungen waren blutig, sie waren verwundet. Da sprachen die Kriegsleute untereinander: „Sie haben mit dem Höllengeist gekämpft, den grausigen Spuk erschlagen; es sind schreckliche Dinge geschehen."

In Dietrichs Lager erfuhr man bald die Märe von Alpharts Tod, und es entstand große Trauer um den kühnen Degen. Der Berner berief darauf eine Heerversammlung ein. Er sprach zu den Recken, die ihn im Kreise umstanden: „Helden, es ist nicht an der Zeit, Wehklage zu halten um einen einzelnen Mann, der nach tapferem Streit gefallen ist. Morgen werden in der Schlacht noch viele Helden den Tod erleiden. Wer für unsere gerechte Sache unverzagt kämpft, der wird, mag er siegen oder fallen, von den Sängern gepriesen werden. Sollten wir aber sieglos sein, des bin ich gewiß, so kehre ich nimmer von der Walstatt zurück, sondern liege erschlagen unter meinen Gesellen. Wer nun sein Leben errettet, der wende sich gen Bern. Dort in der werten Burg habe ich den starken Elsan als Hauptmann bestellt, daß er sie treu bewahre, bis Etzel mit einem Hunnenheer erscheint und die Feinde zum Rückzug drängt. Dem kühnen Elsan habe ich auch des Königs Söhne Scharpf und Ort und meinen eigenen Bruder Diether anvertraut und ihm befohlen, bei Gefahr seines Hauptes sie treulich zu behüten, wie ich mich selbst für die jungen Königssöhne bei Etzel verbürgt habe. Wer nun aus dem Schlachtgetümmel entrinnt, der helfe die Kinder schirmen, die mir werter sind als Reich und Leben. Nun stärkt euch alle mit Speise und Trank und genießt der Ruhe. Meister Hildebrand wird mit seinen Scharmännern der Wache pflegen."

Meister Hildebrand war ein treuer Wächter; er durchspähte auch die Gegend und die Lagerung des Feindes, wie er immer zu tun pflegte. Indessen erhob sich ein dichter Nebel, der das Mondlicht verbarg und die Spähung verhinderte. Bald hörte der alte Meister Hufschlag und seine Begleiter zogen die Schwerter, und schon wollten sie die entgegenkommende

Alphart – von Wittich und Heime überfallen

Schar angreifen, da blickte der helle Mond durch die zerrissene Nebelschicht, und sie erkannten Rinold von Mailand, der zwar ein Mann Ermenrichs, aber mit ihnen befreundet war. Die Schwerter rasselten in die Scheiden und sie begrüßten sich herzlich. Als Hildebrand nach der Lagerung fragte, erwiderte der fremde Recke: „Wenn ich dem Berner in Treue raten sollte, so zöge er wohl ohne Kampf wieder zu den Hunnen, wo er gutes Gemach hat. Denn das Heer des Kaisers ist gar übermächtig. Seht dort, wo die fünf Goldknäufe im Mondlicht glänzen, ist Sibichs Zelt."
– „Sibich!" rief Eckehart, der Harlungen Trost. „Den fange ich lebendig und bringe ihn an den Galgen." – „Er hat die kühnsten Recken um sich",

fuhr der Mann Ermenrichs fort. „Er ist oberster Feldhauptmann, da Wittich und Heime nicht gegen Dietrich vorankämpfen wollten. Jenes weiße Banner mit dem goldenen Löwen weht über dem gewaltigen Frut von Danland und seinen zwölftausend Gewappneten. Neben ihm lagert der riesige Starcher, dann Düring von Hezzen, weiter lagern noch unzählbare Scharen, von streitbaren Recken geführt, die man jetzt bei Mondschein nicht unterscheiden kann. Darum empfehle ich euch eindringlichst, zu dem Hunnenkönig zurückzukehren." – „Wir haben drei Bundesgenossen: das Recht, die Treue und den Reckenmut, die wanken nicht und helfen Siegesehre gewinnen." Mit diesen Worten nahm Hildebrand Urlaub von dem Degen und ritt weiter seines Weges. Er spähte aber sorglich umher und fand einen Pfad, auf dem er, durch Wald gedeckt, in den Rücken des kaiserlichen Heeres gelangen konnte. Als er wieder in das Lager kam, vereinbarte er mit Dietrich, daß er nach Mitternacht drei Heerhaufen in die erspähte Gegend führen und mit Tagesanbruch in das feindliche Lager einfallen wolle. Wenn der König seine Hörner vernehme, so solle er von vorn angreifen.

Der Schrecken war groß, als der alte Meister an der Spitze auserwählter Scharen den ersten Angriff tat. Viele Männer wurden im Schlaf erschlagen, andere flohen. Die kühnen Eindringlinge arbeiteten sich bis zu Sibichs Zelt vor. Indessen ermannten sich Ermenrichs Recken, der Kampf wurde mörderisch und der Meister kam ins Gedränge. Er ließ sofort die Hörner schmettern und hörte alsbald die gleichen Klänge und den Schlachtruf des Königs. Ungeachtet der Verwirrung, die der doppelte Angriff im kaiserlichen Heer verursachte, ordneten sich doch die zahllosen Heerhaufen unter ihren schlachtgewohnten Führern. Es war ein entsetzliches Gemetzel, Leichen wurden über Leichen gehäuft, tapfere, nie besiegte Helden sanken in wildem Getümmel und des Volkes eine zahllose Menge.

Voran mit seinen Schlachthaufen stürmt der riesige Starcher gegen die Krieger von Bern. Er wirft Recken und Mannen nieder, bis er auf Wolfhart trifft, der Dietrichs Banner führt. Auch ihn streckt ein Speerstoß des gewaltigen Helden in den Staub; mit ihm sinkt die Fahne von Bern. Als der König das Feldzeichen nicht mehr erblickt, bricht er sich mit siegender Gewalt einen Weg durch die Menge. Er schwingt Eckesachs, und Starcher sinkt, das Haupt gespalten, vom Hengst. Nun flattert das Banner wieder hoch, rot von Blut, in des Herrn Hand. Starchers Mannen wollen ihren Führer rächen oder mit ihm in den Tod gehen, und ihrer Tausende fallen unter den Streichen Dietrichs und seiner Gesellen. Das beobachtete der kühne Frut von Danland. Er wirft sich dem Würger entgegen, aber sein Schaft bricht an der Rüstung des Königs in Stücke, und Ekkesachs spaltet ihm Schild, Hüfte und Leib. Ein anderer Kämpfer, der starke Morung, dringt von der rechten, Morolt von Eyerland von der linken Seite vor. Ersterer fällt Helfrich von Lunders, aber der Berner gibt auch ihm den Tod.

In einer anderen Gegend des weiten Blutfeldes kämpft Wildeber schäumend vor Kriegsmut, gleich dem Wild, von dem er den Namen trägt. Walter von Wasgenstein, die Niederlage der Männer von Romaburg ahnend, begegnet dem wütenden Recken und stößt ihm den Bannerschaft durch Brünne und Brust, daß die Spitze zwischen den Schultern hervorragt. Als er an ihm vorüberjagt, trifft ihn der Sterbende mit letzter Kraft, und auch er muß den Sattel räumen.

Wittich hat wieder Mimung in der starken Faust, und weder Recken noch Mannen vermögen vor ihm zu bestehen. Ganze Scharen weichen zurück, während er Tod und Niederlage verbreitet. Dietleib, der nie besiegte Held von Steier, tritt ihm entgegen, sinkt aber nach verzweifeltem Kampf zu Boden. Indessen bestehen Ermenrichs Heerhaufen nicht länger in dem blutigen Streite, sie weichen mehr und mehr vor dem siegreichen König und seinen Helden zurück. Da sieht Wittich auch den ungetreuen Ribestein unter den Flüchtlingen und zugleich den getreuen Eckehart, der ihn grimmig verfolgt, erreicht, ihm das Haupt abhaut und den blutigen Rumpf zu sich auf sein Roß schwingt. „Hab ihn!" ruft der Held, „häng ihn nur, wie du gelobt, an den Galgen. Er ist der Henker der Harlunge und schuld an dem Blutbad." Die Flucht der Mannen Ermenrichs wird nun allgemein. Doch der kühne Wittich will nicht fliehen; er bricht sich, Flüchtlinge und Verfolger niederwerfend, den Weg nach einer Höhe, wo er weit umherschauen kann. Er erkennt jetzt, daß es dieselbe Warte ist, die Alphart so mutig verteidigt hat. ‚Wie, wenn hier ein Richter für den erschlagenen Helden aufstände?' So dachte er, und der unehrliche Kampf trat ihm vor die Seele. Was er gedacht, schien Wahrheit zu werden: Denn Herzog Nudung, ein Sohn des Markgrafen Rüdiger, rannte ihn unversehens an und warf ihm seine Untreue vor. Der Kampf war heftig, aber entscheidend. Nudung stürzte, aus vielen Wunden blutend, vom Pferd. Der Sieger freute sich nicht seiner Tat, denn Rüdiger, den Freund aller Menschen, hatte er nicht schädigen wollen. Er freute sich nur, daß seine Ahnung von einem Rächer nicht in Erfüllung gegangen war. Während er auf den Gipfel der Warte ritt, sah er jenseits auf einer anderen Höhe drei Männer in glänzenden Rüstungen heraufreiten. Sie waren in erster, blühender Jugend, und der Held erkannte in dem einen von ihnen den jungen Diether, den Bruder Dietrichs.

Das hatte sich folgendermaßen begeben: Scharpf und Ort, Etzels Söhne, und Diether waren zu Bern unter der Hut des alten kriegserfahrenen Elsan zurückgeblieben. Sie verhielten sich einige Tage ruhig, denn der Alte hatte sein Haupt für ihre Sicherheit verpfändet. Ihr angeborener Mut sträubte sich aber gegen diese Abgeschlossenheit. Sie sehnten sich ins Freie, sie begehrten den Kampf der Helden zu schauen, ja selbst mit Speer und Schwert in die Schlachtreihen einzutreten. Am dritten Tag ertrugen sie die Gefangenschaft nicht mehr. Sie baten Elsan, er möge ihnen nur einen Ritt in der Umgegend gestatten. Der weichmütige Alte gab seine Zustimmung, doch wollte er sie selbst begleiten. Während er sich wappnete, jagten die jugendlichen Gesellen schon durch das offene Tor davon und fröhlichen Mutes weiter auf unbekannten Wegen. Als sie endlich halt machten, um die Rosse verschnaufen zu lassen, gedachten sie des fürsorglichen Elsan, der um sie wohl recht in Kummer war. Sie wollten zurückreiten, aber da waren verschiedene Wege, und ein dichter Nebel verhüllte die Gegend. Sie ritten in Sorgen weiter und weiter. Der Nebel verzog sich, aber das Land umher war ihnen gänzlich unbekannt. Sie gelangten endlich in die Nähe der verhängnisvollen Warte und sahen einen Recken in glänzender Rüstung. Sie lenkten auf ihn zu; da lag unter Heideblumen ein Erschlagener, dem das Blut noch aus den klaffenden Wunden floß. Sie sprangen ab. „Es ist Nudung, der Sohn des guten Markgrafen", rief Scharpf. „Und der Unhold dort auf der Höhe hat ihn ermordet!" sagte Ort mit Zorn. „Ich erkenne ihn am Schildzeichen", schrie Diether voll Wut. „Hammer, Zange und Amboß verraten den ungetreuen Sohn des Schmiedes. Er soll nicht lebendig unseren Händen entkommen." Die jungen Helden sprangen auf ihre Hengste und jagten nach der Höhe. Ort hatte ein sehr gutes Roß, er kam den anderen weit voraus. „Falscher, ungetreuer Hund!" rief er dem Recken zu, als er ihn erreichte. „Du mußt hier von meinen Händen sterben." Wittich erwiderte vergebens, er solle ablassen, er begehrte nicht eines Knaben Blut. Der junge Held wurde nur noch mehr ergrimmt. Seine Streiche fielen hageldicht, und einer drang dem Gegner durch eine Fuge, daß Blut die Ringe färbte. Nun zögerte der starke Wittich nicht mehr. Da sank der mutige Ort, bis auf den Gürtel zerhauen, vom Pferd. Ein gleiches Schicksal hatte Scharpf, der den Bruder rächen wollte. Zu spät, um Hilfe zu bringen, langte Diether an. Wittich weigerte sich des Kampfes; er kannte den Bruder Dietrichs, wie dieser auch ihn. „Laß ab, junger Held!" mahnte er. „Wenn du zur vollen Manneskraft gelangt bist, wirst du deinem königlichen Bruder gleich werden." Mit dem Ausruf: „Wehre dich, ungetreuer Mann, dreifacher Mörder, oder ich zerhaue dich wie eine giftige Natter!" griff er den Recken wütend an.

Er bestürmte ihn mit großer Gewandheit bald von der einen, bald von der anderen Seite. Schon blutete der kühne Held aus einer zweiten Wunde, da schwang er Mimung mit Macht, und auch Diether sank entseelt unter die Blumen der Heide. „Habe Dank, Vater Wieland", sagte Wittich vor sich hin. „Dank für die festen Waffen, Vater! Nun brauche ich den Rächer nicht mehr scheuen, dem Mimung widersteht kein Mann, und wäre es

Die Söhne Etzels – von Wittich erschlagen

auch König Dietrich." – Siegesgewiß rief er laut: „Wer wagt es, die Gefallenen zu rächen?" – „Rächen", wiederholte das Echo in den Bergen viermal. Es kam ihm vor, als hätten die vier Leichen das schlimme Wort gesprochen. Ein Schauer rieselte ihm durch die Glieder.

Wittich gab Skemming die Sporen und jagte fort, er wußte nicht wohin.

König Dietrich rastete auf dem Blutfeld mit seinen Gesellen und anderen Recken, die das Schwert verschont hatte. Er war nicht froh des ruhmvollen Sieges, denn Dietleib lag erschlagen neben Helfrich von Lunders und Wolfhart war schwer verwundet; von dem tapferen Nudung war keine Spur zu entdecken. Die Krieger teilten die reiche Beute, verbanden und pflegten die Verwundeten, Freunde und Feinde. Wer einen guten Gesellen unter den Toten fand, der bereitete ihm ein Grab. Alle Leichen zu bestatten war wegen der unzählbaren Menge nicht möglich. An einem eilends aufgerichteten Galgen baumelte der kopflose Rumpf des ungetreuen Ribestein, und Eckehart stand lachend davor. „Den falschen Sibich", sagte er, „den fange ich mir lebendig in Raben, wohin er entronnen ist; er soll neben seinem Gesellen das hänfene Halsband tragen."

Man fand in Ermenrichs Lager große Vorräte an Speise und Wein, und die Krieger hielten flotte Tafel. Der Sorgenbrecher verscheuchte bald alle Trauer aus den Herzen. Selbst Dietrich vergaß seinen Kummer und stimmte in den allgemeinen Jubel ein. Da jagte ein Mann in vollem Rosseslauf über die Walstatt, und man konnte nicht zweifeln, es war Elsan, der Hüter von Bern. Er stieg vom Pferd und nahte mit bekümmerter Miene dem König. „Herr", sagte er, „hier bringe ich dir mein Haupt, wenn den Jungherren ein Leid widerfahren ist; sie sind mir aus den Händen entronnen." – Dietrich starrte ihn finster an, und er berichtete, was sich begeben hatte, so weit er es wußte. „Nun, alter Freund", sagte der König, „sei getrost, die jungen Recken haben sich zwischen den weiten Gärten um Bern verirrt, sie werden schon wieder in der Stadt sein." Kaum hatte er die Worte ausgesprochen, so erschien ein anderer Bote, bleich und von Schrecken entstellt. „Herr", sagte er zitternd, „zürne mir nicht – die Söhne Etzels, dein Bruder, Herzog Nudung – dort auf der Warte – erschlagen!" Dietrich erhob sich. Er zog das Schwert zur Hälfte und stieß es wieder in die Scheide. „Du lügst!" donnerte er den Unglücksboten an. „Und die Lüge kostet dich den Kopf! Hast du wahr gesprochen, so wird mir ein barmherziger Mensch das Schwert durch den Leib stoßen. Auf, nach der Warte!"

Schon jagte der Held auf Falkes Rücken dahin, so daß die Recken ihm nicht folgen konnten. Bald sah er mit eigenen Augen, was geschehen war. Eine mitleidige Hand hatte die vier Leichen nebeneinander in die Blumen der Heide gebettet, und die gebrochenen Augen öffneten sich nicht, dem Freunde, dem Bruder, ins Angesicht zu schauen. Der königliche Held kniete neben ihnen. Er küßte den bleichen Mund eines jeden der früh gefällten Jünglinge; er flehte die umher stehenden Recken an, ihm aus Barmherzigkeit das Leben zu nehmen. Dann sank er auf sein Angesicht und verharrte schweigend. Plötzlich sprang er empor und schrie: „Rache! Die klaffenden Wunden, die Streiche durch Schild, Brünne und Brust hat Wittich mit dem scharfen Mimung getan. Auf! Ich suche ihn bis ans Ende der Welt!" Er blickte wild umher, und siehe, auf der jenseitigen Höhe trabten zwei Reiter daher; der Abendsonnenschein beleuchtete auf dem Schild des einen Recken Hammer, Zange und Amboß. Es war Wittich, den sein böser Stern oder sein Gefährte Rinold von Mailand wieder nach der Warte führte. Dietrich schwang sich auf sein edles Roß. Er jagte über das flache Tal nach der Höhe. Die beiden Recken machten halt; sie ritten kühn dem einzelnen Manne entgegen. Als aber Wittich dem König in das von Zorn entstellte Antlitz blickte, da erfaßte ihn ein nie gefühltes Entsetzen. Er wendete den Hengst, er floh, und Rinold folgte ihm. „Steht, Feiglinge, Mordhunde, steht!" rief der wütende König. „Zwei gegen einen, ihr habt leichtes Spiel!" – „Halt an, Geselle", mahnte Rinold, „die Schmach ertrag ich nicht." Wittich kehrte sich um. Aber wieder sah er das entsetzliche Angesicht. Er trieb Skemming weiter zur Flucht, während Rinold den Verfolger erwartete, aber nicht hemmte, denn ein furchtbarer Streich spaltete ihm Helm und Haupt.

„Memme!" ruft Dietrich dem Flüchtling nach. „Du führst Mimung, du hast mich einst in Bern bestanden; wage nur den Kampf!" Wittich indessen treibt den edlen Skemming bald mit Schmeichelrede, bald mit den Sporen vorwärts. So tut auch der König. „Falke", ruft er, „zeige jetzt, daß du Skemmings Bruder bist, daß du ihn überwindest. Nur dieses eine Mal hilf mir, den feigen Mörder zu erreichen." Und Falke greift mächtig aus, er kommt dem Flüchtling auf Speerwurfweite nahe. Da hört man das Brausen der Meereswellen; es ist die Brandung, die donnernd ans Ufer schlägt. Der flüchtige Recke erreicht den Strand, da ist kein Raum mehr, zu entrinnen. – Und siehe, aus den Fluten erheben sich zwei weiße Arme und ein Frauenhaupt, von Locken umwallt wie von flockigem Schaum. „Wachilde, Ahnfrau, rette, birg den Verfolgten vor dem Höllengeist!" ruft er, und wagt den Sprung auf Leben und Tod. Und Wachilde, die Meermaid, einst in Liebe seinem Ahnherrn Wilkinus verbunden, faßt ihn in die Arme und trägt ihn sanft in ihr kristallenes Haus auf dem Meeresgrund. Auch Dietrich säumte nicht, Falke zum Sprung zu spornen. Das Wasser schlägt über den Roß zusammen; aber es arbeitet sich empor und schwimmt mit dem königlichen Helden durch die tobende Brandung. Doch wie weit auch der König umherspäht, ob Wittich wieder auftauche, er sieht nur schäumende Wellen. Traurig lenkte der König nach dem Strande zurück; er hatte weder die Rache noch den Tod, den er suchte, gefunden.

Der Held kam wieder auf den Wartberg. Er sah Rüdiger bei der Leiche seines Sohnes und die hunnischen Fürsten im Kreise um die erschlagenen jungen Recken versammelt. Er hörte, wie die Hunnen erklärten, daß sie nun den Söhnen ihres Königs die Leichenfeier halten und dann heimfahren wollten. Dietrich blieb von den Reden unbewegt; er saß wieder bei den Gefallenen und verharrte schweigend. Dagegen suchte Meister Hildebrand die Fürsten zur Verfolgung des Sieges zu bewegen. Er stellte ihnen vor, wie alle Arbeit, alles vergossene Blut vergeblich, alle Beute, aller Gewinn verloren sein würden, wenn sie auf ihrem Entschluß beharrten; sie blieben unbeugsam bei ihrem Vorhaben.

In Bern wurde die Leichenfeier mit großem Gepränge begangen. Als man die Leichen einsenkte, zerschnitten sich viele Hunnen nach ihrer barbarischen Sitte Gesicht und Brust und heulten, um den Totenhügel schreitend, ein schauerliches Grablied. Das Heer war schon auf der Heimfahrt; aber der Berner Held saß noch am Hügel. Da trat Markgraf Rüdiger zu ihm, sprach von seinem eigenen Verlust und versicherte ihm, die gute Königin Helche werde ihm wieder ihre Huld zuwenden, wenn sie von dem Hergang erfahre. Sie sei so mild und gütig, daß sie ihm auch den König versöhnen werde. Auch Meister Hildebrand war zugegen. Er schalt den Helden, daß er gleich einem Klageweib Mut und Kraft verloren habe; er solle an Bern denken, das Ermenrich und der ungetreue Sibich wieder unter das Joch bringen würden, das aber wieder befreit werden müsse. Darauf erhob sich der Held. „Es ist nicht Trauer und Klage, was mir die Kraft raubt", sagte er. „Es ist die vereitelte Rache. Schafft mir den Sohn Wielands zur Stelle, so werdet ihr an meinen Schwertstreichen erkennen, daß ich noch den oft bewährten Mut nicht verloren habe." So sprach der Held; doch ließ er sich endlich bereden, mit seinen Gesellen dem heimkehrenden Heer sich anzuschließen.

Zu Bechelaren wurde haltgemacht, um den Mannen und Rossen Zeit zur Erholung zu lassen. Hier verbreitete die Nachricht von dem Tod der jungen Recken große Wehklage. Die Stätte des beglückenden Friedens wurde eine Stätte des Jammers. Man brach daher früher auf und erreichte nach mancher mühseligen Tagfahrt die Etzelburg. Dietrich blieb mit Hildebrand in einer Herberge, das Heer aber zog am Palast vorüber nach der jenseitigen Ebene zur Lagerung. Die Königin Helche sah vom Fenster herab auf die zusammengeschmolzenen Scharen, denen zum Teil die fürstlichen Führer fehlten. Sie erkannte aber auch die Hengste, die ihre Söhne geritten hatten; sie sah an Sattel und Decken Spuren von Blut, und eine Ahnung von dem geschehenen Unglück stieg in ihrer Seele auf. Da trat Rüdiger in den Saal. Sein Antlitz verriet den Schmerz über seinen und ihren Verlust, bevor er die unglückliche Botschaft in Worten aussprach. Sie weinte und klagte bald sich selbst, bald den Gemahl an, daß er die Heerfahrt vergönnt hatte; sie fluchte dem Mörder, begehrte sein Herzblut; sie wollte zu Etzel eilen, daß er von dem Berner das verpfändete Haupt einfordere. Mit Mühe bewog sie der Markgraf, seinen Bericht anzuhören. Als sie nun alles, auch den Tod Diethers erfahren hatte, da siegte ihr Edelmut über den Schmerz. Sie ging an Rüdigers Hand in die Herberge, wo Dietrich, in sein Leid versunken, sie nicht eintreten hörte. Sie schlang die Arme um den trostlosen Mann und küßte ihn wie eine Mutter den Sohn und weinte mit ihm um die Verlorenen.

Es gelang der Königin, auch Etzel zur Versöhnung mit dem unglücklichen Berner Helden zu bewegen, so daß letzterer wieder am Hofe erscheinen durfte. Die Zeit, die so viele Wunden heilt, linderte auch das Leid des Königs, und der Vogt von Bern gewann durch hilfreiche, kühne Taten wieder die Gunst seines Schutzherrn. Helche genas indessen nicht von der Wunde, die ihr der Tod ihrer lieben Söhne geschlagen hatte. Sie erkrankte und siechte langsam dem Grabe zu. Als sie fühlte, daß die Stunde des Abschieds von aller irdischen Herrlichkeit nahe sei, ließ sie Etzel zu sich kommen. „Mein Herr und Gemahl", sagte sie, „wir haben in unserem ehelichen Leben manche Freude und auch manches Leid gemeinsam bestanden; nun ist die Zeit gekommen, daß ich von dir gehen muß. Heute nacht, da ich das alles überdachte, hatte ich ein Traumgesicht, das mir ebenso deutlich die Zukunft offenbarte wie jener Traum vor der Heerfahrt unserer Söhne, den wir aber nicht beachteten. Ich sah unsere Halle reich geschmückt, wie am Tage unserer Hochzeit. Ein schönes, aber blasses Weib saß an deiner Seite. Aber als ich sie recht betrachtete, gewahrte ich, daß nur Haupt, Brust und Arme Menschengestalt hatten, während ihr Leib eine ungeheure Schlange war. Ihr Gewand, das den Schlangenleib zum Teil verhüllte, war nach Weise der Burgunden; so auch die Krone auf ihrem Haupt und das Wappenschild über der Krone. Sie erhob sich vom Thron und winkte mit der Hand; da fiel ein Feuerstrahl von der Wölbung unter die versammelten Helden, und sie bekämpften und mordeten sich gegenseitig, und die flammende Lohe ergriff den Saal, und die Helden und sie selbst gingen darin unter. Du aber bliebst mit Dietrich und Hildebrand allein unter den Leichen und Trümmern. Höre nun die Deutung des Traumes aus dem Munde der sterbenden Gattin: ‚Du wirst dich nach meinem Abscheiden wieder vermählen. Wählst du ein Weib aus dem Königshaus der Burgunden, so wird durch sie diese Halle, so werden deine Recken außer Dietrich und dem alten Meister untergehen.'"

Die Königin sprach nicht mehr; sie reichte dem Gemahl die Hand und starb. Etzel war untröstlich über den Verlust der langjährigen, treuen Lebensgefährtin. Das ganze Volk trauerte mit ihm, denn Helche war eine rechte Landesmutter gewesen. Ein ganzes Jahr gab es weder Festlichkeiten am Hofe noch Versammlungen. Indessen wurden Wünsche laut, der König möge sich wieder eine Ehegenossin wählen, damit das Land nicht verwaist sei, wenn er ohne rechtmäßige Erben sterbe. Die Wünsche kamen ihm zu Ohren. Er beriet sich mit seinen Räten und mit dem geehrten Gast von Bern. Der letztere meinte, es sei kein Weib in der Welt würdiger, den Thron mit dem großen König zu teilen, als Kriemhild, die Witwe des ruhmvollen Nibelungenkönigs Siegfried. Alle Räte stimmten dem Berner bei, weil die edle Königin jede andere Frau an Schönheit, Tugend und klugen Rat übertreffe. Der König war anfangs ungeneigt, dem Vorschlag beizustimmen. Er sprach von dem Traum der sterbenden Helche, aber man erwiderte, Kriemhild sei durch ihre Verbindung mit Siegfried aus dem Geschlecht der Burgunden geschieden, und auf sie beziehe sich die Warnung nicht. Sofort wurde Rüdiger mit der Werbung betraut, und der erhielt nicht ohne Mühe das Jawort.

7. Die Heimkehr

Dietrich, seine Frau Herrat und Meister Hildebrand nahmen Urlaub von König Etzel, der in seiner Verdüsterung wenig Teilnahme zeigte. Sie bestiegen am folgenden Morgen ihre Rosse und führten auch einen Säumer (Saumpferd) mit, der Mundvorrat und Frau Herrats Schätze trug. Der alte Meister kannte alle Gebirgswege und leitete die Fahrt. Die Wanderer kamen an einen Bergwald, auf dessen Höhe eine feste Burg emporragte. Der Meister mahnte zur Vorsicht und hieß den König Speer und Schwert bereithalten, weil in dem Felsennest ein grimmiger Mann hause, der starke Elsung, der stets ein Feind der Amelungen und Wölfinge gewesen sei. Die Lehre war nicht umsonst, denn Elsung, der in einer Schlucht lauerte, trat unversehens mit vielen Reisigen hervor. Er forderte als Wegegeld Rosse, Rüstungen, den langen Bocksbart des Meisters und die schöne Frau. „Rosse und Rüstungen brauchen wir zum Kampf im Amelungenland", sagte Hildebrand. „Die Frau aber können wir nicht missen, sie sorgt für unsere Mahlzeit." – „He, ihr seid selber Amelungen", rief der Recke. „So müßt ihr auch noch die rechte Hand und den linken Fuß als schuldigen Zoll abgeben, oder ich nehme eure Köpfe noch obendrein als Blutbuße für meinen Vater, den einst der grimmige Samson erschlug." – Die Helden antworteten nicht weiter. Sie zahlten den Zins mit geschleuderten Geren und Schwertstreichen so reichlich, daß die Reisigen fielen oder flohen, der Burgherr aber niedergeworfen und gebunden wurde. Hildebrand wollte den Gefangenen auf ein Beutepferd festbinden, da sagte er: „Ihr seid Ermenrichs Mannen und kommt aus fernen Landen. Ich will euch üble Botschaft überbringen: Der Kaiser wurde von den Brüdern der schönen Swanhilde, die er von Rossen zertreten ließ, an Händen und Füßen verstümmelt und liegt krank zu Romaburg." – „Hei, wie der weidli-

Dietrichs Auszug mit Herrat und Hildebrand

che Mann uns frohe Botschaft gebracht hat!" rief der Berner Held. „Darum soll er frei sein und die Beutepferde zur Sühne nehmen." – Die Verbündeten ritten sofort ihres Weges, während der seiner Bande entledigte Burgherr ihnen verwundert nachblickte.

Die Straße führte nach einem anderen Burgsitz, wo der mit Hildebrand befreundete Graf Lodwig nebst seinem Sohn Konrad wohnte. Derselbe empfing sie mit großen Ehren, aber Dietrich weigerte sich einzukehren, weil er gelobt hatte, nicht eher unter ein Dach zu kommen, bis er sein geliebtes Bern wiedergewonnen habe. Die Helden und Frau Herrat rasteten daher vor der Burg und hatten gute Pflege. Ein Festmahl wurde unter dem grünen Gezweig des Waldes hergerichtet, wobei Frau Herrat den Recken die Becher füllte. Dann ging sie nach der Burg, um die reichen Säle zu schauen. Eilends kam sie jedoch zurück, und ihr Angesicht strahlte vor Freuden. „Ich bringe gute Botschaft", sagte sie. „Ermenrich ist seinen Wunden erlegen, er ruht im Grab. Der ungetreue Sibich herrscht an seiner Stelle mit Hilfe geworbener Mannen. Aber alles Volk ist ihm gram, es begehrt den ruhmvollen Vogt von Bern. Schon ist der getreue Eckehart in Waffen gegen den Marschall; der weidliche Hache und mancher kühne Degen steht zu ihm. Nun laßt uns wacker sein, das Frau Säldens Spruch sich erfülle. Auf, König Dietrich, fahre mit mir gen Bern! Aber der alte Meister gewinne wieder sein Haus zu Garden, wo Frau Ute und sein Sohn Hadubrand ihn erwarten." Der Rat des edlen Weibes wurde wohl aufgenommen, und die Helden bereiteten sich zur Fahrt. Dietrich trabte mit dem jungen Konrad nach der geliebten Stadt; der alte Meister, geleitet von Lodwig, nach dem Burgsitz der Wölfingen.

Hildebrand war fröhlichen Mutes und erzählte viel von kühnen Abenteuern. Da hörte er hinter sich Hörner schallen und sah, als er sich umwandte, Banner wehen, die er wohl kannte. Es waren hunnische Feldzeichen. Er hemmte sein Roß. Da sah er sich alsbald inmitten eines zahlreichen Heerhaufens mutiger Hunnen. Sie begrüßten ihn mit lautem Schall: Sie waren, des Stillsitzens müde, dem Helden von Bern gefolgt, um ihm Beistand zu leisten, und schlossen sich willig dem alten Meister an. So gelangte derselbe unter zahlreichem Geleite gen Garden. Er fand aber nicht freudigen Empfang in der heimatlichen Burg, die er seit dreißig Jahren nicht wiedergesehen hatte, sondern die Männer von Garden rückten ihm in voller Rüstung entgegen, denn sie haßten die Hunnen, von denen sie Verwüstung und Unterjochung fürchteten. Von dem, was nun geschah, berichtet uns das *Hildebrandslied,* das älteste, nur als Bruchstück erhaltene Heldenlied:

> Ich hörte von Leuten,
> Daß sich forderten im Feld zum Kampfe
> Zwischen zwei Heeren zornigen Mutes
> Hildebrand und Hadubrand, herrlich gerüstet,
> Vater und Sohn, nach Siegesruhm begierig.
> Um breite Brust sie die Brünne schnürten,
> Daß stark im Streite das Sturmgewand schirme.
> Die scharfen Schwerter sie schlangen um die Ringe,
> Da zum Streit sie strebten. Hildebrand sprach,

Der greise Mann, auch größer an Weisheit:
„Welches Vaters rühmst du dich, junger Recke?
Oder welches Geschlechts?
Nenn einen der Männer, die anderen dann weiß ich;
Viele Könige kenn' ich, kund ist mir das ganze Volk."
Hadubrand, Hildebrands Sohn, sprach:
„Das berichteten mir unsere Leute, alte und kluge,
Die dahingeschieden sind,
Daß Hildebrand mein Vater, ich sein Sohn Hadubrand.
Vor Sibichs Neid nicht säumte der Recke
Zu weichen weithin mit wenigen ostwärts,
Verlassend in Garden Gattin und Sohn,
Den unerwachsenen, weithin spähend.
Er fuhr in die Fremde, ein freudloser Mann,
Mit Dietrich darbend, dem hehren Degen,
Ihm der werteste von werten Helden,
Und Sibichen gram, dem unseligen Mann.
Im Gefecht, wo Gefahr war, focht er voran.
So war er kund den kühnen Männern.
Ich glaube nicht, daß er noch lebt."
Da sprach Hildebrand, Herbrands Sohn:
„Du weißt, o Gott im Himmel oben,
Daß du mich nimmer, mit so nahem Magen
Zu streiten, zur Walstatt führtest."
Er wand vom Arm die gewundene Spange,
Vom Kaiserringe kunstvoll geschmiedet:
„Die gab mir gütig der hehre König,
Der Herrscher der Hunnen, huldvoll sprechend,
Daß ich sie reiche dem werten Recken,
Dem trauten Sohne, ihm send' er die Gabe."
Hadubrand, Hildebrands Sohn, sprach:
„Mit dem Speer empfängt man solche Gabe,
Spitze gegen Spitze.
Du bist überaus listig, alter Hunne,
Verführst mich mit deinen Worten,
In die Seite sinnst du den Speer mir zu bohren,
Trug sinnst du ewig, so alt schon an Jahren.
Mir sagten Segler, die westwärts gesegelt,
Daß den Vater ein Kampf dahinraffte."
Antwort gab Hildebrand, Herbrands Sohn:

„Nicht zwang dich in Zwietracht ein Zwingherr jemals,
Daß elend, ein Flüchtling, du entflohst der Heimat.
Der waltende Gott mir
Solch Wehsal sandte sonder Verschulden.
Da war geschart ich im Schützenvolke,
Im Kampfe vorn; doch fällte den Kämpfer
Der Tod nicht im Toben des tödlichen Streites.
Das geschwungene Schwert des Sohns soll nun schwelgen
Im Blute des Vaters!
Oder ich muß morden mit mördrischem Erz dich.
Wenn kriegerische Kraft dich kräftigt zur Untat,
Das Rüstzeug zu rauben mit raffenden Händen,
Verwandtem Recken, wenn solches dir recht dünkt,
Der Feigste des Volkes hier fechten nicht wollte.
Lüstern lachend lenkst du zum Kampfe,
Gewand zu gewinnen und Wehre des Greises."
Sie schossen in schirmende Schilde die Eschen
Mit scharfen Schauern, daß drinnen sie standen;
Die Schwerter krachten, mit Kraft geschwungen, aufeinander
Und spalteten die Schilder, daß sie den Schein verloren ...

(Hier endet das Hildebrandslied. Der Schluß, der fehlt, schilderte höchstwahrscheinlich die Tötung Hadubrands durch seinen Vater Hildebrand.)

Dietrichs Einzug in Romaburg

Wohlgemut zog indessen der Berner Held nach seiner lieben Vaterstadt, denn er war der Dinge unkundig, die sich zu Garden begeben hatten. Er wurde von den Burgmannen festlich eingeholt. Sie hatten die Söldner Sibichs aus ihren Mauern vertrieben und schwuren ihrem alten Herrn freudig den Eid der Treue. Bald kamen viele Fürsten mit ihren Mannen aus Burgen und Städten des Amelungenlandes. Sie brachten Gold und Rüstzeug und gelobten Beistand gegen den ungetreuen Sibich, der sich zu Romaburg die Krone aufs Haupt gesetzt hatte. Ein zahlreiches Heer sammelte sich um den ruhmvollen Helden, entschlossen, mit ihm zu siegen oder zu sterben. Er aber war frohen Mutes, denn er vertraute dem Segensspruch der Frau Sälde.

Kühne Recken waren bei der Heerfahrt um den Berner versammelt: der weidliche Lodwig und sein Sohn Konrad, der getreue Eckehart und dessen Geselle Hache; auch Heime, der in einem Kloster Buße getan hatte, war auf die Kunde von Dietrichs Heimkehr zu ihm gefahren, da er seines Lehnseides durch Ermenrichs Tod ledig war. Die Heere trafen bald aufeinander. Es gab eine heiße Schlacht. Dietrich durchbrach mit siegender Gewalt die feindlichen Massen; sie wichen oder fielen unter seinem mörderischen Schwert; sie lösten sich auf, ergossen sich in unheilvolle Flucht. Eckehart und Hache spähten nach dem ungetreuen Sibich. Sie erkannten ihn unter den Flüchtlingen, obgleich er den Schild und alle Abzeichen seiner angemaßten Würde von sich geworfen hatte. Eckehart ergriff ihn, schwang den Feigling auf sein Roß und jagte nach dem Lager: „Denke an die Harlunge!" rief er ihm zu, während eilig ein Galgen errichtet wurde.

Wohl dachte der falsche Verräter an die Harlunge, an Ermenrich, an alle Opfer seiner hinterlistigen Bosheit, an die gerechte Strafe, die ihn jetzt, mit zerschmetterndem Schlage treffen sollte. Er flehte um das nackte Leben; er bot Gold, mehr und immer mehr, nur um einen Aufschub zu erlangen. Ein Hohngelächter war die Antwort und der Ruf: „Gedenke der Harlunge!" scholl ihm in die Ohren, bis er am Rüstzeug der Rache baumelnd sein ruchloses Leben endete.

Die Schlacht war gewonnen: Das siegreiche Heer, der Held von Bern an der Spitze, zog über die blutige Walstatt unaufgehalten weiter gen Romaburg. Überall kamen dem König von Amelungenland die Fürsten und das Volk freudig entgegen. Sie begrüßten ihn als Oberhaupt, und in Romaburg selbst empfing er die Kaiserkrone. Bei dem Gastmahl saß Herrat, die hochherzige Gemahlin des vielgeprüften Helden, neben ihm auf dem Thron und teilte mit ihm die Ehre, wie sie die Gefahren mit ihm geteilt hatte. Die Spielleute besangen die Taten der Helden zum Saitenklange, die goldenen Becher wurden fleißig geleert, die Freude, der Jubel rauschte durch den weiten Raum der Halle. Als aber ein Sänger den edlen Rüdiger, Wolfhart und andere kühne Degen pries, da glänzte eine Träne im Auge des Kaisers. Die gefallenen Gesellen konnte der Berner Held nicht mehr belohnen; aber die, welche noch lebten und mit ihm gesiegt hatten, belehnte er mit Burgen und Land.

Weit gebietend stand die Macht des ruhmvollen Herrschers aufgerichtet, unangetastet von äußeren Feinden oder böswilligen Lehnsträgern. Er bewies auch die alte Kühnheit und Kraft im Einzelkampfe. Ein räu-

Dietrichs Ausgang

berischer Riese nämlich richtete große Verwüstungen an. Heime, der alte Geselle, suchte ihn auf, wurde aber erschlagen. Nun zog der Herrscher selbst aus und erlegte den Unhold nach hartem Kampfe. Es war der letzte Streit, den der gealterte Held ausfocht. Seine Lebensgefährtin, die edle Herrat, die treue Gehilfin in drangvoller Zeit, erkrankte und starb. Dieser Unfall trübte die Heiterkeit seines Gemüts. Sein ganzes Wesen war verändert, und diese innere Verdüsterung verleitete ihn zu mancher Tat, die keine späte Reue wiedergutmachte. Er wohnte nicht mehr den fröhlichen Gelagen der Helden bei; selbst die Feste zu Ehren seiner Siege waren ihm gleichgültig; nur die Jagd machte ihm noch Vergnügen. Wenn die Hörner erschallten, die munteren Rüden anschlugen, wenn er selbst zu Roß dem flüchtigen Wild nachjagte, mit dem kurzen Jägerspieß den schäumenden Keiler auffing, da vergaß er die Beschwerden und ängstlichen Sorgen und war frisch und fröhlich wie in heiterer Jugendzeit.

Einstmals badete er im Fluß. Da trabte ein Sechzehnender mit goldenem Geweih, wunderbar anzusehen, vorüber, dem grünen Walde zu. Er sprang aus dem Wasser, warf sein Gewand um und rief nach Roß und Hunden. Ehe die Diener das Verlangte herbeischaffen konnten, erblickte Dietrich einen rabenschwarzen Hengst, der ihm entgegenwieherte. Schwert und Jagdspieß ergreifend schwang er sich auf das edle Tier und jagte dem Hirsch nach. Vergebens folgten ihm die mit Pferden herzueilenden Knappen; der Held rannte fort, schneller und immer schneller und kehrte nicht wieder zurück. Man wartete umsonst Wochen, Monate und Jahre auf seine Rückkehr. Das Reich war und blieb ohne Oberhaupt. Blutige Kriege waren die Folge dieses Ereignisses. Man wünschte den Herrscher zurück, daß er richte und schlichte. Aber keine Sehnsucht, kein frommes Gebet brachte ihn dem zerrütteten Reiche wieder.

Sagenkreis der Nibelungen

Erster Abschnitt
SIEGFRIED, DER NIBELUNGENHELD

1. Siegfrieds Jugend

Es wuchs in Niederlanden eines edlen Königs Kind auf, das den Namen Siegfried erhielt. Sein Vater war Siegmund, vom ruhmvollen Stamm der Wölfunge, die ihr Geschlecht von Wodan selbst ableiteten. Seine Mutter Sieglinde war von nicht geringerer edler Abkunft. Beide erfreuten sich ihres Sohnes, denn er zeigte früh solche Kraft und Tüchtigkeit, daß man von ihm hoffte, er werde, wenn erwachsen, großen Heldenruhm erlangen. Indessen war er sich bald seiner ungemeinen Leibesstärke und seines trotzigen, unbändigen Mutes bewußt. Er duldete keinen Widerspruch, er schlug die Gespielen blutig, auch die, die weit älter waren als er. Mit den Jahren wuchs auch sein unbändiges Wesen, so daß er von allen Knaben gehaßt und gemieden wurde und die Eltern darüber in große Sorge gerieten. Da sprach Siegmund zu der Königin, er wisse noch einen Rat, wie der Wildling zu bändigen sei: Er wolle ihn als Lehrling dem Schmied Mimer übergeben, der im nahen Wald seine Wohnung habe und harte Helme, lichte Brünnen, Schilde, Schwerter und wundersame Kleinodien schmiede. Der sei ein starker und kluger Mann und werde den Knaben lehren, wie er die Waffen anfertige, die er einst als Recke führen solle. Die Königin gab ihre Zustimmung, und der Vater tat also mit dem unbändigen Sohne.

Als der Schmied die Märe vernahm, war er gar bereit, den Königssohn in Zucht zu nehmen; er meinte, es werde nicht schwerfallen, den kraftvollen Jungen zum Geschäft anzuleiten; die nützliche Arbeit mit Zange und Hammer zähme den übermütigen Trotz. In der Tat ging es auch eine Zeit lang recht nach Wunsch. Der Lehrbursche hatte seine Lust an den Schwertern, Rüstungen und Kleinodien, die in der Esse und unter dem Hammer des Meisters und seiner Gesellen entstanden und poliert wie

Sonnenlicht glänzten. Er versuchte selbst solche Kunstwerke zu fertigen. Anfangs zerschlug er Eisen und edles Metall; aber er lernte sein Ungestüm zähmen und zeigte viel Geschick. Ein und das andere Jahr verstrich leidlich. Er wuchs in dieser Zeit fast zu Mannesgröße. Nun langweilte ihn die Arbeit, und wenn ihn die Gesellen zurechtwiesen, schlug er sie, warf sie zu Boden und schleifte einstmals einen von ihnen, den besten Schmiedeburschen, den kunstfertigen Wieland, an den Haaren bis zum Meister. „Das gerät nicht", sagte der Alte. „Komm hierher, du sollst dir selbst ein gutes Schwert schmieden." Dazu war Siegfried sogleich bereit. Er verlangte das beste Eisen und den schwersten Hammer, den die Gesellen nur mit zwei Händen zu führen pflegten. Mimer zog die stärkste Eisenstange rotglühend aus der Esse und legte sie auf den Amboß. Siegfried schwang den Hammer mit einer Hand wie ein Spielding, und der Schlag krachte nieder gleich einem Donnerschlag, das Haus zitterte in seinen Grundfesten, das Eisen zerstob zu Scherben, die nach allen Seiten flogen, und der Amboß sank schuhtief in den Boden. „Das gerät nicht", sagte der Meister wie vorher. „Wir müssen es anders versuchen, mein Junge, wenn du eine gute Wehr dir fertigen willst. Drüben im dichten Tannenwald wohnt ein Köhler, der die besten Kohlen liefert. Hole mir davon eine genügende Last auf deinen starken Schultern. Derweilen rüste ich das beste Eisenzeug her, um dir eine Klinge zu schmieden, wie sie ein Recke noch niemals geschwungen hat." Das schien dem Burschen eine so wohlgemeinte Rede, daß er sogleich eine mächtige Axt ergriff und in den Wald wanderte.

Er gelangte in einen düsteren Föhrenhain. Da tönte kein Vogelsang, sondern ein dumpfes Geräusch, ein Zischen, Gurgeln und Brüllen, das einen minder kühnen Wanderer wohl erschreckt hätte. Er sah bald die Ursache dieses wüsten Getöses. Es war eine Moorlache, in der sich riesige Kröten, Schlangen und Lindwürmer herumwälzten. „Hab' ich doch mein Lebtag so viel schädliches Gewürm nicht gesehen", sagte Siegfried vor sich hin. „Aber ich will dem Spuk alsbald ein Ende machen." Sofort hieb er verdorrte Bäume nieder und warf sie in den unheimlichen Tümpel, daß er ganz davon bedeckt war. Darauf sprang er über Stock und Stein, bis er an die Köhlerhütte gelangte. Er begehrte von dem rußigen Köhler Feuer, um das Gewürm zu verbrennen. „Armer Junge", sagte der Köhler. „Es ist schade um dein junges Blut; aber kehrst du auf demselben Wege zurück, so bricht der greuliche Drache aus der Felskluft hervor und verzehrt dich zum Imbiß. Schmied Mimer ist ein ungetreuer Mann. Er war vor dir hier und hat mir üble Mär angesagt, wie er den Wurm gegen dich gehetzt habe, weil du gar unbändig seist." – „Sei

Siegfried, der Drachentöter

ohne Sorge", versetzte Siegfried. „Ich schlage den Wurm tot und den Ränkeschmied dazu. Gib mir nun Feuer, daß ich vorerst die giftige Brut verbrenne." Seufzend um das junge Blut reichte ihm der Köhler eine große Pfanne mit brennenden Kohlen und sah ihm wehmütig nach, als er eilends fortrannte.

Der flinke Bursche war bald wieder an dem Tümpel. Mit den Kohlen zündete er leicht das dürre Holz von verschiedenen Seiten an, der Wind blies in die Glut, daß sie hochauf loderte und das Wurmgezücht unter fürchterlichem Gekreisch in der Lache sott und schmorte. Siegfried hieb sich unterdessen aus einem Baumstamm eine gewaltige Keule zurecht. Allmählich wurde es immer stiller in dem Moor und endlich verstummte auch der letzte Laut. Der kecke Junge ging um die Lache herum, da sah er ein Bächlein heißen Fettes von dem Gezücht hervorrinnen. Er tauchte den Finger hinein und gewahrte, daß er sich mit einer Hornhaut überzog. „Hei", sagte er. „Das ist gut im Kampfe." Er entkleidete sich und badete den ganzen Leib in dem flüssigen Fett. Nur zwischen den Schultern, wo ein herabfallendes Lindenblatt klebte, blieb eine Stelle ohne Hornhaut. Als er alles vollendet und sein Ledergewand wieder angezogen hatte, schritt er wohlgemut, die Keule auf der Schulter, seines Weges. Da schoß plötzlich aus einer Steinkluft der Drache brüllend mit offenem Rachen auf ihn zu. Drei gewaltige Keulenschläge fällten das Ungetüm. Kopf und Rückgrat waren ihm gebrochen, es krümmte sich noch lange und schlut mit dem Schweif, bis es verendete.

„Die Bestie ist tot", sagte der kühne Bursche.

„Nun geht es an den berußten Meister und seine Gesellen." Mit diesen Worten wanderte er zornig weiter. Als die Gesellen den jungen Helden so im Grimme daherschreiten sahen, flohen sie erschrocken in den Wald und verbargen sich im Dickicht. Der Meister aber verharrte an der Tür seiner Schmiede, die er so lange friedlich bewohnt hatte. Er suchte erst durch Schmeichelworte seinen Lehrling zu begütigen, dann aber zückte er sein scharfes Schwert. Siegfried dagegen schwang die Keule und zerschmetterte mit einem Schlag die Klinge und das Haupt des Schmiedes. „Hei, Meister Mimer", rief er. „Du hetzt keinen Drachen mehr auf deinen Lehrling." Darauf richtete er sich in der Schmiede ein und schmiedete sich mit Geduld und Fleiß ein Schwert, das er mit Blut des Wurms härtete. Er brauchte zu diesem Geschäft mehrere Wochen, dann aber war die Waffe blank und schneidig und wohlgehärtet. Er gürtete sie um und wanderte zurück nach dem Palast seines Vaters.

Mittlerweile hatte sich die Kunde von diesen Begebenheiten im Lande verbreitet, und als Siegfried in die väterliche Halle trat, fand er den König unmutig und seine Mutter in Tränen. „Du hast ein übles Werk getan", sagte Siegmund. „Du hast den besten Meister in allen Landen, den Mann, der mir sehr nützlich war, ohne Ursache in deinem unbändigen Zorn erschlagen." – „Unschuldiges Blut klebt an deiner Hand", rief die Königin und weinte noch mehr. Die Tränen der Mutter, das Schelten des Vaters brachen die unbezähmbare Wildheit des Sohnes. Er suchte sich nicht zu entschuldigen, er kniete vor der Königin und verbarg sein Angesicht in seine Hände. „Mutter", sagte er, „deine Tränen brennen mir im Herzen. Weine nicht mehr. Ich will gefügig, will ein gerechter, ein guter Recke werden." Die kummervollen Eltern wurden durch diese Rede des reuigen Kindes wieder getrost und dies um so mehr, als sie jetzt die näheren Umstände erfuhren, die auch der Köhler bestätigte.

Siegfried war von dieser Zeit an ganz verändert. Er zeigte sich freundlich und leutselig, ertrug die Zurechtweisungen verständiger Männer, lauschte auf ihre Reden und Ratschläge und bemühte sich, klug und weise zu werden. Wenn der unbändige Zorn in ihm aufloderte, so dachte er an die Scheltworte des Vaters und besiegte und beherrschte den bösen Geist, der ihm sonst die Besonnenheit raubte. Da wurden ihm die Edlen am Hofe geneigt, und auch die Frauen blickten mit Wohlgefallen auf den hochgewachsenen Jüngling, der an Größe und kräftigem Gliederbau die stattlichsten Männer übertraf. In kriegerischen Spielen, im Stoßen und Schleudern des Steins und der Speere, im Hammerwurf und besonders im Schwertkampf konnte sich ihm kein Recke vergleichen.

Die Königin weinte jetzt Tränen der Freude, wenn sie den herrlichen Sohn betrachtete und in die Arme schloß, und sein Vater meinte, Siegfried werde bald größere Taten vollbringen als er und alle seine ruhmvollen Ahnen. Deswegen veranstaltete er ein großes Fest und erteilte ihm, seinen Gespielen und vielen einheimischen und ausländischen Edlen das Schwert und die Rüstung, was man später den Ritterschlag nannte. Ein Turnierspiel bildete den Schluß des Festes. Als nun Siegfried in allen Kämpfen Sieger blieb und hoch und herrlich vor dem versammelten Volke stand, riefen tausend und abertausend Stimmen: „Lang lebe Jung-Siegfried, unser König, neben dem würdigen Vater!" Er aber winkte mit der Hand und sagte bescheiden: „Solcher Ehre bin ich noch nicht wert, ich gedenke mir selbst erst ein eigenes Land zu gewinnen, wenn mir der König Urlaub gibt, mit Roß und Rüstung in die Fremde zu ziehen, wohin mein Herz begehrt." Am Abend saßen die Recken beim Gelage in der königlichen Halle, Siegfried nicht oben bei dem Vater, sondern unten, wo die jungen Recken von künftigen Taten redeten. Sie erzählten von dem fernen Isenland, dem Land der schönen und streitbaren Brunhilde, die ihre Freier zum Kampf fordere und schon viele erschlagen habe, von dem Reich der zauberischen Nibelungen, von einem Drachenstein, auf dem ein höllischer Flugdrache hause. Auch von einer holdseligen Königstochter zu Worms am Rhein wußten die jungen Degen zu berichten und von ihren drei Brüdern und dem starken Hagen, die die Maid behüteten. „Hei, das muß lustig sein, diese Wunder zu schauen und Abenteuer zu bestehen", rief Siegfried und trat vor seinen Vater und sagte ihm, wie er, so gar der Fremde unkundig, nicht länger in träger Ruhe daheim verharren wolle. Der König, der selbst in jungen Jahren weit herumgekommen war, versprach ihm, wenn die Mutter zustimme, seinem Begehren zu willfahren. – Die Königin wurde folgenden Tages von dem Verlangen des Sohnes in Kenntnis gesetzt und gab nach langem Widerstreben den Bitten des jungen Recken nach. Er erhielt die beste und glänzendste Rüstung, das gute Schwert, das er selbst geschmiedet hatte, und ein windschnelles Roß, das er sich in den königlichen Stallungen auswählen durfte. So ritt er denn hinaus in die ferne, ihm noch unbekannte Welt.

Es war ein wonniger Ritt durch frische Gelände und grünen Wald. Er kehrte in ländlichen Herbergen und auf Burgen der Edlen ein und forschte nach Isenland. Man wies ihn nordwärts, und er verfolgte die Straße, bis er das Meer erreichte. Er fand ein Fahrzeug zur Überfahrt bereit, aber die Schiffer fürchteten schlimmes Wetter. Indessen lichteten sie die Anker auf sein Gebeiß, und er lenkte das Steuer mit starker Hand durch die wilden, vom Sturm bewegten Wogen und landete nach kurzer Fahrt im sicheren Hafen. Er wurde auf der Burg wohl empfangen. Brunhilde selbst, die hohe Königin, entbot ihn in die Halle, wo viele Recken beim Gelage versammelt waren, alle entschlossen, in gefährlichen Kämpfen um die Hand der Frau zu werben.

Schon am folgenden Tag waren viele Recken zum Waffenspiel in den Schranken. Da erschien Brunhilde, glänzend gerüstet mit Helm, Brünne und Schild. Siegfried betrachtete staunend die hohe Gestalt, die weit über die Jungfrauen emporragte, die, gleich ihr gerüstet, ihr Gefolge bildeten. Aber auch Siegfried überstrahlte die anderen Recken durch männliche Schönheit, durch seine hohe, kraftvolle Gestalt und die glänzende Rüstung. Vielleicht regte sich in ihrem Herzen der Wunsch, er möge sich unter die Freier mischen und den Sieg gewinnen. Er aber warf wie zum Spiel den Stein, daß er weit, selbst über die Schranken flog. Dann grüßte er mit Anmut die Königin, nahm Urlaub und bestieg wieder sein Fahrzeug.

Er fuhr nun weiter seines Weges. Im Land der Nibelungen, durch das er ebenfalls kam, ließen ihn die Könige Schilbung und Nibelung zu sich

Jung-Siegfried fährt gen Isenland

entbieten, daß er ihnen den großen Hort teile, den ihnen ihr Vater Nibeling hinterlassen hatte. Sie gaben ihm zur Miete das gute Schwert Balmung, ein Werk der Zwerge und in Drachenblut gehärtet. Es schnitt durch Stahl und Stein, ohne schartig zu werden. Gold und Edelsteine glänzten an Griff und Scheide, und eine reiche Borte mit funkelnder Schnalle diente zur Befestigung am Gürtel. Der Held teilte auf gerechter Waage den unermeßlichen Hort. Dennoch waren beide Brüder unzufrieden, schalten ihn einen gierigen Hund, der die fettesten Bissen für sich behalten wolle, und befahlen ihren zwölf Riesen, ihn zu ergreifen und in den hohlen Berg, wo der Schatz lag, einzuschließen. Nun funkelte Balmung in des Helden Hand, zerschmetternd wie ein Blitzstrahl, da und dort einen riesigen Kämpfer. Die zauberkundigen Könige schufen durch Beschwörung einen dichten Nebel, ein Unwetter stieg auf, der Berg zitterte unter Donnerschlägen: alles vergeblich. Die Riesen fielen unter den Streichen der furchtbaren Klinge, endlich auch die beiden Brüder, und nun schwand der Nebel und die Sonne beleuchtete den siegreichen Degen. Als das herzuströmende Volk der Nibelungen solch wunderbare Taten sah, begrüßte es ihn als König. Indessen erhob sich aus der Tiefe des Berges ein Rächer der Erschlagenen. Es war Alberich, der starke Zwerg. Wohlgerüstet mit zauberischen Waffen, griff er den kühnen Recken an. Bald war er sichtbar, bald unsichtbar, je nachdem er die Tarnkappe über den Helm zog oder abstreifte. Nach langem Kampf brachte ihn Siegfried durch einen gewaltigen Streich zu Fall. Die Wucht des Schwertes und die Kraft der Faust, die es führte, streckte ihn nieder; denn die Klinge schnitt nicht durch das zauberische Rüstzeug. Siegfried mochte nicht den Wehrlosen durch einen zweiten Streich töten, und diese Großmut machte Alberich so fügsam, daß er seinem Überwinder Treue gelobte, die er niemals brach. Nun erhob sich kein Widersacher mehr gegen den unüberwindlichen Helden. Er war König der Nibelungen, und die Schätze in dem hohlen Berg sowie die erbeutete Tarnkappe Alberichs gehörten ihm als erworbenes Gut. Er staunte, als er in die unterirdische Welt eintrat, über die unendliche Menge edlen Metalls und kostbarer Steine, die dort angehäuft waren. Nicht minder verwunderte er sich bei dem Anblick der rüstig schaffenden Zwerge, die ihm alle ihre Untertänigkeit bezeigten.

Nachdem erprobte Männer zu Verwesern bestellt waren, erwählte der Herrscher zwölf edle Recken zu seiner Gefolgschaft. Der Hort spendete Ringe, Spangen, Ketten von Silber und Gold. Die ganze Schar glich einer Versammlung von Königen unter der Führung ihres Herrn, der ebenso durch den von der Natur verliehenen Adel wie durch reiche Gewan-

Siegfried im Kampf mit Alberich

dung die anderen überstrahlte. So ritt der kühne Held durch manches Land, überall angestaunt von der Menge, freudig begrüßt und gastlich empfangen in Städten und Burgen. Die Fahrt ging heimwärts, dem lieben Vaterhaus zu. Er erreichte es ohne weitere Abenteuer; er umarmte Vater und Mutter, die nur durch dunkle Gerüchte von seinen Kämpfen Kunde erhalten hatten. Nun rastete er manchen Tag. Indessen mochte er nicht lange der Ruhe pflegen. Er wollte gen Worms an den Rhein fahren, wo die ruhmvollen Recken der Burgunden saßen. Mit ihnen wollte er sich im

Kampfspiel versuchen. Als er sein Begehren dem Vater vortrug und um Urlaub bat, umwölkte sich dessen Stirn. „Mein Sohn", sagte er, „fahre nicht zu den Burgunden, da wohnen die kühnsten Recken, die noch kein Held bestanden hat. Da ist der grimmige Hagen, der starke Ortwin von Metz und König Gunther samt seinem Bruder Gernot. Die behüten alle die minnigliche Maid Kriemhild, die schon mancher weidliche Mann zu minnen begehrte und darum sein Leben lassen mußte." – „Hei, wie das eine gute Mär ist!" rief der kühne Degen. „Die unverzagten Kämpfer sollen mir ihr Reich und, wenn sie mir wohlgefällt, auch die wonnige Maid übergeben. Mit meinen zwölf Nibelungen gedenke ich der Dinge mächtig zu werden." Die Mahnungen des Königs sowie die Bitten der Königin waren vergeblich. Sie mußten dem Verlangen des Sohnes willfahren.

2. Wie Siegfried zu den Burgunden fuhr

Kriemhild war die Tochter des reichen Königs Dankrat und seiner Gattin, der verständigen Frau Ute, die das Kind mit mütterlicher Sorge pflegte. Zwar war der Vater schon lange heimgegangen, aber seine drei Söhne Gunther, Gernot und der noch nicht völlig zum Recken erwachsene Giselher, benannt das Kind, hielten die schöne Schwester höher denn die köstlichste Perle in ihrer Krone. Die königlichen Brüder waren von kühnen Recken umgeben, die die Furcht nicht kannten. Allen voran stand Hagen von Tronje, unschön von Angesicht und einäugig, aber durch Heerfahrten und Kämpfe wohl bekannt und gefürchtet. Auch als Oheim der Könige genoß er großer Ehren, nicht minder sein Bruder, der Marschall Dankwart, dann Ortwin von Metz, die Margrafen Gere und Eckewart, Rumolt, der Küchenmeister, der treue Spielmann Volker von Alzey, der Schenke Sindolt und der Hausmeister Hunolt. Diese und andere Recken dienten den Königen und schirmten ihr Reich.

Einstmals trat Mutter Ute früh am Morgen in das Gemach ihrer Tochter und fand sie verstört und traurig. Sie forschte nach der Ursache ihrer Betrübnis. Da erzählte ihr die Maid, ihr habe geträumt, sie habe einen edlen Falken aufgezogen, der ihr gar liebgeworden sei. Als er aber einstmals aufgeflogen, hätten ihn zwei tückische Adler, aus einer Felsenkluft hervorbrechend, vor ihren Augen erwürgt. „Mein Kind", sagte die Mutter ernst, „der Falke ist der edle Held, dem du deine Minne zuwenden wirst. Die Adler aber bedeuten zwei mordsüchtige Recken, die ihm mit arger

List zu töten suchen. Möge Gott dir seinen Beistand leihen, daß du die mörderischen Anschläge vereitelst." – „Mutter", sagte Kriemhild, „rede mir nicht von Männern. Es ängstigt mich, wenn ich unter sie treten muß. Gäbe es doch nur gar keine Männer in der Welt, da würde man nichts von Streiten, von Krieg und Blutvergießen hören." – „Wer weiß, versetzte Frau Ute lächelnd. „Weiber vergießen durch ihre Zungen oft mehr Blut und schlagen tiefere Wunden als Männer mit ihren Schwertern. Aber auch für dich wird die Stunde kommen, da du einem edlen Recken die Hand zum Bunde reichst." – „Niemals!" rief die Jungfrau. „Mutter, du ängstigst mich mehr als der schlimme Traum."

Beide Frauen sprachen noch viel miteinander und gingen dann in den Garten, wo Kriemhild ihre Blumen wartete und ihre weißen Tauben fütterte. Gegen Mittag entstand ein ungewöhnliches Hin- und Herlaufen im Palast, man hörte Hörner schmettern und den Hufschlag von Rossen. Die Königin ging eilends hin, sich zu erkundigen, was die Ursache des Getümmels sei. Sie kehrte bald zurück und sagte der Tochter, unkunde Rekken seien angekommen, ihre Gewänder und Rüstungen strahlten von Gold und edlem Gestein und selbst ihre Rosse seien königlich geschmückt. Sie lud die Maid ein, ihr zu folgen, damit sie mit eigenen Augen die reichen Ankömmlinge sähe. Ihre Mahnung war vergeblich, denn der stille Garten dünkte der Tochter erfreulicher als das Schauspiel kriegerisch gerüsteter Recken. Daher ging Frau Ute allein auf den Söller, von wo aus man die fremden Gäste sehen konnte. Auch König Gunther hatte Kunde von der Ankunft fremder Gäste erhalten und sah nun durchs Fenster, wie sie in den Burghof ritten. Besonders ragte der Führer mit gekröntem Helm auf schneeweißem Roß hervor. Niemand kannte die Ankömmlinge. Da befahl der König, seinen Onkel Hagen zu rufen, denn der sei aller Lande kundig und werde wohl auch jetzt klugen Rat wissen. Alsbald erschien der weidliche Degen und sagte aus, der Held an der Spitze der Schar sei kein anderer als Siegfried aus Niederland, der schon als Knabe einen Drachen und den starken Schmied Mimer erschlagen und dann, zum Manne gereift, das Reich der Nibelungen durch ruhmvolle Taten erworben habe. Er riet ferner, der König und seine Gefolgsleute sollten ihm entgegengehen und ihn mit Ehren empfangen. Denn wenn man ihn zum Freund und Heergenossen erwerbe, so habe man in den Landen der Burgunden keine feindliche Heerfahrt zu scheuen.

Die Rede Hagens deuchte Gunther klug und heilsam. Er ging mit allen Recken dem fremden Gast entgegen, hieß ihn willkommen und bot ihm Herberge im Palast. Auf seinen Wink eilten Knechte herzu, den Gästen Waffen und Rosse abzunehmen; aber Siegfried wies sie zurück, ob sie so kühne Helden seien, wie man allerwärts von ihnen rühme. Er wolle das Reich und den Hort der Nibelungen als Preis des Sieges einsetzen, auch scheue er nicht eine doppelte und dreifache Zahl von Kämpfern, wenn die Könige dagegen Burgundenland wagen wollten. Dem widersprach der kühne Ortwin und meinte, das sei eine gar vermessene Rede, und er vermeine allein dem fremden Degen Rüstung und Reich abzugewinnen. In gleicher Weise vermaßen sich noch andere burgundische Helden. Sofort sprang Siegfried in den Sattel und erhob den gewaltigen Schaft.

Aber König Gernot trat mit gütlichen Worten zwischen die kampfesfrohen Recken. „Herr Siegfried", sagte er, „wir begehren von dir weder Gut noch Blut. Wir wollen dich als werten Gast bei uns aufnehmen und deine weidlichen Helfer und Gesellen sein, sofern du das gleiche gelobst." Er bot ihm zugleich die Hand, und der von Niederland ergriff die gebotene Rechte, indem er hinzufügte: „Da sei Gott vor, daß ich dazu nein sage. Ich bin euer Gast und Helfer. Und fahrt ihr einmal zu mir, so heiße ich euch nicht minder als werte Gesellen willkommen." Die Gäste gingen darauf mit dem Wirt und seinen Dienstmannen in den Königssaal, wo sie bei Schmaus und Becherklang den Gesellenbund fester schlossen.

Dem kühnen Helden von Niederland gefiel es wohl in diesem Rosen- und Rebengarten am Rhein. Er trug aber noch einen Wunsch in der verschwiegenen Seele mit sich herum, den er nicht laut werden ließ. Er sehnte sich nämlich danach, Kriemhild einmal von Angesicht zu sehen. Aber diese Wonne wurde ihm nicht zuteil; er hörte von ihrem Liebreiz, ihrer Sittsamkeit und Sanftmut, und das vermehrte nur sein Verlangen nach dem, was ihm versagt war.

Auch die Jungfrau hörte viel von dem fremden Gast, von der Pracht seiner Gewandung, von seiner Heldengestalt, selbst seine Reden wurden ihr hinterbracht. Das erregte doch die weibliche Neugier. Aus sicherem Versteck beobachtete sie, wie Siegfried im Ringkampf mühelos und lachend zwei und drei Kämpfer zu Boden warf. Selbst der starke Hagen strengte vergebens all seine Kraft an, den unbezwinglichen Mann zu erschüttern. Auch er mußte zuletzt, blutrot im Angesicht von der Anstrengung und erschöpft, in den Staub sinken. „Hei, weidlicher Degen", rief der Sieger, „du hast mir mehr Arbeit gemacht als die Könige der Nibelungen mit ihren Zwergen und Riesen. Aber schau her, für deine Mühsal reiche ich dir einen schweren Goldreif, daß du meiner in Liebe gedenkst, wenn ich nun bald heimfahre." – „Burgunder sind reich genug, sie bedürfen der Goldgaben nicht", antwortete Hagen mürrisch mit einem schielenden Blick auf den Geber und ging seines Weges.

Kriemhild hätte dem Onkel zürnen mögen für seine schnöde Erwiderung; aber noch mehr beschäftigte sie der Gedanke, daß der Held bald heimfahren wolle. Sie wünschte, er möge noch recht lange zu Worms bleiben, er möge gar nicht von Worms scheiden.

Eine Botschaft aus Danland und Sachsland unterbrach die Lustbarkeiten am Hof von Worms. Die Könige Lüdegast und Lüdeger ließen nämlich Fehde entbieten und drohten mit großer Heeresmacht in Burgundenland einzufallen, wenn ihnen nicht wie in früherer Zeit, Zins gezahlt werde. Im Falle der Weigerung wollten sie ungesäumt die Schatzung selbst in Worms abholen und Burgen und Städte verwüsten. Der König hieß die Boten gastlich pflegen, wie es allzeit Sitte war. Dann beriet er sich mit seinen Mannen, was zu tun sei. Man wußte, wie groß die Macht der feindlichen Könige, wie grimmig ihr Mut und die Wildheit ihres Kriegsvolkes war. Man konnte in so kurzer Frist eine genügende Macht nicht aufbringen, um dem Sturm zu begegnen. So geschah es, daß man keinen Entschluß zu fassen vermochte. König Gunther schritt sorgenvoll durch die reich bestellten Felder der Stadt, die vielleicht bald eine Stätte für Wölfe sein sollten. Da fand er Siegfried, der, den Habicht auf der Hand, von der Vogelbeize zurückkehrte. Auf dessen Frage, was ihm Kummer mache, gab er ihm Auskunft von der unwillkommenen Botschaft und der drohenden Verwüstung. „Hei, König Gunther", rief der kühne Degen, „hast du nicht Freunde, die allezeit in Rüstung sind? Bin ich nicht selbst ein treuer Geselle? Und wenn wir nur tausend kühne Männer in Waffen haben, so mögen wir doch die räuberischen Wölfe wohl bestehen. Sei getrost und sage den Boten, wir wollten ihren Herren die weite Reise gen Worms wohl ersparen und in ihrem eigenen Land ihre Gäste sein." Dies erfreute den König, und er tat, wie ihm sein werter Gast geraten hatte.

Die Heerhörner klangen durch Burgundenland, das Kriegsvolk sammelte sich zu Haufen, die Recken bereiteten ihre Sturmgewänder, Gere, Schäfte, Schwerter. Da standen in lichten Brünnen Hagen, Dankwart, Volker, Ortwin, Sindolt, Hunolt, der streitbare Rumolt, auch der König Gernot mit seinen Mannen und viel des Volkes und Gesindes, wohl etliche Tausende, unter ihnen aber vorleuchtend der Nibelungenheld mit seinen zwölf Recken. Ohne auf weitere Hilfe zu warten, zog das kleine Heer zu Felde über den Rhein und eilig weiter gen Sachsland, wo manche Burg gebrochen, manches Gehöft verwüstet wurde, bevor die gewaltige Macht der feindlichen Heerkönige Einhalt tun konnte. Als die Späher verkündeten, daß wohl vierzigtausend Dänen und Sachsen daherführen, wurde Lagerung genommen. Derweil ritt der kühne Siegfried nach einer Warte, wo ein dänischer Recke in helleuchtender Rüstung das Lager der Burgunden beschaute. Er wurde sofort von demselben angerannt, und der Stoß war von beiden Seiten so kräftig, daß die Schäfte zersplitterten und die Rosse sich aufbäumten.

Die weidlichen Degen wankten nicht im Sattel. Als aber der Schwertkampf begann, konnte der Däne nicht lange bestehen. Durch Schild, Helm und Brünne drang der furchtbare Balmung, und der Recke sank blutend zu Boden. Siegfried sprang vom Pferd, um ihm den Todesstreich zu geben; da rief er, er sei König Lüdegast und wolle sein Haupt mit Gold lösen. Indessen rannte eine große Zahl seiner Dienstmannen heran, um ihrem gefällten König Hilfe zu bringen. Der Held von Niederland erwehrte sich ihrer. Rosse und Reiter sanken unter der Wucht seiner Streiche. „Das ist der üble Teufel!" riefen die noch übrigen Kämpfer und suchten ihr Heil in der Flucht.

Siegfried kam mit seinem Gefangenen ins Lager, wo er ihn zur Pflege und Verwahrung dem Heergesinde übergab. Es war auch nicht mehr Zeit vergönnt, den Recken zu befragen, denn die feindliche Macht war im Anzuge, ihre Schlachthaufen breiteten sich unabsehbar aus. Kaum gelang es dem Scharmeister, die Recken der Burgunden in Ordnung zu stellen, da begann der Angriff.

Graue Gere, Steinhämmer, Schäfte flogen hinüber und herüber, Schilde und Helme brachen, das Blut floß in Strömen. Mordäxte und Schwerter wurden zu tödlichen Streichen geschwungen, aber wie auch das schwache Heer der Burgunden um Siegesruhm kämpfte, die feindliche Übermacht drängte immer gewaltiger. Da schaffte sich der Nibelungenheld freie Bahn. Er durchbrach mit siegender Gewalt die feindlichen Reihen. Zerhauene Schilde, Helme, Brünnen und Leichname bezeichneten den blutigen Weg, den er sich öffnete. Gegen ihn lenkte der streitbare König Lüdeger, umgeben von seinen Gefolgsleuten, den Streithengst. Siegfried suchte ihn zu erreichen; doch immer mutiger umdrängten ihn die kühnen Sachsen. Sein Schild wurde zerhauen, sein Roß sank unter ihm. Er stand jedoch unerschüttert wie ein Fels im Meere, an dem sich die schäumenden Wellen brechen. Zuerst arbeitete sich der grimme Hagen durch die feindliche Menge, dann auch Volker, Sindolt, Hunold, und als sie ihm den Rücken deckten, drang er unwiderstehlich gegen den König der Sachsen vor. Die ganze Wucht des Kampfes ballte sich um ihn, aber vergebens. Schon stand er vor Lüdeger und schwang das Schwert, da rief dieser: „Hei, Siegfried von Niederland, dich hat der Teufel hergeführt. Ich muß dein Gefangener sein."

Die Schlacht war zu Ende. Rosse und Rüstungen, viele Gefangene und das feindliche Lager mit reichen Schätzen waren die Beute der Sieger, die sofort heimwärts nach dem Rhein fuhren. Sie zogen festlich geschmückt in

Worms ein, wo man sie mit großem Jubel empfing. König Gunther ordnete eine große Siegesfeier an, und er ließ auch reiche Gaben unter die kühnen Streiter verteilen, da sich nicht alle Beutestücke erworben hatten. Desgleichen wurde mit Lüdeger und dem von seinen Wunden genesenen Lüdegast unterhandelt. Sie boten großes Lösegeld. Als man davon redete, daß ein Königshaupt wohl um höheren Preis zu lösen sei, rief Siegfried:

Siegfried nimmt König Lüdeger gefangen

„Ein Königshaupt ist für Gold, Silber und Edelstein weder zu kaufen noch zu lösen, wohl aber in Minne durch Wohltat zu gewinnen. Man lasse die gefangenen Könige frei und ledig, wenn sie den Burgunden Hilfe in Kriegsnot versprechen."

Als die festlichen Tage vorüber waren, nahmen die reichlich beschenkten Gäste Urlaub, und auch der Nibelungenheld wollte heimfahren. Auf Ortwins Rat bat ihn aber der König, noch zu verharren, weil auch die Frauen ihren Dank bezeigen wollten. Insbesondere seine Schwester Kriemhild werde ihm für die geleisteten Dienste mit einem Händedruck lohnen, da man ihm nicht Geld bieten könne. Wie ein Lichtstrahl zuckte die Freude über das Angesicht des Helden, indem er sagte: „Ja, sicherlich, ich bleibe noch dein Gast."

Als der König zu den Frauen ging, um ihnen kundzutun, was er verheißen habe, fürchtete er von der Schwester Widerspruch. Obwohl sie errötete, fügte sie sich doch in seinen Willen. An Frau Utes Hand trat sie zur bestimmten Stunde im reichsten Schmuck in die festliche Halle, wo die Degen versammelt waren, was im Liede also ausgedrückt ist:

„Nun ging die Minnigliche, gleichwie das Morgenrot
Tut aus den trüben Wolken. Da schied von mancher Not,
Der sie da trug im Herzen und lang' es hat getan,
Der sah die Minnigliche viel herrlich vor sich stahn.
Es glänzte in ihrer Watte wohl mancher Edelstein;
Ihre rosenrote Farbe gab minniglichen Schein,
Und wer sie sehen sollte, der mußte wohl gestehen,
Er hab' in dieser Welte nie Schöneres gesehen.
Der Held gedacht' im Herzen: ‚Wie mag das sein getan?
Daß ich dich minnen sollte, das ist mir eitler Wahn.
Soll aber ich dich meiden, so wär' ich sanfter tot.'
Er ward von den Gedanken gar oftmals bleich und rot.
Da der Hochgemute stund vor der Maid,
Entzündte sich seine Farbe; sie sprach zur Zeit:
‚Seid willkommen, Herr Siegfried, Recke edel und gut!'
Da ward ihm von dem Gruße gar sehr erhöht der Mut.
Er neigt' sich fleißigliche, sie nahm seine Hand,
Wie recht minnigliche er bei der Fraue stand;
Mit lieben Augen blickten einander sie sich an;
Der Held und auch die Fraue, das war viel tugendlich getan."

Siegfried ging selig in seine Herberge und hatte des Nachts frohe Träume. Am frühen Morgen ritt er hinaus in den Wald zu jagen, aber seine Gedanken waren ihm Königspalast bei der wundersamen Maid. Als er nachmittags ohne Beute zurückkehrte, fand er Burg und Stadt in großer Unruhe. Recken und Insassen, Dienstmannen und Landvolk schrien, rannten durcheinander. Niemand gab Siegfried Bescheid; er hörte einzelne unverständliche Ausrufe, die auch ihn mit schwerer Sorge erfüllten. „Er kam dorther!" – „Er ist nach den wilden Bergen geflohen." – „Wo mag er sie hingetragen haben?" – „Ach, das arme Kind!" – Niemand stand dem Helden Rede, bis er zu Hagen kam, der schweigsam und finster in der großen Halle stand.

3. Der Drachenstein

Siegfried schritt auf Hagen zu und fragte ihn, was geschehen sei. Dieser berichtete: „Wir waren gerade beim Turnierspiel, da entstand ein Sausen und Brausen in der Luft, wie von einem Gewittersturm. Das Schrecknis war der Flugdrache, wie die Hölle keinen zweiten geboren hat. Er strich über uns hin; wir schossen Gere auf ihn, aber sie prallten wie Rohrstengel an seinen Hornschuppen ab. Wir hörten einen lauten Schrei und sahen, wie das Untier die schöne Kriemhild, die es im Garten ergriffen, mit sich durch die Luft führte, himmelan, weiter und weiter, bis er uns aus den Augen entschwand." – „Und ihr seid nicht nachgejagt?" schrie der Nibelungenheld. „Feige Memmen! Buben! Fort in die Kinderstube unter die Rute des Zuchtmeisters!" – „Du bist gar toll, junger Geselle", sagte Hagen unbewegt. „Bist du ein Vogel Greif oder eine Fledermaus, daß du durch Wind und Wolken nachjagen kannst?" – „Ich suche ihn auf, den Unhold, durch die ganze Welt und in der Hölle, wenn er dort sein Nest hat. Ich finde auf meiner Fahrt die Jungfrau wieder oder – den Tod." – Er eilte fort, bestieg seinen Hengst, und ritt auf unkunden Wegen, er wußte nicht, wohin.

Ein Fährmann setzte den unverzagten Mann über den Rhein. Dieser war trüben Mutes, denn auch ihn jammerte das Schicksal Kriemhilds, die der Drache über den Strom weit in den wilden Odenwald auf den Drachenstein geschleppt habe. Er wußte auf die Fragen des Recken keinen weiteren Bescheid; doch hatte dieser wenigstens Kunde von der Gegend, wohin er sich wenden müsse. Er durchstreifte also das unwirtbare Gebirge und geriet endlich in einen finsteren Tannenwald, wo weder Weg noch Steg noch ein wirtliches Haus zu finden war. Wegen der sperrigen Äste mußte er sein Roß am Zügel führen. Als die Nacht hereinbrach, warf er sich erschöpft unter einen Baum und ließ das Pferd grasen. Um Mitternacht hörte er Hufschlag und sah einen lichten Schein, der sich näherte. Er erkannte bald ein Zwerglein, das auf einem munteren Pferd durch den Tann ritt. Es trug auf seinem Haupt eine goldene Krone, deren Spitze ein leuchtender Karfunkel bildete. Der Held rief den Zwerg an, um sich nach dem Weg zu erkundigen. „Gut, daß wir uns getroffen haben", sagte das Männlein. „Ich bin der Zwergenkönig Eugel und wohne mit meinen Brüdern und Tausenden von dienstbaren Zwergen hier in den hohlen Bergen. Du aber bist Siegfried von Niederland, den ich oft gesehen habe, wenn ich mit der Tarnkappe ungesehen unter den Menschen wandelte. Nun will ich dir den Weg aus dem wilden Tann zeigen, denn du würdest ihn nimmer finden, sondern ein Grab dort am Drachenstein, wo der ungefüge Riese Kuperan und der greuliche Drache hausen."

Als Siegfried dies hörte, jauchzte er laut, daß es durch den Wald schallte. „Du sollst ein reichliches Botenbrot, den ganzen Nibelungenhort empfangen, edler Zwergenkönig", rief er, „wenn du mich nach dem Drachenstein geleitest." – „Das wird nimmer geschehen, guter Held", antwortete Eugel. „Es wäre dir zuleid, denn du würdest alsbald von der Eisenstange des Riesen gefällt oder von dem Untier verschlungen werden."

"Lügenzwerg", rief der Held, "weisest du mich nicht nach dem Stein, so stirbst du von meiner Hand." Schon hatte er das Wichtlein mit starker Faust erfaßt und schüttelte es, daß ihm die Krone vom Haupte fiel. Eugel versprach voll Schrecken, dem gewaltigen Mann zu gehorchen. Er setzte die Krone wieder auf sein Haupt und ritt voran durch den finsteren Tann. Schon brach der Morgen an, als sie, wie der Zwerg sagte, am Ziel waren. "Dort klopfe an das feste Felsentor", sagte der winzige König. "Denn da haust Kuperan. Bist du ein so starker Held, daß du den ungefügen Riesen bezwingst, so werde ich mit allen meinen Genossen dir zu Diensten sein. Der Grimmige beherrscht uns nämlich und hat uns zu harter Arbeit gezwungen." Nachdem er dies gesprochen, hüllte er sich in seine Tarnkappe und war verschwunden.

Siegfried pochte an die Pforte erst mäßig, dann immer stärker, so daß der Berg widerhallte, wobei er rief: "Mach auf, edler Kuperan, gib mir die Schlüssel zum Drachenstein!" Die Tür sprang plötzlich auf, und der Riese hätte fast den Helden niedergerannt, als er grimmigen Mutes herausstürzte. Er trug eine Stange, die schier die Baumwipfel überragte und bei jedem Schlag wie eine Turmglocke klang. "Ho, Knirps, was weckst du mich aus dem Morgenschlaf!" Mit diesen Worten führte er einen Streich nach dem Recken, der ihn, hätte er ihn getroffen, zerschmettert hätte. Der weidliche Degen sprang zur Seite, und die Stange, deren Ecken scharf wie ein Schermesser schnitten, spalteten einen Baum von oben bis auf die Wurzel. Der Riese arbeitete fort, so daß Bäume und Felsen niederkollerten, aber den gewandten Gegner traf er nicht. Da holte er mit beiden Händen zu einem Streiche aus, und seine schreckliche Waffe fuhr drei Klafter tief in den Boden. Als er sich bückte, um sie herauszuziehen, war ihm der Held mit einem Sprung nahe genug, um ihn mit seiner Klinge zu erreichen. Aus drei Wunden blutend und laut brüllend stürzte der Hüne in seine Behausung und schlug die Tür hinter sich zu. Wohl rüttelte und donnerte der kühne Mann an der Eisenpforte, aber sie war fest verschlossen, wie durch Zauber. Jetzt versuchte er mit dem Schwert die Öffnung zu erzwingen und bald gab es Lücken und Spalten. Er lugte in den Raum und sah, wie der Riese sich verband und wappnete, wie sein Helm und seine Brünne leuchteten gleich der Sonne, wenn sie sich im Meer spiegelt. Nun trat der ungefüge Mann heraus und begann den Kampf von neuem und mit größerer Vorsicht, aber nicht glücklicher. Denn er hatte es mit dem gewandtesten Fechter zu tun. "Hei, du kleiner Mann", rief er, seine Streiche verdoppelnd, "du mußt hier dein Leben lassen." Indessen brachte ihm Siegfried noch mehrere Wunden bei und fällte ihn endlich. Er bat um sein Leben, versichernd, er werde ihm nun ein treuer Geselle und Helfer gegen den Drachen sein, den er ohne seine Hilfe nicht bestehen könne. Auf diese Versicherung reichte ihm der unverzagte Degen die Hand der Versöhnung, verband seine Wunden und gelobte, auch ihm ein getreuer Geselle zu sein. Als er aber voran in die Klause trat, versetzte ihm der falsche Riese hinterrücks einen Schlag auf den Helm, so daß er ohne Besinnung zu Boden fiel. Da war nun ungesehen Zwerg Eugel in der Nähe und barg ihn mit seiner Hehlkappe. Während der Ungefüge, vermeinend, er sei durch Zauberei entwischt, außerhalb nach ihm tastete, gewann Siegfried wieder seine Kraft, sprang auf, riß die Kappe weg und streckte den heranstürmenden Riesen mit dem ersten Streiche nieder. Nochmals verzieh er dem Verräter, zwang ihn aber, voranzuschreiten.

Am Eingang des Drachensteins versuchte der ungetreue Kuperan wiederum, den kühnen Mann zu morden, und nun hätte ihn der Recke nicht mehr verschont, wäre er nicht seiner Hilfe bedürftig gewesen, um zu der Jungfrau zu gelangen. Der Riese holte sofort den in einer Felsenspalte verborgenen Schlüssel hervor, schloß auf und führte den Helden durch mehrere Gänge in ein hohes, kuppelförmiges Gewölbe, in dem eine liebliche Dämmerung herrschte. Siegfried blickte umher und – da saß bleich und im bittern Harm sie, die er suchte, für die er in Kampf und Tod zu gehen bereit war, die königliche Maid Kriemhild, schön, wie in der Freude, so jetzt im Schmerz. Er rief ihren Namen, eilte auf sie zu; er wagte es, sie in die Arme zu schließen; er fühlte, daß sie seinen Kuß erwiderte, und dies Gefühl gab ihm Mut und Kraft. Aber Kriemhild weinte immerfort. Sie beschwur ihn, schleunigst zu fliehen, weil der teuflische Drache um diese Zeit zu kommen pflege. Siegfried dagegen begehrte nichts mehr, als das Ungeheuer in Stücke zu hauen, damit die wonnigliche Maid nicht wieder geraubt werde. Da sagte der Riese, oben auf dem Drachenstein sei ein Schwert verborgen, dessen Klinge auch durch die Hornschuppen des Drachen schneide. So stieg denn der unverzagte Degen mit der Maid dem Riesen nach auf die Höhe. Dort erblickte Siegfried am Rand der schroffen Felsenwand den Griff eines Schwertes. Als er sich aber danach bückte, faßte ihn der Unhold, um ihn hinabzustoßen. Ein entsetzliches Ringen begann; allein die Wunden des Riesen brachen auf, sein Blut strömte, seine Kraft schwand, und der Recke stürzte ihn kopfüber in die Tiefe. Ein lautes, frohlockendes Lachen wurde gehört, und der Sieger sah den getreuen König Eugel, der ihm seinen Dank bezeugte, weil er die Zwerge von einem grausamen Tyrannen erlöst habe. Sofort erschienen auf seinen Wink viele Wichtlein mit Speise und Wein, damit der kühne Degen sich für den schweren Kampf stärke. Er war der Labung wohl bedürftig, da er deren seit zwei Tagen entbehrt hatte, und die Speise, die die Maid ihm

Siegfried im Kampf mit dem Drachen

vorlegte, und der volle Becher, den sie ihm reichte, mundete ihm besser als alle Gerichte auf königlichen Tafeln.

Ein Sausen und Brausen in der Luft, wie Gewittersturm, dazwischen ein entsetzliches Geheul, schreckte sowohl die Zwerge als auch den Helden und die Jungfrau aus ihrer Sicherheit. Jene entflohen in den hohlen Berg; auch Kriemhild bat, flehte, ihr Held möge sich noch zu retten suchen. Aber dieser war der Furcht unzugänglich. Jetzt sah man den Unhold heranziehen wie eine Wetterwolke, aus der Blitze hervorbrechen. Es war sein Feueratem, der ihm gleich lodernden Flammen voranging. Das Entsetzen kam näher, dunkel, grauenhaft. Der ganze Berg zitterte, so daß die Zwerglein den Einsturz fürchteten. Kriemhild wich auf Siegfrieds Bitten in das Gewölbe zurück, aber auch er konnte vor Hitze nicht bleiben, als das Ungeheuer daherfuhr. Durch eine Felsenritze lugend, sah er, wie die Glut allmählich nachließ, und nun stieg er kühnen Mutes wieder auf die Höhe. Der Drache fuhr auf ihn zu, riß ihm mit den Tatzen den Schild herab, suchte ihn mit den starrenden Zähnen zu fassen, und als der wunderkühne Mann dem gähnenden Rachen auswich, loderte sein Feueratem abermals, daß der Recke wieder flüchten mußte. Sobald die Hitze sich verkühlte, war der Kämpfer von neuem auf der Höhe, griff, den Rachen vermeidend, bald zur Rechten, bald zur Linken das Ungeheuer an. Aber Balmung biß nicht ein, und der Held wurde wiederholt von dem Schweif des Drachen umschlungen.

Er machte sich durch unglaubliche Sprünge wieder frei und suchte das Tier in die Flanke zu treffen. Da umschlang ihn der Drache so fest mit dem geringelten Schweif, daß er nicht wieder loskommen konnte. In der Not faßte er Balmung mit beiden Händen und führte einen so furchtbaren Streich, daß die Felsen bebten. Der Knoten war gelöst, die zerhauenen Ringe krümmten und wanden sich und kollerten die Steinwand hinunter in die Tiefe, wo sie zerschellten. Ein zweiter Streich hieb den Rumpf des Ungeheuers in zwei Stücke. Wohl schnappte noch der Rachen nach dem Kämpfer, dieser stieß jedoch die Stücke in den Abgrund, fiel aber selbst erschöpft und, von dem giftigen Qualm fast erstickt, wie tot auf den blutigen Boden. Als er sich wieder erholte, fühlte er sich von Kriemhilds Armen umfangen und umgeben von den hilfreichen Zwergen, die mit Rauchwerk und duftigen Kräutern die schädlichen Dünste vertrieben.

Die von ihren Bedrängern befreiten Zwerge stellten alle ihre Schätze dem kühnen Degen zu Gebote. Dieser nahm eine Ladung davon auf sein Roß, ließ auch die geliebte Maid dasselbe besteigen und schritt, von Eugel geleitet, rüstig nebenher. Als sie an das Ende des finsteren Waldes kamen, blickte ihn der Zwerg traurig an. „Wisse, kühner Degen", sagte er, „dein

Leben wird kurz, aber ruhmvoll sein; du wirst meuchlings fallen durch den Neid deiner Verwandten. Dein Nachruhm aber wird dauern und dein Name gepriesen werden von den Sängern der Völker, solange Menschenkinder die Erde bewohnen." Damit nahm Eugel Urlaub und kehrte in den Tann zurück.

Die Trauer in Worms um das Königskind und um den Helden, den man für verloren hielt, verwandelte sich in Jubel, als die Reisenden ankamen und von ihren unglaublichen Abenteuern berichteten. Frau Ute schloß den kühnen Mann und die erlöste Tochter in ihre Arme und nannte beide ihre Kinder. Sie zweifelte nicht, daß auch der König freudig in die Vereinigung des edlen Paares einwilligen werde. „Wohlan, vielIieber Geselle", sprach Gunther, „so du mir Beistand leistest, ein hochgeborenes Weib zu gewinnen, so gelobe ich dir, daß du gleichzeitig meine Schwester heimführen sollst. Ich gedenke um Brunhilde, die stolze Königin von Isenland, zu werben, deren starke Hand schon manchen Freier in den Tod gesandt hat." – „Die kenne ich wohl", antwortete der Recke. „Und ich hab' auch ihr verderbliches Spiel gesehen, aber ich vermeine, daß wir wohl ihrer Meister werden. Rüste alsbald zur Fahrt, damit wir noch in der Sommerzeit heimkehren."

Froh des verheißenen Beistands bat Gunther die Frauen, schöne Gewänder, glänzend von Gold und Edelstein, herzurichten. Denn er wollte vor der hochgemuten Jungfrau in königlichen Ehren erscheinen. Wohl zagten Mutter und Schwester um den werten Mann, aber Siegfried hieß sie guten Mutes sein. Er sprach, er werde ihm in Treue zur Seite stehen, mit ihm sterben oder genesen. Er meinte, die stolze Königin von Isenland sei doch nicht so grimmig wie das Ungetüm auf dem Drachenstein; sie werde sie mit schlimmen Worten, aber nicht mit lodernden Flammen begrüßen. Als der König tausend Recken zum Geleite aufbieten wollte, widerrief er solches, weil Brunhilde leicht die zehnfache Anzahl kühner Degen entgegenstellen könnte. Er meinte Gunther, der grimmige Hagen, Dankwart und er selbst, könnten für die Spiele wie für ernstere Kämpfe genügen.

4. Die Werbung

Reich beflaggt und mit Purpursegeln trieb das Fahrzeug den Rhein hinunter und weiter auf hoher See gen Isenland. Wenn der Wind abfiel, so griff Siegfried in die Ruder, und es flog noch schneller als zuvor durch die aufschäumenden Wellen. Nun endlich tauchten die Zinnen von Isenstein aus dem Meere auf, und bald lag die hochragende Burg vor den Recken. Sie stiegen an Land; ihre Rüstungen, ihre reichen Gewänder glänzten im Sonnenschein und verrieten, daß sie königlicher Ehren würdig seien. Aus den Fenstern der Burg und vom Söller herab schauten Frauen. An der hohen Gestalt und dem reichen Schmuck erkannte Gunther die Königin, die er suchte. Brunhilde heftete ihre Blicke nur auf den Nibelungenhelden, der ihr schon bekannt war, von dessen wunderbaren Kämpfen und Abenteuern die fahrenden Spielleute auch in Isenland gesungen hatten.

Die Recken waren unterdessen in den Burghof geritten. Dienstleute eilten herzu, ihnen Rüstungen und Rosse abzunehmen. Hagen jedoch weigerte sich. Als Siegfried sagte, daß dies Gesetz und Sitte zu Isenstein sei, überließ er, obwohl unwillig, den harrenden Knechten sein Rüstzeug. Die unverzagten Degen traten in den Saal, wo Brunhilde in königlichem Schmuck sie erwartete. Sie grüßte die Gäste nach Sitte, vornehmlich den Nibelungenhelden. Sie sagte ihm, daß sie sich freue, ihn wiederzusehen, da man ihr viel von seinen wundersamen Taten erzählt habe, daß es ihr auch bedünke, er sei gen Isenland zurückgekehrt, um der Kampfspiele willen. Der Held dagegen versicherte, er sei nur hier als Begleiter des Königs Gunther, seines Herrn, der des Spiels begehre und des hohen Preises wohl würdig sei. „Das ist mir eine seltsame Märe", sagte die Königin. „Ich wähnte, du seist dein eigener Mann und nicht eines anderen." Darauf wandte sie sich an Gunther mit den Worten: „Auch deiner, König der Burgunden, bin ich nicht unkundig, denn manche Gäste aus fremden Landen haben mir von dir kühne Taten berichtet. Wer aber sind die anderen Recken, der hier grämlich und grimmig von Angesicht, und der junge Held hochgemut, als gehöre ihm ein Königreich?" – „Deines Grußes bin ich froh, vieledle Königin", sagte Gunther, „und bin dir dafür zu Dienst bereit. Der ältere Recke ist der starke Hagen von Tronje, mein Onkel, und der junge sein Bruder Dankwart." – „So wollt ihr", sprach Brunhilde lachend, „selbdritt durch Kampfspiel um die eine Maid werben? Das ist nicht Brauch in diesen Landen." – „Ich allein nur bin Kämpfer", versetzte der König. „Ich nur werbe um den köstlichen Preis." – „Wohlan", sagte die Frau, „der Plan ist offen, bereite dich zum Spiel!"

Man führte die Recken in den Burghof, wo ein weiter Raum durch Schranken abgegrenzt war. Ihn umstanden die Dienstmannen der Königin, alle wohl gewappnet. Einer derselben verkündete mit lauter Stimme: „So ein edelgeborener Kämpfer mit der Königin das dreifache Spiel zu spielen wagt und Sieg gewinnt, so wird sie samt dem Reiche Isenland ihm zu eigen. So er aber in einem Kampf sieglos bleibt, so ist er ihr mit Haupt und Gut verfallen." Vier Knechte schleppten jetzt mit Mühe den Stein in die Schranken, den die Kämpfer stoßen sollten. Er war so groß und schwer wie ein Mühlstein. Drei andere Männer trugen den gewaltigen Schaft, den die Jungfrau zu schleudern pflegte. „Wenn das höllische Weib mit solchem Spielzeug spielt", sagte Hagen, „so ist sie des Teufels Braut und wird nimmer ein Menschenkind minnen." – „Hätten wir nur unsere Waffen", rief Dankwart, „so würden weder der König noch wir unser Leben hier lassen." – „Wir werden alle wohl genesen", sagte Siegfried. „Sei nur guten Mutes, König Gunther, ich hole vom Schiff die Tarnkappe und stehe dir in Treue als dein Geselle zur Seite, ohne daß man es wahrnimmt." Er eilte fort, während alles Volk nach der Königin blickte, die, von schönen Frauen und Hofmännern umgeben, in glänzender Rüstung daherschritt. Ihr Helm leuchtete von edlem Gestein, so auch die Brünne und der ragende Eisenschild, den sie freudig, als zum gewissen Sieg, am Arme trug. „Ist es auch recht, Frau Königin", sagte Hagen, „daß deine Mannen in Waffen stehen und wir ohne Wehre?" – „Man bringe den Recken ihre Rüstung!" befahl Brunhilde. „Aber sie müssen doch ihr Leben hier verlieren. Seht dort den Mann, der eure Häupter, wenn ich wie immer im Wettkampf siegreich sein werde, fällen wird."

Die Helden blickten in der Richtung, wohin sie deutete, und gewahrten einen Mann in blutrotem Gewand, der ein blinkendes, scharf geschliffenes Beil in der Hand trug. Sie schauderten. Als man aber ihnen ihr Rüstzeug brachte, als sie gewappnet standen, waren sie getröstet, und der unverzagte Dankwart rief dem Mann im roten Gewand zu, er solle sein Beil wohl schärfen, daß es durch Stahlringe schneide, sonst werde er ihm sein eigenes Haupt mit dem Schwert abhauen. Auch der König forderte jetzt laut und fest zum Beginn des Spieles auf, denn er merkte, daß sein Geselle Siegfried unsichtbar neben ihm stand.

Trompetenschmettern und Paukenwirbel gaben das Zeichen zum Beginn des Spieles auf Leben und Tod. Brunhilde trat an den Stein, ergriff und hob ihn mit beiden Händen und stieß ihn kräftig, daß er sechs Klafter weit flog. Darauf schwang sie sich ihm nach, leicht wie ein Vogel fliegt, mit einem Sprung, daß die Spitze ihres Fußes den Stein berührte. Lauter Beifall der Menge begrüßte die königliche Kämpferin. Dann folgte lautlo-

se Stille, denn Gunther trat vor. Von Siegfrieds Kraft gestützt erhob er den Stein, wiegte ihn mit einer Hand hin und her und stieß ihn mächtig noch einen Klafter über den Wurf der Königin. Freilich führte seine Hand ein viel kräftigerer Mann, und der trug ihn auch im Sprunge, gleichwie der starke Adler seine Beute, bis über den gestoßenen Stein, wo er nun als Sieger vor der staunenden Menge stand.

„Heil dem König Gunther!" rief Dankwart, der junge Degen. Aber niemand stimmte in den frohlockenden Ruf ein, denn Brunhilde erhob sich zornfunkelnden Blickes und faßte den gewaltigen Schaft mit der scharfen Stahlspitze. „Nun bewahre deinen Leib, stolzer König", rief sie und schwang den Ger so mächtig, daß er krachend den Schildrand durchbrach und auch den Mann trotz der Brünne gefällt hätte, wäre nicht der wunderkühne Held sein Helfer gewesen. Der aber wandte den Rand seitwärts, daß die tödliche Spitze unschädlich vorüberglitt, riß dann den Schaft aus dem zerborstenen Schild, kehrte ihn um, daß das stumpfe Ende der

Kämpferin zugewendet war, und schleuderte ihn, Gunthers Hand führend, mit Macht auf die streitbare Maid. Die Königin taumelte rückwärts und tat einen harten Fall, so daß die Ringe der Rüstung hell klirrten.

Das Spiel war zu Ende, der Sieg gewonnen! Brunhilde erhob sich, sie stand in ruhiger Haltung vor dem Volk. Wer aber in ihre verschlossene Brust hätte blicken können, der würde gesehen haben, wie sich Scham, Zorn und wilde Begierde nach Rache gleich giftigen Nattern darin aufbäumten, um zerstörend hervorzubrechen. Sie berief ihre Dienstmannen und forderte sie auf, dem König Gunther, der nun auch ihr König sei, ihren Dienst zu beweisen. Sie entsandte Eilboten durch ganz Isenland zu den Vögten und Burgmannen, daß sie binnen drei Tagen gen Isenstein fahren und ihrem Oberherrn den Eid leisten sollten. Sie bat die Recken, bis zu dieser Frist als Gäste auf der Burg Herberge zu nehmen. Weiter fragte sie nach dem Nibelungenhelden, und als dieser jetzt herzutrat und sagte, er habe nach dem Schiff und den Bootsleuten gesehen, meinte sie, er sei

ein ungetreuer Dienstmann, weil er es geringgeachtet habe, bei dem Kampf seines Herrn gegenwärtig zu sein.

„Ich hätte nicht geglaubt", fügte sie hinzu, „daß in allen Landen ein so kühner Mann wäre als der Held von Niederland, wenn nicht ein heimliches Zauberwerk bei dem Spiel geschehen ist. Des werd' ich in kurzer Frist wohl kundig werden."

Ein Gastmahl war im Saale bereitet. Da saßen die Gäste, tranken edlen Wein mit den weidlichen Burgmännern, und schöne Frauen füllten und reichten die Becher, doch war die Königin nicht beim Mahl der Helden. Gunther schien bald heiter, bald trüben Mutes. Er schämte sich des Sieges durch fremde Hand und freute sich auch wieder der erworbenen Maid. Hagen leerte manchen Becher, er redete wenig und blickte oft recht grimmig drein, wenn die schmausenden und trinkenden Recken lachten und Kurzweil trieben. In später Nacht wurden die Helden vom Rhein in ihr gemeinsames Gemach geleitet. Als sie unbesorgt ihr Lager bestiegen, mahnte der Tronjer, die Waffen mitzunehmen, weil er den Eindruck habe, die Königin habe Übles im Sinne; sie habe die Vögte mit ihren Mannen entboten, um sie, die Recken vom Rhein, zu fangen und dem roten Mann mit dem Beil zu übergeben. Es sei übel getan, daß sie nicht tausend gerüstete Burgunden zur Fahrt aufgeboten hätten. Diese Rede machte den Recken Harm. Da rief der kühne Siegfried, er wolle gar bald ein Heer weidlicher Nibelungen herbeiführen, und ging noch in der Nacht zu dem Schiff am Meeresstrand. Die Taue wurden gelöst, das Fahrzeug flog, von günstigem Wind und dem kräftigen Ruderschlag Siegfrieds gefördert, über die tanzenden Wellen dem Nibelungenlande zu. Schon in der folgenden Nacht erreichte man dort eine Bucht, und der Held eilte sogleich nach der Burg. Er fand sie wohl bewahrt, denn der Pförtner, ein ungefüger Riese, griff ihn mit seiner Stange an, als er Einlaß begehrte. Seine gewaltigen Schläge weckten den Zwerg Alberich, des Hortes Hüter, der sofort gleichfalls den Recken anrannte. Siegfried bezwang beide, ohne ihnen ein Leid zuzufügen. Nun erst gab er sich zu erkennen, freute sich ihrer Treue und hieß sie tausend wohlgerüstete Burgmannen bereitzustellen, die mit ihm gen Isenland fahren sollten. Die dienstbaren Männer taten nach seinem Gebot. In kurzer Frist war die stattliche Mannschaft auf den schleunigst hergerichteten Schiffen und schwamm über die wogende See.

Am dritten Morgen standen Gunther und Hagen harmvoll auf der Warte, denn viele der von Brunhilde herbeigerufenen Vögte waren mit ihren Burgmannen schon angekommen, und finstere Blicke und heimliches Flüstern ließen den König nichts Gutes ahnen. Zu seinem Troste sah er nun die Schiffe an den Strand schwimmen, die Recken in blanken Rüstungen aussteigen und in Scharen nach der Burg ziehen. Hagen erspähte den kühnen Siegfried an der Spitze der weidlichen Männer und meinte, nun möge ganz Isenland in Waffen stehen, sie würden doch wohl genesen. Dagegen war die Königin jetzt in Sorge, ob nicht eine feindliche Macht ihr Reich zu bezwingen gedenke. Da tröstete sie Gunther, auf den Helden von Niederland zeigend, derselbe habe nur seine königlichen Gefolgsmänner über See hergeführt, damit er, der König, seiner Ehre warten könne.

Ob sich die edle Frau der Botschaft und der Gäste freute, das ist nicht bekannt. Indessen empfing sie das Volk willig, ließ Herberge beschaffen und bot dem kühnen Helden, der die Recken führte, mit höflicher Sitte die Hand.

In den folgenden Tagen wurde die Verwaltung des Landes geordnet; Brunhilde verteilte viele Gaben, Gewänder, Rüstzeug, Rosse und Kleinodien unter die, die daran Mangel hatten. Als sie endlich Abschied von Land und Leuten nahm und einen werten Mann, ihrer Mutter Bruder, zum Reichsverweser bestellte, da war viel Weinens unter dem Volke, und sie selbst war nicht frohen Mutes, denn sie wähnte, sie werde niemals die liebe Heimat wiedersehen. Indessen drängte Gunther zur Abfahrt, denn er wollte zu Worms fröhliche Hochzeit feiern.

Wie begrüßten die Recken nach glücklicher Fahrt den schönen Rhein. Sie ritten wegen der großen Menge der Reisigen langsam den Strom entlang. Deswegen dünkte es dem König gut, einen Recken vorauszusenden, der den Frauen und Magen tröstliche Botschaft und den wertvollen Gästen festlichen Empfang bereite. Er wandte sich deshalb an Hagen; aber der entschuldigte sich, weil er nicht zierlich, wie geziemend, mit edlen Frauen zu reden verstehe. Er wies ihn vielmehr an Siegfried, der solcher Dinge wohl kundig sei. Freudig übernahm der Nibelungenheld die Botschaft, denn ihm erschien die Fahrt schon lange zu säumig, da er gerne Tag und Nacht geritten wäre, um die minnigliche Maid zu Worms wiederzusehen. Er nahm daher Urlaub und trabte fort, ohne auf dem Weg länger als nötig zu rasten. Anfangs erregte seine Ankunft viel Kummer, da man sorgte, seine Gesellen seien alle in dem fernen Land erschlagen worden. Als er aber von dem glücklichen Erfolg der Fahrt berichtete, da war große Freude. Der junge Giselher, dem er zuerst begegnete, stürmte voraus zu den Frauen. „Mutter, liebe Schwester, gebt dem Boten reichlich Botenbrot; er bringt Kunde, daß die Recken alle heil und frohen Mutes sind, daß sie die stolze Brunhilde mit sich führen, die künftig Königin in Burgund sein wird." Er hatte kaum diese Rede getan, so trat auch Siegfried ein. Glühend vor Freude und Liebe kam ihm Kriemhild entgegen. „Sei willkommen!" sagte sie. „Was soll ich dir als Botenbrot reichen, da du selbst gar reich bist?" – „Hei, Schwester", rief Giselher, „gib ihm einen Kuß, das wird ihm als ein reichliches Botenbrot bedünken." Da erglühte die Maid noch mehr; aber sie weigerte sich nicht, dem Rat des Bruders Folge zu leisten.

Nachdem der erste Freudenrausch vorüber war, rüstete man sich zum Empfang der hohen Gäste. Burgmänner und edle Recken wurden entboten. Die Frauen wählten ihre schönsten Gewänder und den reichsten Schmuck für den folgenden Tag, an dem Gunther mit seiner königlichen Braut erwartet wurde. Man harrte den ganzen Tag; endlich, als die Abendsonne sich schon im Rhein spiegelte, tönten auf allen Türmen die Hörner der Wächter. Sofort setzten sich die edlen Recken samt ihren Dienstmannen in Bewegung, in ihrer Mitte auf stolzen, reich verzierten Rossen Frau Ute und ihre blühende Tochter nebst ihren Dienerinnen und den Helden Ortwin, Gere und anderen. Neben Kriemhild aber ritt der kühne Degen von Niederland, wohl erkennbar an seiner strahlenden Rüstung und den leuchtenden Augen, die gleich Sternen unter dem Helmhut hervorblitzten. Viele Schiffe standen jenseits des Stromes in Bereitschaft, den König und das Heer überzufahren. Als sie an Land stiegen, da war des Grüßens und Küssens kein Ende. Frau Ute erkannte sogleich die Königin Brunhilde an ihrer hohen Gestalt und ihrer kühnen Haltung. Sie umarmte diese als werte Tochter, und auch Kriemhild küßte sie freundlich und versprach ihr, eine treue Schwester zu sein. Brunhilde sah die bescheidene, liebliche Maid mit Freuden an. Sie erwiderte ihren Kuß und gelobte auch ihr Freundschaft und herzliche Liebe. So standen beide Frauen Arm in Arm beieinander, die eine groß, schön, geheimnisvoll wie eine Sternennacht, die andere heiter, blühend, der Liebe bedürftig und Liebe gebend, wie ein schöner Maimorgen. Man wußte nicht, wem man den Vorzug geben sollte; aber Siegfried wußte es wohl und blieb auf dem Rückweg stets an der Seite der auserwählten Maid und tauschte mit ihr bald scherzende, bald auch ernste Reden.

Die Königshalle war festlich, wie ein Blumengarten, mit Lauben und duftigen Blumen geschmückt. Kränze und Girlanden umwanden die stützenden Säulen, zwischen denen die goldenen Knäufe und der Marmor der Schäfte hervorleuchteten. Schon waren die Gäste darin versammelt und Dienstleute brachten die Speisen: da trat König Gunther vor. „Vielieber Geselle Siegfried", sagte er, „es ist an der Zeit, daß ich dir mein gegebenes Wort löse, nachdem du mir, was du gelobt, in Treue erfüllt hast. Tritt hierher zu mir, daß die werten Gäste vernehmen, was wir reden. Auch du, Schwester Kriemhild, verweigere nicht, vor mir zu stehen." Als die beiden nach seinen Worten getan hatten, fuhr er fort: „Begehrst du, lieber Geselle, meine Schwester zur Ehegenossin und willst du sie in Zucht und Ehren als solche haben?" – Der Held antwortete mit einem lauten und freudigen Ja. „Nun", sagte Gunther, „so sollt ihr morgen Hochzeit feiern mit mir und meiner königlichen Braut Brunhilde, sofern nicht Mutter Ute dagegen Einrede erhebt." Statt der Antwort umarmte die gute Frau beide Brautleute und wünschte ihnen des Himmels Segen zu ihrer Vereinigung.

Bei dem Gastmahl saß Brunhilde kalt, wie Marmor, an Gunthers Seite, freundlich kosend, oft einen Händedruck erwidernd, Kriemhild neben ihrem Verlobten. „Vogt der Burgunden", sagte Brunhilde zu Gunther, „mich wundert, daß du die Schwester einem eigenen Manne, einem Dienstmanne, zu geben gedenkst, wo sie doch des reichsten Königs würdig wäre." – „Rede nicht also", versetzte Gunther. „Siegfried ist so gut ein König als ich selbst. Er ist König der Nibelungen, und ihm wird einst nach dem Tod seines Vaters Siegmund ganz Niederland untertan sein." – „Das ist schier eine verwunderliche Märe", fuhr sie fort. „Hat er sich doch selbst als einen eigenen Mann bekannt." – „Ich will dir später darüber alles sagen", schloß er seine Rede, „aber jetzt sprich davon nicht weiter."

Folgenden Tages wurde die Doppelhochzeit gefeiert. Frau Ute führte auch ihre Schwiegertochter durch die Hallen des Palastes, zeigte ihr die reichen Schätze, die sie nun ihr eigen nennen, die Gemächer, die sie fortan bewohnen sollte. Da waren Spiegel aus venezianischem Glas, kristallene Vasen, samtweiche Ruhebetten, Vorhänge aus roter und blauer Seide und viel anderes köstliches Gerät. „Das alles ist dein eigen", sagte die alte Königin. „Du kannst darüber schalten, wie es dich gelüstet." – „Ja, Mutter Ute", antwortete die junge Frau. „Die Burgunden sind reich an Habe und groß ist ihre Macht. Aber sie sind arm an klugem Rat und schwach zur Tat, sonst wäre König Gunther nimmer gen Isenland gekommen." Ohne eine Antwort zu erwarten, schritt sie weiter.

Das Gastmahl war zu Ende, die Nacht schon lange angebrochen; die Gäste suchten ihre Herberge auf. Das tat auch Gunther mit seiner Königin. Als er an ihre Kemenate gelangte, vertrat sie ihm den Weg, indem sie sagte: „Hier ist nicht deine Herberge, du kannst wohl im Palast eine bessere finden, denn hättest du deinen Willen, so würde ich meine große Kraft nicht bewahren." Indessen ließ er sich nicht durch Worte abwehren; er wurde vielmehr dringender und suchte sich mit Gewalt Einlaß in das Gemach zu verschaffen; es begann ein gewaltiges Ringen. Allein sie wurde in kurzer Frist seiner Meister, band ihm mit ihrem Gürtel, einer starken Borte, Hände und Füße und ließ ihn also vor der Pforte liegen. Da hatte er nun die lange Nacht hindurch übles Gemach.

Als am Morgen schon die Dienstleute geschäftigt waren, löste die stolze

Königin dem Gemahl die Fessel, hieß ihn nun der Ruhe pflegen und nimmer wieder einen Versuch zu machen, wie er es in der Nacht getan habe. Den ganzen Tag über war Gunther nicht frohen Mutes, wie Siegfried und die anderen Gäste. Er blickte fast mit Grauen auf die ihm vermählte Königin und verließ oftmals das Gelage, um im Garten allein zu wandeln. Da begegnete ihm der Held von Niederland und forschte, warum er so unfrohen Mutes sei. Als er die seltsame Märe vernommen, rief er: „Sei nur getrost, lieber Geselle! Haben wir die hochgemute Frau im Kampfspiel bezwungen, so wähne ich, werden wir auch die verschlossene Pforte sprengen, daß du Einlaß findest. Zur Nacht, wenn du die Königin nach ihrer Kemenate geleitest, folge ich, in meine Tarnkappe gehüllt, euch nach. Dann lösche die Kerze aus, daß ich an deine Stelle treten kann, und nun soll sie an mir ihre große Kraft versuchen." – „Ach, guter Geselle", sprach Gunther. „Ich habe Sorge um dein Leben. Wir haben übel getan, sie von Isenland an den heiteren Rhein zu führen, die Höllenbraut, wie Hagen sagt, die von höllischen Geistern so große Kräfte gewonnen hat." – „Und wenn ein Höllengeist selber in ihr Herberge genommen hat, so will ich ihn doch bestehen, und ich glaube, daß ich seiner wohl mächtig werde. Heute nacht bin ich in der Tarnkappe dir nahe."

Die Könige gingen wieder zum Gelage, Siegfried, wie immer, frohen Mutes, Gunther von mancherlei Sorgen belastet. Als Mitternacht zur Ruhe einlud, schritt er mit Brunhilde, wie am vorigen Abend, nach der Kemenate, löschte wie verabredet die Kerze und merkte alsbald, daß der hilfreiche Degen an seine Seite trat. Siegfried drängte kühn, ohne die Drohung der Frau zu beachten, nach dem Eingang. Sie faßte ihn mit großer Gewalt, stieß ihn zwischen die Wand und einen Schrank und versuchte ihn, gleichwie vorher Gunther, mit ihrem Gürtel zu binden. Sie drückte seine Hände, daß Blut unter den Nägeln hervorquoll. Solches Raufen und Ringen zwischen einem Recken und einer Maid war noch nie geschehen. Indessen gebrauchte er seine ganze Heldenkraft; er preßte sie in einen Winkel, daß ihr alle Glieder zu brechen drohten. Da bat sie ächzend und stöhnend, er möge ihr nur das Leben lassen, sie wolle hinfort in Treue nach seinem Willen tun. Sobald der Held von Niederland dies hörte, schlich er leisen Schrittes fort und überließ Gunther das ihm gebührende Recht.

Das Fest währte noch acht Tage, dann nahmen die Gäste Urlaub und schieden reich beschenkt. Auch Siegfried schickte sich mit seinem Weibe zur Abfahrt an. Er sollte, wie der junge Giselher anbot und Kriemhild wünschte, die königlichen Schätze mit den Schwägern teilen; aber er schlug es aus, weil ihm der unerschöpfliche Nibelungenhort zu eigen war.

Bei der Abreise begleiteten ihn eine weite Strecke die drei Könige mit vielen Recken und Reisigen, so daß man schier meinte, es gelte eine Heerfahrt in Feindesland. An der Stätte, wo man sich trennen wollte, lagerte das ganze Heer; da speisten und tranken noch einmal die Freunde zusammenn, und viele Spielleute sangen zum Saitenklang vom Rhein und seinen Bergen und Nebenhügeln. Dann hieß es Abschied nehmen.

Es war ein schöner Tag, als die Reisenden zu Xanten am Niederrhein anlangten. Vorausgesandte Boten hatten ihre Ankunft gemeldet; daher waren die ganze Stadt, viel Landvolk und vor allem König Siegmund, der greise Held, und die gute Frau Sieglinde zum Empfang der werten Gäste vorbereitet. Wie umarmten die alten Leute den Sohn und die schöne Tochter! Wie freuten sie sich, daß nun alle Sorge um den Liebling vorüber, daß er nun mit großen Ehren zurückgekehrt war! Der König rief alsbald die Vasallen des Reiches und setzte unter dem Jubel des Volkes dem würdigen Sohne die Krone auf das Haupt. Gleich also tat die Königin Kriemhilden, und die Hof- und Burgmänner riefen laut: „Heil unserem jungen, ruhmvollen König und seiner Königin! Mögen sie lange und glücklich, gleich ihren Ahnen, ihres Amtes walten!" Was alles Volk wünschte, schien in Erfüllung zu gehen, denn manches Jahr floß dahin, ohne daß ein Unfall sich ereignete. Frau Sieglinde hatte noch die Freude, einen Enkel auf ihren Armen zu wiegen, dem dessen Vater den Namen Gunther gab, zu Ehren seines Schwagers am Rhein, gleichwie auch dieser ein Knäblein, das ihm Brunhilde schenkte, Siegfried genannt hatte. Nicht lange genoß die alte Königin diese Freude; sie erkrankte und starb bald. Dagegen herrschte fortwährend Friede im Reich, denn kein feindlicher Nachbar wagte gegen den Herrn der Nibelungen den Schild zu erheben.

Es mochten wohl acht Jahre vergangen sein, da kam eine Botschaft aus Burgund, die die Könige und alle ihre Magen zum Fest der Sommersonnenwende einlud. Die Boten sagten aus, man gedenke das Fest gar herrlich zu feiern und wünsche dabei die lieben Freunde und Magen, die so lange in der Ferne geweilt hätten, zu sehen. „Habt reichlich Botenbrot verdient, ihr Männer vom Rhein", sprach Siegfried, als er die Märe hörte. „Wir selber, mein Weib Kriemhild und ich, gedachten schon oftmals zu den Burgunden zu fahren. Das soll nun sicherlich getan werden." Nachdem man alles besprochen hatte, rüstete man sich zur Fahrt nach dem Rhein.

5. *Verrat und Mord*

Die werten Gäste von Niederland kamen zum Sommersonnenwendefest und wurden mit Freuden empfangen. Da war der Gelage, der festlichen Umzüge, des Sanges und Saitenklanges kein Ende. Der greise Siegmund wurde, wie er gesagt hatte, wieder jung, wenn er von seinen Kämpfen erzählte und mit Frau Ute, die er als Mägdlein gekannt, redselig plauderte. Die jungen Königinnen sah man allezeit zusammen; sie gingen Arm in Arm in die Kirche oder zum Festmahl, oder zum Schauen, wenn die kühnen Recken beim Turnierspiel ihre Kräfte versuchten. Nur zum Jagen begleitete Kriemhild ihre Schwägerin nicht; sie mochte es nicht ansehen, wenn das scheue Wild von den Bracken gehetzt, von den Recken mit Geren erlegt wurde. Einstmals schaute sie vom Söller herab mit Brunhilde dem Treiben zu, wo Siegfried im Stoßen des Steins, im Gerwurf, im Sprung und Lauf die anderen Recken weit übertraf. Da sprach sie in der Freude ihres Herzens: „Hei, wie mein Friedel so herrlich unter den Rekken steht – gleich wie der Mond unter den bleichen Sternen! Seine Augen strahlen wie Sonnenlicht, sein edles Haupt, seine kraftvolle Gestalt verrät den königlichen Helden." – „Wohl verdient er dein Lob", versetzte Brunhilde, „doch muß er meinem Manne weichen." – „Auf Treue", antwortete Kriemhild, „mein Bruder ist ein kühner Degen; im Kampfspiel kann er meinem Gemahl jedoch nicht gleichen." – „Wie", sprach Brunhilde, „hat er nicht den Preis auf Isenstein erworben, wo Siegfried lieber zum Schiff ging?" – „Willst du den Nibelungenhelden, den Überwinder des höllischen Drachen, der Feigheit zeihen?" rief die junge Frau mit Unmut. „Er muß vor dem König der Burgunden weit zurückstehen", antwortete Brunhilde. „Denn er ist ein eigener Mann, ein Dienstmann meines Gemahls." – „Du lügst, stolzes Weib!" fuhr Kriemhild, vor Unwillen erglühend, auf. „Du lügst aus Übermut! Wie hätte mein Bruder mich einem hörigen Mann gegeben! Siegfried ist freier König von Nibelungen und Niederland. Das eine Reich hat er mit seiner Hand erworben, das andere ererbt, und ich, seine Königin, darf das Haupt so hoch tragen als du selbst." – „Wage es nur, schwatzhaftes Weib eines Dienstmannes! Ich werde vor dir in die Kirche gehen." Mit diesen Worten verließ Brunhilde den Söller.

„Dienstmann! Mein geliebter, in allen Landen gefeierter Gatte ein Dienstmann! Ihn hat sie geschmäht, und sie soll dafür büßen", sprach Kriemhild für sich. Es war das erste Weh, das die sonst arglose, harmlose Frau betraf; das konnte sie nicht verwinden. Sie begab sich in ihre

Gemächer, legte ihre kostbarsten Gewänder an, fügte funkelndes Geschmeide hinzu, das dem Nibelungenhort entnommen war, und schritt mit zahlreichem Gefolge von Frauen, Jungfrauen und Dienstmannen zu der Kirche. Da stand schon Brunhilde mit Gefolge, ihrer wartend. Sie wollte schweigend an der stolzen Frau vorübergehen, aber diese rief ihr zu: „Harre hier, Weib des Dienstmannes, bis deine Königin eingegangen ist!" – „Hättest du geschwiegen", sprach Kriemhild, „so wäre es besser gewesen, denn einer Kebse geht doch wohl eines Königs Weib voran." – „Bist du des Witzes bar worden?" entgegnete Brunhilde. „Wen willst du hier verkebsen? Das sollst du gestehen." – „Das tue ich dir", sprach Kriemhild, „und ich will es auch erweisen, wenn ich aus der Kirche zurück bin." Sie schritt an der Todfeindin vorüber in das Gotteshaus.

Brunhilde und Kriemhild verfeinden sich

Die stolze Königin blieb weinend vor dem Eingang stehen. Scham und Zorn kämpften in ihrer Brust, daß sie kaum das Ende des Chorgesangs erwarten konnte. Endlich ging die Pforte auf und Kriemhild erschien. „Stehe mir Rede!" rief sie die Verhaßte an. „Stehe mir Rede, Weib eines Knechts, zu rechtfertigen die Schmähungen, die du mit giftiger Zunge wider mich ausgestoßen hast." – „Weib eines Knechts", wiederholte Kriemhild, als ob sie die anderen Worte nicht gehört hätte. „Kennst du das Goldringlein an meiner Hand hier, wie eine Schlange gewunden?" – „Hei, mein Gold", sagte Brunhilde, „das ich lange vermißte. Nun weiß ich, wer es mir gestohlen hat." „Wohl", fuhr jene fort, „du wirst auch des Gürtels gedenken, den ich umgeschlungen habe, Seide von Ninive mit Goldbuckeln und edlem Gestein. Goldreif und Gürtel entriß dir mein Mann, als er, nicht Gunther, nächtlich dich bezwang." – Wie ein Held nach siegreicher Schlacht, so setzte Kriemhild ihren Weg fort.

Die stolze Königin blieb gebeugten Hauptes wie festgebannt an der Stelle stehen, wo sie die Schmach erlitten hatte. „Man berufe den Vogt vom Rhein hierher", befahl sie, „daß er vernehme, was geschehen ist, und den Übermut strafe." – Gunther kam sogleich und forschte, warum sie also in Trauer sei. Als er von dem Vorfall Kunde erhalten, versprach er der harmvollen Frau, er werde Siegfried rufen lassen, um von ihm Kunde zu erhalten, ob er zu der Schmähung Anlaß gegeben habe. Im Königssaal vor vielen weidlichen Recken empfing er den Helden und gab ihm Bericht von dem Vorkommnis. Sogleich erklärte der Degen in guter Treue, er habe niemals Unehrbares von der Königin geredet, und man solle nicht übel deuten, was Weiberzungen im Zorne sprächen. Er erbot sich, durch teuren Eid seine Aussage zu bestätigen. Schon erhob er, am Ringe stehend, die Hand zum Schwur, da sprach Gunther, er entlasse ihn des Eides, da sein gesprochenes Wort allezeit wahr und wahrhaftig sei. „So hört denn, ihr Männer von Burgunden", sagte der Held, „daß ich ohne Schuld bin der Schmähungen, die eure Königin erduldet, daß ich sie allezeit als guter Zucht beflissen und ohne Makel gefunden habe. Du aber, lieber Geselle Gunther, ziehe dein Weib, wie ich das meine ziehen werde, damit sie fernerhin nimmer durch klatschende Rede unseren Frieden brechen." Also sprach der weidliche Degen und verließ den Saal. Doch meinte mancher burgundische Mann, der Königin sei schweres Leid angetan worden.

Brunhilde berief folgenden Tages ihre Gefolgschaft aus Isenland. Sie gebot ihnen, sich zur Fahrt in die Heimat zu rüsten, wozu sie auch alsbald bereit waren. Diese Märe wurde dem König hinterbracht. Er begab sich mit seinen Brüdern, Hagen und anderen Degen zu der Frau, die in ihrem Kummer kein Wort sprach. Er sagte ihr, wie sich der König von Niederland gerechtfertigt habe und wie nun die Schmähung seines Weibes als unwahr erfunden sei. Er redete noch viel von ihrem Ruhme, der in allen Landen verbreitet sei; auch andere Recken versuchten sie zu trösten. Sie meinten alle, es sei eine Unehre für Burgunden, wenn die Königin jenes Reich verlasse, wo sie manches Jahr in Freuden gewohnt und an der Seite des Königs regiert habe. Sie saß da, starren Blickes, unbewegt, stumm, wie ein steinernes Bild, das die Gläubigen um Hilfe anrufen. „Wir lassen dich nicht von hinnen fahren", rief der König. „Wir bieten dir jeden Preis zur Sühne der unbedachten Rede meiner Schwester. Sprich, was begehrst du?" Sie erhob sich, blickte im Kreise umher und sagte mit hohler, unheimlicher Stimme: „Blut!" Die Burgunden sahen einander bestürzt an, und keiner wagte das Wort zu deuten. Sie fuhr unbeirrt fort: „Nicht die Flut des Rheins, wenn ich mich hineinversenkte, wäscht den Flecken von meiner Ehre; das tut nur eines Mannes Herzblut." Die Unruhe, die Bestürzung unter den Recken wurde immer größer. Da trat Hagen vor und sagte: „Sind die kühnen Burgunden altersschwach, sind sie wieder Kinder geworden?! So will ich die Rede deuten: Unsere Königin begehrt Siegfrieds Herzblut! Hei, wie sie erschrecken, wie sie zurückweichen vor dem Wort!"

„Niemand in aller Welt vermag den Nibelungenhelden zu bestehen." – „Wer ihn zum Kampfe fordert, hat den Tod an der Hand!" – „Er ist der Dinge nicht schuldig, deren man ihn zeihen will." So redeten die Burgunden untereinander. Da trat der grimmige Hagen vor Brunhilde. „Frau", sagte er, „ich wollte nicht, daß Gunther werben ging in Isenland; nun du aber unsere Königin bist, sollst du in Ehren bleiben, und ich will dir schaffen, was du begehrst." Ihm erwiderte der junge Giselher: „Übeltat für Wohltat, ist das Sitte in Burgund? Hat uns nicht Siegfried in Kampfesnot treu gedient, uns Sieg und Ruhm gebracht? Ich habe keinen Teil an solchem Rat." – „Sollen wir Kuckuckskinder ziehen und auf unseren Königsthron erheben?" entgegnete Hagen. „Ich schaffe das Werk heimlich, daß er nicht Balmung gegen mich schwingen kann; und du, Volker, wirst mein Geselle sein." – „Dein Geselle in allen rechten Dingen", sprach der Spielmann. „Das hab' ich gelobt, als wir in Mohrenland Schild an Schild kämpften. Zum Meucheldienst wirb dir einen anderen Gesellen." – „Der will ich selber sein", sprach Ortwin der Degen. „Siegfried gab Ring und Gürtel seinem Weib; des ist er schuldig. Damit wurde unserer Königin Schmach angetan." – „Ich wähne, das Werk ohne Helfer herzustellen", sagte der Tronjer. „Das will ich widerreden", nahm Gunther das Wort. „Solcher Mord ist Unehre für ganz Burgundenland, die muß der

König abwehren." – „Vogt am Rhein", rief Brunhilde aufstehend, „drei Tage geb' ich dir Frist, dann fahr' ich gen Isenland, oder du gewährst mir Sühne." Sie verließ die versammelten Recken, die sich noch weiter berieten. „Den Helden schädigt nicht Schaft noch Schwert", meinte Markgraf Gere. „Er hat sich in Drachenblut gebadet, und nur an einer Stelle, die ein Lindenblatt deckte, kann er verwundet werden." – „Wird er des Verbrechens inne", fügte Sindolt, der Kämmerer, hinzu, „so gewinnt er mit seinen tausend Nibelungen unser ganzes Reich." – „Ich gedenke es mit List anzustellen, daß wir alle heil bleiben und unsere Königin Sühne erhält", so sprach der grimmige Hagen. Aber der König war unsicheren Mutes: er wollte und wollte auch nicht. Die Recken gingen unschlüssig auseinander.

Brunhilde blieb in ihrer Kemenate verschlossen. Vergebens pochte Gunther an die Pforte, vergebens Kriemhild, die unter Tränen flehte, sie möge ihr Einlaß gestatten, sie wolle ihr Unrecht vor allem Volke eingestehen. Nur der grimme Hagen erhielt Zutritt und redete lange mit der Königin. Darauf begab er sich zu Gunther. „Vogt am Rhein", sagte er, „es ist kein anderer Ausweg, wenn deine Königin uns erhalten bleiben soll, als daß du meinem Rat zustimmst. Er oder ich, so sprach sie zu mir, und sie hat kühnen Mut, daß sie allezeit tut, was ihr rätlich dünkt." Der König schwankte noch immer; als er aber am dritten Tag erfuhr, Brunhilde rüste zur Fahrt, da willigte er in den üblen Rat seines Onkels.

Es erschienen am Hof zu Worms Boten von Lüdegast und Lüdeger, die neue Fehde ankündigten. Beide Könige wollten mit einem unbezwinglichen Heer Burgund überziehen und Rache nehmen für ihre letzte Niederlage. Die Boten trugen dänische und sächsische Rüstungen, und niemand zweifelte, daß sie aus Danland und Sachsland kämen. Sofort wurde beschlossen, die Dienstmannen des Reiches aufzubieten. Doch meinte Siegfried, er wolle mit den Recken am Hofe und seinen Nibelungen die feindliche Macht allein bestehen. Man bat auch die Frauen, die Streitgewänder der Helden in Ordnung zu bringen, was die edle Kriemhild mit großen Sorgen tat. Sie saß bei der Arbeit traurigen Mutes; da kam Hagen zu ihr und ihren Maiden und hieß sie getrost sein, da ja des starken Siegfrieds Leib, in Drachenblut gebadet, von Waffen nicht verletzt werde. „Guter Held", sagte sie, „mein Friedel ist so kühn, daß er mitten durch die Feinde bricht. Da könnte ihn leicht ein Ger im Sturme des Gefechts an der einen Stelle treffen, wo er verwundbar ist." Er bat sie, das Streitgewand an dieser Stelle mit einem Kreuz zu bezeichnen. Er wolle dann mit seinem Schild den Heergesellen treulich behüten. Sie versprach nach seinen Worten zu tun und stickte sofort mit Silberfäden ein Kreuzlein auf das Gewand. Indessen war ihr Kummer vergeblich: Denn schon folgenden Tages erschienen andere Boten, die aussagten, daß die Könige den gelobten Frieden zu halten gedächten, wenn man es ihnen vergönnen wolle. So war die kriegerische Rüstung unnötig gewesen, und Gunther hieß statt zu der Heerfahrt die Recken zu einer großen Jagd über den Rhein nach dem Spessart einladen, wo sich viele Raubtiere und besonders Edelwild aufhielten.

Rotglühend stieg die Sonne hinter den Bergen auf und färbte die Fluten des Rheins, daß sie wie Blut dahinrollten. Kriemhild fuhr aus dem Schlafe auf; sie hatte ängstliche Träume gehabt. An ihrem Lager stand Siegfried, heiter, sorgenlos, wie immer. „Siegfried", rief sie, „gehe nicht zur Jagd, nur heute nicht. Mir träumte, zwei grimmige Eber hätten dich verfolgt, dann sah ich dich nicht mehr, sondern einen Strom von Blut, der über die Heide floß. Ein Grausen ergriff mich, daß ich wie im Fieber zitterte und erwachte. Als ich dich ruhig atmen hörte, suchte ich wieder einzuschlafen. Kaum aber war dies geschehen, so sah ich dich abermals; denn nur an dich denke ich bei Tag und bei Nacht. Du rittest durch eine Kluft zwischen zwei Bergen; da bebte die Erde und die Berge fielen über dir zusammen und wölbten sich zu einem Totenhügel. Du weißt, wie ich erschreckt emporfuhr und zitterte, bis ich dich vor mir sah, gesund, wie der Himmel über uns." – „So werde ich auch vom Jagen zu dir heimkehren, mein trautes Lieb", sagte Siegfried, indem er die Minnigliche in die Arme schloß. Sie entwand sich ihm, blickte ihm voll Sorge und Liebe in die sonnenglänzenden Augen und fuhr fort: „Die Träume bedeuten ein schweres Unglück, das dich betreffen wird; und du bist doch mein einziges Gut, für das ich alle Reiche der Welt, den Nibelungenhort und alle Schätze hingeben würde. Wenn nur du mir erhalten bleibst, so will ich dir in ferne, wüste Länder folgen, und müßte ich auch eine Bettlerin sein. Gehe nicht auf die Jagd; bleibe nur heute bei mir!" Wieder umfing sie der Held und küßte sie, und sie klammerte sich an ihn, als wollte sie den teuren Mann nimmer von sich lassen. „Sei getrost, liebes Weib", sagte er, „ich bin ja unter werten Gesellen und Freunden, wo mir kein Unfall zustoßen wird. Auch führe ich Balmung bei mir und einen scharfen Ger. Hei, den möchte ich schauen, der mich zu bestehen wagte!"

Die Jagdhörner luden zum fröhlichen Jagen. „Hörst du", rief er, „wie die Hörner rufen? Die Gesellen würden meiner spotten, wenn ihnen jemand sagte, ich sei um eines Traumes willen vom Weidwerk ferngeblieben." Er küßte nochmals das liebende Weib und eilte fort. Sie sah ihm vom Fenster herab nach, sie winkte, und er rief ihr mit tönender Stimme einen Gruß zu, als er, den Jagdleuten voraus, durch die Pforte trabte. „Die

Hörner rufen", sagte sie, „sie rufen zum Tode." Sie erschrak über ihre eigenen Worte.

Es war ein fröhlicher Ritt durch blühende Felder und finstern Tannenwald und weiter in die grünen Berge hinein bis in das Revier, wo die Jagd beginnen sollte. Die Jäger verteilten sich, die Bracken und starken Schweißhunde wurden losgekoppelt, das scheue Wild aufgetrieben. Siegfried war bald im Dickicht, bald auf einer Lichtung. Seine Pfeile und sein Ger trafen auf unglaubliche Entfernung Hirsche, Rehe, Wölfe und grimmige Bären. Die Weidleute meinten, er werde alles Wild ausrotten. Indessen fanden auch die anderen Recken noch reichliche Beute. Als man sich nachmittags zum Mahle sammelte, rannte noch ein Bär vorüber. Der Held setzte ihm nach, überwältigte, knebelte und brachte das Untier zu den versammelten Recken. Hier löste er die Bande und hetzte die Rüden gegen das Wild, um die Freunde mit Kurzweil zu ergötzen; aber Meister Petz schlug so kräftig mit seinen Tatzen, daß die Hunde heulend entwichen. Er aber geriet unter das Kochgeschirr, warf Töpfe, Kessel und Pfannen durcheinander und rannte grimmig nach dem Waldesdickicht. Dort überholte ihn Siegfried und erlegte ihn mit dem Schwerte.

Die Recken saßen beim Mahle; gebratenes und geschmortes Wildbret, blaugesottene Forellen, auch Hechte und Karpfen wurden aufgetragen, aber die Schenken brachten keinen Wein. Sie sagten, Hagen habe ihn jenseits in das entlegene Tiefental tragen lassen. „He, ungetreuer Geselle", sagte Siegfried zu dem Recken, „willst uns vor Durst verschmachten lassen! Wären wir nur am Rhein geblieben, der hätte uns nach des Jagens Hitze reichlich getränkt." – „Das ist ohne mein Verschulden geschehen", sprach Hagen. „Ich dachte, wir würden drüben, jenseits der Berge rasten und ließ dorthin den Wein bringen. Aber ich weiß in der Nähe einen Born köstlichen Wassers, dort am Wiesengrund, wo die Linden über das Dickicht empor ragen und die Blumen frischer blühen. Ich möchte wohl versuchen, ob ich nicht im Wettlauf früher dort anlangte als der schnelle Siegfried." – „Bist ein weidlicher Degen", sagte der Held von Niederland. „Ich meine aber, du wirst mir wohl nicht zuvorkommen, und ich will Schwert, Köcher und Schaft tragen; du aber magst ledig sein." Beide Recken stürmten den Wiesengrund aufwärts nach den Linden. „Hei, wie du langsam kriechst gleich einer Blindschleiche!" rief er dem keuchend nachkommenden Hagen entgegen. „Trotz allem bist du ein guter Läufer, und es wird dich kein anderer in Burgundenland überholen. Hier ist nun der helle Born, der den wegmüden Recken willig sein klares Wasser spendet. Indessen soll des Landes Wirt den ersten Trunk schlürfen. Derweilen wollen wir im kühlen Schatten unter den Linden der Ruhe pflegen." – Er legte Schwert, Köcher und Schaft ab und lagerte sich behaglich auf den blumigen Rasen. „Bist heute ein mürrischer Geselle", fuhr er, zu Hagen gewendet, fort. „Die Sonne scheint doch so hell, und Himmel und Erde lachen uns an, als freuten auch sie sich über unser lustiges Weidwerk. Wir haben wacker aufgeräumt unter dem schädlichen Getier, das die Herde und die Frucht des Landmanns verwüstet. Hei, nun kommen sie endlich, die weidlichen Gesellen! Wohlan, Gunther, lieber

Siegfried schleppt den gefangenen Bären heran

Schwager, sollst den ersten Trunk tun aus dem hellen Born, der aus dem Berge quillt." – Gunther neigte sich nieder, und schlürfte das frische Wasser. Dann trat Siegfried hinzu. „Ich gedenke einen tieferen Trunk zu tun", sagte er. „Aber habt keine Sorge, ihr edlen Recken, der Quell nimmt nicht ab; es rinnt immer reichlich Wasser zu. Es ist wie mit der Menschenwelt: ein Teil geht nieder in die Erde, ein Teil tritt wieder hervor ans Tageslicht; das nimmt kein Ende." – „So ist es" sprach Hagen. „Was liegt an einem Menschenleben." – Unterdessen hatte sich der Nibelungenheld zum Brunnen niedergebeugt und trank in durstigen Zügen.

Hagen dagegen trug eilends Schwert und Köcher des Königs weg, ergriff dessen Schaft, zielte und schoß ihn gerade in das von Kriemhild sorglich gestickte Kreuz auf dem Mantel zwischen den Schultern, daß die Spitze durch Rücken und Brust stürmend vorn hervorragte. Der todwunde Mann sprang auf, suchte nach dem Schwert, nahm, da er es nicht fand, den Schild und schlug damit den Meuchelmörder zu Boden. Mehr vermochte er nicht zu tun. Seine Farbe war erblichen; des Todes Waffe schnitt scharf. Der königliche Held sank nieder in die duftigen Blumen, die sich vom strömenden Blut rosenrot färbten, und rot wurde auch der Quell, der sonst silberhell strömte, rot der Himmel von der untergehenden Sonne.

Noch einmal richtete der Held sein schönes, müdes Haupt empor und sagte, im Kreise umherblickend: „Mordsüchtige Hunde, was habe ich euch Leides getan? Hätte ich eure Tücke erkannt, so läget ihr jetzt alle von meiner Hand erschlagen. Ein Höllengeist hat euch die arge List eingegeben, da ihr nicht waget, mir im offenen Kampf ins Angesicht zu schauen, und Hagen, der feige Wolf, mußte den bösen Rat ausführen. Eure Namen wird man in später Zeit noch nennen, wenn man von feigen Verrätern redet. Schwachsüchtiger König Gunther, der du ehrlos bist durch die Meucheltat, höre das Wort des Sterbenden: Schütze mein Weib, denn es ist deine Schwester; schütze mein jammervolles Weib vor Hagen." Es waren die letzten Worte des königlichen Helden.

Umher im Ringe standen die Recken schweigend. Die Untat, die Worte des Sterbenden waren in ihre Herzen gedrungen; sie schmerzten wie lodernde Brände. Gunther nahm endlich das Wort. „Wir wollen bei dem Volk, das den Erschlagenen liebte, vorgeben, Räuber hätten ihn ermordet." – „Dem widerrate ich", sprach der Tronjer. „Ich hehle nicht, was meine List und Hand vollbracht haben. Nun hat unsere Königin die Sühne, die sie begehrt und die ihr gebührt, und wir sind in Burgund vor allen Feinden sicher, denn kein Degen ist und wird in der Welt geboren, der Siegfried gleich wäre und gegen uns bestehen könnte. Was bekümmert mich das Geschrei des Volkes und die Klage eines Weibes! Man beschaffe eine Bahre aus Baumzweigen, daß man den toten Recken gen Worms führe. Hei, da ist Balmung, sein gutes Schwert, das tut hier den letzten Dienst seinem alten Herrn und den ersten seinem neuen." Der Recke hieb rüstig Baumäste ab und flocht eine Bahre, da kein anderer Hand anlegte. Er legte auch unverzagt die Leiche darauf. Dann setzte sich der Trauerzug in Bewegung.

In später Nacht kamen die Weidleute in die Stadt und zu dem Palast. Es war, als ob ein Grauen von dem toten Helden ausginge: weder Recke

Siegfrieds Ermordung

noch Knecht wagte ihn zu berühren. Hagen schalt sie feige Buben, lud allein die teure Bürde auf seine Schultern, trug sie in den Palast und legte sie vor Kriemhildens Tür. Am Morgen wollte die Königin früh in die Kirche gehen. Sie rief einen Kämmerling, und als dieser einen toten Mann, den er in der Dämmerung nicht erkannte, am Eingang liegen sah, verkündete er es der harmvollen Frau. Sie schrie laut auf: „Es ist Siegfried, und Brunhilde die Stifterin, Hagen der Täter des Mordes!" Man brachte Licht und sah, daß sie wahr gesprochen hatte. Der Jammer, der Schmerz des unglücklichen Weibes war unsäglich. Sie fiel über des Gatten Leiche hin. Ihre Tränen flossen so reichlich, daß sie damit sein Angesicht von dem anklebenden Blute reinwusch. Da lag er nun, der freudige, kühne Held, vor ihr: kalt, starr, bleich, regungslos, er, der sie sonst in die Arme geschlossen, er lächtelte ihr nie, nie mehr entgegen! – Nie mehr! Das entsetzliche Wort kam ihr immer wieder in den Sinn. Wie gern wäre sie mit ihm gestorben, mit ihm in die Grube gegangen.

Auch der greise Siegmund erhielt Kunde von dem entsetzlichen Ereignis. Er kam und sah den einzigen Sohn, entstellt, gefällt nicht im Sturm des Gefechts, nein, durch Mörderhand. Er klagte nicht, aber sein Herz wollte ihm brechen. Er deckte die klaffenden Wunden auf und küßte sie, als ob er hoffe, den Toten zu erwecken. Dann richtete er sich auf. Der alte Mut erwachte in ihm; er rief: „Mord! Rache! Auf, ihr Nibelungen, auf, euren Helden zu rächen!" Mit diesem Ruf eilte er in den Hof, und die Nibelungen hörten das Wort und eilten herzu, sammelten sich in Waffen um den Greis, der Schwert und Rüstung forderte. Aber die Wehre entfiel seinen zitternden Händen; er selbst sank, von Schmerz und Anstrengung erschöpft, ohnmächtig zu Boden. Und ringsum starrten Waffen in den Händen der Burgunden, und der grimmige Hagen führte neue Scharen her. Die Nibelungen kehrten zähneknirschend in ihre Herberge zurück.

Am dritten Tag wurde die teure Leiche in die Kirche gebracht, um durch Priesterhand gesegnet zu werden. Das Volk drängte hinzu; jeder wollte den Helden im Tode sehen, der lebend für Burgund gekämpft, der die Königstochter dem Drachen abgewonnen, der so reiche Gaben gespendet hatte. Kriemhild stand an dem aufgedeckten, mit Gold und edlen Steinen verzierten Sarg. Sie weinte nicht mehr; nur ihre geröteten Augen, ihre bleichen Wangen und das Zittern ihrer Glieder verrieten den inneren Schmerz. Da schritt unter der Menge ein tief verschleiertes Weib vorüber. Niemand wußte, wer sie war. Nur Kriemhild erkannte sie. „Weiche, Mordstifterin!" rief sie ihr zu. „Weiche, daß nicht der Tote wider dich aufstehe!" Die Unbekannte verschwand unter der Menge. Nun umschrit-

Hagen an der Leiche Siegfrieds

ten die burgundischen Recken nach Sitte den Sarg. Als Hagen sich näherte, brachen die Wunden des Toten wieder auf und das Blut strömte warm hervor wie zur Stunde des Mordes. „Wage nicht hier zu stehen, Meuchler", sprach Kriemhild. „Siehe, wie der Tote dich anklagt." Der kühne Recke blieb stehen. „Ich hehle nicht, was meine Hand getan; es geschah in guter Treue gegen meinen Lehnsherrn und seine Königin." Hätte Kriemhild ein Schwert gehabt und Manneskraft, sie hätte den Recken in der Kirche erschlagen.

Viele Gaben an Gold und Silber wurden zu Ehren des ermordeten Königs unter die verteilt, die dessen bedürftig waren. Am vierten Tag empfing die Erde, was ihr gehörte. Unter großem Gepränge wurde die Leiche des königlichen Helden in der Gruft beigesetzt. Es war eine reich ausgeschmückte Grabkammer, über der sich ein hoher Hügel erhob. Kriemhild folgte nach in die stille Kammer. Da wurde noch einmal auf ihr Geheiß der Sarg geöffnet. Sie küßte, sie überströmte mit ihren Tränen das bleiche Antlitz des Geliebten. Ihre Frauen mußten sie hinaustragen, denn sie wollte ewig bei ihm bleiben. Draußen stand der Tronjer, wie immer unbewegt, grimmig dreinschauend, und sprach seinen gewohnten Spruch: „Was geschieht, das muß geschehen, so fügen es die Nornen." Die Königin hörte ihn nicht; sie sah auch nicht, wie Gunther, Gernot und viele Recken ihren Harm und ihre Reue vergeblich zu bergen suchten; alle ihre Gedanken waren bei dem Toten.

Siegmund und die Nibelungen rüsteten sich zur Fahrt nach der Heimat. Sie wollten die trauernde Witwe mit sich nehmen, damit sie nicht unter den ungetreuen Burgunden noch mehr geschädigt werde; aber sie mochte nicht von der Stätte scheiden, wo Siegfrieds Leib ruhte. Sie bat den greisen König und den Markgrafen Eckewart, ihren und Siegfrieds Sohn in Niederland treu zu bewahren, daß er dem Vater ähnlich werde. Er sei, sagte sie, eine Waise, vaterlos, vielleicht auch mutterlos; denn sie selbst habe nur noch einen Wunsch, – sie flüsterte dem Greis leise ins Ohr – den der Rache. Nur von Frau Ute, die gleich der Tochter um den erschlagenen Helden trauerte, und von Giselher, dem Jungen, nahm Siegmund Abschied und trat mit seinem Gefolge die Reise gen Niederland an.

Der Reiher der Vergessenheit zieht, wie die nordische Dichtung sagt, über den sterblichen Menschenkindern hin und trägt vieles Leid auf seinen Schwingen mit sich fort. So schien auch Kriemhild allmählich ruhiger und selbst mit dem Bruder versöhnt. Nur den grimmigen Hagen betrachtete sie mit Grauen und wich aus seiner Nähe. Ebenso mied sie Brunhilde. Sie äußerte gegenüber ihrem Bruder den Wunsch, den Nibelungenhort nach Worms bringen zu lassen, da er ihr rechtmäßiges Erbgut sei. Gunther erfreut, daß sie ihm wieder ihr Vertrauen zuwende, willigte gern ein. Eine große Mannschaft wurde mit Botschaft von ihr zu den Nibelungen entsandt, und Alberich lieferte ohne Widerrede die unermeßlichen Schätze aus. Zwölf Frachtwagen führten mehrere Tage lang die Reichtümer aus dem hohlen Berg, und viele Pferde waren nötig, sie nach Burgund zu bringen.

Die Königin war freigebig mit dem Gut gegen das Volk, und wo ein guter Recke sich einfand, da spendete sie Gold, Rüstung, Waffen und selbst täglichen Sold, wodurch sie allmählich ein kleines Heer um sich sammelte, das sich täglich vergrößerte.

Hagen sprach über dieses Gebaren mit den Königen. Er sagte, die Frau sinne auf Rache; es liege ihm nicht an seinem Leben, aber sie werde endlich ganz Burgund gewinnen. Das müsse man verhüten und daher bei Zeiten den Hort in Verwahrung nehmen. Die Brüder willigten nicht ein. Gernot sagte, man habe ihrer leiblichen Schwester genügend Unrecht zugefügt; ihres Erbguts lasse er sie nicht berauben. Als aber die Könige einstmals auf einer Fahrt begriffen waren, erbrach der kühne Recke mit seinen Mannen die Schatzkammer, führte den ganzen Hort heraus und versenkte ihn in den Rhein. Wohl vernahmen die Könige bei ihrer Heimkehr die Untat, wohl klagte Kriemhild über den Räuber; allein es war geschehen. „Wärest du nicht unser Onkel", sagten Gunther und Gernot, „es sollte dir ans Leben gehen." Nachmals führte Hagen die Könige an die Stelle, wo das Gold, die Wahlringe und die Menge edlen Gesteins auf dem tiefen Grunde ruhten, und ließ sie schwören, daß keiner den Ort verraten wolle, solange noch einer von ihnen am Leben sei. „In der Tiefe des Stroms", sagte der Recke, „da glänzen die Wahlringe schöner und unschädlicher als in den Händen der nach Rache dürstenden Königin." Aber Kriemhild wurde wieder so still und harmvoll wie sonst. Sie blieb immer bei ihrer Mutter.

Am Königshof zu Worms kehrten willkommene Gäste ein. Markgraf Rüdiger von Bechelaren war es, der Gute und Milde, den Burgunden wohlbekannt und befreundet. Mit Gunther, Gernot und Hagen hatte er in der Jugend manches Abenteuer bestanden, den jungen Giselher auf den Knien geschaukelt, an Volkers Gesang sich erfreut, und jetzt brachte er seine Herzensfreudigkeit in das Haus des Grams, so daß selbst Kriemhild zuweilen der Mutter in die Halle folgte und bei den Reden manchmal freundlich lächelte, was seit dem Tod des unvergeßlichen Helden nicht geschehen war.

Wenn aber Brunhilde oder gar Hagen eintrat, erschrak sie, wie vor einer giftigen Schlange, und entfernte sich eilends.

Zweiter Abschnitt

DER NIBELUNGEN NOT

1. König Etzels Werbung

Tage und Wochen waren vergangen. Da sagte einst beim vollen Becher Gunther zu dem werten Gast, es wolle ihn bedünken, als habe derselbe noch eine Heimlichkeit, die er sich scheue kundzutun. Er solle nur getrost sein: was er zu werben habe, das solle geschehen, sofern er selbst Gewalt habe, das Begehrte zu leisten. „Wohlan, König Gunther", sprach der Markgraf. „Ich will dir bekennen, was ich zu werben habe. Du weißt, daß die Königin Helche, die Ehefrau meines Lehnsherrn, des Königs Etzel, seit Jahren tot ist, daß auch seine Söhne durch den ungetreuen Wittich gefallen sind. Nun fühlt sich der Beherrscher der Hunnen einsam in den weiten Hallen der Etzelburg. Er gedachte sich wieder eine edle und werte Ehegenossin zu küren und fragte mich deshalb um Rat. Ich wußte ihm keine schönere und edlere Frau vorzuschlagen, als Kriemhild, deine Schwester, die Witwe des starken Helden Siegfried. Sagst du dazu ja, so wird sie Königin der Hunnen." – „Sie steht nicht mehr unter meiner Hut", war die Antwort, „sie ist die Königin der Nibelungen und von Niederland, und ich sorge, sie wird nicht willfährig sein." – „Ich bringe ihr die gute Botschaft", sprach Giselher, „und Mutter Ute wird mir Beistand leisten."

Der junge Degen machte sich alsbald auf, um zu den Frauen zu gehen. Er fand die Schwester wie gewöhnlich mit Stickerei beschäftigt. Er sprach ihr zu, von der unmäßigen Trauer zu lassen und, da sie noch jung sei, ihr Herz der Freude zu öffnen. Dann erzählte er, was Rüdiger von Etzels Hof, von dessen Schätzen und dem großen Überfluß an Gut und Habe im Reich der Hunnen berichtet habe, und kam endlich auf die Werbung zu sprechen. Kriemhild erwiderte fest und feierlich, sie werde nicht fern von dem Totenhügel fahren, der ihr einziges, ihr teuerstes Gut umschließe. Sofort nahm Mutter Ute das Wort, beschrieb Etzels große Macht und gab zu bedenken, seine Werbung nicht zurückzuweisen, damit er nicht das Land durch eine Heerfahrt schädige. „Wirst du, mein Kind", sagte sie, „seine Königin, so bist du gewaltig vor allen Frauen, gleichwie es die gute Helche war." – „Gewaltig vor allen Frauen", wiederholte die Tochter sinnend. „Sieh doch, Giselher", fuhr sie fort, auf ihre Stickerei deutend. „Weißt du, wen dieser Held vorstellen soll?" – Er verneinte, und sie fügte hinzu: „Es ist Wali, der Rächer, von dem die Väter sagten, er habe Balder gerächt und den finsteren Hödur zur Hölle gesandt." – „Das sind verklungene Mären, von denen man nicht mehr viel weiß", antwortete Giselher. „Aber rede von dem, was der gute Rüdiger zu werben kommt." – „Ja, wenn es sich erfüllen könnte!" sprach sie. „Bitte den Markgrafen, zu mir zu kommen, daß ich selbst seine Werbung vernehme!" Das war ein freudiges Wort für den jungen Degen. Er begab sich alsbald in die Halle, und auch Frau Ute verließ auf die Bitte der Tochter die Kemenate.

„Siegfried", sprach die junge Königin, „um deinetwillen weiche ich von dem Hügel, darinnen du wohnst, wo du mir oft im Wachen und im Traum erschienst und auf deine Wunden deutetest. Sie klaffen, sie bluten noch immer; sie werden sich schließen, nicht mehr bluten, wenn es mir vergönnt ist, den mordgrimmigen Hagen zur finsteren Hölle zu senden."

Rüdiger erschien und brachte in zierlicher Rede seine Werbung vor. Sie sprach: „Du sollst mir heilsamen Rat geben, edler Markgraf: Wie wird es mir ergehen, da ich des Königs und des Volkes unkundig bin? Wird man die fremde Frau nicht verachten und verschmähen? Willst du mir Helfer sein, so ich in Not gerate?" – Er antwortete: „Etzel ist ein reicher König und weidlicher Degen, der dir, wie voreinst der guten Frau Helche, große Ehren erweisen wird, daß du noch mehr des Reichtums und der Macht haben wirst als zu der Zeit, da der starke Siegfried noch lebte. Ich selbst stehe dir zu jedem Dienst zur Verfügung." – „Gelobst du mir durch Eid", sprach Kriemhild, „daß du mit deinen Mannen auf mein Geheiß in Kampf gehen willst, wo und gegen wen es sei?" – „Nur nicht gegen meinen Lehnsherrn", antwortete der Recke. – „Gelobe mir", sagte die Frau, „auf meine und deines Lehnsherrn Gebot zu kämpfen mit Schaft und Schwert gegen jeden Widersacher, der mich geschädigt hat!" – „Das gelobe ich dir auf Treue und durch Eid, so wahr mir Irmingott in aller Not beistehen soll." – „Wohlan, vieledler Markgraf", sprach sie laut. „So fahre ich mit dir in das Land der Hunnen, und will deinem Lehnsherrn eine treue Ehefrau sein mein Leben lang, dieweil ich mich deines Beistands getröste."

Große Freude war unter den Recken, als Rüdiger die gute Botschaft brachte. Die drei königlichen Brüder sprachen davon, wie nun die Schwester ihres Harmes ledig, wie sie wieder froh sein, einen festen Bund zwischen den Hunnen und Burgunden aufrichten werde. Da trat Hagen zu ihnen und sagte: „Wollt ihr den Blitz beschwören, daß er auf unsere Häupter herabfällt? Gebt nicht die Schwester dem Hunnenkönig! Zwischen der Witwe Siegfrieds und uns kann nur Freundschaft bestehen wie zwischen Wasser und Feuer; entweder wird jenes in Dampf vergehen oder dieses erlöschen. Ein kindischer Mann reicht dem Feinde das Schwert, womit er sein Haupt trifft." – „Onkel, du hegst in deinem Herzen Mißgunst und Neid", sprach Giselher. „Deswegen bist du allezeit unfroh und grimmig. Du sollst aber nicht deinen Willen haben, nicht unsere Schwester kränken und härmen. Sie wird in großen Ehren Königin der Hunnen." In gleicher Weise sprachen Gunther und Gernot, dem warnenden Recken trotzend.

Nun wurde zur Fahrt gen Etzelburg gerüstet, damit die Königin auch königlich bei den Hunnen erscheine. Boten gingen nach Nibelungen und Niederland und kehrten mit zahlreichem Gefolge von Recken und Knechten zurück. Alle diese Männer, desgleichen die Frauen, die die Herrin begleiten sollten, erhielten reiche Gewänder und edle Rosse zur Fahrt. Die Könige gaben ihrer Schwester das Geleit bis zur Donau, wo sie Abschied nahmen. Markgraf Rüdiger war nun der Führer durch Bayerland, wo sie auf den Burgen und in den Städten gute Herberge fanden, weil der weidliche Degen ein Freund des Landherrn Gelfrat war. Ohne Gefahr und Verzug gelangten die Reisenden gen Bechelaren in Rüdigers gastliches Haus. Frau Godelinde und ihre minnigliche Tochter empfingen die werten Gäste mit Freuden und ließen sie erst am vierten Tag die Reise fortsetzen. Die Märe, daß die edle Königin der Hunnen komme, war schon überall im Land bekanntgeworden, und Fürsten und Recken fuhren ihr entgegen. An der Landesgrenze aber harrte ihrer König Etzel selbst mit großem Gefolge. Er war bei dem Anblick der bleichen, aber immer noch schönen Frau so frohen Mutes wie damals, als er Helche durch den kühnen Rüdiger gewann. Er sagte ihr, sie solle über seine Schätze und seine Reiche schalten und Kronen tragen gleich ihm selbst. Sie antwortete, sie werde ihm eine treue und ergebene Ehefrau sein, aber ihre Minne sei mit Siegfried in dem Totenhügel verschlossen. Der König beachtete nicht die letzten Worte; er gedachte, daß er durch Ergebenheit und herzliche Liebe wohl auch ihre Minne erwerben werde, und fuhr an ihrer Seite und umgeben von Königen, Fürsten und Edlen seiner Reiche gen Etzelburg. Dort wurde die Hochzeit vierzehn Tage lang mit großer Pracht gefeiert. Täglich sah man Turnierspiele, dann folgten Gastmahl, festliche Gelage, Gesang und Saitenklang der Spielleute. Kriemhild nahm geringen Anteil an den Festlichkeiten. Sie empfing, begrüßte die Gäste, waltete im Palast als häusliche Wirtin; aber kein Freudenstrahl belebte ihr Angesicht, während sich eine Welt von Gedanken in ihrer Seele um einen Angelpunkt bewegte, um Siegfried. Es war aber auch unter den Recken ein Mann, den Sang und Klang, Spiel und Gelage wenig ergötzte, der nur beim Turnier seine

König Etzel

ungemeine Heldenkraft bewies, und dieser Held war der kühne Dietrich von Bern. Seine Gedanken weilten in dem schönen Amelungenland, das ihm sein Onkel Ermenrich durch List und Gewalt entrissen hatte.

Die fröhliche Zeit ging vorüber, friedlich verstrichen Monde und Jahre: Ein Knäblein wurde den königlichen Ehegenossen geboren, ein Ebenbild der Mutter, dem man den Namen Ortlieb gab. Das Oberhaupt der Hunnen feierte das Geburtstagsfest des Kindes, das einst alle seine Reiche erben sollte, mit festlichem Gelage, wobei viele Lehnsfürsten, Könige und Tausende von edlen Recken in dem weiten Raum des hochgewölbten Königssaales Platz fanden. Es herrschte aber nicht nur große Freude im Palast, sondern das gesamte Volk der Hunnen nahm Teil an dem glücklichen Ereignis mit Schmaus, Gesang und Tanz. Ein künftiges Oberhaupt war geboren, wodurch das Reich bei Etzels Tod nicht verwaisen, nicht den äußeren Feinden und der inneren Zwietracht preisgegeben würde, sondern von einem rechtmäßigen König treu behütet bliebe. Der König liebte um des Sohnes willen die Gattin noch mehr als zuvor, er hätte ihr gern alle Schätze der Welt zu Füßen gelegt, allein sie begehrte nichts. Sie blieb sich immer gleich, ernst, von wenig Worten, doch sorgsam im königlichen Haushalt. Selbst der Knabe, des Vaters Wonne, der kräftig gedieh, so emsig sie ihn auch pflegte, entlockte ihr niemals ein Lächeln. Den Tod ihres ersten Gatten hatte sie nie verwunden. Der Geist der Rache, aus dem Abgrund aufsteigend, ließ nicht ab, Blut für Blut, Mord für Mord zu fordern, und sie war dazu bereit und willig.

2. *Die Fahrt zu den Hunnen*

Einmal liebkoste der König den kleinen Ortlieb und sprach auch freundlich mit dessen Mutter. Er hoffe, das Kind werde einst ein Held wie Siegfried werden. Sie hätte bei Nennung des Namens aufschreien mögen, denn es war ihr, als sehe sie ihn wieder bleich und von Wunden entstellt vor sich liegen. Sie bezwang sich, blieb scheinbar ganz ruhig und bat nur den Gemahl, er möge doch ihre Brüder zu sich entbieten. Es war die erste Bitte, die sie tat, und Etzel erfüllte sie mit Freuden. Er befahl sogleich, die vornehmsten Spielleute, Swemmeling und Wörbelin, sollten mit vierundzwanzig edlen Recken nach dem Rhein aufbrechen, um die burgundischen Könige mit allen ihren Magen zum Feste der Sonnenwende einzuladen. Kriemhild mahnte die Boten noch, besonders Frau Ute freundlich zu begrüßen und sie zu bitten, mitzufahren, damit sie selbst sehe, wie die Tochter lebe und in Ehren stehe. Auch sollten die Boten achthaben, daß Hagen die Königin begleite. Die Spielleute wurden zu Worms wohl aufgenommen, denn sie brachten gute Nachricht von der edlen Königin und dem mächtigen König der Hunnen. Sie erhielten die beste Herberge und manche reiche Gabe. Indessen zögerte Gunther mit der Antwort, weil er vorerst seine Recken zu Rate ziehen wollte. Als sie um ihn versammelt und der Sache kundig waren, stimmten sie alle für die Fahrt. Sie meinten, man dürfe frohen Empfangs und festlicher Tage gewärtig sein, da ihnen der reiche König freundlich zugeneigt sei. Dagegen riet Hagen ab, weil man ohne Kriegsbereitschaft in dem fernen, fremden Lande zu großem Schaden kommen könne. Ihm widersprach Giselher, indem er sagte, der Onkel fürchte Gefahr für seinen eigenen Leib; er gedenke dessen, was er an Siegfried getan, und wähne, die Königin werde mit gleicher List wider ihn verfahren. Ob dieser Rede ergrimmte der Recke. „Wann habe ich jemals um Leibes und Lebens willen den Schild herabgesenkt?" rief er. „Wollt ihr zu König Etzel fahren, so will ich Führer sein, da ich der Wege kundig bin. Ich sorge nicht für mich, sondern nur für der Burgunden Ruhm und Glanz, für euch, ihr Könige, deren Lehnsmann ich bin." Die Fahrt wurde also beschlossen und die Spielleute reisten reichlich beschenkt mit der Botschaft in ihr Land zurück.

Die Vorbereitung zur Reise leitete Hagen, und es hatte schier den Anschein, als ob er zu einer Heerfahrt rüste. Tausendundsechzig Recken, alle in reichem Gewand und wohlgewappnet, nebst neuntausend Knechten wurden aufgeboten und angewiesen, scharfe Gere und Schwerter und stahlharte Helme und Schilde zu führen. „Die Nibelungen fahren zu den Hunnen; möchten sie heil zurückkehren!" sprach man im Volk, als die Mannschaft über den Rhein fuhr. Denn seitdem der Hort ins Land gekommen war, nannte man die Könige nebst ihren Magen und Mannen nach jenem unbekannten Reich die Nibelungen. Gern hätte Frau Ute die Tochter wieder in die Arme geschlossen, aber ihr Alter erlaubte ihr die weite Reise nicht. Auch Brunhilde blieb zurück, da sie kein Verlangen trug, die Todfeindin in ihrem Glück zu sehen. Sie mied überhaupt festliche Versammlungen und weilte lieber am Hügel, wo Siegfrieds Leiche ruhte.

Die Nibelungen schifften über den Rhein und ritten dann zwölf Tage lang unter Führung des wegkundigen Hagen, bis sie unangefochten an der Grenze des Bayerlandes die Donau erreichten. Da war aber weder Herberge noch ein Fährmann aufzufinden. Während die Scharen sich lagerten, ging Hagen tiefer in das unwirtbare Land und kam an einen Brunnen, der sich in einen See ergoß. Er sah Frauen, die sich in dem klaren Gewässer badeten, und erkannte alsbald, daß es Schwanjungfrauen waren. Sie entflohen schwimmend bei seinem Anblick; aber er fand und bemächtigte sich ihrer Schwanenhemden, was sie zwang, ihm Rede zu stehen. „Gib uns die Gewänder", rief ihm eine der Jungfrauen zu, „so will ich dir weissagen." Er verhieß ihrem Verlangen zu willfahren, wenn sie ihm den Ausgang der Reise verkünde. Sie sprach, er werde mit allen seinen Genossen große Ehren in Etzels Lande genießen und ungefährdet heimkehren. Als aber der Held die Gewänder zurückgab, sagte eine andere Jungfrau, ihre Schwester habe aus List so geweissagt; vielmehr werde von dem ganzen Heer nur der Priester heil bleiben und den Rhein wieder erblicken, die anderen alle im fremden Land durch das Schwert umkommen, wenn sie nicht, der Warnung folgend, die Rosse alsbald zurücklenken wollten. „Ihr seid wohl der Lüge kundig", sprach der kühne Degen. „Ich gedenke mit Schwert und Schild meine Herren und mich zu bewahren. Ich begehre von euch nur Rat, wie wir über die Flut kommen mögen." Sie sagten, er werde, am Strom entlang zu Tal wandernd, eine kleine Herberge finden. Gegenüber wohne der Fährmann, ein reicher und kühner Held. Er solle ihn anrufen und sich für Amelrichs Freund ausgeben. Er müsse aber glimpflich mit dem stolzen Recken verfahren, ihm reichen Sold bieten, sonst werde er in Gefahr kommen. Als die Jungfrauen solches geredet, schwebten sie mit Schwanenschwingen über die glänzenden Fluten und verschwanden in der Ferne.

Hagen befolgte ihren Rat. Er fand die Herberge, verlangte bescheiden Überfahrt, und als das vergeblich war, rief er laut, daß es in den Bergen widerhallte: „Hol über, Fährmann, deinen Gesellen Amelrich, der Eile hat!" Sofort hörte er gewaltigen Ruderschlag, und bald war der Fährmann mit mehreren von Knechten geführten Schiffen am diesseitigen Ufer. Der Tronjer bot ihm eine schwere Spange von rotem Gold für die Überfahrt; allein der Schiffsherr, ergrimmt, daß er statt seines werten Gesellen Amelrich den Fremdling vor sich sah, gab ihm mit dem gewaltigen Ruder einen Schlag auf das Haupt, daß es wohl sein Ende gewesen wäre, hätte ihn nicht der feste Helm beschirmt. Hagen erwiderte den Streich mit dem Schwert so kräftig, daß der Fährmann todwund über Bord fiel. Darauf ergriff der Held selbst das Ruder und zwang auch die erschrockenen Schiffsknechte zum Dienst. Ob Wind und Wetter auch entgegen waren, des Tronjers starker Arm besiegte den Widerstand. Er landete an der Stelle, wo das Heer gelagert war. Die Überfahrt ging nun rasch vonstatten. Wieder und wieder mußte das wilde Gewässer durchschnitten werden, aber der kräftige Hagen ermüdete nicht, bis die Menge der Reisigen übergesetzt war. Unter den letzten befand sich auch der Priester; ihn warf

Hagen wirft den Priester über Bord

Hagen mit einem Ruderschlag über Bord. „Müssen wir alle durch das Schwert fallen, wie die Wasserminnen gesagt haben", rief er grimmig, „so soll der Pfaffe statt des Weines bei den Hunnen hier Wasser saufen und den Rhein nicht wiederschauen." Das weite Gewand hielt jedoch den Priester über der Flut, und Wind und Wellen trieben ihn an das Ufer zurück. „Nun mag der Teufel walten", sagte der kühne Degen. „Ich acht' ihn nur gering, denn was geschieht, das muß geschehen, so ist der Nornen Spruch." Er ordnete darauf die weitere Fahrt. Er selbst blieb, Verfolgung fürchtend, bei der Nachhut; Volker führte die Spitze, da er ebenfalls des Weges kundig war.

Nach mehreren Tagen Fahrt näherte sich der Zug Bechelaren. Man sandte Boten zu Rüdiger, der sich freute, als er vernahm, die lieben Freunde aus Burgund wollten bei ihm zur Herberge einkehren. Er entbot seine Mannen, er hieß seine Hausfrau und die schöne Tochter zum Empfang sich vorzubereiten. Sie sollten, sagte er, in Zucht und Ehren die Könige und ihre Magen Dankwart, den Sänger Volker und insbesondere seinen alten Gesellen Hagen mit Küssen empfangen, wie es Brauch war. Das ganze Haus war in freudiger Unruhe. Die edlen Frauen suchten ihre reichsten Gewänder hervor, diese glänzten von Gold und kostbarem Gestein. Sobald man von der Zinne die Gäste erblickte, ritt ihnen Rüdiger mit vielen Recken entgegen, begrüßte sie und sagte ihnen, daß er sie samt ihrem Gesinde, wie zahlreich es auch sei, wohl bewirten werde. Vor dem Hause standen die Markgräfin mit ihrer Tochter und sechsunddreißig edle Frauen und Jungfrauen, alle in glänzendem Schmuck, mit Goldreifen um Haar und Stirn. Die Hausfrau bot den Königen und ihren Magen Gruß und Kuß, desgleichen tat auch nach Sitte die junge Markgräfin.

Die edle Gotelinde schritt mit König Gunther nach der festlichen Halle, der Hauswirt folgte mit Gernot, der junge Giselher gesellte sich der Tochter des Hauses zu. Bald saßen die Gäste beim lecker bereiteten Mahl und mit ihnen zur Freude der Recken die edlen Frauen und Maide, die zum Gefolge der Markgräfin gehörten. Das Gesinde lagerte unter Zelten und Hütten, die man schnell aufgeschlagen hatte, und erquickte sich an Speise und Wein, die der reiche Markgraf in Überfluß spendete. Als das Mahl beendigt war und der Becher kreiste, entfernte sich die junge Markgräfin Dietlinde, die neben Giselher gesessen hatte, mit dem weiblichen Gefolge, aber die Hausfrau blieb nach der Sitte bei den Gästen und sorgte, daß es an Wein nicht gebrach.

Die Gäste verweilten noch manchen Tag bei den freundlichen Wirten, und der reiche Markgraf bot alles auf, was sie erfreuen konnte. Als endlich der Tag des Abschieds kam, verlieh er jedem Recken mancherlei Gaben an Spangen, Ringen, Gewand und Rossen. Hagen wollte dergleichen nicht annehmen. Er wünschte nur einen starken Schild, der unter anderem Rüstzeug an der Wand aufgehängt war. „Es ist Nudungs Schild, unseres einzigen Sohnes, den der ungetreue Wittich erschlug", sagte die Markgräfin, und ihre Tränen flossen reichlich auf die blanke Wehre. „Nimm ihn hin, kühner Held, möge er dich besser behüten als unseren Liebling. Mögest du ihn zu den Hunnen mit Ehren tragen und wieder zurück über den Rhein." – „Ich gedenke ihn mit Ehren zu tragen", sprach der Tronjer. „Aber ich bin mir nicht sicher, ob ich ihn gen Worms bringen werde." Frau Gotelinde reichte auch Volker, dem unverzagten Spielmann, zwölf köstliche Spangen von rotem Gold, verziert mit manchem Edelstein. Da nahm der Held die Fiedel und strich die Saiten gewaltig und sang zum Abschied ein Lied, erst leise und lieblich, dann immer kräftiger, daß das Getöne durch die weiten Räume schallte. Er sang:

„Frau Minne, Frau Minne, tief wie der Himmelsgrund,
An dem die Sterne leuchten, bist du mir worden kund.

Du hast zu Bechelaren die Herberg' uns bestellt;
Da wohnt ein Wirt viel edel, ein weidlich kühner Held.
Und Gotelind, die Gute, die Gaben gern verleiht,
Und von ihr aufgepfleget die allerschönste Maid,
Die soll nun Krone tragen. Der Krone ist sie wert,
Darum ein junger Degen hat ihrer Huld begehrt.
Das Haus, wo feste Treue, wo süße Minne wohnt,
Es sei, o Gott im Himmel, von schwerem Leid verschont.
Doch seh' ich Blutbach fließen und höre Schwerterklang,
Viel Weinen und viel Klagen: es ist wie Grabgesang."

Der Spielmann warf die Fiedel fort, daß die Saiten mit schrillem Klang zersprangen. „Ein Höllengeist hat mir die Töne eingegeben, ein Lügengeist, daß ich sie spielen und singen mußte", rief er. Die Gäste nahmen darauf mit Grüßen und Küssen Urlaub von den Frauen; Rüdiger aber gab ihnen mit vierhundert Reisigen Geleite durch das Land Österreich bis gen Etzelburg, wo er sie dem König der Hunnen vorstellen wollte.

Als man die stolze Burg mit ihren Mauern und Zinnen zu Gesicht bekam, erblickte man eine große Schar reisiger Männer in blanker Rüstung, die ihnen eilends entgegenritten. „Die Recken sind mir wohl kund", sagte Hagen. „Es ist der Berner Dietrich mit seinen Gesellen, die sollt ihr mit Ehren grüßen." Sofort stiegen die Könige samt dem Gefolge von den Rossen; desgleichen taten auch Dietrich und seine Helden. „Seid willkommen, ihr weidlichen Recken vom Rhein", rief der Vogt von Bern. „Aber ich weiß nicht, ob ihr alle bei den Hunnen wohl aufgenommen und behütet seid. Ich wähnte, der edle Markgraf habe euch kundgetan, daß die Königin noch immer Leid trägt um den starken Siegfried, dessen Tod sie an meinen alten Wehrgenossen Hagen zu rächen gedenkt. Wir kämpften voreinst Schild an Schild in Etzels Schlachten, und du hieltest manchen Ger von mir ab. So will ich dir nun hilfreich sein, soviel ich immer vermag. Doch bin ich eurer Reise zu den Hunnen unfroh, der Königin wegen." – „Ich habe geringe Sorge um den Haß eines Weibes, da ich im Dienst meines Lehnsherrn hierhergeritten bin", sprach der kühne Hagen. „Auch tröstet mich deine Treue, vieledler Berner Held." – „So magst du auch meiner gedenken", sprach Volker, der Spielmann. „In Streitesnot will ich mich als treuer Geselle erweisen."

Nach manchem Gruße und mancherlei Reden unter den Recken, die gemeinsame Feste gefeiert und Kämpfe bestanden hatten, ritten die Könige mit ihren Mannen gen Etzelburg. An der Straße und im Burghof drängte sich das Volk, um die kühnen Burgunden, vornehmlich den viel berufenen Hagen von Tronje zu sehen. Die Recken, von Dietrich und Rüdiger geleitet, gelangten in den Burghof; da kam ihnen Kriemhild, mit Gefolge entgegen. Sie grüßte die Könige und küßte den jungen Giselher, ihren Bruder. Aber die Recken schien sie wenig zu beachten. Da sprach der Held von Tronje: „Wenn man geladen ist und darum eine weite Fahrt getan hat, so sagt der Wirt nach löblicher Gewohnheit: Sei willkommen! Im Land der Hunnen, dünkt mich, ist man der Sitte unkundig."

„Herr Hagen von Tronje", sprach Kriemhild, „du hast wohl durch deine Taten um solchen Gruß geworben! Hast du mir etwa den gestohlenen Nibelungenhort als Gabe mitgebracht?" – „Der liegt versenkt im tiefen Rhein, bis der Weltuntergang hereinbricht", antwortete der Degen. „Hätten mir die Boten kundgetan, daß die Königin der Gaben bedürftig sei, so bin ich reich genug, solche zu bieten." –

„Ich mag deren leicht entbehren", sprach die edle Frau. „Bin ich doch nun reich genug, selbst allen Burgunden Gold und Kleinodien zu bieten. Ich wähnte nur, du wolltest mir mein eigenes Gut, das mir gestohlen wurde, zurückgeben." – „Ich habe an Schild, Helm, Brünne und dem scharfen Schwerte schwer zu tragen", sprach der Held. „So bring' ich dir den Teufel, der hat viel reichen Hort." –

„Ich begehre deiner Gaben nicht", rief die Königin. „Du hast mir schon übel gedient mit tückischem Mord und listigem Raub. Dafür bin ich noch in Schuld." Sie schied also mit Zorn von dem Recken; sie entbot aber ihre Dienstmannen und versprach, daß sie dem, der Siegfrieds Tod räche, hold sein und großen Reichtum verleihen werde. Da berieten sich ihre Recken, wie sie den Dienst leisten möchten, den ihre Herrin begehrte.

Darauf wandte sich die Königin wieder ihren Brüdern zu und lud sie ein, ihre Rüstungen abzulegen, auch ihren Mannen das gleiche zu befehlen, da es nicht Sitte sei, in Waffen vor dem König der Hunnen zu erscheinen. „Das will ich widerraten", sprach der Held von Tronje. „Ich gedenke, Schild und Wehre vor dem König wie vor der Königin mit Ehren zu tragen. Man will uns wehrlos machen, um uns wie gebundenes Schlachtvieh dem Schlächter zu übergeben." – „Wüßte ich", antwortete Kriemhild, „wer solches geraten, so sollte es ihm ans Leben gehen." – „Den Mann kann ich dir nennen", sprach der Held von Amelungen. „Er heißt Dietrich von Bern und steht hier vor dir. Er weiß, daß ein teuflischer Rat gepflogen ist, die Recken vom Rhein, insbesondere meinen alten Gesellen von Tronje, zu ermorden." Die Königin antwortete nur mit einem zornigen Blick und schritt alsbald nach ihren Sälen.

Kriemhild begrüßt die Burgunden

Während die Könige noch miteinander redeten, sah man hunnische Recken umhergehen, die gar feindlich nach ihnen spähten. Da fragte Hagen, ob wohl einer der burgundischen Helden mit ihm vor Kriemhilds Saal gehen wolle, damit die Hunnen sähen, daß sie ohne Furcht seien. „Was fragst du lange", sprach der kühne Volker. „Ich bin dein Heergeselle und habe einen so scharfen Fiedelbogen, daß die Köpfe vor Wonne von den Hälsen springen, wenn ich aufspiele." Also gingen die unverzagten Degen in den inneren Hof und setzten sich auf eine Bank, dem Saal der Königin gegenüber. Die edle Frau erkannte sie wohl. Sie stieg mit ihren Frauen die Treppe hinunter, und mehr als hundert wohlgewappnete Dienstmannen sammelten sich um sie. Volker wollte vor ihr aufstehen, allein sein Geselle hieß ihn niedersitzen, weil die Hunnen sonst glauben möchten, sie hätten Furcht. Er legte auch breit auf seine Beine das gute Schwert Balmung mit dem Knauf aus Jaspis und der goldberingten Scheide. Die Königin fragte ihn, warum er ihr so feindlichen Haß trage, warum er den edlen Siegfried hinterlistig erschlagen habe. Er antwortete ihr: „Ich habe nie geleugnet, daß ich es getan habe. Um seinetwillen wurde die Königin der Burgunden geschmäht, das Königshaus in Unehre gebracht. Mit Blut mußte die Schmach getilgt werden, und weil der Held im offenen Kampf zu stark war, wurde er mit List gefällt. Mag man mich darum schelten, mag jemand, was geschehen, zu rächen gedenken, ich bange nicht, ich habe nicht Hehl, hier bin ich leicht zu finden." Da wandte sich Kriemhild an ihre Dienstmannen und forderte sie auf, den Lästerer ihrer Königin, den arglistigen Mörder zu strafen. Aber die zwei kühnen Männer blickten so grimmig umher, daß keiner der Hunnen sie anzutasten wagte, obwohl Frau Kriemhild eine reiche Fülle Goldes bot. „Gold ist wohl ein wertes Gut, aber ein zerspaltenes Haupt und ein zerhauener Leib wird davon nicht heil. Der Spielmann hat den Teufel, der läßt, wenn er den Fiedelbogen schwingt, keinen genesen. Und Hagen kennen wir wohl, wie er einst Geisel war bei König Etzel und mit Walther von Spanien an der Spitze unserer Heere focht. Damals war er noch jung, jetzt ist er an Kraft und Witz gewachsen. Schau, wie sein einziges Auge von Zornmut funkelt, als sähe er, wen er zuerst zerhauen wolle." So sprachen die Recken und gingen ihres Weges, die Königin aber schritt voll Scham nach ihrer Kemenate.

Jetzt traf die Botschaft ein, der Beherrscher der Hunnen begehre die edlen Burgunden in seinem Palast zu empfangen. Nun wurde nicht mehr gesäumt: Den König Gunther geleitete der Vogt von Bern, mit Gernot ging Herwart, der Lehnsfürst von Danland, mit Giselher der edle Markgraf Rüdiger, mit Dankwart der kühne Irnfried, Wolfhart, Dietrichs Mann, und der Thüringer Iring gesellten sich zu den anderen Recken. Hagen und Volker trennten sich nicht, wie sie auch im Sturme der Schlacht stets Schild an Schild zu fechten pflegten. Als die Helden in den weiten Saal eintraten, erhob sich Etzel von seinem Thron und hieß die Gäste willkommen. Sie sollten, sagte er, gute Herberge mit all ihrem Ingesinde haben. Nachdem er die Helden begrüßt hatte, sprach er: „Nun wüßte ich gern die Märe, wer die zwei Gesellen sind, die dort beisammenstehen." – „Es ist Volker, der Spielmann, und Hagen von Tronje, mein Mage", sprach König Gunther, auf die beiden Recken deutend. „So schau ich dich denn wieder von Angesicht", rief Etzel, „und grüße dich als alten Freund, vieledler Held. Aber du bist jetzt ein anderer Mann geworden, als du zu der Zeit warst, da ich dich ob deiner kühnen Taten in meinem Dienst aus der Geiselschaft frei gen Burgunden entließ. Du hast ein Auge verloren, dein Haar ist schwarz und grau, und entstellt ist dein Angesicht, daß du wohl manchen Degen erschrecken magst, wenn du dein Breitschwert ziehst." – "Wer kann die Märe wissen", sprach der kühne Held, "ob das nicht bald geschieht." – "Im Land der Hunnen nimmer", antwortete der Herrscher. "Da bist du, wie alle Burgunden, ein werter Gast." – Noch mancher Gruß und manche freundliche Rede ward da gepflogen; dann lud man die Recken zum festlichen Mahl. Es war gerade am Tag der Sonnenwende, daß

Hagen und Volker verhöhnen Kriemhild

die Burgunden anlangten, und sie hatten noch niemals das Fest so herrlich gefeiert wie hier. Nach dem Mahl schlürften Wirt und Gäste reichlich süßen Met und feurigen Wein. Erst am späten Abend trennte man sich, und die Burgunden wurden in einen weiten Saal gewiesen, wo für sie Betten hergerichtet waren. "Die Hunnen gönnen uns große Ehren und ein gutes Gemach", sprach Hagen. "Aber ich wähne, sie haben üble List wider uns im Sinne. Darum halte jeder Recke sein Streitgewand in Bereitschaft. Ich will Kämmerling sein und die Tür gegen Überfall wohl bewahren." – "So bin ich dein Geselle", fügte der Spielmann hinzu. „Durch zweier Recken Schwerter ist der Eingang sicherer bewahrt als durch Schloß und Riegel." Darauf setzten sich die Helden auf eine Steinbank vor der Pforte. Volker aber nahm sein Saitenspiel und fiedelte gewaltig, daß die Wände des Saales widerhallten, dann immer leiser und lieblicher, bis die Männer entschlafen waren. Nun ergriff er wieder Schwert und Schild und hielt mit seinem Gesellen Wache.

Um Mitternacht sah der Spielmann bei Sternenlicht Helme und Schilde glänzen. Er zeigte es dem Gefährten, der alsbald erkannte, daß es die Dienstmannen der Königin seien, die auf nächtlichen Mord ausgingen. Sie kamen gar still und heimlich heran, wichen aber erschrocken zurück, als sie die kühnen Wächter erblickten. Der Spielmann wollte unter sie springen und ihnen mit scharfen Schwertstreichen das Geleit geben. Allein Hagen wehrte ab, weil ein Haufen hinter ihrem Rücken in den Saal dringen und die schlafenden Freunde ermorden könne. So wurde der Friede bewahrt, und als der rosige Morgen aufstieg, erhoben sich die Burgunden freudig, gürteten ihre Streitgewänder um und schritten gewappnet zur festlichen Feier der Sonnenwende. Auch König Etzel erschien mit großem Gefolge und fragte verwundert, als er seine Gäste bewaffnet erblickte, ob sie unter seinem Schutz feindliche Begegnung erfahren hätten. Sie aber schwiegen von dem nächtlichen Vorfall und sagten, es sei die Sitte der Burgunden, in Waffen zur festlichen Feier zu schreiten.

Ehe die Recken zum Festmahl in die Königshalle schritten, sprach die Königin heimlich mit dem Vogt von Bern. „Du sinnst, kühner Held", sprach sie, „dein Amelugenland wieder zu gewinnen. Ich will schaffen, daß dir Etzel mit seiner ganzen Macht Hilfe leistet, so du mir eine Bitte gewährst. Ich bin beraubt, gleich dir selbst, meines teuersten, einzigen Gutes durch schmachvollen Mord, beraubt meines Mannes, des herrlichsten Helden. Räche ihn an Hagen, dem Mörder." – „Wolltest du, viel-edle Königin, mir die Länder der Amelungen und Hunnen und die Kaiserkrone von Rom überantworten, so dürfte ich doch nicht Siegfrieds Rächer sein, denn die Burgunden sind mir werte Freunde, und sie sind auf Treue hierhergefahren." So sprach der Berner und verließ die Königin, die ungetröstet zurückblieb. Da kam Blödelin, Etzels Bruder, hastig und voll Zorn. Er erzählte ihr von dem Übermut der Nibelungen. Auch zu ihm sprach sie von dem noch ungesühnten Tode Siegfrieds und verhieß ihm einen reichen Hort von Silber und Gold; er aber weigerte sich aus Furcht vor Etzels Zorn. Indessen bot ihm die kluge Frau noch eine Markgrafschaft mit Burgen und Städten und dazu eine gar wonnesame Maid aus ihrem Gefolge, die seine Minne bisher verschmäht hatte. Diese Versprechungen verlock-

Hagen und der Spielmann halten Wache

ten den Degen. Er sagte ihr, er werde einen Streit veranlassen, und wenn der Tronjer herbeieile, zu schlichten, werde er ihn von seinen Mannen niederwerfen lassen und gebunden der Königin überliefern.

Nach dieser Verabredung begab sich Kriemhild in ihre Kemenate, wo Vorhänge von indischer Seide nur ein mildes Dämmerlicht einließen. Hier überdachte sie, was geschehen, wie der schwache Mensch niemals die Folgen einer Entschließung und Tat voraussehen könne. Da fielen ihr die Worte ihrer Mutter Ute ein: „Weiber vergießen oft mehr Blut mit ihrer Zunge und schlagen tiefere Wunden als Männer mit ihren Schwertern." Sie wollte sich erheben, Blödelin abmahnen; aber da stieg es vor ihr auf wie eine Totenbahre, und darauf ruhte der geliebte Held mit der Todeswunde in der Brust, und er richtete sich empor, breitete die Arme nach ihr aus. Sie eilte auf ihn zu, aber da war das wesenlose Bild zerronnen. Sie hatte wachend geträumt; allein es schien ihr eine Rachemahnung, und sie war entschlossen. Sie schritt in den Königssaal und setzte sich an Etzels Seite, doch nahm sie nicht teil an den Reden der Helden.

Blödelin hatte indessen seine Mannen aufgeboten und ihnen befohlen, sich zu wappnen und schweren Streites gewärtig zu sein, weil er die übermütigen Nibelungen zu züchtigen gedenke. Das war allen eine frohe Kunde; sie folgten ihm willig in die Halle, wo Dankwart, der Marschall, über die Knechte wartete. Der Held erhob sich vom Sessel, den fürstlichen Recken zu begrüßen. Dieser rief ihm zu: „Bereite dich darauf vor, zu sterben; die Königin begehrt blutige Sühne für den Tod des starken Siegfried." – „Wie soll ich Buße geben für den Mord, da ich dessen gar unkundig war?" – „Es muß also geschehen", sagte der Hunne. „Die Schwerter meiner Mannen kehren nicht unblutig in die Scheide zurück." – „So gereut mich mein Flehen, und ich gebe dir Antwort mit blanker Wehre." Damit zückte er sein Schwert und traf den Recken so kraftvoll durch den Halsberg, daß sein Haupt ihm zu Füßen fiel.

Wildes Getümmel, wütendes Geschrei erhob sich im Saal, Gere sausten, Schwerter blitzten, die ungerüsteten Knechte ergriffen Trümmer von Tischen und Bänken und zerschmetterten Helme und Schilde, Köpfe, Arme und Beine, doch erlag ihrer noch eine größere Zahl. Der kühne Dankwart stritt wohlgerüstet dem Gesinde voran und bahnte sich mit dem Rest der Knechte einen Weg ins Freie. Aber hier fielen noch andere Tausende über sie her, so daß die kleine Schar den mörderischen Waffen erlag. Nur der kühne Marschall stand noch hoch aufgerichtet, unerschüttert. Schauer von Geren rasselten ihm auf Helm und Brünne; er wünschte nur einen Boten, der seinen Harm den Königen und seinem Bruder kundtue. „Der Bote sollst du selber sein", riefen die Hunnen, „wenn wir dich tot in den Saal tragen." Indessen gab sich der starke Degen noch nicht verloren; wohin sein Schwert traf, da sank auch ein Hunne. So schritt er herrlich wie ein Sieger, durch die Menge, erreichte die Stiege, die zum Königspalast führte, und trat blutberonnen in die Halle. „Auf, Bruder Hagen", rief er, „errette mich vor den ungetreuen Hunnen! Herr Blödelin griff mich und das Gesinde an, um Siegfrieds Tod zu rächen. Er liegt von meiner Hand erschlagen, die Knechte sind alle tot und nur ich entrann den Mörderhänden."

Da erhob sich Hagen und sprach: „Sage mir, Bruder Dankwart, wie bist du blutberonnen?" – „Noch bin ich vor den ungetreuen Hunnen genesen", antwortete der kühne Mann. „Es ist das Blut der Recken, die mein Breitschwert gefällt hat; davon ist mein Sturmgewand so naß." – „So sei hier Türhüter, daß niemand herein- oder hinausdringe", sprach der Tronjer. „Wir halten hier Gericht!" Darauf zückte er sein Schwert und schlug dem Kindlein Ortlieb das Haupt ab, daß es Kriemhild in den Schoß fiel; dann traf er des Spielmanns Wörbelin rechte Hand, wobei er spottend hinzufügte: „Das ist für deine ungetreue Botschaft über den Rhein." Die einheimischen Recken erhoben sich alsbald, Gere sausten, Schwerter blitzten, da sprang König Gunther in den Streit, suchte zu schlichten, die entbrannten Kämpfer zu scheiden. Umsonst, er selbst mußte die blanke Wehre ziehen, um sich der Hunnen zu erwehren. So tat auch der starke Gernot und der junge Giselher. Indessen kam Dankwart in Not, denn er wurde von außen und innen hart bedrängt. Deshalb foderte Hagen den Spielmann zum Beistand auf. Nun war die Tür durch die Schwerter zweier Recken gut gedeckt.

Angstvoll saßen Etzel und die Königin in dem entsetzlichen Getümmel. Auch Dietrich und Rüdiger, die am Kampf keinen Anteil nahmen, waren in Sorgen. Da erhob sich der Berner Held und rief laut: „Hört mich, Nibelungen! Vernehmt mein Wort, ihr Freunde aus Burgund: Gewährt mir Frieden, daß ich mit meinen Mannen und dem Markgrafen Rüdiger ungeschädigt zur Herberge fahre." Die Stimme kannte König Gunther; er rief dagegen: „Hat dich von meinen Recken einer geschädigt, vieledler Vogt von Bern, so will ich Buße und Sühne leisten." „Mir hat niemand ein Leid getan", antwortete der Degen. „Ich bitte nur, daß ihr uns freien Ausgang verstattet." – „Was braucht es viel der Bitte!" rief Wolfhart, der kühne Mann. „Wir haben scharfe Schlüssel, die erschließen die Tür, ob auch hundert Pfortenhüter sie verwahren." – „Still, hoffärtiger Geselle", antwortete der Berner, „du redest ohne Witz." – Zugleich befahl König Gunther den Seinen, mit Streiten einzuhalten und ihre Reihen zu öffnen. Sofort zog im Frieden durch die Reihen der zornigen Burgunden der Vogt von Bern, an einem Arm die Königin, am anderen König Etzel führend, und mit ihm sechshundert seiner Recken. Dann folgte Rüdiger mit vierhundert Mannen. Ihm rief Giselher zu: „Grüße die junge Markgräfin, sage ihr, daß ich ihrer noch sterbend gedenken werde." Manche Hunnen versuchten mit König Etzel zu entweichen, aber jeden, der es wagte, traf alsbald des Spielmanns Schwert.

Im Saal begann nach dem Abzug Dietrichs und Rüdigers das entsetzliche Gemetzel aufs neue, und die Waffen ruhten nicht eher, als bis alle Hunnen tot oder sterbend in ihrem Blute lagen. Nun rasteten die Burgunden von der schrecklichen Arbeit, und mancher setzte sich auf einen Leichnam, wenn ihm ein anderer Sitz fehlte. Aber Hagen rief sie auf und gebot, daß man die Toten die Stiege hinunterwerfe, um Raum für die bevorstehenden Kämpfe zu gewinnen. Man befolgte den Rat, und mancher Recke, der von seinen Wunden genesen wäre, fand durch den Sturz von der hohen Stiege seinen Tod. „Warum pflegen denn die zagen Recken nicht ihre wunden Freunde!" rief der kühne Volker spottend. Ein Markgraf, der einen noch lebenden Verwandten unter den Toten liegen sah, eilte hinzu und schloß ihn in die Arme, um ihn in seine Herberge zu tragen, doch der Spielmann schwang einen scharfen Ger und traf ihn durch Rücken und Brust, daß er tot über den wunden Mann fiel. Hagen und Volker hüteten die Pforte und riefen den Hunnen manches höhnende Wort zu. Etzel dagegen klagte laut über den Fall seiner Getreuen. Auch Kriemhild vergoß viele Tränen und bot einen Schild voll Gold und Kleinodien demjenigen, der ihren Todfeind Hagen fälle. Wohl hörten kühne Männer die Worte der Königin; allein nur einer trat aus der Menge hervor und vermaß sich, den Preis zu erwerben. Es war Graf Iring von Danland, Hawards Mann. „Habe ich doch", sprach er, „in Danland manchen Kampf gekämpft und manchen weidlichen Degen gefällt, so will ich auch mit den übermütigen Burgunden ganz allein den Kampf wagen." So rief er laut, daß Hagen es vernahm. Darauf ließ er sich wappnen; allein sein Lehnsherr Haward und Irnfried von Düringen wollten ihn nicht allein den furchtbaren Feinden preisgeben; sie kamen mit tausend gerüsteten Männern, um den Recken zu beschirmen. Als aber Hagen, die Menge der Bewaffneten erblickend, des Helden spottete, hieß dieser die Freunde zurückweichen und stürmte allein gegen die Burgunden. Zuerst versuchte er es mit dem Tronjer; er stieß ihm den Ger durch den Schild und achtete es nicht, daß auch sein Schild von der Waffe des Gegners durchbrochen wurde. Darauf griffen beide Helden zu den Schwertern und schlugen mit großer Kraft, daß es durch das Haus scholl. Da Iring den starken Degen nicht verwunden konnte, lief er Volker an, dann den König Gunther, denn er war schnell im Lauf und Sprung. Er traf endlich auch Giselher; doch der gab ihm einen so gewaltigen Schlag auf den Helm, daß er sogleich in das strömende Blut fiel, das den Boden überrieselte. Die Recken hielten ihn für tot; er aber sprang plötzlich wieder auf, rannte Hagen an und hieb ihm durch den Helm eine Wunde. Hagen rief ihm zu: „Der Schaden, den du mir zugefügt hast, ist gar klein, nur eine Ritze; die Tropfen Blutes, die meine Ringe röten, wecken erst recht meinen grimmigen Mut." Damit lief er dem Recken entgegen und die Schwertschläge fielen unablässig von beiden Seiten. Endlich aber führte der Burgunde einen so furchtbaren Streich, daß Balmung durch Schild und Brünne drang und Iring eine

Wunde schlug, davon er nicht wieder genesen mochte. Der Held von Danland wandte sich rückwärts zu den Freunden. Aber der grimme Hagen ergriff einen scharfen Ger, der vor ihm lag, und schoß ihm denselben durch den Helm ins Haupt, daß die Stange darin haftete. Dennoch entrann der Held bis zu Kriemhilds Fenster, wo er sterbend niedersank.

Die Königin weinte viel, als sie die Wunden des kühnen Recken sah; er aber sprach: „Klage nicht um mich, vieledle Königin! Mein Leben ist vergangen und wird durch Weinen nicht erhalten. Ich habe dir und dem König Etzel in guter Treue bis in den Tod gedient. Das ist im Sterben des

Hagen läßt die Leichen aus dem Saal werfen

Helden Trost." Als man darauf das Helmband löste und den Ger aus der Wunde zog, starb der treue Mann in den Armen seiner Herrin.

Den gefallenen Helden zu rächen, wappneten sich Haward und Irnfried mit allen ihren Mannen und stürmten gegen die Nibelungen. An der Stiege erhob sich der Kampf mit den Hütern der Pforte. Irnfried, der Landgraf, fiel zuerst unter dem Schwerte Volkers, dann fällte Hagen den kühnen Degen von Danland. Indessen wichen die Männer von Danland und Düringen, zu allen Zeiten als weidliche Kriegsleute bekannt, nicht zurück. Mit wütendem Geschrei drängten sie die Hüter die Stiege aufwärts, obwohl mancher Helm und mancher Schildrand gespalten wurde. Da rief der Held von Tronje den Burgunden zu: „Gebt Raum! Laßt sie eingehen durch die Pforte; es ist die Pforte des Todes, aus der sie nimmer den Rückweg finden." Also öffneten die Nibelungen ihre Reihen, daß die von Danland und Düringen in den blutgetränkten Saal drangen. Da erhob sich wieder das Mordgetümmel, und mancher kühne Burgunde fiel, vom Ger durchbohrt oder vom Schwert zerhauen, in die Blutlachen des Saales; aber von den Feinden entrann nicht einer dem Tod.

Abermals war das Kampfgetöse verhallt und Stille zurückgekehrt. Die stürmenden Recken entledigten sich der Schilde und Rüstungen, denn Hagen und sein Geselle Volker hielten treue Wache. Draußen aber war viel Unruhe, da beständig auf Etzels Gebot neue Scharen gerüsteter Hunnen einrückten. Ungefähr zwanzigtausend streitbare Männer sammelten sich vor dem Palast. Da sprachen die Burgunden untereinander: „Was hilft all unser Kämpfen, was nützt es, daß wir Tausende erschlagen haben; ein jäher Tod wäre besser, als daß wir so lange Pein erdulden und doch endlich sterben müssen." Der Meinung waren auch die Könige, und sie traten hinaus vor die Menge und begehrten, daß man Botschaft an König Etzel und die Königin sende, damit sie mit ihnen über Friede und Sühne redeten. „Euer strömendes Blut wird die Sühne sein, und Frieden wird man euch gönnen, wenn ihr zerhauen auf dem Anger liegt, den Adlern und Wölfen zum Fraß", so riefen die Hunnen, doch bestellten einige Männer die Botschaft.

Etzel und Kriemhild erschienen sofort vor dem Saale; als aber der König von Sühne und Friede reden hörte, fragte er, ob sie meinten, den Mord seines Söhnchens, den Tod von Tausenden seiner Magen und Mannen mit schnödem Golde zu büßen. Umsonst sprach Gunther, wie man ihn und die Seinen in Lieb und Freundschaft eingeladen, wie man darauf all ihr Gesinde erschlagen und sie selbst angegriffen, wie die Not sie zur Gegenwehr gezwungen habe; Etzel forderte unbedingte Unterwerfung. Als darauf Giselher sich erhob und meinte, er habe doch niemand Übles zugefügt, rief das Volk, von seiner Güte seien alle Lande voll, und das Weinen der Weiber um Männer und Söhne bezeuge seine Wohltat. Der junge Fürst wandte sich nun an seine Schwester und erinnerte sie daran, daß er niemals an den Ratschlägen gegen Siegfried und sie Anteil genommen, wie er sie getröstet, und wie sie selbst bei ihm gar oftmals Rat und, was ihr andere versagten, Liebe gefunden habe. Diese Rede leuchtete wie ein lichter Stern in die verfinsterte Seele der edlen Frau. Sie hätte den Bruder gern in die Arme geschlossen und vor dem Schicksal bewahrt, das die anderen Burgunden erwartete. Sie sprach nach kurzem Bedenken: „Du bist mein lieber Bruder, der mich niemals gekränkt hat; um deinetwillen sollen auch die anderen Brüder und ihre Magen und Mannen aus Burgundenland Frieden haben, doch nur wenn sie uns den Mordstifter Hagen als Geisel überantworten, auf daß wir mit ihm verfahren, wie er verdient." – „Das verhüte Gott im Himmel", sprach Gernot, „daß, so unser tausend wären, von Todesnot bedroht, auch nur einer für alle zur Geisel gegeben werde." – „Wir müssen alle sterben", sprach Giselher. „Aber von Heldenehre und Wehre soll uns niemand scheiden." – „Auch steht mein Bruder Hagen nicht allein, wenn man der Geisel begehrt", sprach der kühne Dankwart. „Es sind der Recken zwei zu solchem Pfand bereit."

Erzürnt durch den Trotz der Nibelungen, forderte die Königin alle Hunnen auf, die Recken in das Haus zurückzutreiben. Da erhob sich ein Sturm

Kriemhild läßt den Saal anzünden

von Geschossen; Pfeilschauer und Gere flogen in solcher Menge, daß die Helden in den Saal zurückweichen mußten. Die edle Kriemhild kannte kein Erbarmen mehr; sie befahl, das obere Geschoß des Hauses, das von Holz gezimmert war, in Brand zu stecken. Bald zischten Feuerpfeile Brände durch die Luft und hafteten in dem Gebälk. Sofort erhoben sich lodernde Flammen aus dem Giebel des Hauses. – Der lange Sonnenwendetag war vergangen; die Sonne sank rotglühend unter den Horizont; doch beleuchtete sie noch die Rauchwolken, die aus dem Hause emporwirbelten. Die Nacht breitete ihre Schatten aus, der Brand aber erhellte weithin Burg und Land. Jetzt brach krachend der obere Bau zusammen, und lautes Johlen und Jubeln der Menge verkündete, daß das Werk der Rache vollendet sei. Kriemhild wähnte durch das Getümmel das Ächzen der vom Rauch Erstickten und Jammer der in den Flammen Sterbenden zu hören. Sie verweilte nicht länger, sondern begab sich mit Etzel in ihre Herberge. Da stand sie am offenen Fenster und blickte nach der Brandstätte, aus der noch immer Flammen hervorzüngelten. Sie gedachte der Vergangenheit, wie sie, ein zartes Mägdelein, nicht der Jagd auf das Getier des Waldes beiwohnen mochte – jetzt war Menschenmord ihre Lust. Sie gedachte ihres ersten jungfräulichen Grußes: „Seid willkommen, Herr Siegfried", ihrer Wonne, als der leuchtende Held ihre Hand ergriff, sie küßte – dann kam ihr in den Sinn, wie sie so froh und ohne Harm in Niederland an seiner Seite lebte – endlich der entsetzliche Mord, der Hohn des Mörders. – Ja, das unentrinnbare Schicksal und die Tücke der Menschen hatten das alles gefügt, daß ihr Herz verhärtet wurde, daß sie Ströme Blutes konnte fließen, daß sie die Brüder in den Flammen konnte sterben sehen.

Auch die müden Helden in der leichenvollen Halle sahen am Abend des Sommertages die Sonne untergehen. Wäre sie doch ein Bote gewesen, der ihnen durch Zauberkraft in der kurzen Nacht hilfreiche Freunde aus Burgunden zuführte. Sie blickten durch die Fenster, ob nicht der gute Rüdiger oder der Berner Held mit ihren Mannen ihnen Beistand leisteten. Aber da grinsten ihnen überall nur Hunnen entgegen. Bald sahen sie Feuerpfeile und Brände fliegen und erkannten wohl, daß man sie dem Flammentode überliefere. Hitze und Qualm peinigten die kühnen Männer und nahmen immer mehr überhand. Nur einen Tropfen Labung wünschten sie von den Bächen und Wiesenquellen der Heimat. Da mahnte Hagen, sie sollten das Blut der Erschlagenen in dieser Not trinken, das stärke den Leib mehr als Speise und Trank. Erst folgte ein einzelner seinem Rat, und da sich derselbe davon gekräftigt fühlte und dem Tronjer Dank sagte, folgten mehrere und endlich alle seinem Beispiel. Das Krachen des einstürzenden Oberbaues erfüllte sie mit neuem Schrecken; indessen brach die hohe Wölbung des Saales, gestützt durch mächtige Säulen, nicht; sie barst nur hin und wieder von der Glut, so daß Brände durch die Risse fielen, die auf Hagens Geheiß in das Blut getreten wurden. Wie wünschten die gequälten Recken den Morgen herbei, der, wie sie hofften, kühle Winde bringe. Endlich ging der Morgenstern auf, und bald folgte die Sonne, und frische Lüfte wehten den Helden Kühlung zu.

Der Tronjer gebot, man solle sich ganz ruhig verhalten, sich in die inneren Räume zurückziehen, damit die Feinde meinten, sie seien dem Feuer erlegen. Das geschah, und in der Tat drangen die Hunnen mit wildem Geheul die Stiege herauf. Sie stürzten noch schneller wieder hinunter, als die Burgunden hervorbrachen und mit Ger und Schwert unter sie schlugen, denn es waren noch sechshundert kühne Degen in dem Saal, die sich durch den Bluttrank gekräftigt hatten.

Die Königin vernahm mit Staunen die Märe, daß die Nibelungen noch am Leben und zu neuem Streite gerüstet seien. Wie sie auf neuen Rat sann, rief jemand von ihren Gefolgsleuten, sie solle doch den Markgrafen von Bechelaren aufrufen, der von dem großen König Burgen und Städte und großen Reichtum zu Lehen trage, oder den Berner Dietrich, der solange schon als Flüchtling des Königs Huld genieße. Das deuchte der königlichen Frau eine kluge Rede, und sie schickte Botschaft an Rüdiger.

Der edle Markgraf folgte unverzüglich dem Boten nach der Königsburg und trat vor den ihn erwartenden König Etzel und dessen Gemahlin. Der Lehnsherr sprach zuerst von dem schweren Leid, das ihm widerfahren sei, wie die Gäste vom Rhein sein Söhnchen und schier alle seine Magen und Mannen erschlagen und das ganze Land in Trauer versetzt hätten. Darauf erinnerte er den weidlichen Degen daran, wie er voreinst, aus seinem Vatererbe vertrieben, mit wenigen Mannen zu ihm gekommen sei, die reichste Markgrafschaft und große Reichtümer und Ehren empfangen und dafür treue Hilfe und Dienste bisher geleistet habe. Nun aber, fuhr Etzel fort, sei die Zeit gekommen, daß er seine Treue erweise, indem er die Nibelungen für den großen Schaden, den sie getan, für alles Leid, das sie dem königlichen Hause und dem Lande zugefügt, mit dem Schwert bestrafe. „Mein Herr und mein König", sprach der gute Held bekümmert, „was du geredet, ist sicherlich wahr, und ich bin dafür zu jedem Dienst bereit, sollte es auch mein Leben kosten. Nur begehre nicht, daß ich denen die Treue breche, die ich ihnen gelobt habe, als sie bei mir Herberge nahmen, als ich sie selbst nach deinem Gebot gen Etzelburg geleitete. Sie haben mir in Minne vertraut, der junge Giselher hat mein Töchterlein auserwählt, daß sie mit ihm in Burgunden die Krone tragen solle; ich glaube, es wäre übel getan, gegen solche Freunde das Schwert zu erheben." – Als ihn darauf der König an seinen Lehnseid erinnerte, fuhr er fort: „Nimm all meine Burgen und Städte zurück, allen Reichtum, womit deine Gnade mich begabte, dazu die Habe, die ich selbst erworben; am Bettelstab will ich mit Weib und Kind in die freudlose Fremde ziehen, aber meine beste Habe, Ehre und Treue, die nehme ich mit mir in die Fremde."

„Die nimmst du nicht mit dir, edler Markgraf", sprach die Königin, „deren beraubst du dich selbst, wenn du dich des Gehorsams weigerst. Gedenke der Zeit, da du, für Etzel mich zu werben, gen Burgunden kamst. Mir schien es übel getan, ohne Freund und Helfer zu den barbarischen Hunnen zu fahren. Da gelobtest du mir mit teurem Eid, mir Helfer zu sein gegen jedweden Widersacher, nur nicht gegen deinen Lehnsherrn. Die mir gelobte Treue ist älter, als die, die du den Nibelungen schuldest; wenn du sie brichst, so bist du der Ehre bar!" – Rüdiger stand lange Zeit stumm vor der hohen Königin, dann sprach er: „Nimm mein Haupt, berufe deiner Beilträger einen, daß er es mir abschlage und dir zu Füßen lege: ich werde nicht mit den Augen zucken; aber erlasse mir, was ich nicht leisten darf! – „Dein Haupt begehre ich nicht", antwortete Kriemhild, „sondern dein Schwert. Das fordern dein Lehnsherrn, dein Eid und deine Ehre". Wiederum blieb der kühne Degen stumm. Endlich rief er: „So muß denn geschehen, was ich nimmer gedacht habe." Mit diesen Worten nahm er Urlaub und ging, um sich zum Streit zu rüsten. Er berief seine Mannen und gebot ihnen, sich zu wappnen, weil es den Kampf mit den Burgunden zu bestehen gelte.

Die Nibelungen erfreuten sich noch der kühlen Morgenluft, sie spähten umher, ob nicht etwa eine unerwartete Hilfe komme. Da rief Giselher frohlockend: „Es naht, der treue Helfer in der Not, der edle Markgraf mit seinen Mannen! Wir werden Bechelaren, wir werden den Rhein wiedersehen! Seid nur getrost, werte Freunde, denn auch der Berner Held wird uns nicht verlassen." – „Ich meine, daß werte Freunde nicht mit erhobenen Schilden und gezückten Schwertern kommen", sprach der Spielmann. „Ich meine, sie wollen uns bestehen." Er hatte kaum die Worte ausgesprochen, so stand Rüdiger schon mit seinen Mannen vor dem Saal, setzte den Schild zur Erde und rief: „Ihr edlen Nibelungen, gedenket der Gegenwehr. Wie harmvoll ich darum bin, ich muß mit euch, den werten Freunden, zum Streite gehn." – „Das wolle Gott verhüten", sprach König Gunther, „daß du uns das Leben nähmest, da du uns so weidliche Herberge gegönnt und jedem reiche Gabe verliehen hast." – „Wäre ich doch längst im Sturme der Schlacht gestorben", sprach Rüdiger, „so dürfte ich jetzt nicht mit den lieben Freunden kämpfen; aber der Eid, den ich einst Etzels Weib gelobt, zwingt mich zum Blutwerk, ob ich will oder nicht." – „Wie gern, edler Markgraf", sprach Gernot, „Wie gern möchte ich dir mit diesem Schwerte dienen, das ich aus deiner Hand empfing, wäre mir die Heimkehr vergönnt. Es ist mir treu geblieben in den schweren Kämpfen; doch so du mir die Freunde erschlägst, so wirst du selbst seine Schärfe fühlen." – „Wollte Gott es also fügen", antwortete der Degen, „daß du die Waffe tragest über den Rhein und ich hier tot liege. Und wenn das also geschieht, so nimm mein trautes Weib und mein verwaistes Kind in deinen Schutz." – „Wie magst du also reden?" sprach Giselher. „Sie alle, die hier stehen, sind deine Magen, dieweil du mir die Tochter verlobt hast. Willst du dein eigenes Kind so früh zur Witwe machen? Wie hab' ich dir vor allen Helden so fest vertraut, da ich um deine schöne Tochter warb?" – „Gedenke deiner Treue, du, den ich schon Sohn nenne. So dich und deine Magen Gottes Gnade heimwärts sendet, so laß die Jungfrau nicht entgelten, was ihr Vater aus Not hier tut." – „Sei nur getrost, guter Held", antwortete Giselher. „Die Minne in meinem Herzen wankt nicht, so lange ich lebe. Nur der Tod scheidet mich von dir und der minniglichen Maid, so wir alle vor dir ersterben." – „Vergönn auch mir ein Wort, edler Markgraf", sprach Hagen. „Den Schild, den mir Frau Gotelinde zu Bechelaren gab, den ich treulich gen Etzelburg trug, den haben mir die Hunnen zerhauen. Trüg' ich einen so guten Schild wie du, so bedürfte ich keiner anderen Wehre." – „Wie gern wollte ich ihn dir bieten", sprach der Markgraf, „dürft' ich nur vor Kriemhilden – und doch, da nimm ihn hin, Freund Hagen! Mögest du ihn tragen bis gen Burgund!" Da Rüdiger dem Recken die werte Gabe so willig bot, glänzte in manchem Auge eine Träne, und mancher Burgunde sprach, ein Held wie Rüdiger sei und werde in der weiten Welt nicht mehr geboren. War es doch vielleicht die letzte Gabe, die er im Leben verlieh. Wie grimmigen Mutes auch der Tronjer immer war, das drang ihm zu Herzen und erweichte seinen Sinn. Er sprach: „Nun lohne dir Gott, daß du mich also rüstest. Ich aber gebe dir Frieden, ob du auch alle meine Magen und Mannen aus Burgundenland erschlägst, ob auch mich selbst dein Schwert bedrohte – diese Hand sei verflucht, so ich sie wider dich erhebe." – „Den gleichen Frieden biete auch ich dir", sprach der kühne Volker.

Die Männer von Bechelaren, begierig, Siegesruhm an den unbezwinglichen Nibelungen zu erwerben, drängten zum Kampf, der erst lässig, aber bald immer heftiger entbrannte. Man sah einen Freund fallen, man suchte zu rächen. Das strömende Blut nährte und vermehrte die Kampfeslust, gleichwie das Öl die Flamme mächtiger anfacht. Auch der edle Rüdiger wurde in den sinnberauschenden Strudel fortgerissen; er stürmte, gleich dem Engel des Verderbens durch die Reihen der Burgunden, während sich Giselher, Hagen, Volker und auch Dankwart, schier wie fluchtfertige Recken zurückhielten. Als aber der Markgraf, rot vom Blut gefällter Männer, daherschritt und einen werten Magen der Könige erschlug, rief ihn Gernot an, indem er ihn mit seiner eigenen Gabe bedrohte. Das Wort war kaum gesprochen, so traf ihn schon Rüdigers Schwert, daß der Helm zerbarst und ein Blutstrom hervorquoll. Der todwunde Held, mit letzter Kraft das Breitschwert erhebend, schlug ihm durch Schild und Helmgespänge die Todeswunde. Die nahe standen und die kühnen Männer fallen sahen, schrien laut auf; es war, als habe ein jedweder einen Bruder verloren. „Wir haben nun den größten Schaden genommen", sprach König Gunther. „Zwei Männer, die uns die liebsten waren, sind hier erlegen, jeder durch des anderen Hand. Nun wird keiner von uns genesen." – „Lasset euer Klagen und Weinen bleiben", sprach der Held von Tronje. Schon drangen die von Bechelaren zornigen Mutes heran, den werten Herrn zu rächen. Doch wenn auch mancher Burgunde unter ihren Schwertern fiel, sie konnten die starken Helden nicht bestehen. Gunther und Giselher, Hagen, Volker und Dankwart ließen keinen genesen. Wohl zweihundert Nibelungen, aber auch alle Mannen von Bechelaren fielen in diesem entsetzlichen Kampf. Die noch am Leben waren, saßen, müde zum Sterben, oder lehnten an den Wänden und atmeten die Kühlung, die durch Fenster und Türe in den Saal drang. Es war die einzige Erquickung.

Die Helden schwiegen alle in dem weiten Saal. Da vernahm Volker, wie draußen vor dem Hause mancherlei geredet wurde. Er erkannte die Stimme der Königin, sie sprach unmutig: „Nun siehst du, König Etzel, wie uns der werte Degen von Bechelaren in Untreue dient und es übel lohnt, daß wir ihm Burgen und Reichtum verliehen haben. Er hat Sühne und Bund mit den Nibelungen geschlossen und wird sie bald von hier wegleiten." – „Laßt die Sorge schwinden", rief der Spielmann dagegen. „Der gute Held hat euch gedient bis in den Tod; da erst wurde die Sühne geschlossen." Er ließ darauf den zerhauenen Leib des Markgrafen emporheben, daß der König, die Königin und alle Hunnen ihn erblickten. Etzel stieß einen lauten Schrei des Entsetzens aus, dann verwünschte er die, die den Mann getötet hatten.

Kriemhild stand, immer noch schön, aber finster wie ein gefallener Engel, mit verschränkten Armen vor dem Hause. Nur wenige Tränen, die über ihre bleichen Wangen rannen, verrieten, daß auch ihr der Allgeliebte ein werter Freund gewesen, daß sie mit ihm das letzte Werkzeug der Rache verloren hatte.

Der Palast und das Feld ringsum waren erfüllt von lautem Klagen um den Helden von Bechelaren. Das vernahm einer von Dietrichs Mannen, und er ging eilends zur Herberge, wo sich der Vogt von Bern mit seinen Gesellen befand. Da sagte er ihm, was ihm kundgetan worden war. Das dünkte dem Berner wenig glaubhaft, und er forderte einen Boten, der ihm gewisse Botschaft bringe. „Der Bote will ich sein", sprach der kühne Wolfhart. „Ich will die Burgunden selbst befragen, ob sie noch nicht genug Blut vergossen haben." – „Du bist ein zorngemuter Recke und würdest alsbald mit dem Schwert in der Hand die Freunde aus Burgund befragen. Mich dünkt, der Degen Helfrich wird ein besserer Bote sein." – Sofort ging Helfrich nach dem Palast und kehrte bald mit der traurigen Märe zurück, daß die Burgunden den guten Rüdiger erschlagen hätten. Darauf entsandte Dietrich den alten Meister Hildebrand zu den Nibelungen, um zu erforschen, wie und warum sie das üble Werk getan hätten.

Der Meister wollte ohne Wehr und Rüstung die Botschaft bringen; allein Wolfhart, der ihm begegnete, schalt ihn, weil er ungerüstet zu den Gewappneten gehen wolle, und fragte ihn, ob er meine, die Spott- und Stachelreden Hagens und Volkers leichter zu ertragen, wenn er im Lammvlies vor den Wölfen stehe. Dem Meister dünkte die Rede gut. Er kehrte um und legte sein stahlfestes Sturmgewand an. Als er auf dem Wege war, sah er, wie alle Mannen Dietrichs unter Wolfharts Führung in voller Rüstung ihm folgten. Er wies den Neffen mit Scheltworten zurück; der beharrte jedoch darauf, er müsse den werten Onkel vor Schmach behüten, und die Recken sprachen alle, solches müsse ihnen unverwehrt sein. Als nun die kühnen Degen, wohl fünfhundert Mann, vor das Haus kamen, fragte Meister Hildebrand, den Schild vor sich niedersetzend, ob es wahr sei, was man vom Tode des allgeliebten Markgrafen berichte. „Obwohl wir alle wünschten, es habe der Bote euch getäuscht", antwortete Hagen, „so ist doch die Märe ungelogen; uns aber zwang des Streites Not." Laut klagten die Amelungen um den werten Freund, und Wolfhart hätte am liebsten sogleich zum Schwert gegriffen; doch hielt ihn der Meister zurück, indem er ihm mit dem Zorne Dietrichs bedrohte. Zu den Nibelungen gewandt, bat er im Namen seines Herrn, sie möchten ihnen den Leib des erschlagenen Helden ausliefern, damit sie ihm die letzte Ehre erweisen könnten. „Das zeugt von Lieb und Treue", sprach König Gunther, „daß ihr dem die letzte Ehre geben wollt, der ihrer, wie kein anderer, würdig ist." – „Wie lange laßt ihr uns, gleich Bettlern, hier stehen?" rief der ungestüme Wolfhart. „Laßt uns den Toten von hinnen tragen, den ihr erschlagen habt."

„So holt ihn doch selber aus dem Saale" sprach der kühne Spielmann.

„Uns sturmmüden Recken dünkt das Geschäft schwer. Ihr aber leistet dann dem Freunde den Dienst in vollem Maße." – „Du solltest uns nicht reizen", antwortete Wolfhart, „da wir von euren Händen so großes Leid erfahren haben. Dürft' ich nur vor meinem Herrn, so kämet ihr in Not." – „Die Furcht ist gar zu groß", sprach Volker. „Wer alles unterläßt, was man ihm verbietet, der ist nicht als ein kühner Held zu achten." – „Das sollst du gleich erfahren", sprach Wolfhart. „Ich verstimme dir die Saiten, daß du die rechten Töne nimmer wiederfindest." – „Verstimmst du mir die Saiten", sprach der Spielmann, „so trüb' ich dir des Helmes Schein mit meinem scharfen Fiedelbogen." – Jetzt wollte der zornige Degen auf den Spielmann losstürzen; allein sein Onkel hielt ihn zurück. „Ich glaube", sprach er, „du willst toben mit deinem dummen Zorn und unseres Herrn Huld auf immer verlieren. Er hat uns den Streit verboten." – „Laßt ihn los, den wilden Löwen, Meister", sprach Volker. „Er ist gar grimmen Mutes; ich aber will ihm die Zähne wohl zerschlagen, daß er auch ein Kindlein nicht mehr beißen soll." Da riß sich der Recke vom Onkel los und stürmte gegen die Helden aus Burgunden, und die Amelungen drängten nach in den Saal mit schallendem Kriegsruf, und Meister Hildebrand, fortgerissen mit wildem Sturme, war bald voran, als der Kampf begann. Da stritten nun mit den müden Nibelungen die kühnen Degen aus Amelungenland, die mit ihrem Herrn in der Völkerschlacht von Ravenna und in den Schlachten der Hunnen wider die Wilkinen- und Reußenmänner gefochten hatten, die erprobten Gesellen Dietrichs im Glück wie im Unglück. Da waren der starke Sigestap, Herzog von Bern, der unverzagte Helfrich, die kühnen Helden Wolfwin, Wolfbrand, Helmnot, Ritschart und andere, die alle den Tod Rüdigers zu rächen suchten. Das Getümmel war groß, so daß sich oft die nicht finden konnten, die sich suchten. So wurden Volker und Wolfhart im heißen Kampf voneinander getrennt. Der Spielmann stürzte auf Sigestap, der viele Burgunden gefällt hatte, und gab ihm durch Schild und Brünne den Todesstreich. Dagegen traf ihn der alte Hildebrand, daß alles Helmgespänge zersplittert umherstob und also der kühnste Kämpfer sein Ende fand. Dankwart fiel unter Helfrichs Schwert; noch mehr der burgundischen Recken fällte der wütende Wolfhart, bis ihm Giselher entgegen trat. Nach schwerem Kampf hieb ihm der junge König durch Schild und Brünne tief in die Brust; er aber faßte sterbend mit beiden Händen das Schwert und spaltete dem Gegner Helm und Haupt.

Der alte Hildebrand sah den Fall seines Neffen und eilte, über Waffentrümmer und Leichen schreitend, zu ihm. Er hob ihn aus dem Blutstrom und wollte ihn aus der Mordhalle tragen, aber er war zu schwer. Da schlug der wunde Held noch einmal die Augen auf und sprach mit matter Stimme: „Onkel, sage unseren Magen und Freunden, sie sollen um mich nicht weinen, ich sei von eines edlen Königs Händen erschlagen worden wie er von den meinen. Aber nun ist auch mein wildes Blut ganz ruhig geworden, und ich liege in des treuesten Mannes Armen friedlich, wie ein Kind an der Mutter Brust, und schlafe sanft. Mich dünkt, ich werde genesen." Es waren die letzten Worte des stürmischen Recken, der im Tode Ruhe gefunden hatte. Wie Wolfhart, so lagen die anderen Berner Helden außer Hildebrand auf dem blutigen Grunde zur langen Rast gebettet und mit ihnen die Burgunden, von denen nur noch Hagen und König Gunther aufrecht standen.

„Wie nun, Meister Hildebrand" rief eine rauhe Stimme, „jetzt zahlst du mir Buße für meinen Heergesellen Volker." – Es war Hagen, der also den Alten anrief und zugleich mit mörderischen Schlägen überfiel. Der Meister wehrte sich weidlich, aber der Tronjer war kraftvoll und grimmig und Balmung scharf. Ein furchtbarer Streich zerschnitt Hildebrands Brünne, daß reichlich Blut hervorquoll.

Als der Alte die Wunde fühlte und dem Recken in das grimmige Antlitz blickte, ergriff ihn zum erstenmal in seinem Leben Furcht, und er entrann, den Schild auf den Rücken geworfen, als ein Feigling.

Mit zerhauener Brünne und rot von eigenem und fremdem Blut trat der Alte vor seinen Herrn. Als ihn derselbe fragte, ob er mit den Nibelungen gekämpft und darum so naß von Blute sei, berichtete er zuerst, wie die Burgunden den guten Rüdiger erschlagen und sich geweigert hätten, auch nur den toten Leib zur Bestattung herauszugeben. Das war dem Berner ein großer Harm, so daß er nicht weiter fragte, wie sich das schwere Leid begeben habe. Er bat darauf den Alten, daß er seinen Mannen entbieten solle, sich zu waffnen. „Wen soll ich denn bescheiden?" sprach der Meister. „Die Degen von Bern stehen alle hier, du selbst, o Herr, und ich, und auch die Nibelungen bestehen nur noch aus Hagen und König Gunther." Dietrich begriff erst nicht die Rede. Als er aber die Märe recht vernahm, da klagte er laut um seine Freunde und Gesellen. „Wie sind doch nur die kühnen Männer den streitmüden Recken erlegen! Wer soll mir nun helfen, daß ich Amelungenland gewinne?" so rief er in seinem Harm. Der Held, der schon viel erduldet hatte, erhob sich endlich wieder in seiner Kraft und schritt wohlgewappnet mit Hildebrand nach dem Haus, wo Gunther und Hagen, auf ihre Schwerter gestützt, einsam unter Blut und Leichen dem Schicksal festen Mutes ins Antlitz schauten. Sie sahen ihn kommen und ahnten, was er zu werben gedenke.

Dietrich warf ihnen vor, daß sie ihm für alle Freundschaft das schwerste Leid zugefügt hätten, und forderte sie auf, sich ihm zu Geiseln zu geben. Dagegen meinte Hagen, wenn sich zwei kühne Degen in voller Rüstung ihm ergeben wollten, so wäre das so lästerlich als des alten Meisters Flucht. Er habe nie geglaubt, fügte er hinzu, daß Hildebrand mit fluchtfertigen Beinen ihm so eilends entrinnen werde. Dagegen sprach Hildebrand, der Tronjer habe einst nicht minder lästerlich, auf seinem Schild sitzend, am Wasgenstein zugesehen, wie Walther von Spanien seine wertesten Freunde erschlagen habe. Dietrich verwies beiden, daß sie wie alte Weiber zankten und schmähten, und forderte zum Kampfe. Zuerst sprang Hagen heraus. Balmung lag gut in seiner starken Hand und brachte den Berner in Not; dieser verstand sich zu schirmen und den gewaltigen Streichen auszuweichen. Als er den kühnen Mann ermüdet sah, unterlief er ihn unversehens, warf ihn zu Boden und band ihn. Den Gefangenen führte er vor Kriemhild und empfahl ihn ihrer Gnade, da er, wie er sagte, der weidlichste und kühnste Recke in allen Landen sei. Er vernahm nur den Dank, das Lob seiner Tapferkeit aus ihrem Munde. Er sah jedoch nicht den Strahl von Freude, der über ihr finsteres Angesicht glitt, noch hörte er das Aufjauchzen ihres Herzens, das sie nicht laut werden ließ. Er eilte fort zum letzten Kampf mit König Gunther.

Kriemhild sah sich am Ziele. Über die Leichen der edelsten Helden, durch Ströme Blutes war sie gewandelt; jetzt stand sie dem gefangenen Todfeind gegenüber. Er erkannte wohl sein Schicksal in ihren Blicken, aber er bewahrte den Trotz, wie ein gebundener Tiger, der noch mit glühenden Augen seinem Überwinder entgegenstarrt. Da gedachte sie, ob sie nicht das Geheimnis, wo der geraubte Nibelungenhort verborgen sei, dem verhaßten Mann entreißen könne. Sie redete ihn daher mit freundlichen Worten an; sie verhieß ihm sichere Heimkehr, wenn er ihr mit Wahrheit die Stelle bezeichne. Diese Milde schien den Helden zu rühren; er sagte, er wolle ihr das Geheimnis gern entdecken, aber er habe mit teurem Eid gelobt, den Ort des Hortes nicht zu verraten, solange noch einer der Könige am Leben sei.

Sie versicherte ihm nochmals auf das Bestimmteste, daß sie ihr Versprechen halten werde, wenn er nach ihrem Willen tue. Darauf ließ sie ihn in sicheren Gewahrsam bringen. „Lüge um Lüge, Trug um Trug", sprach er bei sich, als er fortgeführt wurde.

Bald erschien der Berner Held mit dem gebundenen König Gunther, den man sofort gleichfalls, aber in einen abgesonderten Kerker brachte. Kriemhild sann, was nun weiter geschehen solle. Siegfrieds Mörder waren in ihren Händen; der eine hatte die Untat gestiftet und mit arger List

Gunthers und Hagens Ende

meuchlerisch ausgeführt, der andere sie mit seinem königlichen Wort genehmigt, besiegelt und dem Meuchler vergönnt, Hohn und Kränkung auf sie zu häufen, statt ihrer Klage ein williges Ohr zu leihen. Er und der Mordgeselle mußten ihrer Rache zum Opfer fallen. Wenn sie mit seinem Haupt noch den geraubten Hort erlangen konnte, so war das ein Gewinn. Wohl stiegen peinliche Gedanken in ihr auf, die sie daran hindern wollten, Bruderblut zu vergießen, aber sie wurde ihrer bald Meister und schritt ohne Zagen ihren Weg weiter. Dem König wurde das Haupt abgeschlagen und Hagen vor die Füße gelegt, um ihn zu überzeugen, daß der letzte König von Burgund zu leben aufgehört habe. Der Held stieß das Haupt verächtlich von sich. „Du bist es nicht", sagte er, „dem ich Treue gelobte, dessen Krone ich frei von Makel erhalten wollte; das Königshaus von Burgund, dem ich angehöre, ist verödet, sein Glanz vergangen, was liegt an der Spanne Leben, die noch übrig ist!"

In der Nacht, die auf den sturmbewegten Tag folgte, hatte Kriemhild einen glücklichen Traum. Es erschien ihr Siegfried hoch und herrlich, wie zur Zeit ihrer frohen Vereinigung. Er winkte ihr, breitete die Arme aus, sie zu empfangen, und verschwand: der aufdämmernde Morgen hatte das Traumbild verscheucht.

In königlichem Schmuck saß Kriemhild neben König Etzel auf dem Thron; auch der trauernde Dietrich und Meister Hildebrand waren zugegen. Auf das Gebot der fürstlichen Frau hin wurde der Held von Tronje entwehrt und gebunden in den Saal geführt. Sie wiederholte ihre Frage nach dem Hort. Er sah mit dem gewohnten Trotz und Hohn zu ihr auf und sprach:

„Dein Witz ist dir entronnen, Hagedise (Hexe), daß du wähnst, du habest den Recken von Tronje bezwungen und wie ein Lamm gezähmt. Nun sind die Könige tot, Gunther, Gernot, Giselher, die des Schatzes kundig waren, nun weiß niemand, außer Gott und mir, wo er, im tiefen Rhein versenkt, ewig ruht. Von mir aber wird dir nimmer die Märe kundgetan, wo du ihn suchen oder finden magst." –

Kriemhild stieg schweigend von dem Thron herunter und ergriff Balmung, das gute Schwert, das bei Hagens Rüstung lag. „Das Gold", sagte sie, „das du als Räuber mir entwendet, hast du wohl behütet; aber ein anderes Gut, das du mit frecher Hand geraubt, halte ich hier in Händen. Das trug mein holder Friedel, da ich ihn zum letzten Male sah, bevor er durch deine Mörderhand den Tod erlitt. Nun will ich versuchen, ob es seinen edlen Herrn zu rächen tüchtig ist." Sie hatte das Schwert aus der Scheide gezogen, schwang es mit ihren beiden Händen, und das Haupt des kühnen Hagen flog vom Rumpfe und rollte zu Füßen Hildebrands.

Kriemhild wird von Hildebrand erschlagen

Ein Schrei des Entsetzens hallte durch den Saal, dann war alles still. Kriemhild stieß die blutige Klinge in die Scheide zurück und sprach: „Das Blut soll man nicht von der Schneide tilgen; man soll Balmung, wie er jetzt ist, gen Worms bringen und ihn in Siegfrieds Gruft niederlegen. Vielleicht vernimmt er, sein Weib habe ihn treu geliebt und seinen Mörder gestraft. Mein Leben war Minne und Rache, nun ist die Arbeit getan."

„Wunder", sprach Hildebrand, das Haupt des Tronjers anstarrend, „wie ist doch der kühnste Held in allen Landen durch eines Weibes Hand gefällt; aber ob er mich auch lebend schwer geschädigt hat an Leib und Ehre, will ich doch, was mir auch darum geschieht, sein Rächer sein." Der alte Meister zog bei diesen Worten sein Schwert und traf die Königin zu Tode. Etzel schrie laut auf, kniete zu der geliebten Gattin nieder, aber ihre Farbe war erblichen; sie sprach noch mit schwacher Stimme: „Niemand strafe den alten Meister!" Dann nahm der Tod seinen Raub dahin.

Etzel an der Leiche Kriemhilds

Dritter Abschnitt
DIE NIBELUNGENKLAGE

Wie groß das Leid auch war, das alles Volk und zumeist das Königshaus betroffen hatte, so mußte man doch an die Bestattung der Toten denken. König Etzel war so harmvoll, daß er keine Anordnungen treffen konnte. Der Held von Bern und Hildebrand, beide gehärtet durch manche Schläge des Schicksals, gaben Befehl und legten selbst Hand an das traurige Werk. Der Saal, eine Mordkammer, wie keine auf Erden, mußte geräumt, die Erschlagenen mußten herausgeschafft, aufgebahrt, eine würdige Totenfeier hergerichtet werden. Viele Frauen und Jungfrauen, Greise und Kinder suchten ihre Geliebten unter den Toten. Sie überwanden ihre Scheu vor dem entsetzlichen Blutdunst, der die Halle erfüllte; sie wühlten unter Leichen und geronnenem Blut, denn die Liebe machte sie stark, auch Scheu und Ekel zu bezwingen. So oft aber ein Freund gefunden wurde, erhob sich lauter die Klage, die bei dem traurigen Geschäft niemals schwieg. Man fand auch den Körper des kleinen Ortlieb und das abgeschlagene Haupt des Kindes, das einst die reichste Krone hatte tragen sollen und statt dessen durch frevelhafte Gewalttat eine Beute des Todes geworden war. Man legte beide, Leib und Haupt, zu der zerhauenen Leiche seiner Mutter. Etzel hatte viel gejammert und geklagt; nun schien die Quelle seiner Tränen versiegt, er weinte nicht mehr, er wohnte der Totenfeier ohne Klage bei und folgte endlich dem Zuge, der sein zweites Weib und ihr Kind in die Königsgruft brachte, wo sie neben der guten Frau Helche ihre Ruhestätte fanden. Dahin trug man auch den Leichnam des guten Rüdiger. Er, der treueste und ruhmvollste Diener seines Königs, sollte auch bei den Königen ruhen. Eine große Volksmenge folgte dem Trauerzug, denn der Markgraf hatte jedem, der bedürftig oder sonst in Leid war, hilfreich die Hand geboten.

Anders war es mit dem Helden von Tronje. Als man die Könige und Recken von Burgund zu Grabe brachte, gedachte man seiner nicht. Schon waren die Totenhügel gefüllt und geschlossen, da mahnte der alte Meister an den kühnen Degen, dessen Rumpf und Haupt noch im Saale lagen, daß man auch ihm eine Ruhestätte bereite. Also wurde für ihn ein abgesondertes Grab hergestellt, in das man den Leichnam samt seiner Rüstung legte; aber man gab ihm nicht Balmung mit in den Sarg. Das gute

Schwert sollte nach Kriemhilds Wunsch über den Rhein in Siegfrieds Gruft gebracht werden.

Dietrich und Hildebrand konnten um die Toten nicht weitere Sorge tragen; die Lebenden, die Freunde und Verwandten der Erschlagenen, machten ihnen Kummer. Sie glaubten, es sei wohlgetan, die Waffen und Rüstungen der kühnen Recken gen Bechelaren und über den Rhein zu senden und dazu Boten auswählen, die mit kluger Vorsicht die Kunde von dem großen Leid überbrächten. Sie erkoren dazu den edlen Spielmann Swemmelin, denn der wußte mit holdseliger Rede die von Kummer beschwerten Herzen zu trösten. Der gute Held übernahm willig die Botschaft. Gern hätte er seinen Gesellen Wörbelin zum Gefährten auf der Reise gehabt, aber der war noch krank von der Wunde, die Hagens Schwert ihm geschlagen, und konnte nimmer wieder die süßen Töne greifen, womit er sonst seinen Herrn und dessen Gäste ergötzte.

Der getreue Swemmelin fuhr mit großem Gefolge und vielen Säumern, die die Rüstungen der erschlagenen Helden trugen, gen Bechelaren, auf wohlbekannter Straße. Da war aber in dem Zuge ein stolzes Roß, das wieherte nicht dem aufsteigenden Morgen entgegen; es blieb oft stehen und wandte den Kopf rückwärts, als erwarte es seinen Herrn, den es zu tragen gewohnt war. Sonst pflegte es mit seinem Reiter dem Reisigenzuge voranzuschreiten, jetzt war es unter den Säumern schier das letzte. Es war Rüdigers edler Hengst, der seinen Herrn liebte, und der nunmehr nicht ihn, sondern nur seine Rüstung heimwärts trug. „Du gutes Roß", sprach Swemmelin, „du möchtest auch den Helden wiedersehen; aber er kehrt nicht zurück." Das Pferd sah ihn so traurig an, daß er meinte, es frage ihn, wo sein Herr geblieben sei.

Zu Bechelaren saßen die Markgräfin und ihre Tochter am offenen Fenster in traulichem Gespräch. Die Sonne war am Morgen glührot aufgegangen; allein düstere Wolken, von Osten kommend, hatten allmählich den ganzen Himmel überzogen, und grauer Nebel verbreitete sich über die Gegend, so daß man nicht weit sehen konnte. „Ich befürchte", sprach Gotelinde, „unserem lieben Herrn ist ein großer Harm widerfahren. Freudig, wie die Morgensonne, fuhr er mit den werten Gästen zu den Hunnen. Ich fürchte, er kehrt harmvoll zurück und Giselher, der junge Held, der dich vor allen Maiden auserwählt hat ..." – „Um Gottes willen, Mutter", rief Dietlinde, „du ängstigst mich."

„Ich kann's nun einmal nicht bergen" sprach die Mutter, „und es ist gut, wenn man sich im Glück auf ein kommendes Ungemach vorbereitet. Ich war heute nacht im Traum am königlichen Hoflager bei den Hunnen. Da sah ich die gute Frau Helche, die uns zu Lebzeiten so wert gehalten hatte. Auch die Burgunden und viele andere Recken standen in Wehre und schienen kampfbereit. Die Königin sprach, sie wolle alle diese Helden bei sich versammeln. Sie nahm deinen Vater und Giselher bei der Hand und führte sie mit sich, und die anderen folgten nach. Ich wollte auch folgen, aber sie winkte mir zurück. Dann verschwanden alle in einem grauen Nebel, wie er sich jetzt vor uns ausbreitet. Nur ein Hügel stieg daraus hervor, und das war —"

Sie konnte nicht weiterreden, denn man hörte Hufschlag und Stimmen, und darauf wurde der Trauerzug unter Swemmelins Führung sichtbar. Die Markgräfin erkannte Rüdigers Roß, seine Rüstung; da erschloß sich ihr die Bedeutung des Traumes, und der Harm um den lieben Gatten, den treuen Lebensgefährten, nahm ihr schier die Besinnung. Indessen suchte sie sich um der Tochter willen zu fassen, die bleich vor Schrecken an ihrer Seite saß.

Jetzt trat der Spielmann bei den Frauen ein. Die Markgräfin begrüßte ihn, dann fuhr sie fort: „Es bedarf nicht langer Rede, guter Held, um uns eine schlimme Märe anzusagen. Deine Augen reden und das treue Roß und die zerhauene Rüstung. Ja, dieses Haus ist verwaist und das ganze Land, und du, liebe Tochter, bist nun eine Waise." So klagte die edle Markgräfin, und Dietlinde weinte mit der Mutter. Als der erste Schrecken vorüber war, wurde Swemmelin weiter befragt. Er griff in die Saiten seiner Harfe und sang ein Lied von den Helden, die Treue gehalten und die Kämpfe des Lebens überwunden haben.

Die süßen Töne stillten den Schmerz auf kurze Zeit; aber wenn sie verhallten, dann wurde die Klage wieder laut, und auch die Frage, wie sich alles begeben habe. Im Laufe des Tages vernahmen die Frauen die Märe von der Rache Kriemhilds, von Hagens mörderischen Taten bis zu dem Untergang der Helden. Vergebens redete der Bote von dem Schutze Etzels, von der Hilfe, die der Berner Held von Frauen verheißen habe, er konnte die Jammervollen nicht trösten.

Am folgenden Tag mußte er seine Reise fortsetzen; die Frauen aber blieben in ihrem Gram zurück und der zehrte wie ein Giftwurm an dem Leben der guten Frau Gotelinde, so daß sie siech wurde und nach wenigen Wochen starb. Die Jungfrau, in der Fülle der Jugend, trug das schwere Leid, und obwohl auch sie viel um Vater, Mutter und um den ihr verlobten Giselher weinte, blieb sie doch vor Siechtum bewahrt. Als nachmals der kühne Held Dietrich sein Amelungenland wiedergewann, nahm er sich der Waise zu Bechelaren an, und seine Gattin, die edle Herrat, berief sie an ihren Hof zu Bern, wo ein weidlicher Degen ihre Liebe gewann und sie heimführte.

In ihrer Kemenate saß die alte Frau Ute und spann Flachs. Sie summte manchmal eine seltsame Weise, wenn die Spindel vor ihr tanzte, aber sie sprach selten. Bei ihr saß die Königin Brunhilde, mit Sticken beschäftigt, und es war der Tod Balders, den sie nach alten Mustern auf den Teppich stickte. Der lichte Gott war indessen dem auf der Vorlage nicht ähnlich, sondern er glich dem Helden Siegfried. „Sieh nur, Mutter Ute", sagte sie, „da ist das Bild wieder gegen meinen Willen dem kühnen Degen gleich geworden, wie er war, als er auf die schlimme Jagd ritt. Ich will dir eine Märe erzählen, die sich auf Isenland begeben hat. Da wohnte einst ein großer König, der hieß Angantyr. Er hatte ein sehr gutes Schwert, Tyrfing genannt, von dem man sagte, daß es in jeder Schneide den Tod von zwölf Männern trage. Doch fiel der kühne Recke endlich im Kampf und wurde mit Schwert und Rüstung im Hügel begraben. Seine zauberkundige Tochter Hervor zwang ihn durch ihre mächtigen Sprüche, den Tyrfing herauszugeben, und achtete es gering, daß er ihr verkündete, die Waffe werde ihr ganzes Geschlecht vertilgen, bis er sie wieder in seine Grabkammer zurückerhalte. Indessen ging das alles in Erfüllung. Hervor wurde eine große Königin, da sie selbst in den Schlachten als Schildmaid Tyrfing führte; aber ihre Söhne ermordeten einander um der guten Wehre willen bis auf den jüngsten, der das Schwert dem Ahnherrn zurückgab. Nun habe ich dir, Mutter Ute, nicht verhehlt, daß ich dem Nibelungenhelden in keuscher Minne zugetan war, daß ich nur der Unehre wegen den Mord begehrte. Ich war der Annahme, der Tote werde mein Blut zur Sühne fordern, und ging deswegen manche Nacht in die Grabkammer. Er stieg auch oftmals aus dem goldenen Sarge auf, aber nicht als gräßlicher Nachtmahr, sondern wie ehemals im Leben, und sprach: ‚Gib mir den Balmung wieder, oder die Burgunden fallen alle durch das Schwert.' Ich meine, der grimme Hagen müsse die geraubte Waffe zurückerstatten, wenn er mit den Königen und den anderen Degen an den Rhein heimkehrt." – „Sie werden nicht heimkehren in das Haus, auf dem der Fluch ungesühnter Blutschuld ruht", sagte Mutter Ute und summte wieder zum Tanze der Spindel. Die Weise klang recht schauerlich, bald wie Totenruf um Mitternacht, bald wie Wehklage, obgleich man die Worte nicht verstand.

Während die Frauen noch mit ihrer Arbeit beschäftigt waren, kam Swemmelin mit dem langen Trauerzug und der üblen Botschaft. Die ledigen Rosse der Helden, ihre blutigen Rüstungen ließen das Gesinde und die zusammenströmende Menge üble Nachricht erwarten. Man fragte nach den Königen Gunther, Gernot, Giselher, nach Hagen, Volker, Dankwart und anderen Recken; allein der Bote gab ihnen keine Antwort; er wollte zuerst mit den Königinnen reden und wurde zu ihnen gewiesen. Er sprach von der Reise zu den Hunnen, von der gastlichen Aufnahme der Burgunden bei König Etzel, dann von dem entbrannten Kampf und dem traurigen Ausgang. Kein Weinen und Klagen, auch keine Frage unterbrach den Spielmann. Als er zu Ende war, sagte Frau Ute: „Es ist ein großes Leid, wenn die Alten zurückbleiben und die Jugend hinunter zu den Toten geht. Aber es mußte also geschehen, denn viel Blut der Helden ist nötig, um den Fluch des Mordes von diesem Haus zu lösen." Auch Brunhilde weinte nicht, sie ging mit Swemmelin in den Hof des Palastes, wo das Gefolge mit den Saumrossen harrte. Hier ordnete sie die Pflege der Gäste an und ließ sich darauf das gute Schwert Balmung reichen. Sie sprach, indem sie die Blutspuren auf der blanken Klinge betrachtete: „Der grimme Hagen raubte die Waffe aus der Totengruft, ich will sie mit dem Blut des Mörders beträuft dem Helden zurückbringen, damit er in seiner Kammer ruhig schlafe." Sie begab sich mit dem Schwert in den Hügel und kehrte denselben Tag und die Nacht nicht zurück. Als man sie aber aufsuchte, fand man sie tot neben Siegfrieds Sarg, auf den sie Balmung gelegt hatte.

Frau Ute spann noch manchen Tag und summte dazu ein Lied von der Schlangenkönigin und ihrer Brut, die sich selbst erwürgt.

Die burgundischen Edlen und alles Volk wehklagten viel, daß ihr ruhmvolles Königshaus verwaist, daß die Blüte der Helden gefallen sei. Als aber Unruhen und Fehden entstanden, vereinigte man sich und erhob den unmündigen Sohn Gunthers und Brunhildes auf den Thron und bestellte weidliche Männer, die, solange der König noch ein Kind war, an seiner Statt des Reiches und des Volkes mit Gerechtigkeit pflegten.

Vierter Abschnitt

DIE HEGELINGENSAGE

Zu Balian, der stolzen Burg des Königs Sigeband in Irland, wurde das Sonnenwendefest gefeiert. Der reiche Herrscher hatte die Edlen seines Reiches und noch manchen weidlichen Degen geladen und beging das Fest in großer Wonne bei Schmaus und Becherklang. Dann war des Turnierens kein Ende, während treffliche Spielleute mit Saitenspiel und Gesang die Gäste ergötzten. Auch die Kinder waren frohen Mutes, die Knaben warfen Gere und schossen mit Bogen, Pfeile, und Königin Ute freute sich, daß ihr kleiner Sohn Hagen seine Gespielen an Kraft und Geschick übertraf. Jetzt stürmten die Knaben fort, die Geschosse wieder zu holen. Der junge Königssohn war den Kindern weit voraus und bemühte sich, den Ger aus der durchbohrten Scheibe herauszuziehen. Da rief ein greiser Mann den Kindern zu, sie sollten eilends zurückkehren und sich bergen, es sei Gefahr für sie vorhanden. Er deutete nach oben und fügte hinzu: „Ein Greif!" Frau Ute blickte in die Höhe und sah hoch am Himmel einen dunklen Punkt, der ihr ungefährlich schien; aber er näherte sich mit der Schnelligkeit des Blitzes und wurde immer größer. Jetzt hörte man ein Brausen, wie Sturmwind, und gewaltigen Flügelschlag. Die anderen Knaben hatten sich geflüchtet; nur Hagen stand kühn mit dem Speer in der kindischen Hand und schleuderte ihn dem entsetzlichen Vogel entgegen. Die Waffe prallte wirkungslos an dem Gefieder ab, und im nächsten Augenblick hatte das Untier den Knaben mit den Fängen ergriffen, schwebte mit ihm in hoher Luft und entschwand bald in weiter Ferne.

So war die festliche Freude in Klage und Jammer verkehrt, denn wenn auch mancher Held gern den Kampf mit dem Greif gewagt hätte, so konnte er ihn doch mit dem besten Rosse nicht erjagen, und wohin er geflogen war, wußte niemand. Also schieden die Gäste von den leidvollen Wirten jeder in seine Heimat. Der König und die Königin blieben allein zurück, und nur der herzzernagende Harm war ihr Gefährte, der auch Jahre lang nicht von ihnen wich und ihnen das traurige Bild zeigte, wie der grimmige Räuber ihr süßes Kind mit Schnabel und Fängen zerriß.

Doch verhielt es sich ganz anders mit dem Knaben. Der Vogel trug ihn über Länder und Meere bis in sein Nest, das er sich auf einem aus der Meeresflut aufsteigenden Felsen erbaut hatte. Dort legte er seine Beute den jungen, nach Atzung gierigen Greifen vor und flog dann wieder nach neuem Raube aus. Die Jungen fielen nun sogleich über den vorgeworfenen Fraß her; allein schon hatte sich Hagen von der luftigen Fahrt erholt. Auf seine Verteidigung bedacht, wehrte er kräftig die hackenden Schnäbel ab, indem er die Vögel an den Hälsen ergriff und sie würgte, daß sie laut aufschrien. Endlich aber faßte ihn einer der Vögel, der schon flügge war, und trug ihn auf einen Baumast, um die leckere Beute allein zu verspeisen. Der Ast war jedoch zu schwach; er bog sich, brach, und das Untier fiel mit dem Knaben in die unten wuchernden Dornhecken. Der Greif flatterte wieder empor, Hagen dagegen kroch tiefer in das Dickicht, wie sehr ihn auch die Dornen zerrissen, und gelangte in eine dunkle Höhle, wo er vor Entkräftung liegenblieb. Als er aus seiner Betäubung erwachte, sah er ein Mägdlein etwa seines Alters in einiger Entfernung stehen, das ihn mit Verwunderung betrachtete, aber sogleich tiefer in die Felskluft entfloh, sobald er sich aufrichtete. Er hatte in der Tat ein schreckhaftes Aussehen. Von den Schnäbeln der Vögel und von den Dornen war er am ganzen Leib wund und blutig, dazu waren seine Kleider zerrissen, so daß sie in Lumpen um ihn hingen. Indessen hinkte und kroch er, so gut er konnte, dem Mägdlein nach und gelangte in einen größeren Raum, wo er die flüchtige Maid nebst zwei Gefährtinnen erblickte. Sie schrien laut vor Schrecken, denn sie hielten ihn für einen bösen Zwerg oder ein Meerwunder, das sie nur verfolge, um sie mit Haut und Haaren aufzufressen. Als er ihnen aber sagte, er sei ein Königskind, von dem Greif geraubt und nur mit Not und Ungetüm entronnen, wurden sie getrost, erzählten ihm auch ihre ganz ähnlichen Schicksale und teilten mit ihm ihre spärliche Kost, die aus allerlei Wurzeln und wildwachsenden Beeren bestand. Die eine Maid, die er zuerst erblickt hatte, nannte sich Hilde, eine Königstochter aus Indien, die zweite war Hildburg aus Portugal, die dritte stammte aus Isenland. Die Mägdlein pflegten den jungen Gefährten, so daß seine Wunden bald heilten. Er ging nun selbst auf Beschaffung der nötigen Kost aus und wagte sich tiefer ins Land, was jene aus Furcht vor den Greifen nicht taten. Er verfertigte sich einen Bogen und mit Fischgräten zugespitzte Pfeile, womit er kleineres Wild erlegte. Aus Mangel an Feuer mußten die Kinder das Fleisch roh verzehren; sie wuchsen bei solcher Kost kräftig heran, und Hagen erreichte schon im zwölften Jahr fast männliche Größe.

Unterdessen waren die jungen Greife so groß geworden wie die Alten. Sie flogen jetzt alle auf Raub aus, und der Knabe durfte aus Furcht vor ihnen keine weiten Wanderungen mehr unternehmen, weshalb seine Jagdbeute spärlicher wurde. Dennoch wagte er sich eines Abends an den

Strand des Meeres, wo ihn eine überhängende Klippe vor den grimmigen Feinden verbarg.

Der Knabe sah mit Lust in seinem sicheren Versteck hoch über der schäumenden Brandung auf die wildbewegten Fluten, die bald dunkel wie die Nacht dahinrollten, bald von Blitzen durchglüht ihre Häupter emporhoben. Er hörte furchtlos den schmetternden Donner, das Heulen des Sturmes und des Meeres, dessen Gischt ihn oft durchnäßte. Als er aber ein Fahrzeug erblickte, das mit den wilden Elementen in ungleichem Kampfe rang, da wurde seine Seele von Furcht und Hoffnung bewegt, von Furcht, weil er dessen Untergang befürchtete, von Hoffnung, weil er von ihm Rettung, Heimkehr zu den Eltern erwartete. Jetzt sah er es einem Felsenriff zutreiben, und nun ein gellender Aufschrei, und der Ozean hatte Schiff und Mannschaft verschlungen. Sturm und Wellen tobten fort, bis der Morgen erschien, der, wie der Knabe glaubte, mit seinem freundlichen Licht die Elemente beruhige. Am Strande lagen Schiffstrümmer und Leichname. Schon wollte Hagen aus seinem Versteck hervortreten, um nach Mundvorräten und Gewändern zu spähen, da hörte er den Flügelschlag der Greife und gewährte, wie sie von ihrem Felsenhorst heruntorflogen, tote Menschen aufgriffen und damit in ihr Nest zurückkehrten. Während sie mit ihrem Fraß beschäftigt waren, verließ der Knabe seinen Schlupfwinkel, um gleichfalls etwas Eßbares zu suchen. Er fand indessen nur Holzwerk und einen ertrunkenen Mann in voller Rüstung mit Schwert, Bogen und einem Köcher voll scharfgespitzter Pfeile. Er hätte laut aufjauchzen mögen, denn nun hatte er Waffen, wie er sie einst an seines Vaters Hofe gesehen hatte. Eilig legte er die Brünne des Toten an, bedeckte sein Haupt mit dem Helm, gürtete das Schwert um und nahm den Stahlbogen und die Geschosse mit scharfen, dreikantigen Stahlspitzen zur Hand. Es war Zeit, daß er sich mit dem Rüstzeug versehen hatte, denn einer der Greife stürmte auf ihn nieder. Er zog die Bogensehne kräftig an, und sein Strahl traf den argen Feind mitten in die Brust, daß er zappelnd dem Schützen vor die Füße fiel und verendete. Ein zweites Ungetüm hatte das gleiche Schicksal. Nun stürmten die drei übrigen Vögel auf ihn ein, allein er erlegte sie alle mit gewaltigen Schwertstreichen. Die abgehauenen Köpfe der toten Untiere brachte er seinen Freundinnen in der Felskluft. Sie hatten unter ängstlichen Sorgen um ihn die stürmische Nacht durchwacht. Ihre Freude war daher um so größer, da sie nunmehr durch seinen starken Arm von ihren Verfolgern befreit waren. Die Mädchen begleiteten darauf ihren Helden nach der Stätte seines Sieges. Sie halfen ihm, das spukhafte Geflügel ins Meer zu wälzen und über dem toten Rekken, dessen Rüstung Hagen trug, nach frommer Sitte einen Hügel aufzuschichten. Vergebens suchten sie jedoch unter den Schiffstrümmern nach Speisevorräten, dagegen fanden sie eine wohlverwahrte Kiste mit Stahl, Stein und Schwefelfaden, was sie in den Stand setzte, Feuer anzuzünden. Freudig eilten die Mädchen in ihre Klause zurück, wo bald die Flamme lustig emporloderte, während Hagen mit Pfeil und Bogen dem Weidwerk nachging. Es währte nicht lange, so brachte er schon einen Rehbock heim, den er mit seinem Geschoß erlegt hatte. Er wurde zerstückt, ein Teil davon gebraten, und die vier Unglücksgefährten hielten eine Mahlzeit, die ihnen vortrefflich mundete.

Der junge Geselle ging nun täglich auf die Jagd, aber er erlegte nicht bloß scheues Wild, sondern auch Bären, Wölfe, Panther und anderes Raubzeug. Einstmals sah er aus einem Versteck ein seltsames Untier vorüberrennen. Es war mit glänzenden Schuppen bedeckt, seine Augen glühten wie Kohlen und aus dem blutroten Rachen starrten gräßliche Hauer hervor. Er sandte ihm einen scharfen Pfeil in die Seite; aber das Geschoß biß nicht ein, und das Ungeheuer wandte sich sogleich gegen den Schützen. Ein zweiter Strahl blieb gleichfalls ohne Wirkung. Hagen griff zum Schwert; doch waren alle Streiche vergebens, und er entging nur durch gewandte Sprünge den entsetzlichen Hauern. Fast erschöpft von dem langen Kampf entdeckte er endlich seinen Vorteil und stieß dem wütenden Tier die Klinge in den gähnenden Rachen. Ganz entkräftet setzte er sich auf den noch zuckenden Körper. Er sehnte sich nach einem Tropfen Labung, und da kein Wasser in der Nähe war, schlürfte er begierig das strömende Blut des Tieres. Da fühlte er, wie seine Leibesschwäche wich, wie eine ungewöhnliche Kraft ihn durchdrang. Er sprang auf, er wünschte sich einen Gegner, um auf Tod und Leben zu kämpfen; er hätte es jetzt mit allen Greifen und Riesen der Welt aufgenommen. Er zog sein Schwert und spaltete einem anrennenden Bären mit einem Hieb den steinharten Schädel, den Hals und die Brust. In gleicher Weise erledigte er zwei Panther und ein grimmiges Einhorn. Er war blutig vom Haupt bis zu den Sohlen und ganz verwildert, als er, den Bären auf den Schultern, in die Klause zu den Mädchen trat. Erst bei dem Anblick der sanften Hilde gewann er wieder die gewohnte Ruhe.

Noch manches Jahr verging den Siedlern am Felsengestade in der Einsamkeit. Sie hatten reichliche Nahrung, machten sich Kleider aus Tierfellen und schmückten sich mit frischen, duftigen Blumen, dem einzigen Putz, den ihnen die gütige Mutter Natur darbot. Sie sehnten sich indessen nach der menschlichen Gesellschaft und schickten früh und spät sehnsuchtsvolle Blicke über das wogende Meer, ob nicht etwa ein Rettungsboot dem Gestade sich nähere.

Eines Morgens, während der junge Held, von nächtlichem Jagen müde, auf der Bärenhaut ruhte, standen die Gefährtinnen am Ufer und blickten über die bewegte Fläche. Da tauchte ein weißes Segel am Horizont auf, und allmählich stiegen der Mast, das Takelwerk, das Deck aus den Wellen hervor. Nun blieb kein Zweifel, die Rettung, die Heimkehr war nahe. Sogleich eilten die Siedlerinnen nach der Höhle, nahmen vom Herdfeuer Brände, zündeten am Gestade ein mächtiges loderndes Feuer an, weckten auch den Genossen, der sein Schwert umgürtete, die Geschosse ergriff, die Bärenhaut umwarf und sich also seinen Gespielen zugesellte. Die Signale waren vom Schiffe aus bemerkt worden, denn ein Boot wurde entsandt, das sich dem Gestade näherte. „He, wer seid ihr, Pelzunholde?" rief der Bootsführer. „Seid ihr Menschen oder Meerwunder?" – „Wir sind arme, verschlagene Menschen", antwortete Hagen. „Nehmt uns um Gottes willen auf!" Das Boot legte an, und die Unglückgefährten stiegen ein. Die Matrosen ruderten nach dem Schiffe, und bald waren sie an Bord. Auch der Schiffsherr betrachtete die Geborgenen mit Verwunderung. Auf sein Befragen berichtete Hagen, wie er, gleich den Mädchen, von den Greifen aus dem elterlichen Hause geraubt worden sei, wie er darauf Waffen gefunden und nun die Vögel getötet habe. Auf weiteres Befragen sprach er von seinem Vater Sigeband, dem mächtigen König auf Burg Balian. „Hei, junger Fant", sprach der Schiffsherr, „du schlägst Greife wie Mücken tot! Aber du bist mir ein glücklicher Fang, denn ich bin der Graf von Garadie, dem dein Vater schon großen Schaden getan hat. Du sollst mir nun Geisel sein, bis ich für den Schaden reichliche Buße gewinne. Heda, Bootsleute, legt die Bärenhaut in Ketten und steuert gen Garadin." Kaum hatte der Graf diese Worte gesprochen, so geriet Hagen in Wut. Die Schiffsleute, die ihn festnehmen wollten, schleuderte er mit riesiger Kraft über Bord ins Meer; das Schwert in der Rechten stürzte er auf den Schiffsherrn los, der bei dem Anblick der übermenschlichen Kraft des jungen Helden wie erstarrt stand. Schon schwebte die blitzende Klinge über seinem unbehelmten Haupt, da legte sich eine weiche Hand auf Hagens Arm und hemmte den tödlichen Streich. Ergrimmt kehrte sich der Held um, aber da blickte er in das milde, liebliche Angesicht seiner Gefährtin Hilde, und, wie von einem Zauber gebannt, wich der schreckliche Zorn von ihm. Da sprach nun Hilde sanfte Worte zur Sühne, die ein williges Ohr fanden. Hagen verhieß dem Grafen Versöhnung zu stiften zwischen ihm und dem König, wenn er nach Balian steuere, und verpfändete dafür sein Haupt. Jener gelobte, die Unglücksgefährten wohlbehalten nach der Heimat des jungen Helden zu führen.

Günstige Winde schwellten die Segel; der Drache (Schiff) zog stolz durch das wogende Meer. Am zehnten Morgen stiegen ragende Türme und Zinnen aus den Wellen empor, dann die ganze Burg, der Strand und der von Barken und Schiffen wimmelnde Hafen. Das Schiff legte an, die Mannschaft stieg an Land. Mißtrauisch betrachtete das Volk die Zeichen und Gewänder der Leute von Garadin, mit denen stets Feindschaft gewesen war. Indessen schienen sie nicht als Raubfahrer zu nahen; sie hatten die weiße Friedensfahne aufgerichtet. Sie sprachen auch friedlich, sicheres Geleit für eine Botschaft an König Sigeband begehrend. Als ihnen das gewährt wurde, fuhren die Boten zur Burg, voran der kühne Hagen in seinem Bärenvlies mit den drei Mägdlein, die gleichfalls noch ihre rauhen Gewänder trugen, desgleichen etliche Männer von Garadie. Der König und die Königin sahen vom Fenster herab die Fremdlinge. Als sie aber Leute von Garadie erkannten, rief Sigeband nach seiner Rüstung. Er sei, sagte er, nicht so alt, daß er nicht mit dem Schwerte Rache an den Landesfeinden nehmen könne. Bevor er noch sein festes Sturmgewand angelegt hatte, traten die Gäste ein. Er wähnte, Raubfahrer hätten seine Burgleute überwältigt, und zog sein Schwert, um nicht Schmach zu erdulden. Darauf rief der junge Held: „Kennst du mich nicht, lieber Vater? Ich bin es, dein lange verlorener Sohn Hagen." – „Ungetreuer, falscher Verräter!" rief der König. „Schleichst im Bärenfell herein und solltest einen Fuchspelz umhängen, da du mich mit arger List fangen willst; aber nun mußt du sterben." Er erhob sein Schwert; allein Frau Ute warf sich zwischen Vater und Sohn. „Er ist es", rief sie, „unser lange beweintes Kind; ich erkenne es an dem kleinen Mal auf der Stirne, an seinen dunklen Augen, und mir ruft es das Mutterherz zu: es ist unser Sohn Hagen." Sie hatte ihn schon in die Arme geschlossen, und bald ruhte der Held auch an der Brust des glücklichen Vaters.

Große Freude und Wonne war im Königshause. „Ich bin so viele Jahre krank gewesen", sagte Frau Ute. „Nun bin ich gesund geworden, darüber sollen sich Land und Leute freuen." Ein fester Friede wurde mit dem Grafen von Garadie geschlossen, und derselbe blieb als Gast bei der Feier, die man veranstaltete. Natürlich wurde auch der Mägdlein gedacht, der treuen Pflegerinnen des Königssohnes in seiner Verlassenheit. In fürstlichem Schmuck und umgeben von edlen Jungfrauen folgten sie der Königin zum Festmahl und später zu den Schranken, wo die Helden im Turnieren ihre Kraft und Kühnheit zeigten. Unter den Kämpfern sah man auch Hagen den Stein stoßen und den Speer schwingen, und er hatte vor allen die höchste Ehre: Denn keiner vermochte sich mit ihm zu vergleichen. Da berief ihn der alte König zu sich auf den Thron, und das Volk rief, der junge Held sei würdig, die Krone zu tragen; er werde bestimmt mit starker Hand das Land vor Schädigung bewahren. Nach den festlichen Tagen blieb Hagen nur kurze Zeit ruhig im Vaterhause; mit manchem kühnen Mann fuhr er hinaus in ferne Länder, bestand schwere Kämpfe und kehrte mit reicher Beute in die Heimat zurück. Da nun der hochbejahrte König von den Taten und dem Ruhm seines Sohnes hörte, übertrug er ihm auf Wunsch der Landherren die Verwaltung des Reiches. Frau Ute aber hieß ihren Liebling ein würdiges Weib zu erwählen, auf daß er nicht einsam sei, wenn Gott sie und ihren Gemahl zu sich entbiete. Hagen folgte willig dem Rat seiner Mutter; er wählte aber nicht die Tochter eines benachbarten Herrschers, sondern die schöne Hilde, die liebste Freundin, die ihm zuerst am Felsenstrand unter dem Greifenhorst erschienen war. Die edle Jungfrau war bald sein Weib und gebar ihm binnen eines Jahres eine Tochter, die nach ihrer Mutter Hilde genannt wurde.

Hagen hatte seine Lust an der Tochter. Aber er war oft auswärts auf Heerfahrten und ließ sein Schwert nicht rosten. Im Kampfgetümmel war ihm wohl, da schallte weithin sein Schlachtruf, da fällte er die Recken, die sich ihm entgegenstellten; da gewann er Sieg und Ruhm durch seine große Kraft. Er war der Schrecken der Könige, weil ihm kein Fürst Widerstand leisten konnte. Als die schöne Hilde erwachsen war, sah er in ihr das Ebenbild ihrer Mutter und wollte sie aus herzlicher Liebe nicht von sich lassen. Wohl warben um ihre Minne viele Fürsten, allein er forderte jeden Freier zum Kampfspiel mit Speer und Schwert, weil er die Tochter nur dem geben wollte, der ein besserer Kämpfer sei als er selbst. Wer aber das Spiel mit ihm wagte, der verlor den Sieg und noch öfter das Leben. Der wilde Hagen, der Schrecken der Könige, wurde auch ein Schrecken aller Freier, so daß bald sein Haus recht öde wurde.

Im Danenland auf Burg Matelane saß König Hettel von Hegelingen, ein weidlicher Degen, dem Nordland, Friesland und die Landstriche im Dithmarschen untertänig waren. Fürstliche Helden umgaben und stützten seinen Thron in großer Zahl. Unter ihnen war besonders angesehen und bei den Feinden des Königs gefürchtet, der alte Wate, ein Verwandter des Fürsten, der auf Sturmland die Krone trug, durch seltene Kühnheit und großer Taten Ruhm gewaltig, nicht minder der sangesreiche Horand und Frute, beide in Danemarken mächtig; auch Irold, der Schnelle aus Friesland, und Morung von Niflanden waren allezeit dem König zu Dienst bereit.

Der junge König Hettel fuhr manchmal hinaus in blutigen Streit und feierte, wenn er mit Raub und Siegesruhm heimkehrte, manches Fest mit seinen Kämpfern. Da sprach einstmals beim frohen Gelage Morung von Niflanden: „Herr, dein Haus ist zwar reich an Schätzen und deine Hand spendet deinen Gesellen köstliches Gut; aber ungern missen wir eine holdselige Königin, die uns mit Met und feurigem Südwein die Becher fülle. Du solltest um Hilde, die königliche Maid auf Irland, werben. Sie ist ob ihrer Schönheit und ihrer hohen Zucht in allen Landen berühmt."

Da sprach der kühne Horand: „Mit gutem Recht wird die Jungfrau gepriesen; aber ihr Vater, der wilde Hagen, läßt keinen genesen, der es wagt um sie zu werben. Schon manchem weidlichen Degen hat er statt des ersehnten Brautringes den Tod gegeben."

Das Lob der schönen Hilde entfachte in dem König den Wunsch, sie zu sich auf den Thron von Hegelingen zu erheben. Er forschte, wer für ihn die Werbung übernehmen wolle. Da rieten die Hofleute, er solle den alten Wate zum Boten wählen. Gar unlieb war dem Recken die üble Botschaft; doch verhieß er seine guten Dienste und meinte, wenn Horand und Frute ihn geleiteten, so möchte doch die Werbung gelingen.

Die Recken und mit ihnen Irold waren sogleich zur Fahrt bereit. Sofort wurden stattliche Schiffe und Boote gerüstet und mit reicher Habe belastet, auch stiegen tausend gewappnete Männer an Bord, und als dies alles vollendet war, gingen die Schiffe in See. Von Norden her wehte günstiger Wind und führte sie durch die grauen Meereswogen gen Balian, die ragende Feste, wo der wilde Hagen hofhielt.

Mit Verwunderung sahen die Leute am Land die fremden Fahrzeuge, denn solche Pracht und Herrlichkeit hatte man am grünen Erin (Irland) noch nicht erblickt. Die Mastbäume waren von glänzendem Zypressenholz, die Segel von purpurner Seide, die Anker von lichtem Silber. Bootsleute in reichen Gewändern trugen Waren aus fernen Ländern aus den Schiffen und breiteten sie vor der staunenden Menge aus. Die Schiffsherren boten reichen Schmuck und schönes Gewand zum Verkauf an; denn sie sagten, sie seien Kaufleute und des Handels wegen hierhergekommen.

Als König Hagen die überraschende Märe von den reichen Gästen vernahm, ging er selbst mit Frau Hilde an den Strand, um die Fremden näher kennenzulernen und ihre Auslage zu besehen. Da trat Frute als ein Bittender zu ihm und flehte um seinen Schutz. Er sprach, sie seien nicht des Handels wegen gen Irland gefahren, sondern um eine sichere Freistätte vor Hettel von Hegelingen zu finden, der sie aus ihren Burgen vertrieben habe und unerbittlich und überall verfolgte.

Darüber lachte der König, denn er wünschte schon lange, im Kampfspiel den Vogt von Hegelingen zu bestehen. Er hieß daher die Recken guten Mutes und seines Schutzes versichert sein und beschied sie zu sich auf die Burg. Die Herren säumten nicht, dem Befehl Folge zu leisten. Sie brachten dem König herrliche Geschenke, und auch der Königin übergaben sie Straußenfedern, Blumen, künstlich aus Gold, Silber und Seide gefertigt, glänzende Gürtel und Spangen. Sie waren, wie es schien, mit unerschöpflichen Vorräten versehen, weshalb sie Hagen gern im Lande behalten und mit Burgen begabt hätte; allein sie erwiderten, daß in Hegelingen ihre Frauen und Kinder wären, die sie wiederzusehen hofften. Indessen nahmen sie die Herberge an, die ihnen Hagen nahe bei der Burg einräumen ließ, und ein großes Zelt für ihr Gesinde. Ferner waren am Strande Buden aufgeschlagen, wo die Waren von den Schiffen feilgeboten wurden. Da kauften Männer und Frauen schöne Stoffe und Kleinodien um geringen Preis, und die Armen erhielten Gewänder unentgeltlich. Solcher Reichtum war in Irland noch nicht gesehen worden.

Frau Hilde, die Königin, trug Verlangen, die weidlichen Gäste im Frauensaal zu schauen, und als solches den Recken mitgeteilt wurde, säumten sie nicht, dem Begehren zu willfahren. Sie traten in die prächtige Halle, deren Decke auf Marmorsäulen ruhte. Da saßen viele Frauen in reichen Gewändern und unter ihnen die Königin und die minnigliche Maid, die mit freundlichem Gruße die Fremden empfingen. Diese aber wußten mit zierlicher Rede zu antworten; nur Wate sprach wenig und blickte oft nach dem Meere, wo die Schiffe auf den Wellen schaukelten. „Geh doch, Hilde" sprach die Königin leise zur Tochter, „begrüße den Herrn mit einem Kusse." Die Jungfrau erschrak. Der Held von Sturmland überragte zwar die Gefährten schier um eines Kopfes Höhe, aber er sah nicht lieblich aus mit der gekrümmten Habichtsnase, der kahlen Stirne und dem zum Teil ergrauten Bart, der breit auf die Brust herabfloß. „Wohin schaut ihr, Herr Wate?" wandte sich die Herrin an den Recken. „Sind am Strand schönere Frauen als hier in der Halle?" – „Ich blicke nach meinem Schiff", antwortete der Held, „denn ein wildes Wetter steigt auf." – Da faßte die königliche Maid sich ein Herz. Lächelnd trat sie zu dem Helden und sagte, seine Hand ergreifend: „Gefällt es euch nicht bei uns, edler Degen? Seid ihr nicht lieber im friedlichen Kreis der Frauen als auf der wilden See oder im Kampfgetümmel?"

„Frau", sprach Wate, „ich habe nimmer gelernt der Minne zu pflegen und mit zierlichen Weiblein süße Reden zu tauschen oder mit hüpfenden Mägdlein den Reigen zu führen. Mir gefällt der Reigen auf stürmischer Meeresflut und im Sturme der Schlacht, wenn die Hörner singen von Sieg oder ruhmvollen Tod."

So sprach der grämliche Graubart, doch die anderen Recken redeten vom schönen Hegelingenlande, von seinen Burgen und Höfen, von Sängern und edlen Rittern, die in Zucht und Ehren den Frauen dienten. Darauf nahmen sie Urlaub und gingen in ihre Herberge.

Schon folgenden Tages wurden die Gäste wieder zu Hofe geladen. Da gab es mancherlei Kurzweil, Brett- und Schachspiel, was Irold, Frute und Horand trefflich verstanden, auch kunstreiche Fechterspiele, an denen der alte Wate viel Wohlgefallen hatte. „Das sind herrliche Schirmschläge, die man hierzulande übt", sagte er zu dem König. „Ich möchte gern Lehrbursche sein, um sie zu erlernen." Sofort rief Hagen einen Schirmemeister, daß er den Alten in die Lehre nehme. Aber der Held von Sturmland bewies bald dem Fechter seine Meisterschaft. „Nicht übel", sprach der König. „Nun will ich dich selbst drei Schirmschläge lehren, die kannst du im Land der Hegelingen gegen deinen König wohl gebrauchen." Er nahm die Waffen des Schirmemeisters und focht mit dem Alten. Indessen der wußte sich wohl zu schirmen und gab die Schläge weidlich zurück. Beide Kämpfer stritten immer hitziger, bis die Knöpfe von den Schwertern sprangen. „Hei, alter Lehrling", rief Hagen, „du bist gar bald Geselle und Meister geworden. Hab' ich doch meiner Tage einen solchen Lehrling noch nicht gefunden. Nun aber wollen wir beim vollen Becher unsere Kraft versuchen."

Die Helden zechten ganz ordentlich, und je mehr sie tranken, desto lauter erhob sich der Jubel; doch gab es auch scharfe Reden, wildes, lärmendes Geschrei, und da und dort griff eine Hand nach dem Schwerte. Es war ein wüstes Gelage, das blutig zu enden drohte, wie es schon manchmal an des Königs Tafel geschehen war. Da griff der Sänger in die goldenen Saiten und sang gewaltig, daß der Palast erdröhnte. Seine Stimme übertönte das wilde Toben, daß es immer stiller wurde und die trotzigen Recken lautlos dem Gesange lauschten.

Als die letzten Töne verklangen, saßen die Recken und auch der wilde Hagen noch lange stumm und ließen den Feuerwein im Becher verschäumen. Endlich erhob sich der König von seinem Thron. Er pries den Sänger, der solche Weise verstand, die noch kein Mensch vernommen habe; er meinte, Horand werde durch sein Lied allen Zwiespalt schlichten und feindliche Heere mit Klang und Gesang bezwingen.

Die Gäste und der Wirt begaben sich in ihre Herberge, um vom Tagewerk zu ruhen. Am frühen Morgen ertönte Glockengeläute, das zur Messe rief, und der Priester Chorgesang. Aber des Sängers Getöne ließ sich gleichfalls hören:

„Der Lieder sang er dreie, die waren wundersam;
Keinem ward es lange, der solchen Ton vernahm.

Die Zeit, die man wohl brauchte, tausend Wegestunden
    Zu reiten, waren schnell, wie ein Augenblick entschwunden.

    Lauschend ließ die Weide im Wald das scheue Wild;
    Die Würmlein, die da krochen im grünen Grasgefild',
    Die Fischlein, so im Wasser flossen auf und nieder,
    Ließen ihre Wege; denn nicht umsonst sang er die Lieder.

    Der Glocken Festgeläute, der fromme Chorgesang,
    Verschwanden vor der Stimme, die zu den Saiten klang,
    Die Kindlein in den Wiegen weinten nun nicht mehre,
    Die Armen und die Kranken vergaßen ihres Kummers Schwere."

Also sang Horand am frühen Morgen und am späten Abend jeden Tag und ergötzte am meisten die Königin und die minnigliche Maid, deren Tochter. Sie entboten ihn zu sich in ihr Gemach, dankten ihm für seine Lieder und wollten reichen Sold geben. Den wies er mit den Worten zurück, er sei selbst reich genug, und er werde gern singen, wenn sie daran Wohlgefallen hätten.

Einstmals war die junge Hilde allein im Saal, weil ihre Mutter ein Fest anordnete. Da sang er ein Minnelied von einem reichen König, der vor Sehnsucht nach der geliebten Maid krank und siech war und nur genesen könne, wenn ihn die Jungfrau durch ihren Anblick und mit einem Kuß von seinem Leid erlöse. Er schloß mit den Worten:

    „O Minne, süße Minne, du hast mir's angetan;
    Vielleicht zu meinem Grabe. Schön Hilde tritt heran,
    Weint eine späte Träne auf meine kalte Brust;
    Das sänftigt alle Schmerzen, schafft noch im Sterben Lust."

Der Gesang war wie ein Zaubersegen, der den Geist umnebelt und gefangennimmt, so daß man nicht weiß, was man redet und tut. So war es der wonnesamen Maid zumute. Sie forschte endlich, wer der König sei, der ihrer begehre, und da hielt ihr der Sänger ein Bildnis von König Hettel vor und sprach von ihres Vaters grausamer Strenge gegen edle und tugendsame Bewerber, wie aber dennoch sein Herr, so er genese, gen Balian kommen werde, auch wenn er von der Hand des wilden Hagen statt der Tochter den Tod empfange. Er sagte ihr auch das ganze Geheimnis der Botschaft und flehte, sie möge nur an Bord der Schiffe kommen, wo tausend gewappnete Recken verborgen und bereit seien, sie nach Hegelingen zu dem königlichen Freunde zu führen, der, wenn sie lange säume, sterben werde. Dort, fuhr er fort, wolle er ihr täglich Lieder singen und sein König wisse selbst noch schöneren Gesang.

Diese Rede bezwang den stolzen Mut der schönen Jungfrau. Sie verhieß ihm, sie wolle den Vater um Urlaub bitten, die seltenen Stoffe und Kleinodien auf den fremden Schiffen zu beschauen.

Das Wort war gesprochen und wurde in Treue gehalten.

Eines Tages traten die Männer von Hegelingen vor König Hagen und sagten, sie hätten gute Botschaft aus der Heimat erhalten; ihr König habe erfahren, daß ungetreue Männer sie fälschlich verklagt hätten. Er habe diese hart bestraft und ihnen selbst seine Huld wieder zugewendet. Darum wollten sie demnächst die Anker lichten und der lieben Heimat zusteuern. Der König war üblen Mutes, daß die werten Gäste von Balian scheiden wollten. Doch sollten sie nicht ohne reiche Gaben das Land verlassen. „Herr", sprach Frute, der Weise, „wir sind so reich, daß wir nicht wohl Silber oder Gold annehmen mögen; willst du uns aber eine Huld erweisen, so komme selbst mit den schönen Frauen an Bord unserer Galeeren, daß du unsere Schätze beschaust, die noch unter Deck verborgen sind." Der wilde Hagen schüttelte unmutig das Haupt; aber da umschloß ihn mit beiden Armen die Tochter und flehte: „Lieber Vater, sei so gut und vergönne den Frauen, daß sie die Stoffe und Gürtel und Spangen aus Indien, Arabien, von Ninive und Babylon beschauen. Das ist uns allen eine Wonne, wie den Männern der Anblick blanker Helme, Brünnen und Schilde." Da noch die alte Königin ihre Bitte mit der ihrer Tochter vereinigte, so sprach Hagen zu willfahren.

Zur festgesetzten Stunde, als schon die Schiffe gerüstet und segelfertig auf den Wellen schaukelten, erschien der König mit den Frauen und zahlreichem Gefolge am Strand. Boote waren bereit, die Menge aufzunehmen. Da sprang die schöne Hilde samt ihren Mägdlein eilends in ein Fahrzeug, das Horand steuerte. Als aber Hagen und seine Gewappneten andere Boote besteigen wollten, hemmten sie Wate, Frute und Irold und stießen vom Lande. Da schwang der wilde König den Ger und stürmte nach in die Flut, bis sie ihm schier über dem Haupt zusammenschlug. Speere flogen hinüber und herüber; doch brachte Horand seine herrliche Beute an Bord. Der Küste entlang tobte Hagen und forderte Schiffe und Mannschaft zur Verfolgung des verräterischen Raubvolks, aber die Schiffe waren nicht gerüstet, und schon schwammen die Schiffe von Hegelingen auf hoher See und verschwanden bald in der Ferne.

Die Fahrt ging manchen Tag und manche Nacht durch die grauen Meereswogen und Hilde weinte viel um Vater und Mutter. In solchen Momenten sang Horand, bald wie der Sturm sein Lied singt gewaltig zum Brausen der Wellen, bald süß und lieblich wie der Abendhauch, der sanft über die Fluten hinstreicht und in den Blättern des Uferwaldes säuselnd sich verliert, bald sanft, wie die Klage des Geliebten, der nach der fernen Maid sich sehnt. Da wurde Hilde wieder getrost; denn jeder Tag brachte sie dem königlichen Freunde näher, dessen Bildnis sie nimmer von sich ließ. Endlich erblickte man Land und die Zinnen einer Burg und viel Volk am Strande und unmittelbar auf hohem Roß in glänzendem Gewande ihn selbst, den harrenden König von Hegelingen. Ein Schnellsegler war vorausgeeilt und hatte ihm die Botschaft gebracht, und hier, am Strande, erwartete er die Braut. Da waren prächtige Zelte von Purpur und Seide aufgeschlagen, viel Volk und reisige Leute versammelt, die künftige Königin auch mit königlichen Ehren zu begrüßen. Doch sollte die Hochzeit erst zu Hegelingen gefeiert werden.

König Hettel war vom Pferd gestiegen, und als ihn Hilde nun erblickte und seinen freudigen Gruß vernahm, da schwanden ihre Sorgen, und sie freute sich des weidlichen Helden, der mit ihr Ehre und Reich zu teilen bereit war. Auch zierliche Jungfrauen und Kämmerlinge waren zu ihrem Dienst bereit. Es wurde unter seidenem Baldachin ein Festmahl gefeiert, wobei Hettel neben ihr saß, von seiner Liebe zu ihr sprach und ihr Herz gewann, so daß sie nicht mehr von dem Helden scheiden wollte.

Am folgenden Tag rüstete man sich zur Fahrt nach Hegelingen. Die Säumer wurden beladen, die Knechte rollten Zelte und Teppiche auf, die Recken gürteten die Schwerter um und die Bootsleute takelten die Fahrzeuge ab, die der Ausbesserung bedurften. Während dieser Arbeiten sah man am westlichen Horizont weiße Wolken aufsteigen; als sie näherkamen, erkannte man, daß es Segel zahlreicher Schiffe waren, an deren Top Kreuzesbanner flatterten. Man hielt sie für Kreuzfahrer wider ungläubige Wilkinenmänner und Reußen. Bald jedoch entfaltete sich die Flagge mit dem grimmigen Tiger, Hagens Feldzeichen, und man wußte nun, daß Feinde nahten. König Hettel und der alte Wate ordneten die Streitkräfte. Der Alte lachte laut vor Wonne, daß er nun in ernstem Kampf mit dem streitbaren Hagen sich versuchen sollte. Die anderen Fürsten, Horand, Frute, Irold, Morung, traten an die Spitze der einzelnen Rotten, um dem Feind die Landung zu wehren. Alle Kämpfer waren frohen Mutes, aber die schöne Hilde, die von der Burg herab die Zurüstung sah, rang die Hände vor Leid, daß um ihretwillen der blutige Streit entbrennen sollte.

Ein stürmischer Wind trieb die Flotte schnell durch die schäumenden Wogen gerade in den bergenden Hafen. Die Galeeren warfen Anker; Boote führten die gewappnete Mannschaft nach der Küste; da flogen hin und her Wurfgere und Schleuderäxte und krachten durch Schilde, Helme und Brünnen. Hier wurde der Sand, dort die Flut vom Blute rot. Kein Boot vermochte zu landen. Da sprang der wilde Hagen, gefolgt von kühnen Männern, in das seichte Wasser. Vor seinen furchtbaren Streichen wich die Landwehr zurück; er gewann Boden, und alles niederwerfend, was ihm den Weg verlegte, drang er mit siegender Gewalt vorwärts. Sein ganzes Heer folgte seinem Beispiel; doch ballte sich die Wucht des Streites um ihn und seine auserwählte Schar. Tapfer focht die Landwehr; allein sie war dem Andrang nicht gewachsen. Da warf sich unverzagten Mutes König Hettel dem Würger entgegen. Der Kampf war heiß zwischen den kühnen Männern, doch endlich sank der Held von Hegelingen, aus einer Stirnwunde blutend, zu Boden, und nur mit Mühe gelang es den Mannen, ihn aus dem Getümmel zu tragen. Nun endlich erschien der alte Wate den weichenden Landmännern zu Hilfe. Er lachte grimmig, daß sein breiter Bart wackelte. „Nun sollst du schauen", rief er, „ob ich in deiner Schule gelernt habe." Die Schläge der zornigen Helden übertönte das Feldgeschrei und Kampfgetöse. Ihre Schilde brachen in Stücke, schon klaffte manche Spalte in Helmen und Brünnen; doch ließ der Alte nicht ab, hatte er doch bereits seinem königlichen Gegner das Helmgespänge zerhauen, so daß ihm ein Blutstrom über den Halsberg rann. „Nieder muß er, mein Lehrmeister", rief er und bestürmte ihn mit äußerster Gewalt.

Der Kampf tobte fort, denn Hagen wich nicht einen Fußbreit. Da drängte sich König Hettel, die Binde um das wunde Haupt geschlungen, durch die Menge, und an seiner Hand die schlanke, liebliche Hilde. Er umschlang den alten Wate, sie den Vater, ohne auf die Geschosse und die geschwungenen Schwerter zu achten. Es war, als sei ein Engel des Lichts und des Friedens zwischen die entbrannten Streiter getreten; denn die Waffen ruhten, das Geschrei verstummte. „Lieber Onkel", sprach Hettel, „schone den Vater meiner Gattin!" Und die edle Maid sprach: „Vater, laß ab vom Kampf; denn dein Kind soll Königin sein in Hegelingen und in allen Reichen, die dem reichen König Hettel untertan sind. Er ist edel und gut und will mich in großen Ehren halten."

Der Anblick und die Rede der geliebten Tochter bezwangen endlich den wilden Hagen. Er schloß sie liebreich in die Arme, reichte dem Schwiegersohn, dann auch dem alten Helden von Sturmland gütig die Hand und sprach das Wort des Friedens und der Versöhnung.

Zunächst wurde nun der Verwundeten gedacht, und da schaffte der Alte Rat und Hilfe. Er hatte ein schmerzstillendes Heilkraut. Damit verband er Hettels und Hagens Wunden. Dann ging er, der vorher grimmig mit dem Schwerte gewütet, über das Schlachtfeld, und wo ein Mann noch atmete, da verband er die Wunde mit dem heilenden Kraut, und die noch am Leben waren, genasen unter seiner Pflege. Am Abend saßen die Helden versöhnt beim Gelage, da sprach der Alte von Sturmen: „König Hagen, ihr habt mich drei Schläge gelehrt; so will ich euch drei Züge lehren, die bis auf den Grund des großen Trinkhorns reichen." Wie er gesprochen, so tat der weidliche Degen, so daß nicht ein Tröpflein mehr in dem Horne blieb. „Hei, alter Meister", sprach der wilde Hagen, „der Lehre bin ich hold; schau her, ob ich sie gelernt habe." Sofort leerte auch er das Horn bis auf den Grund. Da lachten alle Gäste und taten gleich also. Doch manchem mißlang das Meisterstück, und lauter scholl das Gelächter über den Stümper in der edlen Kunst.

Am folgenden Morgen fuhren alle Recken gen Matelane, die stolze Burg im Hegelingenland, wo die Hochzeit in seltener Pracht gefeiert werden sollte. Eine Botschaft berief auch Frau Hilde zu dem Ehrentag ihrer Tochter, und sie kam freudig mit vielen Frauen und Jungfrauen, die alle die minnigliche Braut in das Münster begleiteten.

Friedlich lebten König Hettel und seine Frau auf Matelane. Zwei Kinder entsproßen dem Ehebund, der Knabe Ortwin und das Mägdlein Gudrun. Als der Knabe heranwuchs, nahm ihn der Held von Stürmen zu sich, daß er bei dem alten Meister Ritterschaft erlerne, die kein anderer Degen in gleicher Weise verstand. Die Tochter blieb bei den Eltern. Sie wurde in allen weiblichen Gepflogenheiten unterrichtet. So erwuchs sie zur Jungfrau und wurde bald in allen Landen nicht nur wegen ihrer Schönheit, sondern auch wegen ihrer Sanftmut und Klugheit gepriesen.

Sie war noch gar jung an Jahren, da kamen schon edle Fürsten und hielten um ihre Hand an. Unter ihnen war auch der stolze König Siegfried von Niederland, stark und groß von Leibe und bräunlich von Angesicht. Ihm waren andere Könige untertan; daher brachte er kühn seine Werbung vor. Frau Hilde war der Ansicht, der Held sei gar zu hoffärtigen Sinnes und unkundig, edle Frauen in Ehre zu pflegen. Da Hettel die gleiche Meinung hegte, so wurde dem Freier bedeutet, das Mägdlein sei noch zu jung, um eines königlichen Haushalts zu walten. Unmutig fuhr der Mohrenkönig von dannen in sein fernes Reich. Doch hatte er zuvor etliche ungetreue Männer mit Gold bestochen, daß sie ihm allezeit berichteten, was sich im Lande der Hegelinge begebe.

Zu der Zeit herrschte in der Normandie und den Nachbarlanden König Ludwig, der mit starker Hand sein Reich von Zins freigemacht und erweitert hatte. Gleich ihm war sein Sohn Hartmut ein kühner Kriegsheld, des

Gudrun

Vaters Helfer in Kriegsnot. Als derselbe von Gudrun hörte, beschloß er, um sie zu werben. Der König meinte, das sei ein übler Rat, weil der Großvater des Mägdleins, einst sein Lehnsherr, ihm gram sei, und weil Hilde, des Mägdleins Mutter, den Übermut ihres Vaters geerbt habe. Dagegen sprach Frau Gerlind, die Königin: „Unser Sohn Hartmut ist des edelsten Weibes wert: Darum soll man Boten senden, die das Gewerbe in Ehren ausrichten; mich dünkt, man wird nicht wagen, die Maid ihm zu weigern." Der Rat gefiel dem jungen Degen gut, und Boten fuhren mit reichen Gaben gen Hegelingen. Sie wurden freundlich aufgenommen, und als Königin Hilde die Geschenke empfing, dankte sie zwar, fügte aber hinzu, sie wähne, der Normannenvogt wolle alte Schuld abtragen. Denn er habe einst Burgen und Land von ihrem Vater Hagen zu Lehen erhalten. Indessen wurden die Recken als Gäste reichlich bewirtet, dagegen vernahmen der König und die Königin ihren Antrag mit Unmut. Sie sprachen, dem Sohn eines Eigenmanns werde nimmer ihre Tochter zuteil; er solle sich unter den Dienstmannen von Hegelingen einen Schwiegervater suchen, die seien reich begütert und von ebenso edler Abkunft wie der Vogt der Normandie. Darauf nahmen die Recken Urlaub und kehrten zu ihrem Herrn zurück.

Herr Ludwig war nicht sehr verwundert über die Nachricht, wohl aber Frau Gerlind, deren Ahnen reiche Könige gewesen waren. Sie riet dem kühnen Hartmut, die Schmach mit den Waffen zu rächen. Indessen sann der junge Fürst auf anderen Rat. Er hatte Burgen und Freihöfe in Schottland. Er beschloß, unter anderem Namen und in schottischem Gewand mit großem Gefolge das Gewerbe selbst zu unternehmen. Er war aber ein weidlicher Held, ritterlicher Sitten kundig, von stattlichem Wuchs und männlich schönem Angesicht. Wenn er durch die Säulenhallen der Königsburg Cassian in fürstlichem Gewande schritt oder in blanker Rüstung zu Turnier und Heerfahrt auszog, so wandten sich ihm die Herzen edler Frauen zu, und alle begrüßten freudig den siegreichen Helden bei der Heimkehr. Deshalb vertraute er fest, er werde die Minne der königlichen Maid zu Matelane gewinnen und durch die Tochter auch die ahnenstolzen Eltern. Die Schiffe wurden gerüstet; ein günstiger Wind blähte die Segel, aber bald schlug er um, und die Bootsleute, so kräftig sie auch mit den Rudern die Salzflut schlugen, konnten nur langsam die Fahrt fördern. So geschah es, daß ein anderer Bewerber, der kühne Herwig, Vogt von Seeland, früher zu Matelane anlangte. Auch er war ein weidlicher Degen, durch manchen Sieg berühmt, rechtschaffen und treu gegenüber den Magen und Freunden. Wohl verstand die Maid seine Blicke, wenn sie liebend auf ihr ruhten, und ihre Augen erhoben sich schüchtern zu dem kühnen Mann und sagten nicht nein. So verstanden sich beide, ehe noch das Wort Minne ausgesprochen war. Als darauf Hartmut mit seinen Schiffen landete und als schottischer Fürst gastliche Aufnahme fand, erkannte derselbe bald das stille Liebesspiel zwischen Herwig und der Jungfrau, ließ sich aber dadurch von der Bewerbung nicht abschrecken.

Ein günstiges Geschick ließ den Normannen einst die schöne Gudrun im Garten allein finden. Er entdeckte ihr frei und offen seine Liebe und sagte auch, wer er sei. Sie erschrak, doch faßte sie sich bald und verhehlte nicht, daß ihr Herz gewählt habe. Sie sagte weiter, daß ihr Vater und ihre Mutter in die Verbindung niemals einwilligen würden, weil sie den König Ludwig als einen Eigenmann betrachteten; ja, daß sein Leben bedroht sein, wenn ihnen sein Name und seine Abkunft kundwerde. Das Wort Eigenmann erregte den Zorn des jungen Helden, so daß ein glühendes Rot seine Wangen färbte. Indessen ließ er es die Jungfrau nicht weiter merken, sondern nahm mit geziemender Rede Urlaub und steuerte, nachdem er noch den König und die Königin begrüßt hatte, zurück nach der Heimat.

Herwig verweilte länger auf der Königsburg. Er hoffte immer, einen glücklichen Augenblick zu finden, da er mit der geliebten Maid von dem reden könne, was ihm das geheime Minnespiel schon verraten hatte. War es nun Zufall oder Veranstaltung der klugen Königin, er fand die gelegene Stunde nicht. Da trat er offen vor König Hettel und brachte sein Gewerbe vor. Der Beherrscher der Hegelingenlande nahm die Märe kühl auf und meinte, der Vogt des kleinen Seeland sei kein würdiger Schwiegersohn für das Oberhaupt eines so mächtigen Reiches. Er sagte, die Maid sei noch gar jung und könne sich noch nicht mit der Wahl eines Bräutigams befassen. Mit diesem Bescheid mußte sich der kühne Degen begnügen und gleich seinen Vorgängern die Segel aufhissen und dem Land seiner Väter zusteuern.

Herwig fand in seiner einsamen Burg keine Ruhe. Er sammelte bald seine Mannen zur Heerfahrt gen Hegelingen. Er konnte nur dreitausend gewappnete Leute aufbieten, aber es waren unverzagte Recken, die mit ihm schon in mancher Schlacht gefochten hatten. Sie folgten willig seinem Ruf, bestiegen die Schiffe und landeten unversehens am Strand von Matelane. Hettel war nicht gerüstet, seine Helden fern; dennoch fiel er mit der bereiten Mannschaft aus der Burg. Schon schwirrten und krachten die Gere, schon klangen die Schwerter, schon drang der kühne Herwig unwiderstehlich vorwärts und bedrohte das Haupt des Königs, da schlichtete Hilde, ihrer Vergangenheit gedenkend, den Streit. Sie zog mit der mutigen Gudrun und vielen Frauen aus dem Burgtor, sprach das Wort Friede und stiftete Versöhnung. Hettel, den kühnen Sinn und die tapfere Faust des Vogts von Seeland erkennend, willigte in die Verlobung der schönen Tochter mit dem versöhnten Gegner ein. Doch fügte er die Bedingung hinzu, daß die Vermählung erst nach Jahresfrist gefeiert werden solle. Der junge Held stimmte gern zu; denn er blieb noch manchen Tag zu Matelane. Er sprach viel mit der geliebten Maid und vertraute der Treue, die sie ihm gelobte.

Der Mai mit seinen Liedern und duftigen Blumen war vergangen, der heiße Sommer war angebrochen, und noch weilte Herwig bei dem Schwiegervater. Auch andere Helden gelüstete es nicht, das gastliche Haus zu verlassen, denn am Sonnenwendefest sollte der junge Ortwin mit anderen edlen Recken das Schwert nehmen, um in die Ritterschaft einzutreten. Der Tag erschien, und Wate, der Alte, gürtete selbst seinem Zögling die

Wehre um. Da war viel Turnieren in den Schranken. Da wurden Schäfte gebrochen, Schwerter geschwungen, der Stein gestoßen, Preise von schönen Händen verteilt; dann saßen die Recken beim Mahl und leerten mit Lust die Becher. Den Jubel der Gäste störten Männer von Seeland in zerrissenen, blutigen Gewändern, etliche die Häupter mit Binden umwunden. Sie brachten üble Märe aus ihrer Heimat; sie sprachen, der Mohrenkönig Siegfried sei mit großer Macht zu Wasser und zu Land in das Reich eingefallen und verwüste Burgen, Weiler und Höfe. Es seien gut dreißigtausend reisige Leute, deren sich die geringe Mannschaft nicht erwehren könne. Da rief der alte Wate: „Mein Lehrling Ortwin und seine Gesellen wollen ihre Sporen verdienen; den Mohren zahlen wir mit unseren Schwertern den Lohn für ihre Arbeit." Die jungen Ritter jauchzten ihm Beifall; aber der weise Frute sprach: „Unsere Schiffe sind nicht gerüstet, unsere Mannen fern. Gegen die gewaltige Mohrenmacht müssen wir die gesamte Kraft des Reiches aufbieten, damit wir nicht Schimpf und Niederlage erleiden." Man erkannte wohl, daß der Rat gut und weise war; nur in Herwigs Ohr drang, lauter als die Mahnung zur Vorsicht, der Hilferuf seiner Getreuen: Er nahm sogleich Urlaub und segelte mit seinen Mannen nach der bedrängten Heimat.

Der kühne Held sah mit Harm rauchende Trümmer und gebrochene Zinnen in dem Land seiner Väter, als er die Küste entlang steuerte. Er landete in einer versteckten Bucht und spähte, wie er dem grimmigen Mohren Einhalt gebieten könnte. Mit seinen dreitausend Reisigen und der schwachen Landwehr konnte er nicht zur offenen Feldschlacht ausrücken; aber des Landes kundig, brach er bald da, bald dort aus dem Hinterhalt hervor, hieb ganze Haufen von Plünderern nieder und hemmte des Feindes Fortschritte. Dagegen erbeutete der Mohrenkönig seine Schiffe, da er die versteckte Bucht erspäht hatte. Herwig konnte sie nicht wiedergewinnen. So dauerte der verderbliche Krieg manchen Tag und manche Woche zum großen Schaden des Landes. Endlich erschien die ersehnte Hilfe: Am Horizont tauchten weiße Segel auf, die Flaggen von Hegelingen entfalteten sich; es war Hettel mit seinen Helden. Der kriegserfahrene Siegfried ordnete seine Gefolgsleute zur Schlacht unter dem Schall der Pauken und Zinken nach mohrischer Weise. Ein Teil bestieg die Schiffe, die Hauptmacht hielt die Küste besetzt, um die Hegelingen an der Landung zu hindern. Die Schlacht entbrannte zu Wasser und zu Land. Nach Frutes Weisung wurden Brände und Feuergeschosse auf die feindlichen Schiffe geschleudert, und alsbald leckten Flammen empor; da wurde der Himmel rot von der aufsteigenden Glut, die Erde und das Meer vom strömenden Blute der Streiter. Die Schlacht währte ohne Entscheidung fort; doch gewann der alte Wate festen Fuß am Strande, dann auch die anderen Helden Morung, Irold, der junge Ortwin, und König Hettel selbst war mitten im wilden Getümmel. Horand, mit Speer und Schwert arbeitend, sang ein Sturmlied, das die Kämpfer mit höherem Mut erfüllte, und es war fast, als sei es in weite Ferne gedrungen, als habe es der kühne Herwig vernommen; denn er brach mit seinen Getreuen unerwartet von der Seite in die Reihen der Mohren und entschied die Schlacht. Jedoch wandte sich König Siegfried nicht zur Flucht, sondern er kämpfte überall, wo die Not drängte, voran und lenkte den Rückzug nach einer festen Burg, die er früher erobert und als Stützpunkt wohlerhalten hatte.

Der Abend war angebrochen, auf der Walstatt und rings um die Feste lagerte das siegreiche Heer; die übermütigen Feinde waren in schwerer Bedrängnis: Ihre Schiffe verbrannt, ihre Vorräte und viele Gefangene in den Händen der Sieger, ihre Reihen gelichtet, so daß sie nicht ferner auf offenem Felde zur Schlacht ausrücken konnten. Da die Belagerer die Feste rings umschlossen hielten, so entstand bald Mangel unter dem Mohrenvolk, doch dachte der kühne Siegfried nicht an Unterwerfung. Er wollte lieber mit dem ganzen Heer sterben als Schmach erdulden. So hoffte er auf irgendeine glückliche Wendung – und nicht vergebens.

Während König Hettel mit seinen Helden in Seeland kämpfte, war ein anderer Feind in sein Land eingefallen, nämlich Hartmut mit einem zahlreichen Heere streitbarer Normannen. Als er heimgekehrt die Märe von dem üblen Ausgang seines Gewerbes hinterbracht hatte, war Frau Gerlind noch mehr erbittert als er selbst und schürte eifrig die Glut des Zornes über die schnöde Abfertigung. Das Wort Eigenmann ertrug auch König Ludwig nicht mit Geduld. Er wolle, sagte er, dem übermütigen Hettel und seinem stolzen Weib beweisen, was der ehemalige Lehnsmann des wilden Hagen für schlimme Dienste leisten könne. Sofort wurden umfassende Rüstungen veranstaltet, und die streitbaren Normannen sammelten sich freudig unter das erhobene Banner ihres Königs. Sobald die Schiffe und die Vorräte zur Verfügung standen, ging das Heer an Bord; die Anker wurden gelichtet, die Flotte segelte gen Hegelingen.

Als die Wächter auf den Zinnen von Matelane die Fahrzeuge und auf den Decks die Fahnen, Helme und Schilde der Gewappneten erblickten, stießen sie in die Wisenthörner, worauf die bewaffnete Mannschaft die Mauern besetzte. Aber sie war wenig zahlreich, denn der König hatte seine Recken und Mannen nach Seeland geführt. Es wurde ein Bote an ihn gesandt, und man hoffte, die feste Burg bis zur Ankunft des Königs halten zu können. Die Königin und Gudrun gingen zu den Waffenleuten, reichten ihnen stärkenden Trank und verhießen reiche Gaben. Sofort begann der Sturm auf die Feste von zwei Seiten; Hartmut suchte mit Leitern die Mauern zu ersteigen, Ludwig das Haupttor mit Sturmbock und Äxten zu erbrechen. Mancher Recke und Knecht fiel unter den Geschossen der tapferen Besatzung; aber die kühnen Normannen setzten den ganzen Tag den Angriff fort und drangen endlich hinauf und hinein in die erstürmte Feste. König Ludwig wollte das Haus anzünden. Er hatte schon das Schwert auf Frau Hilde gezückt, ihr den Zins des Eigenmannes mit Wucher zu zahlen, da erschien Hartmut, dem Vater wehrend, den Frauen zum Schutz. Nur Gudrun mit ihren Jungfrauen mußte auf die Schiffe folgen. Die Königin, ihr Gefolge, die gefangenen Burgmänner, das Königshaus selbst blieben von dem edelmütigen Sieger unangetastet. Am Strand wurde folgenden Tages der Sieg gefeiert; da taten die Könige ihre Schätze auf und belohnten die Krieger. Erst am dritten Tag trat man die Fahrt an, und die Knechte griffen rüstig in die Ruder, da der Wind nicht günstig war.

Dem ersten Boten, der die Märe von dem Angriff der Normannen nach Seeland brachte, folgte bald der zweite mit der Kunde von der Erstürmung der Burg und dem Raub der edlen Gudrun. Niemand dachte mehr an die Bezwingung der Mohren, sondern an Verfolgung der frechen Raubfahrer. „Die Höllenhunde werden uns entwischen, wenn wir säumen", rief Wate. „Wir müssen uns schleunigst mit den braunen Teufeln vertragen, um der Räuberbrut ihre kostbare Beute abzujagen." – Sofort wurde dem König Siegfried sicherer Abzug und freies Geleit zugestanden, und als dieser die schlimme Kunde vernahm, gelobte er mit seiner ganzen Macht den Helden gegen die frechen Räuber Beistand zu leisten. Der Bund wurde geschlossen, die Heere waren gerüstet, aber es fehlten die Schiffe zur Fahrt, da die Galeeren Siegfrieds und viele Fahrzeuge der Hegelingen von den Flammen vernichtet worden waren. So standen die kühnen Männer am Meeresstrand, und keiner wußte Rat zu schaffen. „Wohlan", rief voll Ungeduld der unverzagte Herwig, „wer Mut hat, besteige mit mir und meinen Getreuen die noch übrigen Schiffe, und dann mit Gott gegen die Räuber!" Das Wort war kaum gesprochen, so drängten sich schon die Helden zu ihm, um mit ihm das verzweifelte Spiel zu wagen. Da rief der Friese Irold: „Seht dort, Männer, da schwimmen Schiffe her, mehr und immer mehr!" Die Helden richteten ihre Blicke in die Richtung und sahen eine große Flotte heransegeln. An den Masten waren Kreuze und auf den Flaggen dieselben heiligen Zeichen. Auf den Decks wandelten Männer in langen grauen Gewändern, Stäbe des Friedens in den Händen. „Es sind Pilger, die nach dem Grabe des Herrn wallfahrten", sprach der Sänger Horand. Nachdem die Pilger den Strand erreicht hatten, stiegen sie aus und schlugen Zelte auf, um zu rasten; sie hatten nämlich eine weite Fahrt getan. „Das ist Hilfe in der Not", sprach Wate. „Die frommen Männer mögen ihre Fahrt aufschieben; sie haben zur Buße noch genügend Zeit. Wir borgen ihre Schiffe und Speisevorräte; kehren wir zurück, so erstatten wir es ihnen reichlich." Wohl warnten Horand und Frute vor dem Frevel, der nicht ungestraft bleiben werde; wohl erhoben die Pilger bittend ihre Hände: König Hettel, begierig, die Tochter zu retten, entschied mit seinem Königswort, und Wate und Herwig stimmten ihm bei.

Die Helden bestiegen sofort mit den vereinigten Heeren die Flotte und segelten unter dem Zeichen des Kreuzes auf die hohe See zur Verfolgung der Normannen. Nach mehreren Tagen Fahrt kam man zu einem flachen Eiland, das sich aus den Wellen erhob und allgemein Wülpensand genannt wurde. Daselbst lagerte zahlreiches Kriegsvolk, und auf den Bannern der streitbaren Scharen flatterte der horngeschnäbelte Rabe mit ausgebreiteten Flügeln, das Zeichen der Normannen. Die Krieger, erst getäuscht durch das Kreuz auf den Masten, ordneten sich bald auf den Ruf ihrer schlachtenkundigen Führer zum Widerstand gegen die heransegelnden Heere. Der Kampf begann; die Geschosse fielen dicht. Achtlos der Gefahr sprang der kühne Herwig in die wogende See, deren Wellen ihm über die Schultern schlugen. Pfeile und Gere prasselten ihm auf den Helm und den hoch erhobenen Schild; er drang jedoch durch und seine Gesellen ihm nach. Vor seinen mörderischen Streichen wichen die Feinde zurück. Er gewann das Ufer; suchte Hartmut und fand ihn. Beide Recken kämpften mit gleichem Mut und gleichem Geschick. Doch stürmten von beiden Seiten die Streiter hinzu, so daß die Kämpfer geschieden wurden. Auf der anderen Seite traf der alte Wate mit König Ludwig zusammen. Mit großer Kühnheit stritten die beiden Männer, und ob auch der Alte seinen Gegner mit einem furchtbaren Schlag zu Boden fällte, so war dieser doch schnell wieder auf und vergalt ihm reichlich die erlittene Schmach. Auch hier wurden die Kämpfer im Drange des Gefechts geschieden.

Die Schlacht wogte hin und her ohne Entscheidung, bis der Abend anbrach. Da lagerten sich die müden Krieger, kaum auf Speerwurfweite voneinander entfernt. Die Wachtfeuer loderten empor und erhellten spärlich die wolkendüstere Nacht. Bei ihrem Schein erkannte König Hettel, der um die Lagerung schritt, seinen Feind, den Frauenräuber Ludwig. Er rief ihn an, forderte ihn zum Kampfe, zieh ihn der Feigheit, als er den lichten Morgen erst erwarten wollte. Das ertrug der kühne Normanne nicht. Die Schwerter der königlichen Kämpfer blitzten und schmetterten auf Helme und Schilde. Aber Hettel, vom Feuer geblendet, gewahrte nicht, wie sein Gegner, den Schild zurückwerfend, mit beiden Händen einen mörderischen Streich führte, und sank mit gespaltenem Haupte zu Boden. Das sahen seine Krieger und stürzten unter lautem Schlachtruf auf den Sieger, dem alsbald die Seinen zu Hilfe eilten. So entbrannte die Schlacht von neuem im nächtlichen Dunkel, da man den Freund vom Feinde nicht unterscheiden konnte. Da fiel mancher Degen durch Freundeshand und fluchte der Waffe, die solches vollbracht hatte. Die Führer erkannten das Verderbliche des nächtlichen Kampfes und ließen die Hörner zum Rückzug blasen. Darauf lagerten sich beide Heere in größerer Entfernung. Hier standen die Helden, begierig der Rache, um den königlichen Leichnam, dort erwogen die Könige, Vater und Sohn, den erlittenen Verlust, da ihre tapfersten Recken auf der blutigen Walstatt den langen Schlaf schliefen. Sofort deuchte es den normannischen Helden der beste Rat, unter dem Schutze der Nacht die Schiffe zu besteigen und mit ihrem Raub nach der Heimat zu steuern. Gudrun weinte zwar viel, da sie den Tod ihres Vaters vernahm und sie trug Verlangen, bei den Freunden zu bleiben; aber sie war gefangen, und die Kriegsknechte, die sie und ihr weibliches Gefolge nach den Fahrzeugen geleiteten, achteten nicht ihrer Tränen.

Kaum tagte der Morgen, so rief schon der alte Wate zu den Waffen, und die Krieger hörten seinen Ruf. Wie groß war daher ihr Erstaunen, als sie das Lager der Normannen geräumt und die Reede leer von Schiffen sahen. „Die Feiglinge sind entflohen!" rief der Alte. „Laßt uns die Schiffe besteigen und ihnen nachjagen bis in ihr Raubnest und, wenn sie dort nicht sind, bis an das Ende der Welt." – Schon war Herwig bereit, der Mahnung zu folgen; allein Frute und Morung forderten zur Vorsicht auf. Sie gaben zu bedenken, daß die Reihen ihrer Streiter gelichtet und die Normannen weit voraus seien, so daß man sie erst in der Normandie überholen werde, wo Burgleute und streitbare Landwehr nicht bloß ihren Verlust ersetzen, sondern auch zu einer unbezwinglichen Macht anschwellen würden. „Es bleibt kein anderer Rat", schloß Frute, „als einige Jahre stillzusitzen, bis die heranwachsende Jugend wehrhaft wird und mit uns die Heerfahrt wider die Räuber unternimmt. Uns ist kein Heil beschieden, da wir die frommen Pilger beraubt haben. Laßt uns ihnen das Gut erstatten und hier auf dem blutigen Wülpensand ein Gott geweihtes Heiligtum stiften."

Die ratschlagenden Recken erkannten die Weisheit Frutes. Nur Herwig zürnte dem Helden und kehrte mit den wenigen Mannen, die das Schwert verschont, nach Seeland zurück, um die zerstörten Burgen wieder herzustellen und sein schwer heimgesuchtes Volk zu trösten. – Groß war Frau Hildes Leid, als die Krieger, nicht wie sonst siegesfreudig, sondern in langsamem Trauerzug von den Burgzinnen herab erblickt wurden; groß ihr

Hettels Tod

Schrecken, als sie die Leiche des geliebten Gatten enthüllt vor sich sah und vernahm, daß die schöne Gudrun von dem Raubvolk fortgeschleppt sei. Doch war sie nur ein schwaches Weib, nicht kundig der Waffen, um zu rächen und zu retten.

Auch Horand, Morung und Irold beklagten mit ihr den erschlagenen König, der alte Wate schalt sie, daß sie gleich Weibern jammerten, und forderte sie auf, eingedenk der verschobenen Rache, der jungen Mannschaft zu pflegen, daß sie wehrhaft und zum Streite tüchtig werde. Es war gewiß der beste Rat: man mußte sich in das Unvermeidliche fügen.

Die Schiffe der Normannen schwammen der heimischen Küste zu. Sie landeten im Hafen der stolzen Burg Cassian, wo Frau Gerlind und ihre freundliche Tochter Ortrun mit ihren Frauen und Burgmannen die kühnen Helden am Ufer empfingen. Als sie die Könige begrüßt hatten, eilte Ortrun zu der trauernden Gudrun, ihrer künftigen Schwägerin, umfing sie mit Armen, küßte sie herzlich und bat sie, guten Mutes zu sein. Die Liebe der guten Maid tat der Betrübten wohl, sie erwiderte den Kuß, obgleich sie ihre Tränen nicht zurückhalten konnte. Nun nahte auch die Königin, sie mit freundlicher Rede und mit Küssen zu begrüßen. Aber Gudrun wich zurück. Das Weib mit den scharfen Zügen und den hervorstarrenden Augen erschien ihr wie eine tückische Schlange, die bereit ist, sich auf ihren Raub zu stürzen und ihn mit ihren Ringen zu zermalmen.

Tage und Wochen vergingen, und Hartmut warb eifrig um die Minne der schönen Maid. Er war ein weidlicher Degen, kraftvoll und wohlgetan von Gestalt und Angesicht. Seine dunklen, feurigen Augen suchten ihr Herz zu gewinnen; aber es blieb verschlossen und ihr Mund stumm bei seinen freundlichen Reden. Als er lebhafter in sie drang, daß sie ihm sage, warum sie ihm mit Haß begegne, sprach sie: „Ihr seid ein edler Held und der Minne wert; ich bin jedoch mit Herwig verlobt und kann ihm die Treue nicht brechen, ob ich auch gefangen und in eurer Gewalt bin." Diese Worte erregten des Fürsten Unmut, aber er bewies sich darum nicht zornig gegen die Jungfrau, er vertraute, daß die Zeit ihren Kummer sänftigen und ihren Trotz brechen werde. Nicht so geduldig ertrug Frau Gerlind den langen Verzug. Sie trat einstmals mit anscheinender Freundlichkeit zu den Gefangenen und sprach: „Nun, süßes Täubchen, sage mir doch, wann wird Hochzeit sein mit meinem Sohne?" – „Niemals!" antwortete Gudrun. „Die Tochter des erschlagenen Königs kann nicht den Sohn dessen minnen, der ihn erschlug." – „Niemals!" wiederholte die Königin, und ihre Schlangenaugen starrten nach ihr hin, als wolle sie mit ihren Blicken die Maid vergiften. „Ich bin des Zaubers kundig, der ein solches Täubchen zum Gehorsam zwingt", fügte sie noch hinzu und ging eilig zu ihrem Sohn, um ihm die Märe von dem Trotz der Gefangenen kundzutun und ihn zu versichern, daß sie dieselbe schon zu zähmen gedenke, wenn er sie ihrer heilsamen Zucht anvertraue. Hartmut war dazu wohlgeneigt, doch forderte er von ihr, sie solle mit der königlichen Jungfrau nicht unwürdig verfahren. Er konnte nicht mehr reden, denn eine Heerfahrt stand bevor, und schon harrten die Reisigen des Aufbruchs.

„Schau doch, Liebchen, hast gut geschlafen; aber es ist Zeit, an die Arbeit zu gehen. Denn willst du nicht die Krone tragen, so mußt du dein Brot verdienen", so sprach Frau Gerlind, am frühen Morgen in die Kemenate tretend, wo Gudrun mit den Jungfrauen von Hegelingen der nächtlichen Ruhe gepflegt hatte. „Zu dem Tagwerk aber taugen die seidenen Gewänder nicht; dazu sind Kittel von Linnen dienlicher", so sprach das schlimme Weib, indem sie den Mädchen die groben Gewänder zuwarf und allen Schmuck mit sich fortnahm. Darauf wies sie Gudrun an, wie sie Gemächer und Säle fegen, die Feuerung besorgen, in der Küche dienen solle. Auch die anderen Mädchen wurden zur Arbeit angehalten, doch nicht mit solcher Härte wie ihre Herrin. Gudrun ertrug alles geduldig. Ihre zarten Hände wurden voll Schwielen und bluteten von dem ungewohnten Werk, das sie Tag für Tag vom frühen Morgen bis zum späten Abend verrichten mußte, und dennoch keifte und schimpfte die Alte auf die träge Dirne, die zum heilsamen Geschäft wenig brauchbar sei. Sie wurde immer härter und zorniger, da die Maid nicht widersprach, sondern ruhig duldete, was auch über sie erging.

Manches Jahr verging der harmvollen Maid unter den mühseligen Arbeiten, die sie verrichten mußte; da kehrte der kühne Normannenheld von der Heerfahrt in fernen Ländern zurück. Er hatte in vielen Schlachten den Sieg gewonnen, und stolz erhob er sein vom Ruhm umstrahltes Haupt, als er in der Burg einzog und sein Vater ihn freudig in die Arme schloß. Da forschte er nach der Jungfrau, die er unter Kämpfen und Abenteuern nicht vergessen hatte. Als er sie nun im groben Kittel und bei ihrem rauhen Geschäft gleich einer leibeigenen Magd erblickte, zürnte er der Mutter, die ihrer so übel gepflegt hatte. Er bat, er flehte um ihre Minne: Seine Krone, sein Reich, seinen Siegesruhm wollte er zu ihren Füßen legen, wenn sie die Seine werde. Sie antwortete ihm: „Nur einmal liebt ein edles Weib und nicht wieder." Abermals in seiner Hoffnung getäuscht, verließ er sie; doch wehrte er der bösen Gerlind, daß sie nicht ferner die Königstochter zu mißhandeln wagte. Gudrun wurde am Abend in ihre frühere Kemenate geführt, und am Morgen stand nicht die arge Wölfin keifend an ihrem Lager, sondern mit Worten der Liebe die sanfte Ortrun, die sie lange nicht gesehen hatte. „Gudrun", sprach sie, „du sollst wieder froh werden; denn ich darf bei dir bleiben, und durch meine Pflege wirst du von allem Harm genesen." Die Jungfrau, ihres erschlagenen Vaters und des fernen Freundes gedenkend, seufzte tief. Doch küßte sie die gute Maid, stand auf und zog die seidenen Gewänder an, die für sie bereitlagen. Beide Jungfrauen verkehrten miteinander und liebten sich, als ob sie zusammen aufgewachsen wären. Den ganzen Sommer hindurch war Ortrun heiter und suchte die Freundin mit Spiel und Tanz zu erfreuen. Als aber im Herbst die Blumen und Blätter welkten, wurde sie ernst und traurig und spielte und sang nicht mehr. Oft fragte sie Gudrun, warum sie nicht wie bisher frohen Mutes sei, aber sie gab keine Antwort. Indessen, da die Freundin nicht nachließ zu forschen, sprach sie unter Tränen: „Ich wähnte, du würdest um meiner Liebe willen Hartmut deine Minne gönnen; da du dich weigerst, gedenkt man uns wieder zu trennen."

Noch vieles redeten die Jungfrauen, da trat der Normannenheld selbst zu ihnen. „Gudrun", sprach er, „der Recke, dem du Treue gelobt hast, ist deiner Minne nicht wert, sonst wäre er nach so vielen Jahren mit Heeresmacht herübergefahren. Er hat dich vergessen, vielleicht eine andere königliche Jungfrau heimgeführt." – „Ihr kennt ihn nicht, edler Held", sprach die Maid. „Uns scheidet nur der Tod, der alle Bande löst." – „Und wenn er nun in Kampfesnot gefallen oder in Siechtum gestorben wäre?" fragte der junge König. „So will ich ihm dorthin die Treue bringen, wo keine Trennung mehr ist", sprach Gudrun und stand kühn und hehr, wie ein Held in der Schlacht, vor dem Mann, der über ihr Schicksal zu gebieten hatte. „Du kennst ihn nicht, edle Maid, den du verschmähst", sagte er unmutig. „Er hätte Reich und Krone und sein Haupt eingesetzt, um dich von unwürdigen Banden zu lösen, und nun muß er ohne Hoffnung fort, weit fort in neue Kämpfe ziehen, ob er Frieden gewinnen möge." Also schied er von den Frauen.

„Ich soll deiner sorglich pflegen, Schätzchen", rief Frau Gerlind, die eilends hereinkam. „Das will ich in Treue tun. Du hast gar üble Grillen und Gepflogenheiten; dagegen ist Arbeit, reichliche Arbeit eine gute Helferin. Geh, Ortrun, an den Stickrahmen, deine süße Gespielin aber legt wieder das Seidengewand beiseite und nimmt dafür den Kittel; dann hab' ich für sie ein Plätzchen am Waschtrog, denn meine Gewänder sind der Reinigung bedürftig. Es gibt auch viel zu kehren und zu fegen. Fort, Schätzchen, an das Werk!" So sprach die Königin und bedrohte die edle Maid mit Gerten und Ruten, wenn sie nicht das aufgegebene Werk bis zum Abend vollende. Gudrun aber schaffte früh und spät mit unverdrossenem Fleiß; sie rieb sich am Waschtrog die Hände wund und ertrug doch alle Pein und alle Schmähungen der argen Wölfin ohne Murren. So verging wieder manches Jahr, bis Hartmut mit Ruhm und Beute zurückkehrte. Er tat zwar der Mißhandlung Einhalt, aber seine Hoffnung, die Minne der unvergessenen Maid zu gewinnen, war eitel. Ihre Treue wich nicht aus ihrem Herzen. Deswegen setzte das schlimme Weib ihre Zucht fort und wurde von Tag zu Tag unmenschlicher in der Behandlung der gefangenen Jungfrau. Die anderen Mädchen von Hegelingen hatten leichtere Arbeit. Sie mußten spinnen und spulen, während Gudrun in winterlicher Kälte am Waschtrog stand, so daß sie spät abends im durchnäßten Gewand totmüde auf ihr Lager von Stroh sank. Das erbarmte alle Jungfrauen, die gar oft ihre geliebte Herrin mit der unwürdigen Arbeit beschäftigt sahen, und eine konnte ihren Unmut nicht bergen. „Wie mögt ihr, stolze Königin", sprach sie, „einem edlen Fürstenkind solche Schmach antun! Ein übler Höllengeist hat euch gezeugt und euch das harte Herz in die Brust gelegt." – „Das sollst du büßen, lose Dirne", keifte Frau Gerlind. „Gleich fort an den Waschtrog zu deinem Königskind; da magst du zusehen und die Hände fleißig regen, daß mein Linnen weiß wird, gleich dem Schnee, der die Felder deckt." Das war, was die Maid begehrte: Sie konnte nun der werten Freundin mit emsigen Fleiß Beistand leisten und sie trösten und ihr die Mühsal erleichtern. Indessen wurde die Zucht des bösen Weibes von Tag zu Tag immer unerträglicher. Die Wäscherinnen mußten im dünnen Kittel und unbeschuht am Strande die Linnen wa-

Wiedersehen am Meeresstrand

schen, während die Stürme des scheidenden Winters ihnen die Flocken ins Angesicht trieben. Als sie ihre Zuchtmeisterin nur um Schuhe baten, erhielten sie Schmähworte zum Bescheid, und Gerlind drohte, sie mit Dornruten zu züchtigen, wenn sie ihre Tagearbeit nicht am Abend vollendet hätten. Zitternd vor Frost bei schneidendem Nordwind, die schönen Haare wild zerrauft und barfuß, wuschen sie emsig, ohne sich Ruhe zu gönnen. Da erblickten sie ein Boot, in dem zwei blank gerüstete Recken kräftig die Ruder führten. Sie steuerten den Strand entlang und kamen den edlen Wäscherinnen allmählich näher. Die Mädchen, ihrer spärlichen Bekleidung sich schämend, suchten sich zu verbergen; allein die Männer im Boot hatten sie schon erblickt, riefen sie an und baten um Kunde, wem die stolze Burg gehöre, deren starke Mauern sie vor sich sähen. Da sie zugleich ans Land stiegen und drohten, der Linnen sich zu bemächtigen, die am Ufer lagen, wenn ihnen nicht Auskunft werde, so näherten sich die Jungfrauen verschämt. Da sprach Gudrun leise zu ihrer Begleiterin: „Ich irre nicht, ich erkenne ihn unter dem Helmsturz: es ist Herwig! – Aber – er hat mich vergessen – er kennt mich nicht mehr."

In der Tat wußte der Held nicht, daß die lang gesuchte Braut ihm nahe war. Der ärmliche Kittel, die nackten Füße, das verworrene Haar machten das Königskind unkenntlich. Als sie aber die wirren Locken zurückstrich und ihr Blick dem seinen begegnete, da erkannte er sie, eilte auf sie zu, schloß sie in die Arme, und im bräutlichen Kuß feierten Liebe und Treue ihren Sieg über die Schmerzen der Trennung und der Mühsal der jüngsten Zeit. Das war ein wonnevoller Augenblick, und nun trat auch der andere Recke hinzu, schlug den Helmsteg auf, und – – „Ortwin!" rief die glückliche Maid und herzte und küßte den Bruder. Der aber wandte sich zu der anderen Maid, die noch fern und verlassen stand. „Du bist es, Hildburg", sagte er, ihre Hand ergreifend. „Scheue dich nicht, vor den Freunden zu gestehen, daß sich unsere Herzen längst gefunden haben, daß nur der Einbruch der räuberischen Normannen unsere Verlobung verzögert hat. Hier am Meeresstrand feiern wir Verlobung."

Noch ein Händedruck und ein Kuß, dann stiegen die Helden in ihr Boot und ruderten in die Ferne. Lange blickten die Mädchen ihnen nach; doch erinnerte Hildburg an die Kleider, die der Wäsche noch bedürftig waren. „Hei, wie sollte ich noch der Wäsche pflegen!" rief Gudrun. „Zwei Könige haben mich geküßt, nun bin ich Königin, nicht mehr die arge Wölfin. Ihre Wäsche mag die wilde Flut pflegen!" Mit diesen Worten nahm sie ein Kleidungsstück nach dem anderen, warf es weit in die treibenden Wogen und klatschte vor Freude in die Hände, wie Wind und Wellen die Linnen forttrieben.

Frau Gerlind stand schon lange lauernd auf der Warte, als die Mägdlein anlangten. „Seid ihr schon mit dem Tagewerk zu Ende?" rief sie ihnen entgegen. „Aber wo habt ihr die Gewänder?" – „Die Arbeit war für uns zu schwer", sagte Gudrun ruhig. „Wir wären damit nicht fertig geworden. Deshalb übergab ich die Wäsche den Wellen, die sie weißer waschen werden als der Schnee. So ihr eure Taucher danach aussendet, so bringen sie wohl manches Stück wieder in eure Hände." Ob dieser kühnen Rede starrte die Königin sie eine Weile stumm an. „Habt etwa mit heimlichen Buhlen gekost?" rief sie. „Aber ihr sollt dafür Strafe leiden! – Man entkleide die losen Dirnen!" herrschte sie ihre Mägde an. „Man binde sie fest; ich will ihnen mit Dornruten den lüsternen Mut austreiben. Herunter mit den Gewändern! Die Dornengerten her!" Die leibeignen Dirnen, an Gesinnung ihrer Gebieterin gleich, wollten kichernd dem Befehl Folge leisten. Aber die Jungfrau erhob sich stolz, als ob sie die Herrin wäre. „Rühre mich nicht an, elende Magd", sprach sie. „Morgen bin ich deine Königin, denn ich wähle Hartmut zum Gemahl." – „Du willst?" sprach Gerlind freudig. „Aber", fügte sie hinzu, „ich wähne, da sei eine Tücke verborgen." – „Führt den König hierher", sprach Gudrun, „daß er es aus meinem Mund vernehme."

Die Königin ging sinnend zu ihrem Sohn und sprach: „Hartmut, die trotzige Maid willigt endlich ein, dir ihre Minne zu gönnen, aber . . ." – „Kein aber", rief der kühne Held, „sie willigt ein! – Mutter das Wort will ich von ihr selbst vernehmen." – Er eilte fort zu Gudrun, so daß die Alte ihm nicht folgen konnte. Er wollte die edle Braut in die Arme schließen, allein sie wehrte ab. „Nicht jetzt", rief sie, „nicht hier in dem Gemach des Jammers, nicht in diesem Gewand; am hellen Morgen, in der Versammlung der Recken, im königlichen Schmucke empfange und gebe ich den Brautring." – „Es gehe nach deinem Willen", sprach der weidliche Degen. „Auf, ihr Mägde, bereitet eurer Herrin ein Bad und ebenso den anderen Jungfrauen aus Hegelingen. Bringt ihnen geziemende Gewänder und königlichen Schmuck der, die ich nun Braut nennen darf! Rüstet ein Mahl für alle, daß sie den Tag heiter beschließen."

Die Befehle des Königs wurden befolgt, und am Abend saßen die Jungfrauen beim festlichen Mahl; nur Gudrun und Hildburg scherzten und lachten laut, die anderen waren traurig, daß sie nun für immer von der Heimat fern in der Fremde bleiben sollten. Frau Gerlind, immer spähend und lauernd, meinte, Gudruns Lachen sei wie ein Sonnenblick, ehe der Gewittersturm losbreche. Als sich die Jungfrau mit ihren Gefährtinnen im Schlafsaal allein sah, entdeckte ihnen die Herrin, daß ihre Befreier mit Heeresmacht in der Nähe seien, und verhieß derjenigen viel rotes Gold, die ihr am Morgen zuerst die Märe vom Anzug des Heeres hinterbringe.

Ehe der Tag graute, stand schon eine Maid am Fenster und schaute aus nach der Flotte und dem Heer. Der Morgenstern glänzte am Himmel und sah sein schwankendes Bild in den bewegten Meereswellen; da stiegen weiße Wolken am Horizont auf und als das Morgenrot seine Strahlen darübergoß, erkannte man, daß es Segel waren, und als die Sonne aufging, fielen ihre Strahlen auf blanke Helme und Schilde. Nun war kein Zweifel mehr. Die Maid weckte ihre Herrin, und diese hätte laut aufjauchzen mögen; aus Furcht vor Gerlind hielt sie den Jubelruf zurück und sah mit pochendem Herzen, wie das mächtige Heer landete, wie der ganze Strand von Waffen glänzte. Der Wächter auf dem Turm stieß mächtig ins Horn und rief mit tönender Stimme: „Wacht auf, wacht auf, Normannen! Feinde vor der Burg!" Da stürzte Frau Gerlind in das Gemach. „Das Heer von Hegelingen!" rief sie. „Daher kam Gudruns Lachen! Die üble Maid wußte wohl, warum sie lachte." Sofort sprangen Vater und Sohn vom Lager, warfen Mäntel um und eilten auf den Turm. König Ludwig meinte, es müßten Pilger sein, die mit den Waffen das heilige Grab befreien wollten. Sein Sohn war anderer Meinung: „Ich glaube, es sind die Banner, die am Wülpensand flatterten. Schau, Vater, voran weht die Fahne von Sturmland, des alten Wate Zeichen; daneben der Drache von Hegelingen, den Frau Hilde sendet, und die Sonne mit goldenen Strahlen, des jungen Ortwins Banner, dort Horands Harfe. Der Sänger wird uns ein harmvolles Lied spielen, und bei ihm Frute mit seinen Dänen, und Morung, der kühne Degen, und der starke Irold mit den Recken von Friesland. Nun stürmt auch von den Schiffen her der unverzagte Herwig. Hoch flattert seine Fahne mit dem Delphin im blauen Felde und hinter ihm das Stierhaupt von Mohrenland, das Banner des Recken Siegfried."

Das sind uns schlimme Gäste, ein gewaltiges Heer", sprach König Ludwig. „Aber wir müssen sie, als gute Wirte, draußen auf dem Feld empfangen". — „Du redest, wie ich denke", antwortete Hartmut. „Nicht hinter Mauern birgt sich der Normanne, wenn solche Gäste mit Speer und Schwert Bewirtung fordern." Umsonst mahnte Gerlind zur Verteidigung der starken Burg: Ludwig wies sie mit rauhen Worten zurück, ließ die Burgmannen sich wappnen und rückte durch das geöffnete Tor ins freie Feld, während Hartmut aus einer anderen Pforte mit seiner reisigen Schar hervorbrach. Hoch ragte der junge König über alle Recken um eines Hauptes Länge empor, und furchtbar stürmte er in die feindlichen Reihen, so daß alles vor ihm zurückwich. Das sah König Ortwin mit Gram. Er erkannte den Sohn dessen, der ihm den Vater erschlagen hatte. „Blut für Blut!" — mit diesem Ausruf rannte er den Normannen an. — Die Helden kämpften grimmig, und ihre Recken drängten von beiden Seiten; doch Hartmut war ein weidlicher Degen; er hieb dem Gegner durch Halsberg und Brünne, daß die Ringe vom strömenden Blut rot wurden. Schon blitzte sein Schwert zum Todesstreich. Da warf sich der kühne Horand dazwischen und fing mit erhobenem Schilde die Klinge auf. Indessen konnte auch er vor dem furchtbaren Helden nicht bestehen. Mit Mühe und Not wurde er verwundet von seinen Getreuen aus dem Getümmel geführt, und viele seiner Recken fielen unter den mörderischen Schlägen des löwenkühnen Normannen. Von der anderen Seite drang König Ludwig unaufhaltsam vor. Ihm warf sich der Held von Seeland entgegen. Nur sein stahlfester Helm bewahrte sein Leben; denn, von einem gewaltigen Streich des Königs getroffen, strauchelte und fiel er zu Boden. Seine Getreuen sanken Mann für Mann um ihn her. Als aber die Betäubung von seinem Haupte wich, sprang er wieder auf. Da sah er die edle Maid oben am Fenster, wie sie händeringend auf ihn niederschaute. „Gudrun", rief er, „Gudrun!" zum zweiten und dritten Mal. König Ludwig warf verwundert einen Blick rückwärts über den gesenkten Schild; da traf ihn das Schwert, das sein Gegner mit beiden Händen gefaßt hatte, durch Halsberg und Ringe bis tief in die Brust. – „Der König tot!" riefen seine Mannen und wichen und flohen vor dem andringenden Sieger und vor dem starken Irold und dem Mohren Siegfried. Noch gewaltiger drängte der alte Held von Stürmen. Er schlug Mann und Roß zu Boden; sein Schwert und sein Gewand trieften von Blut. Die flüchtigen Normannen drängten nach den offenen Toren und schlossen sie erschrocken, als der alte Wate würgend und mordend daherstürmte. Ein Hagel von Steinen und Geschossen empfing den kühnen Degen, aber sein Schild war von dickem Eisen und schützte ihn. Er rief nach Leitern und Sturmgerät und gedachte, die Mauern zu erklimmen.

Noch hielt außerhalb, unkundig, daß sein Vater gefallen war, der königliche Held mitten auf dem Felde, wo er bisher siegreich gestritten hatte. Als er die Flucht der Normannen gewahrte, zog er sich mit seinen Reisigen langsam nach der Burg zurück. Da sah er, wie oben auf der Zinne Frau Gerlind einem Reisigen mit blankem Schwert Auftrag gab. Er kannte wohl den argen Sinn der Mutter und wähnte, sie erteile dem Manne Befehl, die wehrlosen Frauen zu ermorden. Sofort rief er mit Donnerstimme: „Feiger Hund, regst du eine Hand zum Mord, so sollst du noch heute am Galgen hängen." Der Mann ließ das Schwert fallen und entwich aus Furcht vor dem Zorn des Gebieters. Indessen sah Hartmut mit Erstaunen den alten Wate an der Pforte der Burg. Er hielt auf einem Hügel und blickte sich weitum, ob nicht sein Vater Ludwig Hilfe bringe; aber überall wallten die Banner der Helden von Hegelingen und ihrer Bundesgenossen, überall feindliche Schwerter und Rüstungen. Irold, Morung, Frute und der Recke Siegfried stürmten mit ihren Mannen auf Hartmut und das Häuflein zu, das ihn umgab. Der unverzagte Recke suchte sich Bahn zu schaffen; er dachte nicht an feige Flucht. Nun aber kehrte sich der blutige Alte gegen ihn. Unter seinen furchtbaren Streichen fielen die Normannen wie Halme unter der Sense des Schnitters. Jetzt schwang er das Schwert gegen den bedrängten König, dessen Tod gewiß schien.

Es war ein verhängnisvoller Augenblick: Der alte Degen wurde plötzlich behindert! Herwig warf sich ihm in den Weg und flehte ihn an, des Feindes zu schonen. Wate in seiner Kampfeswut führte den Streich auf das Haupt des Freundes, daß er betäubt unter die Leichen erschlagener Normannen fiel. Das brachte den wilden Krieger zur Besinnung. Von Hartmut ablassend, hob er den werten Genossen auf und war erfreut, daß er noch heil war. „Hat es dir der Teufel ins Ohr geraunt, daß du um des Frauenräubers willen das Richtschwert hemmtest?" – „Nicht der Teufel", antwortete Herwig. „Die edle Gudrun selbst, von der freundlichen Ortrun angerufen, bat mich, deren Bruder zu erretten". – „Ha, die Weiber", rief der Alte von Stürmen. „Ja, die Weiber, eine wie die andere, haben Herzen so weich und schmiegsam wie die weißen Wolken, die der Wind hin und her weht. Aber nun fort zur Burg Cassian, daß wir die Wölfin in ihrer Höhle greifen."

Damit drang der Held von Sturmland wieder gegen das Burgtor. Viele seiner Mannen starben unter dem Hagel der Geschosse. Schließlich wurde die Pforte gesprengt, und er stürzte in den Burghof, Reisige und Knechte niederhauend, und hinauf die Stiege, wo auf jeder Staffel Blut floß, und hinein in den Frauensaal, wo um Gudrun die erschrockenen Jungfrauen sich drängten, während Ortrun und Gerlind zitternd zu ihren Füßen knieten und um Schutz flehten. „Wo ist die Wölfin!" rief der weidliche Degen. „Rede, Gudrun und ihr anderen!" – Er war blutig bis an die Achseln, auch sein Schwert triefte von Blut. Er war entsetzlich anzusehen, doch die königliche Jungfrau zitterte nicht, noch kam über ihre Lippen ein Wort, das die arge Gerlind verraten hätte. Still und unerschüttert saß sie voll Hoheit wie eine duldende Heilige vor dem grimmigen Helden, der gleich einem schäumenden Eber umherblickte, als suche er den, auf den er sich stürzen wollte. Da winkte eines der Mädchen nach der Königin, und wie er der Verhaßten in die Schlangenaugen blickte, wußte er, daß er nicht irre. Er ergriff sie bei den Haaren, schleppte sie hinaus auf den Söller, schlug ihr das Haupt ab und schleuderte Haupt und Rumpf über die Mauern. „Nun die andere!" rief er, auf die erschrockene Ortrun zustürzend. „Auch im Schlangennest ausgebrütet: Sie soll der Unholdin nachfolgen." Er wollte das Mädchen ergreifen, aber Gudrun faßte die Freundin in die Arme, indem sie ihre Liebe rühmte. Das beruhigte den Alten, daß er der Rache ein Ziel setzte.

Inzwischen war der Streit außerhalb der Burg Cassian gleichfalls zu Ende. Todmüde von der langen Blutarbeit hatte der Normannenheld das Schwert gesenkt und sich mit achtzig Recken, dem Überrest seiner tapferen Schar, den ihn rings umzingelnden Feinden ergeben. Am Abend saßen die Sieger mit den befreiten Jungfrauen von Hegelingen beim festlichen Mahl: Gudrun im königlichen Schmuck neben Herwig, dem Getreuen, die edle Hildburg an der Seite Ortwins, der noch die Binde um die Wunde geschlungen trug. Da wurde manch ernstes und manch scherzhaftes Wort geredet.

Gerlind und Ortrun zu Gudruns Füßen

Am dritten Tag ging das ganze Heer an Bord der Schiffe; nur Morung mit seinen Mannen blieb zum Schutz von Cassian zurück. Der gefangene König und auch die gute Ortrun samt dreißig Mägden mußten den Siegern folgen. Am Wülpensand, wo Frau Hilde ein Kloster hatte erbauen lassen, beteten die frommen Helden, bevor sie gen Hegelingen weitersegelten.

Frau Hilde saß mit Hergart, der Schwester Herwigs, am Fenster und gedachte der Tochter und der Helden, die auf der Heerfahrt begriffen waren. „Wird unsere Gudrun die Treue bewahrt haben? Werden unsere Streiter heimkehren oder, wie ihre Väter auf dem Wülpensand, statt des Sieges ein Grab finden?" so sprach die harmvolle Königin. „Sieh dort, Mutter Hilde", rief Hergart, „ein Schiff und ein zweites und immer noch mehr! Sie kommen, sie bringen Gudrun. Geschwind, ihnen entgegen!" Ehe die Frauen das Ufer erreichten, war schon der alte Wate gelandet. „Heil euch, hohe Königin!" rief der Alte. „Wir bringen, was Ihr begehrt; wir sandten keine Boten: ich wollte selbst der Bote sein." Der frische Wind blähte die Segel, daß die Schiffe in rascher Folge an Land gingen. Da war des Küssens und des Fragens kein Ende.

Große Freude und Wonne hatte Frau Hilde mit den werten Gästen, die samt dem Heer reichlich bewirtet wurden. In der Burg war ein edler Degen voll bitteren Harms, der hieß Hartmut, der kühne Normannenheld. Nicht schmachtete er in Banden, sondern in ritterlicher Haft, nur gefesselt durch sein Königswort ging er frei umher. Doch nagte der Unmut an seinem Herzen, der Unmut darüber, daß er Vater, Mutter und Braut, Reich und Freiheit an einem Tag verloren hatte. Darum mied er die Begegnung mit denen, die alles Unglück über sein Haupt gebracht hatten. Er saß am liebsten in einer dunklen Felsengrotte, wo ein sprudelnder Quell aus der Tiefe hervorrieselte. Da sah er einmal zwei Frauen in eifrigem Gespräche durch die Laubgänge des Gartens wandeln. Die eine war Frau Hilde, die andere ein schönes Mägdlein, noch jung an Jahren, doch reif an klugem Rat. Sie redeten von dem gefangenen König, der in bitterem Gram sein Leben hinbringe: „Ja", sprach Frau Hilde, „gern gewähre ich ihm Reich und Freiheit, aber ich sorge, der kühne Held richtet von neuem die Fahne des Krieges auf und bringt uns des Harmes mehr als zuvor. Du weißt nicht, gute Hergart, was ein Mann und auch ein Weib zu tun vermag, wenn der Geist der Rache ihrer Meister wird." – „Wie?" sprach die Jungfrau. „Erkennst du nicht, daß er ein weidlicher Degen ist, fest und treu in Worten und Taten? Könnte er nicht entweichen, wenn ihn nicht sein königliches Wort bände? Gib ihm die Freiheit, in seine Heimat, in sein väterliches Erbe zurückzukehren." Also bat und flehte die Maid, und der gefangene König sah und hörte sie, und sie schien ihm noch schöner als Gudrun selbst, deren Minne ihm als das höchste Gut der Erde erschienen war. Frau Hilde dagegen schüttelte das Haupt und meinte, mit der Freiheit und Macht wachse auch das Begehren nach Rache. Sie verließ die Jungfrau, die sinnend zurückblieb. Hergart blickte einer aufsteigenden Lerche nach, die, wie sie wähnte, ein Lied von der süßen Freiheit sang. Sie bemerkte darum nicht, wie Hartmut hervortrat, bis er nahe bei ihr stand. Sie wollte entfliehen, aber er beruhigte sie. Er hatte auch nicht mehr das finstere, feindselige Wesen; er redete so freundlich, daß sie Vertrauen faßte. In traulichem Gespräch lernten sich die beiden Menschen kennen und schätzen, und da sie noch manchen Tag sich in der Felsengrotte zusammenfanden, wurde der Bund der Minne beschlossen.

Frau Hilde überraschte sie eines Tages, aber der Held trat kühn vor die Königin und sprach, die Minne habe den Haß bezwungen: Hergart sei das Pfand, das den Bund zwischen Normannen und Hegelingen unauflöslich mache. Da gab die hohe Frau ihre Zustimmung und führte den freien, mit dem Schwert umgürteten Degen zu den Recken von Hegelingen.

Nach einigen Wochen wurde ein großes Hochzeitsfest gefeiert: Da traten drei Paare vor den Altar und empfingen den kirchlichen Segen und saßen beim frohen Male zusammen; denn die vergangenen Leiden und Kämpfe waren vergessen und verziehen.

Fünfter Abschnitt

FAHRTEN UND ABENTEUER DES HERZOGS ERNST VON BAYERLAND

In einem Prunkgemach der Pfalz zu Ingelheim ging der mächtige König Otto auf und nieder. Er schien frohen Mutes und sprach zuweilen halblaut vor sich hin. „Das wäre mit Gottes Hilfe wohl geraten", sagte er. „Der trotzige Dänenkönig ist uns zinsbar. – Hei, wie seine Nordlandsrekken vor unseren Rittern und Reisigen zerstäubten! Und dort an der äußersten Spitze von Jütland, am Skagen, als ich die Lanze weit ins Meer schleuderte, wie jauchzten die Scharen und nannten die Bucht den Ottensund!"

Er wurde durch den Eintritt des Pfalzgrafen Heinrich unterbrochen, der zugleich Seneschall des königlichen Hauses war. „He, holla! Freund Seneschall!" rief er ihm entgegen. „Was machst du für eine grämliche Fratze? Und ist doch Sonnenschein nach außen und nach innen! Haben wir nicht Schleswig mit unseren guten Schwertern gewonnen? Beruft uns nicht der Heilige Vater gen Rom, daß wir die Kaiserkrone empfangen?" – „Wohl möchte Euer treuer Diener gern schweigen", versetzte der Pfalzgraf. „Aber er darf nicht; die Gefahr ist groß, erhabener Herr! Ja, ich bringe üble Nachricht. Herzog Eberhard von Franken und Giselbert von Lothringen haben das Banner des Aufruhrs gegen die königliche Gewalt erhoben und sind bei Andernach bereits über den Rhein gegangen. Der treubrüchige König von Frankreich ist im Anzug, um sich mit ihnen zu vereinigen. Die Ungarn, die sich Magyaren nennen, wollen die von Eurem großen Vater erlittene Niederlage rächen und rüsten sich zu einem gewaltigen Raubzug in das Reich, und Herzog Ernst, der Sohn Eurer erhabenen Gemahlin, dessen Herzogtum Bayern zunächst dem Raubvolk offensteht, ist nordwärts gezogen – man glaubt, um sich mit den Aufständischen zu vereinigen." – „He, Mann des Übels", rief der König, „wenn du lügst, sollst du am höchsten Galgen baumeln; sprichst du wahr, ja, so müssen wir uns rüsten. Die Mannschaft soll sich bereit halten!" – „Herr", versicherte der Seneschall „Ihr habt das Heer entlassen; es sind kaum sechshundert Reisige zur Hand." – „Und wenn nur hundert aufzubringen sind, so ist der Herr der Heerscharen mit der gerechten Sache und wir rücken gegen die Verräter zu Feld."

Herzog Ernst

Schmetternde Trompetensignale unterbrachen die Unterhaltung. Ein Ritter war mit einem Knecht in die Pfalz geritten und fragte nach des Königs Majestät. Der Monarch gab vom Fenster herab Befehl, den Mann sogleich zu ihm zu weisen. „Hei, guter Gesell", redete er ihn an. „Das ist ein fröhliches Antlitz und verheißt gute Botschaft." – „Heil und Segen meinem königlichen Herrn", begann der Ritter. „Die Aufständischen sind nicht der Züchtigung entronnen. Der edle Herzog Ernst kam nur mit hundert Mannen in das Wetterauer Ländchen geritten, da er von dem Abfall der Herzöge Eberhard und Giselbert gehört hatte. Er konnte keine größere Macht aufbieten, weil die wilden Magyaren sein Land bedrohen. Da stieß Graf Konrad, genannt Kurzbold, mit neunhundert Reisigen zu ihm, und da beide gar kühne und unverzagte Degen sind, so suchten sie die Verräter, die wohl zehntausend Kriegsleute um sich hatten, in ihrem Lager auf. Die Fürsten saßen gerade beim leckeren Imbiß, als die kleine Schar einbrach. Da gab's viel Lärm und Rennen und Jagen und Kampfgetümmel. Herzog Eberhard warf sich dem Kurzbold entgegen; aber der gab ihm einen so gewaltigen Streich in den Halsberg, daß ihm der Kopf vor die Füße fiel und der Rumpf noch einen Sprung darüber hinaus tat."

„Ja, ja, mein tapferes Gräflein", unterbrach der König den Boten. „An Größe ein Zwerg, an Kraft ein Riese, an Treue ein Jonathan."

„Herzog Ernst", fuhr der Ritter fort, „jagte den flüchtigen Lothringer in den Rhein, und da trank dieser so viel Rheinwasser statt Rheinwein, daß er nicht mehr zum Vorschein kam. Wir aber setzten in erbeuteten Booten über den Strom, um auch den Welschen einen ‚guten Tag' zu bringen; die hatten aber indessen das Weite gesucht. Darauf fuhren wir wieder herüber, und die Herren sind jetzt in Rüdesheim. Sie haben bereits Botschaft ins Franken- und Bayerland abgesandt, daß überall die Ritterschaft sich wappnen und des königlichen Befehls zum Kampf gegen die Ungarn gewärtig sein soll. Jetzt werden sie sich bei edlem Wein gütlich tun, während ich, den sie hierher zu unserem großen König entsandten, vor Durst schier verschmachte."

„Du sollst ein reichliches Botenbrot empfangen", rief der König. „Marschall, sorge für gute Verpflegung des treuen Mannes, und wenn wir siegreich aus dem Streite heimkehren, soll er eine feste Burg mit Forsten und Dörfern als freies königliches Lehen zu eigen nehmen. Du aber, Pfalzgraf Heinrich, wirst alsbald Botschaft in alle Gaue entsenden, daß die Wehrmänner sich in den Sattel schwingen und gen Augsburg aufbrechen, um die Horden der Barbaren im offenen Felde zu bestehen. Du siehst, daß Ernst, mein Stiefsohn, ein kühner Ritter und treu gesinnt ist; ebenso werden auch mein Sohn Ludolf und mein Schwiegersohn Konrad nicht den Hader fortsetzen, sondern im Kampfe gegen den Feind sich treu beweisen."

Die Heere standen auf dem Lechfeld unfern von Augsburg einander gegenüber: dort die wilden Horden der Magyaren, bewehrt mit Säbel, Bogen und Pfeilen, ohne Panzer, auf schnellen Rossen, hier die deutschen Streiter, gerüstet mit Helm, Brünne und Schild, mit Lanze und Schwert, in acht

Heerhaufen geordnet, von denen jeder tausend Reisige zählte, während die unübersehbare Menge der Barbaren wohl über hunderttausend betragen mochte. Die drei ersten Heerhaufen der Deutschen bestanden aus Bayern unter dem Befehl des Herzogs Ernst, dann folgten die Franken, von Herzog Konrad, dem Schwiegersohn des Königs, geführt; hierauf der königliche Held selbst in strahlender Rüstung unter dem Banner des heiligen Michael, umgeben von auserlesenen Kämpfern. An ihn schlossen sich zwei Heerhaufen der Schwaben, und den Schluß bildeten die Böhmen, denen auch die Hut des Gepäcks übertragen war.

Während christliche Priester einen Psalm anstimmten, erhoben die Ungarn ihr mißtöniges Schlachtgeheul, und ein Teil von ihnen, der die deutsche Streitmacht umgangen hatte, fiel plündernd und mordend über das Gepäck und die überraschten Böhmen her. Diese wankten und wichen und brachten auch die Schwaben in Unordnung: das ganze Heer drohte sich aufzulösen. In dieser Gefahr erschienen die Herzöge Ernst und Konrad mit Gefolge wie rettende Engel oder vielmehr wie Engel des Todes; denn sie erschlugen die Barbaren zu Haufen und jagten die, welche ihren Schwertern entrannen, in verwirrte Flucht. Darauf stürmten sie wieder in die Vorderreihen, wo der König selbst, allen voran, sich eine blutige Bahn gebrochen hatte. Indessen fielen seine Getreuen Mann für Mann. Säbel und Geschosse klirrten ihm auf Helm, Schild und Brünne, er war allein, verloren in der feindlichen Menge. Doch schafften auch hier die tapferen Herzöge Hilfe. Sie drangen mit siegender Gewalt bis zu ihrem Herrn, und ihnen folgte das ganze Heer in keilförmiger Ordnung, die Ungarn zersprengend. Unter schrecklichem Gemetzel wurden die flüchtigen Horden verfolgt. Die deutschen Schwerter würgten ohne Unterlaß unter ihnen, bis der Abend anbrach; die aber, die den Verfolgern entrannen, fanden zum größten Teil in den angeschwollenen Fluten des Lechflusses ihr Grab.

Der siegreiche König stand inmitten der tapferen Streiter. Er umarmte seinen ruhmvollen Stiefsohn vor dem ganzen Heer, indem er sagte: „Von heute an bist du mir wie mein leiblicher Sohn, und ich will dich mit der Herrschaft über die Ostmark belehnen, die uns die Magyaren nicht mehr streitig machen können. Nun aber, wo ist mein Schwiegersohn Konrad, daß ich auch ihm den Lohn für seine Taten reiche?" – „Herr", erwiderte ein fränkischer Ritter, „ihn kann nur der belohnen, der im Himmel und auf Erden die höchste Gewalt hat. Bei der Verfolgung löste unser tapferer Herzog das Halsgespänge, um frei zu atmen, da flog ihm ein Pfeil in die Kehle und setzte allen seinen Taten ein Ziel." – Der König schwieg vor tiefer Bewegung; bald aber erhob er das Haupt und sagte: „Wohl, er hat eine höhere Krone erlangt, als wir ihm geben können; seinen Leib aber führe man gen Speyer, daß er dort in der Königsgruft bis zum Tage der Auferstehung seine Ruhestätte habe."

Herzog Ernst stand fortwährend in hoher Gunst bei seinem Stiefvater, zur großen Freude der Königin Adelheid, seiner Mutter. Er verdiente auch diese Gunst; denn wie er sich im Kampfe als unverzagter und treuer Kämpfer bewährt hatte, so zeigte er sich auch in der Verwaltung seiner Länder weise und wohlerfahren. Bayern war in blühendem Zustand; in die Ostmark zog er Kolonisten, die fleißig das fruchtbare Land anbauten und selbst auf die wilden Magyaren Einfluß gewannen, daß dieselben statt der Waffen den Pflug in die Hand nahmen und auch der Predigt des Evangeliums ihr Land und ihre Herzen öffneten. Niemand mißgönnte dem jungen Fürsten die königliche Huld außer Pfalzgraf Heinrich, der nicht bloß seine Stellung als Marschall und erster Rat zu verlieren fürchtete, sondern der auch dem Herzog Groll trug, weil ihn dieser einstmals beim Turnierspiel so gewaltig in den Staub geworfen hatte, daß er noch immer von dem Falle etwas hinkte. Er war jedoch ein gar kluger und vorsichtiger Geselle, so daß er, nachdem ihm die Verdächtigung in der Pfalz zu Ingelheim mißlungen war, nicht mehr selbst etwas gegen den Herzog vorbrachte, sondern seine Schmarotzer und Speichellecker dazu anstiftete. Diese brachten Klagen vor, der Herzog reize die Ungarn zu neuen Raubfahrten in das Reich und trachte selbst, mit ihrer Hilfe sich die Krone zu erwerben. Doch war auch das umsonst: Der König verlachte die falschen Angeber und jagte sie aus der Pfalz unter der Drohung, er werde sie an den Galgen hängen lassen, wenn sie sich nochmals mit solchen Verleumdungen hervorwagten.

Nachdem auch dieser Anschlag mißlungen war, sann der schlimme Mann auf andere Mittel, den Herzog aus des Königs Gunst zu verdrängen und womöglich ganz zu verderben. Es trieb ihn dazu ein Unfall, der ihn in jüngster Zeit betroffen und recht peinlich berührt hatte. Der schönen Elsa nämlich, einem Mündel der Königin, oder vielleicht nur ihren reichen Erbgütern, hatte er seine Herzensneigung zugewendet. Sie war die Tochter des angesehenen, aber schon vor Jahren verstorbenen Grafen Eppo von Eberstein im schönen Murgtal. Da auch ihre Mutter bereits früh aus dem Leben geschieden war, so hatte die Königin die verlassene Waise zu sich genommen und erzogen. Die hohe Frau und ihr Gemahl liebten das Kind, als ob es ihre Tochter wäre, und sie hatten ihre Freude an ihm, da es zur blühenden Jungfrau heranwuchs und ebenso durch Liebreiz wie durch Verstand und heiteres, oft neckisches Wesen überall Wohlgefallen erregte. Das alles war ein Sporn für den Pfalzgrafen, ein solches Kleinod in sein Haus zu bringen, da es ihm eine neue Bürgschaft der königlichen Gnade schien. An dem Gelingen seiner Bewerbung zweifelte er nicht, war er doch von seiner Liebenswürdigkeit überzeugt, und — wie sollte die Waise die Hand des obersten königlichen Rates ausschlagen? Er trat daher getrost vor sie hin und brachte in zierlicher Rede sein Anliegen vor. Sie sah ihn erst verwundert, dann sehr heiter an, sprang in das Nebenzimmer und überreichte ihm zurückkehrend mit schalkhaftem Lächeln statt des erwarteten Ringes ein zierlich geflochtenes Körbchen, worauf ein hinkender Teufel gestickt war. Er warf es ihr wütend vor die Füße und eilte fort in den Garten, um auf Rachepläne zu sinnen.

Am Abend begegnete der zornige Mann dem Herzog Ernst, der ihn mit ritterlicher Höflichkeit anredete, indem er ihm ein kleines Paket übergab. „Ich habe Auftrag", sagte er, „Euch dieses Paket zu überliefern, das wahrscheinlich eine erfreuliche Gabe meiner Mutter ist." Damit entfernte sich der Fürst; als aber Heinrich das Päckchen aufriß, fiel ihm das verhängnisvolle Körbchen wiederum in die Hände, und ein Lachen des Herzogs verriet, daß ihm die Veranlassung zu diesem Ärgernis nicht unbekannt, daß er der Vertraute des mutwilligen Mädchens war. Hätte er einen Teufel aus dem Boden stampfen und ihm die Seelen der zwei verhaßten Menschen überliefern können, er würde nicht einen Augenblick gezögert haben.

König Otto hatte die inneren und äußeren Gegner siegreich bezwungen und den Frieden in seinem Reich hergestellt; er zog daher nach Italien um die trotzigen Lombarden zu unterwerfen und die Römische Kaiserkrone auf sein Haupt zu setzen. Er hatte viele Kämpfe zu bestehen; Es gelang ihm jedoch, die Feinde, wo und wie sie auch Widerstand leisteten, zu überwältigen. Er setzte in Rom einen lasterhaften Papst ab, ließ einen anderen wählen, züchtigte die Römer, die gegen ihn aufgestanden waren, und wurde feierlich mit der Kaiserkrone geschmückt. Er kehrte endlich reich an Siegen und Ehren über die Alpen nach Deutschland zurück.

Zu Ingelheim veranstaltete er eine glänzende Nachfeier der Kaiserkrönung. Da wurde turniert, an reichbesetzten Tafeln geschmaust und weidlich dem edlen Sorgenbrecher zugesprochen. Das Reichsoberhaupt saß, wie es sich gebührte, obenan; seine Gemahlin war wegen Unpäßlichkeit nicht zugegen. Aber neben ihm stand Elsa, die minnigliche Maid, sein Liebling, nach altgermanischer Sitte ihm den Becher füllend. Zu ihr wandte sich der Kaiser, sprechend: „Töchterchen, du siehst, wie wir alle, Fürsten und Edelherren, uns beim festlichen Mahle ergötzen; aber die

Lust würde erst die rechte Weihe empfangen, wenn du uns mit deiner Silberstimme ein Lied zur Harfe singen wolltest. Bei Harfenklang und Hochgesang geht's fröhlich mit dem Lebensgang." – „Lieber Vater", erwiderte die Maid lächelnd, „das Faß wird leer, darum habe ich viel Grämen und Sorgen. Ich will heischen gehen von Haus zu Haus, ob ein barmherziger Bruder dem zechenden Kaiser borgen will." – „Eitle Sorgen, Kind", versicherte der heitere Herrscher. „Wir sind ja im Rheinland, dem Land der Reben; da wird man nimmer eines labenden Tröpfleins mangeln. Darum greife flugs zur Harfe, uns mit Klang und Gesang zu erfreuen!"

Auf den Wink des Herrschers wurde die Laute gebracht, und Elsa sang zum Klange der goldenen Saiten erst leise und schüchtern, dann aber, die Schüchternheit bezwingend, immer lauter und mächtiger, daß es war wie Orgelton, daß die Gäste meinten, so müßten wohl die Stimmen der Engel im ewigen Halleluja tönen. Sie sang von den Taten der Väter, von denen der Söhne, die den Ahnen nachstrebten, von der keuschen Minne edler Frauen, zuletzt, wie begeistert, von einer Jungfrau, die den im Heidenland gefangenen König, ihren Vater, zu erlösen, in Harfnerkleidung zu den Mohren fuhr und durch ihr Lied dem Gefangenen Befreiung von Sklavenketten errang.

Sie hatte geendigt und stand begeistert, als wäre sie selbst die Königstochter, im Kreise der Edlen.

Tiefe Stille herrschte ringsum, endlich nahm der Kaiser das Wort: „Töchterchen", sagte er, „du hast mich weidlich ergötzt, und ich würde selbst um deine Minne werben, wenn ich nicht schon beweibt wäre. Was aber würdest du antworten, wenn ich vor dich hinträte und fragte: ‚Sprich, junge Maid, willst du mich minnen?' Du schüttelst hohnlachend das Köpfchen, als wolltest du sagen: Was kommt dem Graubart in den Sinn? Ja, ihr Herren, es ist schlimm, wenn sich das Grau in Haupthaar und Bart hereinschleicht, das kein Potentat mit seinem Machtwort zu bannen vermag. Da pflanzt man kein junges Reis mehr in sein Gärtchen, und die Stürme fegen den Segen hinweg. Darum, ihr Fürsten und Herren, muß ein anderer sie heimführen. Wen gelüstet es, das Wagestück zu unternehmen, auf die Gefahr hin, daß ihm ein zierliches Körbchen verabreicht werde?" Es war wieder tiefe Stille eingetreten, und manchem pochte das Herz in der Brust wie ein Hammer, und mancher hätte um solchen Preis mit blanker Klinge den Kampf auf Tod und Leben gewagt; aber vielleicht eine schnöde Abfertigung vor Kaiser und Reich – das dünkte auch den kühnsten Jungherren ein zu dreistes Spiel. Es war aber doch einer im Kreise der Edlen, der unbesorgt Anspruch erhob, und der eine war Herzog Ernst. „Erlauchter Herr, den ich Vater nennen darf", sprach er. „Ich erhebe ge-

Kaiser Otto und Elsa

rechten Anspruch auf den köstlichen Preis, den Ihr uns vor Augen stellt, denn die edle Jungfrau hat mir in Zucht und Ehren ihre Minne verpfändet; wollt Ihr dazu ja sagen, so ist alles wohlbestellt."

„He, junger Fant", rief der fröhliche Herrscher. „Du nimmst mir vor dem Barte mein Töchterchen weg, das mich sanft über Gram und Sorgen erhoben hat! Doch soll dir mein kaiserliches Wort nicht fehlen, sofern Elsa nicht etwa nein sagt." Damit zog er die junge Maid zu sich heran und herzte sie wie ein Vater die Tochter. Sie flüsterte ihm zugleich sittsam errötend einige Worte ins Ohr, die kein anderer vernehmen konnte. – „Ganz recht, mein Kind", bemerkte der Kaiser. „Ja, so ist es gekommen. Er sah dich, er ging, kam wieder, sprach von Minne, was dir ganz ungefährlich schien; nun aber sinnt der Bösewicht, deinen trotzigen Nacken unter das Joch ehrsamer Hausfrauen zu beugen! – Ach, lebte doch dein Vater noch, mein treuer Wehrgenosse! Möge ihm die Decke von Erde leicht sein! Hör an: Einst lag ich krank auf seiner Burg, während der Aufruhr ringsum sein Schlangenhaupt erhob und ich verzweifelte, das Reich zu behaupten. Da sprach er zu mir gleich einem Propheten, ich würde noch die Kaiserkrone auf mein Haupt setzen. Das ist nun durch Gottes Fügung Wahrheit geworden; ich will daher der Tochter zu vergelten suchen, was ich dem Vater schuldig bleiben mußte."

Man wird es begreiflich finden, daß der Pfalzgraf Heinrich die Faust heimlich ballte und den glücklichen Menschen Verderben drohte.

Der Kaiser traf in Deutschland nicht alles in so gutem und friedlichem Zustand an, wie es damals war, da er es verlassen hatte, um sich die lombardische Krone und die Kaiserkrone zu holen. Das Fehde- und Räuberwesen hatte wieder überhandgenommen, und nach Recht und Gericht fragten die trotzigen Reichsbarone wenig. Der eigene Wille und Vorteil galt für Recht, das Schwert war Richter. Da gab es nun Verwüstung, Mord und Brand in großer Menge. Der Herrscher richtete, schlichtete und strafte ohne Ansehen der Person, durchzog alle Gaue und stellte die Ruhe her, so daß der Ackersmann wieder in Frieden seine Furchen zog, der Handelsmann seine Straße wandelte, ohne von Wegelagerern angerannt zu werden. Darauf erließ er ein strenges Mandat gegen alle Raubfahrten und Ruhestörungen durch Krieg des Inhalts: „Von der Reichsacht sind all die betroffen, die den Landfrieden brechen, seien es gemeine Strolche und Räuber oder auch Fürsten und Edelinge; wer irgendeine Fehde beginnt oder eine solche fortsetzt, anstatt die kaiserlichen Gerichte anzurufen und ihr Urteil zu erwarten, der soll am Galgen hängen, das hat des Kaisers Majestät mit teurem Eid gelobt."

„Das ist ein Strick", sprach der Pfalzgraf bei sich, „woraus sich ein Galgenstrick für den herzoglichen Hals winden läßt." Er war nun ein gar schlauer Mann und fing sein Werk vorsichtig an, damit kein Verdacht auf ihn fiele, mochte nun sein Vorhaben glücken oder nicht. Er selbst verharrte deshalb bei dem Kaiser, während seine Gebrödenen, d. h. die in seinem Brote standen, auf seine und kaiserliche Eigengüter an der bayerischen Grenze gingen und dort loses Raubgesindel sammelten. Es waren Leute, die vom Stegreif lebten, Schnapphähne, Wegelagerer und gemeines Diebesvolk, das sich nach Erlaß des kaiserlichen Mandats in Wälder, Schluchten und anderen Schlupfwinkeln verkrochen hatte. Diese Horden wußten die Sendlinge des Pfalzgrafen hervorzulocken, mit Waffen zu versehen und zum Einfall in die herzoglichen Lande zu reizen. Sie plünderten nach

Herzenslust, verbrannten Höfe und Dörfer, mordeten, wo sie Widerstand fanden, und erlaubten sich jeden Frevel. Das Geschrei des mißhandelten Landvolks drang bald bis zu den Ohren des Landesherrn, dessen Hilfe die Unglücklichen anriefen.

„Was tun?" sprach Herzog Ernst zu Elsa, die ihren Knaben auf dem Schoße wiegte. „Soll ich erst gen Speyer fahren, um dort vor dem Gericht, bei dem der Marschall den Vorsitz hat, Klage zu führen, während mein Volk mit Mord, Brand und Plünderung heimgesucht wird? Muß ich nicht gleich aufsitzen und Hilfe bringen? Vielleicht ist der unsaubere Pfalzgraf selbst bei seinen Mordbrennern; denn kein anderer trägt uns solchen Haß als er wegen des Körbchens mit dem hinkenden Teufel. Den Mutwillen hat er nimmer vergessen, und er läßt nun seinen Grimm an unseren ehrsamen Bauern aus. Kommt er mir aber auf Speereslänge nahe, so strecke ich ihn nochmals in den Staub, daß er auch am anderen Beine hinkend wird, oder gar zu seinem Gevatter, dem hinkenden Teufel, in die Hölle fährt." – „Nicht so rasch, liebster Mann", sprach die junge Frau. „Bezähme deinen Zorn, der ein reißendes Tier ist, daß du nicht tust, was dich nachmals gereut. Schreibe an unsere Mutter, die Kaiserin; sage ihr, daß der Pfalzgraf, den Frieden brechend, in unser Land gefallen sei, und daß du deshalb zum Schutze unsrer Untertanen die Waffen ergreifen müssest, oder besser, ich will selbst schreiben." – „Tue das, liebes Weib", erwiderte der Fürst. „So kann ich einstweilen einen Haufen Söldner und die Schar leichter Reiter aus Ungarn aufbieten, die mir der befreundete Magyarenkönig zur Verfügung gestellt hat. Die treuen Vasallen lasse ich zum Schutz des Landes und zu deiner eigenen Sicherheit zurück."

Noch an demselben Tag trabte der Herzog mit seinen Reisigen und Ungarn nach dem Schauplatz der Verwüstung. „Keine Gnade!" rief er seinen Leuten zu, als er die verübten Greuel sah. Er wünschte nichts sehnlicher, als daß ihm der Todfeind begegne; der war jedoch in Sicherheit. Ein Treffen wurde geliefert; doch bestand das Raubvolk nicht lange vor den Lanzen und Schwertern der herzoglichen Kriegsleute. Die weitere Verfolgung und gänzliche Vertilgung des Gesindes überließ der Fürst seinen siegreichen Scharen, die sofort in das jenseitige Gebiet einrückten und ohne sein Vorwissen große Verheerungen anrichteten. Er selbst trabte wohlgemut gen Regensburg, wo die Gattin seiner harrte. Er fand bei ihr einen alten Freund, den hochbejahrten Grafen Wetzel, der schon Wehrgenosse seines Vaters gewesen, aber noch immer rüstig und waffentüchtig war. Der Graf meinte, es sei nicht gut, daß sein junger Freund das Kriegsvolk ohne einen obersten Befehlshaber zurückgelassen habe; die Feinde könnten aus einem Hinterhalt hervorbrechen und größeres Unheil anrichten als vorher.

Ehe man weiter davon sprach, langte ein Brief von der Kaiserin an, der günstig lautete. Die besorgte Frau hatte dem Gemahl die Sache vorgetragen und bemerkt, daß mutmaßlich der Pfalzgraf aus Erbitterung wegen des dem Herrscher bekannten Körbchens der Anstifter bei dem feindlichen Einfall und auch der Anführer des Raubvolkes sei. Er habe ihr darauf geantwortet, da müsse sein Marschall ein Doppelgänger sein, denn der sei nicht von seiner Seite gewichen. Übrigens wolle er selbst an den Ort der Verwüstung gehen, die Sache untersuchen und dann in Regensburg Einkehr nehmen, um mit seinem lieben Sohn darüber zu beraten. Das waren erfreuliche Vorzeichen.

Der Kaiser war, wie er gesagt, in Begleitung des Pfalzgrafen und anderer vornehmer Herren sogleich aufgebrochen. Als er sich der Gegend näherte, wo der Landfriede so gröblich verletzt worden war, sah man rauchende Trümmer von Höfen und Dörfern auf dem kaiserlichen Gebiet und auf dem des Pfalzgrafen, auch Leichname erschlagener Landleute und sogar unmündiger Kinder. Zugleich gewahrte man einen Schwarm ungarischer Reiter, die gefangene Bauern und mit Beute beladene Saumtiere vor sich hertrieben. Der Kaiser ließ sie aufgreifen und befragen. Sie sagten aus, sie seien im Dienste des bayrischen Herzogs und handelten in seinem Auftrag und seinem Befehl. Das war mehr, als der Pfalzgraf erwartet hatte. Das Herz lachte ihm in der Brust, denn er hatte hier den Hanf zu dem Galgenstrick, den er flechten wollte. Er ließ sich indessen nichts merken, sondern sagte nur ganz ruhig, er habe schon früher gehört, daß der hochgeborene Fürst mit dem Reichsfeind in Verbindung stehe; allein er habe gegen den Sohn der erhabenen Landesmutter nicht Klage erheben wollen, er glaube auch noch nicht an hochverräterische Absichten; doch sei jetzt, da man die begangenen Greuel vor Augen habe, eine Untersuchung des Tatbestandes und eine Vorladung des Herzogs, damit er sich rechtfertige, durchaus notwendig. Es stehe hier die Wohlfahrt des Reichsoberhauptes auf dem Spiel, da die Rede gehe, der erlauchte Fürst wolle sich ganz unabhängig machen und sein weites Gebiet, das bis an und in die Alpen reiche, zu einem eigenen Königreich erheben. Gern hätte der Monarch Einsprache gegen diese Beweisführung erhoben. Er hatte jedoch schon traurige Erfahrungen gemacht, da sein Sohn Ludolf und sein Schwiegersohn Konrad die Fahne offenen Aufstandes wider ihn aufgepflanzt hatten; daher konnte er die aufsteigenden Zweifel an Ernsts Treue nicht bemeistern.

Der angeschuldigte Fürst und seine minnigliche Hausfrau, die ihr Knäblein auf dem Schoße wiegte, vernahmen von diesen Vorgängen nichts. Elsa sang dem Kinde Schlummerlieder, und er plauderte mit dem alten Grafen Wetzel von Staufenberg. Die Rede unterbrach Elsa; sie sang:

„Schlummre, kleiner Engel, sanft im Mutterarm;
Ferne hält der Vater Sorge dir und Harm."

Das einfache Lied stimmte auch die Männer heiter. Sie sprachen von den friedlichen Zuständen im Reich, wo der mächtige Kaiser walte, aus dessen Gauen er die fremden Raubvölker, die Dänen und Magyaren, für immer verscheucht habe. Ein leckerer Imbiß mit edlem Wein erhöhte die heitere Stimmung. „Möchte doch der kaiserliche Vater, den wir erwarten, jetzt gleich hier eintreten; es würde auch für ihn eine Freude sein, wenn er uns so froh beieinander und dazu den kleinen Engel auf dem Schoße seiner Mutter sähe."

Man erwartete den Kaiser vergeblich. Statt seiner langte ein großes versiegeltes Schreiben an, dessen Inhalt wie ein Blitzstrahl vom heiteren Himmel alle Freude verscheuchte. Es war darin ausgesprochen, der Herzog sei geladen, um sich vor dem Reichsoberhaupt und der Fürstenversammlung in Speyer wegen einer Klage auf Friedensbruch und Hochverrat zu rechtfertigen. Der Brief war nicht vom Kaiser, sondern in dessen Namen vom Pfalzgrafen Heinrich unterzeichnet. Als Graf Wetzel, der die Schrift vorlas, geendigt hatte, sprang Ernst von seinem Sitz auf und rief, die geballte Faust gen Himmel erhebend: „Der ewigen Verdammnis will ich verfallen, wenn ich mich einem Gerichtshof stelle, in dem der hinkende Teufel Sitz und Stimme hat!" – Ein Hauptmann der Söldner trat ein und berichtete, wie die unbändigen Leute, vornehmlich die Ungarn, viele Greuel verübt, wie der Kaiser alles selbst angeschaut und der Pfalzgraf schier jeden einzelnen der Übeltäter befragt und ausgeforscht, insbesondere nach dem Herzog sich erkundigt habe, und anderes mehr. „So wahr mit Gott und die Heiligen helfen sollen", rief abermals der Fürst, glühend vor Zorn, „dem teuflischen Schleicher breche ich den Hals, wo und wann ich ihm begegne!"

„Nicht so eilig, nicht so zornmütig, junger Freund", mahnte Wetzel. „Der Kaiser ist dir hold; er wird dich hören, wenn du seine Gnade anrufst." „Und ich", setzte Elsa hinzu, indem sie des Gatten Hand ergriff, „ich will die kaiserliche Mutter werben, daß sie unsere Fürsprecherin wird."

Die Herzogin schrieb sofort einen Brief an ihre Schwiegermutter, worin sie die Vorgänge der Wahrheit nach schilderte und um ihre Fürsprache bat. Sie erhielt bald die gewünschte Antwort, ihr Sohn solle sich des mütterlichen Beistandes getrösten, Ernst solle nur eilig gen Speyer aufbrechen, der Kaiser werde ihm, wenn er sich nur vor ihm allein, nicht vor dem Fürstengericht rechtfertige, seine volle Gnade wieder zuwenden, obgleich der Marschall mehrere Ungarn als Zeugen wider den Herzog vorgeführt habe. – „Der Hund!" murmelte Ernst, als ihm der Brief vorgelesen wurde.

Früh am folgenden Tag saß er im Sattel und mit ihm der alte Waffenbruder Wetzel nebst einigen Reisigen. Ihre ungarischen Rosse trabten wacker auf der Straße nach Speyer. Sie übernachteten in einer Herberge, wo sie ein reichliches Nachtmahl und für die Pferde gute Fütterung fanden. Am nächsten Morgen ritten sie nach der Pfalz. Die kaiserliche Leibwache verwehrte den wohlbekannten Männern nicht den Eingang. Wetzel und die Mannen blieben mit den Pferden im Burghof, während der Her-

Herzog Ernst ersticht Pfalzgraf Heinrich

zog die Stiege hinauf nach dem Prunkgemach schritt, in dem der Monarch um diese Zeit zu weilen pflegte.

Anmeldung zum Eintritt bei den damaligen Großen war noch nicht üblich, und die Edelknaben, die den Dienst hatten, ließen den befreundeten Fürsten unbehindert passieren. Als er sich der Pforte näherte, hörte er die Stimme seiner Mutter, die von ihm redete. Er vernahm auch die Antwort des Kaisers: „Ich will deinen Sohn, der auch mir lieb und wert ist, gern für entschuldigt halten, so er vor mir erscheint." Das war eine tröstliche Rede, worauf der Herzog die Tür öffnete, eintrat, aber an der Pforte stehenblieb. „Tritt näher, mein Sohn", sagte der Monarch gütig. „Berichte getreu, was geschehen ist. Du hast in so manchem heißen Kampf für mich und an meiner Seite gefochten, daß ich nimmer glaube, du seiest von der Treue abgewichen. Ich selbst will dein Anwalt vor den Fürsten sein. Dort mein Marschall nur meint - - -" Er konnte nicht weiterreden.

Denn der Herzog erblickte jetzt im Hintergrund des Gemaches seinen Todfeind, den Mörder seines Friedens, und stand in wenigen Schritten vor ihm. Er sah nicht mehr, wer zugegen war, noch was um ihn vorging; er sah nur den Verhaßten, der höhnisch lächelte. „Mache deine Rechnung mit dem Himmel oder mit der Hölle!" rief er ihm zu. Das Schwert blitzte in der Hand des wütenden Fürsten, und – der Pfalzgraf stürzte zu Boden, ein Blutstrom ergoß sich über den Estrich.

Das Ungeheuerliche war geschehen: Ein Abgrund tat sich vor dem Unglücklichen auf, der jetzt wieder zur Besinnung kam. Er sah, wie seine Mutter in einen Sessel zurückgesunken war, wie der Kaiser nach dem Schwerte griff, und er eilte, die blutige Waffe in der Hand, hinunter in den Burghof. „Auf zur Flucht!" rief er den harrenden Genossen zu. „Ich habe den hinkenden Teufel erschlagen." Mit diesen Worten schwang er sich in den Sattel und jagte, gefolgt von seinen Begleitern, auf und davon. Die Flüchtlinge hörten hinter sich donnernden Hufschlag und erkannten, daß sie von der zahlreichen Leibwache verfolgt wurden; aber ihre ungarischen Hengste griffen mächtig aus und ließen die Verfolger weit hinter sich. Der alte erfahrene Wetzel kannte jeden Fußsteig, daher brauchten sie weitere Verfolgung nicht zu besorgen. Sie kehrten auf einsamen Höfen und bei Köhlern ein, wo sie wohl magere Kost, aber fette Weide für die Rosse fanden, und erreichten ohne weitere Gefahr Regensburg.

Elsa machte dem Gemahl keine Vorwürfe. „Dein Los", sagte sie, „ist mein Los; wie ich mit dir die Freude und Wonne geteilt habe, so will ich auch den Wermutskelch des Leids mit dir teilen und, wenn es das Schicksal fordert, zuletzt das Grab." – „Und unser Knabe?" fragte der Fürst düster. – „Gott wird ihn beschützen, den kleinen teuren Engel", sagte sie vertrauensvoll. – „Und", fügte Wetzel hinzu, „auch seine kaiserliche Großmutter in äußerster Not. Aber so weit sind wir noch nicht. Wir haben feste Burgen und Städte; wir haben treue Lehnsleute, die, wenn wir sie aufbieten, zum Dienst für ihren Lehnsherrn bereit sind. Wir wollen uns mit Macht zum Krieg rüsten, der bald von allen Seiten wider uns ergehen wird."

Der Alte hatte recht geurteilt. Denn nach kurzer Frist erfolgte die Reichsacht wider den Mörder und Beleidiger kaiserlicher Majestät und wider alle, die es mit ihm hielten. Die Vasallen des Reichs wurden zugleich aufgefordert, ihn tot oder lebendig dem kaiserlichen Gericht zu überliefern. „Das sind die alten Geigen", sagte Wetzel. „Aber damit schreckt man Kinder, nicht Männer, die Wort, Treue und Lehnseid zu halten gewohnt sind." Als darauf Edelherren, Grafen und Fürsten, deren Länder an Bayern grenzten, mit Heeresmacht in das Land einfielen, sammelten er und der Herzog die Lehnsleute, und beide gingen den zahlreichen, aber geteilten Feinden scharf zu Leibe und trieben sie unter großem Blutvergießen über die Grenze. Sie fielen darauf in das feindliche Gebiet ein, wo ihre Heerhaufen durch Verwüstung und Plünderung Vergeltung übten. In allen Gefechten leuchteten die beiden Führer ihren Scharen voran.

Vor ihren Schwertern bestand weder Ritter noch Knecht, und ganze Haufen ergriffen die Flucht, wenn sie die furchtbaren Helden anstürmen sahen. Die Reichsacht schien ihre Kraft verloren zu haben; dann endlich rückte des Kaiser Majestät mit dem Reichsaufgebot ins Feld, um den begangenen Frevel zu strafen. Mit ihm konnten die Geächteten das Wagespiel der Schlacht nicht versuchen. Sie stürmten wohl aus Wäldern und Schluchten hervor, fielen bald in die Nachhut ein, bald schlugen sie einzelne Haufen, die sich plündernd von der Hauptmacht getrennt hatten, in die Flucht. Allein die kaiserliche Heerfahrt konnten sie nicht aufhalten. Burgen und Städte wurden erobert, das Land weit und breit verwüstet und endlich die Hauptstadt Regensburg belagert. Die Bürgerschaft, treu ihrem tapferen und gütigen Herzog, verteidigte die starken Mauern mit unverzagtem Mut. Als aber Feuerpfeile gleich feurigen Schlangen in die Stadt flogen und da und dort Strohdächer anzündeten, als der Brand nicht nur viele Wohnungen, sondern auch die Magazine mit Brot- und Fleischvorräten einäscherte, als der Hungerwurm Mut und Kraft der Kämpfer aufzehrte, verzweifelten die wackeren Männer an der Verteidigung ihrer Mauern. Sie sandten Boten an den Herzog, die ihn um Hilfe anriefen. Er konnte sie nicht leisten; denn aus Mangel an Sold hatten ihn viele Reisige verlassen, so daß nur noch tausend Getreue um ihn versammelt waren. Auf die geringe Mannschaft und seine leeren Säckel hinweisend, erklärte er den Abgeordneten, daß an Entsatz nicht zu denken sei, und daß sich die Einwohner mit dem Kaiser vertragen möchten. Sofort unterwarf sich die Stadt dem Sieger, der, ihre Treue ehrend, Gnade für Recht ergehen ließ.

Der Herzog war jetzt wie ein verfolgtes und gehetztes Wild. Er tat zwar den übermächtigen Feinden immer noch Schaden, allein er konnte doch auf die Dauer nicht bestehen. Er entschloß sich daher, die Heimat seiner Väter zu verlassen, nach Jerusalem zu gehen, am Heiligen Grabe Buße zu tun und daselbst gegen die Ungläubigen zu kämpfen. Als er diesen Entschluß seinem Waffenbruder eröffnete, erklärte derselbe, er werde mit ihm die Verbannung teilen, und die gesamte Mannschaft stimmte ihm bei, indem sie durch Bekämpfung der Ungläubigen die himmlische Seligkeit zu erwerben hoffte. Der Herzog fühlte sich indessen von einer doppelten Sorge belastet. Die erste betraf den ausgeleerten Geldsäckel, der zum Unterhalt auf dem Wege durch fremde Länder gefüllt sein sollte, die andere, schwerere, betraf die geliebte Elsa mit dem Kind, die auf dem Schloß Trausnitz hinter felsenfesten Mauern weilte.

Während das Häuflein der Getreuen im Waldesdickicht gelagert blieb, ritt der Fürst selbst nach der Burg, um sich mit der Gattin zu beraten. Er fand sie unter den Burgleuten, Bier und Zukost verteilend. Sie schloß ihn freudig in die Arme, und die Krieger begrüßten ihn jubelnd, indem sie ihm zugleich versicherten, daß sie die Herrin bis auf den letzten Blutstropfen verteidigen würden, daß reichliche Vorräte vorhanden seien, und daß der Kaiser sich eher die Stirne wund als einen Stein aus den Mauern stoßen werde. Erst am Spätabend konnte der Fürst mit der edlen Frau allein reden. Als er ihr seinen Entschluß mitteilte, sagte sie ruhig, aber fest, sie werde ihn in die Fremde begleiten, was ihm freilich ganz unausführbar schien. „Das Vorhaben ist überhaupt nicht ausführbar", sagte er, „wenn wir nicht irgendeinen verborgenen Schatz entdecken." – „Und du weißt nicht, wo du ihn suchen sollst?" fragte sie fast unmutig. „So blicke mir fest ins Auge, da wirst du erkennen, daß die Liebe im Busen des Weibes ein Hort ist, reicher als Silber und Gold. Wohlan, edler Held, vertraue mir; wir beide wallen am Pilgerstab nach dem Heiligen Grabe, und wir finden auf dem Weg genügende Herberge." – „Ich war recht arm", sagte er, sie umarmend. „Und du hast mich reich gemacht. Ja, deine Liebe ist ein Hort, den mir die ganze feindliche Macht nicht rauben kann." – Ein Schrei des Kindes in der Wiege störte die Beratung. „Hörst du, Geliebte", rief der Fürst, „was der Knabe spricht? Er sagt: Willst du mich auch verlassen, Mutter? Soll ich zugleich vater- und mutterlos sein?" Jetzt erst netzten Tränen die Augen der Herzogin und rannen über ihre blühenden Wangen.

„Ich habe der kaiserlichen Mutter unsere Not geklagt", sagte sie. „Vielleicht kommt Hilfe."

Elsa hatte sich nicht getäuscht. Am Morgen hielten mehrere Waffenleute an der Schloßpforte, die Einlaß begehrten. Sie führten Saumrosse mit sich, deren Ladung ansehnliche Summen an Gold, Silber und Kupfer enthielt. Die edle Kaiserin, die diese Hilfe in der Not sandte, schrieb zugleich, daß ihre Tochter jederzeit bei ihr eine sichere Zufluchtsstätte finden werde. „Die gütige Mutter", sprach der Fürst gerührt. „Mir bietet sie die Mittel zur Flucht, dir ein Asyl. Nun ziehe ich getröstet in die freudlose Fremde, da ich weiß, daß du hier im Schloß oder in der kaiserlichen Pfalz des Knaben warten kannst, daß er mir freudig entgegenlächelt, wenn ich heimkehre." – „Heimkehre", wiederholte er und schloß sie stürmisch in die Arme, indem er hinzufügte: „Vielleicht scheiden wir auf Nimmerwiedersehen." Er drückte noch einen Kuß auf ihre Lippen und eilte fort. Sie sank zu Boden; sie küßte den toten Grund, worauf sein Fuß geruht; sie hatte keinen anderen Wunsch, als mit ihm vereinigt in den Tod zu gehen. Da hört sie neben sich das Kindlein lallen, als wolle es fragen: „Liebe Mutter, bist du da?" Sie erhebt sich, sie drückt das kleine Wesen, das die Wärterin gebracht, an ihre Brust, sie will, will Mutter sein.

Es war Mittsommerzeit, als die kriegerischen Pilger die Grenze nach Ungarn überschritten. Sie wurden überall gut aufgenommen, und da sie die Zehrung bezahlten, reichte man ihnen gute Kost und feurigen Ungarwein. Die reichliche Bewirtung, die mühelose Wanderung in kleinen Tagesreisen und die frische Luft, die von den Bergen wehte, versetzten das Kriegsvolk in eine heitere Stimmung, daß Ritter und Knechte allen Gram vergaßen; selbst der Herzog gedachte weniger des Abschieds von Gattin, Kind und Heimat als der Stunde der Heimkehr, die er jetzt nicht mehr für so fern und so schwierig hielt, als da er sich von den Lieben losriß und von Nimmerwiedersehen sprach. In Stuhlweißenburg, der Landeshauptstadt, empfing ihn der König mit festlichem Gepränge; denn derselbe hoffte, er werde ihm vielleicht künftig in einem Kriege wider den Kaiser Beistand leisten. Weiter ging die Fahrt in das Land der wilden Bulgaren, wo man sich oft mit dem Schwerte Bahn brechen mußte. Dagegen war der Empfang in Konstantinopel noch froher und festlicher als im Lande der Ungarn. Der griechische oder oströmische Kaiser hatte mit Kaiser Otto manchen schweren Strauß ausgefochten und war bemüht, den tapferen Fürsten, der von letzterem ungerechterweise verfolgt wurde, als werten Gastfreund zu behandeln. Er ließ ihn und seine Getreuen reichlich und unentgeltlich bewirten und befahl seinen geschicktesten Baumeistern, ihnen ein Fahrzeug herzustellen, das fest gegen Sturm und Unwetter und groß genug wäre, die Ritter samt ihren Rossen und Knechten aufzunehmen. Als die stattliche Galeere fertig, aufgetakelt, auch mit den erforderlichen Booten versehen war, nahmen die kühnen Degen unter vielen Danksagungen Abschied von dem wohlgesinnten Kaiser, stiegen an Bord und segelten im Geleite mehrerer kaiserlicher Kriegsschiffe aus dem Hafen ins offene Meer. Die Schiffer und Steuerleute, die der Monarch mitgegeben hatte, waren der Fahrt nach dem Gelobten Lande wohl kundig und lenkten das Fahrzeug sicher auf dem Weg durch die blaue Salzflut, da der Wind günstig war; allein am achten Tag fingen die Wellen an zu schäumen, und die Sonne ging hinter düsteren Wolken unter. Es entstand ein heftiges Unwetter. Der rasende Sturm trieb das Schiff bald an Untiefen, bald an Klippen vorbei, an denen die begleitenden Kriegsschiffe scheiterten. Drei Tage und drei Nächte dauerte der schreckliche Orkan, dann wurden Wind und Wetter allmählich ruhiger, und die Sonne blickte wie ein Bote des Friedens auf die geängstigten Menschen herab.

Niemand, auch nicht der Steuermann, wußte, in welcher Gegend man sich befand. Man sah nur das unbekannte, uferlose Meer ringsum ausgebreitet, und nun erhob sich ein anderer Feind, ein Feind, der den Leib schwächt und zugleich Mut und Hoffnung raubt: Es war der Hunger, der, anfangs von fern drohend, bald aber mit allen seinen Schrecknissen die Krieger und das Schiffsvolk anfiel. In der höchsten Not, da schon die Mannschaft an Rettung verzweifelte, erschien am äußersten Horizont ein Purpurstreifen im Lichte der Morgensonne. Das war Land, das war Errettung vom Tode, und je näher man kam, desto reizender erschien das Gelände, wo Maisfelder mit Fruchtgärten und Rebenpflanzungen abwechselten. Im Hintergrund erblickte man Mauern und Türme, deren Zinnen wie Silber glänzten. „Das ist wahrlich das Paradies", sagte einer der Ritter. „Laßt uns an Land gehen und an den Früchten uns laben und dann die Bürger aufsuchen, die uns wohl für Geld und freundliche Zusprache mit Lebensmitteln versehen werden."

„Gewißlich müssen wir Land und Leute aufsuchen", meinte Graf Wetzel. „Denn dazu zwingt uns die Not, wir müssen aber auf der Hut sein; ich habe nämlich von erfahrenen Reisenden gehört, daß im Wendelmeer das Land Grippia liege, eine Insel so groß wie England, daß es aber von rohen, ungastlichen und mißgestalteten Menschen bewohnt sei, die jeden Fremdling angriffen und mit vergifteten Pfeilen töteten. Das vor uns liegende Land gleicht nach der Beschreibung der Insel Grippia. Auch soll dort ein Baum wachsen, der Früchte trage von Gestalt wie unsere Gurken, die wohl sehr gut anzusehen und auch schmackhaft seien, aber tödliches Gift enthielten."

Während die Männer miteinander redeten, war man der Küste nahe gekommen. Die Boote wurden ausgesetzt und führten die Mannschaft, dann, nachdem man die Anker ausgeworfen hatte, auch das Schiffsvolk ans Ufer. Die ausgehungerten Leute ließen sich das Obst wohl schmecken, aber von den giftigen Früchten, die man an ihrer Form erkannte, aß nur ein Mann, und zwar ein Ritter, der die Warnung verachtete und die Speise sehr wohlschmeckend fand.

„Armer Freund!" rief ihm Wetzel zu. „Du hast dir einen langsamen Tod bereitet." – Nunmehr traf der Herzog seine Anordnungen. Das Schiffsvolk sollte auf die Galeere zurückkehren und die Boote bereithalten, damit die Kriegsmannschaft, wenn sie etwa von Feinden nach der Küste gedrängt würde, schnell aufgenommen und an Bord geführt werden könne. Er selbst zog mit Wetzel und den Waffenleuten, alle in voller Rüstung, landeinwärts, um nähere Kunde von dem Land und seinen Bewohnern zu erhalten.

Man gelangte zunächst an eine auf steiler Höhe gelegene Burg, deren silberglänzende Zinnen man bereits aus weiter Ferne erblickt hatte. Jenseits, in der Niederung, breitete sich eine große, mit Prachtgebäuden verzierte Stadt aus. Da die ehernen, mit Reliefs geschmückten Torflügel des Schlosses offenstanden, so ging die ganze Schar in festgeschlossener Haltung in das Innere und durchsuchte alle Räume. Da waren Prunkgemächer, deren goldgeschmückte Decken auf Säulen von Ebenholz ruhten, während kristallene Leuchter für die nächtliche Beleuchtung niederhingen und an den Wänden von Marmor Ruhebetten, Stühle und Tische von kostbaren Stoffen aufgestellt waren. Überall herrschte königliche Pracht, besonders aber in einem Schlafgemach, in dem zwei Betten standen und ein sehr großer Karfunkel die Mitte der Decke zierte. Die ritterliche Schar betrat endlich einen Speisesaal, worin wohl tausend Gäste reichlich Raum finden konnten. Da standen nun, wie wenn man die hungrigen Leute erwartet hätte, die nahrhaftesten und leckersten Speisen hergerichtet und vorzüglicher Wein sowie andere beliebte Getränke, dazu Becher von Kristall, Silber und Gold. In der anstoßenden Speisekammer fanden sich noch unermeßliche Vorräte an Fleisch, Mehl und anderen Lebensmitteln. Die müden und hungrigen Recken setzten sich ungeladen an die vollen Tafeln, speisten und tranken nach Herzenslust und wurden so heiter, daß sie heimische Lieder anstimmten und nach der Mahlzeit in Höfen und Gärten herumstreiften. Da gebot Herzog Ernst, daß alle Männer sich sammelten, daß ein Teil derselben der harrenden Schiffsmannschaft von den noch sehr reichhaltigen Vorräten Speisen und Getränke überbringen, ein anderer Teil Wache halten solle. Als das Schiffsvolk gesättigt war, wurde noch Brot, Mehl, Frucht jeder Art, vornehmlich Fleisch und Wein, an Bord geschafft, so daß man bei fortgesetzter Fahrt keinen Mangel zu besorgen hatte.

Nachdem alles wohl hergerichtet war, befahl der Herzog, daß die ganze Mannschaft sich an der Küste und auf dem Schiff zusammenhalte, während er mit dem Grafen die Stadt näher untersuchen wollte. Da sagte nun ein junger Geselle, er sei gleich nach der Mahlzeit an ein Stadttor gegangen und habe drinnen ein seltsames Getöse gehört, bald wie wenn eine zahllose Menge von Gänsen schnatterte, bald auch lieblich, wie ein sterbender Schwan singe. Er habe durch eine Spalte hineingesehen und eine große Versammlung von seltsamen Menschen erblickt, nämlich Frauen und Kinder in bunten Gewändern und sehr schön von Gliedern, aber obenher über dem Rumpf nicht menschlich gestaltet, sondern von Natur mit einem Schwanenhals und Schwanenkopf ausgestattet. – „Holla, Weinschlauch", unterbrach ihn ein andrer Reisiger, „hast noch nicht den

Rausch verschnarcht; aber schau, im Wein sitzt ein Kobold, den man Neck nennt, der sinkt mit dem Trunk in den Magen, hat aber darin nicht lange Ruhe, sondern steigt hinauf in den Kopf, wo er allerlei Spuk treibt. Derselbe hat dir nun die leibhaftigen Schwanenjungfrauen vorgeführt, weil du zu freien gedenkst, damit du dir unter ihnen eine Liebste mit Schwanen- oder Gänsekopf auswählen mögest." Ein wieherndes Gelächter folgte der Rede, wodurch der Geneckte so in Zorn geriet, daß er vom Leder zog. Graf Wetzel gebot Frieden, da der Bursche doch die Wahrheit gesagt haben könne. Sei dies der Fall, so befänden sie sich, wie er schon vermutet, im Lande Grippia, wo die Agrippiner wohnten, ein Volk, bei dem die Männer Kranich-, die Weiber Schwanen- oder Gänseköpfe hätten; die Waffenleute sollten auf ihrer Hut sein; denn er selbst wolle mit dem Herzog nochmals die Burg und dann auch die Stadt besichtigen.

Die beiden Helden wanderten also nach dem Palaste; aber wie sorgfältig sie auch alle Räume durchspähten, so entdeckten sie doch weder Menschen noch irgend lebende Geschöpfe. Sie waren demnach im Begriff, nach der Stadt sich umzusehen, als sie außerhalb nach der anderen Seite lautes Getöse und krähende, gurgelnde Stimmen hörten, wie wenn unzählige Kraniche im Anzuge wären. An einem halb verdeckten Fenster konnten sie das Wunder beobachten. Da kam nämlich ein zahlreiches Heer von Kranichmenschen. Sie trugen alle rote Kriegsgewänder, aber keine Rüstungen; als Waffen führten sie nur lange Messer im Gurt und Bogen und Pfeile, zum Schutze aber Tartschen oder kleine Rundschilde von Holz, die schön bemalt waren. Man unterschied auch Hauptleute und Obersten an den von Gold glänzenden Gürteln und den König, der sich durch reichen Schmuck und insbesondere durch ein mit Perlen und leuchtenden Edelsteinen besetztes Halsband auszeichnete. Neben ihm wurde eine schöne Jungfrau von ganz menschlicher Bildung geführt, die sehr blaß und leidend schien und viel weinte. „Auf, lieber Heergeselle", flüsterte der Herzog seinem Gefährten zu, „wir wollen hervorbrechen und die edle Maid den Schnäblern entreißen. Gewiß haben sie dieselbe geraubt. Auf, ihr zu Hilfe!" – „Noch nicht", erwiderte der Alte. „Sieh doch die große Übermacht, und viele haben vergiftete Pfeile." „Was bekümmern uns ihre Strähle, mit oder ohne Gift", sprach der Herzog. „Mögen sie doch einen ganzen Tag auf mich schießen; wenn ich in meinem Harnischfaß stehe, werden sie mir nicht die Haut ritzen." – „Habe Geduld, junger Degen", mahnte Wetzel. „Die Agrippiner sind hartnäckige Barbaren und scheuen nicht den Tod; sie würden uns, wenn wir jetzt uns zeigten, von allen Seiten angreifen, uns, wenn wir auch Hunderte erschlügen, endlich zu Boden reißen und erwürgen." – „Mit jedem Schwertstreich haut man Dutzende von diesen Kranichköpfen ab", versetzte der Held, folgte aber doch dem Rate des erfahrenen Wehrgenossen und erkannte bald, daß er heilsam war.

Der König krähte nämlich laut, hielt darauf in seiner gurgelnden Sprache eine Rede an das Heer, worin er wahrscheinlich die Tapferkeit der Krieger lobte, und entließ es in Gnaden. Er selbst begab sich mit zahlreichem Gefolge nach der Burg, seiner gewöhnlichen Residenz. – Die Freunde dagegen zogen sich eilends in einen an das Schlafgemach stoßenden Raum zurück, wo sie in einem verdeckten Winkel nicht leicht gesehen werden, wohl aber durch eine Türspalte beobachten konnten, was vorging. Sie hörten, wie der König im Speisesaal heftig krähte und schrie, vielleicht über den Mangel bei der Mahlzeit, dem jedoch durch die Geschicklichkeit der Köche und Speisemeister schnell, wie durch Zauberei, abgeholfen wurde, was man an dem Klappern der Schnäbel erkannte, das dem Klappern der Störche auf den Dächern ähnlich war.

Nach aufgehobener Tafel schritt die Majestät, geleitet von Kämmerern, nach dem Schlafgemach, in das auch die junge Maid, ungeachtet ihres Sträubens und ihrer Wehklage, geführt wurde. Ein Kämmerling bemerkte jetzt den hereinsehenden Herzog und machte Lärm. Ein Schwertstreich des Herzogs trennte den krähenden Kopf vom Rumpfe, ein zweiter fällte den König. Obgleich nun mehr und immer mehr Schnäbler eindrangen, vermochten sie doch mit ihren unvollkommenen Waffen den geharnischten Männern nicht zu widerstehen; sie wurden vielmehr unter großem Blutvergießen aus einem Gemach ins andere und bis in den Burghof getrieben. Die kühnen Degen hatten die Jungfrau mit ihren Schilden gedeckt und fragten sie nun, wie sie in die Gewalt der Schnäbler gekommen sei. Sie sagte aus, sie sei die Tochter eines christlichen Königs in Indien und heiße Bramilla. Bei dem räuberischen Einfall der Schnäbler in ihres Vaters Gebiet sei sie nach Ermordung ihres Gefolges nebst anderer Beute fortgeschleppt worden, um dem Schnäblerkönig vermählt zu werden. Sie versicherte, die Helden würden reich belohnt werden, wenn sie dem König die Tochter wieder zuführten. „Wenn nicht unsere Mannen vom Schiff Hilfe bringen", sagte Wetzel, „so werden wir wohl selbst hier das Leben lassen müssen; denn ich sehe durch das Fenster bei hellem Mondschein, daß die Rotröcke, die königlichen Trabanten, anrücken." In demselben Augenblick wurde die verriegelte Tür eingeschlagen, und der Kampf begann von neuem. Wie todesmutig aber auch die Rotröcke vordrangen, sie konnten die gepanzerten Männer nicht zum Weichen bringen. Die Helden waren treue Türhüter, und ihre Schwerter fällten ohne Unterlaß Kranichköpfe; alle Tapferkeit schien jedoch verloren, da immer frische Scharen

Herzog Ernst im Kampf mit den Agrippinern

anrückten. Zugleich gewahrte Wetzel, daß die Feinde einen hinteren Zugang aufzubrechen suchten. Wenn dies gelang, so war nicht mehr an Rettung zu denken. Wie er dieses im Kampfgewühl sorgenvoll erwog, rief der Herzog freudig: „Sie kommen! Ich höre ihre Stimmen! Sie sind schon nahe!"

Ja, es waren die Genossen; sie donnerten mit Schwertern und Streitäxten an das Portal; sie öffneten gewaltsam einen breiten Eingang, durch den sie zu den bedrängten Fürsten gelangten. In fester Ordnung, die müden Herren und Bramilla in der Mitte, traten sie den Rückzug an. Die Trabanten verfolgten sie; ein frischer Heerhaufen stieß zu den Verfolgern, so daß die Mannschaft nur mit höchster Anstrengung der Übermacht sich erwehrte. Doch erreichten die Kämpfer das Ufer, wo die Schiffer mit den Booten sie erwarteten. Ringsum war das Feld mit Leichen der Agrippiner bedeckt; allein auch die Reisigen hatten empfindlichen Verlust erlitten, teils durch vergiftete Geschosse, teils auch durch die Messer der Feinde, indem nicht wenige durch den wütenden Ansturm der Menge von den Gefährten getrennt und durchbohrt worden waren. Der Herzog und sein Wehrgenosse deckten die Einschiffung; sie standen unerschütterlich am Lande unter dem Hagel von Pfeilen, die auf Helm und Rüstung klirrten, und mähten die Kranichköpfe wie der Schnitter die Ähren. Als die indische Königstochter an Bord gebracht und die letzten Kämpfer eingeschifft waren, bestiegen auch sie ein Boot und gelangten unversehrt auf die Galeere. Die Schnäbler, die in ihre Barken sprangen, suchten zwar das Schiff zu entern; allein ihre schwachen Fahrzeuge wurden in den Grund gebohrt, und sie mußten statt süßen Weines die herbe Salzflut trinken.

Der Vollmond hatte zu der nächtlichen Schlacht geleuchtet; jetzt rötete sich der Himmel im Osten, und die Königin des Tages trat aus dem Morgennebel hervor. Sie bestrahlte das Meer, das der Kiel, von günstigem Wind beflügelt, in eiligem Lauf durchschnitt; sie bestrahlte aber auch das Verdeck des Schiffes, wo noch viele Verwundete in Schmerzen stöhnten. Die Inderin, die in der Heilkunst wohl erfahren war, half bei dem Verband und tröpfelte lindernden Balsam in die Wunden, wodurch die, die von Messerstichen verletzt waren, genasen: Krieger aber und auch Schiffer, deren Wunden von Giftpfeilen herrührten, mußten sterben. Der Herzog wunderte sich, daß die Maid zwar nicht der deutschen, wohl aber der im Morgenlande verbreiteten fränkischen Mundart kundig war; da erzählte sie ihm, wie christliche Priester in Indien nicht bloß den königlichen Hof und den hohen Adel, sondern auch das ganze Volk bekehrt hätten, und wie seitdem die fränkische Sprache in Indien sehr verbreitet sei. Sie erzählte auch viel von ihrem wunderreichen Vaterland, von den köstlichen Früchten, die dort gediehen, den Schätzen an Gold, Silber und Edelgestein, auch von ihren Eltern, wie sich dieselben freuen würden, wenn ihnen die Tochter, ihr einziges Kind, wieder zugeführt werde. Sie unterhielt sich am liebsten mit dem Herzog; wenn er sie anredete, blitzten ihre dunklen Augen und verkündigten, daß er ihr lieb geworden sei. „Gib acht, lieber Geselle", sprach Wetzel lächelnd zu ihm. „Die wonnige Maid macht dich deiner Elsa ungetreu." „Niemals", versetzte der Fürst. „Und wenn mir ganz Indien, ja, wenn mir auch die Herrschaft über alle Reiche der Welt geboten würde, niemals könnte ich den Treueschwur brechen." Er grollte dem Freunde um des Wortes willen und vermied seitdem die Unterhaltung mit Bramilla.

„Gut' Zeit, ihr Herren", sprach der Kapitän eines Tages zu den Fürsten. „Schnellsegler der ‚Konstantin' (Name des Schiffes), schier ohnegleichen. Schauen die Herrschaften, wie er dem Steuer folgsam ist gleichwie ein wohl eingefahrener Karrengaul dem Zaume! Bleibt der steife Wind, so sind wir in drei Tagen an der syrischen Küste. Ist eine Schnellfahrt."

Am dritten Tage standen die Herren bei dem Steuermann und sahen zu, wie er das Fahrzeug lenkte. Da bemerkten sie, daß er plötzlich mit größerer Anstrengung das Steuerrad zu bewegen suchte. – „He, Steuermann, Backbordseite!" rief der Kapitän vom Top des Mastes herunter. „Leewärts! Zum Henker, Steuermann, willst du gegen Wind und Wellen segeln!" Er glitt eilends am Mast herunter und stürmte ganz wild nach dem Steuer. „Da schaut selber zu, Kapitän", sagte der Steuermann. „Unseren ‚Konstantin' hat der Tollwurm gestochen; er achtet das Ruder nicht einen Pfifferling und folgt seinem Tollkopf." – Es war in der Tat so, wie der Mann sagte: Das Fahrzeug fuhr gegen Wind und Wellen in einer Richtung, die der bisherigen entgegengesetzt war. Der Kapitän versuchte, selbst den Lauf zu wenden; allein alle Mühe war vergeblich. „Nun mögen uns Gott und die Heiligen helfen", sprach er. „Unser ‚Konstantin' fährt uns in des Teufels Küche." – „Es ist ein Tun", versicherte der Steuermann, „er fährt uns an den Magnetberg, da müssen wir ersaufen oder den Greifen zum Fraß dienen." – Bei diesen Worten des erfahrenen Mannes falteten der Kapitän und die Matrosen die Hände und murmelten Gebete, vielleicht zum erstenmal in ihrem Leben. – „Der leibhaftige Teufel soll mich holen, wenn ich noch weiter einen Spruch weiß", schloß der Kapitän seine Andacht und ging dann unter Deck, um sich durch eine Flasche geistigen Trankes der irdischen Sorgen zu entschlagen. Mit größerem Ernst riefen der Herzog und die Krieger zu Gott und flehten, daß er sie aus der neuen Gefahr erretten wolle; denn menschliche Hilfe war nicht möglich.

Das Schiff fuhr inzwischen immer, ungeachtet des starken Gegenwindes, in gleicher Richtung fort. Die nicht gerefften Segel zerrissen, die Planken ächzten und drohten zu brechen. Die Krieger, die bisher ihre Rüstungen von Blut und Rost gereinigt und wieder angelegt hatten, fragten nun, was die große Unruhe verursache. Sie erfuhren, die Galeere sei in den Bereich des Magnetberges gekommen, der im Umkreis von sechzig Meilen alles Eisen, folglich auch die mit Eisen beschlagenen Schiffe anziehe. Zugleich erblickte man den Berg anfangs wie einen dunklen Punkt am Horizont, dann, je näher man kam, immer höher aus dem Meer aufsteigend, bis er schwarz und gespensterhaft wie eine Halbkugel der Mannschaft vor Augen stand.

Die Galeere fuhr mit steigender Geschwindigkeit, wie vom Sturmwind getrieben, darauf zu: jetzt stieß sie an den starren Felsen und zerbarst mit schrecklichem Krachen. Ein entsetzliches Jammergeschrei erhob sich und verstummte wieder. Alles war im dunklen Flutengrab versunken. Indessen arbeiteten sich einzelne wieder herauf, unter ihnen Herzog Ernst und sein Freund, die als geübte Schwimmer das Land erreichten und sich mit großer Kraft an dem steilen Uferrand emporschwangen. Die hochgehenden Wellen trieben auch Bramilla heran, die sich an einem Balken festgeklammert hatte. Die beiden Helden halfen ihr herauf, ebenso einem kranken Reisigen und noch sechs edlen Rittern; die anderen alle waren ebenso wie die edlen Rosse ertrunken. Wetzel hatte einen Bootshaken zu sich heraufgezogen und enterte damit mehrere umhertreibende Fässer, die Lebensmittel enthielten, wodurch die Schiffbrüchigen imstande waren, ihr Leben zu fristen. Sie hielten ein trauriges Mahl, obgleich der Sorgenbrecher nicht fehlte.

Der Berg bestand aus einem einzigen Felsen, der glatt wie polierter Marmor war. Er hatte jedoch einzelne Spalten und Risse, aus denen dichtes, weiches Moos hervorgewachsen war. Dieses Moos diente zu Lagerstätten und gelandete Segel, die man getrocknet hatte, zur Bedeckung gegen die empfindliche Kälte während der Nacht. Mittels der Risse konnte man auch auf den Gipfel des Berges klimmen und Rundschau halten: man sah jedoch überall nur uferloses Meer. Die edlen Rosse der Ritter, die alle ertrunken waren, wurden von den hochgehenden Wellen auf den schmalen Uferrand gespült, ebenso die Leichname der Männer. Letztere versenkte man in die tiefsten Spalten, erstere schichtete man entfernt von dem Lager an der anderen Seite des Berges auf. Da bemerkte nun der alte Wetzel, der immer nach einem Mittel zur Rettung aus der verzweifelten Lage umherspähte, wie jeden Morgen ungeheure Greife aus weiter Ferne daherflogen, einige von den Pferden mit ihren gewaltigen Krallen ergriffen und leicht, wie ein Habicht einen Sperling, mit sich forttrugen. Da kam ihm in den Sinn, wie vielleicht durch diese Riesenvögel seine und der übrigen Schiffbrüchigen Rettung bewerkstelligt werden könne. Nun befanden sich in dem Wrack eines früher am Berg gescheiterten Fahrzeuges viele Rinderhäute; er schlug daher vor, die Unglücksgenossen sollten sich je zwei und zwei oder drei in solche Felle einnähen lassen. Die Greife würden sie dann in ihr Nest zum Fraß für ihre Jungen tragen; dann könne man sich, wenn die alten Vögel auf neuen Raub ausgeflogen seien, aus den Häuten losmachen und in Sicherheit gelangen. Es war ein kühner, ein verzweifelter Vorschlag; allein wenn sich kein anderer Ausweg darbietet, so wagt der Mensch das Äußerste, und oft gelingt dem Mutigen, was unmöglich schien. Es handelte sich nur darum, wer die letzten noch in die Häute einnähen und dann allein zurückbleiben sollte. Dazu erbot sich der unglückliche Mann, der von der Giftfrucht in Grippia gegessen hatte und seitdem unter großen Schmerzen krankte. Er sah seine nahe Auflösung voraus und wollte gern diesen letzten Dienst den Gefährten leisten. In ihre Rüstungen gehüllt, die blanken Schwerter in den Händen, ließen sich zuerst der Herzog und sein Freund in die Häute einnähen, und auch Bramilla legte, so ungewohnt es ihr war, einen Panzer an, um gegen die gewaltigen Krallen der Vögel gesichert zu sein. So lagen die drei Menschen an der bezeichneten Stelle. Sie riefen einander an, sie redeten hin und her über ihre verzweifelte Lage und das ebenso verzweifelte Mittel zur Rettung. Jetzt hörten sie in der Ferne den Flügelschlag der gewaltigen Vögel. „Gott helfe uns!" rief Herzog Ernst. „In seiner Güte und Barmherzigkeit", ergänzte Wetzel. Die Greife sausten heran, und jetzt erfaßten sie die Häute, die sie für Rinder hielten, und flogen mit Sturmesbrausen fort über das Meer.

Der Flug dauerte einige Stunden, dann ließen sich die Riesenvögel mit ihrer Beute im Neste nieder, wo die Jungen nach Fraß schrien. Sobald die Helden wieder den Flügelschlag der Alten hörten, schnitten sie sich aus ihrer Umhüllung heraus und machten auch die Inderin frei, die fast erstickt wäre. Das Nest war schier so geräumig wie ein mäßiges Haus, und darin saßen fünf junge Greife, die nach den Freunden hackten. Diese schlugen ihnen mit den flachen Klingen auf die blutroten Schnäbel und klommen dann an dem steilen Felsen, auf welchem der Bau stand, herunter. Sie eilten nach einem nahen Wald, um vor den alten Greifen gesichert zu sein, und fanden dort ein Brünnlein, wo sie den Durst löschten und einen Teil der mitgenommenen Lebensmittel verzehrten. Hier erwarteten sie ihre Gefährten, die auch ganz in derselben Weise am zweiten, dritten und vierten Tage eintrafen. Die letzten hatten den kranken Genossen, der ihnen den Liebesdienst erwies, fast todesmatt zurückgelassen. Er hatte ihnen noch seine Abschiedsworte an den Herzog und den Grafen aufgetragen, die ihn stets nicht als einen Knecht, sondern als einen Freund behandelt und mit Wohltaten überhäuft hätten.

Die ganze Gesellschaft war jetzt vereinigt und wanderte fort, dem Walde entlang, mehrere Tage. Der Speisevorrat war erschöpft, man mußte sich mit allerlei Wurzeln und Beeren begnügen. Doch gelangte man an ein größeres Wasser, das so reich an Fischen war, daß man sie mit den Händen greifen konnte. Desgleichen gelang es bisweilen, ein Wild mit Steinen zu erlegen, was gleichfalls dazu diente, den Tisch in der Wildnis besser zu bestellen. Der Fluß, an dem sie entlang wanderten, ergoß sich brausend in einen tiefen Schlund, der, wie es schien, durch den ganzen vorliegenden Berg ging. Ringsum starrte rauhes Gestein, senkrechte, unersteigbare Felsen hemmten die Wanderer von allen Seiten, und von menschlichem Anbau zeigte sich keine Spur. Da war nun wieder der alte Wetzel, der Rat wußte, wo die anderen klagten und schier verzweifeln wollten. Er sagte, man müsse ein Floß herstellen und getrost in den hohlen Berg fahren; der Gott, der sie aus dem Schiffbruch, aus dem Greifennest errettet, werde sie auch glücklich durch den Berg und zu gastlichen Menschen führen. Sofort wurde rüstig Hand ans Werk gelegt. Mit Schwertern und Streitäxten fällte man Bäume, behieb sie, so gut es gehen wollte, und verband sie mit Weidenruten drei- und vierfach, damit das Floß nicht beim Anprallen an Steinwände auseinander gehe. Am achten Tage war das seltsame Fahrzeug fertig, und die ganze mit Stangen versehene Gesellschaft schiffte sich ein. Das Floß schoß pfeilschnell hinunter in den Schlund, rannte bald rechts, bald links an Ecken und vorstehende Felsblöcke, obgleich die Männer mit äußerster Gewalt dasselbe mittels der Stangen zu lenken suchten. Je weiter man kam, desto mehr nahm die Finsternis zu; dann leuchtete wieder ein Dämmerlicht von Karfunkeln und anderen Edelsteinen, die von der Decke niederhingen.

Nach mehreren Stunden leuchtete den kühnen Schiffern Taghelle entgegen, und sie gelangten ins Freie. Freudig begrüßten sie das rosige Licht; doch bemühten sie sich auch, aus dem reißenden Strom an Land zu kommen. Mit Hilfe der Stangen gelang es ihnen, das Floß seitwärts zu schieben und an einem Vorsprung zu befestigen. Sie waren wiederum in einem Walde; als sie sich aber durch das wilde, verschlungene Dickicht gewunden hatten, eröffnete sich vor ihnen eine weite Aussicht in eine Talebene, wo man wohlgebaute Dörfer, eine Stadt und eine Anzahl Landsitze übersah. Auch bemerkte man Leute, die spazierengingen, ritten und in prächtigen Karossen fuhren; dann emsig arbeitende Landleute mit Ackergerätschaften und Handelsleute, die ihrem Geschäft nachgingen. Alle diese Leute, wie überhaupt alle Bewohner dieser Gegend waren zwar wohlgestaltet, aber sie hatten nicht zwei, sondern nur ein Auge, und zwar mitten auf der Stirn, wie solches auch aus alten Zeiten von den Zyklopen berichtet wird. Dieses eine Auge war übrigens von besonderer Beschaffenheit. Man konnte damit auf unglaubliche Entfernung sehen, und selbst wenn Berge und Wälder dazwischenlagen, noch unterscheiden, ob sich Freunde oder Feinde dem Lande näherten. Die Einäugigen sollen sogar in die Köpfe und Herzen anderer geblickt und ihre geheimen Gedanken erkannt haben.

Den Einäugigen, die vorübergingen, waren die Fremdlinge sehr merkwürdig; sie blieben stehen, wiesen mit Fingern auf dieselben, redeten sie in ihrer, freilich den Reisenden unbekannten Sprache an, liefen dann zum Stadtrichter, um ihm die Wundermäre von zweiäugigen Menschen anzuzeigen. Der Richter oder Schulze kam selbst, und große Haufen Neugieriger sammelten sich umher. Der Richter, ein wohldenkender Mann, der

Herzog Ernst im Königreich Arimaspi

die Hilfsbedürftigkeit der Ankömmlinge erkannte, nahm sie mit in seine Wohnung und sorgte für ihre Leibespflege. Da sich nun das Gerücht von den merkwürdigen Menschen schnell weiterverbreitete, so ließ sie der König vor sich kommen. Er sah wohl an ihrer Haltung und Bewaffnung, daß sie kriegerische Männer seien; doch wollte er sie prüfen und ließ wilde Streithengste vorführen. Die Ritter verstanden trefflich, dieselben zu lenken, und wenn sie mit gezückten Schwertern ansprengten, so liefen ganze Haufen von Eingeborenen auseinander. Besonders zeigte der Herzog seine ritterliche Kunst. Er sprang mitten im Rennen auf das Roß und wieder ab und immer ohne Stegreif, was den König sowie die anderen Zuschauer in Erstaunen setzte. Er nahm daher die Ritter in seinen Dienst, während die Königin die liebliche Bramilla bei sich behielt. – Die Ankömmlinge waren auf diese Weise eingebürgert und erlernten bald die Landessprache. Da erzählte nun der Herzog seine Schicksale und erfuhr dagegen, daß er sich im fernen Morgenland, und zwar im Königreich Arimaspi befinde, daß aber die Arimaspiden von vielen Feinden bedrängt würden und fast unerschwinglichen Tribut aufbringen müßten. Der Herzog erbot sich, alle diese Feinde zu züchtigen, daß sie niemals wieder Einfälle wagen sollten, sofern ihm die Majestät Ausrüstung und Einübung des Heeres und den Oberbefehl übertrage. Das Reichsoberhaupt willigte gern ein und belehrte zugleich den neuen Kronfeldherrn, daß ein Einfall der furchtbaren Plattfüße nahe bevorstehe. Es seien, sagte er, Leute mit ungeheuren langen und breiten Fußsohlen, die über Hecken, Gräben, Mauern, überhaupt über alle Hindernisse wegspringen, blitzschnell laufen, bald zur Rechten, bald zur Linken angreifen und selbst auf dem Wasser laufen könnten. „Sie sollen springen wie die Heuschrecken, wenn wir sie jagen", meinte der Herzog. Er ließ sofort für das ganze Heer Helme und große Schilde schmieden, aber weder Brünne noch Brünnehosen, da diese schnelle Bewegung hinderten. Ferner wurden Schwerter, lange Spieße und Wurfgere hergestellt und jeder Kriegsmann in Handhabung dieser Waffen täglich geübt. Nach einer weiteren Anordnung des Fürsten verfertigten die Frauen künstliche Fallstricke von unzerreißbarem Hanf, die den Fuß dessen umstrickten, der darauf trat. Bei diesem Geschäft war die indische Jungfrau besonders tätig, da sie das Flechten von Vogelnetzen wohl verstand und diese Kunst nun auf Herstellung größerer Geräte in Anwendung brachte. Sie unterrichtete auch die anderen Frauen, so daß in kurzer Zeit eine große Menge von Fallstricken hergerichtet wurde.

Als die Plattfüßer, hüpfend und springend über Berg und Täler, über Bäche und Flüsse, blitzschnell anrückten, fanden sie das Heer der Arimaspiden nicht hinter Gräben und Wällen, sondern auf offenem Felde aufgestellt; sie sahen aber nicht die verdeckten Fallstricke, die ringsum gelegt waren. Sie schossen ihre nie fehlenden Pfeile ab; allein diese wurden mit den Eisenschilden aufgefangen. Sie schwenkten rechts und links in dichten Geschwadern; da fielen sie einzeln und haufenweise in die Stricke und wurden mit Schwertern und Spießen erschlagen. Tausende fanden auf diese Art ihren Tod. Das siegreiche Heer aber verfolgte die Flüchtlinge bis in ihr Land und zwang das ganze Volk zur Unterwerfung und Zinszahlung.

Nicht lange nachher fiel ein anderes Raubvolk in das Reich Arimaspi ein; es waren die Ohrlappen oder Langohren, Leute, deren Ohren so lang waren, daß sie bis über die Knöchel herabreichten, und so breit, daß sie sich ganz darein hüllen konnten – und deshalb keiner anderen Gewänder bedurften. Sie brauchten auch keine Rüstung, da die Ohrhaut hieb- und stichfest war. Sie rückten in zahlloser Menge und in kriegerischer Ordnung vor, vermieden die Schlingen und glaubten mit leichter Mühe die Arimaspiden überwältigen zu können. Von ihren Geschossen wurden allerdings viele der Gegner hingerafft; aber diese bemerkten bald, wie sie beim Spannen der Bogen die Ohrhaut zurückschlugen, und schleuderten mit sicheren Händen ihre Gere dahin, wo eine Blöße war. Nun fielen Hunderte und Tausende, und als dadurch Unordnung unter den Ohrlappen entstand, stürmten der Herzog und seine Ritter mit der arimaspidischen Reiterei unter die verwirrten Scharen, die von den Hufen der Rosse zertreten und zermalmt wurden, so daß fast kein Mann aus der Niederlage entkam und das ganze Volk sich unterwerfen mußte.

Groß war der Ruhm des Herzogs und seiner Helden durch diese Taten. Während man jedoch das Siegesfest feierte, erschien ein Bote von dem König der Enakiten oder Enakssöhne, Zins und Tribut fordernd. Diese Leute waren gewaltige Riesen und furchtbar, ja, unbesiegbar im Kampf. Der Botschafter mußte in dem gewölbten Thronsaal, wo der Arimaspidenkönig saß, gebückt stehen, weil er höher emporragte, als die Decke war. Der ungeschlachte Bursche forderte das Geld oder den Kopf des Herrschers, der vor Schrecken mit offenem Mund auf dem Throne saß und kein Wort hervorbringen konnte. Da trat der Herzog vor und rief laut: „Sage deinem König, Geld und Silber hätten wir für ihn nicht, wohl aber eiserne Besen, womit wir ihn, wenn er uns besuchen wolle, säuberlich hinauskehren würden." Mit diesem Bescheid zog der Gesandte seines Weges und stattete seinem Herrn getreulich Bericht ab. Dieser schwur, er wolle den kecken Knirps an den höchsten Baum hängen, und befahl seinem Volk, sich zum Feldzug zu rüsten.

Herzog Ernst ordnete gleichfalls seine Scharen zur Abwehr des furchtbaren Feindes. Nach seiner Angabe richtete man große Wolfsfallen her, deren scharfgeschliffene Bügel beim Zusammenklappen menschliche Gliedmaßen, die dazwischenkamen, bis auf die Knochen durchschnitten.

Diese Fallen stellte man vor einem Walde auf, an dessen Saum das Heer lagerte. Außerdem waren Wolfsgruben angebracht, auf deren Boden spitze Pfähle emporstarrten. Die Enakssöhne stürmten wild, ohne Drohung, mit ihren Eisenkeulen auf das Heer los, traten zum Teil in die Fallen oder stürzten in die Gruben, wo sie sich auf den Pfählen spießten. Die Verwundeten erhoben ein gräßliches Geheul; die aber, die bis an den Wald gelangten, zerschlugen Büsche und Bäume und fällten viele Arimaspiden, aber sie wurden auch von geschleuderten Geren getroffen oder von gewandten Kriegern mit Schwertern an den Beinen verwundet. Auch hier entschied der Herzog mit seinen Getreuen den Kampf. Sie schleuderten ihre Gere stets mit tödlichem Erfolg, durchbohrten die Feinde mit langen Spießen und richteten eine solche Niederlage an, daß der Rest der Enakiten in wilder Flucht davonrannte. Sie halfen nicht einmal ihrem König, der mit einem Beine in einer Falle steckte. Und nun kam der verachtete Knirps und schwang das blanke Schwert über seinem Haupte, aber er konnte den wehrlosen Mann nicht fällen; er nahm ihn gefangen und überlieferte ihn dem Könige von Arimaspi, dem der dankbare Enakssohn nach seiner Heilung den Eid der Treue schwur und hielt.

Der Herzog und seine Mannen standen hoch in Ehren bei allem Volk, und der König gab ihnen Städte, Burgen und Dörfer. Dennoch sehnten sie sich nach der Heimat, nach Menschen ihres Stammes, nach ihren Lieben. Wenn sie die Männer oder gar die übrigens schöngebildeten Frauen mit dem einen Auge auf der Stirn vor sich sahen, so erschraken sie oft wie vor Wesen aus einer andern Welt. Auch Bramilla schien von ähnlichen Gefühlen bewegt zu sein. Sie wurde von Tag zu Tag ernster und trauriger und machte keinen Hehl daraus, daß es ihr unter den fremdartig gestalteten Menschen oft recht unheimlich zumute sei.

Einstmals strömte das Volk an die Küste; denn da hatte ein großes Schiff Anker geworfen, was noch niemals geschehen war. Man glaubte, ein seltsam gebautes Haus sei auf dem Wasser hergeschwommen, und, was noch mehr in Erstaunen setzte, in dem Bau waren lauter zweiäugige Menschen. Sie hatten des Handels und Gewinnes wegen ihre Fahrt in die noch unbekannten Gewässer gelenkt und breiteten nun ihre seltenen und kostbaren Waren aus. Da gab es Gewänder von Samt und Seide in allen Farben, kunstreiche Schmucksachen, nützliche Gerätschaften und Waffen von Stahl, künstliche Blumen, Gewürze und andere Dinge. Die Eingeborenen

Angriff der Enakiten

zahlten mit Goldstaub, der zugewogen wurde, oft auch mit Edelsteinen. Die Königin selbst begab sich mit ihrem Gefolge auf das schwimmende Haus und kaufte, was ihr gefiel. Bramilla, die bei der Herrin war, brach in lauten Jubel aus, da die Schiffer in indischer Sprache miteinander redeten und sie erkannte, daß dieselben ihre Landsleute waren. Sie fragte nach ihren Eltern und Freunden und erhielt gute Nachrichten. Der alte Wetzel, der nahe bei ihr stand, flüsterte ihr zu, er habe mit dem Schiffsherrn heimliche Flucht verabredet, da der König den Rittern den Abschied verweigere; sie solle sich in der dritten Nacht gleichfalls dazu bereithalten. Alles wurde nun mit dem Kapitän besprochen, des Nachts das Gepäck auf das Schiff gebracht, und zur festgesetzten Stunde befand sich die ganze Gesellschaft an Bord. Günstiger Wind schwellte die Segel; die Fahrt wurde dadurch so gefördert, daß am Morgen nur noch die Berggipfel des verlassenen Landes sichtbar waren. Unterwegs landete man an der Küste der Pygmäen, um frisches Wasser einzunehmen. Da kamen die winzigen Leutlein aus ihrem hohlen Berge hervor, zeigten die Quelle an und boten der Mannschaft viel Gold und Silber, wenn man ihnen Beistand gegen ihre Todfeinde, die Kraniche, leisten wolle. Sie schürften nämlich im Schoß der Erde auf edles Metall, das sich hier in Menge vorfand und das sie zu schönem Schmuck verarbeiteten. Ebenso verstanden sie, aus Eisen Wehr und Waffen, freilich nur für ihre kleinen Glieder herzustellen. Ihre Helme waren wie Nußschalen, ihre Schwerter so groß wie Nadeln, ihre Spieße glichen Stricknadeln. Mit diesen Waffen zogen sie in die Schlacht gegen die Kraniche, wurden aber gewöhnlich besiegt, niedergeworfen und von den gierigen Vögeln mit Haut und Haar verspeist. Die Ritter versprachen ihnen Hilfe, wenn sie ihnen geeignete Bogen und Pfeile lieferten. Sogleich gingen die Männlein an die Arbeit. In wenigen Tagen waren die Waffen fertig und wurden mühsam herbeigeschleppt. Nachdem sich des Nachts die Wehrmänner hinter Felsen und Büschen versteckt hatten, rückte das Heer der Pygmäen in Schlachtordnung aus. Die Vögel, leckeren Fraß witternd, stürzten in Massen aus hoher Luft auf die kleinen Krieger herab und spießten viele mit ihren Schnäbeln auf. Da flogen aber unversehens die langen Strähle aus den Verstecken hervor, ohne daß die befiederten Streiter wußten, wer sie so unsanft begrüßte. Hunderte von dem räuberischen Geflügel fielen, von den Geschossen durchbohrt, auf das Schlachtfeld herab, und die nicht zu Tode getroffen waren, verbluteten unter den Spießen der Pygmäen. Die Ritter schenkten das dargebotene Gold und Silber dem Schiffsvolk, da sie selbst in Arimaspi solchen Quark, wie der Herzog sich ausdrückte, im Überfluß empfangen hatten.

Nach einer Fahrt von acht Wochen ankerte das Schiff an der indischen Küste. Da war große Freude im königlichen Palast, als die Eltern ihr einziges Kind wieder in die Arme schlossen. Natürlich wurden auch die Ritter freudig begrüßt, durch deren Mut und tapfere Taten die Tochter errettet worden war. Insbesondere war Herzog Ernst Gegenstand allgemeiner Verehrung; denn von ihm, von seiner Tapferkeit, seiner edlen Gesinnung sprach Bramilla am liebsten. Die Königin erkannte bald, daß die Maid dem Fürsten herzlich zugetan war, aber man hatte nicht Muße, von solchen Dingen zu reden, da der mächtige Sultan von Babylon im Anzug war, um ganz Indien zu erobern. Der kriegskundige Herzog erbot sich sogleich, die Führung des Heeres zu übernehmen, und der treue Wetzel stand ihm mit Rat und Tat zur Seite. Das Kriegsvolk wurde tüchtig eingeübt, seine Bewaffnung verbessert, Mut und kriegerisches Ehrgefühl geweckt. Als darauf der Sultan von Babylon mit seinen zahllosen und streitbaren Scharen die Grenze überschritt, dauerte die Schlacht den ganzen Tag; am Abend aber brachen Herzog Ernst und Wetzel aus einem Hinterhalt hervor, fielen dem Feind in den Rücken und entschieden den Sieg. Der geschlagene Eroberer, der sich wie ein Verzweifelter wehrte, fiel verwundet in Gefangenschaft und wurde von dem siegreichen König wegen Friedensbruchs zu lebenslänglichem Gefängnis verurteilt.

Die Namen der Helden wurden im ganzen Land gefeiert. Beim Siegesfest saßen sie mit ihren Mannen dem Herrscher zunächst, und die schöne Bramilla füllte ihnen die goldenen Schalen mit süßem, duftigem Wein; wenn sie aber dem Herzog den Becher kredenzte, sagten ihre Blicke, daß er ihre Liebe gewonnen habe.

Folgenden Tags besuchte der Fürst, der ebenso mitleidig wie tapfer war, den verwundeten Sultan im Gefängnis. Er wiederholte nochmals seinen Besuch und lernte ihn als einen rechtschaffenen Degen kennen. Er versprach ihm, sich für seine Befreiung zu verwenden. Da er im Gespräch auch seines Vorhabens gedachte, nach der Heiligen Stadt Jerusalem zu pilgern, so sagte ihm der Gefangene sicheres Geleit zu durch das babylonische Reich bis an die Grenze des Gelobten Landes, sofern der indische Monarch gegen ihn barmherzig sein wolle. Das war eine freudige Botschaft, und der Herzog säumte nicht, bei dem König vorzusprechen. Als letzterer nun davon sprach, wie er seinem Gast zu Dank verpflichtet sei und gern erfahren möchte, wie er ihm seine Erkenntlichkeit durch die Tat beweisen möge, brachte Ernst seine Bitte für den Gefangenen vor und verschwieg auch nicht, was ihn zu dem Gesuch veranlasse. – „Ich hatte etwas anderes zu vernehmen gehofft", sagte der König, und Tränen perlten in seinen Augen. „Ich hatte gehofft, du würdest nimmer von uns scheiden. Siehe, edler Held, ich habe keinen Sohn, nur eine Tochter, die du mir wieder zugeführt hast. Sie ist dir gewogen; da dachte ich nun, du würdest mein Schwiegersohn und mein Nachfolger, ein Herrscher über ganz Indien werden." Tief gerührt ergriff der Herzog die Hand des Monarchen, indem er sagte: „Wisset, großer König, ich habe daheim ein edles, treues Weib, das mich erwartet. Ich könnte die geliebte Gattin auch in den Armen einer anderen nicht vergessen; ich muß ihrer Liebe würdig bleiben, solange ich Leben und Atem habe." – „Wohlan, wackerer Held", sprach der Monarch, „ziehe in Frieden, wohin dich dein Geschick führt; aber nicht arm sollst du scheiden: Du wirst morgen in der Frühe einige Gaben in deiner Behausung finden, die dir auf dem weiten Wege von Nutzen sein werden. Dazu gebe ich den gefangenen Barbaren in deine Hände, daß du mit ihm verfahrest, wie es dir gut dünkt." Der Herzog verabschiedete sich auch von der Königin, aber Bramilla wartete seiner an der Pforte. Sie überreichte ihm eine kostbare Perlenschnur mit den Worten: „Bringe sie deiner Gattin und bitte sie, daß sie meiner in Liebe gedenke!" Darauf drückte sie einen Kuß auf seine Lippen und eilte weinend, ohne sich umzusehen, fort in das Innere des Palastes.

Am folgenden Morgen hielten außer den Streitrossen noch zehn mit Schätzen beladene Saumtiere vor dem Eingang der herzoglichen Wohnung. Je zwei für die beiden Führer und je eins für die Ritter, dazu ein Klepper für den Sultan, der von seiner Wunde völlig genesen war.

Die kleine Karawane gelangte ohne weitere Abenteuer nach Babylon und dann weiter unter dem Geleite des Sultans und der berittenen Leibwache desselben an die Grenze des Gelobten Landes, wo die heidnische Begleitung nicht weiter folgen durfte. Die Ritter setzten ihren Weg fort und sahen bald die Gottesstadt mit ihren Zinnen und Heiligtümern vor sich liegen. Hier war der Welterlöser gewandelt und am Kreuze für seine Menschenbrüder gestorben, und hier waren die frommen Pilger gewürdigt, in das Gotteshaus einzutreten und am Heiligen Grab zu beten. Sie taten es mit Andacht und opferten reiche Gaben von ihren Schätzen. Nachdem sie alle Gebote erfüllt, das heilige Mahl und die Absolution empfangen hatten, schlossen sie sich den Streitern an, die sich zum Kampf gegen die Ungläubigen verpflichtet hatten. Sie stritten in allen Gefechten voran, und hauptsächlich mit ihrer Hilfe wurden die Heiden bis an die Grenze von Ägypten zurückgeschlagen. Nach diesen Erfolgen bereiteten sie sich zur Rückkehr in das Vaterland vor, wobei sie hofften, daß der Kaiser versöhnt sein werde. Verstärkt durch andere bewaffnete Pilger, zogen sie getrosten Mutes durch die syrische Wüste, obgleich sie erfuhren, daß dort Beduinenschwärme den christlichen Reisenden auflauerten. Sie wurden auch bald von allen Seiten angegriffen. Auf windschnellen Rossen stürmten die Räuber heran, umkreisten die Gegner, schossen Wolken von Pfeilen ab, flohen, kehrten wieder und setzten wohl tagelang das Gefecht fort, bis sie die meisten Feinde erlegt und die Überlebenden gefangengenommen hatten. So erging es auch den Pilgern, die mit dem Herzog durch die Wüste wanderten; die Mehrzahl fiel, von Geschossen durchbohrt; die tapferen Ritter wehrten sich noch zu Fuß, da ihre Pferde tot oder verwun-

Die Karawane auf dem Weg nach Babylon

det waren. Sie erschlugen Rosse und Reiter, sobald die Beduinen das Nahgefecht wagten; allein die menschliche Kraft wird durch Anstrengung, durch Hunger und Durst erschöpft. Als der Tag sich neigte, konnten die gepanzerten Männer kaum noch die Schwerter halten; sie wurden daher von der Menge überwältigt, niedergeworfen und gefangen fortgeschleppt. Ihre Saumtiere mit den indischen Schätzen waren willkommene Beute für das Raubvolk, doch gelang es dem Herzog, die Perlenschnur und den leuchtenden Stein aus dem hohlen Berg, genannt „Waise", zu verbergen.

Die Gefangenen wurden als Sklaven dem Sultan Saladin verkauft, der gerade an einer sumpfigen Stelle einen Palast bauen lassen wollte und deshalb viele Arbeiter nötig hatte. In der Nähe standen noch zwei andere Prachtbauten, der dritte sollte den Abschluß bilden. Nun mußten die Sklaven fast Tag und Nacht schaffen; es wurden ihnen nur wenige Stunden der nächtlichen Ruhe gegönnt. Der alte Wetzel fügte sich in die Notwendigkeit. Allein der Herzog, gewohnt, das Schwert, nicht Hacke und Grabscheit zu führen, arbeitete mit Unlust und Ungeschick. Der Sklavenaufseher Hassan begnügte sich geraume Zeit mit Schmähen und Schelten, endlich aber griff er zu dem gewöhnlichen Mittel, dem Bambus. Kaum jedoch berührte der Stock den Rücken des Fürsten, so entbrannte sein Zorn. Er ergriff den Peiniger mit starker Faust und warf ihn unter dem Jubel und Hohngelächter der anderen Knechte kopfüber in den Sumpf.

„Warte, Bursche, die Bastonade wird dich zahm machen", rief Hassan, der übel besalbt aus dem Schlammbad hervorstieg. „Wir müssen das Äußerste wagen", sprach Wetzel nach Entfernung des Peinigers. Er forderte hierauf sämtliche Sklaven auf, die Schmach nicht länger zu ertragen, und er fand Gehör. Hassan, der mit Schergen und mit Knebel und Bambus wiederkehrte, wurde samt seinen Helfern dort im Sumpf ertränkt, wo er am tiefsten war. Die Sklaven fanden Waffen in einer erbrochenen Rüstkammer. Hunderte solcher Unglücklichen strömten aus Dörfern und Edelsitzen herbei, so daß das Heer immer mehr anwuchs. Paläste und ländliche Wohnungen wurden geplündert und in Brand gesteckt; die Flammen leuchteten weithin durch die Nacht. Umsonst mahnten der Herzog und sein Genosse zu schleunigem Aufbruch nach der Wüste und dem Gelobten Lande: dem plündernden Haufen konnte man nicht Einhalt tun. Da erschien Saladin selbst mit seinen Trabanten, die allen Widerstand der ungeordneten Haufen niederschlugen. Nach einem schrecklichen Gemetzel unterwarfen sich die Aufständischen; die Rädelsführer aber, unter ihnen der Herzog und Wetzel, wurden von dem Herrscher zu martervollem Tode verurteilt. Sie sollten folgenden Tages, während der Herrscher mit seinen Helden das Siegesfest feierte, an Marterpfählen bei langsamem Feuer sterben.

Der Tag der Siegesfeier und zugleich der Hinrichtung war angebrochen. Die Gefangenen, festgeknebelt an Pfähle, sahen die Henkersknechte vor sich, die hohnlachend des Befehls warteten, ringsum die Feuer anzuzünden. Herzog Ernst blickte zurück in sein vergangenes Leben, und die Tage des Ruhms, des Glücks an der Seite der geliebten Gattin, der Mord des Pfalzgrafen, die Abenteuer im fernen Morgenland gingen wie Traumbilder an seiner Seele vorüber, aber in schauerlicher Wirklichkeit stand die Gegenwart vor ihm; denn keine Heldenkraft konnte die Bande lösen, kein Freund war zur Hilfe bereit: der einzige, der ihm übriggeblieben war, lag unter gleicher Verdammnis.

Noch blickte der Herzog schaudernd auf die Marterwerkzeuge, da schritt ein Harfenspieler in langem Gewand verhüllten Hauptes vorüber. Er griff in die Saiten, und – der Gefangene staunte – es war die Weise von der Königsmaid, die durch Spiel und Lied dem Vater Erlösung brachte. War Elsa dem Gemahl vorausgegangen? War es ihr seliger Geist, der ihn dorthin berief, wo keine Trennung mehr ist? Er zweifelte nicht, er fühlte sich gestärkt, erhoben über Schmerz und Tod.

In reichgeschmückter Halle saß beim Mahle Saladin mit seinen Helden. Vor ihm stand der Harfenspieler, ein jugendlich blühender Jüngling, und sang:

"Zu Allahs Bilde wurde der Mensch geboren,
Allah erschuf nach seinem Bilde ihn;
Dann hat er die Genossin ihm erkoren,
Die liebende, die er mit Reiz beliehn.
Wenn sie den Schwur der Lieb' ihm zugeschworen,
Wenn er, mit ihr vereint, ganz glücklich schien,
So spiegelt sich mit allen ihren Wonnen
Der Erde höchste Lust im Liebesbronnen.

Den Armen liebt Allah, ins Leben sendet
Den Engel des Erbarmens er, der mild
Der Brüder Herzen lenkt, daß jeder spendet
Die fromme Gabe, die den Kummer stillt
Dem Darbenden, und wenn der Dulder wendet
Erquickt den Blick empor, so strahlt das Bild
Des Himmels mit dem goldnen Sternenkranze,
Die Erde segnend in des Dankes Glanze.

Allah verzeiht, im Zorn, in seinen Wettern
Vertilgt er nicht, die seinen Namen schmähn;
Nein, Wohltat reicht er dar, statt zu zerschmettern,
Bis zur Erkenntnis sie vom Wahn erstehn.
Ihm gleiche, Sohn der Erde, Übeltätern,
Die dich mit Haß und blutigem Vergehn
Verfolgen, biete mit versöhntem Herzen
Der Wohltat Brot, die Hand in ihren Schmerzen.

>Das ist der Sieg, den Allah dem Gerechten
>Verheißen: Liebestat bezwingt den Feind,
>Wird seinen Trotz, den Wahn des Hasses knechten,
>Daß er beschämt zu deinen Füßen weint.
>Nicht Erdenlust in liebesel'gen Nächten,
>Nicht Sternenglanz, in seiner Reu' erscheint
>In seiner Trän', ein schön'res Gnadenzeichen,
>Des Allerbarmers Bild, des Gnadenreichen."

„Des Gnadenreichen", das Wort klang noch einmal im Mund des Sängers, und die Saiten wiederholten die Melodie allmählich anschwellend und wieder leise verhallend wie Äolsharfentöne aus ferner Welt, und der Wahrheit Lehre senkte sich wie Gold in die Herzen der Hörer. Lautlos lagerten die Fürsten auf Ottomanen; kein Wort des Beifalls war zu hören, aber die tiefe Stille zeugte von der Töne Macht.

Darauf, als allmählich der Zauber sich löste, der wie im Rausch die Sinne umfing, erhob sich der Scheich des Islams: „Mich dünkt", sprach er, „ein Bote aus Eblis' Flammenreich ist hierhergetreten in verlockender Gestalt, die Kämpfer des Propheten zu berücken, daß ihren starken Händen das Schwert des Glaubens entsinke. Es sind die Lehren der Nazarener, die er verkündigt, nicht die des Korans, der uns befiehlt, die Feinde der heiligen Kaaba bis an das Ende der Erde zu verfolgen und zu vertilgen. Darum ergreife man den unbärtigen Knaben und werfe ihn zu den blutbefleckten Verrätern, daß er mit ihnen für seinen Frevel büße." – „Scheich", erwiderte Saladin mit tiefem Ernst, „höre auf mein Wort. Ich will mit dem Dichter zu dir reden.

>‚Gleichwie den süßen, duft'gen Honigkelch
>Schneeweiß umhegt der Lilie lichte Krone,
>Also umblüht ein greiser Bart die Quelle,
>Daraus die Weisheit vieler Jahre strömt.'"

„Du aber", fuhr er fort, „hast des Dichters goldenes Wort in schlechtes Erz verkehrt; denn nur Torheit quillt unter deinem grauen Bart hervor. Sieh, wie ein kühler Brunnen den Wandrer in der Wüste labt, so hat mich der Gesang erquickt, und wenn ein Giaur (ein Ungläubiger), wenn selbst Eblis mir das Wort der Wahrheit brächte, so spräch' ich: Er hat es aus Allahs Mund empfangen, und es glänzt schöner als der schönste Diamant in meinem Diadem." Darauf wandte er sich zu dem Sänger: „Knabe, begehre, was dein Herz erfreut! Der höchste Preis, und wäre es eine meiner

Kronen, bei dem Haupte des Propheten, er soll dir werden." Und wieder griff der Jüngling in die Saiten und sang:

> „Groß sind und herrlich deine Siegesehren,
> O Herr, und deine Weisheit preist die Welt,
> Doch willst den Kranz des Ruhmes du vermehren,
> Die Gnade flicht hinein: sie, die gefällt
> Zur Nacht dein Schwert, die Ketten hart beschweren
> Und Todesgraun, richt auf, ruhmvoller Held,
> In Freiheit laß sie froh die Anker lichten
> Heimwärts, also gebeut Allah zu richten."

Der Harfenspieler hatte geendigt. Er stand schüchtern vor der Versammlung, die Arme über der Brust gekreuzt, wie zum Gebet nach mohammedanischer Sitte, während ihm Träne um Träne über die blühenden Wangen rann. Doch Saladin neigte sich ihm freundlich zu. „Du forderst viel, weichmütiger Knabe", sprach der Herrscher. „Das unerbittliche Recht soll deinetwegen gebeugt werden. Saladin aber hat sein Wort verpfändet, das muß er halten." Ein dumpfes Murren ging durch die Versammlung, doch nur der Scheich wagte laute Rede. „Wie, Herr?" sprach er. „Die blutbesudelten Verbrecher, die Verächter des Propheten willst du gerechtem Urteilsspruch entziehen? Habt acht, daß nicht des Islams Pfeiler sinken!" „Und mit dem Islam auch die Feste unseres Reiches!" rief der Wesir, der kühnste Krieger im Heer. „Wenn du also die ungläubigen Hochverräter begnadigst, wer wird künftig den Aufruhr dämpfen, der bald da, bald dort sein Haupt erhebt?"

„Siehe her!" rief zürnend der gewaltige Herrscher, und der Säbel, der Scheide entzogen, blitzte in seiner Hand: „Der zwingt den Aufruhr und den Widerspruch, wo und wie er sich gegen mich erhebt. Wer wagt, das Recht der Gnade dem Herrscher zu bestreiten, der auf seine Kraft und Macht vertrauen darf? Dieses Recht üb' ich jetzt, um mein verpfändetes Wort zu lösen. Man gebe den Gefangenen die Freiheit, dazu jedem hundert Byzantiner und einen Geleitbrief, daß sie ungekränkt in ihr Vaterland gelangen!" Niemand erhob mehr Einspruch. Tiefe Stille war eingetreten und wurde nur unterbrochen durch Saitenspiel und ein Lied des Harfenspielers, das mit den Worten schloß:

> „Zu preisen hoch den Stern im Morgenland,
> Durch Allahs Huld den Gläubigen gesandt."

Wunderbarer als alles, was sie bisher erlebt hatten, erschienen dem Herzog und seinem Freund Wetzel die plötzliche Befreiung und die Geschenke, die sie im Namen und Auftrag des Sultans empfingen. Sie konnten sich den plötzlichen Wechsel nicht erklären, wanderten aber, gesichert durch den Siegelbrief des Herrschers, ohne Furcht vor Überfall am Pilgerstabe nach Akkon. Ihre Namen, Taten und auch ihre letzten Schicksale waren dort schon bekannt; daher empfing man sie mit Freuden und versorgte sie mit allem Notwendigen, insbesondere mit Rüstungen und Pferden. Ferner mietete man für sie ein Segelschiff, das sie wohlbehalten nach Konstantinopel führte. Der Kaiser begrüßte sie ebenso freundlich wie bei ihrem ersten Besuch. Sie verweilten einige Tage in der prächtigen Hauptstadt, berichteten von ihren denkwürdigen Erlebnissen, setzten aber bald ihre Reise weiter fort. Wie schlug ihnen das Herz, als sie endlich den heimischen Boden wieder betraten! Mit tausend Waffenleuten hatten sie das Vaterland verlassen, und nur noch zwei Ritter bildeten jetzt ihr Gefolge, da die vier anderen bei dem Sklavenaufstand gefallen waren. „Nun weiter nach der Burg Trausnitz", sprach der Herzog. „Da finde ich Elsa und unser liebliches Kind; da will ich wohnen und in ihrer Verteidigung sterben, wenn der Kaiser im Zorn beharrt."

Sie standen am Burgtor, Einlaß begehrend: man öffnete; der Burgvogt begrüßte sie im Hofe. Die Mannschaft sammelte sich um sie her, aber das waren nicht mehr die alten Getreuen, fremde Gesichter blickten ihnen neugierig entgegen. Man fragte nach ihren Namen, ihrer Herkunft, ihrem Begehren. Statt aller Antwort verlangte der Herzog die Burgfrau, die Herzogin Elsa, zu sprechen. „Ja, Herr", versetzte der Burgvogt, „die ist nicht mehr hier, die ist fort, niemand weiß, wohin." Als der Fürst erstaunt seinen Namen nannte und genaue Auskunft begehrte, führte ihn der bejahrte Mann in die große Burghalle und berichtete ausführlich über das, was seit seiner Verbannung vorgefallen war. Ein kaiserlicher Heerhaufen war vor die Feste gerückt, die Reisigen hatten manchen Sturm gewagt und sich blutige Köpfe geholt. Nachdem aber die Lebensmittel abgenommen und der Hunger mit seinen Schrecknissen sich eingestellt hatte, waren viele von den Burgleuten entwichen, so daß die Besatzung nicht mehr die Mauern hinreichend hatte besetzen können. „Darauf", fuhr der Mann fort, „gelang ein Sturm; die übrige Besatzung fiel durch das Schwert, aber die edle Herzogin entwich mit dem Knaben durch einen unterirdischen Gang und wurde seitdem nicht wieder gesehen. Auch bei dem Kaiser und seiner hohen Gemahlin ist sie nicht gewesen. Nun gibt es freilich Schelme, die sagen, sie hätten die edle Frau in Begleitung eines Priesters in der Ostmark wahrgenommen; aber ich will mein Haupt auf den

Block legen, wenn das nicht verleumderische Lügen sind, die aus der Hölle stammen." – „Nun bin ich ganz arm", sagte der Herzog. „Nun habe ich keine Stätte mehr, wo ich mein Haupt hinlege, kein Weib, kein Kind mehr. Oh, hätte Saladin das Urteil vollstrecken lassen, so wäre jetzt alles vorüber!" – „Herr", sprach der alte Burgvogt, „der Kaiser hat mich zwar hier zum Vogt bestellt, aber ich bin ein bayrischer Mann, bin aus Regensburg und Euch, meinem Herzog, zu Dienst bereit." – „Und ich", versicherte Wetzel, „bin dein Waffenbruder im Leben und Sterben. Wohlan denn, mein Rat ist, daß wir zu deiner Mutter gehen." – „Wohl", erwiderte der Fürst, „am kaiserlichen Hof will ich für Elsas Ehre mit dem Schwert einstehen, dann mag der Herr das Haupt des Geächteten nehmen, wenn er noch im Zorn beharrt."

Die zwei Freunde ritten unerkannt und unbehindert durch die bayrischen und fränkischen Gaue nach Ingelheim am Rhein, wo der Kaiser und seine Gemahlin hofhielten. Die gütige Frau empfing den Sohn, den sie so lange nicht gesehen, von dessen Taten sie aber viel Rühmliches gehört hatte, mit Freuden. „Wie bist du in den wenigen Jahren unter Mühseligkeiten und Gefahren alt geworden", sagte sie. „In dein braunes Lockenhaar hat sich schon das Grau des Alters gemischt; aber nun sei getrost, mein Herr und Gemahl ist milder gegen dich gestimmt, er hat die Übeltaten des Pfalzgrafen, seine Tücke gegen dich, seine Untreue in Verwaltung der Reichsgüter und viele Ungerechtigkeiten in Erfahrung gebracht. Vielleicht wird er dich wieder in dein Land und in allen Ehren einsetzen." – „Und Elsa?" fragte der Fürst, „kann er mir sie wiedergeben? Vielleicht ist sie, ist mein Kind irgendwo im Waldesdunkel beraubt, ermordet, den Wölfen zum Fraß hingeworfen! Entsetzlich – aber noch entsetzlicher, es sind arge Lügenschmiede aufgestanden, die ihren unsträflichen Lebenswandel, ihre Treue als Gattin und Mutter mit schmählichen Lästerungen begeifern; diese Brut will ich durch ein Gottesgericht in den Schrankken der Lüge ziehen. Darum bin ich hierhergeritten, und ist das Werk vollbracht, so bedarf ich nicht mehr der kaiserlichen Gaben; ich fahre dann wieder gen Jerusalem in den Heiligen Krieg und kämpfe, bis das Schwert eines Heiden mein Haupt zu Tode trifft."

„Hast du auch alles wohl bedacht, mein Sohn?" mahnte die Kaiserin. „Weißt du nicht, wie des Menschen Herz wandelbar ist, wie manches Weib, wenn der Gatte lange fern ist, der gelobten Treue nicht mehr gedenkt? Es sind nicht eben verächtliche Männer, die auch mir die schlimme Märe von Elsa hinterbracht haben."

„Gott, der Herr, sei Richter zwischen mir und den Anklägern", erwiderte der Herzog. Als darauf die Kaiserin noch eine Frist von drei Tagen verlangte, damit sie vorsichtig den Gemahl von der Anwesenheit ihres Sohnes und von seinem Vorhaben unterrichte, konnte sich der Fürst dessen nicht weigern. Er wollte während dieser Zeit jeden Morgen anfragen, aber mit dem getreuen Wetzel in der Herberge sich verborgen halten.

Er hielt Wort und fragte bei der Mutter an am ersten, zweiten und dritten Morgen. Sie forderte noch einen Tag Aufschub, und als er um die gewöhnliche Stunde wiederum erschien und erklärte, er werde auf jede Gefahr hin nunmehr selbst von dem Herrscher das Gottesgericht verlangen, fand er die hohe Frau seltsam bewegt, bald ernst, bald freundlich lächelnd. Ehe sie bestimmte Antwort gab, erschien der Kaiser selbst in der Kemenate. „Adelheid", sprach der Herrscher, „bei den Fürsten ruht die Entscheidung." „Ha!" fuhr er fort, da er den Herzog erblickte, „der Mörder hier ohne mein Vorwissen? Noch ist der Estrich rot von dem vergossenen Blut. Er muß sterben!" – Schon blitzte das Schwert in seiner Hand; auch Ernst, seiner Elsa gedenkend, hatte die Wehre gezückt. Unsühnbares wäre geschehen, hätte sich nicht die Kaiserin, die blinkenden Klingen nicht achtend, zwischen die zornigen Männern gedrängt. „Hört mich", rief sie mit zitternder Stimme. „Es ist gestern am späten Abend Botschaft aus dem Morgenlande gekommen." Sie konnte nicht weiterreden; aus dem Nebengemach ertönten Harfenklänge: Es war die Weise von der Königsmaid, die dem Vater Erlösung brachte, und nun vermischte sich der Gesang mit dem Saitenspiel und drang besänftigend in die Herzen der zum Kampf entschlossenen Fürsten. Sie lauschten den bekannten Tönen: Die Schwerter kehrten in die Scheiden zurück und der Zorn verglühte, ohne ein blutiges Opfer gefordert zu haben. Jetzt trat der Harfenspieler hervor im langen Gewand, das Haupt verhüllt, wie ein Wanderer in der Wüste gegen den heißen Staub sich zu schützen pflegt. So war er im Morgenlande an dem gefesselten Herzog vorbeigeschritten, und die melodischen Klänge, die er jetzt den Saiten entlockte, hatten damals den Unglücklichen unter den Schauern des nahenden Todes mit Mut und Zuversicht erfüllt.

Der Fürst wollte fragen, wer der Harfner sei, aber das Spiel begann von neuem, und der Unbekannte sang das Lied der Liebe, womit er Saladin bezwungen hatte. Harfenklang und Gesang sind zu Ende, aber der Herzog fragt nicht mehr. Eine Ahnung, vielmehr eine Gewißheit geht wie ein leuchtender Stern in seiner Seele auf, er ruft: „Elsa?" Die Verhüllung fällt, die geliebte Gattin, seine Retterin von Schmach und Tod, steht vor ihm, schön, blühend, noch jugendfrisch wie einst am Kaiserhof, und sie ruht an seiner Brust. Es ist ein Augenblick hoher Seligkeit, wie sie den sterblichen Menschen nur selten zuteil wird. Noch mehr, da tritt durch die Seitentür der greise Bischof Ambrosius von Bamberg und an seiner Hand ein liebliches Knäblein, das einen Strauß Maßliebchen hält. Es hat sie früh im Garten gepflückt, und Tautropfen hängen an den Blättchen, glänzend wie Perlen. Das Kind hüpft auf den Herzog zu und reicht ihm die Blumen, sprechend: „Nimm, Vater, Ernstchen hat sie für dich gepflückt." „Zuviel der Gnade Gottes", ruft der Glückliche. „Zuviel in einer Stunde! Nun bedarf es nicht mehr eines Gottesgerichts, das Harfnerkleid, das Lied geben Zeugnis." – „Und auch ich", fügte der Bischof hinzu. „Vernehmt, wie alles also gekommen ist. Ich kam aus dem Morgenland, wo ich hörte, der heldenmütige Herzog von Bayerland schmachte in Sklavenketten bei dem Sultan. Auf meiner Reise nach Bamberg begegnete ich der edlen Frau, die mit dem Kinde auf der Flucht war. Ich sagte ihr, was ich vernommen, und sie faßte sofort den kühnen Entschluß, die Erlösung des Gemahls zu unternehmen. Ich begleitete sie bis nach Ungarn, wodurch die lose Rede entstanden von einem Priester, mit dem sie entflohen sei. Mich dünkt, tapferer Held, Ihr werdet darum nicht scheel sehen, wenn Ihr meine grauen Haare in Anschlag bringt. Das Kind nahm ich mit mir und übergab es sorglicher Pflege, unter der es wohl gediehen ist." Der würdige Greis hatte geendigt, und da war in der ganzen Versammlung nur ein Mann, der noch düster und wenig befriedigt schien, und der eine Mann war der Kaiser. „Die Reichsacht liegt noch auf dem Herzog und auf Wetzel, seinem Genossen", erklärte der Herrscher. „Er muß in Haft bleiben, bis das Fürstengericht entscheidet."

Der Freudenjubel war mit einem Mal verstummt. Das Fürstengericht, es war ein Todesurteil für den, auf dem die Reichsacht ruhte. Niemand wagte Gegenrede als der greise Bischof, der alsbald, vor den strengen Gebieter tretend, also sprach: „Als einst der Meister das Wort des Herrn dem Volke verkündigte, da waren unter der Menge auch die Versucher, die ihm Schlingen bereiteten. Sie führten ein mit schwerer Schuld belastetes Weib vor ihn und sprachen: „Sage uns, Herr, der du nimmer vom Gesetze abweichst, wie soll mir ihr verfahren werden? Nach unseren alten Rechten muß sie den Tod durch Steinigung erleiden." Er antwortete nicht sogleich, sondern bückte sich nieder zur Erde und schrieb mit dem Stab in den toten Sand das Lebenswort „Liebe". Hierauf sich erhebend, blickte er im Kreise umher, und sein Blick drang in die Herzen der verstockten Sünder, so daß sie alle entwichen, als er die wenigen Worte sprach: „Wer sich rein von Sünde weiß, der erhebe den ersten Stein!" Er aber beugte sich wiederum zur Erde nieder und schrieb ein zweites Lebenswort „Gnade". Da er die Stätte leer und nur die Sünderin vor sich stehen sah, wandte er sich liebevoll an sie: „Da sie dich nicht verdammt haben, verdamme auch ich dich nicht. Gehe hin in meinem Namen, in meinem Frieden und sündige nicht mehr, du armes, krankes Kind, arm an Freude, krank durch Sünde, aber vom Vater nicht verstoßen. Er ruft dich in sein Vaterhaus, er schließt dich nach lange getragenem Jammer wieder in die Arme."

Wie ein Bote Gottes stand der fromme Priester vor dem Kaiser, indem er fortfuhr: „Das Richteramt, mein Gebieter, hat dir der Herr gegeben, daß du begangene Frevel strafst, aber den reuigen Sünder, wenn er gebüßt hat, wieder in deine Gnade aufnehmest. Der Herzog aber und sein Freund Wetzel haben schwere Buße erlitten in Hunger und Elend, in Kämpfen mit Barbaren, in Wassersnot, in Todesgefahr; wohlan, verwalte dein Richteramt und sprich das Wort der Gnade!" – „Das Richteramt", wiederholte der Kaiser nachsinnend, „ja, und Leib und Leben und Kronen und Ehren, das alles trage ich zu Lehen von dem Herrn, und wie er einst die reuige Sünderin annahm, so spricht er jetzt, nicht ich, das Wort der Gnade. Komm hierher, mein Sohn Ernst, in meine Arme, daß du wieder mein treuer Sohn seiest und alle deine Güter zurückempfangest im Namen des Herrn!" Schon hielt er den Fürsten in den Armen und gab ihm den Friedenskuß. Auch dem alten Wetzel reichte er die Hand, indem er ihm alle seine Güter wieder zusprach und ihn ermahnte, gegen ihn, den obersten Lehensherrn, dieselbe Treue zu beweisen, mit der er dem Herzog zur Seite gestanden habe. Da glänzten nun in vielen Augen Tränen der Rührung, des Dankes und der Freude, doch sprach niemand ein Wort. Elsa, die edle Frau, unterbrach zuerst das Schweigen. Der heitere Geist, der sie einst über die Sorgen des Lebens erhoben hatte, erwachte wieder in ihr, sie griff in die Saiten und sang:

„Märchen ist das menschliche Leben,
Buntfarbig Märchen die ganze Welt;
Dichtend schuf das Leben und Streben
Gott, der dichtend das All erhält.
Einsam war er, da quoll die Fülle
Seiner Dichtung in blühender Hülle
Gaukelnd herauf und gaukelnd herab,
So wurde Geburt und Sein und Grab.
Schön ist's, Märchen im Leben träumen,
Wundergestalten schauen gedrängt,
Kosen und scherzen in heiteren Räumen,
Schwer auch kämpfen von Nacht umengt.

Herzog Ernst vor Kaiser Otto

Freude muß sich dem Schmerze gatten
Wie dem Lichte der dunkle Schatten,
Bis das Märchen wie Abendrot
Lächelnd beschließt der Genius Tod.
Märchen ist der Menschen Beginnen,
Buntfarbig Märchen voll Lust und Leid
Wogen gleich, die zum Meere rinnen,
Und das Meer ist die Ewigkeit.
Rückwärts blickt ins menschliche Leben!
Kinder sind alle, die jauchzen und streben,
Weinen auch viel, bis des Märchens Not
Lächelnd beschließt der Genius Tod."

Sechster Abschnitt
BEOWULF (BIENENWOLF)

Der edle Skiöldung saß mit seinen Helden in König Hrodgars Halle, die man die gehörnte oder Hirschhalle nannte, beim frohen Mal, und emsig füllte der Schenke die Hörner mit süßem Met und südländischem Wein, bis die leuchtenden Sterne zum Schlafen einluden. Aber nicht alle Recken hatten außerhalb Herberge gefunden. Deswegen waren in dem geräumigen Saale Lager bereitet, wo müde Gäste der nächtlichen Ruhe pflegten. Zweiunddreißig kampfberühmte Helden fanden hier gut Gemach und träumten friedliche Träume nach den erfochtenen Siegen. Als am Morgen die Burgleute in die Halle eintraten, fanden sie die edlen Gäste nicht mehr, wohl aber Spuren von Kampf, Blutflecken, die Lagerstätten zerrauft und andere Merkmale nächtlicher Störung.

König Hrodgar, von dem schreckhaften Spuk benachrichtigt, kam selbst, nach den werten Freunden zu spähen. Er folgte den Spuren von der Halle weiter; denn da sah man in die weiche Erde eingedrückt riesige Fußstapfen, die zu einem unheimlichen, unergründlichen Moor führten. Da wurde er der Sache kundig, denn in dem Moor wohnte der Unhold Grendel, der vor Zeiten viele Untaten verübt, aber durch einen zauberkundigen Mann gebannt worden war. Das Ungetüm hatte, wie es schien, den Bann gelöst und die nächtlichen Greuel angerichtet. Als das Unglück ruchbar wurde, erboten sich zehn kühne Helden, des Nachts in der Halle zu wachen und den Unhold, wenn er einen neuen Einbruch wage, zu bekämpfen. Aber sie konnten sich etweder des Schlafes nicht erwehren, oder sie waren dem Feinde nicht gewachsen. Am Morgen fand man im Saale dieselbe Verwüstung wie zuvor, sie selbst waren in den Moorsumpf fortgeschleppt. Das Volk der Skiöldunge ist jedoch unerschrocken und weicht vor keinem Schrecknis zurück. Daher waren sogleich zwölf Helden, unter ihnen der Spielmann, bereit, das Abenteuer zu bestehen. In voller Rüstung, die Schwerter in den Händen, streckten sie sich auf die Ruhebetten; nur der weidliche Sänger kauerte vorsichtig in einem Winkel, um wacker zu bleiben.

Um Mitternacht kam's heran, schlürfenden Schrittes, schmatzend, wie der Wurm, der den Raub wittert. Der Spielmann sah, hörte – aber Entsetzen faßte ihn; er sank bewußtlos zusammen. Als man ihn am Morgen zum Bewußtsein brachte, wollte er keinem Menschen sagen, was er gesehen und gehört hatte. Er nahm seine Waffen und seine Harfe, deutete auf die blutbespritzten Lager und schritt fort ohne Gruß und Abschied nach dem Strand, wo er ein segelfertiges Schiff bestieg, das nach Gotland steuerte. Die kühnen Degen aber waren, gleich den früheren, erwürgt und nach dem Moorsumpf geschleppt.

Im Lande der Goten herrschte Hygelak, ein siegreicher König, und unter seinen Helden war sein Neffe Beowulf, der Sohn Ektheovs, der berühmteste. Als der Harfner ankam, fand er die Goten in Kriegsnot, und das hatte sich so begeben: Die drei Söhne des Königs Hredel, Herebald, Hädkyn und Hygelak, mit denen Beowulf nach seines Vaters frühem Tod erzogen worden war, herrschten im Reich der Goten; Hädkyn, ein trefflicher Bogenschütze, übte sich täglich in der edlen Kunst. Er schoß einstmals nach der Scheibe, und sein gewaltiger Strahl fuhr durch das dünne Holz und traf den vorüberwandelnden Herebald ins Herz. Groß war die Wehklage des unglücklichen Schützen um den Bruder, und das ganze Volk beweinte mit ihm den Tod des Helden. Zur selben Zeit fielen schwedische Raubfahrer verwüstend in das Land, grimmige Horden, die keine Schonung kannten. Der König fuhr mit Heeresmacht gegen die Räuber. Er suchte den Tod in der Schlacht, aber er fand ihn nicht. Mit Beute und Siegesruhm kehrte er zurück. Die Raubfahrt zu rächen, beschloß er einen Kriegszug gegen die Schweden. Beowulf riet ab, weil, wie er sagte, in der Winterszeit die Krieger im feindlichen Lande nicht Unterhalt finden würden. Man bezichtigte ihn deshalb der Feigheit; da war er mit seinen Dienstmannen in der Heerversammlung und im Kampfe stets allen voran. Er verrichtete unglaubliche Taten, daß man meinte, er habe die Kraft von dreißig Männern. Indessen kam es, wie er gesagt hatte: Mühsal und Mangel schwächten die Krieger, und in der Schlacht fiel der König samt vielem Volk; den Überrest führten Beowulf und der kühne Breka, feindliche Scharen zurückschlagend, glücklich nach der Heimat.

Der Schwedenkönig Ongentheov verfolgte mit zahlreichem Heervolk und vielen Schiffen den geschlagenen Feind, und bei ihm war Däkresen, ein unbezwinglicher Held, an der Spitze der wilden Hugen. König Hygelak, der nach dem traurigen Ausgang seiner Brüder allein die Herrschaft im Gotenreiche ausübte, besiegte und erschlug den Beherrscher der Schweden; nur Däkresen beharrte im Kampf, schlug die gotische Flotte, landete bald da, bald dort mit seinen Raubscharen, ohne daß man seinen Verheerungen Einhalt tun konnte. Es war der Landesnot kein Ende abzusehen.

Am Strande stand mit seinen Helden König Hygelak, gegenüber lagen vor Anker die feindlichen Schiffe, trotzend den Goten, die nicht mehr den Kampf auf dem Meere wagen konnten, weil ihre gerüsteten Drachen verbrannt oder genommen waren. Am Vordersteven seines Drachschiffs stand Däkresen, höhnende Worte herüberrufend. Hell glänzte sein Stahlgewand und auf seinem Schilde leuchtete in rotem Gold ein Wurm mit blutrotem Rachen. Das alles sah der Spielmann Hrodgars, und er wunderte sich, daß das streitbare Gotenvolk so wehrlos dem Feind preisgegeben war. Da schritt der stattliche Held Beowulf, gewappnet und mit dem Schwert umgürtet, an die ragenden Felsen des Ufers vor, schaute hinüber nach den Schiffen, als ob er die Entfernung mit den Augen messe, und sprang dann plötzlich hinunter in die wilde, kochende Brandung, die alsbald über ihm zusammenschlug. Die Wellen zogen ihre Kreise; der kühne Schwimmer war verschwunden, vielleicht die Beute eines Ungetüms der Tiefe. Harmvoll blickten die Goten über die wogende Salzflut, und siehe, da tauchte der Held hart an Bord von Däkresens Drachschiff wieder empor, erklomm das Verdeck und schwang sein scharfes Schwert, daß die herzudrängenden Hugen unter seinen furchtbaren Streichen in Menge fielen. Er öffnete sich einen blutigen Weg nach dem Vorderdeck, wo der Hugenfürst ihm begegnete. Die Schwerter blitzten, die Streiche klirrten auf Schild, Helm und Brünne von beiden Seiten, aber die Klingen bissen nicht ein, denn die Kämpfer trugen Streitgewänder, die einst Wieland, der trefflichste Schmied, gefertigt hatte. Da schleuderte Beowulf die unnütze Waffe weit ins Meer, unterlief seinen Gegner, faßte ihn mit gewaltiger Faust und riß ihn mit sich über Bord in die stürmische Flut. Die Hugen sandten ihm, als er wieder auftauchte, einen Hagel von Geschossen nach; aber Gere und Pfeile glitten wie Hagelkörner von seiner guten Rüstung ab. Er schleppte zugleich den erwürgten Däkresen mit sich und auch sein Schwert, das er in der Tiefe gefunden hatte. Mit Jubelruf begrüßten die Goten ihren Helden, als er mit seiner Beute den Strand erreichte; die Schweden und Hugen dagegen lichteten alsbald die Anker und steuerten entmutigt ohne ihren König und ihren ruhmvollen Helden der Heimat zu.

Beim Siegesmahl feierte der Spielmann mit Lied und Harfenklang die Taten der Helden vergangener und gegenwärtiger Zeit. Er sang, wie Siegmund (Siegfried), der kühne Wölsung, mit seinem Neffen Fritela Abenteuer in allen Landen bestand, das wilde Riesenvolk siegreich bekämpfte, wie beide, durch Zauber in Wölfe verwandelt, Greuel verübten, dann aber, des Zaubers ledig, wieder durch ferne Länder fuhren, wie er endlich allein, ohne des Neffen Hilfe, den volkvertilgenden Drachen erschlug. Darauf griff er mächtiger in die Saiten und sang gewaltig, daß die Halle erdröhnte, zum Preise des kühnen Helden, der schwimmend allein das feindliche Drachschiff enterte, und forderte ihn auf, den gräßlichen Moorgeist Grendel zu bekämpfen, der allnächtlich der Skiöldunge Halle verheere und das Blut der Helden mit gierigem Rachen schlürfe. Beowulfs Ruhm, sprach er, werde, wenn er diesen Kampf siegreich bestehe, den Ruhm des Wölsungen noch weit überstrahlen, und solche Tat werde von den spätesten Geschlechtern als die kühnste gepriesen werden. „Ob auch die Skiöldunge oftmals mit den Goten das Schwertspiel versuchten", sprach Beowulf, „so will ich doch ihr Helfer sein und das Nachtgespenst Grendel bekämpfen; denn wertvoller, als der schimmernde Goldhort, dünkt dem Helden das Preislied der Sänger, das durch alle Zeiten klingt." – Da erhob sich Breka, der weidliche Degen, neidvoll auf Beowulfs Ruhm. Er sprach: „Großes hat mein Heergeselle vollbracht, doch glaube ich, mit besserem Geschick die stürmische Meerflut und die Ungeheuer der Tiefe zu bekämpfen. So nun die Fürsten der Goten Richter sein wollen, so versuchen wir uns beide in diesem Wagespiel. Einen Tag und eine Nacht soll der Wettkampf dauern; wer dann zuerst den Strand gewinnt, dem werde der Preis des Sieges zuteil." – „Dem reiche ich selbst die Goldkette, die ich hier umgeschlungen habe", fügte König Hygelak hinzu, auf seinen Halsschmuck deutend.

Der Morgen, da der Wettkampf beginnen sollte, ging blutrot auf. Die sturmbewegte Flut ächzte und stöhnte und heulte, als begehre sie ein Menschenopfer. Da standen die kühnen Schwimmer gepanzert und die Schwerter in den Händen am Ufer und sprangen, als das Horn das Zeichen gab, in die wogende See. Bald bedeckt von der Schaumflut, bald auf dem Rücken der Wellen schwammen sie weiter und weiter und verschwanden in der Ferne. Sie hielten sich nahe zusammen, um im Kampfe mit dem Seegetier einander Beistand zu leisten; allein endlich wurden sie durch den Wogenschwall getrennt und von der Strömung nach verschiedenen Seiten gerissen. Breka fand ruhiges Gewässer und ruderte gemächlich weiter, bis es Zeit war zur Umkehr. Beowulf geriet in wildes Wasser zwischen Klippen und Bänke, wo Polypen, Seedrachen und greuliche Nixen auf Beute lauerten. Riesige Arme streckten sich nach ihm aus, aber er erschlug sie mit dem Schwert. Ungetüme wälzten sich über ihn, um ihn zu ersticken: Er bohrte ihnen den Stahl durch die Schuppenhaut. Ein Nix umklammerte ihn und wollte ihn fort in seine Höhle schleppen; er stieß ihm die scharfe Klinge ins Herz und schleppte ihn an den grünen Borsten mit sich. Er erreichte wieder das offene Meer und strebte, da die Sonne unterging, rückwärts dem heimischen Strande zu. Der Sturm war vorüber, die Tagbestrahlerin beleuchtete die verwegenen Schwimmer, die gleichzeitig nach dem Ufer ruderten. Breka erreichte es zuerst. Er blickte frohlockend auf den Mitkämpfer, der nach kurzer Frist gleichfalls landete. Er, der König und das Volk sahen mit Staunen, wie der Held den greulichen Nix nachschleppte und ausgestreckt auf den Sand legte. Die Fürsten umstanden die Mißgestalt und maßen verwundert die riesigen Glieder. „Nimm hin die Goldkette!" sprach der König zu Breka. „Du hast sie durch schwere Arbeit gewonnen! Aber mein kühner Neffe hat Größeres vollbracht, indem er die Untiere der Tiefe bekämpfte und den erlegten Nix hierher vor unser Angesicht führte. Ihm reich' ich mein gutes Schwert Nägling mit dem Goldgriff und goldenen Runen geziert, daß er es in allen Kämpfen mit Ehren führe."

Hochgeehrt war Beowulf bei seinem Gotenvolk; doch begehrte er den Königssaal der Skiöldunge von dem Unhold Grendel zu befreien. Darum ging er bald nach diesen Taten mit dem Spielmann zu Schiff und steuerte nach dem Burghof des Königs Hrodgar. Fünfzehn edle Goten, ruhmbegierig, wie er selbst, hatten mit ihm das Schiff bestiegen und standen, als das Fahrzeug das Land erreichte, um ihn her versammelt. Der Strandwächter jagte hoch zu Roß auf die Fremdlinge zu. Er bewunderte die glänzend gerüsteten Recken, ihre kraftvollen Gestalten, ihre kühne Haltung und forschte, wer sie seien und in welcher Absicht sie das Land der Skiöldunge beträten. Als er die Märe vernahm, hieß er sie gutes Mutes nach der Burg fahren, wo sie der König als werte Gäste empfangen werde. Hrodgar saß auf dem Thron im Hirschsaal, wo keine Lagerstätten mehr zur Ruhe einluden. Er ging dem Fremdlingen, die angemeldet waren, freundlich entgegen und wies ihnen Sitze an, daß sie teilnähmen am Gelage der Helden. Auch der Spielmann war eingetreten: Er besang Beowulfs Taten und verkündete wie ein Prophet die Besiegung des Moorunholdes durch die unbezwingliche Faust des weidlichen Degens. Dies Lob verdroß Hunford, einen der Hofmänner, und der sprach mit neidvollem Hohn, der gerühmte Gotenheld habe doch die Goldkette nicht gewonnen, die sei dem kühnen Breka zuteil geworden. Beowulf solle sich wohl bedenken, ehe er den Kampf mit Grendel versuche; er könne leicht ein eisiges Bett im Moorsumpf finden. Da rief der Degen zornig, er habe statt der Goldkette ein gutes Schwert gewonnen, das scharf genug sei, die Borstenhaut des Ungetüms und auch eine Lästerzunge zu zerschneiden. König Hrodgar gebot dem Hofmann zu schweigen. Dem Goten aber verhieß er, wenn er siegreich den Kampf bestehe, reiche königliche Belohnung und einen dauernden Friedensbund zwischen ihren beiden Völkern.

Als die Nacht anbrach und der Herrscher mit seinen Mannen sich entfernt hatte, wurden von Dienstleuten Betten und Lager für die zurückbleibenden Gäste hergerichtet. Beowulf, voll Vertrauen auf seine Kraft, legte Helm und Rüstung ab und übergab auch den Knechten das Schwert. „Mit meiner Faust gedenke ich des Unholds Meister zu werden, der ja gleichfalls ungewappnet ist", so sprach der Held, indem er sich auf die weichen Polster streckte. Um Mitternacht stieg nach seiner Gewohnheit der Moorgeist aus dem Sumpf empor. Er witterte leckeren Fraß und stapfte nebelumhüllt über die Heide nach der Königshalle und alsbald darin, grinsend vor Wonne über die fette Beute, die Zähne fletschend, die gleich Eberhauern aus dem weiten Maule hervorragten, während die borstigen Hände mit stahlharten Adlerkrallen bewaffnet waren. Die Recken lagen alle, wie durch Zauber gebannt, im Schlafe, nur Beowulf, den Zauber bezwingend, blinzte mit den Augen verstohlen nach dem grauenvollen Nachtmahr, der hochaufgerichtet zu sinnen schien, auf wen er zuerst sich stürzen wolle. Jetzt war seine Wahl getroffen; einer der Schläfer röchelte unter seinen Krallen, womit ihm der Höllenspuk Haut, Fleisch und Eingeweide vom Halse bis zum Gürtel zerriß, während er zugleich gierig das Blut schlürfte. Darauf wandte sich der Unhold Beowulf zu, aber seinen ausgestreckten Arm umklammerte des Helden Hand, wie die Zange den Eisenklotz, daß Grendel ein dumpfes Schmerzgebrüll ausstieß, und nun begann der entsetzliche Ringkampf, davon die Halle erbebte und den Einsturz drohte. Die Schläfer erwachten, zogen ihre Schwerter; allein die Klingen prallten von der Schuppenhaut zurück wie von einem Felsen, und die Recken suchten sich in den Winkeln zu bergen, um nicht von den Kämpfern zertreten zu werden. Das Ungetüm erkannte endlich die Meisterschaft des Gegners und strebte nur noch, sich von seinen kraftvollen Armen loszuringen. Es gelang ihm mit einem verzweifelten Ruck; allein sein umklammerter Arm, aus dem Schultergelenk losgerissen, blieb in der Hand des Siegers. Nicht mehr der Recken, sondern des Unholds Blut bezeichnete den Weg nach dem Moor, den er fliehend genommen hatte.

Der Gotenheld hielt in der Rechten das scheußliche Pfand des Sieges, den Riesenarm mit den Adlerkrallen, von dem das schwarze Blut herabtröpfelte. Der glühende Morgenschein umstrahlte ihn wie mit einer Glorie, und seine umstehenden Gefährten begrüßten ihn schier wie einen Gott. Er aber heftete das Zeichen seiner wunderkühnen Tat über das Portal des Saales; darauf dankte er dem waltenden Allvater, der ihm die Kraft verliehen hatte, den gräßlichen Spuk zu bezwingen, und betend knieten neben ihm die Genossen, preisend die Güte und Hilfe der himmlischen Mächte.

Als die Recken sich erhoben, sahen sie den König und seine Hofmänner versammelt, die bald auf sie, bald auf den ausgestreckten Arm Grendels blickten und begierig waren, zu vernehmen, was sich in der Nacht begeben hatte. Da wurde von dem grauenvollen Kampf berichtet. Lange staunte Hrodgar über das, was er vernahm; dann gebot er seinem Neffen Hrodulf, die Gaben zu bringen, die er dem siegreichen Kämpfer verheißen hatte. Es währte nicht lange, so kehrte der weidliche Degen zurück und mit ihm Dienstmänner, die die königlichen Geschenke brachten, nämlich für jeden der gotischen Degen Schild und Brünne, letztere aus goldenen und silbernen Ringen gefertigt, für Beowulf aber noch einen strahlenden Helm mit einem wertvollen Karfunkel auf dem Kegel, desgleichen ein herrliches Banner mit goldener Handhabe, einen reichen Hort edlen Metalles und acht aufgeschirrte treffliche Rosse. „Nimm hin, kühner Held", sprach der König, „was ich dir nebst dem Danke meines Volkes freudig für deine Hilfe spende. Bleibe mein und meiner Söhne Freund, sowie ich dich in Treue meinen Kindern gleichachte." Als Beowulf seinen Dank für die Geschenke ausgesprochen hatte, befahl der Herrscher, die hochgehörnte Halle zu reinigen und zum festlichen Mahle herzurichten. Während dies geschah, trat noch Hunford hinzu. „Edler Degen", sprach er, „ich habe dich mit höhnender Rede gekränkt, weil ich unkundig war, daß du ein Held bist, mit dem sich kein anderer vergleichen darf. Nun aber vergönne mir, daß ich den königlichen Gaben noch mein Schwert Hrunting hinzufüge, ein Werk der Zwerge und in Drachenblut gehärtet. Es wird dir nimmer versagen, denn weder Schild noch Stahlhelm widersteht seiner Schneide." Die versöhnten Männer gingen in den Königssaal, wo das Mahl bereitet war.

Nachdem die frohen Gäste an den köstlichen Speisen sich gelabt hatten, begann das Gelage; ein Skalde aber sang, wie der Held ohne Waffen den Moorunhold bezwungen, wie er schlimmere Feinde, den Haß und die Rache gebändigt, die bisher zwei Brudervölker zu blutigen Fehden entflammt hätten. „Du bist der Friedensbringer", schloß der Sänger, „von dem einst die Wala den Vätern verkündigte." Die Königin Walchtheov aber füllte die Becher mit schäumendem Met. Sie kam auch zu Beowulf und reichte ihm einen vollen Becher von lauterem Golde und hieß ihn denselben behalten zum Gedächtnis der Geberin, desgleichen Ringe und einen glänzenden Halsschmuck, den voreinst Hama (Heime) aus dem Hort der Brosinge (Harlunge?) geraubt hatte. „Trage diese Kleinodien uns zu Lieb und Ehren, dir aber zum Heil und Sieg in allen Kämpfen eines langen Lebens", damit schied die hohe Frau von dem weidlichen Degen, nachdem er ihr seinen Dank für ihre Güte ausgesprochen hatte. Nun kreiste die fröhliche Rede, und die Hörner, mit schäumendem Met und funkelndem Südwein gefüllt, wurden fleißig geleert, bis der Abend zur Ruhe einlud. Eine Anzahl von Gästen begehrte Herberge in der Halle, da man den einarmigen Grendel nicht mehr fürchtete.

Während nun der Herrscher mit seinen Magen und Fürsten und dem kühnen Beowulf nach der Burg schritt, wurden Betten und Polster im Saale gebreitet, damit die zurückbleibenden Recken gut Gemach haben möchten. – Es kam indessen anders, als man hoffte.

Aus dem Abgrund des Meeres erhob sich ein Wogenschwall himmelan, und daraus trat ein riesenhaftes Weib hervor, grau von Angesicht und Gewand, wie die sturmbewegte Flut. Ihre Augen glühten wie lodernde Brände, ihr borstiges Haar starrte, gleich den Stacheln des Igels, nach allen Seiten; ihre langen, knochigen Arme reckten sich aus, als wolle sie einen Raub fassen. Sie winkte, da schwamm ein Wal herbei, der sie auf seinen Rücken nahm und nach der Küste trug. Sie schritt an dem Moorsumpf vorüber nach der Königshalle und schlich leise nach dem Saale. Es war Grendels Mutter, die, den Sohn zu rächen, unter die schlafenden Recken trat. Mordgierig faßte sie einen der Schläfer und zerriß und zerstückte seine Glieder. Sein Jammergeschrei weckte die übrigen Recken, die, wähnend, es sei der Moorunhold, sich zu bergen suchten. Da sie aber gewahrten, daß es ein Weib war, schämten sie sich ihrer Furcht und schwangen die Schwerter. Hageldicht fielen die Streiche; allein die Unholdin, durch Zauber geschützt, blieb unverletzt. Sie blickte grimmig umher, doch machten ihr die von allen Seiten blitzenden Klingen Furcht. Mit ihren langen Fangarmen ergriff sie noch einen Kämpfer mitten aus der Menge, schwang ihn hoch empor, wie etwa der Angler einen zappelnden Fisch, und zog sich dann unter dem Geklirre der Schwerter zurück. Die Recken, die nicht zu folgen wagten, hörten noch das Stöhnen ihres Heergesellen und das Schmatzen des Weibes, das sein Blut schlürfte.

Groß war am Morgen die Wehklage des Volkes und seines Herrschers, als man von dem neuen Frevel hörte und erkannte, daß ein anderes Ungetüm nicht nur die gehörnte Halle, sondern auch, wenn sie verödet sei, Burgen und Höfe bedrohe. Harmvoll gedachte Hrodgar seines treuen Dienstmannes Aschere, den die Unholdin erwürgt und fortgeschleppt hatte. Da sprach Beowulf: „Es ist Grendels Mutter, die nicht ablassen wird, solange sie lebt, Rache zu üben. Ich aber will sie aufsuchen in ihrer Behausung, sei es auch im Abgrund des Meeres, und den Kampf mit ihr versuchen. Geschieht es, daß ich das Leben lasse, so sende die Schätze, die mir deine und der Königin Güte verliehen hat, an meinen Lehnsherrn und Onkel Hygelak, der Goten Herrscher, daß er sich deren freue, wenn er meines Dienstes entraten muß." Also sprach der Held und machte sich mit seinen gotischen Heergesellen auf, die Spur der Meerwölfin zu verfolgen. Riesige Fußstapfen und Blut bezeichneten den Weg, den sie genommen hatte. Er führte längs dem Moorsumpf hin, dann über steile Felsen und schroffe Abhänge nach dem dunklen Bergwald, der auf jähem Vorgebirge über die Salzflut zu hängen schien. Unten brauste die schäumende Brandung über Klippen und schlug donnernd an die Steinwände. Grausige Ungeheuer wanden sich durch die wilde Strömung, und etliche dieser Wundertiere sperrten die Rachen nach den Wanderern auf, als wollten sie dieselben verschlingen. Beowulf erlegte ein solches mit dem Wurfger und zog es mit der Leine an den Strand; es war über zwanzig Fuß lang und hatte spitze Krallen an den Füßen. Hier verlor sich die Spur. Allein das auf einer Klippenspitze hängende Haupt Ascheres verriet, daß die Unholdin hierher ihren Weg genommen hatte. Der kühne Held, entschlossen, sie in ihrem eigenen Element aufzusuchen, nahm Abschied von den Freunden, die ihm vergebens von dem verzweifelten Unternehmen abmahnten. „Harret meiner zwei Tage und Nächte! Kehre ich dann nicht zurück, so bin ich sieglos geblieben und eine Beute des Meerweibes geworden. Aber das steht bei den Göttern, denen ich vertraue." So sprach der Held, riß sich von den weinenden Freunden los und stürzte sich in die tobende Flut.

Er schwamm weit hinaus, bis er unter sich in der Tiefe einen Lichtschein wahrnahm. ‚Hier', dachte der Held, ‚und nicht anderwärts ist ihre Wohnung; mögen die Himmlischen meiner walten!' Er tauchte unter und schwamm hinab in den Abgrund. Wohl schnappte manches Ungeheuer mit gierigem Rachen nach dem kühnen Schwimmer; ihn schützte jedoch die stahlfeste Brünne und der mit Eberbildern verzierte Helm. Plötzlich aber fühlte er sich wie von Enterhaken gefaßt und mit unwiderstehlicher Gewalt fortgerissen. Er war am Ersticken, da wurde er durch einen gewaltigen Ruck in eine kristallene Halle geschleppt, um die die Gewässer wie durchsichtige Mauern gebannt standen. Sobald er Boden unter sich fand, richtete er sich auf und sah das Riesenweib vor sich stehen. Sie hatte ihn mit ihren langen Fangarmen in den Abgrund gezogen und hielt ihn noch immer umklammert, willens, ihn niederzuwerfen. Er rang sich los und führte einen gewaltigen Streich nach ihrem Haupte; allein das Schwert versagte, es biß nicht in die steinharte Hornhaut der Meerwölfin. Schon hatte sie ihn wieder mit ihren Armen umfaßt, und er rang mit ihr, die unnütze Waffe wegwerfend, in entsetzlichem Kampf auf Leben und Tod. Die Wände zitterten; die Gewässer drohten hereinzubrechen. Beide Ringer stürzten zu Boden, doch brachte ihn die Riesin unter sich und zückte ein scharfes Messer, um es ihm in die Kehle zu stoßen; Halsberg

Beowulf im Kampf mit Grendels Mutter

und Brünne aber, Wielands Werk, wehrten dem Mordstahl. Beowulf arbeitete sich wieder empor. Er erblickte, als das Weib einen Augenblick zögerte, ein Riesenschwert, das kein anderer Mann gebrauchen konnte. Diese Waffe ergriff und schwang der kraftvolle Kämpfer, und die blanke Klinge drang durch die Hornhaut und spaltete der Wölfin Hals und Brust, so daß sie alsbald leblos niederfiel. Beowulf atmete tief, er fühlte sich von dem langen Kampf erschöpft. Indessen, des Sieges froh, erholte er sich bald und sah sich nun in der Halle um. Da lag tot der einarmige Grendel, ausgestreckt auf einem Lager von Meerschilf; weiter waren Schätze angehäuft, darunter glänzende Karfunkel und anderes Edelgestein, das jenen Lichtschein verbreitete, der dem Helden den Weg gezeigt hatte. Beowulf verschmähte die Schätze. Er hieb mit dem Riesenschwert dem Moorunhold das ungeheure Haupt ab, um es als Zeichen seines Sieges mit sich aus dem unheimlichen Wasserreich zu führen. Er sah aber nicht ohne Staunen, wie das Blut des Ungetüms wieder hervorquoll, sich mit dem seiner Mutter vermischte und wie ein Bach durch den offenen Eingang ins Meer floß. Zugleich schmolz auch die Klinge des Riesenschwertes von dem giftigen Blute und schwand wie das Eis vor der Wärme. Der Held behielt nur den goldenen Griff in der Hand. Dieser sowie Grendels Haupt war die einzige Beute, die er auf der Rückfahrt nach oben zu bewahren wußte.

Als die Goten an der klippenvollen Küste die Gewässer rot aufsteigen sahen, gerieten sie in große Sorge. Denn sie wähnten ihren heldenkühnen Führer tot, und sein Blut sei es, das die Fluten röte. Groß war daher ihre Freude, als sie den trefflichen Schwimmer erblickten, der, das Wasser zerteilend, durch die Brandung sich Bahn zum Strande schaffte. Sie umarmten den lieben Freund und lauschten seiner Rede, als er von den bestandenen Kämpfen berichtete. Der Abend war angebrochen, ein stiller, friedlicher Abend nach den Stürmen des Tages; kein Lüftchen regte sich, selbst die wogende See ruhte jetzt, als sei auch sie in Schlummer versenkt. Die Männer schritten auf bekannten Pfaden nach der Königshalle, die nun von den Schrecknissen befreit war. Sie fanden dieselbe einsam und verlassen, aber Lagerstätten und Polster bereitet, auf denen sie der gemächlichen Ruhe sich erfreuten.

Am Morgen traten die Goten aus der Halle heraus und zeigten dem herzuströmenden Volk das Haupt Grendels, das, an einer Speerstange befestigt, von drei Männern fortgeschleppt wurde. So gelangten sie in die Königsburg, wo ihnen König Hrodgar entgegenkam. Nachdem der Herrscher die Kunde von den Taten Beowulfs vernommen hatte, sprach er: „Heil dir, auserwählter Held! Du hast Wohltat geübt an denen, die oftmals mit deinen Landesgenossen das Schwertspiel versucht haben. Du wirst niemals denen gleichen, die, von unstillbarer Begierde fortgerissen, durch Frevel Schätze sammeln, die sie doch, wenn das unvermeidliche Schicksal sie dahinrafft, anderen Händen überlassen müssen. Du aber wirst die Güter, die ich dir als gerechten Lohn für deine Taten verliehen habe und denen ich noch andere hinzufüge, mit Weisheit gebrauchen, daß sie dir und deinem Volke Heil bringen." – „Groß ist deine Huld, erhabener Herrscher", antwortete der Held. „Aber was ich tat, geschah nicht um des vergänglichen Goldes willen, sondern um dich und dein Volk von frevelhaften Ungetümen zu erlösen und bei nachfolgenden Geschlechtern ein ruhmvolles Andenken zu hinterlassen. Deiner Geschenke aber soll sich mein Volk erfreuen, und so du selbst oder dein Sohn in Kriegsnot geraten solltest, so werde ich mit meinen Mannen euch ein treuer Helfer sein. Dieser Bund sei aufgerichtet zwischen mir und dir und bestehe fest wie der Grund unserer Allmutter Erde." Also redeten die Männer und schritten zum festlichen Mahl. Am Abend begaben sich die Goten und der königliche Wirt mit seinen Fürsten furchtlos zur Ruhe in der gesicherten Halle, und kein Schrecknis störte ihren Schlaf.

Noch blieben die Gäste etliche Tage bei Hrodgar, dann rüsteten sie ihr Schiff und steuerten frohen Mutes der fernen Heimat zu. Das Schiff durchschnitt die Salzflut ohne Hindernis. Günstiger Fahrwind schwellte die Segel, und nach manchem Tage erblickten die Recken das Land der Väter. Der Strandwächter erkannte von ferne das Fahrzeug und meldete dem König die Rückkehr der Helden. Als die Schätze ausgeladen waren, ließ Beowulf drei geschirrte Rosse die empfangene Rüstung samt dem kostbaren Halsschmuck, den Walchtheov ihm gespendet, nach der Königsburg bringen. Dort begrüßte Hygelak den edlen Neffen. Er vernahm mit Verwunderung die Märe von den Kämpfen mit den Unholden und pries die Götter, die solchen Mut und solche Kraft einem Sprößling des königlichen Hauses verliehen hätten. Beim Mahle reichte Hygd, die Königin, eine Tochter des kampfesberühmten Häred, dem Besieger Greudels den schäumenden Becher. Er aber spendete ihr den funkelnden Halsschmuck und dem Herrscher Rüstung und Rosse, dergleichen im Lande der Goten nicht zu finden waren. Wohl erfreute sich Hygelak der Geschenke, doch noch mehr des Ruhmes, den Beowulf erworben hatte. Er belieh ihn mit Burgen und Dienstmannen, mit fürstlichen Würden und Ehren und übergab ihm das Königsschwert, womit er selbst einst den streitbaren Ongentheov gefällt hatte.

Manches Jahr floß friedlich im Strome der Zeit dahin. Da geschah es, daß friesische Raubfahrer verwüstend einbrachen und Burgen und Höfe niederbrannten. Auf schnellen Schiffen entrannen sie der Züchtigung, die König Hygelak ihnen zugedacht hatte. Mit so viel Schiffen und Mannschaft, wie gerade in Bereitschaft waren, beschloß der ergrimmte Herrscher in das Land der Friesen einzufallen, um für die Raubtaten Rache zu nehmen. Beowulf riet, die Fahrt aufzuschieben, bis man besser gerüstet sei; allein Hygelak, des Rates nicht achtend, gebot den Aufbruch. Die Landung an der feindlichen Küste geschah ohne Widerstand, und manche Burg wurde mit stürmender Hand genommen, mancher Hof und Weiler verheert. Aber die Friesen waren freie und streitbare Leute; ihre Helden hatten schon in der großen Brawalla-Schlacht kühn vorangekämpft, und jetzt galt es ihre Heimat zu beschirmen: Da säumten sie nicht, sich zu rüsten. Ihr gesamter Heerbann trat unter die Waffen und rückte dem Feind entgegen. Es folgte eine mörderische Schlacht. Wohl kämpften die Goten mit unverzagtem Mut, wohl stand Hygelak mit seinen Getreuen unerschütterlich im Sturm der Gere und Schwerter und fällte die Feinde zur Rechten und Linken, aber die Friesen drangen, den Tod nicht scheuend, immer kühner vor. Endlich sank der Hort der Goten, von einer Schleuderaxt getroffen: Sein Volk floh nach den Schiffen; nur Beowulf mit den Edelsten des Heeres hielt Stand, entriß, obgleich aus vielen Wunden blutend, den Leib seines Herrn den feindlichen Händen und deckte den Rückzug nach den Schiffen. Ihres Oberhaupts und vieler tapferen Männer beraubt, kehrten die Goten in ihr Vaterland zurück.

Die edle Königin Hygd, in tiefer Trauer um den erschlagenen Gatten, wußte dem verwaisten Volk keinen Rat. Erst als die Zeit ihr Leid milderte, gedachte sie ihrer Pflicht als Königin und Mutter. Indessen war das ganze Land in Aufruhr geraten, die Landherren befehdeten sich und viele übten Frevel. Da entbot die königliche Witwe die Edelsten des Volkes zu sich und sprach in der Versammlung von dem üblen Zustand des Landes und wie ihr unmündiger Sohn Hardred nicht imstande sei, die eigenwilligen Landherren zu bändigen und auswärtigen Feinden zu wehren, wie dazu nur ein Mann im Reiche die Kraft habe, und der sei kein anderer als der ruhmvolle Beowulf. Ein allgemeiner Jubelruf: „Beowulf – König der Goten!" folgte ihrer Rede. Der berufene Held trat sofort vor die versammelten Edelinge. „Gotische Männer", sprach er. „Wähnt ihr, ich werde das Söhnchen meines Onkels und königlichen Freundes seiner Ehren und Rechte berauben? Das mögen die Götter, die Rächer alles Frevels verhüten. Hier" – er erhob den jungen Hardred auf seinen Schild – „hier ist unser König, und ich stehe ihm mit Rat und Schwert zur Seite, bis er mündig und selbst des Rates und Schwertes mächtig ist." So sprach der herrliche Degen, und niemand wagte Widerspruch. Er aber tat nach seinen Worten. Im Namen seines Schützlings zwang er die gewalttätigen Landherren zum Gehorsam; feinselige Raubfahrer schlug er zu Wasser und zu Lande mit der Schärfe des Schwertes und brachte dem Lande die Segnungen des Friedens wieder. Unter seiner Leitung und unter der mütterlichen Pflege erwuchs der junge Hardred zum kräftigen Manne, der befähigt war, mit Umsicht und fester Hand seines Volkes zu walten. Auch blieb ihm mit Rat und Tat der getreue Beowulf zur Seite. Offen und ohne Falsch wie sein Führer, vertraute der König den Menschen, auch Fremdlingen, die er willig in seine gastliche Halle aufnahm.

Einstmals kamen Eanmund und Eadgils, die Söhne Ochtheres, des Herrschers von Swithiod, als Flüchtlinge zu ihm. Sie hatten sich voll Übermut gegen ihren greisen Vater aufgelehnt und waren deshalb von ihm vertrieben worden. Hardred empfing sie gütig, wie er allezeit gewohnt war. Indessen mahnte er sie oftmals zur Versöhnung mit ihrem würdigen Erzeuger. Als er dies eines Tages mit ernsten Worten wiederholte, meinte Eanmund, ein heftiger und zornmütiger Mann, der Gotenkönig sei noch zu jung, um schlachtgewohnten Recken Rat zu erteilen. Hardred verwies ihm mit scharfen Worten diese Rede. Darüber erbittert, zückte der grimmige Mann das Schwert und traf seinen königlichen Wirt in dessen eigenem Hause zu Tode. Der junge Wichstan (Weohstan), ein kühner Held, fällte sogleich zur Sühne für den König, den Mörder; allein Eadgils entfloh und gelangte nach dem bald erfolgten Tode seines Vaters zur Herrschaft über Swithiod.

Wiederum war das Gotenvolk ohne Oberhaupt. Die Versammlung der freien Männer trat zusammen, den König zu kiesen (mhd.: zu wählen). Da war kein Zweifel, Beowulf, durch nahe Verwandtschaft mit dem erloschenen Königshause und durch rühmliche Taten gleich würdig, wurde zum Oberhaupt erkoren, und der Held weigerte sich nicht mehr, dem Willen der freien Männer Folge zu leisten. Hoch stand er da in der Versammlung, die Krone auf dem Haupt, den Herrscherstab in der Hand, und gelobte, ein treuer Hüter des Volkes und seiner Güte zu sein.

Als sich die Kunde vom Tod des Königs verbreitete, fielen sogleich verwegene Raubfahrer von verschiedenen Seiten in das Land, doch büßten sie mit Gut und Leben für ihre Frevel. Beowulf war überall gegenwärtig, wo die Gefahr drängte. Oft hatte er nur eine Handwoll gerüsteter Kämpfer um sich versammelt. Aber sein furchtbares Schwert ersetzte die Zahl und erfocht den Sieg. Die flüchtigen Raufbolde verfolgte er mit schnellen Schiffen auf dem Meere und ruhte nicht, bis er die arge Brut vertilgt hatte. Kaum hatte er das Land gegen diese Seewölfe sichergestellt, so fiel Eadgils, das Oberhaupt von Swithiod, mit großer Heeresmacht in das gotische Reich ein. Er wollte den Tod seines Bruders rächen, fand aber den Gegner wohlgerüstet. An der Spitze des Heerbannes begegnete ihm Beowulf. Die Schlacht war mörderisch, denn beide Völker kämpften unverzagt um Siegesruhm. Jedoch bestanden die Schweden nicht vor dem gewaltigen Helden der Goten. Die Blüte ihrer kühnen Recken und ihr König selbst fielen unter seinen Streichen, und nur schwache Trümmer ihrer Macht erreichten wieder den heimischen Boden. Die Folge dieser Siege war ein dauernder Friede, der nur selten durch kleine Fehden und Raubzüge gestört wurde. Da die räuberischen Wikinger stets schwere Züchtigung von der Hand der Helden erlitten, so wagten sie bald nicht mehr das Land der Goten zu betreten.

Beowulf waltete nun seines Hüteramtes mit Weisheit und Gerechtigkeit; kein Hilfeflehender ging ungetröst von ihm, kein ungerechter Machthaber blieb ungestraft. So herrschte er im Frieden über ein glückliches Volk, das unter seinem Schutze fröhlich die Früchte seines Fleißes erntete. Wo er sich zeigte, begrüßte ihn die Menge jubelnd, und die Edlen neigten ehrfurchtsvoll die behelmten Häupter vor ihrem Schirmherrn.

Wohl vierzig oder mehr Jahre währte diese gesegnete Zeit, und der Held saß noch als Greis in voller Kraft auf dem Thron der Goten. Da erfuhr aber auch er, daß kein menschliches Glück von Dauer sei. Es brach nämlich ein Feind ein, gegen den Waffen und Heere vergeblich schienen. Dies geschah nun also: Ein ungetreuer Knecht, der aus Furcht vor verdienter Züchtigung seinem Herrn entlaufen war, kam in eine wüste Felsengegend und erblickte eine schauerliche Höhle, in der ein ungeheurer Drache schlafend ausgestreckt lag. Aus der Tiefe des unheimlichen Schlundes leuchteten unermeßliche Schätze von Gold, Silber und Edelgestein. Mit lüsternen Blicken betrachtete der Mann den Hort, indem er gedachte, wenn er nur ein Stück von den Kostbarkeiten habe, so werde er damit nicht nur die Gunst seines Herrn, sondern auch Befreiung von Leibeigenschaft erkaufen. Diese Erwägung überwand seine Furcht vor dem Untier; er schlich leise in die Höhle und raubte eine goldene Kanne, deren Deckel ein strahlender Karfunkel zierte. Er entkam damit glücklich aus dem Felsenschlund und erlangte in der Tat von seinem Herrn Gunst und Lösung. Aber weder er noch sein König ahnten, welches Unheil sie dadurch über das Land brachten.

Der Drache, der Jahrhunderte hindurch über seinem Goldhort geruht hatte, witterte, als er aufwachte, den Raub. Er fuhr, nach Rache begierig, des Nachts aus der finsteren Tiefe hervor; er suchte witternd die Spur des Räubers und da er sie nicht fand, brüllte er, daß die Erde bebte, und aus seinem Rachen strömten lodernde Flammen, davon ringsum Weiler und Höfe in Brand gerieten. Die Menschen, die zu löschen suchten, wurden seine Beute. Er zermalmte sie auf der Stelle oder er schleppte sie mit in seine Höhle, bis der Morgen seinen Verwüstungen ein Ziel setzte. So tat er allnächtlich, und selbst Burgen der Landherren und des Königs wurden ein Raub der Flammen. Das ganze Land schien dem Verderben verfallen. Wohl versuchten kühne Helden einzeln und in Menge den Unhold zu bekämpfen, allein gegen den Feueratem half weder Schild noch Harnisch: sie fielen alle als Opfer ihres Mutes.

Der greise König hörte mit Schmerz den Jammerruf seines Volkes, und in seiner Seele reifte der Entschluß, selbst den Kampf mit dem Unhold zu versuchen. „Es ist für mein Volk, für den edlen Stamm der Goten", sprach er. „Da werden die Himmlischen hilfreich mir zur Seite stehen. Wehe dem Herrscher, der nicht, sei es auch mit Hingebung des vergänglichen Lebens, seines Hüteramtes in Treue waltet! Noch fühle ich Kraft in mir wie in den Tagen der Jugend, als ich Grendel erlegte. Ich würde den Kampf ohne Schwert mit der Faust wagen, wäre nicht das Ungeheuer durch seinen Feueratem unnahbar." So sprach der Held zu denen, die ihm den Kampf wehren wollten. Indessen verfuhr er nicht unbedacht, sondern er traf die zweckdienlichsten Vorkehrungen. Er ließ einen Schild von dreifachem Metall schmieden, groß genug, daß er den ganzen Mann deckte; er legte Wielands Rüstung an und wählte zu Begleitern elf der kühnsten Recken, unter ihnen den unverzagten Wichstan, der einst den König Hardred gerächt hatte. Mit ihnen trat er den Gang nach der Drachenhöhle an. Auf dem Wege sprach er manches von den Taten seiner Jugendzeit und freute sich, daß er nun als Greis beim Abschluß seines Lebens zu einer großen Heldentat berufen sei. So kamen die Männer in die Nähe der Kluft, wo man das Schnaufen des Untiers hörte und die Glut seines Atems erblickte. Ringsum starrte wildes Gestein empor, aus der Höhle aber rauschte ein Bach, dessen Wasser von dem Feuer des Drachen kochend war.

Beowulf hieß seine Gesellen in einiger Entfernung harren, bis sie etwa sähen, daß er in Not sei. Darauf schritt er zur Höhle und rief das Ungeheuer an. Mächtig, wie sonst in der Schlacht, tönte sein Ruf, vom Echo vielfach wiederholt. Der Drache, der im gewundenen Ringe lag, streckte sich aus, als er die Menschenstimme hörte, und schoß gierig auf den Helden los. Dieser traf ihn mit schmetterndem Schlage mitten auf den

Kopf. Die gute Klinge biß jedoch nicht ein; nun entbrannte ein entsetzlicher Kampf. Die Streiter waren in Flammen und Rauch gehüllt, von dem Brüllen und Heulen des Drachen bebten die Felsen, während die Schwertschläge gleich den Schlägen eines Riesenhammers unaufhörlich krachten, als sollte das wilde Gestein zersprengt werden. Ein Luftzug trieb Flammen und Rauch seitwärts, so daß die Gesellen Beowulfs zu erkennen vermochten, was vorging. Sie sahen, wie der Drache den König faßte, sich aufbäumend mit klafterweit gähnendem Rachen auf ihn niederschoß. Diesen Anblick ertrugen die Männer nicht, zehn von ihnen entwichen und suchten sich in Felsspalten und Sträuchern zu bergen; der elfte aber, der kühne Wichstan, stürmte mit gezückter Waffe seinem bedrängten Herrn zu Hilfe. Sein Schild verbrannte, er mußte hinter dem eisernen des königlichen Kämpfers Schutz suchen. Nun aber schienen beide Helden dem Unhold verfallen. Er riß den Eisenschild herab und faßte den König zum zweiten Mal mit den Zähnen, daß die Ringe des Halsbergs, obgleich von Wieland gefertigt, wie tönerne Scherben zerbrachen. In diesem Augenblick stürzte Wichstan hervor und stieß dem Untier die scharfe Klinge unter der Kinnlade in die Weiche des Halses. Der Drache bäumte sich hoch auf, er umschlang beide Kämpfer mit seinem Schweif; wie er aber herabstürzend den Rachen aufriß, bohrte ihm Beowulf das Schwert in den blutroten Schlund, daß die Spitze auf der anderen Seite hervordrang. Die Sieger säumten nicht, mit Stößen und Hieben den grausenhaften Unhold vollends zu erlegen. Sie ruhten todmüde, von Gluthitze und Qualm fast erstickt, auf einer Felsplatte.

Als sich die kühnen Männer erholt hatten und die Rüstungen lösten, sah Wichstan, wie unter dem zermalmten Halsberg seines Herrn Blutstropfen hervorquollen. Er wollte die kleine Ritze verbinden, allein Beowulf wehrte ihm. „Es ist vergeblich, guter Geselle", sagte er. „Die Wunde hat mir der Zahn des Drachen geschlagen; schon fühle ich, wie das Gift in meine Adern gedrungen ist. Ich werde hier mein Leben lassen müssen! Aber ich gehe getrost zu meinen Ahnen, als der Letzte meines Stammes, da mir die Gattin keinen Sohn und Erben geschenkt hat. Ich kann auf die vergangene Zeit frohen Mutes zurückblicken; denn keine Meintat, keine Ungerechtigkeit steht wider mich auf, sondern ich habe Gerechtigkeit geübt und Wohltat auch an denen, die lange Zeit unserem Volke feindlich gesinnt waren. Ich habe mir ihren Dank erworben und sie zu Freunden gewonnen. Und nun habe ich um den Preis des Lebens mein Volk von dem grimmigsten Feind errettet; darum wird mein Andenken in Ehren bleiben. Du aber, treuer Wichstan, mein einziger Blutsfreund, gehe hin und verschaffe mir einen Trunk aus dem reinen Quell, der drüben am Berge rinnt, daß ich meine Zunge kühle. Dann hole aus dem Berge den Drachenhort. Ich will ihn schauen. Denn er ist die letzte Gabe, die ich meinem Volke erworben habe."

Der schon ergraute Wichstan tat, was ihm sein König gebot. Er brachte den kühlenden Trunk und wusch auch die brennende Wunde, darauf schleppte er den Hort aus der Felsenkluft: Kannen, Becher, köstliche Ringe und Spangen, alles von lauterem Gold, auch Schwerter und Rüstungen aus längst vergangener Zeit. Der sterbende Held betrachtete mit Wonne diese letzte Gabe, die er seinem Volk hinterließ.

Dann starb der herrliche König und ging zu seinen Ahnen. Lautlos, ohne Klage, stand Wichstan bei der teuren Leiche; war er doch selbst schon ein Greis und bereit, wenn die Himmlischen ihn beriefen, willig zu folgen, nachdem der teuerste Freund geschieden war. Noch verharrte er sinnend an der Stelle. Da schlichen die verzagten Recken aus ihrem Versteck hinzu, weil sie gewahrten, daß der Streit zu Ende war. Sie wollten laute Wehklage erheben, allein Wichstan gebot ihnen Stille. Sie sollten lieber ihre Feigheit beweinen, sagte er, daß sie den trefflichen Helden

Der sterbende Beowulf

in der Gefahr schnöde verlassen hätten, als ihn, der als Sieger gestorben sei; sie sollten bis in die neunte Welt fliehen, denn im gotischen Lande und soweit der Name des ruhmvollen Königs genannt werde, würde man sie in Stücke reißen, wenn man von ihrer verräterischen Tat Kunde erhalte. Schamvoll entfernten sich die unseligen Männer. Sie verließen Habe und Heimat und entgingen der Strafe, nicht aber der Schmach, die ihnen bis ins Grab nachfolgte.

Ein Weheruf ging durch das ganze Land, als man vernahm, der allgeliebte Herrscher sei im Kampf mit dem Drachen gefallen. Doch erweckte ihn keine Klage aus dem Todesschlummer, und man mußte nach seinem Gebot den Leichenbrand herrichten. Auf der Höhe von Hronesnäs wurde der mächtige Holzstoß, geschmückt mit Schilden und blanken Rüstungen, aufgeschichtet. Ein goldenes Banner erhob sich über der Leiche und flatterte, vom Winde bewegt, noch lange, als schon die Flammen emporlodernd weit über Land und Meer leuchteten. Sie verkündeten dem umher versammelten Gotenvolke, daß die sterbliche Hülle des Königs nun Asche sei. Zwölf ruhmvolle Edelinge sammelten diesen teuren Überrest in einen Krug von rotem Golde und führten denselben in den aufgetürmten Hügel, den manche Träne benetzte. Darauf bestiegen die Edelinge ihre Rosse, umritten das Totenmal und stimmten ein Klagelied an.

Als der Gesang vollendet war, wurde der unermeßliche Hort aus der Drachenkluft in den Hügel gebracht; denn die Goten wollten das Geld nicht behalten, das mit dem Leben ihres Herrschers erkauft war. So ruht es denn im Schoße der Erde, wie früher, als es der Unhold bewachte, unnütz den Menschen und auch unschädlich, nicht mehr die maßlose Begierde zu Freveltaten reizend.

Karolingischer Sagenkreis

Erster Abschnitt
DIE HAIMONSKINDER

Siegreich war Karl der Große, König der Franken, aus Ungarn zurückgekehrt. Er hatte die wilden Awaren besiegt, ihre Raubburgen gebrochen, unermeßliche Beute gewonnen und saß nun, umgeben von seinen zwölf Paladinen und vielen Großen des Reichs, zu Paris im stolzen Königsschloß auf seinem Thron. Es war ein festlicher Tag: Das Oberhaupt verteilte die eroberten Lehngüter unter die kühnen Helden, die ihm mit ihren guten Schwertern die Länder hatten gewinnen helfen. Da trat vor ihn Herr Hug von Dordone, ein weidlicher Degen, und sprach: „Einen Mann, hoher Herr, hast du vergessen nach seiner Würde zu begaben; es ist mein naher Blutsfreund, Graf Haimon von Dordone, der stets allen Kämpfern voran im blutigen Schlachtgetümmel gefochten hat." – „Wahre deine Zunge", rief der König. „Niemand hat mich bis jetzt des Vergessens geziehen. Was ich tue, das geschieht mit Bedacht. Haimon von Dordone ist ein weidlicher Held. Allein schon jetzt besitzt er der fürstlichen Lehen so viel, daß er leicht versucht werden könnte, dem König Trotz zu bieten. Wollte ich ihm noch mehr Länder und Burgen geben, so würde er sein Haupt so hoch erheben wie sein Lehnsherr." „Er ist seinem Lehnsherrn treu", sprach Herr Hug, „wie die Klinge des Schwertes dem Griff; müßte er aber geringeren Männern nachstehen, dann könnte er gut, seines Lehnseides vergessend, mit dem Schwerte sein gutes Recht suchen, und er fände manchen Genossen." Bei diesen Worten deutete der Held auf seine Waffe. Als der Herrscher die dreiste Rede vernahm, entbrannte sein Zorn unmäßig: Er zog sein gewaltiges Königsschwert und tat einen Streich, daß dem guten Hug das Haupt vor den Füßen lag.

Entsetzt über die blutige Tat, wichen die Hofmänner zurück. Graf Haimon, der soeben eintrat und von allem, was geschehen war, Kunde erhielt, warf einen Blick auf den blutgetränkten Estrich und verließ die Halle, ohne Gruß und Abschied. Beim Hinausgehen klirrte sein Schwert in der Scheide.

Bald darauf entbrannte der Krieg zwischen ihm und seinem Lehnsherrn mit beispielloser Wut. Er wurde nicht in einer großen Feldschlacht ausgefochten, denn dazu fehlte dem Vasallen die Macht; das wehrlose Landvolk litt unsäglich unter Mord und Brand, und selbst starke Burgen wurden durch Überfall genommen und reisige Scharen des Königs niedergehauen, indem der kühne Held bald da, bald dort hervorbrach, wo man ihn am wenigsten erwartete. Man sagte, er habe ein Zauberpferd, das ihn mit Blitzesschnelle von einem Ort zum anderen trage und mit menschlichem Verstand begabt sei. Nachdem der Krieg auf diese Art schon jahrelang gedauert hatte, geriet Haimon in Bedrängnis, und das kam davon, daß er sein edles Roß auf unerklärliche Weise eingebüßt hatte. Noch am Abend wieherte es ihm freudig entgegen, als er ihm nach seiner Gewohnheit den besten Hafer in die Krippe schüttete, und am Morgen war es verschwunden. Eines Tages saß er harmvoll in seiner von königlichem Kriegsvolk umlagerten Feste, weil die Brotkörbe und die Weinfässer schier leer waren. Da trat ein kleiner, unansehnlicher Mann mit langem Barte zu ihm ein und bot ihm einen guten Morgen. „Ach, Vetter Malagis", sagte er. „Der gute Morgen wird uns nicht mehr scheinen, da unser edler Hengst Bayard abhanden gekommen ist." – „Freilich", sprach der bärtige Mann. „Den hat der Teufel geholt, und der ist zwar ein pfiffiger Geselle, doch in der herrlichen Kunst Nigromantia nur ein Stümper. Ich verstehe sie aus dem Grunde, wie du weißt, und glaube dem unheiligen Luzifer ein Näschen drehen zu können, daß er sich wundern wird. Er hat deinen Bayard in den Berg Vulkanus ganz nahe an der Hölle eingestallt, wo das edle Tier Pein leidet; aber, guter Vetter, ich hole es wieder heraus, wenn auch zehn Schlösser davorlägen." Damit verließ er den Grafen, ohne seinen Dank abzuwarten. Am Burgtor holte er einen Säckel aus der Tasche seines grauen Rockes hervor, worin künstlich präpariertes Nießwurzpulver enthalten war. Davon streute er eine gute Quantität in die Luft, und der Wind führte es über das Belagerungsheer. Es entstand dadurch ein allgemeines, andauerndes Niesen im Lager. Während die Kriegsleute einander ein „Gott helf!" zuriefen, schritt er gemächlich durch ihre Reihen und verfolgte seinen Weg nach dem Berg Vulkanus.

Er gelangte wohlbehalten an den Fuß des mächtigen Bergkegels, aus dessen Gipfel Flammen und Rauch aufstiegen. Dort stand recht grämlich der Beherrscher der Feuerwelt. Malagis grüßte ihn demütig und sprach: „Großmächtiger Herr, ich habe lange dem himmlischen Oberhaupt gedient und als Lohn nur kaum ein Stücklein trocknes Brot erhalten. Ich biete dir nun meine Dienste an, so du mir bessere Kost zu vergönnen geruhen willst. Ich bin wohlerfahren in der Kunst Nigromantia und dadurch in den Stand gesetzt, dir manche Menschenseele für dein Reich zu werben. „Ja", brüllte die höllische Majestät. „Wer euch Schwarzkünstlern trauen könnte! Indessen will ich die Probe machen. Schau, Geselle, ich reite auf dem Sturmwind, aber nicht ohne Beschwerde; ich werde manchmal von dem Ritte wund, was gar unbequem ist, zumal bei meinem Alter, da ich, wie bekannt, schon im Paradiese mein Amt verwaltete. Nun habe ich mir ein gutes Roß eingefangen, das schnell ist wie der Wind. Ich gedachte auf seinem Rücken durch die Reiche der Menschenwelt gemächlicher zu reiten, aber" – er seufzte tief und ein blauer Feuerstrahl fuhr ihm aus dem gähnenden Schlunde – „wenn ich nicht selbst der Teufel wäre, so würde ich sagen: das Tier ist der leibhaftige Satan; es läßt mich nicht aufsitzen. Ich quäle es daher in der Tiefe des Vulkanus mit Feuer und Rauch, um es zu zähmen, und wache deswegen hier schon seit Monaten. Willst du die Wache übernehmen, so könnte ich ein Stündchen schlafen." – „Wohl gesprochen, erhabener König", sagte Malagis. „Doch wäre die Wache sicherer, so ich in der Nähe des Tieres meines Geschäfts pflegen könnte. Gebiete, daß die Flammen und Rauchwirbel aufhören, so steige ich hinunter und werde ein treuer Wächter sein. Vielleicht wird auch das Roß durch die frische Luft leichter zum Gehorsam gebracht." – Der Teufel war bald geneigt, die Probe anzustellen. Er stieg mit Malagis auf den Berggipfel und befahl den Geistern der Tiefe, mit Schüren des Feuers nachzulassen. Sobald die höllische Glut erloschen und die Hitze verkühlt war, stieg der Nigromant in den Abgrund und stellte sich unfern von dem Hengst als Wächter auf. Er warf, wie zufällig, eine Handvoll Asche in die Höhe, aber es war Schlafpulver, das alsbald seine Wirkung tat. Der Höllenfürst sank auf dem verkohlten Boden in festen Schlaf. Er schnarchte, daß der ganze Berg zitterte, was die unkundigen Menschen für Erdbeben hielten. Malagis näherte sich dem Hengst, der unbändig nach ihm biß und schlug. Als er aber leise das Wort „Bayard" aussprach, spitzte das Tier die Ohren, und als er hinzufügte: „Haimon, dein Herr, bedarf deiner", wurde es zahm wie ein Lamm und ließ sich geduldig auf dem steilen Wege nach der Höhe führen. „Zu Haimon!" rief der Graurock, auf das Pferd springend, und mit freudigem Wiehern jagte das edle Tier mit Sturmeseile über Felsen und Schluchten, über Heiden und Moore. Indessen hatte sein Wiehern den schnarchenden König der schwarzen Scharen aufgeweckt. Schnellen Blickes das Geschehene erkennend, schwang er sich auf eine Wetterwolke und schleuderte den Flüchtlingen einen Donnerkeil nach; allein Malagis sprach: „Abracadabra" und hielt ein Kruzifix empor. Da fiel der Blitzstein seitwärts unschädlich nieder, Luzifer aber stürzte aus seiner Wolke zur Erde und brach sich ein Bein.

Graf Haimon war unterdessen fortwährend in äußerster Not, er wurde gleich einem wilden Tier gehetzt. Bluthunde, die die Spur der Menschen verfolgten, störten ihn mit ihrem heiseren Gekläffe auf, wo er sich auch zu verbergen suchte. Seine Dienstmannen waren in den Gefechten gefallen oder doch zersprengt, so daß er allein, ohne Helfer, seinen Weg suchen mußte. So trabte er einstmals durch einen Wald auf einem schlechten, abgetriebenen Gaul, während er hinter sich das Kläffen der Hunde und das Hallo der Verfolger hörte. Da sah er vor sich einen Reiter auf kohlschwarzem Pferd über eine Waldblöße jagen. „Malagis", rief er. „Vetter Malagis und Bayard, guter, treuer Bayard! Nun hat alle Not ein Ende." Das edle Tier lenkte instinktiv den Lauf nach seinem Herrn und begrüßte ihn mit freudigem Wiehern. Kaum hatte der Held Zeit, den Blutsfreund zu umarmen und den Rappen zu streicheln, so bellten schon die Bluthunde ganz in der Nähe und die Kriegsknechte stürzten auf ihn zu als auf eine sichere Beute. Er aber schwang sich auf den Hengst und sein scharfes Schwert Flamberg schwingend, stürmte er den Verfolgern entgegen. Bayard traf die Hunde mit seinen Hufschlägen, er die Knechte mit seinem Flamberg. Da wurde bald freie Bahn geschafft, nur wenige von der ganzen Schar retteten sich mit heiler Haut in das Dickicht des Waldes.

Das war der erste Sonnenblick des wiederkehrenden Glückes für den bedrängten Helden. Er lagerte sich mit dem Blutsfreunde im kühlen Schatten einer Eiche, und beide schmausten von den erbeuteten Vorräten der Feinde, während der Hengst im saftigen Grase sich gütlich tat. Malagis berichtete von seinen Abenteuern mit dem geprellten König der Schrecken, Haimon von seinen Unfällen und weiter von seinen Hoffnungen für die Zukunft.

Der Graf täuschte sich nicht. Auf Bayards Rücken erschien er bald da, bald dort, wie ein Blitzstrahl, zersprengte königliche Heerhaufen, sammelte seine vorher zerstreuten Mannen, erstürmte Burgen und Schlösser durch rasche Überfälle und brachte allmählich eine Macht zusammen, womit er größere Unternehmungen wagen konnte. Dazu kam, daß die Paladine Karls des Großen, besonders der unbezwingliche Roland, die kühnen Helden Olivier und Ogier, nur ungern gegen ihn, ihren nahen Verwandten, zu Felde zogen und ein feindliches Zusammentreffen mit ihm vermieden. Unter solchen Umständen zog sich der Krieg in die Länge und es war kein Ende abzusehen. Das stolze Oberhaupt des fränkischen Reiches sehnte sich daher nach Frieden und sandte Boten an den widerspenstigen Vasallen mit freundlichen Anerbietungen. Graf Roland selbst hinterbrachte an der Spitze der Friedensbotschaft die Bedingungen. Karl erbot sich, den kühnen Lehnsmann in alle seine Länder und Rechte wiedereinzusetzen

Malagis holt das Roß Bayard aus der Hölle

und bot zur Sühne für den erschlagenen Hug von Dordone viermal so viel Gold, als das körperliche Gewicht des Ermordeten betragen habe. Haimon hatte die Boten als werte Gastfreunde mit großen Ehren auf seinem festen Kastell empfangen und bewirtet; da er aber jetzt die Anträge vernahm, sprach er unmutig, nicht viermal, sondern sechzigmal solle der König den Erschlagenen mit lauterem Gold aufwiegen und obendrein seine eigene, leibliche Schwester, die schöne Aya, ihm, Haimon, als liebe Ehegenossin zusagen. Solche Vorschläge zu genehmigen hatten die Gesandten keine Vollmacht. Sie versuchten ihren Wirt milder zu stimmen, allein er hatte einen harten Kopf und ging nicht von seinen Forderungen ab. Die Männer schieden unmutig von ihm, und der verderbliche Krieg hatte seinen Fortgang wie bisher. Endlich aber mußte der König sein Haupt unter die Notwendigkeit beugen und den Frieden nach dem Willen seines Lehnsmannes abschließen. Man sagte jedoch, die schöne Aya, die dem kühnen Helden heimlich gewogen war, habe Einfluß auf die Entschließung ihres Bruders gehabt und ihn zur Nachgiebigkeit gestimmt.

Der Friede war von beiden Seiten geschlossen und beschworen, Graf Haimon in allen seinen Rechten und Lehen bestätigt. Mit dem Versöhnungsfest wurde zugleich das der Vermählung gefeiert. Dann zogen beide Ehegatten nach dem reichen Grafenschloß Pierlepont, wo sie eine Zeit lang in Liebe und Eintracht miteinander lebten. Indessen konnte der weidliche Degen nicht immer in der friedlichen Einsamkeit verweilen. Noch glühte jugendliches Feuer in seinen Adern und die Begierde nach Ruhm in seiner Seele und trieb ihn hinaus in das Wagespiel des Lebens, in den Sturm der Kämpfe. Er fuhr über die Pyrenäen nach Spanien, wo Christen und heidnische Mohren in beständiger Fehde lebten. Da focht er in mancher Schlacht und erwarb Gut und Ehre in Fülle. Es gefiel ihm wohl in den kriegerischen Geschäften, und nur in den ersten Jahren kehrte er jeweils auf die heimische Burg, zu der liebevollen Aya zurück. Später, als sich der Krieg südwärts in weite Ferne zog, blieb er in der Fremde, ohne sich um Weib und Kinder zu kümmern.

Die edle Aya trauerte um ihn wie um einen Toten. Sie wandte ihre ganze Liebe ihren vier Söhnen zu, die sie mütterlich pflegte und erzog, daß sie zu verständigen und stattlichen Männern heranwuchsen. Der jüngste von den vier Brüdern, Reinold, des Vaters Ebenbild, überragte die anderen an Wuchs und kräftigem Gliederbau und war nicht bloß ihnen, sondern auch den Waffenmeistern, die ihn lehrten, weit überlegen. Er hatte etwas von der stürmischen Natur seines Vaters, aber wenn die Mutter gebot, war er sanft und lenksam wie ein Lamm.

Die jungen Degen bewiesen ihre kriegerische Tüchtigkeit auch im ernsten Schwertspiel. Sie wurden nämlich mit einem unruhigen Raufbold in Fehde verwickelt. Die älteren Brüder, Richart, Adelhart und Wichart, kämpften in dem Treffen an der Spitze ihrer Mannen mit unverzagtem Mut. Reinold stürmte mit wenigen Waffenleuten mitten unter die Feinde, durchbrach, zersprengte ihre Reihen und verfolgte ihren fliehenden Anführer bis an die Tore seiner Burg, wo er ihn ergriff und zum Gefangenen machte. Der erschrockene Ritter bat um Frieden und zahlte Buße mit Gold und Ländereien.

Bald nach diesen rühmlichen Taten erschien ein Bote des verschollenen Grafen Haimon. Derselbe lag nämlich von Wunden siech in einem Gehöft am Fuße der Pyrenäen, wo warme Heilquellen hervorsprudeln. Er begehrte, seine Gattin zusehen und ihre Pflege zu genießen. Die gute Aya säumte nicht, sich mit ihren mannhaften Söhnen auf den Weg zu machen. Sie umarmte zärtlich den Gemahl, der unter den schweren Kämpfen ergraut war. Sie stellte ihm seine Söhne vor, und die drei älteren fielen ihm sogleich um den Hals, aber Reinold trat zurück. „Was will der Graubart mit dem Hinkebein!" rief er. „Mein Vater ist ein kühner Held, und der dünkt mich ein Zagling. Ich möchte wissen, ob er das Schwertspiel mit mir versuchen wollte." – Der Graf richtete sich hoch auf, der alte Jugendmut strahlte aus seinen Augen und von seiner benarbten Stirne. „Knabe", sprach er, „erkennst du nicht deinen Vater? Sieh, diesen Ring, den ich in hundert Schlachten bewahrt habe, gab mir einst deine Mutter; diese Narben empfing ich in siegreichen Kämpfen." – „Und ist dir nicht meine Liebe Bürgschaft, daß er dein Vater ist?" fügte die Gräfin hinzu. – „Ja, Mutter", rief Reinold, „daran erkenne ich ihn." Wie er das sagte, umschloß er den Vater mit kräftigen Armen, als wollte er ihn für die Ewigkeit nicht von sich lassen.

Nach der stürmischen Begrüßung saßen die glücklichen Menschen in traulichem Gespräch beieinander. Nachdem der alte Held viel von seinen Abenteuern erzählt hatte, sagte er: „Ich bringe reiches Gut, Beute von den Sarazenen, in die Heimat mit. Das sollt ihr, meine älteren Söhne, unter euch teilen. Dem kühnen Reinold dagegen verleihe ich nur zwei Stücke: hier meinen Flamberg, das beste der Schwerter, und meinen treuen Hengst Bayard, das edelste Roß, wenn er es bändigen kann." – „Hei, bändigen!" rief der junge Recke. „Da mögt ihr alle gleich zusehen." – Die Gesellschaft begab sich sofort in den Stall, wo das Pferd aus einer Marmorkrippe goldgelben Hafer schmauste. Reinold löste ihm die Halfter und wollte aufsitzen, aber Bayard ergriff ihn mit den Zähnen und warf ihn vor sich in die Krippe. Es war das Werk eines Augenblicks; allein der kühne Degen, beschämt über seinen Fall, richtete sich empor und war mit einem Sprunge im Sattel. Nun jagte Bayard mit ihm fort, suchte ihn an der Tür und an Baumästen abzustreifen, bäumte, überschlug sich; Reinold sprang in vollem Jagen ab und auf und bändigte das edle Tier, daß es endlich dem Zügel gehorchte. Als es der Reiter gezähmt wieder in den Stall brachte, trat Haimon hinzu. „Bayard", sagte er, „es ist mein Sohn, künftig dein Herr." Der Hengst schien die Worte zu verstehen, denn er legte vertraulich den Kopf an Reinolds Brust, als ob er dem neuen Gebieter seiner Treue versichern wolle.

Graf Haimon genas unter der Pflege Ayas. Er zog mit seinen Lieben nach Pierlepont und blieb daselbst; denn er war der Kämpfe müde. Da kam Nachricht, König Karl, der mittlerweile zu Rom die Kaiserkrone empfangen hatte, wolle seinem Sohn Ludwig samt vielen edlen Herren den Ritterschlag erteilen und denselben als seinen Nachfolger krönen. Es wurden zu diesem Feste alle Vasallen des Reichs entboten. Da durfte nun Haimon mit seinen Söhnen nicht fehlen. Sie wurden, wie die anderen Fürsten, mit großen Ehren empfangen. Die nun des Ritterschlags gewärtig waren, bewiesen ihre ritterlichen Gepflegungen in Turnier und in vielerlei Wettkämpfen, und der junge König übertraf alle Bewerber in diesen Vorspielen des Krieges. Nur Reinold hielt sich zurück, bis ihn Ludwig selbst zum Wettkampf im Steinstoßen aufforderte. Da trat er in die Schranken und stieß den Stein weit über das gesteckte Ziel, so daß ein Zuschauer ausrief: „Edler Degen, dir tut es kein Held der Christenheit noch ein König gleich." Neidvoll entfernte sich der Königssohn und ließ sich nicht eher wieder sehen als zum Ritterschlag. Er empfing ihn zuerst, dann die Söhne Haimons und andere auserwählte Jünglinge edler Abkunft. Zugleich erteilte der Kaiser huldvoll jedem der jungen Ritter ein Lehen. Folgenden Tages war die Krönung. Da erschienen die Fürsten und Herren in glänzenden Gewändern von arabischer Seide, griechischem Samt und Atlas, mit schweren Goldketten geziert und anderem Schmuck. Alle Fürsten und selbst seinen Vater überstrahlte der junge König. Nur die Söhne Haimons gingen einfach in blanker Rüstung einher, was manche der Fürsten für eine Mißachtung des jungen Lehnsherrn erachteten. Dagegen hatte der Kaiser Wohlgefallen an den Brüdern, und er sprach zu ihnen: „Das ist wohlgetan, ihr jungen Ritter, daß ihr die ausländischen Lappen und Flitter verschmäht und im Streitgewand hierhertretet, dem schönsten Schmuck des Mannes. Ihr werdet in meinen Schlachten niemals die Letzten sein."

Der junge König erteilte hierauf Lehen, aber die Brüder überging er. Desgleichen ließ er sie nicht zum Königsmahl einladen, und es schien, als sollte der festliche Tag ein Fasttag für sie werden. Indessen deuchte dies Reinold ein übles Spiel. Er begab sich daher in die Küche, warf ohne Scheu die Köche beiseite, ergriff Pfannen und Schüsseln mit leckeren Speisen, dazu ein Fäßchen Wein, und trug das alles in die Herberge, wo er mit seinen Brüdern einen weidlichen Schmaus hielt.

An dem Herzen König Ludwigs nagte ein Wurm, der schon viel Schaden gestiftet hat: es war der Neid. Er konnte seine Niederlage im Steinstoßen nicht vergessen. Auch das kecke Gebaren Reinolds war ihm zu Ohren gekommen, und er sann, wie er ihm und seinen Brüdern ein großes Leid zufügen könne. Da war nun Ganelon, ein schmeichlerischer Höfling, ein Speichellecker, sein geheimer Rat; dem klagte er seine Not. Der Mann hatte gleich einen Anschlag in Bereitschaft. Er meinte, sein Herr, der größte Meister im Schachspiel, solle Adelhart um den Preis Haupt gegen Haupt zu einem Spiele auffordern, da sich derselbe öffentlich seiner Geschicklichkeit im Wettkampf auf dem Brett gerühmt habe. Reinold werde durch den Tod seines Bruders am empfindlichsten für sein dreistes Gebaren gezüchtigt. Der schlimme Rat behagte dem König. Er ließ Adelhart zu sich berufen und machte ihm den gefährlichen Vorschlag. Da sich der junge Held weigerte, weil er das Haupt seines künftigen Lehnsherrn nimmer antasten werde, so rief Ludwig, er werde ihn vor der ganzen Ritterschaft der Feigheit zeihen, wenn er auf seiner Ablehnung beharre. Diese Drohung tat ihre Wirkung. Bald saßen die beiden Kämpfer einander gegenüber am Brett, während drei Hofleute als Zeugen und Kampfrichter zugegen waren. Fünf Spiele wurden festgesetzt, die Figuren, auf der einen Seite von Gold, auf der anderen von Silber, aufgestellt. Ludwig, dem die ersteren zugeteilt waren, hatte den ersten Zug. Wie groß aber auch seine Meisterschaft war, der goldene König wurde fünfmal matt gesetzt. Die Zeugen schwiegen. Ludwig warf vor Unmut die Figuren übereinander, und als Adelhart sprach, er habe nur um sein Leben und seine Ehre gespielt, das Haupt seines Herrn sei ihm heilig, schlug ihm jener das Brett ins Angesicht, daß ihm das Blut aus Mund und Nase floß und sein Gewand besudelte.

Reinold mit dem Kopf König Ludwigs

Der mißhandelte Held entfernte sich eilig und traf seinen Bruder Reinold im Hofe, dem er auf Befragen den Vorgang berichtete. Da entbrannte der Zorn des kühnen Helden. Er ließ alle seine und des Vaters Dienstmannen gerüstet sich versammeln, die Rosse, insbesondere Bayard, vorführen und satteln, auch den Vater Haimon und die Brüder beschikken; dann sagte er zu Adelhart, er wolle ihm sein Pfand verschaffen, und ging mit ihm in den Thronsaal, wo Kaiser Karl auf dem Thron inmitten der Ritterschaft saß, und wo auch mittlerweile Ludwig mit den Preisrichtern eingetreten war. Hier erzählte er, was sich begeben hatte, und fragte die Zeugen, ob dem so sei. Zwei von ihnen schwiegen aus Furcht; aber der dritte, ein unverzagter Mann, bestätigte freimütig die Wahrheit. Nun geschah das Entsetzliche, eine unerhörte Tat. Reinold stand nahe bei den Königen, und nun blitzte sein Flamberg, der Scheide entzogen, und – das Haupt des jungen Königs rollte auf den Boden. Er warf es Adelhart zu und entwich mit ihm eilends, bevor sich noch der Kaiser und die Hofleute von ihrer Bestürzung erholt hatten. Im Hofe saßen sie auf und jagten mit dem Vater, den Brüdern und Dienstmannen durch die offenen Tore. Ihnen nach stürmte auf des Kaisers Ruf reisiges Kriegsvolk, und bald folgten Hofleute und Ritter auf edlen Rossen. „Ergreift, ergreift die Königsmörder, die Verräter!" scholl es von allen Seiten. Vor der Stadt wurden die Flüchtlinge überholt, und ein wütender Kampf entbrannte, der für sie immer nachteiliger wurde, je mehr der Verfolger sich sammelten. Alle ihre Dienstmannen fielen, ihre Pferde wurden erstochen, außer Bayard, auf dem der kühne Reinold, bald da, bald dort einstürmend, sich und den Seinen Luft zu verschaffen suchte. Da er alles verloren sah, rief er dem Vater und den Brüdern zu, sich zu ihm auf sein Roß zu schwingen. Letztere taten es, und nur Haimon, der sich wie ein Verzweifelter wehrte, vermochte nicht, durch die Menge zu dringen. Aber Bayard warf, obgleich er vier Männer trug, mit gewaltigen Hufschlägen alles vor sich her nieder und flog mit Windeseile davon, so daß er mit seiner Last bald den Verfolgern aus dem Auge kam.

Haimon ergab sich dem Bischof Turpin, der ihm Sicherheit des Lebens verbürgte. Als ihn jedoch dieser vor den Kaiser führte, fand er keine Gnade. „Nicht eines ritterlichen Todes sterbe der Vater des Königsmörders. Öffentlich am Galgen soll er sein Leben enden", rief der Herrscher und befahl sogleich, die Vorrichtungen zum Hängen zu treffen. Vergebens bat Turpin für den Gefangenen, auf seine Bürgschaft sich berufend. Erst als Roland und die anderen Paladine sich verwandten und endlich mit ihren Lehen auch ihre Dienste aufzugeben drohten, ließ sich der erbitterte Herrscher bewegen, dem Gefangenen das Leben zu schenken, sofern er

Die Haimonskinder

auf Ehre und Treue gelobe, seine Söhne, wo und wann er sie finde, in die Hände seines Lehnsherrn zu liefern. Wenn man den Galgen vor Augen hat, so gelobt man leicht alles, was gefordert wird, und so leistete auch Haimon den Eid, der ihn verpflichtete, die eigenen Kinder dem Henker zu überantworten.

Mittlerweile trabten die Brüder gebannt, geächtet und verfolgt durch das weite Frankreich. Sie fanden nirgends eine bleibende Stätte, da die kaiserliche Acht schwer auf ihnen lag. Die Flüchtlinge wandten sich an Iwo, den Fürsten von Tarasconien. Derselbe nahm sie mit großen Ehren auf und besiegte mit ihrer Hilfe alle seine Nachbarn. Als er von der kaiserlichen Acht Kunde erhielt, trug er die Sache seinen Räten vor. Einige rieten, die Brüder kurzerhand aus dem Wege zu räumen, andere, sie an den mächtigen Karl auszuliefern. Die Mehrzahl aber war der Ansicht, es sei am zuträglichsten, die kühnen Helden mit unauflöslichen Banden an das Fürstenhaus zu knüpfen; sie würden in diesem Falle zur Vergrößerung der Reichsmacht nicht wenig beitragen. Dieser Rat behielt die Oberhand, und man beschloß, Reinold die schöne Clarissa, des Fürsten einzige Tochter, zur Ehe zu geben und ihm und seinen Brüdern die Steinklippe am Meer zur Erbauung einer unbezwinglichen Felsenburg einzuräumen. Diese Vorschläge wurden dem kühnen Helden vorgetragen, bereitwillig angenommen und zur Ausführung gebracht. Der Fürst lieferte dem Schwiegersohne Geld und Arbeitsleute, und in kurzer Zeit erhoben sich die starken Mauern einer Felsenburg, die man Montalban nannte. Was die weisen Räte vorausgesehen, das geschah: Die Brüder kämpften mit großer Tapferkeit für Iwo, dessen Reich dadurch immer weitere Ausdehnung erhielt. Der Ruf von ihren Taten gelangte aber auch zu dem Kaiser, der sogleich mit Heeresmacht zur Belagerung von Montalban aufbrach. Indessen lag er vergebens ein ganzes Jahr lang vor der Steinklippe; er mußte sich endlich zum Rückzug entschließen.

„Schau", rief Richart von der Zinne niederblickend. „Dort senkt sich der kaiserliche Adler flügellahm in den Forst. Auf, Reinold, ihm nach, daß er wie eine gerupfte Wildgans in sein Nest zurückkehrt!" – „Mir liegt anderes am Herzen", sagte der Bruder nachdenklich. „Seit sieben Jahren haben wir unsere gute Mutter nicht gesehen; die Sehnsucht nach ihr nagt mir am Herzen, und ich will, ich muß zu ihr, sei es auch mit Gefahr meines Hauptes." Die Brüder waren bald mit ihm einverstanden. Sie gürteten ihre Brünnen und Schwerter fest und zogen darüber lange Pilgerkleider an. So wanderten sie hinaus in die feindliche Welt nach dem Schloß Pierlepont. Nach vielen Mühseligkeiten erreichten sie das väterliche Kastell. Sie wurden auf ihre Bitte zu der Burgfrau geführt, die sogleich ihre lieben Söhne erkannte und mit lautem Freudenruf in die mütterlichen Arme schloß. Die Brüder hatten erreicht, was schon lange das Ziel ihrer Wünsche war. Nachdem der erste Wonnerausch vorüber war, sorgte die gute Frau für die Erquickung der wegmüden Helden. Was nur von leckerer Kost und edlen Weinen vorhanden war, holte sie herbei und konnte nicht müde werden, die teuren Gäste zu bewirten, zu umarmen, zu küssen. Sie füllte immer wieder die Becher mit duftendem Getränk, und keiner der Brüder leerte den Pokal fleißiger als Reinold, bis er endlich von Wonne und Wein trunken auf sein Lager gebracht werden mußte.

Indessen war der Kämmerling, der die Pilger eingeführt und die Begrüßung wahrgenommen hatte, ein ungetreuer Mann. Er schlich zum Graf Haimon, stattete ihm Bericht ab und erinnerte ihn an seinen dem Kaiser geleisteten Eid. Der Burgherr geriet in heftigem Zorn, er hätte schier den Verräter erschlagen. Als er jedoch erwog, daß die Ankunft seiner geächteten Söhne nicht verborgen bleiben werde, hielt er es für das Geratenste, sie gefangenzunehmen und ihnen etwa auf dem Wege nach Paris Gelegenheit zum Entkommen zu geben. Mit einer Anzahl gewappneter Kriegsknechte ging er nach den Gemächern der guten Aya. Die sorgende Mutter sah die Bewaffneten über den Hof schreiten, und ahnend, was geschehen war, stürzte sie in die Halle, wo die drei älteren Brüder noch beieinander saßen. Sie wollte dieselben zu verbergen suchen, allein die kühnen Degen warfen ihre Pilgerkleider ab und griffen zu den Schwertern, während Aya ihren geliebten Reinold zu wecken eilte. Die drei Helden verteidigten den Eingang mit unverzagtem Mut; der Kampf war zu ungleich; sie wurden heftig bedrängt. Da erschien Reinold in voller Rüstung; sein Flamberg blitzte Tod und Verderben bringend, und bald wichen die Kriegsknechte vor den entsetzlichen Streichen zurück, so daß nur noch Haimon dem wütenden Kämpfer gegenüberstand, der Vater dem Sohne. Und nun wäre das Entsetzliche geschehen; denn mit dem Ausruf: „Es sterbe der Verräter!" schwang Reinold das Schwert über dem Haupt des Grafen. Da rief Aya: „Es ist dein Vater, schone sein heiliges Haupt!" Diese Worte entwaffneten den zornigen Helden. Er schlug dem erschöpften Burgherrn die Wehre aus der Hand und nahm ihn gefangen. Keine Umarmung versöhnte die erbitterten Gemüter. „Ich will den Menschen, der seine Kinder dem Messer überliefern wollte, seinem Lehnsherrn in geziemender Weise zusenden", sagte Reinold. Da ihm die erschrockenen Dienstmannen willig gehorchten, so ließ er den alten Grafen auf einen Esel binden und durch einen kecken Jungen, dem er großen Lohn verhieß, nach Paris führen. Der Gefangene kam nicht so weit; denn er stieß auf einen kaiserlichen Heerhaufen, der ihn befreite, von dem Esel auf ein Pferd brachte und sogleich gegen Pierlepont anrückte.

Die Brüder waren noch voll Freuden auf der väterlichen Burg, da wehten plötzlich die feindlichen Feldzeichen vor den Toren. Nur Reinold befand sich bei der geliebten Mutter, als die Aufforderung zur Übergabe erging. Der kühne Held griff sogleich zum Schwert. Aya, auf die Burgmannen deutend, die bereits die Tore öffneten, warf ihm die Pilgerkutte über und führte ihn durch ein verborgenes Pförtchen ins Freie. Sie eilte zurück, auch ihre anderen Söhne zu bergen, sie hörte aber schon Waffenklirren und Kampfgetöse und sah, wie die Brüder, im Gefecht mit dem Kriegsvolk, im Rücken von den Burgmannen angegriffen, gefangen und geknebelt wurden. Ihr Herz blutete, als sie wahrnahm, wie die wilden Kriegsknechte hohnlachend die edlen Helden vor sich hertrieben: sie konnte nur wehklagend die Hände ringen, aber nicht mehr Hilfe schaffen. Reinold schritt indessen eilends seines Weges gen Montalban. Er aß das spärliche Bettelbrot, das man dem frommen Pilger spendete, und schlief wenig; denn er wollte um jeden Preis die Brüder befreien. Jeder Augenblick, der versäumt wurde, konnte sie an den Galgen bringen. Er erreichte die sichere Burg und ging zuerst in die Stallung, da wieherte ihm Bayard freudig entgegen. Wenige Bissen genügten ihm zur Erquickung, dann saß er auf, und fort stürmte das treue Roß wie mit Adlerschwingen auf dem Wege nach Paris. In einem Walde unfern der Stadt machte der weidliche Degen halt, lagerte sich in dem Schatten eines Baumes und dachte nach, wie er die Rettung bewerkstelligen solle, da er doch die Feste nicht allein bestürmen konnte. Vor Ermüdung fiel er in tiefen Schlaf und träumte von einem Nigromanten, der ihm durch scharze Kunst sein Roß entführe. Als er aufwachte, war sein erster Blick nach dem edlen Tier. Er sah, er fand es nicht! Er rief „Bayard!" immer lauter, aber nur das Echo gab Antwort. Er spähte eifrig umher und schritt auf dem Wege weiter, ohne zu wissen, wohin.

Am Ausgang des Waldes begegnete ihm ein Pilger, der ihn demütig anredete. „Gnädigster Herr", sprach der fromme Mann. „Um der Heiligen willen gebt mir ein reichliches Almosen, damit ich nicht auf der mühseligen Pilgerfahrt verschmachte. Ich will für Euch beten, daß Euch alle Sünden Eurer Jugend erlassen werden, und daß Ihr nach dem Fegefeuer gleich in das himmlische Paradies eingeht." Reinold reichte dem frommen Bruder seine ganze Barschaft in goldgesticktem Beutel. Der Mann nahm sie lächelnd, indem er fortfuhr: „Guter Herr, spendet mir um der Heiligen willen noch eine Gabe. Ich will für Euch beten, daß Euch Eure Sünden bis auf den heutigen Tag erlassen werden, und daß Ihr statt in das höllische Feuer in das Himmelreich eingeht." Der Ritter gab ihm seinen Mantel von rotem Samt. Da begann der Pilger zum dritten Mal seinen Spruch und verhieß ihm, zu beten, daß ihm auch die Sünden der drei nächsten Jahre erlassen würden, und daß er statt zu den höllischen Geistern zu den heiligen Engeln kommen solle. Der milde Wohltäter überließ dem Beter noch seine goldene Rittersporen. Der unermüdliche Bittsteller flehte zum vierten Mal um ein Geschenk, indem er vorführte, er werde beten, daß ihm alle zukünftigen Sünden verziehen würden, und daß er, von der ewigen Verdammnis frei, gleich nach seinem Ableben zu den Heiligen im Paradiese versetzt werde. „He, unverschämter Bettelbruder", rief der Held voll Zorn. „Du willst mich nackt und bloß ins Paradies beten, daß die elftausend heiligen Jungfrauen verschämt ob meiner Blöße ihre Augen niederschlagen! Ich will dich eilends in dein Paradies befördern." „Bei diesen Worten zog er sein Schwert, er barg es aber wieder in die Scheide. Denn vor ihm stand, Hut und Kutte abwerfend, sein Vetter Malagis. „Hei, werter Blutsfreund", rief Reinold. „Waren denn meine Augen verblendet, daß ich dich nicht gleich erkannte?" – „Das schafft die edle Kunst Nigromantia", sagte der Vetter. „Und die soll noch mehr Wunder tun und dir die Brüder und Bayard wiedergewinnen."

Das waren Worte des Trostes für den bekümmerten Sohn Haimons. Malagis aber bestreute sich und den Freund mit goldgelbem Pulver, sprach sein „Abracadabra", und sofort erschienen beide als krüppelhafte Bettler. „Laß dich durch die Verwandlung nicht irritieren", sprach er. „Du erhältst deine Heldenkraft wieder, sobald du Bayard unter dir hast, und dazu will ich dir verhelfen." Damit nahm er den Vetter am Arm und humpelte mit ihm nach der Hauptstadt.

Nach der Brücke über die Seine, die damals die Inselstadt Paris mit dem Festland verband, bewegte sich ein großer Zug von edlen Herren und Frauen, alle zu Roß. Der Kaiser selbst war in der Mitte der Gesellschaft und neben ihm der ruhmvolle Held Roland, dem er das Pferd Bayard versprochen hatte, wenn er die widerwärtigen Söhne Haimons mit aller Macht bekämpfen wolle. Der Hengst wurde von mehreren Knechten vorgeführt, aber er riß sich los, warf die Burschen über den Haufen und sprengte zu den Bettlern, die er wiehernd begrüßte. „Bayard ist aus der Art geschlagen", rief Graf Roland. „Er entweicht den streitkühnen Rittern und sucht das armselige Volk auf." – „Bayard! Ist das Roß Bayard?" zeterte der eine Bettler. „Ihr edlen Herren, so vergönnt hier meinem Gesellen, daß er seinen Rücken besteige. Ein heiliger Mann hat uns geweissagt, wenn das geschehe, so würde er genesen, während er jetzt an allen Gliedern gelähmt und vom Zipperlein übel geplagt ist." – „Hei, Vetter Roland", sprach der Kaiser. „Hebe doch den elenden Wicht auf den Gaul, daß wir einmal ein Wunder schauen, wenn der Strolch nicht vielmehr Arme und Beine und obendrein den Hals bricht." – Der Graf winkte den Knechten, und sie hoben nicht ohne Mühe den zerlumpten Bettler auf das Pferd, aber er fiel sogleich auf der anderen Seite wieder herunter. So geschah es dreimal, bis sie ihn oben festhielten und ihm die Füße in die Bügel schoben. Nun aber richtete er sich auf, saß fest und ritterlich im Sattel, stieß dem Tier die Holzschuhe in die Seite und jagte fort, daß ihm weder Knecht noch Ritter folgen konnte. „Ach, ach! Wehe, wehe!" jammerte der zurückgebliebene Bettler. „Mein armer Geselle wird von der Bestie geschleift werden." Er machte dabei solche klägliche Gebärden und seltsame Sprünge, daß Herren und Frauen laut auflachten. Nur der Kaiser lachte nicht; denn er hatte Bayard verloren.

Um Mitternacht schlich durch die Straßen der Stadt ein kleiner Mann in grauem Rock. Er murmelte vor sich hin: „Ista, sista, pista, abracadabra!" Da umzog Gewölk den Himmel und die Sterne verloren ihren Schein. Es kam an ein hohes, finstres Haus, vor dem bewaffnete Wächter aufgestellt waren. Aber die Schildwachen kauerten sich bei seiner Annäherung nieder und schliefen ein. Die starke Eichenpforte öffnete sich, wie er mit seinem Stabe daran klopfte, und so noch mehrere wohlverriegelte und verschlossene Türen. Er trat in eine unterirdische Kerkerstube, wo drei gefangene, mit Ketten gefesselte Männer auf einem Lager von feuchtem Stroh ruhten. Der Graurock murmelte fort, worauf die Fesseln abfielen. „Auf, ihr Brüder", rief er. „Euer Vetter Malagis ist hier, euch von Ketten und Banden zu lösen." Die Brüder wachten auf und folgten ihm freudig aus dem Kerker in die Freiheit.

Der Kaiser verzweifelte schier, den Mörder seines Sohnes und dessen Brüder in seine Gewalt zu bringen. Da machte ihm der listige Ganelon einen Vorschlag, der Erfolg versprach. Er sagte, Iwo, der Schirmherr und Schwiegervater Reinolds, sei für Gold käuflich; ihn könne man gewinnen, den eigenen Schwiegersohn verräterisch zu überliefern. Ein Hoffest wurde sofort veranstaltet, Iwo eingeladen und mit einer Tonne Goldes bestochen. Der ungetreue Mann begab sich zu den Brüdern auf Burg Montalban und brachte vor, er habe den Kaiser durch Vorstellungen und Bitten zur Versöhnung bewogen; derselbe habe mit seinem kaiserlichen Wort sich verbürgt, er wolle die Söhne Haimons in ihre Würden und Lehen einsetzen, wenn sie ohne Waffen, im Büßerkleid, zu Falkalone sich einstellten und Gehorsam und Heerfolge zusagten. Das war eine frohe Botschaft und die Helden willigten gern ein, den Bedingungen nachzukommen. Schon standen die Esel, auf welchen sie die Bußfahrt antreten sollten, in Bereitschaft, da trat die edle Clarissa zu Reinold, ihrem trauten Gemahl, mit den Worten: „Traue meinem Vater nicht, kühner Held! Er verkauft für schnödes Gold sein eigenes Kind." Ihr Ehemann ließ sie hart an, schalt sie eine unnatürliche Tochter und bestieg sein Grautier. Noch säumte Adelhart, und ihm gab die harmvolle Frau vier gute Schwerter, daß er sie unter dem Bußkleide in Bereitschaft halte.

Die Brüder ritten entlang der steilen Höhe bei Falkalone. Es wurde ihnen aber übel zumute, als sie Bewaffnete mit lautem Geschrei auf sich anstürmen sahen. „Ergreift die Verräter, die Königsmörder!" scholl es von allen Seiten. In dieser Not verteilte Adelhart die Schwerter und erklomm mit seinen Gefährten einen Felsvorsprung, auf den nur ein schmaler Pfad führte. Hier erwarteten sie die anstürmende Menge, hier fielen Ritter und Knechte unter ihren mörderischen Streichen, so daß das Blut an dem Felsen niedertroff. Als die Feinde, durch Wunden und den Tod vieler Männer erschreckt, zurückwichen, gewannen die Helden Zeit,

Streitgewänder von Gefallenen anzulegen. Sie setzten nun mit Erfolg den Kampf fort, obgleich immer frisches Kriegsvolk zum Sturm anrückte. Mehrere Ritter fielen unter ihren Streichen. Da beschloß der Graf von Chalons, sie förmlich auf ihrem Posten zu belagern und durch Hunger zur Übergabe zu zwingen. Wohl blickten die streitmüden Männer über das weite Gefilde, ob nicht Hilfe komme, aber ringsum wimmelte das Feld von feindlichen Völkern, die begierig waren, den Tod der Ihrigen zu rächen. Schon neigte sich der heiße Tag zu Ende, da erschienen auf den jenseitigen Höhen bekannte Banner, da blitzten Helme und Schilde, und bald erkannte Reinold seinen Bayard und auf seinem Rücken den befreundeten Schwarzkünstler.

Das Gefecht in der Ebene begann sogleich mit wechselndem Erfolg, allein Bayard, seinen Herrn witternd, brach durch die kaiserlichen Heerhaufen, indem er Ritter und Knechte niederwarf. Mit einigen Sprüngen war er auf der Felsenplatte, während sich Malagis, am Sattelknopf festgeklammert, mühsam auf seinem Rücken hielt. „Ein Satan, der Gaul", rief er absteigend dem Vetter zu. „Da nimm ihn, du weißt ihn besser zu handhaben als ich. Hier hast du auch deinen Flamberg, den dir die umsichtige Clarissa sendet, er ist mir zu schwer." Sein treues Tier unter sich, sein Schwert in der Hand, fürchtete Reinold keinen Feind mehr. Er stürmte kühn unter die kaiserlichen Heerhaufen; seine Brüder, die ledige Rosse der Gefallenen bestiegen, folgten ihm nach. Die Helden schlugen sich zu ihren Mannen durch und entschieden den Sieg. Nur die einbrechende Nacht rettete die Trümmer der feindlichen Macht, die der Graf von Chalons nach Paris zurückführte.

„Wer hat den Hexenmeister gerufen? Wer und wo ist der Verräter?" rief Karl, als er die Märe vernahm. Man riet hin und her und kam endlich zu dem Schluß, kein anderer als Iwo könne der Schelm gewesen sein. Er habe sich auch bereits in das Kloster Beaurepart geflüchtet, wo er sich für sicher halte, fügte man hinzu. „Nicht die heiligen Mauern sollen den falschen Verräter schützen", rief der Kaiser ergrimmt. „Roland, mein lieber Neffe, hole den ungetreuen Wicht und laß ihn gleich aufknüpfen, daß die Raben eine leckere Mahlzeit haben."

Reinold saß fröhlich bei Clarissa, seiner lieben Frau. Er hatte seinem verräterischen Schwieger den Tod geschworen, und aus Furcht vor seiner Rache war dieser in das Kloster geflohen. Die Bitte der Gattin hatte ihn bewogen, von der Verfolgung des Verräters abzustehen. Als er aber vernahm, kaiserliches Kriegsvolk habe das Kloster umstellt und wolle den Flüchtling auf des Herrn Befehl an den Galgen zu Montfaucon hängen, verhehlte er seine Freude nicht. „Siehst du, Clarissa", sagte er. „Nun übernimmt unser Dränger selbst das Henkeramt an dem Übeltäter." Die tiefbewegte Frau trocknete eine Träne von der Wange. Sie liebkoste ihr Söhnchen, das sie auf dem Schoße sanft wiegte. „Kindlein", sprach sie, „vielleicht wirst du einstmals deinem Vater an Heldenkraft gleich; aber dann werden die Leute sagen: er ist ein kühner Held, aber doch der Enkel eines Mannes, der am Galgen starb. Sie werden mit Fingern auf dich deuten, und du wirst beschämt aus dem Kreise der Edlen entweichen und deine Schmach in der Einöde verbergen." – Reinold saß nachdenkend auf seinem rotgepolsterten Sessel; dann sprang er auf, küßte sein Weib und sage: „Du bist gut und verständig wie ein Engel Gottes. Der falsche Mann soll gerettet werden." Er bestieg seinen Rappen und sprengte sofort nach Montfaucon, wo der neue Galgen über die Bäume des Forstes emporragte. Da wollte der Henker den Missetäter soeben am Strick hinaufziehen, als der Held heranstürmte, den Knecht zu Boden schlug, den Strick zerhieb und seinem befreiten Schwiegervater zurief: „Laufe, du Schelm, daß du nicht baumelst, wie du es verdient hast." Er trieb zugleich die anderen Henkersknechte zurück, aber nun stürmte Roland mit eingelegter Lanze gegen ihn heran. Beide Helden trafen mit voller Kraft aufeinander; wie stark und streitbar indessen der Paladin war, Reinolds Speer und Bayards gewaltiger Anprall stürzten Roß und Reiter in den Staub. Im Augenblick war der Graf wieder auf und zog sein Schwert. Reinold jedoch, ringsum Bewaffnete erblickend, rief ihm zu: „Dein schlechtes Pferd, guter Vetter, ist schuld an deiner Fahrt zur Erde", und jagte davon.

Mehrere Paladine, die Zeugen des kurzen Kampfes gewesen waren, ließen es nicht an Sticheleien über den Luftspringer fehlen. Daher ritt der weidliche, sonst nie besiegte Degen unwirsch seines Weges, aber nicht gen Paris, sondern gen Montalban, um für seine Niederlage Rache zu nehmen. In einem Walde sah er einen Mann, der, nur mit der Armbrust bewehrt, einen Rehbock ausweidete. Er erkannte sogleich Richart, den Bruder Reinolds, und nahm ihn gefangen. Umsonst berief sich derselbe auf ihre Verwandtschaft. Roland überlieferte ihn in seinem Unmut dem Kaiser, der seinen kühnen Blutsfreund für diesen Fang zärtlich umarmte. „Nun soll der Mordgeselle statt des Verräters zu Montaucon baumeln", sprach er. „Wer von meinen Paladinen übernimmt das Geschäft?" – Die Ritter weigerten sich des Henkeramtes. Ein Verwandter, ein unverzagter Degen, meinten sie, sei nicht für den Galgen bestimmt. Endlich erhob sich Rype, ein Neuling in der Ritterschaft, das Urteil zu vollstrecken. Ein frommer Pilger, der zugegen war, erlangte noch Aufschub des Gerichts, weil er vorher unbedingt noch zu St. Denis für die Seele des armen Sünders beten wollte.

Der fromme Bruder wandte indessen seine Schritte nach der Burg Montalban, wo er alsbald vor Reinold trat. „Wie steht es mit meinem Bruder?" fragte der Graf. „Der Kaiser war erst ungnädig, dann reichte er mir ein Hellerlein als Zehrpfennig", war die Antwort. „Aber, Vetter Malagis, was hast du für meinen Bruder getan?" forschte Reinold weiter. „Der gnadenreiche Herr setzte mir eigenhändig schmackhafte Kost vor", versicherte der Nigromant. – „Hast du denn keine Kunde von Richart?" fragte der besorgte Held. „Ich wähne, du kannst ihn zu Montfaucon treffen, so du nicht säumst, und auch den Henker Rype. Ich aber bin wegmüde und der Speise bedürftig und will dir dafür das Hellerlein des Kaisers verabreichen." Damit entfernte sich Malagis und wanderte in die Küche.

Reinold, Adelhart und Wichart mit Bewaffneten waren bald an dem Galgen zu Montfaucon. Sie mußten lange warten und schliefen darüber ein. Als Rype mit dem Gefangenen anlangte, wurde Bayard, der auf der Waldblöße weidete, unruhig. Er wieherte laut, aber das weckte die Schläfer nicht. Da stieß er seinen Herrn mit dem Fuße, bis er erwachte. Nun ward bald Rat geschafft. Die Schwerter der Helden zerstreuten die kaiserliche Mannschaft; Rype aber, der ergriffen wurde, mußte die Leiter besteigen und baumelte an dem Strick, den er für Richart gewunden hatte.

Kaiser Karl, der alle seine Vorkehrungen zur Rache für den erschlagenen Sohn vereitelt sah, beschloß nun, die Sache an der Wurzel anzugreifen. Er versammelte ein großes Reichsaufgebot und rückte vor die Burg Montalban, wo die Brüder mit vielen reisigen Leuten und kühnen Helden zum äußersten Widerstande entschlossen waren. Der Ruf von ihren Taten hatte tapfere Abenteurer herbeigezogen, mit deren Hilfe sie das Reichsheer zu bestehen hofften. Desgleichen war Überfluß an Lebensmitteln herbeigeführt, so daß man Jahre lang keinen Mangel zu fürchten hatte.

Die Belagerung nahm ihren Anfang, die Feste wurde enge eingeschlossen, ein Sturm, den man wagte, blutig zurückgeschlagen. Die Belagerten unternahmen häufige Ausfälle, wobei sie Kriegsgerät und andere Vorräte erbeuteten. Indessen beharrte Karl auf seinem Vorhaben und ersetzte den Verlust an Mannschaft fortwährend durch frische Aufgebote. Es war kein Ende des Blutvergießens abzusehen; denn Jahre vergingen, ohne daß eine Entscheidung erfolgte. Als sich endlich Mangel in der Feste fühlbar machte, unternahm Reinold eines Nachts einen verzweifelten Ausfall. Er durchbrach die Belagerungslinie und führte eine große Anzahl beladener Proviantwagen in die Burg. Malagis hatte über einen Teil der Belagerer sein Schlafpulver gestreut, was den Helden den Rückzug möglich machte. Er nahm, da der Kampf auf der anderen Seite noch wütete, eine zweite Prise, um sie durch günstige Lüfte auch über den anderen Teil der

Belagerer verbreiten zu lassen; da wurde er von einer rauhen Hand am Kragen gefaßt und fortgeschleppt. Es war der starke Olivier, einer der zwölf Paladine, den der Zufall hergeführt hatte. Die Prise war dem Schwarzkünstler aus der Hand gefallen und ohne Wirkung geblieben. In der Angst griff er statt zu dem ungewohnten Schwert in seinen Zaubersäkkel; aber er fand nur eine Dosis Nieswurzpulver, das er dem Helden in die Nase streute. Nun fing der kühne Degen an zu niesen und sich zu räuspern; dennoch ließ er seinen Gefangenen nicht los, sondern schleppte ihn vor seinen kaiserlichen Herrn. Oft unterbrochen von einem ‚Ahi' beim Niesen und Räuspern, sprach er: „Großmächtigster – ahi – Lehnsherr – ahi – verwünschter Schwarzkünstler! – ahi – da bringe ich den – ahi – Eurer Majestät – ahi – zur Verfügung – ahi." Er konnte nicht weiterreden, da sein Übel ihn fast überwältigte. – „Gott helf, weidlicher Held", rief der Kaiser. „Und mein Dank für den glücklichen Fang des argen Malagis soll dir in reichen Lehen bezahlt werden. Nun gleich fort mit dem Hexenmeister gen Montfaucon. Wir wollen sehen, ob ihn Beelzebub, sein Gevatter, vom Stricke los macht." – „Erhabener Monarch", winselte Malagis kläglich. „Nur diese Nacht vergönnt mir zu leben und laßt mir eine gute Mahlzeit verabreichen; denn in der ausgehungerten Feste habe ich seit vierundzwanzig Stunden keinen Bissen zu mir genommen."

Unterdessen waren die Paladine und viele Ritter eingetreten, um sich nach dem heißen Gefecht an der kaiserlichen Tafel zu stärken. Sie baten alle für den armen Sünder, und etliche meinten, in der dunklen Nacht trieben höllische Geister ihr Spiel am Galgen und könnten leicht durch ihren Spuk ihren Genossen vom Strick befreien. Diese Rede leuchtete dem Lehnsherrn ein; er verlangte aber Bürgschaft. „Hoher Herr", sagte der Zauberer. „Ich gelobe mit teurem Eid, daß ich nicht ohne eure Zustimmung und ohne euer eigenes Geleit den Bann brechen und den Kerker verlassen will." Da sich zugleich mehrere Ritter erboten, selbst am Gefängnis Wache zu halten, so gab Karl seine Zustimmung und auch die Erlaubnis, dem verhungerten Wicht eine ausreichende Mahlzeit zu verabreichen.

Die Herren setzten sich zur Tafel, schmausten und zechten, und Malagis tat, in einem Winkel kauernd, das gleiche. Er wurde ganz lustig, als er den Becher leerte, und sang Schelmenlieder von einem armen Sünder, der sich freute, daß er, die Leiter hinaufsteigend, im Tode dem Himmel näherkomme als ehrliche Menschenkinder. Nach dem Schmause wurde er in den Kerker gebracht und mit pfundschweren eisernen Ketten an einem Granitblock angeschlossen. Edle Ritter hielten, wie sie versprochen, an der Tür Wache. Um Mitternacht gebrauchte Malagis seine Kunst. Er ver-

Malagis trägt den schlafenden Kaiser Karl nach Montalban

senkte die Wächter in Schlaf, löste durch seine Sprüche die festen Banden und alle Pforten, wohin er ging, wanderte bis in das Schlafgemach des Monarchen und träufelte ihm einige Tropfen in den Mund, die bewirkten, daß sein Schlaf zwölf Stunden währte. Darauf lud er ihn auf seine Schultern und trug ihn huckepack auf die Burg. Er mußte auf dem steilen Weg oft ausruhen und kam erst nach Sonnenaufgang an. Seine wohlbekannte Stimme hatte die Wachen bewogen, ihm Türen und Tore zu öffnen. Wie groß war aber Reinolds Erstaunen, als er den lieben Vetter vor sich sah und darauf seinen Verfolger, nachdem der Zauberer die Decke von seiner Last weggezogen hatte!

„Hier ist das Pfand des Friedens", sprach Malagis. „Es hat mich viel Schweiß gekostet. Siehe zu, daß es Frucht bringe." Man brachte den

Schlummerer in das schönste Schlafgemach, und die erfreute Burgfrau sorgte für alle Bequemlichkeiten des hohen Gastes. Erst zur Mittagszeit erwachte Karl aus seiner Betäubung. Er glaubte zu träumen, wie er den Wirt, Malagis, die Dienerschaft und die fremde Umgebung erblickte. Erst nach und nach erkannte er seine üble Lage. Der Hunger zwang ihn, von Clarissas Hand die gebotenen Erfrischungen anzunehmen. Nachdem er sich erholt hatte, sprach Reinold von den Bedingungen, unter denen er seine Freiheit wieder erlangen werde. Er sollte die Achtserklärung aufheben, die Brüder in ihre Lehen einsetzen und ihnen wieder Zutritt bei Hofe verstatten, dafür aber ihrer treuen Dienste gewärtig sein. „Ehe ich die Mörder meines Sohnes begnadige und ihnen meine Huld zuwende, will ich lieber mein Haupt auf den Block unter das Henkerbeil legen", rief der Herrscher und war in seinem Entschlusse nicht wankend zu machen. „Vetter", sprach Malagis, der zugegen war. „Tue nun an deinem Gefangenen, wozu du das Recht hast." – „Das sollen alle Heiligen verhüten, daß ich meine Hand an den Gesalbten des Herrn lege", sprach der Burgherr mit Nachdruck. „Durch lange Haft im Verlies wird mancher Übermut gebeugt", war die Gegenrede. „Werft mich in eure Kerker, quält mich mit Hunger und Folter; so sollt ihr doch erfahren, daß sich ein königliches Haupt nicht beugen läßt." Es schien dem Helden von Montalban, als spräche der Lehnsherr seine eigenen Gedanken aus; denn auch er trug unter den Schlägen widriger Schicksale sein Haupt ungebeugt. Er bedachte aber, daß ein kühnes und stolzes Gemüt durch Güte und Edelmut, nicht durch Härte gewonnen wird. Daher sprach er: „Kaiser Karl, du bist der Bande ledig; die Tore sind offen, ein Roß und reisiges Geleit zu deiner Verfügung; ziehe hin mit Frieden." Er begleitete ihn darauf bis an das Tor der Burg; aber beim Abschied bezeugte kein Händedruck, daß der Monarch versöhnt sei.

Als Reinold zurückkehrte, sah er den Vetter Malagis, wie er Büchsen, Schachteln und allerlei beschriebene Blätter dem Herdfeuer übergab und wie sich in den prasselnden Flammen seltsame Spukgestalten erhoben. Auf die Frage, was er machte, sagte er: „Ich verbrenne die edle Kunst Nigromantia, die ich nicht ferner gebrauchen werde. Denn einem Manne, dem der Tollwurm im Gehirn sitzt, sind, wähne ich, meine Dienste unnütz. Ich fahre nun in eine Wüste zu frommen Büßern, um selbst in Sack und Asche Buße zu tun." Er verabschiedete sich hierauf und wurde nicht mehr in der Burg gesehen.

Kaiser Karl berichtete nach seiner Ankunft im Lager seine Abenteuer; aber als die Paladine zum Frieden mit dem edelmütigen Helden rieten, fügte er hinzu, das Blut seines ermordeten Sohnes schreie lauter um Rache als alle Stimmen, die zur Sühne redeten. Die Belagerung dauerte daher fort, und es schien, als sei das Glück von den Verteidigern gewichen; ihre Ausfälle mißlangen, der Mangel nahm zu, manche weidliche Recken und Knechte gingen zum Feinde über. Da führte Roland selbst mit Olivier und Ogier den bedrängten Brüdern eine Herde Rinder und reichlichen Brotbedarf ohne Vorwissens Karls zu, da die Paladine nicht wünschten, daß der edelmütige Reinold mit seinen Getreuen durch Hunger oder am Galgen ein schmähliches Ende finden sollte. Der umlagerte Held erwog nun, was zu tun sei. Mit den gespendeten Vorräten konnte man wohl ein Jahr ausreichen; allein wenn die Mannschaft vermindert wurde, war man imstande, sich weit länger zu halten. Er beschloß daher, mit den Brüdern und einem entschlossenen Haufen durch die Feinde sich einen Weg zu bahnen und nach einem festen Schlosse im Ardennenwalde zu ziehen. Er nahm Abschied von der weinenden Clarissa und seinen Kindern und brach in dunkler Nacht aus der Burg hervor. Die überraschten Feinde wichen vor dem blinkenden Flamberg und den Hufschlägen Bayards. Die Linien wurden überschritten, die kühnen Helden hatten freie Bahn.

Am Morgen vernahm der Kaiser die Märe von dem nächtlichen Gefecht. Er sandte sogleich eine auserwählte, wohlberittene Schar den Flüchtlingen nach und folgte, die Belagerung aufhebend, mit dem übrigen Heere. Nach einigen Tagen wurden die Recken von Montalbon, deren Rosse abgetrieben waren, von der kaiserlichen Vorhut überholt. Reinold konnte auf seinem Rappen leicht entweichen; allein der fluchtträge Held kämpfte vielmehr den Seinen voran und gewann den Sieg. Unter fortwährenden Gefechten erreichte er mit Mühe das Ardennenschloß, wo er sich bald von dem unermeßlichen Heere umlagert sah.

Die kühnen Helden schlugen die wiederholten Stürme blutig zurück. Allein ein anderer Feind machte sich bald innerhalb der Mauern fühlbar: es war der Hunger mit seinem Gefolge von Ermattung, Krankheit und Entmutigung. Doch wollten die Krieger lieber von ihm langsam verzehrt werden als am Galgen von Raben und Geiern. In der höchsten Not erschien wieder ein Weib als rettender Engel. Aya, die greise, liebende Mutter, kam ins Lager und flehte ihren kaiserlichen Bruder um Barmherzigkeit mit ihren Kindern an. Der harte Mann wies sie streng zurück: allein sie kam immer wieder, bat, weinte, berief sich auf den Heiland, der sterbend seinen Mördern verzieh, und erweichte endlich sein Herz. „Wohlan", sprach er. „Wer mir nächst Reinold den größten Schaden zugefügt hat, das ist das Pferd, das einst der Hexenmeister aus der Hölle holte.

Wenn ihn dein Sohn mir übergibt, daß ich ihn nach Belieben töte, so will ich sein Leben für das meines Sohnes nehmen und Reinold nebst seinen Brüdern in ihre Würden und Lehen wieder einsetzen. Ist er dessen nicht willens, so sollen er, seine Brüder, sein Weib und seine Kinder am Galgen hängen, darauf gebe ich mein kaiserliches Wort." Aya war hocherfreut. Sie ließ den Pakt schriftlich aufstellen, von ihrem Bruder unterzeichnen und wanderte damit zu Reinold in die Burg.

„Bayard aufgeben, dem wütigen Manne überliefern?" rief der Held. „Nimmermehr! Er ist mein Retter aus tausend Gefahren, ich möchte sagen, mein treuester, mein liebster Freund. Diese Burg mag über uns beiden zusammenbrechen; wir wollen zusammen unter ihren Trümmern begraben sein." – „Und dein Weib, deine Kinder, deine Brüder – zu Montfaucon steht das gräßliche Gerüst, das umflattern die Raben und Geier, darüber steht geschrieben für die Nachwelt: Er überließ sie alle dem Henker um eines Tieres willen", so sprach die jammernde Frau. – „Mutter!" rief der Held und stürzte fort zu Bayard, gab ihm Weizenbrot, umschloß seinen schlanken Hals und weinte. Das edle Roß sah ihn mit klugen Augen an und legte dann den Kopf an seine Brust. Es war, als frage er seinen lieben Herrn: „Was fehlt dir? Kann ich dir den Harm abnehmen?" – „Wir sollen uns trennen", sprach der Held. Das Pferd fraß nicht das Weizenbrot, es stampfte mit den Hufen. Es dauerte lange, bis sich Reinold losriß und wieder zu Aya kam. „Ich kann nicht", sagte er. „Ich will, ich muß mit Bayard leben und sterben." – „Wohl, mein Sohn", sagte die Frau. „Gib sie alle dem Henker preis; aber wisse, wenn meine Kinder und Enkel durch deine Weigerung den schmachvollen Tod erleiden, so wird derjenigen, die dich geboren, aufgezogen und zu Pierlepont dem Verfolger entrissen hat, so wird deiner liebenden Mutter das Herz vor Jammer brechen. Nun wähle!" – „Mutter", sagte er tonlos. „Du siegst, aber ich überlebe es nicht." Er unterschrieb die vorgelegte Urkunde, und Aya ging damit ins kaiserliche Lager.

Auf der Brücke zu Paris war viel Volks versammelt; denn es war bekannt geworden, der berühmte Bayard solle ersäuft werden. Auch Kaiser Karl war mit den Paladinen und der Ritterschaft zugegen, desgleichen der begnadigte Reinold und seine Mutter Aya. Das edle Roß, mit Eisenklötzen an den Füßen beschwert, blickte wiehernd nach seinem Herrn, wurde aber unversehens mit großer Gewalt von der Brücke in den tiefen Strom gestoßen. Der Wasserschlund schloß sich über ihm, allein er öffnete sich wieder. Der Kopf des treuen Tieres tauchte auf, seine Augen begegneten denen Reinolds, und es schien, als habe es dadurch übernatürliche Kraft erlangt: es schlug alle Ketten und Gewichte ab und schwamm ans Ufer.

Schwerere Ketten und Eisen wurden ihm angelegt; dennoch tauchte es auf, und wie es in das Angesicht seines Herrn blickte, zertrümmerte es alle Fesseln und bezwang die brausenden Wellen. Dasselbe geschah zum drittenmal. „Ist der Satan unbezwinglich?" rief der Kaiser. „He, Graf Reinold, wende dich ab! Deine Augen haben Zauberkraft. Gehorche, der Pakt ist zerrissen und der Galgen gerüstet!" Da umschlang Aya den widerstrebenden Sohn und wandte in rückwärts, daß er nicht sah, wie das Roß zum viertenmal über der Flut erschien und, wie es sein Angesicht nicht erblickte, für immer in die Tiefe sank.

Der Held meinte, all sein Lebensglück sei mit Bayard untergegangen. Er stieß die Mutter von sich, er warf die Lehensbriefe, die der Monarch ihm überreichte, demselben vor die Füße; er zerbrach seinen Flamberg und schleuderte die Trümmerstücke in den Fluß, indem er die Worte hervorstieß: „Da liege begraben bei meinem Bayard! Die ewige Verdammnis komme über mich, wenn ich jemals wieder ein Roß besteige oder ein Schwert schwinge!" Darauf rannte er fort in den wilden Tann, weiter und weiter, bis er erschöpft im Dickicht niedersank. Den Tag und die Nacht und noch einen Tag lag er ohne Speise und Trank; dann kehrte ihm allmählich die Besonnenheit zurück, und er bedachte, was zu tun sei. Er wanderte fort auf dem Wege nach Montalban. Einem Pilger, der ihm begegnete, gab er seine Barschaft und seine goldenen Sporen für dessen Hut und graues Gewand. So kam er wie ein Fremdling auf die heimische Burg zu Weib und Kindern. Auch Clarissa vergoß viele Tränen, als sie die Märe von Bayards Ende vernahm. Hatte sie doch selbst oftmals dem edlen Tiere Weizenbrot gereicht und dasselbe liebkost, wenn es ihren Gemahl glücklich aus mörderischen Gefechten zurückbrachte. Die liebende Frau weinte aber noch vielmehr, als der Graf auf immer von ihr Abschied nahm. „Wer wird unseren Söhnen einst die ritterliche Wehre umgürten?" fragte sie, ihn umklammernd, als wolle sie ihn nimmer von sich lassen. „Wer wird sie edle Sitte lehren, wer dieses, unser jüngstes Kind behüten, wenn der Vater fern ist?" Sie hatte den kleinen Knaben auf den Arm genommen und hielt ihn dem Gemahl entgegen. „Jenes wird unser Blutsfreund, Graf Roland tun", sprach Reinold tröstend. „Dieses tust du selber, gutes Weib." Er küßte die Tränen von ihren Augen und fuhr dann fort: „Von dem harten Karl nimm kein Lehen an; zieh mit den Kindern auf unsere Freigüter jenseits der Berge. Es ist dein Wittum, und der unbarmherzige Tyrann hat daselbst keine Gewalt über dich, wie er auch niemals wieder Gewalt über mich haben wird. Ich selbst pilgere als Büßer an das Grab des Herrn, ob ich Gnade finde und Vergessenheit dessen, was geschehen ist. Du wirst mich nimmer wiedersehen."

Zweiter Abschnitt

ROLAND

Mit seiner schönen, erst kürzlich ihm vermählten Gattin saß Kaiser Karl auf seinem Thron. Die Großen des Reiches waren um ihn versammelt, und vor ihm stand Graf Gerhart, um das ihm verheißene Lehen der Herrschaft von Viane (Vienne) und, wie er hoffte, auch des reichen Herzogtums Burgund zu empfangen. Als er den ersten Lehnsbrief aus des Herrschers Hand erhielt, bückte er sich, um ihm nach altem Rechtsbrauch den Fuß zu küssen; aber er strauchelte, denn die Kaiserin streckte ihren eigenen Fuß vor, den er im Fallen unfreiwillig küßte. „Er hat zuviel vom Burgunder gezecht, daß er nun der Dame den Fuß küßt, deren roten Mund er vorher verschmäht hat, und nun ist er gar vor ihr auf die Knie gefallen; der Wein lehrt Demut", so murmelten die Hofleute untereinander. Glühend vor Unwillen, richtete sich Gerhart auf und warf drohende Blicke auf die Spötter. Er erwartete indessen den zweiten Lehnsbrief, allein der Monarch sprach: „Was das Lehen von Burgund betrifft, so müssen wir uns unsere Entschließung noch vorbehalten, dieweil unsere hohe Gemahlin, als Witwe des letztverstorbenen Herzogs, gegen die Vergebung Einsprache erhoben hat." Der getäuschte Fürst verabschiedete sich mit einem untertänigen Bückling und begab sich, kochend vor Entrüstung, nach Viane, berief seine Dienstmannen, warb Söldner und besandte auch seine Brüder, mächtige Landherren in Apulien, daß sie ihm Hilfe leisten möchten wider seinen ungerechten Lehnsherrn, dem er die Untertänigkeit aufkündigte. Er wußte wohl, daß er von demselben in Güte nichts erlangen werde, denn er hatte die Minne der verwitweten Herzogin von Burgund verschmäht, und nun war sie die Gemahlin des Reichsoberhauptes und geschäftig, den Eheherrn wider ihn aufzuregen. Die Brüder erschienen mit zahlreicher Mannschaft, und insbesondere kam Rainier, der jüngste, und in dessen Gefolge sein Sohn Olivier, ein auserwählter Degen, und seine wonnesame Tochter Auda, eine kühne Jungfrau, gleich einer nordischen Schildmaid.

Karl zog mit großer Heeresmacht vor die feste Burg, die durch Mauern und den Fluß Rhone schier uneinnehmbar war. Stürme und Ausfälle wechselten, aber die blutigen Gefechte brachten keine Entscheidung. Auch die schöne Auda wagte sich in blanker Rüstung unter die Kämpfer und fällte manchen Mann mit Speer und Schwert. Sie stieß aber in einem solchen Gefecht auf den starken Roland, dem bisher kein Gegner widerstanden hatte. Ohne sein Schwert gegen sie zu zücken, entwaffnete er sie mit gewaltiger Faust und nahm sie gefangen. Dies gewahrte ihr Bruder Olivier. Er stürmte sogleich durch die Reihen der Freunde und Feinde der Schwester zu Hilfe. Während beide Helden miteinander in unentschiedenem Streite kämpften, entrann die kriegerische Maid nach der Burg, wohin sich am Abend auch die ausgefallene Besatzung zurückzog. Die Belagerung dauerte fort, immer neue Streitkräfte sammelten sich im Lager, und das gesamte Heer unternahm einen allgemeinen Sturm. Da erschien die kriegerische Jungfrau auf der Mauer und schleuderte schwere Felsstücke herab, wodurch viele Krieger ihr Leben einbüßten. Nur der kühne Roland, mit dem Schilde sich deckend, hielt Stand und fragte sie nach Namen und Abkunft. Nachdem er alles erfahren und auch seinen Namen und hohen Rang, als Neffe des Kaisers, kundgetan hatte, erklärte er, daß er ihrer Minne begehre und nicht ablassen werde, um sie zu werben, wenn er auch Leib und Leben daran wagen müßte. Als jetzt Olivier zu der Schwester trat und einen Speer auf ihn schleuderte, forderte er denselben zum Zweikampf auf eine Insel inmitten des Stromes.

Die Helden waren durch die Fährmänner übergesetzt worden. Sie hielten zu Rosse einander gegenüber, nahmen gleichen Raum und spornten ihre Hengste zum Rennen. Beim Zusammentreffen stürzte Oliviers Pferd schwer beschädigt nieder; er selbst aber sprang auf und sein erster Schwertstreich fällte Rolands Hengst. Nun begann der Kampf zu Fuß; Oliviers Schwert brach, Roland verschmähte es, den Wehrlosen zu töten. Mit einer von der Burg gesandten geweihten Waffe setzte der weidliche Degen den Kampf fort. Helme, Schilde und Brünnen wurden zerhauen, der entsetzliche Streit schien nur mit dem Tode des einen oder des anderen Helden beendigt zu werden. Da senkte sich, als der Abend anbrach, eine lichte Wolke herab, die die Recken trennte. Ein Engel trat daraus hervor. „Warum kämpft ihr, Christ gegen Christ? Warum wollt ihr Bruderblut vergießen? Im Namen des Herrn, der am Kreuz starb, reicht euch die Hand zur Versöhnung. Seid einträchtigen Herzens und gerüstet gegen die Widersacher des wahren Glaubens!" Also sprach der Bote Gottes und zog von dannen.

Die streitkühnen Männer, der himmlischen Verkündigung froh, schlugen Hand in Hand und beschwuren den Bund unverbrüchlicher Treue. Sie saßen noch zusammen auf dem umströmten Gelände und sprachen frei von dem, was ihnen am Herzen lag. „Ich glaube, dich leicht überwinden zu können", sprach Roland, „und dich als meinen Gefangenen zu zwingen, daß du mir deine Schwester, die herrliche Auda, zum trauten Weibe gebest; aber nun komme ich als ein Bittender zu dir, ob du mir gewähren wollest, was mein Herz in Zucht und Ehren begehrt." — „Wie mag das geschehen", sprach Olivier, „da wir streitgerüstet einander gegenüberstehen?" — „Ob mir auch mein Onkel alle Lehen abspräche", antwortete Roland, „ich tue keinen Schwertstreich mehr gegen Viane und seine Kämpfer." Der Freund gab nun mit einem festen Händedruck die Versicherung, sein Fürsprecher bei der Schwester zu sein, und so schieden sie, jeder um ein Roß ärmer, aber reicher um einen ergebenen Genossen in Not und Tod.

Der große Karl ging jagen mit manchem Ritter und Knecht. Seinen Helden, vornehmlich dem kühnen Roland, übertrug er die Hut des Lagers. Er verfolgte einen Achtzehnender, den sein Geschoß verwundet hatte. Sein edles Roß trug ihn weit voraus, so daß nur wenige gut berittene Leute ihm folgen konnten. Da brach Olivier mit einer reisigen Schar aus einem Hinterhalt hervor, streckte mehrere Begleiter Karls nieder und trieb die übrigen in die Flucht, während sein Gefolge den Kaiser angriff. „Nieder mit dem Zwingherrn!" riefen die Reisigen, und von allen Seiten blitzten Speere und Schwerter. Aber Oliver warf sich den wütenden Kriegern entgegen und deckte mit seinem Schild das Reichsoberhaupt. Die tobende Menge ließ nicht ab; der Held wurde selbst verwundet, allein seine gewaltigen Streiche schreckten die wilden Söldner, daß sie in das Dickicht des Waldes zurückwichen. Der Kaiser wollte seinem Verteidiger sein Schwert überreichen, das dieser jedoch nicht annahm. „Da sei Gott vor", sprach er, „daß der Beherrscher des Frankenreichs wehrlos vor mir stehe! Wollte er mir und meinem Onkel Gerhart statt des Schwertes ein Pfand des Friedens gewähren, so würden wir es mit Freuden empfangen." Gerührt durch diesen Edelmut sprach Karl, daß er nicht nur in den Frieden willige, sondern auch den jungen Helden unter seine Paladine aufnehmen und dem abgefallenen Gerhart Verzeihung und ansehnliche Lehen zugestehe. Er folgte darauf vertrauensvoll dem weidlichen Degen in die Burg, wo er mit großen Ehren empfangen wurde. Die Übereinkunft war bald geschlossen, und der Monarch ruhte so sicher unter denen, die noch kurz vorher seine erbitterten Feinde gewesen waren, wie sonst unter dem Schutze seiner Helden und Wachen.

Am folgenden Tag bewegte sich ein fröhlicher, bunt gemischter Zug nach dem Lager, wo man in schweren Sorgen um den Kaiser war. Derselbe ritt nun frei und heiter, begleitet von allen edlen Herren und Rittern, von reich geschmückten Frauen und Jungfrauen einher und ließ durch Herolde die Märe von dem geschlossenen Frieden verkünden. Große Freude gewährte es ihm auch, als er im Verlauf des Tages die beiden

Freunde Roland und Olivier Arm in Arm wandeln sah und von der Werbung des ersteren um die Hand der kriegerischen Auda Kunde erhielt und vernahm, daß sie bereits dem ruhmvollsten Helden der Christenheit ihr Jawort gegeben habe. Er ließ die Liebesleute vor sich kommen und sprach, als er die Jungfrau erblickte: „Hei, guter Neffe, wenn ich nicht schon beweibt wäre, so würde ich selbst um die wonnesame Maid eine Lanze mit dir brechen; aber nun feiern wir morgen mit dem hergestellten Frieden zugleich deine Verlobung. Ihr alle und das gesamte Heer und die Burgmannen seid meine Gäste." Der fröhliche Herr ließ sogleich die nötigen Vorbereitungen treffen. Ein großes Zelt für Kaiser und Ritterschaft wurde aufgeschlagen, für Speise und Getränke gesorgt und mancher weidliche Spielmann beschieden, mit süßem Sang die Lust des Tages zu erhöhen.

Die Helden saßen beim festlichen Mahl und leerten emsig die Becher. Da erschienen Boten von den Ufern der Garonne. Sie waren nicht fröhlichen Mutes, wie die Gäste. Sie brachten die traurige Märe, der Mohrenkönig Eigoland aus Afrika sei mit seinen schwarzen Scharen über das Hochgebirge gestiegen und in die Gascogne eingefallen, wo er mit Feuer und Schwert das Land verwüste. „Das ist eine gute Nachricht", sprach der kühne Roland. „Denn ein Bote Gottes, der meinem Heergesellen und mir Versöhnung und Bund gebot, hat uns auch zum Kampfe gegen die Ungläubigen aufgefordert." – „Das ist eine üble Nachricht", antwortete der Monarch. „Denn der Mohr ist ein gewaltiger Krieger und führt eine unzählige Menge von schwarzen Teufeln in unser Land. Vernehmt, edle Ritter, was sich vor Jahren begeben hat. Nach dem Tode meines in Gott ruhenden Vaters Pipin vertrieben mich meine Stiefbrüder, die Söhne der falschen Bertha, aus meinem väterlichen Erbe. Ich fand Schutz bei dem Heidenkönig Marsilio in Saragossa. Mit Hilfe des tapferen Diebolt gewann ich nachmals das mir gebührende Recht, wurde in Aachen zum König der Franken und in Rom zum Kaiser gekrönt. Da erschien mir des Nachts der heilige Jakob, der Apostel des Herrn, und befahl mir, sein Grab, wohin alljährlich christliche Pilger wallen, vom Joche der Ungläubigen zu befreien. Mit Heeresmacht überstieg ich das Hochgebirge, und ich erfocht mit meinen streitkühnen Franken manchen Sieg, so daß sich alles Land bis nach Galizien, wo das Grab des Apostels errichtet ist, ohne weiteren Widerstand unterwarf. Da teilte man mir mit, daß Eigoland aus Afrika gekommen und bereits bis Pampeluna vorgerückt sei. Ich kehrte um, und es kam am Flusse Cera zu einer mörderischen Schlacht. Die Afrikaner fochten wie ihre Brüder, die höllischen Teufel. Sie durchbrachen wütend unsere Reihen, und die Niederlage schien gewiß. Da warf sich der kühne Held Milo, mein Schwiegervater und dein Vater, Neffe Roland, den Höllengenossen entgegen. Er und seine Mannen hemmten die bisher siegreichen Feinde und richteten eine große Niederlage unter ihnen an. Er verfolgte aber die Flüchtlinge zu weit und sank, von Geschossen durchbohrt, nieder, ehe der Sieg entschieden war. Der Verlust war beiderseits so groß, daß Freund wie Feind den Rückzug antrat. Eigoland ging damals in die Wüsten Afrikas zurück; aber er ist, so scheint es, mit größerer Macht wiedergekehrt und in unser eigenes Land eingefallen."

Die Hörner tönten, die Fahnen wehten dem Heere voraus gegen den Feind des Landes und des Glaubens. Im Wonnegau, den die Dordogne bewässert, wurde man des Feindes ansichtig. Karl selbst ritt auf die Spähe, und als er die Lagerung der Mohren überschaut hatte, schritt er folgenden Tages zum Angriff von zwei Seiten. Der Kampf war entsetzlich; die Mohren stürmten an und flohen und kehrten auf ihren Rennern der Wüste im Fluge wieder und überschütteten die fränkischen Streiter mit Wolken von Geschossen. Aber Roland, Olivier, Ogier, selbst der Erzbischof Turpin und die anderen Paladine drangen mit ihren Mannen unaufhaltsam vorwärts. Ihren Schwertern erlagen die Feinde in großer Zahl, und am Abend war ihre Niederlage entschieden. Ihre Flucht ging ohne Unterbrechung durch die Engpässe des Gebirges bis gen Pampeluna, wo ein neues Aufgebot aus Afrika sie aufnahm. Eigoland brannte vor Begierde, die Schmach zu rächen, und mit ihm die Söhne der Wüste, die voll Vertrauen auf ihre unermeßliche Menge und ihre Waffenübung den Kampf begehrten.

Der große Karl rückte mit seinem siegesfreudigen Heer heran, doch zögerte er, die Übermacht scheuend, mit dem Angriff. Er erwartete noch Mannschaft aus Frankenland und Hilfsvölker von Marsilio, der, obwohl ein Heide, ehemals ihm Schutz gewährt hatte. Er schickte Boten an ihn ab, allein bald erhielt er Kunde, der ungetreue König habe die abgesandten Männer ermorden lassen und sich mit dem Feinde vereinigt. Sobald Karl die üble Botschaft vernahm, ließ er seine Räte und Helden berufen, um ihre Meinung zu hören, ob man gegen die ungeheure Übermacht eine Schlacht wagen solle. „Kein Verzug", rief der kühne Roland. Vor uns liegt der Sieg oder die Wonne des Paradieses; wer ist, der zurückweicht?" – Die Helden alle stimmten ihm bei, und alsbald luden die Heerhörner zum blutigen Spiel.

Wohl kämpft Eigoland mit unverzagtem Mut und ordnet seine zahllosen Streiter, um die Franken von allen Seiten zu umschließen; wohl stürmten diese kühn in den Streit. Sie können jedoch den todesmutigen Gläubigen nicht lange widerstehen: ihre Reihen werden durchbrochen, sie weichen, sie fliehen. Eigoland selbst fällt, von einem Speer durchbohrt, und mit lautem Feldgeschrei verfolgen die fränkischen Krieger den geschlagenen Feind. Da wirft sich ihnen ein grauenhafter Unhold entgegen, der Riese Feracut, der über das Volk hervorragt wie ein Turm über das Häusermeer einer Stadt. Rosse und Reiter stülpt er um, als seien es Kegel, und die Gefallenen zermalmt er mit seiner Keule. Er trifft auf Roland. Auch diesen wirft er zu Boden; er will ihn wegen seiner glänzenden Rüstung als Spielding mitnehmen. Wie er sich aber bückt, faßt ihn der Held am Bart, reißt ihn nieder und durchbohrt ihn mit seinem guten Schwerte Durindart.

Die Feinde flohen nach allen Seiten, und da ihnen die Sieger rastlos nachjagten, so wurden sie völlig aufgerieben. Wohin der große Kaiser kam, unterwarf sich alles Land. Nur das starke, fast uneinnehmbare Saragossa war noch unangetastet, und dahin hatte sich der ungetreue Marsilio zurückgezogen, da ihm sein Lehnsherr Baligant, der Kalif von Babylon, Hilfe zugesagt hatte. Kaiser Karl, der sich des früher genossenen Schutzes noch immer erinnerte, beschloß, nicht mit Strenge, sondern mit möglichster Schonung gegen ihn zu verfahren. Er meinte, nach dem großen Sieg werde der ungetreue Mann seine Boten glimpflicher behandeln als die früheren, und gab daher dem vielerfahrenen und verschlagenen Ganelon, einem seiner Paladine, den Auftrag, von dem König Unterwerfung und Annahme der Taufe zu fordern. Der weidliche Degen hätte gern abgelehnt, weil die Botschaft leicht den Kopf kosten konnte. Indessen war dem Befehl nicht zu widersprechen; er machte sich daher auf den Weg.

Marsilio empfing den Gesandten und sein Gefolge mit Ehren; er hörte auch den Antrag demütig an und bat nur um Bedenkzeit, um sich mit seinen Getreuen zu beraten. Nach reichlicher Bewirtung führte er Ganelon in seinen Gärten und Schlössern umher und zeigte ihm auch seine unermeßlichen Schätze. Lüsterne Blicke warf der Bote auf die Vasen und Krüge, gefüllt mit blanken Byzantinern, Zechinen und anderen Gold- und Silbermünzen, die reihenweise, gleich Kriegshaufen, in den Sälen aufgestellt waren. Auch köstliche Gewänder, blanke Rüstungen fanden sich da in Menge, desgleichen Becher und Krüge von lauterem Golde. Er meinte, mit solchen Reichtümern könne man Heere und Helden gewinnen, sofern man sie weislich anwende. Dagegen sprach Marsilio, er wünsche nur ihn selbst zu gewinnen, er scheine ein verständiger Mann, der das Gold zu schätzen wisse. Wende er von ihm die Rache Karls und die Untertänigkeit ab, so wolle er ihm drei mit Gold, drei mit Silber und drei mit Gewändern beladene Säumer zustellen. Ganelons Augen blitzten vor Begierde. Er versprach, was der Heide begehrte; ja, er versprach noch mehr für die doppelte Zahl von Säumern: Er wollte einen Teil des Frankenheeres, anscheinend zur Bewachung des eroberten Landes, nach des Kaisers Heimkehr zurückhalten, so daß er den Mohren in die Hände falle. Der teuflische Pakt wurde geschlossen und mit teuren Eiden besiegelt.

Marsilio, der das Blut seiner Edlen geringachtete, gab dem ungetreuen Mann eine große Zahl seiner Ritter als Geiseln mit, auf daß derselbe bei seinem verräterischen Werke Glauben fände. Deswegen kam kein Argwohn in die Seele Karls, als Ganelon von dem freundlichen Empfang in Saragossa, von des Königs Reue und Unterwürfigkeit sprach. Er führte zum Zeugnis der Wahrheit die Geiseln vor, die edelsten Männer der mohrischen Ritterschaft, auch sechzig Säumer, die Speise- und Weinvorräte und den Jahreszins in blanker Münze ins Lager führten. Er riet jedoch mit gewinnender Rede, den unbezwinglichen Roland samt anderen Helden und einem auserlesenen Heerhaufen im Lande zurückzulassen, um vor Abfall und äußeren Feinden gesichert zu sein. Was er vorbrachte, schien so klug und weislich, daß kein Argwohn dagegen aufkam. Roland und die übrigen Paladine außer Ganelon blieben an der Spitze von sechstausend auserwählten Kriegern zurück, während der Kaiser die Hauptmacht in kurzen Märschen, einen Tag um den anderen ruhend, durch die Schluchten und Pässe des Hochgebirgs nach der Gascogne führte.

Die Recken und das Volk unter Rolands Befehl ließen es sich wohl sein in dem schönen Lande; sie schmausten und tranken von den Vorräten, die Marsilio gesandt hatte. Sie erfuhren aber schon am zweiten Tage durch ihre Späher, daß eine feindliche Macht gegen sie im Anzuge sei.

Als die sichere Nachricht vom Anmarsch eines weit überlegenen Heeres kund wurde, beriefen Heerhörner die zerstreuten Krieger zu den Fahnen. Gen Ronceval war der Feldruf, und dahin führte Roland seinen Heerhaufen. Denn in diesem Engpaß zwischen zwei steilen Bergketten, wo Mann gegen Mann eng zusammengedrängt kämpfen mußte, hoffte er den Sieg zu gewinnen. Die Mohren, über zwanzigtausend Mann, begegneten den Franken, bevor sie den Ausgang erreichten. „Stoße in dein Horn", riet Olivier. „So hört es der Kaiser, der noch nicht fern ist, und kehrt um." Roland betrachtete das mächtige Horn Olifant, das er an der Seite trug. Es war von Elfenbein, mit Goldreifen verziert und tönte, wenn mit Kraft geblasen, meilenweit. „Siehe, treuer Heergeselle", sprach der kühne Degen. „Dieses Gerät und mein wunderbares Schlachtschwert Durindart

Olivier fordert Roland auf, sein Horn Olifant zu blasen

brachte voreinst ein leuchtender Engel vom Himmel. Damals gelobte ich, nur in höchster Not mit dem Hornruf Hilfe zu fordern. Ist denn solche Not über uns gekommen? Ich glaube, wir sind stark genug, diese heidnischen Wichte in den Staub zu strecken. Da sehe ich die Banner des feigen Verräters Marsilio! Kein Zweifel – der ungetreue Ganelon ist an uns um schnödes Gold zum Judas geworden."

Die Helden und ihre Mannen stürmten sofort gegen die Haufen der Mohren, die mit großem Mut den Franken Widerstand leisteten. Indessen bestanden sie nicht vor den langen und wuchtigen Schwertern der Helden. Nach einem furchtbaren Gemetzel wandten sie den Rücken und wurden verfolgt, gejagt und niedergestreckt gleich dem scheuen Wild des Forstes, so daß nur wenige dem Blutbade entrannen.

Als die zerstreuten Christenleute von der wilden Jagd zurückkehrten und anfingen, sich zu sammeln, ertönte hinter ihnen der Ruf: „Machmet! Machmet!" ein weit größeres Heer war den Christen in den Rücken gefallen. Marsilio selbst führte es an. Er hatte gehofft, während der kleinere Heeresteil den einen Eingang in das Tal verschließe, mit dem größeren, durch den anderen Zugang vorstürmend, den verhaßten Feind gänzlich zu vernichten. Indessen war er auch noch jetzt stark genug zum Kampfe gegen die überraschten, streitmüden Christenleute.

Roland ordnet die Streiter: Er entsendet den Grafen Walter auf eine waldige Anhöhe, wo sie umgangen werden konnten, dann wenden er, sein Bruder Balduin, der kühne Olivier, der mutige Erzbischof Turpin und die anderen Helden ihre Hengste und stürmen den Kriegern voran in die feindlichen Schlachthaufen. Roland dringt unwiderstehlich vor. Sein Schwert Durindart zerhaut Helme, Schilde und Schädel der Männer. Da erblickt er inmitten der feindlichen Scharen den falschen Marsilio, der die Heerfahne trägt. Gegen ihn spornt er sein Roß, und vergebens werfen sich ihm die tapfersten Kämpfer der Mohren entgegen: sie fallen unter seinen Streichen! Schon ist er bei dem Verräter, sein Schwert saust, und die Fahne sinkt mit der rechten Hand des Königs zu Boden. Wildes Geheul erfüllt die Luft. Neue Haufen umdrängen den kühnen Streiter, während der verwundete König entflieht. Rolands Pferd fällt, von einem Speer durchbohrt; allein der unverzagte Degen ist schnell wieder auf und kämpft zu Fuß und streckt Rosse und Reiter nieder. Da wenden sich die Mohren zur Flucht vor dem entsetzlichen Würger. Jetzt blickt er sich um, aber er steht allein; ringsum sind nur Tote und Sterbende, und nur Geröchel schallt an sein Ohr, sonst Totenstille nach dem gräßlichen Kampfgetöse. Es ist kein Zweifel, auch die Christenleute liegen erschlagen auf der Walstatt. Jetzt ist die Zeit gekommen, mit dem Hornruf die etwa noch lebenden, aber zerstreuten Krieger zur Sammlung zu laden, und Roland stößt dreimal mit solcher Macht in das Horn, daß ihm schier die Adern zerspringen. Olifants Stimme schallt wie Donnerrollen durch Berg und Tal und ruft die zerstreuten Franken zu dem weidlichen Degen. Es sind nur einige streitbare Männer, und nun kommen auch die noch lebenden Helden Olivier, Balduin, der kriegerische Erzbischof Turpin und andere, die auf flüchtigen Rossen die geschlagenen Feinde verfolgt haben. „Dein Ruf tönt weit, mein lieber Heergeselle", sprach Olivier. „Der Kaiser wird ihn sicher vernehmen und uns Hilfe bringen. Wir aber sind deren bedürftig; denn sieh, wie die wilden Mohren sich sammeln und in dichten Geschwadern wider uns anrücken!" – „Auf, Getreue des Herrn", rief Roland. „Schließt die Reihen!" Der Held hatte ein lediges Araberroß aufgefangen und rannte mit den anderen Führern vorwärts in die gedrängten Rotten der Mohren. Die feindliche Übermacht war groß; wie auch die kühnen Kämpfer Männer und Rosse fällten, so wurden sie doch getrennt und stritten einzeln da und dort im Drange des Gefechts. Roland kämpfte mit unverzagtem Mute, aber die feindlichen Geschosse flogen wie Hagelkörner so dicht auf Helm und Schild. Ein Ger traf sein Roß tödlich, ein anderer drang ihm durch Schild und Brünne in die Hüfte. Da kam Olivier, betäubt durch einen Keulenschlag auf den Helm. Er traf statt des Feindes seinen Heergesellen. Den Irrtum gewahrend, blieb er an seiner Seite; allein er sank bald, von Geschossen durchbohrt, tot nieder. Die furchtbaren Schläge Rolands verbreiteten indessen solchen Schrecken unter den Mohren, daß sie sich abermals zur Flucht wandten. Der todmüde Held konnte sie nicht mehr verfolgen. Sein wundes Roß brach unter ihm zusammen; er selbst blutete aus vielen Wunden. Er wankte in eine Seiten-

Kampf und Tod im Tal von Ronceval

schlucht, wo er an einem Marmorfelsen niedersank. Er fühlte, daß sein Ende nahe sei. Der Held ergriff sein Schwert Durindart, willens es zu zerbrechen, damit es den Mohren nicht in die Hände falle. Er hieb damit auf den Marmor, aber der Fels wurde bis auf den Grund gespalten, die Klinge blieb jedoch unversehrt. Nun stieß er zum drittenmal in sein Horn, und da wankte der ehrwürdige Erzbischof Turpin herzu, dann erschien Balduin, Rolands Halbbruder, desgleichen sein treuer Knappe und der kühne Walter, der auf der Höhe Wache gehalten hatte, bis ihn eine Horde Barbaren überfiel, seine Mannen erschlug und ihn selbst schwer verwundete. Der Erzbischof, obgleich von Blutverlust erschöpft, reckte die Hand über den Sterbenden aus und segnete ihn; aber kaum hatte er die Worte gesprochen, da sank er auf das weiche Moos nieder und verschied. Der müde Held lechzte nach etwas Wasser. Balduin irrte weit umher in der Steinwüste, ohne einen Born zu finden. Da hörte er Hörnerklang und Rossehufschlag, sah Paniere mit dem Kreuzeszeichen, glänzende Helme und Schilde; es war Kaiser Karl mit seiner Macht, der nicht mehr retten, der nur noch rächen konnte. Roland war eingegangen in die Wohnung ewigen Friedens. Der treue Knappe hielt das Haupt des Helden auf seinen Knien. Er berichtete dem Kaiser von dem Überfall des falschen Marsilio, von den Gefechten, von dem Verdacht, daß Ganelon durch schändlichen Verrat den Untergang der Helden verschuldet habe. „Du redest wahr", sprach der Kaiser. „Der Verräter hat auch mich betrogen, als ich auf den ersten Hornruf hin aufbrechen wollte. Er beredete mich mit heuchlerischem Wort, mein teurer Neffe sei auf fröhlicher Jagd begriffen." Der große Karl hieß darauf Ganelon in Haft nehmen bis auf den Tag des Gerichts. Ferner befahl er, daß die Leichen der Franken zu Grabe gebracht, die toten Hüllen der Helden Turpin, Roland, Olivier und des gleichfalls schon hingeschiedenen Walter einbalsamiert werden sollten. Er wollte sie bei der Heimkehr mit sich führen, daß sie auf heimischer Erde eine würdige Ruhestätte fänden.

Nun ging der Heereszug vorwärts durch das verhängnisvolle Tal Ronceval zur Rache und zur Strafe. Das schien leicht, da Marsilios Macht bereits zertrümmert war. Indessen hatte derselbe mittlerweile mächtigen Beistand erhalten. Sein und aller Machmetsdiener Oberhaupt, der Kalif Baligant von Babylon, war nämlich mit unzählbaren Horden nach Spanien gekommen, um den siegreichen Waffen des Kaisers im Abendlande Schranken zu setzen. Die Heere trafen aufeinander: allein nach einem zweitägigen Kampf unterlagen die Heiden, und Baligant selbst fiel durch das Schwert des Kaisers. Mit den Flüchtlingen drangen die Sieger in Saragossa ein, wo der einarmige Marsilio auf der Flucht seinen Tod fand. Nunmehr war nirgends mehr Widerstand: alle Reiche in Spanien huldigten dem mächtigen Herrscher.

Durch die Engpässe der Pyrenäen zog das stattliche Heer unangefochten und erreichte wohlbehalten den fränkischen Boden. An den rebenbekränzten Ufern der Dordogne wurde ein längerer Halt gemacht, denn der Kaiser brachte, ehe er weiterrückte, die Leiber der gefallenen Helden in die Gruft zu Blaive, wo nachmals viele Wunderdinge geschahen. Nachdem die heilige Pflicht erfüllt war, ging es weiter nach Paris. Mit Lorbeerzweigen bekränzt hielten Ritter und Mannen ihren Einzug in der Seinestadt und schmausten und zechten weidlich auf Kosten des freigebigen Kaisers.

Nach der Siegesfeier begab sich der Monarch in seine liebe Stadt Aachen, um Gericht über den Verräter Ganelon zu halten. Zwölf Männer, gleichen Ranges mit dem ungetreuen Mann, der die Schuld leugnete, sprachen das Urteil, daß Gott selbst in einem Zweikampfe entscheiden solle. Ganelon, durch die Kerkerhaft geschwächt, erwählte den berühmten Kämpfer Pinabel; diesem gegenüber stellte sich Thiedrich, Rolands treuer Knappe. Aber im Spiel der Schwerter brach Gott den Stab über den Missetäter, und Pinabel unterlag. Darauf urteilten die Richter, der ungetreue Mann, der die edelsten Helden in den Tod gestürzt habe, solle von Pferden zerrissen werden, und der Spruch ward vollstreckt.

Gen Aachen kam nach diesen Vorgängen die schöne Auda. Sie war auf die erste Kunde von der Heimkehr des Heeres von Viane aufgebrochen und hoffte frohen Mutes, den Bräutigam, den ruhmvollsten Helden der Christenheit, zu begrüßen. Sie fand ihn nicht zu Paris, sie suchte ihn unter den Helden zu Aachen. Niemand wollte ihr die traurige Botschaft verkündigen. Da trat sie vor den Kaiser mit der Frage, wo Roland geblieben sei. Karl, der selbst das Leid um den Neffen nicht verwinden konnte, suchte mit dem Purpur die Tränen zu verbergen, wobei er sprach: „Roland ist als Sieger dorthin gegangen, wohin ihn unser aller Herr berufen hat. – „Tot!" rief die Jungfrau, und sank leblos zu Boden, und ihre sterbliche Hülle wurde zu der des Geliebten in die Gruft gesenkt.

Dritter Abschnitt
WILHELM VON ORANGE

Zu der Zeit, da Kaiser Karl über das weite Frankenreich herrschte, lebte Graf Heinrich von Narbonne, ein frommer und tapferer Held. Er war wegen seiner Kriegstaten gegen die heidnischen Sachsen sehr angesehen am Hofe, hatte zu seinen väterlichen Gütern noch manches Lehen erhalten und wohnte nun friedlich auf seinem freiherrlichen Schlosse, wo er sich mit seiner Ehefrau der Erziehung seiner sieben Söhne und mehrerer Töchter mit Sorgfalt annahm. Unter der elterlichen Pflege wuchsen die Kinder frisch und fröhlich heran, die Knaben, dem Vater gleich, zu kühnen und dabei frommen Jünglingen, die Mädchen zu blühenden Jungfrauen, wie einst die Mutter gewesen war. Als nun die Söhne erwachsen waren, so daß sie ein Erbteil fordern konnten, berief sie der Graf zu sich. „Kinder", sprach er. „Einst lag ich von Streit und Wunden erschöpft im mörderischen Gefecht. Grimmige Feinde rückten heran, und nur ein treuer Dienstmann war zu meinem Schutz bereit, da die anderen Kriegsleute ihren Bannerherrn verlassen hatten. Er kämpfte mit großer Kühnheit, bis Hilfe kam, da sank er blutend neben mir in die Blumen der Heide. Wir wurden beide der Pflege befreundeter Leute übergeben; ich genas, er aber neigte sein Haupt zum Sterben. Der kühne Held scheute nicht den Tod, aber ihn härmte das Schicksal seines unmündigen Söhnchens, das er als Waise zurücklassen sollte, da auch seine Gattin schon früher gestorben war. Ich tröstete den sterbenden Retter meines Lebens, indem ich ihm gelobte, des Knaben zu pflegen, als ob er mein eignes Kind sei, und ihm, wenn er wohl gedeihe, einstmals alle meine Güter zu hinterlassen. Er soll mein Erbe sein, sprach ich, ob ich auch noch eigene Kinder erziele. Er ist nun ein weidlicher Recke geworden, und ich darf ihn mit Stolz meinen Zögling nennen, wie ich mit Zufriedenheit auf meine eigenen Söhne blicke. Wollt ihr nun, daß ich erfülle, was ich dem treuesten Manne gelobt, der für mich den Tod erlitten hat, oder begehrt ihr euer väterliches Gut?" Da antwortete Wilhelm, einer der Söhne, für die anderen, sie wollten lieber als Bettler in die weite Welt gehen, als daß der gute Vater sein Gelübde breche. „Nicht als Bettler", rief Irmschart, die Gattin des Grafen, die aus dem anstoßenden Gemache eintrat. „Was ich dem Gemahl zugebracht habe, gehört euch. Euer Vater hat euch bereits große Güter übergeben, nämlich seinen frommen Sinn, seine Treue gegen Gott und

Menschen, seinen kühnen Mut und ritterlichen Anstand. Das sind Erbgüter, die euch kein böswilliger Nachbar noch irgendeine Gewalt der Erde entreißen wird." – „Wohl denn, meine Söhne", sprach der Vater. „Mit diesem Erbteil mögt ihr getrost an des Kaisers Hof fahren! Ihr werdet damit noch anderes Gut erwerben."

Die jungen Recken befolgten den väterlichen Rat. Sie wurden als Söhne des edlen Grafen von Narbonne wohl empfangen und zeichneten sich bald sowohl durch feine und würdige Sitten als auch durch Kraft und Gewandtheit im Waffendienst aus. Sie fochten gegen die Sarazenen, als diese unter dem mächtigen Eigoland in die Gascogne eingefallen waren, und gegen den treulosen Marsilio nach dem Untergange der Helden im Tale Ronceval. Besonders Wilhelm erlangte durch seine tapferen Taten große Berühmtheit. Nach der Rückkehr mit dem siegreichen Heere erhielten die Brüder von dem großen Kaiser den Ritterschlag und ansehnliche Lehen. Wilhelm insbesondere erfreute sich der Gunst des Herrn: Er wurde Befehlshaber über die ganze Südküste des Reiches, und in dieser Stellung bewies er ungewöhnliche Einsicht und Tüchtigkeit. Überall, wo die Raubflotten der Sarazenen zu landen versuchten, war er mit seinen reisigen Scharen gegenwärtig, schlug ihre Angriffe zurück und eroberte ihre Schiffe. Er war in Wahrheit der Schirmherr des Landes und stand bei den Strandbewohnern in hohen Ehren. Nach dem Tode Karls des Großen bestieg dessen Sohn Ludwig den Thron. Derselbe bereiste sein Reich und kam auch auf das Schloß, wo Graf Wilhelm mit seiner jüngsten Schwester in der stürmischen Winterzeit wohnte. Die schöne Jungfrau gewann das Herz des jungen Herrschers, so daß er sie zu seiner Gemahlin erhob. Durch diese Verschwägerung mit dem königlichen Hause gewann der Graf an Einfluß. Er nutzte diesen Zuwachs von Macht dazu, die Küsten durch Kastelle zu schützen und eine größere Zahl reisiger Söldner anzuwerben.

Unter dem Schutze zweckmäßiger Vorkehrungen lebten die friedlichen Ackerleute und Winzer ohne Sorgen vor Raubüberfällen. Endlich aber erschien eine gewaltige Macht zu Wasser und zu Lande, der der Schirmherr mit seinem Kriegsvolk nicht gewachsen war. Dörfer und Burgen gingen in Flammen auf; denn die mächtigen Emire Terreman und Balikan, beide erst aus Arabien herübergeschifft und wilden Sinnes wie die Söhne der Wüste, kannten keine Schonung. Auf den Hilferuf seines Schirmvogts erhob sich König Ludwig und rückte mit dem Heerbann des Reiches gegen den Feind. Wilhelm stieß mit seinem Kriegsvolk zu dem königlichen Heere, das bald mit den Sarazenen zusammentraf. Die Schlacht wütete den ganzen Tag, aber gegen Abend mußten die Ungläubigen weichen. Da erkannte der kühne Graf den trotzigen Emir Balikan, den wildesten Verheerer des Landes, wie dieser seine Heiden wieder zu ordnen suchte. Die Menge nicht achtend, schlug er Reiter und Rosse mit furchtbaren Streichen nieder, verfolgte den flüchtigen Emir und spaltete ihm den Schild; aber sein Hengst, von einem Geschoß getroffen, bäumte sich hoch auf und stürzte dann unter ihm zusammen. Ehe er sich aufrichten konnte, warf sich ein Schwarm von Sarazenen über ihn her und schwang mordbegierig die Säbel, jedoch der Emir Tibalt eilte herzu und forderte den gefangenen Krieger für sich, um ihn gegen einen nahen Anverwandten auszuwechseln. Balikan genehmigte die Bitte des angesehenen Emirs, und der Held wurde auf dessen Schiff gebracht und nach Spanien geführt.

Tibalt steuerte nach erfolgtem Rückzug gen Valencia, wo sein stolzes Schloß am rauschenden Guadalaviar stand. Dort, in dem schönen Land, wo der Granatbaum blüht und die Goldfrucht reift und die Rebe köstlichen Trank spendet, schmachtete der Gefangene, mit schweren Ketten belastet, im finsteren Kerker. Der Emir, der zu neuen Raubzügen sich rüstete, empfahl den Helden seiner Gattin Arabella zur Bewachung. Er übergab ihr den Schlüssel zum Gefängnis, gebot ihr, dem Ungläubigen nur Wasser und Brot zu reichen und niemals seine Fesseln zu lösen; denn er hoffte, ihn, der ein angesehener und gewaltiger Krieger unter den Christen war, durch das Versprechen der Freiheit für die Lehre des Propheten zu gewinnen. Er schied, und Arabella befolgte geraume Zeit den Befehl. Eines Tages aber wandelte sie die Lust an, den Christen von Angesicht zu sehen. Begleitet von bewaffneten Knechten trat sie in das Verlies. Sie brachte die gewöhnliche Kost, doch mit Zutat einiger schmackhaften Erfrischungen. Er richtete sich beim Anblick der schönen Frau vom feuchten Strohlager auf, und wie sie beim Scheine der Fackeln seine hohe Gestalt, seine edlen, von Kerkerluft gebleichten Gesichtszüge erblickte, fühlte sie herzliches Erbarmen mit dem Unglücklichen. „Möchtest du nur deinem falschen Glauben entsagen, so würdest du alsbald die frische Luft der Freiheit atmen", so sprach sie sanft und entfernte sich mit den Dienern. Die Schlüssel knarrten im rostigen Schloß, und der Held war wieder allein in der Finsternis. Indessen stand die liebliche Erscheinung noch immer vor seinen Augen. War es ein Betrug der Hölle, gesandt, ihn von Christus abzuwenden? Aber das Weib erschien so mild und sanft, so licht und klar wie ein Engel Gottes – ein solches Bild konnte die Hölle nicht schaffen, und die Erfrischungen zu seiner Labung überzeugten ihn, daß ein menschliches Wesen mit ihm Barmherzigkeit habe.

Auch Arabella konnte den gefangenen Helden nicht vergessen. Sie wußte ihm oft bessere Kost zuzustellen, ohne daß es die Argusaugen des Kerkermeisters gewahr wurden. Unter einem Vorwand entfernte sie den Mann von seinem Posten und bestellte statt seiner einen vertrauten Diener als Wächter. Nun konnte sie es wagen, den Unglücklichen von seinen Ketten zu befreien und ihn bisweilen sogar frische Luft genießen zu lassen. Einstmals, als er auf einer abgelegenen Terrasse sich erging, begegnete sie ihm, wie zufällig. Es entspann sich ein Gespräch; sie wiederholte ihren Antrag, daß er frei werden solle, wenn er den Glauben des Propheten annehme. Er wies die Bedingung nicht mit rauher Rede zurück, er meinte nur, er müsse durch Gründe belehrt werden. Das dünkte der verständigen Frau nicht schwer. Sie ließ ihn in ein abgelegenes Gemach geleiten und hatte dort in Gegenwart ihrer Zofe mit ihm ein langes Gespräch. Sie legte ihm die Lehren des Korans aus, redete von den Siegen der Gläubigen, von den Freuden des Paradieses; er aber sprach von dem lieben Vater im Himmel, der nicht den Tod des Sünders wolle, sondern seine Bekehrung, von dem Heiland der Welt, der mit dem Wort der Liebe, nicht mit dem Schwert sein Reich aufgerichtet und durch seinen blutigen Tod und seine Auferstehung unerschütterlich begründet habe. Seine Worte fielen wie Gold in die Seele der edlen Frau, und wie er sie für die Wahrheit gewann, so gewann er auch ihre Neigung, und ihr Besitz erschien auch ihm als das höchste Gut der Erde. Bald waren beide in herzlicher Liebe verbunden und zur Flucht entschlossen. Ein Schiff wurde gemietet, das sie nach der Küste des Frankenreiches führen sollte. Als aber der Kapitän von dem Reiseziel Kunde erhielt, verweigerte er die Fahrt und ließ den Steuermann zurück nach Valencia lenken. Wilhelm schleuderte ihn über Bord und bedrohte das Schiffsvolk mit gezücktem Schwert; denn Arabella hatte den Verlobten wohl gerüstet, bevor sie die gefährliche Fahrt antraten.

Indessen kehrte Tibalt um dieselbe Zeit von seinem Raubzuge zurück und vernahm von dem Kapitän, der sich schwimmend ans Ufer gerettet hatte, die Märe, daß sein Weib mit dem gefangenen Franken entwichen sei. Er ging sogleich wieder in See, die Flüchtlinge zu verfolgen. An Bord eines Schnellseglers bekam er sie bald in Sicht, und kaum erreichten sie noch ein festes Kastell an der fränkischen Küste, so schwirrten auch schon die Geschosse der Sarazenen um ihre Häupter. Doch schlüpften sie noch durch die Pforte, die sich alsbald hinter ihnen schloß.

Der Held und seine Gefährtin wurden jubelnd von der Besatzung begrüßt. Er, der die Feste erbaut hatte, dessen Name bei allen Strandbewohnern hoch in Ehren stand, fand jetzt in diesen Mauern Schutz. Zwar unternahm Tibalt wütende Stürme, allein seine Mannschaft holte sich nur blutige Köpfe und mußte nach einigen Tagen, da ein zahlreicher Heerhaufen wider sie anrückte, die Schiffe besteigen, um sich vor einer Niederlage in Sicherheit zu bringen.

„Der gute Graf Wilhelm ist zurückgekehrt, der Schirmherr des Landes ist der Gefangenschaft ledig", diese und andere Reden gingen von Mund zu Mund und gelangten auch an den königlichen Hof. Ludwig lud sogleich den Schwager zu sich ein, bewillkommte ihn und die schöne Arabella herzlich; desgleichen tat auch seine Gemahlin, die so lange um den Bruder in Sorgen gewesen war. „Ein stattliches Paar", flüsterten die Hofleute einander zu. „Seht nur – eine Mohrin und doch schön! Schöner als alle Edelfrauen am Hofe, die Königin nicht ausgenommen." Diese und ähnliche Reden wurden der Herrin wieder zugetragen, und von Stund an war sie kalt gegen den Bruder und ihre zukünftige Schwägerin. Gleichzeitig mit dem Schirmvogt war auch Papst Leo, den das widerspenstige Volk aus Rom vertrieben hatte, hilfesuchend am Hofe angekommen. Derselbe beschied den Grafen und seine Verlobte nach Avignon, wo die Taufe der edlen Frau und darauf die Vermählung gefeiert werden sollte. Der König selbst mit zahlreichem Gefolge begleitete das glückliche Paar nach dieser dem Papst gehörigen Stadt; die Königin jedoch entschuldigte sich mit dringenden Geschäften. Dagegen umarmte zu Avignon Graf Heinrich den ruhmvollen Sohn, und auch die sechs Brüder Wilhelms erschienen und bezeigten ihm und seiner Retterin ihre herzliche Teilnahme und ungeschwächte Liebe. König Ludwig beschloß das dreitägige Fest damit, daß er dem Schirmherrn des Strandes Burg und Stadt Orange zu erblichen Lehen übertrug. In der Taufe Arabellas, die der Vermählung vorausging, empfing die schöne Frau den Namen Gyburg, nach einer Ahnin des gräflichen Hauses.

Nach diesen frohen Tagen beschloß der Monarch, mit Heeresmacht den Papst in die Weltstadt zurückzuführen und das unruhige Römervolk zu züchtigen; sein treuer Schirmvogt sollte der Führer des Reichsheeres sein. Demzufolge mußten sich die Neuvermählten trennen: Arabella ging nach Orange, um die Huldigungen entgegenzunehmen, Wilhelm trat an die Spitze der Heerfahrt, in deren Mitte der König und sein Schützling, der Papst, sich befanden. Alle Städte öffneten ihre Tore; nur die Römer, trotzend auf ihren längstvergangenen Ruhm, suchten ihre halbverfallenen Mauern zu verteidigen. Sie schlugen einen Sturm ab, aber ein zweiter gelang, und Wilhelm war der erste, der in die Stadt eindrang und in wütendem Straßenkampf unwiderstehlich vorwärts schritt. Während die Bürger Straße für Straße verteidigten, wälzten andere schwere Steine von Dächern und Zinnen auf die Franken, und ein solcher stürzte krachend auf den Helm des kühnen Führers und streckte ihn zu Boden. Die Krieger trugen ihren geliebten Helden aus dem Getümmel und übergaben ihn sorgsamer Pflege.

Die Stadt wurde erobert, mit Brand und Plünderung übel heimgesucht: die entmutigten Römer unterwarfen sich ihrem geistlichen Hirten, der sofort den Beherrscher des Frankenreiches zum Kaiser krönte. Nach dieser Festlichkeit besuchte Ludwig seinen verwundeten Schwager jeden Tag und freute sich, als derselbe genas und nach einigen Wochen wieder am Hofe erscheinen konnte.

Die Heerfahrt war rühmlich zu Ende gekommen; die Krieger kehrten über die Alpen zurück, Wilhelm zu seiner Gattin nach Orange. Er wartete wieder seines Amtes, und die Strandbewohner waren unter seiner Obhut vor Raubfahrern sicher. Er nahm, da er keine Kinder hatte, den Sohn einer seiner Schwestern, die früh starb, zu sich und hatte große Wonne an dem Knaben Vivian (oder Vivianz), der unter seiner und Arabellas Pflege zum kühnen Jüngling heranwuchs. Im Turnieren tat es der edle Pflegling allen seinen Altersgenossen zuvor, und er brannte vor Begierde, seine Waffen gegen die Verächter des Kreuzes zu versuchen.

Der junge Vivian sollte bald Gelegenheit finden, seinen Mut und seine Kraft, wie er es wünschte, auf blutiger Walstatt zu beweisen. Mohrische Wimpel und Flaggen tauchten aus den Fluten des Meeres auf; eine unabsehbare Flotte war im Anzug, ankerte an der Küste und setzte ein Heer von Sarazenen an Land, so zahlreich, als gelte die Heerfahrt dem gesamten Frankenreich. Ganz Aquitanien war von den wilden Horden überschwemmt und ausgeraubt worden, ohne daß königliche Hilfe kam. Indessen hatte der Held von Orange die Küstenmannschaft gesammelt, indem er Einzelkämpfe vermied und sich vorsichtig zurückzog. Sobald er jedoch die zu Gebote stehende Macht, gegen zwanzigtausend Mann, vereinigt hatte, beschloß er, zur entscheidenden Schlacht vorzurücken. Er nahm zu Orange Abschied von der Gattin. „Geliebter Freund", sprach sie unter Tränen. „Ich habe die feindlichen Banner wohl erkannt; es ist mein Vater Terramer und mein erster Gatte Tibalt, die das ganze Morgenland aufgeboten haben, mich in ihre Gewalt zu bringen. Oh, bei den Verehrern des blutdürstigen Propheten kennt man die Liebe nicht, da opfern Vater und Mutter ihre Kinder, Brüder die Brüder ohne Barmherzigkeit, wenn die Begierde nach Rache im Busen brennt. Sie werden dich und mich ohne Schonung erwürgen, sofern wir in ihre Gewalt geraten." – „Sei getrost, gutes Weib", sprach der Held. „Das werden unsere scharfen Schwerter verhüten." – Er wollte forteilen; allein da stand der blühende Vivian in voller Rüstung vor ihm und begehrte, ihm zu folgen. Vergebens stellte er ihm vor, wie er, kaum dem Knabenalter entwachsen, noch nicht die Kraft habe, in der mörderischen Feldschlacht gegen die übermächtigen Horden zu streiten; vergebens beschwur ihn die Pflegemutter, sich für die Zukunft zu sparen und nicht jetzt die sicheren Mauern zu verlassen: er beharrte auf seinem Begehren und folgte dem Grafen.

Auf der Ebene von Alischanz (Alicon) trafen sich die Heere. „Machmet! Machmet!" scholl das Feldgeschrei von der einen Seite, „Montjoie! St. Denis!" von der anderen. Wild umschwärmten Sarazenen auf flüchtigen Rossen das Christenheer und schleuderten ihre Speere in die geschlossenen Massen, während das Haupther im Nahgefecht einzubrechen und durch die große Menge die Franken zu überflügeln suchte. Indessen waren sie zum größten Teil ohne Helm und Harnisch; ihre Turbane und leichten Schilde konnten jedoch nur geringen Schutz gegen die Schwerter der Christen gewähren. Dagegen ersetzte die Menge, was an Wehr und Rüstung abging, und der Kampf wogte unentschieden hin und her. Endlich brach der kühne Graf mit auserlesener Mannschaft auf der linken, Vivian auf der rechten Seite in die Reihen der Sarazenen ein, Anführer und geringes Volk wurden niedergestreckt.

Alles wich dem stürmischen Andrang. Dagegen wurden die Helden von beiden Seiten angegriffen, und Halzebier, ein riesenhafter Emir, fällte den mutigen Jüngling mit einem Keulenschlag. Seine Mannen rächten den Fall ihres Führers. Der Riese und sein Gefolge sanken unter ihren Schwertern, und sie stürmten, den Jüngling für tot haltend, weiter, den flüchtigen Mohren nach.

Vivian erwachte aus seiner Ohnmacht; er sah sich allein unter Leichen, gequält von dem Schmerz der Wunde und brennendem Durst. Er flehte zu Gott um einen Labetrunk, und sein Gebet fand Erhörung. Eine leuchtende Erscheinung schwebte von himmlischen Höhen zu ihm nieder und stärkte ihn, so daß er wankenden Schrittes zu einem frischen Born folgen konnte, wo er den Durst stillte. „Orange, die gute Gyburg ist in Not", sprach die Erscheinung und verschwand. Die Worte fielen wie ein zweiter Keulenschlag auf des jungen Helden Haupt, er sank abermals in Betäubung. Als er wieder erwachte, fühlte er sich weich gebettet, und eine sanfte Hand war beschäftigt, seine Wunde zu verbinden. „Gottlob, daß du lebst; du wirst genesen", sprach eine bekannte Stimme. Es war sein Onkel Graf Wilhelm, der sein wundes Haupt auf dem Schoße hielt. „Warum ließ ich dich in den mörderischen Streit ziehen, ehe du zum Manne gereift warst! Die Schuld ruht auf mir!" sprach der Held, indem er das hervorquellende Blut zu stillen suchte.

„Es war mein, nicht dein Wille", antwortete der Jüngling. „Gott hat mich früh gewürdigt, zu seiner Ehre zu sterben. Aber halte dich nicht länger bei mir auf. Orange und meine zweite Mutter Gyburg sind in Gefahr, eine Erscheinung Gottes hat es mir kundgetan: eile, zu retten!" – Es waren seine letzten Worte.

Der edle Graf rang mit sich selbst, was zu tun sei. Er hatte in wütendem Handgemenge seine Mannen verloren, sich selbst einen Weg durch die wilden Horden gebahnt und den zerschmetterten Schild seines Neffen gefunden. Der Blutspur folgend, war er an den Born und zu dem todwunden Jüngling gelangt. Die Schlacht war zu Ende, das Kampfgetöse verhallt, aber er wußte nicht den Ausgang. Da schallten ihm aber immer wieder ins Ohr die Worte des Sterbenden: „Mutter Gyburg, die Feste Orange ist in Gefahr!" und er beschloß, dorthin Hilfe zu bringen. Sein edles Roß war wund, er mußte es am Zügel führen. So schritt er weiter in der Richtung von Orange. Schon brach die Nacht herein, doch hemmte er nicht seine Schritte. Als der Morgen dämmerte, kam ihm ein Sarazene mit mehreren Bewaffneten entgegen. Anfangs hielten sie ihn für einen der Ihrigen, aber sein blinkender Helm verriet ihn; sie fielen über ihn her, allein sein erster Schwertstreich spaltete den Emir bis auf den Sattel, worauf dessen Begleiter die Flucht ergriffen. Er erkannte, daß er unter die Ungläubigen geraten war, und daß er nur durch List in die umlagerte Feste gelangen könne. Er legte daher die Gewänder des erschlagenen Sarazenen an und bestieg dessen Pferd. In dieser Verkleidung gelang es ihm, sich durch das feindliche Lager zu schleichen. Fast am Ausgang wurde er erkannt, da ihm sein wundes, nach fränkischer Weise aufgeschirrtes Roß gefolgt war. Er erreichte indessen das Burgtor, das wegen eines beabsichtigen Ausfalles offenstand, allein im Hof sah er Schwerter und Speere auf sich gerichtet; denn er war von Blut und Staub unkenntlich. Noch zur rechten Zeit erkannte ihn die treue Gattin an der Narbe auf der Stirn und eilte in seine Arme.

Wohl stießen sich die stürmenden Belagerer an den festen Mauern die Köpfe blutig, da der Held die Verteidigung leitete; allein Terramer und Tibalt waren entschlossen, das ungetreue Weib und deren Entführer um jeden Preis in ihre Gewalt zu bringen, um sie ihrer Rache zu opfern. Sie setzten daher die Belagerung fort, sie hofften, durch Hunger zu erzwingen, was der Gewalt nicht gelang. In der Tat wurde auch der Mangel schon fühlbar; es blieb daher kein anderer Rat, als daß der Graf selbst nochmals sich einen Weg durch das Belagerungsheer suchte, und dazu war er bereit. Bei dem schmerzlichen Abschied gelobten seine Gattin und alle Burgmannen, die Feste bis auf den letzten Blutstropfen zu verteidigen.

Wilhelm aber bediente sich wieder des mohrischen Gewandes, das er über seine Rüstung anzog, und in dieser Verkleidung gelangte er wohlbehalten durch die feindlichen Linien. In Orleans wurde er von dem Richter angehalten. Vergebens berief er sich auf sein königliches Amt, das ihn von allem Zoll befreite, vergebens nannte er seinen Namen: eine bewaffnete Menge umdrängte ihn mit Geschrei. Schon hatte er sein Schwert gezogen, da nahte der Stadtvogt mit Knechten, und der war einer seiner Brüder. Nun zerstreute sich das Volk; der Vogt aber führte den Helden auf die Burg, um ihn reichlich zu bewirten. Wilhelm wollte nicht schwelgen, während sein Weib und seine Mannen darbten; er nahm nur Brot und Wasser an und eilte fort an den Hof des Königs.

Er fand bei dem Monarchen eine kühle Aufnahme, und noch unfreundlicher empfing ihn seine Schwester, die sogar verlauten ließ, die Mohrenfrau könne wohl selbst ihre Landsleute zu der Heerfahrt berufen haben. Ludwig, unähnlich seinem großen Vater, liebte es, gut Gemach zu haben, und sprach ohne Scheu, der Strandvogt solle sich selbst helfen, wenn sein Weib das Unheil veranlaßt habe. Mehrere Tage vergingen, ohne daß das Reichsoberhaupt weiter von der Sache sprach. Indessen hatte sich das Gerücht von der Ankunft des Helden von Orange weiterverbreitet; da trafen Graf Heinrich, seine sechs Söhne und viele edle Ritter im Hoflager ein, alle entschlossen, dem ruhmvollen Schirmvogt Hilfe zu leisten und für das bedrohte Frankenreich Leib und Leben zu wagen. Als der edle Herr von Narbonne die Weigerung des Königs vernahm, trat er ohne Scheu vor ihm hin und sprach: „Gnädigster Herr, Ihr sollt wissen, so Ihr nicht Eures Amtes waltet, so halten sich alle Lehnsleute für ledig ihres Eides und sagen sich von Euch los. – Und du, üble Tochter", wandte er sich an die Königin, „sollst den Fluch deines Vaters tragen, so du den Bruder in seiner Not verläßt. Willst du mit Hilfe verziehen, bis die Feinde unseres Glaubens mein greises Haupt dir vor die Füße rollen, daß sie dich selbst fortschleppen und in einen Harem zu ihren Kebsweibern sperren?" Die dreiste Rede, der die Ritterschaft beistimmte, tat ihre Wirkung: Die Königin bat um seinen Segen, sie umarmte den Bruder und verhieß das Aufgebot aller ihrer Dienstmannen; ihr Gemahl gab sogleich Befehl, die Lehnsleute des Reiches zu berufen, und in kurzer Frist sammelte sich ein zahlreiches Heer.

Die Reichsmacht setzte sich unter Wilhelms Führung in Bewegung. Als sie unter dem Schalle der Hörner, Posaunen und Pauken mit wehenden Fahnen gegen Orange anrückte, zogen sich die Sarazenen nach der Küste zurück, um nicht von ihren Schiffen abgeschnitten zu werden; das Reichsheer aber nahm das feindliche Lager in Besitz, wo reichliche Vorräte von Schlachtvieh und Früchten zurückgeblieben waren, während die Ritterschaft in der Burg Herberge fand. Da fehlte es nicht mehr an Lebensmitteln, an köstlichen Speisen und Getränken, da die Sarazenen in Spanien den Wein, den ihr Prophet verbot, keineswegs verachteten. Die Köche waren vollauf beschäftigt, die schmackhaftesten Gerichte für die Tafel der Herren zu bereiten. Da diente nun ein stattlicher Bursche, fast von riesenhaftem Wuchs, als Küchenjunge. Wilhelm hatte ihn im Hoflager zum Geschenk erhalten, da er meinte, er müsse nach seinen Gesichtszügen von edler Abkunft sein, während man ihn allgemein für einen einfältigen Tölpel hielt. Er war von fränkischen Raubfahrern im Morgenlande aufgegriffen und dem König verkauft worden. Er hieß Rennewart, aber die Küchenleute nannten ihn nur den dummen Hans und ließen ihn das nötige Wasser herbeischleppen. Er trug aber stets an jedem Arm zwei Eimer, so schwer, daß kaum vier Männer sie gehoben hätten. Es war nur eine Person am Hofe, die ihm gewogen war, nämlich des Königs Tochter Alise. Er hatte sich einst, als sie auf der Jagd von einem Wolf angefallen wurde, dem grimmigen Tiere entgegengestürzt und es mit bloßen Händen erwürgt. Als Belohnung hatte er nichts weiter verlangt, als daß sie von dem Abenteuer mit niemand reden solle. Beim Abschied hatte sie ihm einen Goldring gegeben, den er forthin wie einen Talisman unter dem Gewand auf der Brust trug.

Dieser Rennewart oder dumme Hans schleppte einst seine Ladung in die Küche, aber da schlug ihm der Küchenmeister ein Bein unter, so daß er mit allen Lasten am Boden lag. Unter dem Hohngelächter der Köche raffte er seine Eimer wieder auf und holte geduldig die zweite Ladung. Darauf setzte er sich an sein Frühstück; aber ein überlustiger Geselle stülpte ihm einen noch halbvollen Eimer wie einen Helm über den Kopf. Durchnäßt, wie er war, griff er hinter sich, erfaßte den Wicht am Bein und hielt ihn umgekehrt, den Kopf nach unten, frei schwebend in der Luft; einen anderen Spötter, der dem ersten zu Hilfe kam, warf er mit der Linken an die Wand, daß ihm ein faustgroßes Horn an der Stirn hervorschwoll. Nach diesen Proben seiner Kraft verstummte das Gelächter. Wilhelm war zufällig Zeuge von diesem Vorfall gewesen; allein anstatt den Küchenjungen zu schelten, fragte er ihn, ob er nicht mit in die bevorstehende Schlacht ziehen wolle. Die Augen Rennewarts blitzten von ungewöhnlichem Feuer. Er holte aus einem Winkel seine schwere Eisenstange hervor und rief: „Herr, ich will zu Euch stehen in Not und Tod." Der dumme Hans war ein anderer Mann, er war ein Held geworden. Die Leute umher, Wilhelm selbst, staunten über diese Veränderung. Der Graf aber nahm ihn mit zu seiner Gemahlin, daß sie ihn mit einem Streitgewand zum Kampfe rüste. Während er zu dem Heere ging, dasselbe zu ordnen, und

Gyburg sich in das anstoßende Gemach begab, um passendes Rüstzeug auszuwählen, sprach Rennewart für sich: „Nun endlich darf ich zeigen, daß ich von königlicher Abkunft bin und auf der Walstatt um eine edle Perle streite. Hat Vater Terramer, hat Mohrenland den einst geraubten Knaben vergessen, so ist er nun ein fränkischer Mann, der für sein besseres Vaterland streitet."

Die Gräfin hatte das Selbstgespräch vernommen und daraus erkannt, daß der junge Recke ihr Bruder war. Sie entdeckte sich ihm und rüstete ihn, nach der herzlichsten Umarmung, mit den besten Waffen. Er nahm darauf noch seine gewohnte Stange und eilte zur Heerversammlung. Der Marsch ging nach der Küste, aber bald traf man auf die feindliche Macht, die bereits im Anzuge war. Der Angriff der Sarazenen war so stürmisch, daß ein fränkischer Heerhaufe abgeschnitten wurde und sich zur Flucht wandte. Aber Rennewart befand sich bei der Schar: Er bat, drohte, schlug einige nieder und trieb die Flüchtlinge wieder in den Kampf. Darauf arbeitete er sich zu dem Grafen vor, der nach seiner Gewohnheit kühn vorankämpfte. Er verließ ihn nicht im mörderischen Handgemenge, bis die Feinde zum Rückzug gezwungen waren. Da stürmte er ihnen nach bis an ihre Schiffe und kam seinem Gönner aus den Augen.

Der Abend dämmerte, das Heer rastete auf der Walstatt, die Verwundeten wurden der Pflege übergeben. Graf Wilhelm suchte vergeblich nach seinem Günstling. Auf dem Wege nach dem Strand fand er noch einen schwer verwundeten Sarazenen, der von vornehmer Abstammung zu sein schien. Er empfahl ihn seinen Begleitern, daß sie ihn nach der Burg bringen sollten. Als er an die Küste gelangte, sah er, daß die mohrischen Schiffe in weiter Ferne mit dem widrigen Wind kämpften, daß aber eine einzelne Galeere mit demselben Wind rasch nach dem Strande segelte. Sie legte an, und – Rennewart war der erste, der ans Land sprang. Ihm folgten mehrere Männer in Sklavenkleidung. Sie berichteten, der junge Held sei mit den flüchtigen Sarazenen an Bord des Schiffes gekommen, habe die Ungläubigen mit furchtbaren Streichen ins Meer gesprengt, sie selbst, die Christen seien, befreit und mit ihrer Hilfe das Land erreicht. „Du bist heute der Held, der den Sieg errungen hat", sagte der Graf zu dem jungen Recken auf dem Wege gen Orange.

In der Burg fand Wilhelm die Gattin mit dem verwundeten Sarazenen beschäftigt; denn sie hatte in ihm ihren Vater Terramer erkannt, er aber wurde nicht gewahr, daß die verschleierte Pflegerin sein Kind sei. Er genas unter ihrer sorglichen Wartung. Als ihn nun der Held von Orange besuchte, glaubte er, derselbe wolle ihm das traurige Schicksal verkünden, dem er verfallen sei. „Lege mir nur die Sklavenketten an", sprach er. „Ich hätte als Sieger dich und die entartete Tochter zu gleicher Verdammnis geführt." – „Wir aber sind Christen", antwortete Wilhelm. „Wir haben nach unserem Glauben an dem, der uns haßt, Wohltat geübt, und nun bist du ein freier Mann und erhältst sicheres Geleit in dein Vaterland." Diese Großmut besiegte den Haß des Emirs. „Wenn das dein Glaube ist", sprach er, „so werde ich euch nie wieder mit Krieg überziehen; so wundere ich mich nicht, daß mein Kind dir folgte; so soll mein Segen bei euch bleiben, wenn ich auch in der Lehre des Propheten beharren werde." Er hatte diese Worte kaum gesprochen, so trat die Gräfin ein, und er erkannte in seiner Pflegerin, als sie den Schleier zurückschlug, seine Tochter. Auch Rennewart, der lang verlorene Sohn, kam zu dem Vater und ruhte an seinem Herzen. Als darauf seine beiden Kinder erklärten, daß sie Christen geworden seien und in der zweiten Heimat zu bleiben gedächten, segnete sie der Vater und versprach, Friede und freundliches Gastrecht solle forthin zwischen ihm und ihnen bestehen.

Das Heer setzte sich nach langer Rast in Bewegung nach dem königlichen Hoflager, wo man die siegreichen Krieger mit großen Ehren empfing. Auch Rennewart erschien hier im Glanze fürstlicher Gewandung und wurde von den Kriegern gefeiert, die Zeugen seiner Taten gewesen waren. Der König auf seinem Thron unter purpurnem Baldachin, ließ die siegreichen Scharen an sich vorüberziehen. Als aber der ruhmvolle Graf von Orange und an seiner Seite der starke Rennewart die Majestät mit gesenkten Speeren begrüßten, ließ er durch Herolde Halt gebieten und beide Helden vortreten. Darauf belehnte er feierlich seinen Strandvogt mit dem Herzogtum Aquitanien und dessen Gefährten mit Burg und Stadt Nimes.

Weiter begabte er noch andere Führer mit Lehen und befahl nach der Musterung, die Lagerung des gesamten Heeres auf der Ebene, wo für reichliche Bewirtung gesorgt war.

Die Helden schmausten an der königlichen Tafel und unter ihnen auch der ehemalige Küchenjunge Rennewart. Er sprach, wie immer, wenig und niemals von seinen Taten; auch schien er zerstreut und mit anderen Gedanken beschäftigt. Nur wenn die schöne Alise, des Königs Tochter, ihm den Becher füllte, da leuchteten seine Augen und ruhten auf ihrem Angesicht, und sie errötete und ihre Hand zitterte, daß der Becher überfloß. In der allgemeinen Freude bemerkte es niemand außer der Königin. Die hohe Frau befragte folgenden Tages ihre Schwägerin nach dem jungen Kämpfer, der sich so großes Lob erworben habe. Da diese das Vertrauen der Jungfrau besaß, erfuhr sie, daß Alise den kühnen Recken unter der angenommenen Hülle des Küchenjungen schon längst erkannt und wie sie ihm, der sie vor den Klauen des Raubtieres bewahrt, ihre stille Liebe zugewandt habe. Sie sprach darüber mit ihrem Gemahl, indem sie hinzufügte, es sei heilsam, den auserwählten Degen durch Bande der Verwandtschaft mit dem Königshause zu verbinden. Der Monarch stimmte ihr bei, wie er dies allezeit zu tun pflegte. Auch ihr Bruder Wilhelm war leicht gewonnen. Da nun Rennewart und die königliche Maid keinen Einwand erhoben, so wurde die Verlobung gefeiert, der nach kurzer Frist die Vermählung folgte. An dem festlichen Tage, da solches geschah, erschien auch eine Botschaft von dem Emir Terramer mit reichem Heiratsgut für den Sohn, der dadurch in den Stand gesetzt wurde, im Glanze königlichen Reichtums der Braut zur Seite zu stehen.

Wilhelm, jetzt Herzog von Aquitanien und Graf von Orange, schirmte forthin sein Land mit starker Hand vor Raubfahrern und wehrte auch jedem Unrecht. Kein Hilfsbedürftiger ging ungetröstet von ihm weg, kein Übeltäter blieb ohne Strafe. Auch die edle Gyburg übte Barmherzigkeit, wo sie Notleidende wußte. Beide Ehegatten gründeten Kirchen und Armenhäuser, und Gottes Segen war mit ihnen. Sie waren schon betagt, da erschien dem Grafen ein Engel im Traume und zeigte ihm eine wüste Stätte hoch im Gebirge, wo er ein Kloster gründen sollte, und zwar für fromme Brüder, die das Geschäft übernehmen wollten, verirrte Wanderer in ihren Mauern zu beherbergen, sie vornehmlich in der Winterszeit auf die rechte Straße zu führen, damit sie nicht im Schnee und Eis umkämen. Gleich mit Anbruch des Tages machte sich der fromme Held auf den Weg, die Einöde, die der Engel ihm gezeigt, aufzusuchen. Er fand sie auch nach mühseliger Wanderung und baute das Kloster. Nachdem er noch einige Jahre mit der Gattin gottselige Werke vollbracht, beschlossen beide, sich in einsamen Klosterzellen für die Ewigkeit vorzubereiten. Sie führten den Vorsatz aus, verließen alle irdische Herrlichkeit und fanden so in der klösterlichen Einsamkeit den Frieden, den die Welt nicht geben kann. Nach ihrem Tode geschahen an ihren Gräbern Zeichen und Wunder, und das Volk glaubte, sie seien als Heilige zu Gott eingegangen.